espaces d'art
arts d'espace

Les décorations intérieures
comme autant d'œuvres d'art

espaces d'art
arts d'espace

Des intérieurs comme autant
d'œuvres d'art -
découverts dans les palais, châteaux
et monastères d'Allemange

Guide officiel établi par les Administrations des châteaux de

Bade-Wurtemberg
Bavière
Berlin-Brandebourg
Hesse
Mecklembourg-Pomeranie-Anterieure
Rhénanie-Palatinat
Saxe
Saxe-Anhalt
Thuringe

SCHNELL + STEINER

Avec la contribution de:

Bade-Wurtemberg: Saskia Esser (S. E.), Carla Fandrey (C. F.), Catharina J. Fehrendt (C. J. F.), Ulrike Grimm (U. G.), Gabriele Kleiber (G. K.), Carla Th. Mueller (C. T. M.), Melanie Prange (M. P.), Joachim Stolz (J. St.), Ulrike Seeger (U. S.), Wolfgang Wiese (W. W.)

Bavière: Johannes Erichsen (J. E.), Werner Helmberger (W. H.), Sabine Heym (S. H.), Kerstin Knirr (K. K.), Peter O. Krückmann (P. K.), Brigitte Langer (B. L.), Elmar D. Schmid (E. D. S.), Alfred Schelter (A. S.), Friederike Ulrichs (F. U.)

Berlin-Brandebourg: Burkhardt Göres (B. G.)

Hesse: Friedl Brunckhorst (F. B.), Christian Ottersbach (C. O.), Dagmar Sommer (D. S.), Sabine Schürholz (S. S.)

Mecklembourg-Poméranie-Antérieure: Heike Kramer (H. K.)

Rhénanie-Palatinat: Agnes Allroggen-Bedel (A. A-B.), Jan Meißner (J. M.)

Sachsen: Ingolf Gräßler (I. G.), Simone Schellenberger (S. Sch.), Dirk Welich (D. W.)

Sachsen-Anhalt: Jörg Peukert (J. P.), Joachim Schymalla (J. S.), Wolfgang Savelsberg (W. S.), Katrin Tille (K. T.)

Thuringe: Helmut-Eberhard Paulus (H. E. P.), Irene Plein (I. P.), Susanne Rott (S. R.)

Traduction: Marianne Mion, Ratisbonne

Information bibliographique de la Deutsche Bibliothek :

La Deutsche Bibliothek répertorie cette publication dans la « Deutsche Nationalbibliografie »; vous pouvez consulter toutes les informations concernant cet ouvrage sur le site : http: / / dnb.ddb.de.

Première édition 2005

Planification, préparation et coordination:
Henrik Bärnighausen (Sachse)
Helmut-Eberhard Paulus (Thuringe)
Susanne Rott (Thuringe)
Wolfgang Wiese (Bade-Wurtemberg)

Collaboration rédactionnelle:
Catharina J. Fehrendt
Bettina C. Kohlstedt
Katrin Rössler

Couverture: Astrid Moosburger, Regensburg
Composition, lithographies et impression: Erhardi Druck GmbH, Regensburg
ISBN 3-7954-1735-X

Informations sur les publications de la maison d'édition sur le site:
www.schnell-und-steiner.de

Sommaire

Piktogramme

- Information
- Horaires d'ouverture
- Boutique du musée
- Accessible aux personnes handicapées
- Restaurant
- Liaison ferroviaire
- Petit chemin de fer
- Parc de stationnement
- Ligne de bus et de tramway
- Ligne de métro rapide
- Desserte par bateau
- A Musées d'autres institutions logés dans les bâtiments de l'Administration des châteaux d'Etat.

Note de la rédaction:

Les horaires d'ouverture indiqués dans ce livre peuvent être soumis à des modifications. Les informations actuelles sont disponibles aux numéros de téléphone indiqués pour chaque site historique ou bien aux adresses de courriel ou d'Internet correspondantes.
Ceci est également valable pour les indications concernant les différents services administratifs et les notes bibliographiques.

Bienvenue

En 1990, dans une Allemagne enfin réunifiée, le « Groupe de travail des Châteaux et Jardins d'Allemagne » fut fondé afin de promouvoir l'échange des diverses expériences accumulées au fil du temps par les Administrations des châteaux dans le domaine de la conservation, de l'entretien et de la présentation du patrimoine culturel et naturel dont ils ont la charge. Cette initiative a de même pour objectif d'utiliser du mieux qu'il soit ces connaissances pour le bien des monuments, mais aussi celui des visiteurs. Avec la création de l'Administration des Châteaux de Mecklenburg-Poméranie- Antérieure en 2004, ce groupe de travail compte à présent en tout dix administrations, organismes publics, qui sont actives à l'échelon de leur Land respectif. En vue de rendre cette coopération plus fructueuse encore ainsi que de publier de nouveaux livres, il serait bienvenu que les Länder restants, comme la Basse-Saxe, la Rhénanie du Nord-Westphalie mettent également en place de telles administrations.

La série de livres initiée par le Groupe de travail connut un vif succès avec son premier ouvrage, intitulé : « Le temps du voyage, voyage dans le temps à la découverte des plus beaux châteaux, jardins, monastères et constructions romaines d'Allemagne ». Il fut donc décidé, en 2003, de rendre honneur à l'art paysager grâce à l'ouvrage « Plaisir du jardin – jardin de plaisir – Les plus beaux jardins historiques en Allemagne ». De fait, ces jardins étant une constante de tout site résidentiel destiné, en son temps, à la cour et en raison du devoir de conservation qui incombe aux Administrations des Châteaux, il s'imposait de leur faire une révérence. Le livre présent est le dernier ouvrage de cette série mise en œuvre par le Groupe de travail des Châteaux et Jardins en Allemagne et il est consacré aux œuvres d'art que sont les intérieurs de nos châteaux et monastères et qui différencient de façon tout à fait caractéristique ces derniers des autres musées

Vous aurez certainement déjà entendu parler dans la presse de certains des « intérieurs d'art » que nous présentons dans ce livre. La plupart d'entre vous connaissent sans doute ces œuvres d'art d'une beauté littéralement fascinante que sont la salle de Marbre du château de Bruchsal, la cuisine de l'Amalienburg dans le jardin du château de Nymphenburg à Munich ou bien encore la salle de Marbre du château de Sans-Souci à Potsdam. Néanmoins, une multitude d'autres intérieurs d'art magnifiques, dispersés dans toute l'Allemagne, attendent d'être découverts par le public. Connaissez-vous par exemple la chapelle du château fort de Kriebstein en Saxe avec ses fresques murales impressionnantes de la période du gothique tardif. Vous êtes-vous déjà laissés séduire par le cachet romantique de la décoration du château Stolzenfels sur Rhin ? Permettez-nous de vous inviter à visiter les bains de Marbre de la Karlsaue à Cassel ou encore à faire une escale fort agréable dans la grande salle des fêtes du château Heidecksburg à Rudolstadt. Ou bien désireriez-vous plutôt découvrir les intérieurs du château de Wörlitz ?

La grande variété des intérieurs d'art vous surprendra tout comme l'achèvement de leur facture, typique du train de vie des nobles au cœur de l'Europe autrefois. Vous serez étonnés de l'incroyable habileté des artistes et artisans qui créèrent ces intérieurs dès le Moyen-âge jusqu'au début du XXe siècle. Aujourd'hui encore ces intérieurs en témoignent de façon vivante et palpable pour chaque visiteur.

Les châteaux et les jardins sont des œuvres d'art globales, des œuvres d'art dites « totales ». Elles portent la marque des familles de souverains qui les firent aménager et allient en elles les œuvres parachevées de générations entières d'artistes, déjà renommés à leur époque. En les visitant, vous serez témoins des défis artistiques que se lançaient mutuellement les différentes familles de souverains, souvent apparentés d'ailleurs, lors de la construction de leurs châteaux. Vous mesurerez la vivacité des échanges culturels internationaux d'alors qui, à l'écart des conflits, sont à la source même de la perfection de ces oeuvres. Vous allez faire la connaissance de familles entières d'artistes qui travaillaient à la fois en Italie, en France, aux Pays-Bas et en Angleterre. Au service de souverains ou du clergé, ils créèrent des oeuvres d'art qui devinrent des éléments phares des paysages qui les entourent. Certaines des petites localités où se trouvent l'une de ces résidences ou monastères leur doivent leur nom bien sonnant.

Laissez-vous inspirer par ce troisième ouvrage du guide officiel commun des Administrations des Châteaux d'Allemagne et séduire par de nouvelles découvertes. Les Administrations des Châteaux d'Allemagne vous accompagnent avec plaisir dans votre voyage et vous souhaitent la bienvenue.

Staatliche Schlösser und Gärten Baden-Württemberg

Bayerische Verwaltung der staatlichen Schlösser, Gärten und Seen

Stiftung Preußische Schlösser und Gärten Berlin-Brandenburg

Verwaltung der Staatlichen Schlösser und Gärten Hessen

Schlösserverwaltung Mecklenburg-Vorpommern

Burgen, Schlösser, Altertümer Rheinland-Pfalz

Staatliche Schlösser, Burgen und Gärten Sachsen

Stiftung Dome und Schlösser in Sachsen-Anhalt und Kulturstiftung DessauWörlitz

Stiftung Thüringer Schlösser und Gärten

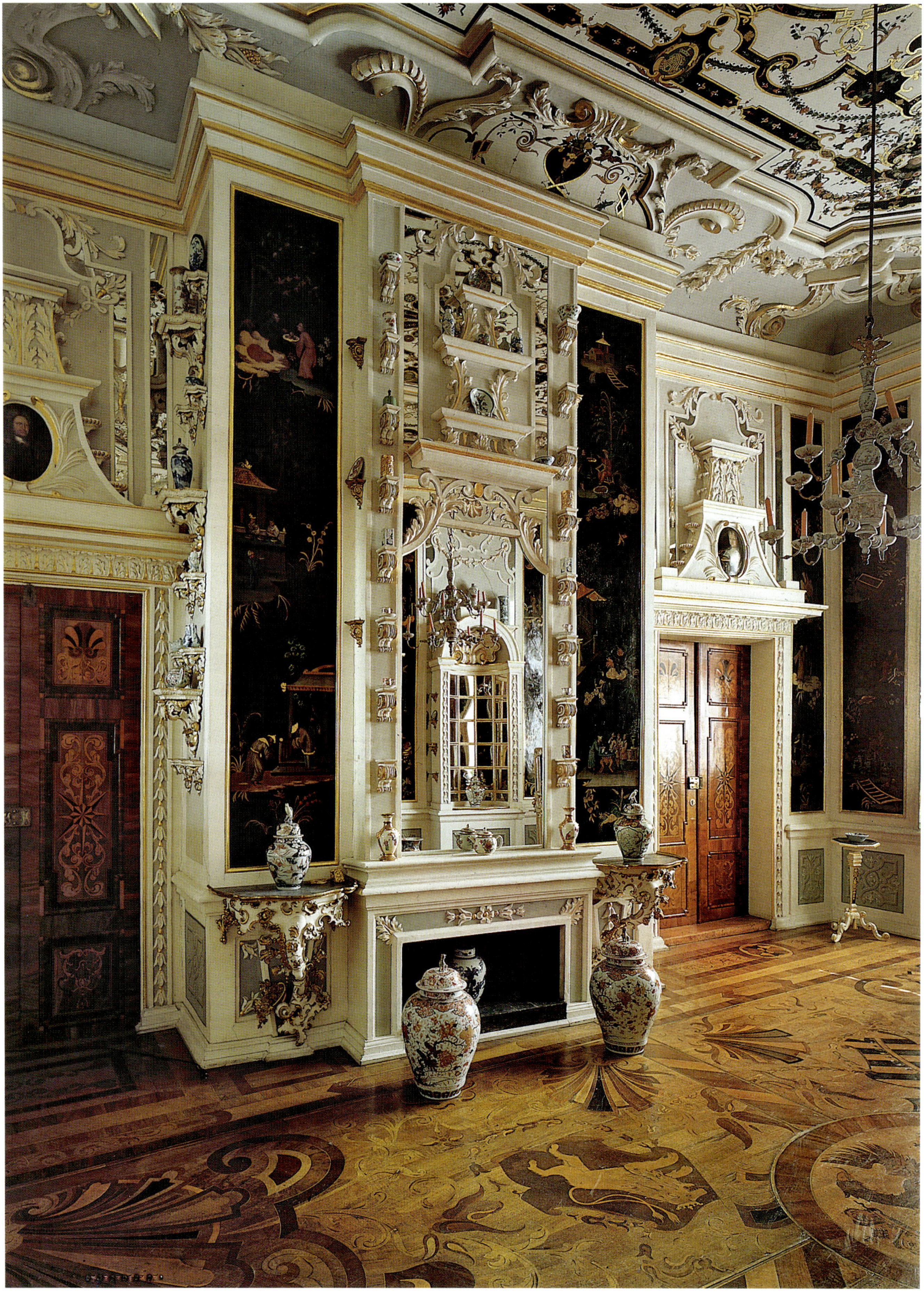

Groupe de travail « Châteaux et Jardins d'Allemagne »

Prise en charge commune d'intérieurs d'art de grande valeur en Allemagne

Le Groupe de travail «Châteaux et Jardins d'Allemagne» a vocation de promouvoir l'échange des expériences professionnelles et la mise en chantier de projets initiés par les Administrations des Châteaux qui sont des organismes publics agissant à l'échelon du Land. Les Administrations des Châteaux et Jardins d'Allemagne travaillent en vue de la conservation, de l'étude, de l'enrichissement et la transmission d'un patrimoine historique et artistique constituant un ensemble esthétique unique en son genre. Ce patrimoine est constitué d'édifices, de musées, de biens culturels, y compris les paysages et jardins aménagés, mais également et en particulier d'intérieurs aménagés selon des critères artistiques. C'est à ces derniers que se consacre l'ouvrage présent.

Les monuments placés sous la tutelle des Administrations des Châteaux sont des oeuvres d'art globales dites « totales » d'une grande valeur historique et culturelle. Ces dernières sont cependant également des documents de la plus haute importance quant à l'histoire de l'art et celle du Land. Elles ont fortement contribué à forger l'identité culturelle du Land où elles se trouvent et par conséquent, leur conservation et leur présentation sont d'intérêt public. Il faut comprendre par le terme d'œuvre totale, l'ensemble toujours plus homogène au fil des siècles que forme l'architecture du site, les bâtiments historiques et les intérieurs. La mise en scène de différentes formes d'art visant dans leur totalité la création d'une oeuvre d'art en soi est la caractéristique de ces œuvres d'art totales. Les intérieurs d'art sont de fait un espace architectural que le visiteur peut pénétrer et faisant preuve d'un aménagement artistique digne d'un musée. Les réserves des musées qui abritent les anciennes collections des souverains sont également des éléments constitutifs essentiels de ces œuvres d'art totales qui élevèrent jadis les châteaux au rang de salles de trésor. Pour pouvoir apprécier pleinement ces intérieurs d'art, il s'avère indispensable de prendre conscience du témoignage historique qu'ils comprennent, en particulier en ce qui concerne la biographie des artistes tout comme l'histoire des dynasties et des modifications territoriales. Il incombe donc aux Administrations des Châteaux d'Allemagne de conserver et d'entretenir, non seulement les bâtiments dont ils ont la charge mais encore l'environnement qui les entoure ainsi que ce qu'ils contiennent, ces éléments faisant partie d'un tout irréductible. Cette tâche comprend la recherche scientifique et la transmission au public mais aussi, le cas échéant, la restauration ou l'enrichissement des lieux. L'objectif visé est de rendre ces sites accessibles et compréhensibles aux visiteurs de façon appropriée et de permettre qu'ils soient effectivement ressentis comme œuvre d'art totale. Les Administrations regroupées au sein du Groupe de travail des Châteaux et des Jardins d'Allemagne s'entendent comme des institutions au service de la collectivité et ont pour dessein d'élaborer une gestion économiquement raisonnable du patrimoine qui leur est confié. Elles partent de la prémisse qu'il est possible d'allier culture et soucis d'économie comme ce fut déjà le cas par les siècles passés. Afin que les Administrations puissent remplir leur mission alors que le tourisme visant les châteaux et monuments historiques va en s'intensifiant et qu'à l'inverse, les moyens financiers et le personnel à disposition s'amenuisent, il est indispensable que les compétences nécessaires á la maîtrise de cette tâche restent aux mains d'un seul acteur. A l'image des œuvres qui leur sont confiées et sont de véritables modèles d'intégration, les Administrations des Châteaux gèrent différents domaines englobant à la fois les différentes professions très spécialisés au sein du musée et les activités concernant la prestation de service, mais elles mènent également des recherches se rapportant aux monuments et visant des résultats concrets. Les Administrations sont compétentes pour les domaines suivants :

- les chantiers de construction qui englobent tout aussi bien l'architecture que ce qui s'y rapporte, la primauté étant donné à l'histoire de l'architecture ainsi qu'à l'entretien et à la restauration du monument.
- la muséologie, soit la présentation des œuvres d'art dans le contexte de l'ensemble du site historique y compris les travaux de recherche s'y attenant, le recensement des œuvres dans le cadre d'études relevant du domaine de l'histoire de l'art et enfin l'apport de compléments.
- la restauration, soit la conservation, la restauration et l'entretien.
- l'art paysager soit l'entretien poussé des jardins et des paysages, la primauté étant donnée à l'histoire des jardins classés monuments historiques et à leur conservation.
- les relations publiques et la communication, soit les publications, l'organisation de visites guidées, la pédagogie muséologique, les expositions, la publicité, etc.
- l'administration des domaines territoriaux afin d'assurer le maintien des biens, une gestion appropriée de ceux-ci et leur exploitation conformément aux directives gérant la protection des monuments historiques.

La qualification du personnel spécialisé en raison de leur rôle de formateurs, ce qui leur permet ainsi de contribuer à l'efficience des méthodes de travail et d'assurer le niveau de qualification.

Comité directeur:

Dr. Helmut-Eberhard Paulus
Directeur de la Fondation des Châteaux et Jardins d'Etat de Hesse

Egfried Hanfstaengl
Président de l'Administration bavaroise des Châteaux, Jardins et Lacs d'Etat

Prof. Dr. Hartmut Dorgerloh
Directeur général de la Fondation des Châteaux et Jardins de Prusse de Berlin et de Brandebourg

Vice-présidents

◁ *Le cabinet des Glaces du château de Heidecksburg à Rudolstadt*

Des intérieurs historiques conçus comme des œuvres d'art

« Les châteaux et les résidences et leurs intérieurs d'époque précieux ainsi que leur jardins sont des œuvres d'art totales d'une valeur inestimable qui se sont formées peu à peu au fil de l'Histoire. Les châteaux sont bien plus que des musées. »
(Résolution de Wörlitz de 1994,
Comité national allemand d'ICOMOS)

Les intérieurs d'arts ne sont pas des lieux comme les autres. On ne peut saisir leur essence que si on les regarde intensément. Faire l'expérience de ces pièces tient de l'exceptionnel : différentes formes d'arts nous interpellent, semblant jouer avec l'espace qu'elles remplissent et le temps qu'elles traversèrent. Elles portent en elles les traces de l'évolution de l'histoire des idées au fil des siècles. Il s'avère indispensable pour le visiteur de prendre son temps pour découvrir leurs mille facettes. Pour cela il lui faut les admirer de l'intérieur et de l'extérieur, les parcourir et s'y attarder, s'imprégner de leur charisme. Les œuvres d'art totales historiques sont des ensembles complexes, constitués de l'ensemble du site, de l'architecture des lieux et des éléments artistiques de décoration qu'ils abritent. L'aménagement de chaque pièce correspond toujours à la fonction qu'elle tenait et à l'usage qu'il en fut fait. Comme toute œuvre d'art totale, les différents genres et types d'arts s'allient les uns aux autres pour créer un intérieur qui est une œuvre d'art en soi. Autrement dit une multitude d'œuvres artistiques s'unissent en une seule et même œuvre, d'un ordre supérieur. Ces espaces devenus œuvres d'art sont de fait la concrétisation de la célèbre phrase d'Aristote : « *Le tout est plus que la somme de ses parties* ». La plupart de ces œuvres se présentent sous la forme d'intérieurs, néanmoins elles peuvent également se situer à l'extérieur, être par exemple un jardin ou bien encore de grands espaces ouverts orchestrés tels une place par exemple. Elles sont alors cependant considérées comme faisant partie de l'art paysager ou de l'architecture. Dans ce livre, la notion d' « œuvre d'art spatiale » se réfèrera essentiellement aux œuvres d'arts intérieurs, que nous nommerons intérieurs d'art.

La caractéristique des intérieurs d'art est que l'on peut les pénétrer, les vivre de l'intérieur. En conséquence, le patrimoine historique des intérieurs d'art est particulièrement menacé que ce soit par l'usure, par un changement quelconque de l'utilisation de ces pièces ou bien encore par tout remaniement. Ces intérieurs nécessitent donc d'être l'objet de soins de conservation particuliers. Dans la Résolution de Wörlitz de 1994, le comité national allemand d'ICOMOS a souligné que l' unité exceptionnelle existant entre l'architecture et la décoration, propre aux intérieurs d'art et que l'on trouve en premier lieu dans les châteaux, est en danger de disparition. L'union souhaitée du patrimoine culturel avec le patrimoine naturel requiert donc une protection intense. La Résolution de Wörlitz insiste sur la grande importance de la décoration historique pour les châteaux et les jardins, elle rappelle de plus que leur nature d'œuvre d'art totale n'est perceptible que dans le contexte des évolutions historiques dont ils témoignent. Les exigences principales de la Résolution se laissent donc formuler comme suit :

« L'unité des châteaux et des jardins doit être préservée en tant qu'oeuvre d'art totale historique, tout partage et toute division sont à éviter.
Les rapports existant entre les différents éléments de l'œuvre d'ensemble qui ont été endommagés doivent être remis en état. Ce n'est que pris dans leur totalité que les châteaux répondent de façon adéquate à la définition de monuments d'art historiques. »

L'immense responsabilité que constitue la tâche de conserver les intérieurs d'art se trouve confrontée à de nombreux problèmes spécifiques d'entretien et de restauration des monuments. Dans le cas d'œuvres totales telles que les châteaux, les jardins, les monastères, l'importance de ces problèmes est proportionnelle à celle du patrimoine culturel historique précieux varié qui y est lié et qui caractérise la culture européenne. La perte de certains éléments de décoration d'époque, ainsi que les transformations passées dues à l'évolution de la conception de ce que devait être une résidence ou de ce qui était nécessaire à un intérieur pour qu'il soit digne du rang de son locataire posent des problèmes que l'on ne peut résoudre par la simple décision d'utiliser ces lieux comme musées. La présentation d'intérieurs d'art implique une série de réflexions fort complexes. Ces œuvres n'ayant pas été créées à un moment précis, n'étant pas des témoignages d'une époque historique précise mais bien au contraire d'une longue évolution au fil des siècles, d'une suite de différents aménagement et de transformations, la question se pose de savoir quelle période historique doit être présentée aux visiteurs. N'oublions pas cependant que ces œuvres d'art totales ayant subi des transformations à chaque tournant historique, elles témoignent également de l'histoire en mouvance. Puisqu'elles reflètent chaque évolution historique dans sa totalité, elles n'évoquent pas seulement le style d'une certaine époque ou bien certaines dates précises, mais elles nous parlent de ceux qui les habitèrent au fil des époques et de l'approche qu'avaient ces derniers de l'Histoire. Logiquement et ce, depuis longtemps, les Administrations des Châteaux tentent dans la pratique de conserver l'ameublement des intérieurs, tel qu'ils furent laissés avant d'être abandonnés en tant que lieux d'habitation. Ainsi, il faut aborder ces intérieurs comme l'aboutissement de la longue évolution la culture de l'habitat qui est aussi celle du rang et du prestige. Afin de préserver et de conserver la richesse des différentes phases historiques et des différentes étapes d'aménagement, il faut néanmoins s'accommoder du côté parfois hétéroclite de ces intérieurs d'art, occasionné par la juxtaposition de plusieurs styles, ou bien de certains manques au sein de l'aménagement ci et là. Il est d'une importance primordiale que les visiteurs puissent reconnaître et appréhender sans plus d'effort les traces laissées par le cours de l'Histoire et le cachet des gens qui habitèrent en ces lieux aménagés avec tant d'art. La responsabilité qu'est la conservation ces œuvres peut toutefois pousser à transformer ces intérieurs, par exemple afin de protéger certains éléments de la détérioration ou du vol. De même, il est des intérieurs dont le mobilier fut volé ou bien qui furent en grande partie détruits lors de conflits et qui ne peuvent donc plus être ressentis comme oeuvres d'art. Le cas échéant, il peut s'avérer nécessaire de remettre ces lieux en leur état d'origine, de les reconstruire, naturellement sur la base de recherches scientifiques fondées afin que cette reconstruction puisse s'intégrer à l'œuvre totale qu'est le château.

Puisque les intérieurs d'art sont, en raison de l'usage qu'il en est fait, sujets à l'usure, il est de première importance de les entretenir continuellement, qu'il s'agisse des bâtiments en soi ou de l'aménagement des intérieurs. Grâce à cet entretien pratiqué de générations en générations, nous pouvons aujourd'hui nous réjouir que les châteaux, jardins et monastères soient encore en si bon état et si bien aménagés.

Les œuvres d'arts totales sont toujours porteuse d'un message qui peut être de diverses natures : il peut s'agir de la beauté indéniable de l'aura d'un lieu ou bien du message idéologique d'un ensemble de peintures. Quoiqu'il en soit, les oeuvres d'art totales sont les témoins d'une époque historique que tout visiteur peut reconnaître en elles. Elles nous parlent de la culture et de la technique à l'heure de leur création, elles sont des monuments historiques par l'utilisation qu'il en fut fait, ou bien encore des exemples artistiques témoignant concrètement de l'évolution de l'Histoire. Il faut cependant prendre en considération le langage propre à chaque œuvre et s'appliquer à le déchiffrer, si l'on veut saisir l'entière signification des intérieurs, parfois masquée. Ainsi, la tâche des conservateurs est également faire des recherches et de présenter les intérieurs d'art tout à la fois dans leur contexte historique que dans leur fonctionnalité. Seule une bonne compréhension de la nature de ces lieux permet de les protéger de transformations outrageuses et de saisir dans quelle mesure et comment ils doivent être entretenus. Ces réflexions justifient parfois une limitation de l'utilisation de ces lieux, non point à seule fin de protéger le bâtiment en soi mais aussi pour assurer qu'il sera utilisé d'une façon adéquate. Il n'est pas rare de devoir mettre fin à des interprétations équivoques. C'est pourquoi la Résolution de Wörlitz met en garde face au danger de certaines utilisations dévastatrices d'œuvres d'art totales:

« Les châteaux et leurs aménagements représentent le patrimoine auquel aucun Etat civilisé ne peut renoncer et ne peuvent être utilisés à des fins mercantiles, quelles qu'elles soient.

En raison de leur importance pour les générations à venir, les châteaux nécessitent au plus haut point d'être entretenus avec soin et protégés, respectés dans leur dignité et que toute la richesse de leur authenticité soit préservée.

L'utilisation de châteaux et jardins à d'autres fins que celles de la visite peut de principe les endommager de façon irresponsable et doit être vérifiée d'après des critères de conservation (aucune restauration ne peut remplacer des éléments détruits)

Il est indispensable de développer de nouvelles formes de tourisme respectueuses de l'environnement »

Helmut-Eberhard Paulus

Théâtres de la vie à la cour – Les intérieurs historiques des châteaux allemands

Les châteaux-forts, les châteaux et les monastères représentent les éléments marquants de nos paysages culturels et sont bien connus de tous, néanmoins ils sont bien plus que de simples décorations au sein de tableaux pittoresques. Ils abritent des intérieurs d'un temps révolu qui impressionnent de nos jours encore tout visiteur qui les pénètre et ce, qu'ils soient aménagés avec simplicité ou faste, qu'ils soient exigus ou spacieux ou encore plus ou moins bien conservés. La tâche qui incombe aux Administrations des Châteaux allemande est celle d'entretenir ces lieux et de les rendre accessibles au public. Les Administrations ont à leur charge les châteaux-forts et les résidences, les pavillons d'été et rendez-vous de chasse les plus importants qui incarnaient et représentaient les souverains d'alors. Les intérieurs de ces bâtiments dévoilent une variété de décorations et d'œuvres d'art d'époque qui en impose à tout visiteur et l'ébahit invariablement, le réjouissant et le rendant un peu plus docte à la fois. Ces œuvres d'art totales historiques appellent à être admirées ou étudiées plus précisément mais nous pouvons aussi tout simplement laisser leur aura agir sur nous.

De la vie protocolaire à la vie privée

Les châteaux et les lieux y attenant étaient autrefois de véritables mises en scène de la vie des souverains et de la cour. Il serait donc réducteur de ne voir en ces intérieurs d'art que des

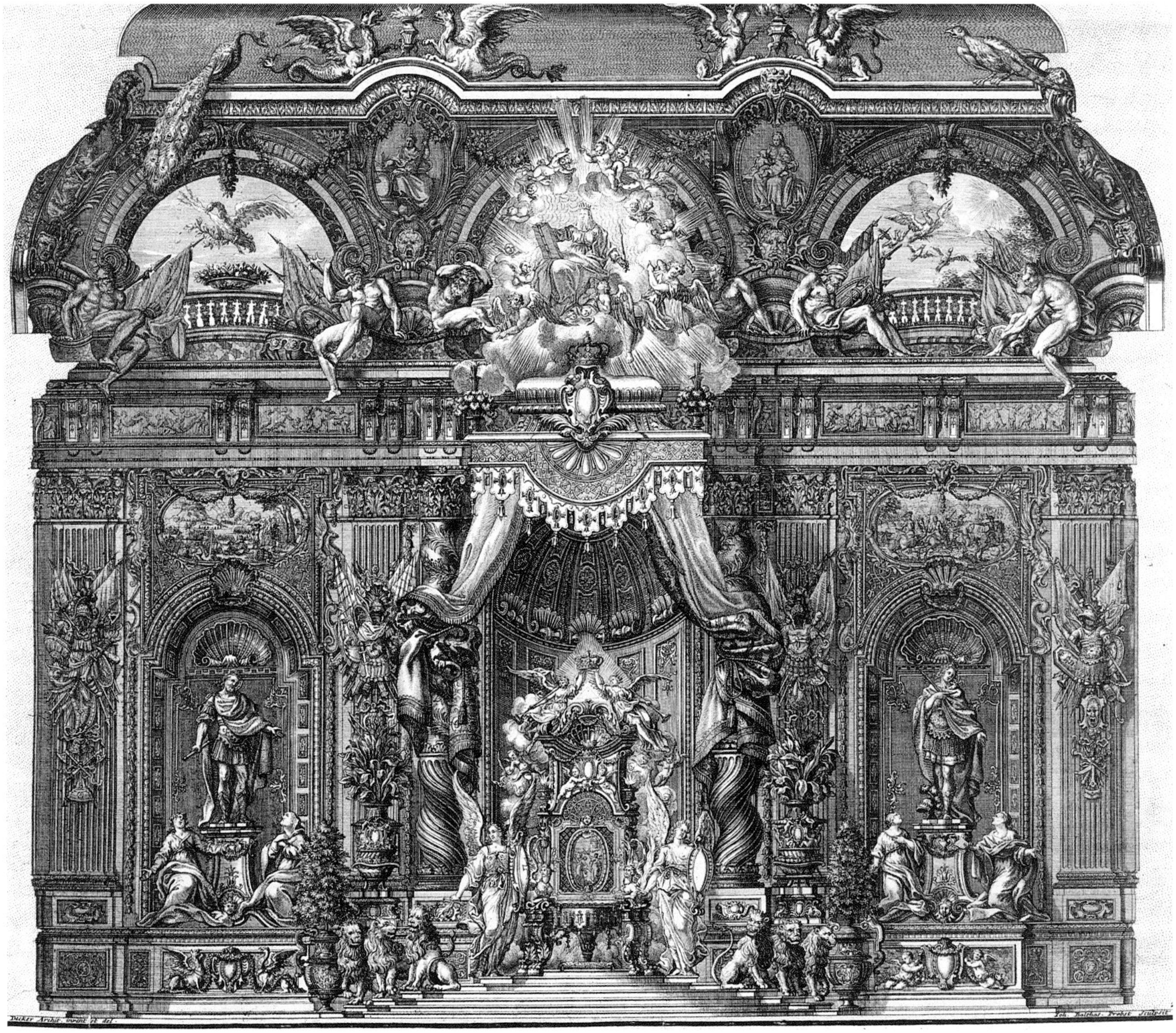

Illustration 1: Salle du trône, gravure de Paulus Decker, dans: Fürstlicher Baumeister, Architectura Civilis, Augsburg 1711, tableau 26

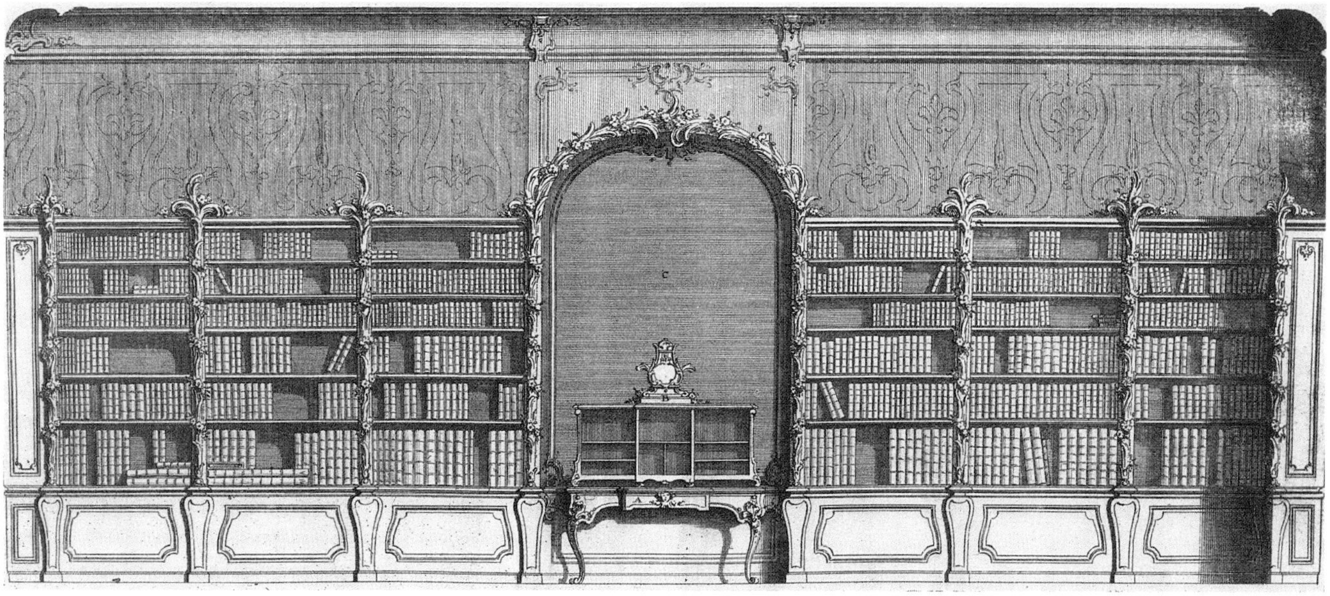

Illustration 2: Bibliothèque princière dans l'Hôtel de Soubise, gravure de Mariette, dans: L'Architecture françoise, vol. 2, Paris 1727, tableau 105

créations d'époques révolues ou des exemples concrets de l'évolution des aménagements intérieurs au cours des siècles. Les intérieurs d'appartements destinés aux souverains et à leur cour suivaient bien plus des règles strictes qui les différenciaient clairement des palais de la noblesse ou de la grande bourgeoisie. Leur agencement mais aussi leur dimension et leur ameublement répondaient aux exigences du protocole et reflétaient l'équilibre jalousement gardé de la hiérarchie entre les souverains allemands et européens. Ainsi était-il défini dans quelle pièce et selon quel agencement quels meubles devaient être disposés. De même, l'opulence de l'aménagement était à l'image du souverain et de son besoin de se différencier des autres par la démonstration ostentatoire de sa richesse, de son bon goût et de sa connaissance de la mode en cours sur la scène internationale. Il y allait de la preuve de la puissance et de la force innovatrice du souverain, sans pour autant enfreindre les limites rigides dictées par le rang et le protocole.

Il n'est, dans un tel contexte, pas étonnant que l'on eut employé des dessinateurs textiles et des artisans experts en leur matière pour transformer les intérieurs en des œuvres d'art totales, aux murs recouverts de lambris ou de tentures, aux plafonds ornementés de stuc, décorées de nombreuses peintures et meubles (illustration 1). Il n'est pas moins surprenant que les étoffes et les meubles d'apparat aient été, si besoin, importés de villes européennes spécialisées dans leur fabrication, sans égard pour l'importance économique de passer des commandes auprès des artisans du pays puisqu'il s'agissait de trouver le meilleur digne du prestige du prince. Le fait que les aménagements des salles d'apparat des souverains allemands aient toujours été à mi-chemin entre les exigences du cérémonial et le désir du souverain de surpasser les autres par l'accomplissement artistique des intérieurs de ses résidences, est à l'image du système politique du Saint Empire où les différents Etats étaient nettement positionnés les uns par rapport aux autres, selon une hiérarchie d'importance, ce qui n'empêchait nullement les souverains d'aspirer à monter les échelons de cette dernière. Puisque le clergé était intégré au système des pouvoirs séculiers, non seulement les châteaux des évêques mais aussi les monastères exerçaient des pouvoirs. Les prélats des abbayes et des couvents directement assujettis à l'Empire régnaient sur de petits territoires et se devaient donc d'avoir également des lieux d'habitation dignes de leur pouvoir et de leur rang.

Néanmoins, il est compréhensible que tiraillés entre le désir de représenter et la nécessité de s'adapter, le nombre de souverains qui à partir du XVIIIe ne voulurent plus habiter dans leurs appartements d'apparat alla en s'agrandissant, d'autant plus que le système devenait de plus en plus subtile. Tout comme Louis XV quitta les appartements du roi Louis XIV, à Versailles, pour se retirer dans un « petit appartement » confortable, les grands souverains allemands firent aménager en plus de leurs « pièces de parade » destinées à la représentation, des appartements privés (illustration 2) dans lesquels ils avaient plus loisir de s'installer comme ils l'entendaient. (Leurs épouses vivaient avec les femmes de la cour dans leurs propres appartements dont les pièces centrales étaient contiguës à celles du prince, ou encore qui se situaient à un autre étage au dessus de ceux du souverain, afin que les époux puissent se rendre mutuellement visite par des escaliers dérobés). Toutefois les règles du cérémonial étaient également pratiquées dans ces pièces, puisque le fait de pouvoir plus ou moins approcher le souverain dépendait de la position hiérarchique de chacun dans ce système qui accordait une importance toute particulière au rang, réminiscence de l'idée féodale. L'accès aux différentes pièces était strictement réglementé et rien n'échappait à l'attention des gens de la cour. Il était de même assez rare que le prince ait l'occasion d'être seul dans ses appartements, libre de faire ce qu'il voulait. A la cour de Munich par exemple, le prince électeur dut donner expressé-

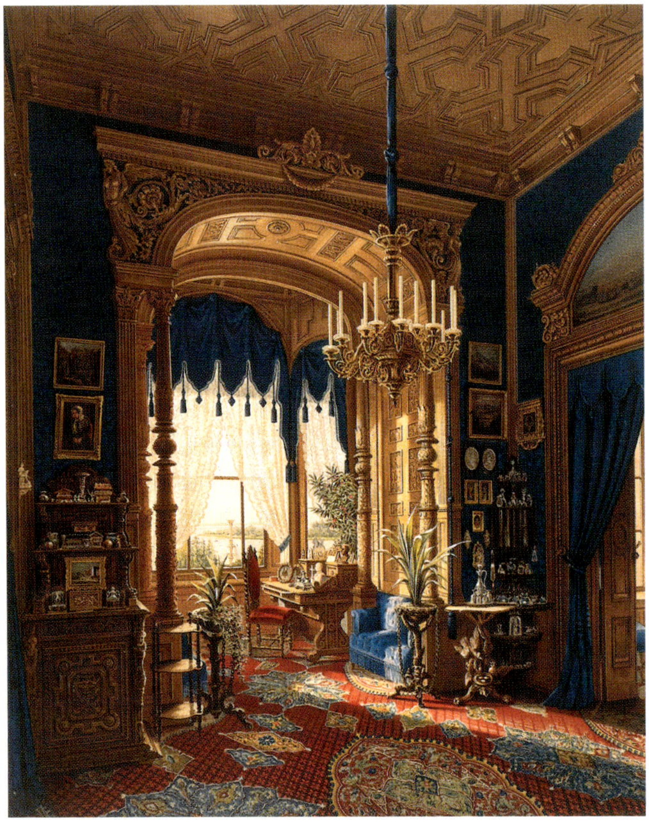

Illustration 3: Pièce avec fenêtre en encorbellement dans le château de Schwerin, de: A. Stüler, E. Prosch und H. Willebrand, Das Schloss zu Schwerin, Berlin 1869, tableau 27

ment l'ordre à ses serviteurs de ne pas laisser entrer des quémandeurs dans ses appartements privés, ni de les faire patienter dans ses toilettes ...

Il fallut attendre le XIXe siècle et le système constitutionnel pour que s'opère enfin la distinction entre l'Etat et la famille du souverain, offrant au souverain et à ses proches la possibilité de jouir d'une sphère privée. De ce jour, ils eurent loisir d'aménager leurs appartements selon leurs goûts et préférences. Les pièces les plus personnelles et intimes des châteaux virent donc le jour à partir de l'époque Biedermeier (Illustration 3). A la fin du XIXe siècle, le repliement sur la sphère privée prit d'ailleurs des traits extrêmes dans les châteaux de Louis II de Bavière. En effet, le roi fit ériger de monumentales mises en scène de ses rêves, proportionnelles à sa perte de contact avec le monde réel. Ses châteaux sont à comprendre comme les coulisses idéales pour un roi qui voulait vivre sa „vraie" vie à l'écart de la réalité d'un pays devenu constitutionnel. Le château de Herrenchiemsee, une copie de Versailles, ne fut pas construit pour remplir les exigences du cérémonial d'une monarchie absolue, mais était pour Louis II un édifice à la hauteur de ses rêves, un cadre dans lequel il pouvait se laisser aller à ses phantasmes, oubliant avec obstination que la monarchie absolue appartenait au passé. D'une certaine façon, Herrenchiemsee est un parc à thème (pour employer un terme foncièrement moderne) consacré à des types de souveraineté n'ayant plus lieu. Ce château annonçait donc la fin de l'utilisation des châteaux à des fins de représentation.

Ainsi, les salles de nos châteaux, de nos églises et de nos théâtres se révèlent être bien plus que des aménagements achevés artistiquement comme semble le suggérer le terme d'« intérieurs d'art». Néanmoins en tant que salles de représentation et d'habitation (mais ceci concerne également les pièces réservées au personnel), elles sont de même des lieux témoignant encore de l'évolution de l'Histoire (illustration 4). Comme le feraient une machine à remonter le temps, elles nous plongent dans le passé de façon exemplairement vivante. Qu'elles soient aménagées en vue de la vie de cour ou en tant qu'appartements privés, elles ne se limitent pas à donner au visiteur une idée de ce que fut la vie d'autrefois, mais lui permettent aussi de jeter un coup d'œil dans les coulisses et de faire la connaissance, comme dans un rêve éveillé, des gens qui habitèrent ou séjournèrent en ces lieux et ce, sans pour autant tomber dans le piége du voyeurisme. Bien que les cérémonies officielles et les banquets n'aient plus lieu, que le bonheur ou la détresse des gens d'autrefois se soient envolés, tout visiteur peut encore ressentir en pénétrant ces pièces les ambitions et les faiblesses, les penchants et l'image qu'avaient les personnes qui vécurent là d'elles-mêmes.

Naturellement, toutes les pièces de nos châteaux ne nous permettent pas si facilement de faire le rapport avec les souverains, les architectes et les habitants, car ces œuvres totales créées à une certaine période historique nous sont rarement parvenues, à travers les temps, exactement telles qu'elles furent conçues à l'origine. Bien qu'elles eussent été préservées au fil des générations qui continuèrent de les habiter, chacune de ces dernières y porta son cachet particulier. Ainsi se superposent toujours les traces de différentes époques dans les intérieurs des châteaux. Cette constatation inclue également les remaniements faits lors des travaux de « remise en ordre » des conservateurs du XXe siècle qui, à la suite de la chute de la monarchie, puis des destructions de la Seconde Guerre mondiale tentèrent de (re)construire des intérieurs typiques et concluants en soi, selon les enseignements de la science de l'histoire des styles. A cette occasion, l'état d'origine des intérieurs fut reconstitué donc sans tenir compte des transformations qui avaient été opérées depuis. Il se peut également que l'on ait même créé de nouveaux ensembles en y intégrant des éléments conservés et des pièces d'inventaire pour des fins muséales. Les intérieurs qui sont encore entièrement, ou presque, authentiques et qui donc témoignent d'une époque et d'une situation d'habitat particulières par le biais de leur aménagement fixe et mobile, sont d'autant plus précieux. Le travail des restaurateurs et des conservateurs consiste de nos jours à conserver l'authenticité des intérieurs ou encore à les reproduire à l'aide d'anciens éléments (illustration 5), tout en veillant à respecter la valeur historique des remaniements opérés au fil de l'Histoire. Ces dernières décennies, il fut enfin reconnu que la valeur incommensurable des intérieurs d'époque réside justement dans le fait que ces pièces, ancrées dans l'Histoire, reflètent également les désirs d'un maître d'œuvre et sont de ce fait nullement interchangeables. Ceci les distingue des mises en scène créées à des fins muséales et forcément placées sous le signe de l'éphémère, comme le prouvent les changements qu'elles subissent. Les articles du livre présent portent sur de tels ensembles authentiques ou en grande partie conservés dans le but de donner au lecteur un aperçu de la variété de ces intérieurs qui sont tout à la fois des œuvres d'art finies et des témoignages historiques, parvenus jusqu'à nos jours. Ils constituent, de fait, une partie non négligeable de notre patrimoine culturel.

En feuilletant ce livre, le lecteur ne manquera pas de remarquer que les salles d'apparat et d'habitation préservées dans nos châteaux et cloîtres n'occupent finalement qu'une petite partie de leur espace et que les logements des nombreuses personnes ayant une charge à la cour et des domestiques qui assuraient le bon fonctionnement de la « machine à représenter » qu'étaient les châteaux ne sont que rarement conservés. Quiconque a eu loisir de voir, dans les manoirs anglais, les chambres des servants et des camériers, les pièces où étaient rangées l'argenterie ou bien les lampes, les cuisines et les celliers, sait ce qui fait défaut à presque tous nos châteaux. La nécessité, en temps de crise, d'utiliser à d'autres fins les pièces disponibles a depuis toujours mené à la conservation des pièces d'apparat et à la conversion de l'usage fait de pièces jugées comme sans intérêt. Les quelques rares exemples de cuisines et de bains, de chambres d'invité et de chambres de domestique en sont d'autant plus précieux. On peut y deviner ce que furent autrefois les structures sociales et y mesurer la distance qui séparaient alors les habitants des pièces d'apparat du petit peuple. Dénuées de toute tentative de représentation, ces pièces permettent au visiteur de ressentir au plus près et de la façon la plus palpable qu'il soit quelle était la vie à ces époque révolues.

Des intérieurs en mutation

L'histoire des œuvres d'arts intérieurs est étroitement liée à celle de l'architecture, car il se révèle impossible de dissocier l'aménagement des châteaux des bâtiments en eux-mêmes ainsi que de leurs jardins aménagés. C'est pourquoi nous vous proposons de vous familiariser un peu avec l'histoire de l'architecture, pour que vous puissiez par la suite mieux apprécier les oeuvres d'intérieurs des châteaux et monastères allemands présentées dans ce livre.

Les résidences princières construites au Moyen-âge étaient généralement des châteaux-forts et leurs emplacements dispersés un peu partout étaient dictés par les nécessités territoriales. Comme les rois et les princes de l'époque se déplaçaient sans cesse au sein de leur Etat, ils emportaient toujours avec eux les textiles et les accessoires nécessaires à l'aménagement des pièces austères de leurs châteaux. Voilà l'origine du terme de « meuble » qui vient du latin populaire « mobilis », soit « qui se meut ». Quelques exemples, comme la salle du château-fort de Saxe Gnandstein, témoignent encore de l'aménagement des intérieurs d'alors qui avaient pour dessein de servir à la fois à l'expression du culte voué au souverain mais aussi à la représentation de ce dernier, tout en étant des lieux d'habitation A l'opposé de ces pièces, dans lesquelles pendaient tout au plus les armoiries ou bien la galerie des ancêtres qui légitimaient le pouvoir du châtelain, les chapelles, centres spirituels de ces résidences, étaient en partie très richement décorées de fresques. Ce n'est qu'à la période gothique que les pièces furent de plus en plus souvent lambrissées pour des raisons d'isola-

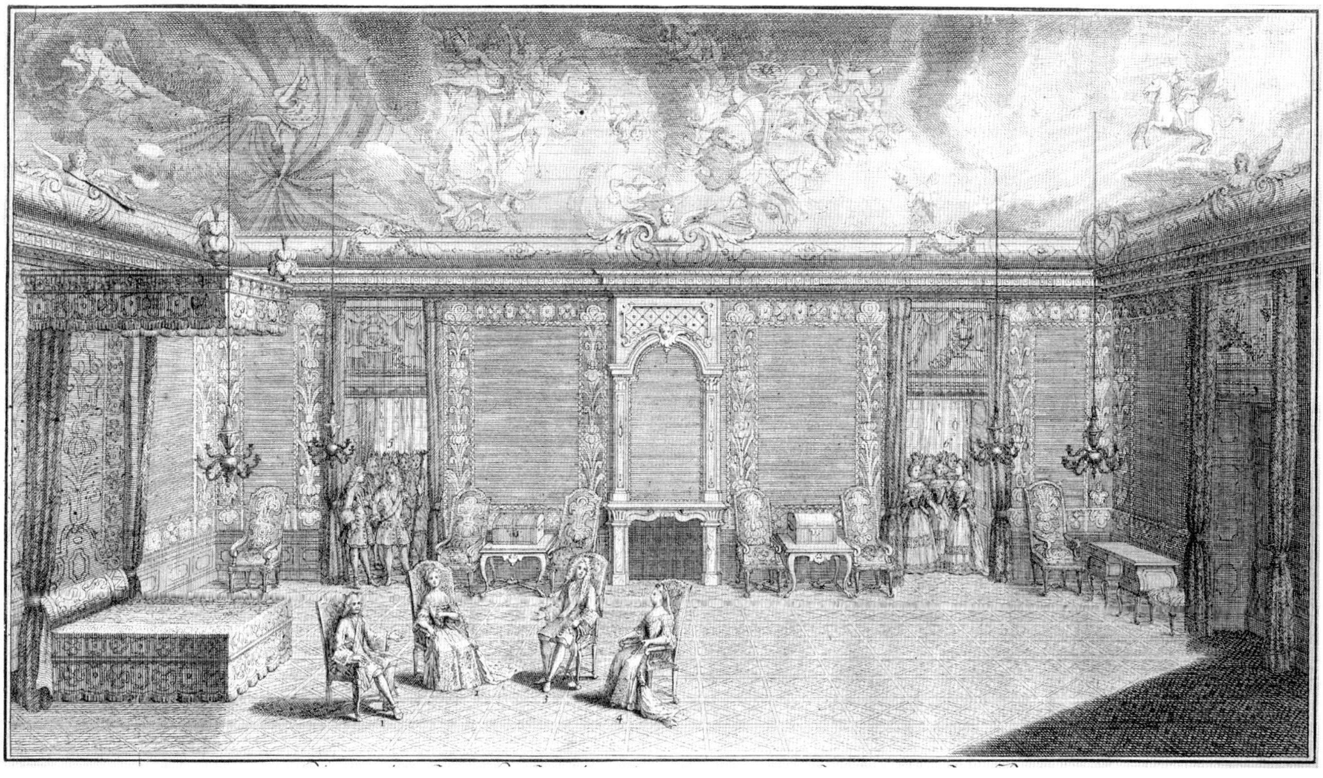

Illustration 4: Château résidentiel de Dresde, chambre d'apparat, le roi et la reine accueillent le prince héritier de l'Electeur et sa future épouse à l'occasion de leur mariage le 19 août 1719, gravure vers 1720, Dresden Kupferstichkabinett

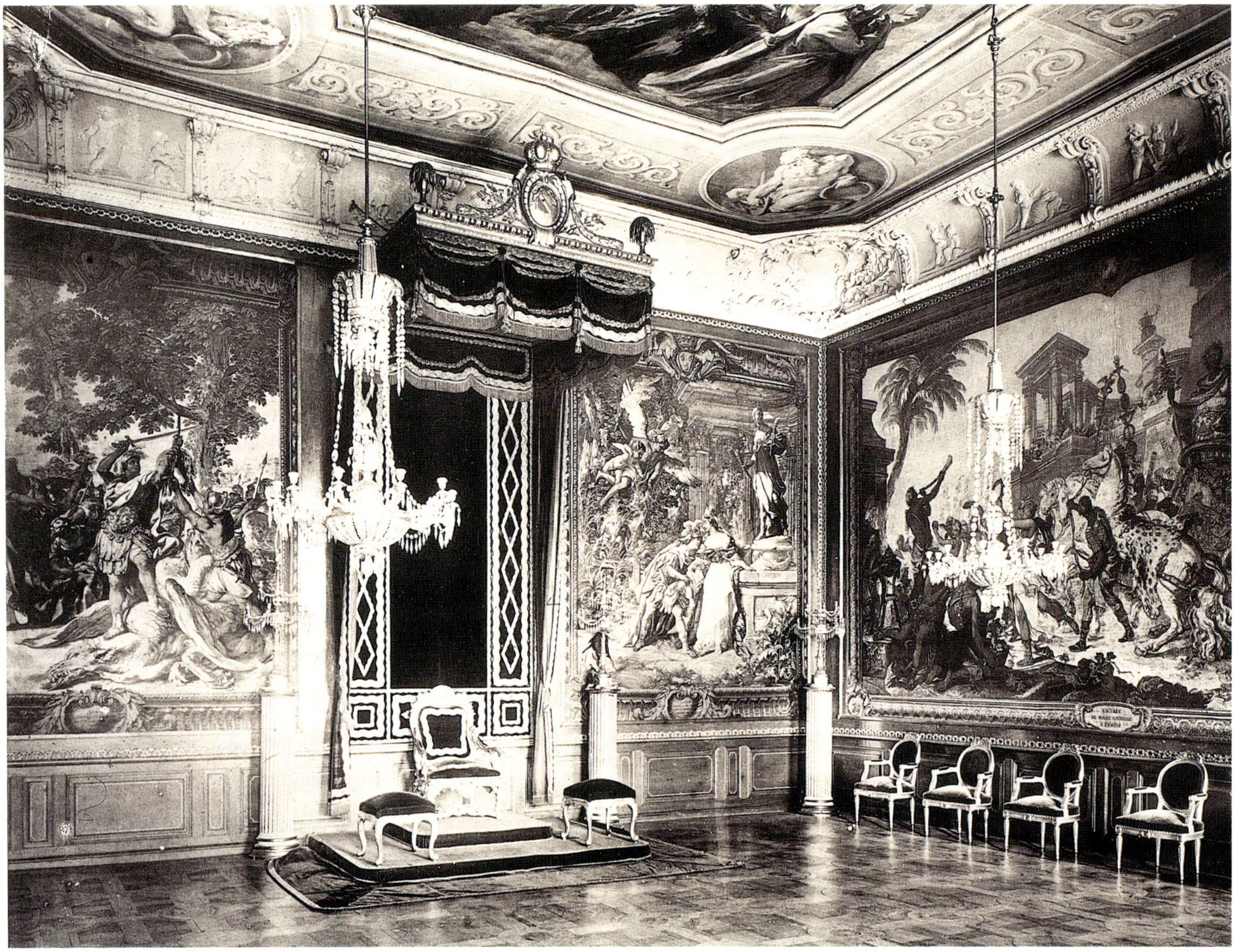

Illustration 5: Les appartements de l'empereur. Salle d'audience du château de Mannheim, état de 1888.
Photo de Rudolf Tillessen, Das Grossh. Schloss zu Mannheim. Ausgewählte Innendekorationen, Mannheim 1897, tableau 25

tion et peintes à des fins décoratives, la plupart du temps d'ailleurs avec des motifs imitant des tapisseries et des ramages, comme le prouve la salle du château Kriebstein en Saxe. Alors qu'avec l'entrée dans les Temps modernes et la sédentarisation des souverains, les châteaux-forts de hauteur, peu confortables, furent abandonnés, les châteaux-forts de plaine, situés aux abords des villes (Berlin, Stuttgart, Munich, Ansbach) devinrent des résidences fixes. Rares sont les châteaux-forts de hauteur comme celui de Landshut et Kulmbach, Eichstätt ou Heidelberg, qui furent transformés en châteaux d'apparat jusqu'à la Guerre de Trente ans. L'exemple le plus remarquable d'un site moyenâgeux ayant subi peu de transformations est le château impérial de Nuremberg des XIIe et XIIIe siècles. Mais il existe également quelques châteaux gothiques dans ce cas comme par exemple le château Albrecht à Meissen, un édifice qui démontre de façon exemplaire à quel point il était important pour les seigneurs de faire acte de représentation et de légitimer par le biais de leur château leur prétention à être une dynastie princière. Le château Albrecht étant intégré au complexe du château de Meissen, il fut possible de renoncer à la construction d'un dispositif de défense. Ce château-fort, conçu pour deux frères de la famille des Wettin, impressionne encore en raison de l'immense richesse des formes des pièces et des voûtes qu'il abrite et qui, quoique très fonctionnelles, ne laissent pas douter un instant qu'elles eussent été essentiellement élaborées à des fins de représentation.

L'Italie influença beaucoup le style architectural et artistique en Allemagne au XVIe siècle, lors de la période de transition entre le Moyen-âge et les Temps modernes. La résidence urbaine de Landshut, datant environ de 1540, avec ses intérieurs au cachet italien peut avec raison être considérée comme une oeuvre-clé témoignant d'un nouveau concept de l'apparat et de la naissance d'un nouveau style. Le style Renaissance se propagea d'ailleurs rapidement dans les châteaux résidentiels et transforma profondément leur architecture et la façon de les aménager. Pensons par exemple aux châteaux de Torgau (1533–1544) et de Heidelberg (1548–1556), de Schwerin (1553–1565) et de Güstrow (1558–1563) ou encore à celui d'Aschaffenbourg (1604–1614) dont l'architecture reçut même un cachet antique dans la foulée des travaux de remaniement de sites plus anciens. Au cours des années suivantes, l'influence des Pays-bas se fit clairement sentir dans le Nord de l'Allemagne. Dans le Sud, l'architecture s'inspira de la France et de l'Italie. A Heidelberg, s'opéra un mélange des styles. L'aile d'Othon Henri (Ottheinrichsbau) datant de 1556-1559 dotées de piédroits de porte travaillés avec minutie et force de détails ainsi que de cheminée réalisées par le sculpteur Alexandre Colin fait partie des plus grandes prouesses de l'art sculptural de l'époque. Cependant la résidence de Munich remaniée pour sa part peu de temps après, vers la fin du XVIe siècle, comprend également de véritables perles du maniérisme. Son Antiquarium, aménagé en 1568–1571 pour abriter des objets d'art anciens, fut bientôt remanié pour devenir finalement une salle d'apparat dont l'architecture se reconnaît clairement du style italien. La cour de la grotte dotée de nombreuses salles et de sculptures devint le centre de cette résidence urbaine et relève par la finesse de sa décoration en tout point du maniérisme. Les comtes et les chevaliers ne se privaient pas d'imiter les grands souverains de l'Empire et de s'offrir le luxe d'une architecture au goût de l'époque. La salle des Chevaliers décorées d'une fresque de plafond au cachet néerlandais et la forme du portail du château de Weikersheim qui rappelle celle d'un arc de triomphe montrent bien que les familles de la noblesse partageaient aussi ce désir de représenter. Ce château est de fait un exemple typique pour les décorations d'intérieurs du début du XVIIe. Opérés avant la Guerre de Trente ans, les somptueux travaux d'aménagement de la résidence de Munich sous Maximilien Ier (1600–1620) suivirent également les dernières évolutions stylistiques venant d'Italie: les salles d'apparat y furet ordonnées en enfilade (illustration 6) et leurs portes disposées sur le même axe. Cette nouvelle forme d'agencement des pièces, liée aux motifs allégoriques des fresques de plafond, était alors l'expression artistique du concept de la monarchie absolue.

A la suite de la Guerre de Trente ans qui affaiblit l'empire germanique et confirma l'avancée de la France comme grande puissance, la cour française devint, pour les princes allemands, le nouveau modèle à suivre dans le domaine culturel. La France était la preuve vivante des avantages liés à l'absolutisme, à une gestion centralisée de l'économie selon les principes du mercantilisme. Enfin la France prouvait également combien la pratique d'un style de vie luxurieux favorisait l'activité économique d'un Etat. La vie à la cour du Roi Soleil créa de nouveaux critères en architecture mais également en ce qui concerne la structure de la cour. Ainsi Versailles devint-il l'incarnation même de ce que se devait d'être une résidence princière européenne. Les princes allemands commencèrent dès les deux dernières décennies du XVIIe à imiter les créations de Louis XIV et à aménager leurs résidences en style baroque. Cependant les guerres récurrentes entre l'Empire et la France ainsi que les conflits de succession palatin et espagnol entravèrent souvent les travaux de construction qui allaient par contre de bon train dans le pays voisin depuis environ 1650. Le projet de construction du prince-électeur palatin en vue d'un nouveau château résidentiel à Mannheim en 1670 est

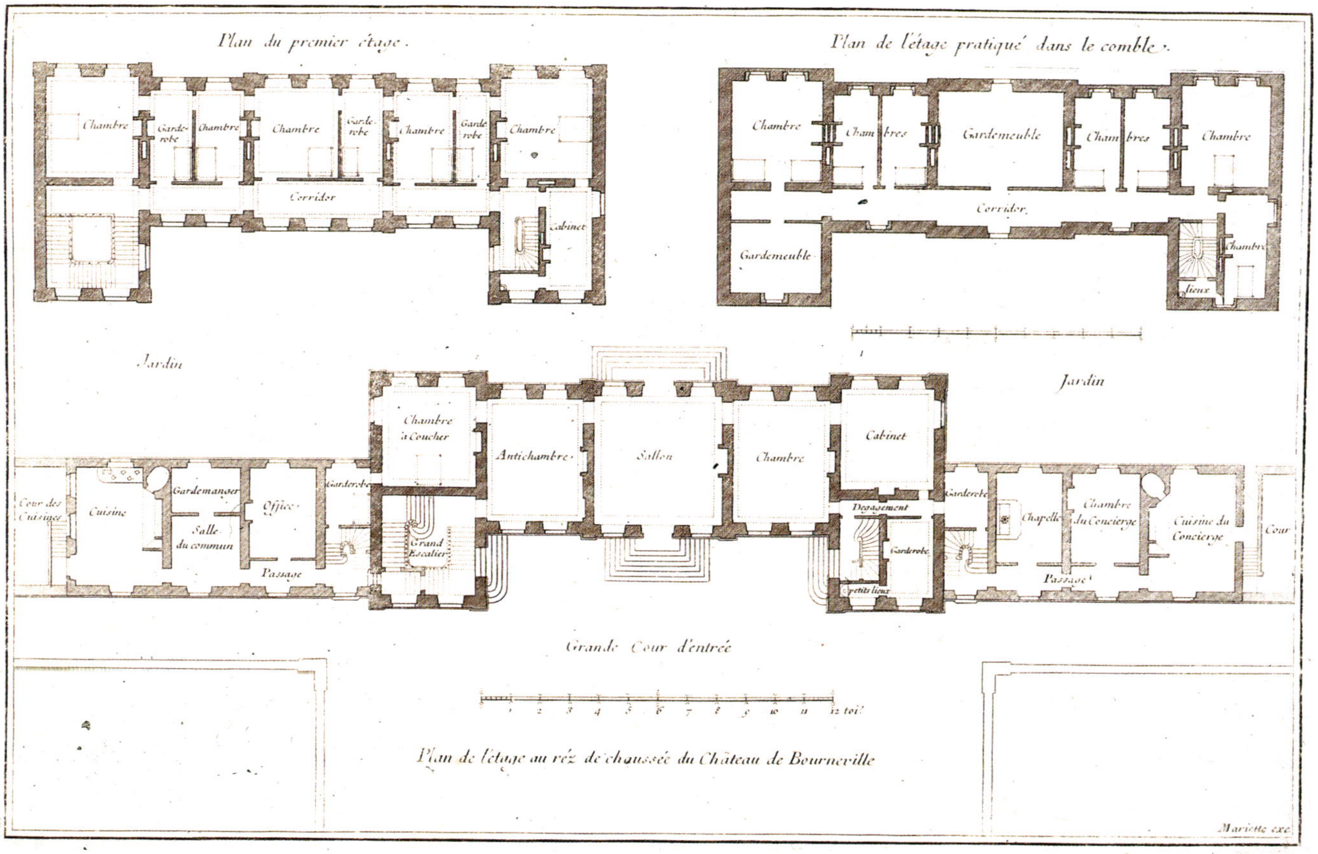

Illustration 6: Plan des trois étages du Château de Bourneville avec enfilade respective, gravure de Mariette, dans: L'Architecture françoise, vol. 2, Paris 1727, tableau 8

la première tentative de créer un site suivant strictement le modèle français, il ne fut toutefois pas réalisé. A Rastatt, le margrave fit construire vers 1700 un château dont l'architecture laisse reconnaître l'influence italienne sans pour autant rejeter celle de Versailles. Des deux côtés de la salle des fêtes centrale située au premier étage, se répartissent l'antichambre, la salle des audiences, la chambre d'apparat et deux pièces réservées au couple souverain. La résidence de Rastatt marqua le début d'une véritable euphorie dans la région du cours supérieur du Rhin pour les édifices baroques et plus particulièrement les intérieurs de ce style. A Karlsruhe (en 1715) et à Mannheim (en 1720) les résidences princières prirent des envergures plus impressionnantes encore et le duc de Wurtemberg fit bâtir en 1704 à Ludwigsburg un nouveau château résidentiel. La décoration artistique devait se plier à des règles strictes quant aux formes et au choix de motifs mythologiques. En Allemagne, sur les plafonds, les murs , les éléments d'aménagement, on vit se propager un type d'ornementation conçue pour exprimer un message, comme à Versailles, et visant à souligner l'adoration due au souverain. Les intérieurs devinrent des lieux où les messages semblaient fuser de tous les éléments architecturaux et décoratifs. Il ne suffisait cependant pas d'imiter le dessein des ornements dans l'architecture française mais leur style en soi. Les intérieurs des bâtiments remaniés, voire même nouvellement construits par le prince bavarois Max Emmanuel dans les châteaux de Nymphenburg (1701–1704, 1714–1723) et de Schleißheim (1701–1704, 1714–1726) en sont la preuve.

A l'opposé de cette tendance, la cour impériale des Habsbourg à Vienne se garda de changer son cérémonial et resta fidèle au style italien. Ainsi tenta-t-elle de faire un contrepoids à l'influence de Versailles. En particulier les princes de l'Eglise du sud de l'Allemagne, qui étaient intégrés au système de l'Eglise d'Empire, se rattachèrent au style correspondant au cérémonial de cour de Vienne. Il faut dans ce contexte évoquer les princes archevêques et les archevêques électeurs de la famille Schönborn qui créèrent comme une chaîne de sites baroques dans la première moitié du XVIIIe, avec la construction des châteaux Favorite près de Mainz (1704–1722) et de Pommersfelden (1711–1724) ainsi que des résidences à Wurtzbourg (à partir de 1720) et de Bruchsal (à partir de 1725), quoiqu'il fût tenté à Wurtzbourg de créer le pont entre les styles viennois et français. Les escaliers somptueux devinrent un décor indispensable au cérémonial de cour, puisque les invités de haut-rang étaient accueillis en haut de leurs marches.

Les princes électeurs de Saxe, de Prusse et de Hanovre qui, au début du XVIIIe siècle, avaient déjà été élevés au rang de rois nécessitèrent de nouveaux châteaux afin de démontrer leur souveraineté. A Dresde, le roi Auguste Ier de Pologne et à Ber-

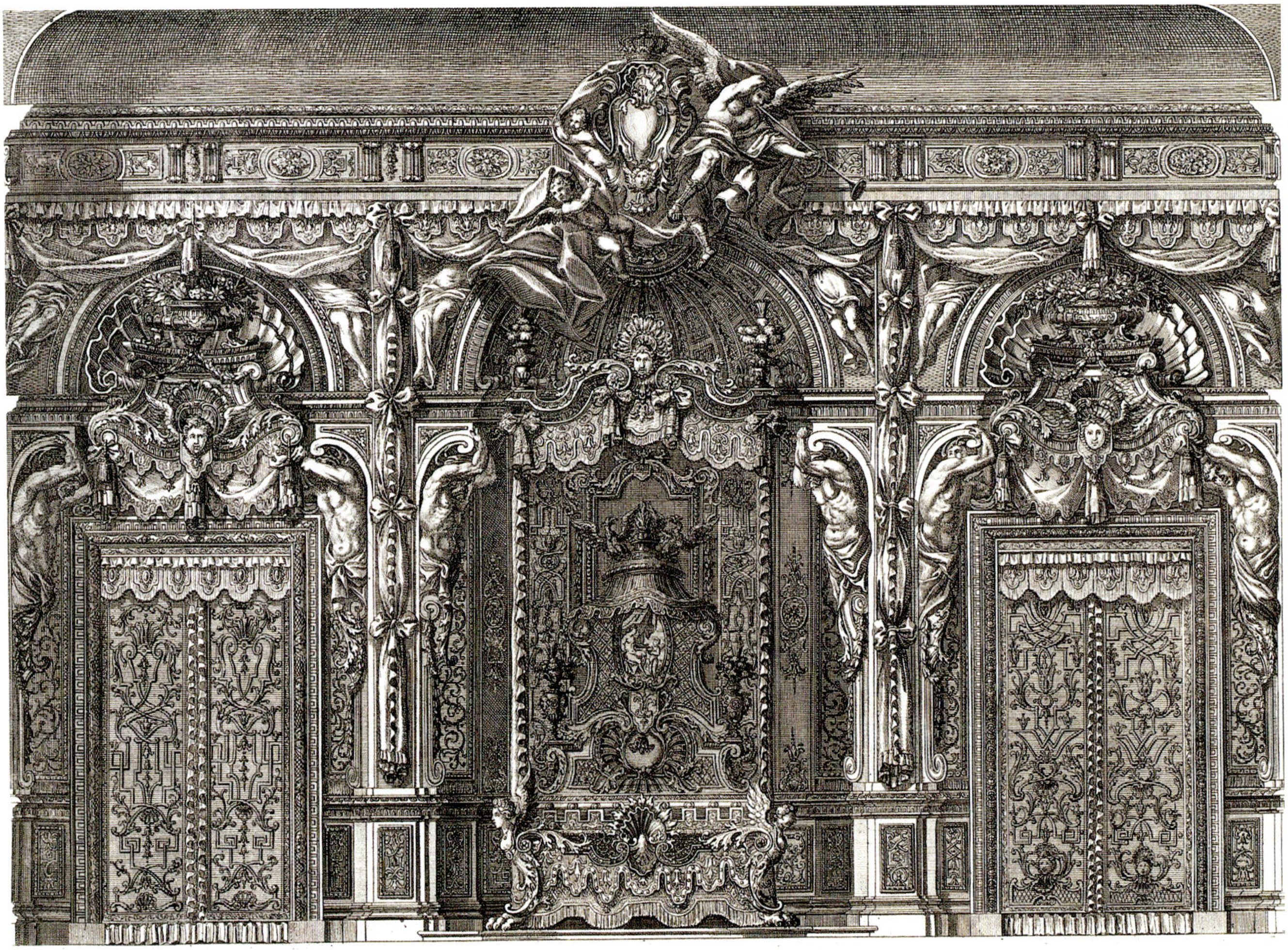

Illustration 7: Chambre d'apparat, gravure de Paulus Decker, dans: Fürstlicher Baumeister. Architectura Civilis, Augsburg 1711, tableau 29

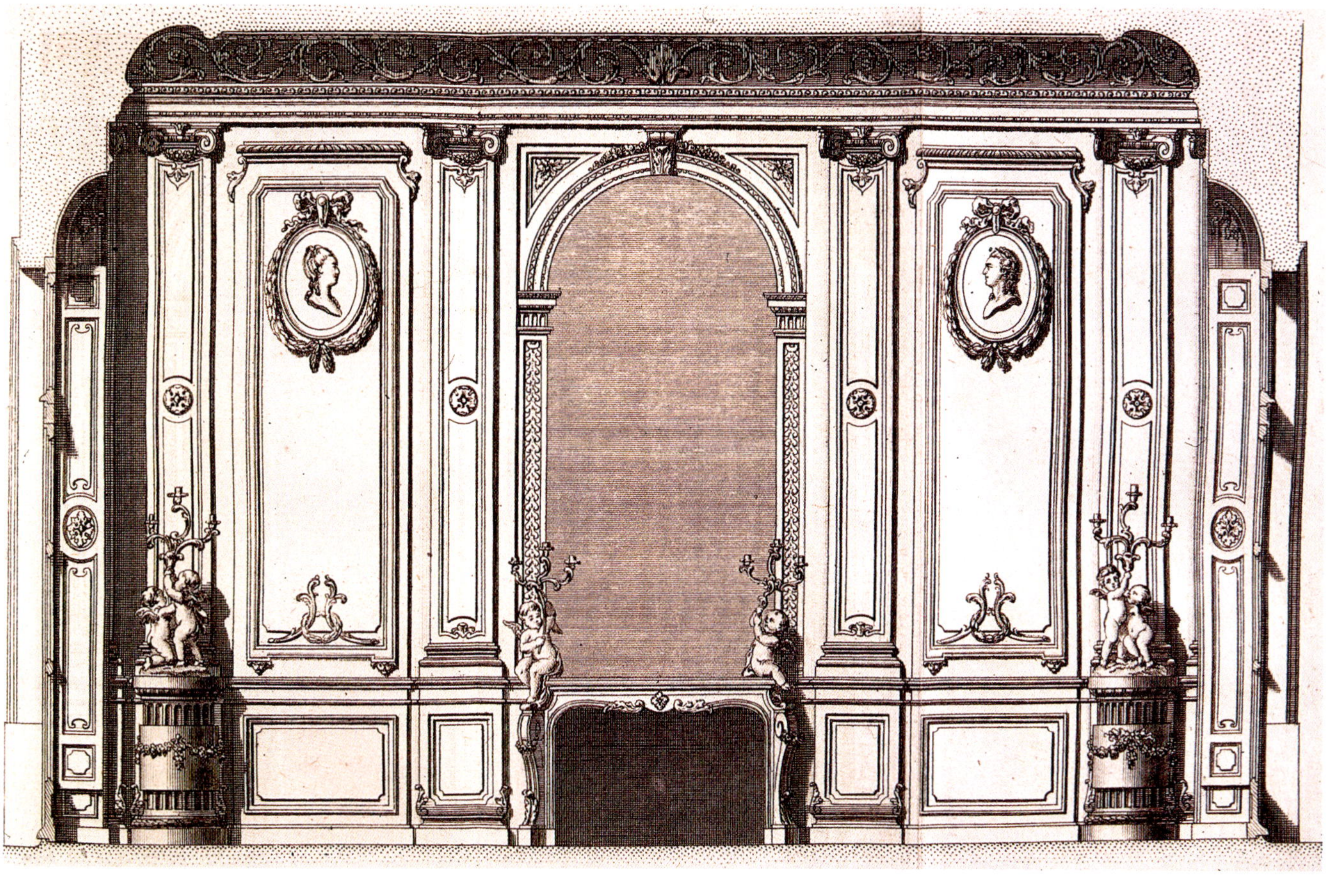

Illustration 8: Salon, gravure de J.F. Blondel, dans: Planches pour le cinquième volume du cours d'architecture, Paris 1777, tableau 47

lin, le roi Frédéric Ier de Prusse aménagèrent leur résidence dans le style baroque de l'époque. Les formes suivent les normes en cours alors que Paul Decker avait propagées de façon exemplaire dans son livre «Fürstlicher Baumeister» (architecte des princes) de 1711 (illustration 7). Les sculptures, les ouvrages en stucs, les ornements, les tissus, les meubles etc. furent réunis pour créer une œuvre de décoration d'intérieurs superbe et riche en détails. Afin de donner un cadre digne à la culture festive de la cour, de nombreux pavillons de plaisance et villas furent érigés à cet effet. Le lecteur se rapportera, à ce sujet, au Zwinger (1711–1728) et au château de Pillnitz (1721–1730) des environs de Dresde.

Dans le courant du XVIIIe, on construisit près des grandes villes des châteaux qui tenaient lieu de résidence secondaire, des manoirs et des châteaux de plaisance. Le château de Nymphenburg près de Munich ou le château de Charlottenburg non loin de Berlin (1699–1713, 1744–1747) incarnent le type même des châteaux visant à démontrer le pouvoir nouvellement acquis. Dans leur architecture transparaît néanmoins également le rêve de pouvoir de vivre éternellement en villégiature. Leurs intérieurs sont étroitement reliés aux jardins extérieurs par des pièces-jardins et ne sont plus des lieux destinés uniquement au cérémonial de cour, mais les lieux de plaisance dans lesquels il était enfin possible de vivre de temps en temps loin de la contrainte de devoir représenter. En 1737-1738, dans un livre sur les jardins et les intérieurs des « résidences de plaisance » qui exerça une vive influence en Allemagne, l'architecte français Jacques-François Blondel avait décrit la différence entre les « appartements de parade » et les « appartements de commodité », déjà coutumiers d'ailleurs. A ceux-ci vint s'ajouter un nouveau type d'intérieurs que l'on nomma « appartements de société » (illustration 8), soit des pièces dans lesquelles on recevait les amis et les parents. La mode changeante définit de nouvelles règles de décoration mais aussi d'étiquette et c'est ainsi que de nombreux anciens bâtiments furent parachevés ou remaniés pour laisser place au style rococo, inspiré du modèle français très à la mode alors. Les intérieurs des résidences de plaisance furent envahis par la magnificence de décorations picturales et plastiques. Suivant l'exemple français, les plafonds, les murs et même les sols furent décorés de motifs en vogue à l'époque. Des ramages de fleurs, des quadrillages et des bouquets de fruits donnent l'impression que les plafonds et les murs sont comme en suspens dans l'espace de la pièce. Le Wallon François Cuvilliés, exerçant à Munich, créa les plus beaux exemples de résidences de plaisance sous influence artistique française. Le fin équilibre entre les exigences du prestige et celles du confort y est parfaitement maîtrisé : ce sont le château pour la chasse de Falkenlust de l'Electorat de Cologne près de Brühl (1729–1741) et le château de Wilhelmstal, près de Cassel en Hesse (1747–1756).

Au XVIIIe, les petits pavillons et les résidences de plaisance offrant la possibilité de passer des séjours en toute intimité, loin de la cour, devinrent de plus en plus populaires auprès des cours princières. Le pavillon d'Amalienburg, construit entre 1734 et 1739 dans le parc du château de Nymphenburg est l'incarnation idéale d'un tel type d'architecture. Le nom de « Sans-Souci » donné au pavillon de Frédérique II de Prusse près de Postdam (à partir de 1740), dans lequel il aimait se retirer, tient déjà lieu de programme et est en parfaite harmonie avec son aménagement de style rococo, se moquant de toute convention. Les appartements réservés à sa sœur, la margravine Wilhelmine, dans le Vieux château de l'Ermitage près de Bayreuth (à partir de 1736) sont tout autant caractéristiques pour ce phénomène. Le château Solitude près de Stuttgart (1763–1770) ou bien le pavillon des Bains dans le jardin du château de Schwetzingen (1773–1775) représentent l'achèvement de l'évolution du rococo qui, en ces édifices, avait déjà renoncé aux formes incontrôlées des ornementations.

C'est alors que commença l'époque du classicisme, issu des Lumières. Ce style, expression du principe de raison et de retour au naturel, ne pouvait que se détourner du faste du Rococo et de ses mondes artificiels. Des résidences secondaires comme celle de Ludwigslust dans la région de Mecklenbourg (1772–1776) ou bien celle de Hohenheim dans le Wurtemberg (1775–1782), mais aussi le palais de Marbre à Postdam (1787–1792) sont exemplaires du début du classicisme. Toutefois le manoir de Wörlitz dans la petite principauté d'Anhalt (1769–1773) les surpasse de loin en raison de sa façon toute particulière, qui fut de suite et à juste titre très admirée, d'allier un enthousiasme certain pour l'Antique et la « sage » culture anglaise aux formes strictes, reconnaissable à la facture du manoir, avec une passion ouverte pour des jardins naturels et poétiques. Le jardin paysager de Schönbusch à Aschaffenburg, ville de l'Electorat de Mayence, avec son charmant casino idéal pour de petites réceptions (1778–1782), relève du même principe. Le château de Wilhelmshöhe à Cassel (1786–1798), également intégré dans un parc de style anglais, témoigne d'un concept plus ambitieux encore, il fut d'ailleurs l'un des derniers projets de construction d'un château avant que la Révolution française n'entraîne la chute de l'Empire.

De même, les abbayes font partie, à côté des châteaux des souverains du pouvoir temporel ou de l'Eglise, du paysage architectural et culturel allemand. Puisqu'elles étaient elles–mêmes des centres de souveraineté de territoires, elles subirent à partir du haut Moyen-âge de nombreux remaniements et leurs intérieurs furent somptueusement décorés, quoique ces transformations fussent également soumises aux aléas de la mode et donc toujours renouvelées. Alors que les abbayes avaient réalisé de véritables chefs-d'œuvre architecturaux au Moyen-âge, elles suivirent à partir du Baroque souvent l'exemple des châteaux, puisque l'évolution de l'art architectural ecclésiastique fut stoppée à la suite de la Réforme. Mais il y eut une dernière apogée au XVIIIe lors de laquelle un nombre incalculable d'édifices baroques furent construits, essentiellement dans le sud de l'Allemagne. La Réforme puis la sécularisation mena par la suite les princes à acheter les bâtiments appartenant à l'origine au clergé et, en partie, à les transformer en châteaux.

Napoléon qui s'efforçait de fonder un nouveau grand empire européen sur les ruines de l'Ancien Régime et du Saint Empire, influa largement sur les cours allemandes placées son influence politique et introduisit le style Empire, tout à la fois pompeux et strict. Ce fut le renouveau des châteaux de prestige et des salles d'apparat qui devaient répondre à l'étiquette de cour, naturellement sous une forme simplifiée. Les résidences de Karlsruhe, Cassel et Stuttgart ainsi que le château de Nymphenburg en Bavière furent aménagés selon le style français. Leurs intérieurs d'apparence monumentale sont dominés par l'usage de l'acajou et des ferrures de bronze doré devant l'arrière-plan de tentures de soie aux couleurs vives. Les meubles des appartements privés des princes étaient caractérisés par des formes cubiques, simplifiées, s'inspirant des éléments de l'architecture antique. Les résidence princières suivirent ensuite le style Biedermeier. Les châteaux de Glienicke (1815–1827) et de Charlottenhof (1826–1829) à Potsdam sont des exemples inégalés d'une variante prussienne du classicisme, propagé par Karl Friedrich Schinkel qui travailla la pureté des formes, selon l'enseignement des Anciens, pour aboutir à des lignes d'une élégance de maître. Cette révérence faite aux Anciens prouvait combien les artistes et les commanditaires étaient cultivés et rappelait en même temps les villes antiques d'Italie que tout souverain se devait d'avoir visité dans sa jeunesse. Un édifice comme le Pompejanum de Louis Ier de Bavière à Aschaffenburg (1840–1848), reproduisant une maison d'habitation antique, ne fait donc pas partie de la série de château d'inspiration classique, mais peut-être considéré comme un outil d'enseignement tout à fait singulier.

Dès le XVIIIe siècle, quelques princes s'étaient plongés dans l'histoire de leur dynastie pour retrouver tout ce qui était propice à la commémoration de leurs ancêtres. Ils étaient mus par le désir de soutirer de ce passé glorieux un certain contentement, des enseignements mais aussi une légitimation de leur rang de souverain. La maison Gothique dans le parc de Wörlitz (1773–1813) est la mieux conservée de ces premières œuvres vouées à l'évocation du passé des dynasties, suivie du château romantique de Löwenburg (1793–1801) dans le parc situé sur une montagne du château de Wilhelmshöhe à Cassel. A l'époque du romantisme et de la Restauration l'intérêt s'accrut pour les formes moyenâgeuses présumées être typiquement allemandes et nombre de châteaux-forts, symboles d'un temps passé glorieux, furent reconstitués. Ils étaient sur le plan personnel, des lieux où les souverains pouvaient se laisser aller à la nostalgie d'un style de vie révolu, mais sur le plan politique ils signalaient les fondements historiques du pouvoir de ces mêmes souverains. Le remaniement du château de Rosenau à Coburg (à partir de 1806), la reconstruction du château de Stolzenfels à Coblence (1836–1845) pour le prince héritier de Prusse et celle du château de Hohenschwangau (1833–1851) pour le prince héritier de Bavière mais encore la restauration du château-fort ancestral des Hohenzollern dans le Jura souabe à Hechingen (1853–1867) sont exemplaires pour la référence faite à un passé doré où le pouvoir des princes n'était pas encore remis en question et où la relation entre le prince et son peuple semblait être dénuée de conflits. Le château de Babelsberg à Potsdam (1833–1849), par exemple, est un hommage franc au style néogothique anglais, alors que le bâtiment arrière du château de Schwerin (1843–1857) rappelle le style Renaissance des châteaux de la Loire, voire même anticipe d'une certaine manière le retour, qui s'opéra dans la deuxième moitié du siècle, aux formes de la Renaissance allemande. On peut évoquer égale-

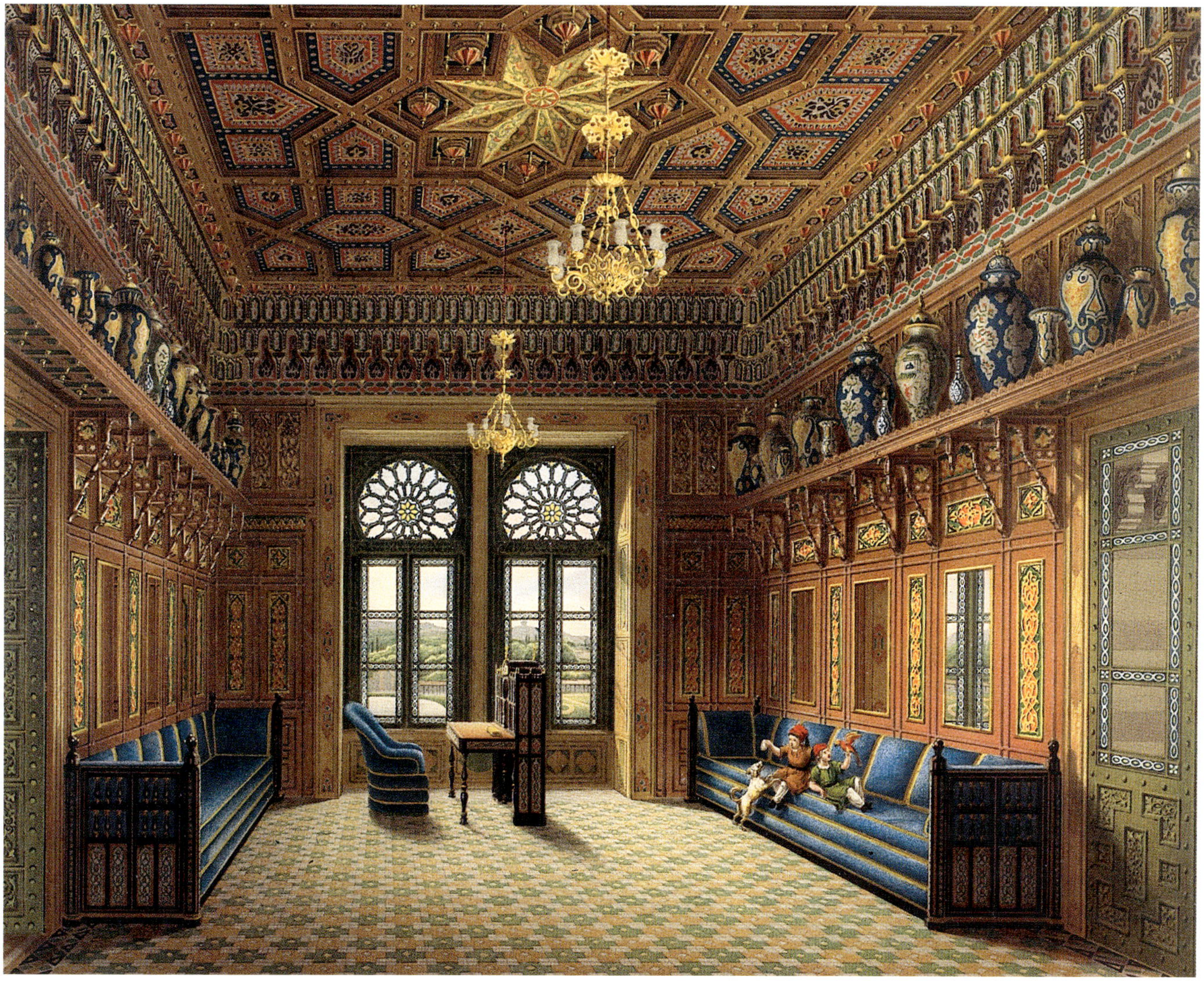

Illustration 9: Vue de la salle de séjour de la Wilhelma de Stuttgart, dans: L. von Zanth, Die Wilhelma. Maurische Villa, Paris 1855, tableau 5

ment le château de Wilhelma de Stuttgart (1842–1853), au cachet oriental (illustration 9). C'est à cette époque que furent prises des libertés face aux règles d'agencement strictes du XVIIIe et que la disposition des pièces fut modifiée. Le principe de répartition régulière des pièces laissa place au souci d'être le moins dérangé que possible dans chacune de celles-ci. C'est ainsi que des pièces qui jusqu'alors avaient joué un rôle de moindre importance telles que les salons et les salles à manger, les salles de billard et celles de musique, les bibliothèque ou encore même les salles d'étude salles d'études furent revalorisées et servirent dès lors de lieux ou l'on entretenait les rapports sociaux.

Dans la deuxième moitié du siècle, à l'époque de l'unification allemande sous l'Empereur de Prusse, l'historisme fut prépondérant dans les châteaux. Ce style reprenait à son compte les styles prisés par l'aristocratie auparavant. Cette évolution donne à penser que l'Historisme était une façon de se cacher derrière une dignité qui appartenait déjà à un monde passé et ce, afin de se ne pas se confronter avec les problèmes du présent. Il faut toutefois, à l'occasion, saluer le mérite des cours allemandes qui dès lors ne transformèrent plus selon leurs humeurs les pièces historiques dont ils avaient hérité de leurs ancêtres, mais les habitèrent et prisrent soin de leur conservation. Le roi Louis II de Bavière ne construisit pas seulement ses châteaux de rêve, il fit également restaurer de façon conséquente les différents édifices dont il avait la charge pour le maintien de la cour. La prise de conscience de la valeur du patrimoine historique et de la grande qualité de l'héritage que nous ont légué nos ancêtres n'est donc pas une invention du présent. Cet état de fait nous permet aujourd'hui d'étudier ces vestiges du mode de vie des souverains d'antan grâce à des intérieurs bien préservés. Les Administrations des Châteaux allemands s'appliquent à remplir leur devoir de conservation de ces intérieurs qui sont aussi précieux que fragiles et de transmettre cette tâche aux générations futures d'hommes de métier.

Johannes Erichsen *Wolfgang Wiese*

Crédits photographiques:
Landesmedienzentrum Baden-Württemberg: p. 12, 13, 14, 16, 17, 18, 19, 21
Landesbibliothek – Staats-Universitätsbibliothek Dresden: p. 15

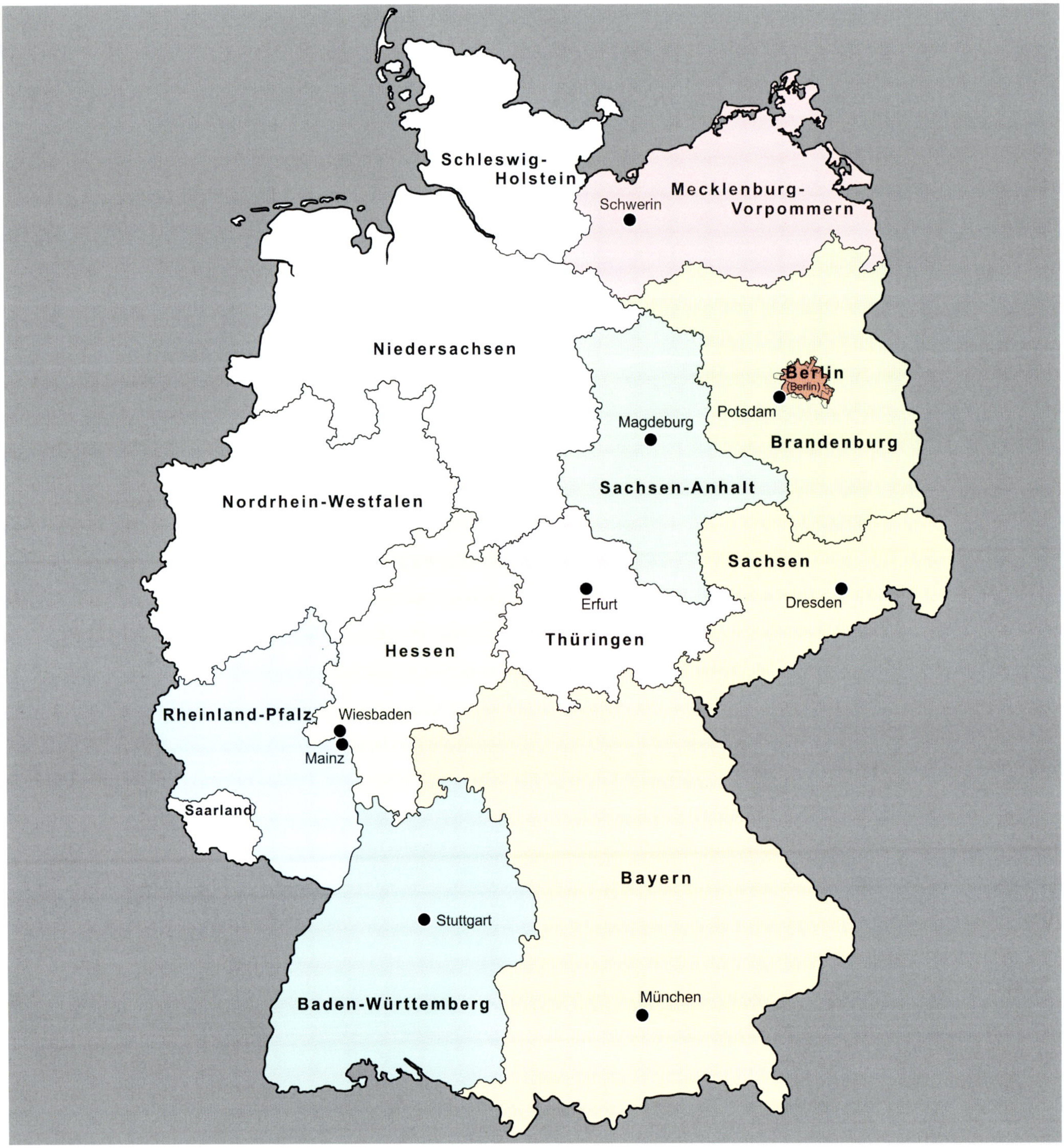
Schleswig-
Holstein
Mecklenburg-
Vorpommern
Schwerin
Niedersachsen
Berlin
(Berlin)
Potsdam
Magdeburg
Brandenburg
Sachsen-Anhalt
Nordrhein-Westfalen
Sachsen
Erfurt
Dresden
Thüringen
Hessen
Rheinland-Pfalz
Wiesbaden
Mainz
Saarland
Bayern
Stuttgart
Baden-Württemberg
München

Bade-Wurtemberg

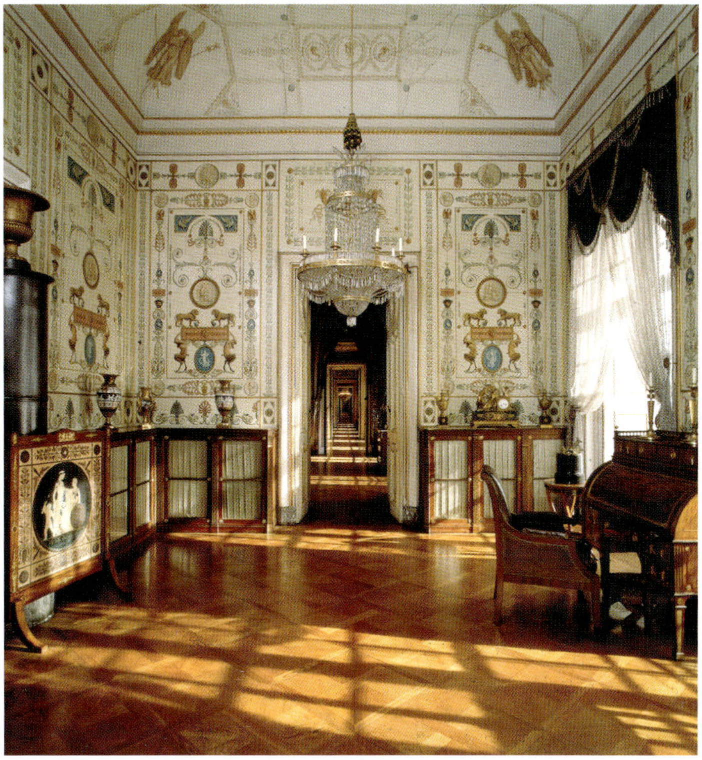

STAATLICHE SCHLÖSSER UND GÄRTEN

STAATLICHE SCHLÖSSER UND GÄRTEN
BADEN-WÜRTTEMBERG
CHÂTEAUX ET JARDINS D'ETAT
DE BADE-WURTEMBERG

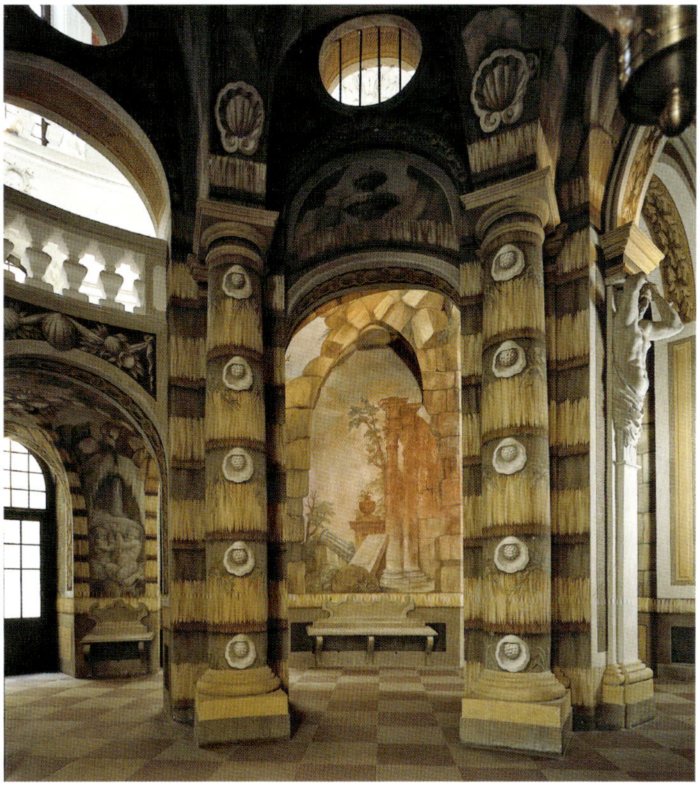

Staatliche Schlösser und Gärten Baden-Württemberg

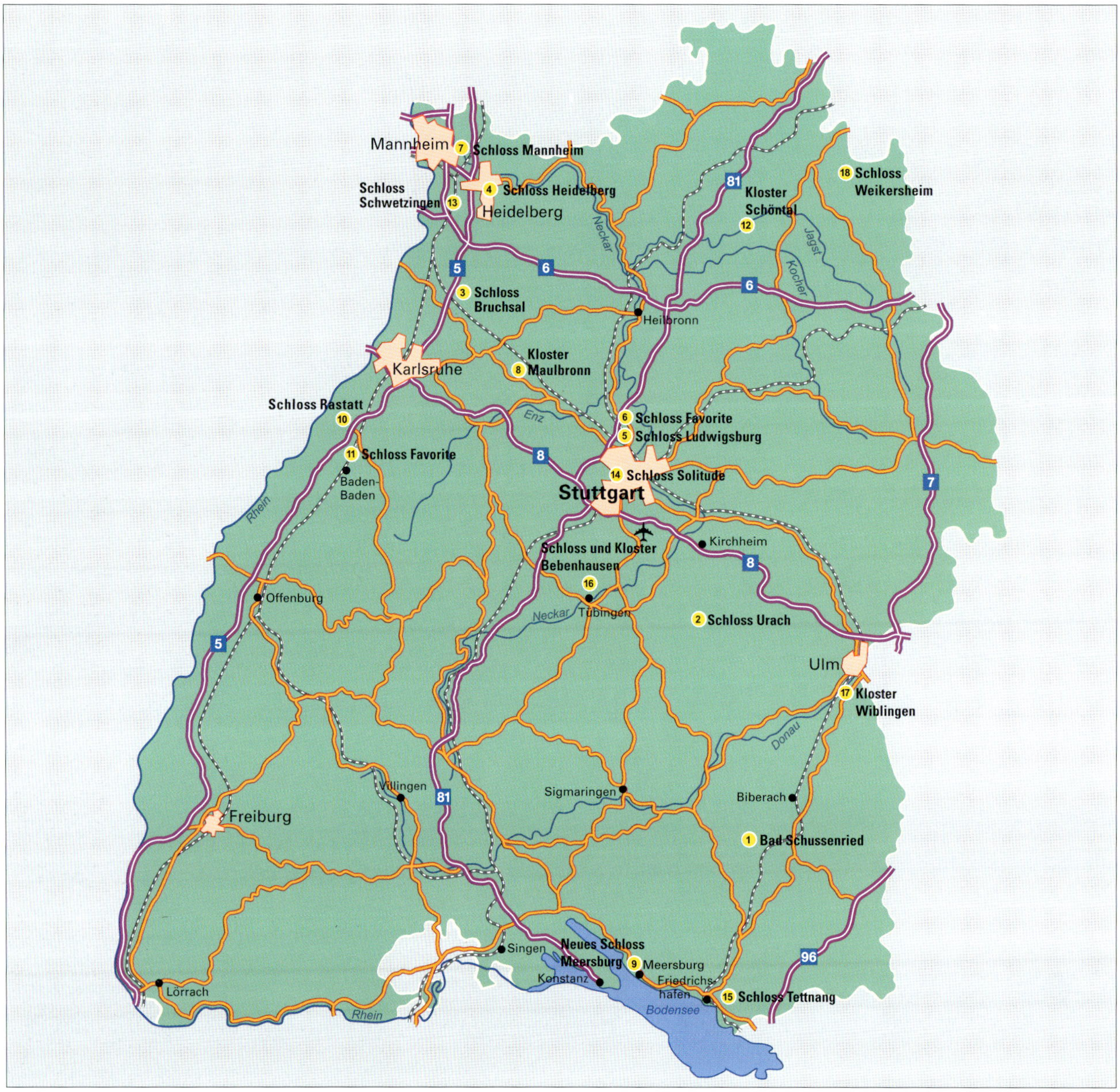

Bad Schussenried
1 Monastère de Schussenried (p. 25)

Bad Urach
2 Château d'Urach (p. 26)

Bruchsal
3 Château de Bruchsal (p. 27)

Heidelberg
4 Château de Heidelberg (p. 28–29)

Ludwigsburg
5 Château de Ludwigsburg (p. 30–33)
6 Château de la Favorite (p. 34)

Mannheim
7 Château de Mannheim (p. 35)

Maulbronn
8 Monastère de Maulbronn (p. 36–38)

Meersburg
9 Château Neuf (p. 39)

Rastatt
10 Château de Rastatt (p. 40–41)
11 Château de la Favorite (p. 42–43)

Schöntal
12 Monastère de Schöntal (p. 44)

Schwetzingen
13 Château de Schwetzingen (p. 45–47)

Stuttgart
14 Château de Solitude (p. 48)

Tettnang
15 Château Neuf de Tettnang (p. 49)

Tübingen
16 Monastère et château de Bebenhausen (p. 50–51)

Ulm-Wiblingen
17 Monastère de Wiblingen (p. 52–53)

Weikersheim
18 Château de Weikersheim (p. 54–58)

Pour toute information sur les autres sites gérés par l'Administration des Châteaux et Jardins d'Etat du Bade-Wurtemberg (SSG): www.schloesserundgaerten.de

◁ *Photo du haut:*
Le salon des Registres dans le château de Ludwigsburg

Photo du bas:
La cage d'escalier dans le château de Bruchsal

Le monastère de Schussenried
La salle de la Bibliothèque

C'est vers le milieu du XVIIIe que Dominikus Zimmermann prévit un nouvel édifice pour le monastère de l'ordre des Prémontrés, fondé en 1183, qui ne fut cependant jamais achevé. La bibliothèque, baignant dans la lumière, fut cependant érigée sur deux étages et dotée d'une galerie sur tout son pourtour. Il s'y trouve également des armoires où l'on rangeait les livres somptueux aux dos peints mais aussi des tables escamotables et des chaises afin que les lecteurs puissent consulter les livres à l'aise.

La décoration de cette pièce est un véritable joyau de la décoration intérieure au XVIIIe siècle. En 1757, Franz Georg Hermann, originaire de Kempten, compléta la fresque du plafond qui glorifie avec force de détails la sagesse divine lors de l'Apocalypse, dans le domaine des sciences, de l'art et la technique.

Afin de parvenir à la saisir dans son ensemble, il est nécessaire de regarder longtemps cette oeuvre à la structure géométrique, suivant des axes verticaux et dont chaque ligne horizontale représente de fait un niveau de hiérarchie.

Les ambitions de l'abbé Nikolaus Cloos (1756–1775) de rassembler là un savoir encyclopédique sont perpétuées dans l'ornement statuaire de la salle. L'œuvre qui vint achever cette fastueuse décoration fut réalisée par le sculpteur Fidelis Sporer de Weingarten qui créa, en 1766, huit groupes d'hérésiarques qui se tiennent face à huit statues figurant les Pères de l'Eglise.

G.K.

i Vermögen und Bau Baden-Württemberg, Amt Ulm
Tél. 07 31 / 50-2 89 75
Fax 07 31 / 50-2 89 25
info@kloster-schussenried.de
www.schloesser-und-gaerten.de

Bibliothèque :
D'avril à octobre :
du mardi au vendredi de 10 h à 13 h et de 14 h à 17 h,
le samedi, le dimanche et les jours fériés de 10 h à 17 h,
de novembre à mars:
le samedi, le dimanche et les jours fériés de 13 h à 16 h
Fermé les 24, 25 et 31 décembre

Eglise du monastère:
De Pâques au 1er novembre: tous les jours de 13 h 30 à 17 h 30
Le samedi de 9 h 30 à 11 h 30

Visites guidées pour groupes ainsi que visites spéciales tout au long de l'année sur rendez-vous

– ♿

Restaurants dans la localité

P Au monastère

DB

De la gare en direction de la ville jusqu'à l'arrêt «Alte Post»

Monastère de Schussenried, la salle de la Bibliothèque de l'ancien monastère des Prémontrés

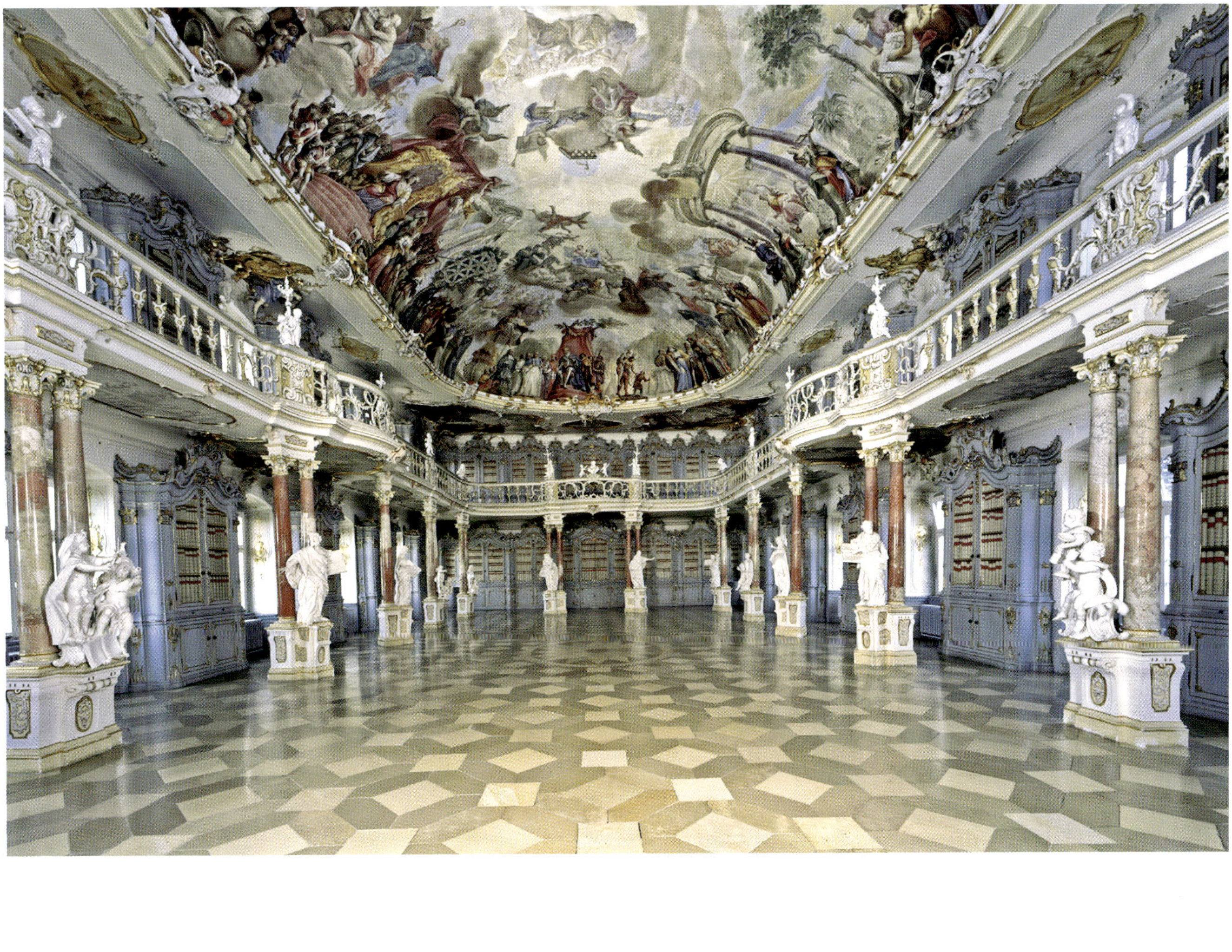

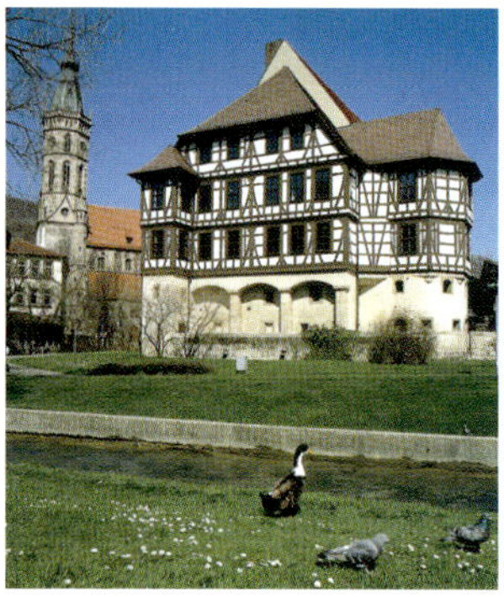

i Schloss Urach
Bismarckstraße 18
72574 Bad Urach
Tél. 07125/158-490
Fax 07125/158-499
info@schloss-urach.de
www.schloesser-und-gaerten.de

Ouvert toute l'année
de 10 h à 18 h
Fermé le lundi sauf si jour férié,
ainsi que le 1er janvier, les 24, 25 et 31 décembre
Visites guidées tous les jours à 11 h et 14 h
Guide audio disponible
Visites guidées pour groupes ainsi que visites spéciales, tout le long de l'année sur rendez-vous

Ascenseur

Système de guidage aux parkings

DB A partir de Stuttgart ou Tübingen: prendre à Metzingen le train de l'Ermstalbahn

/Tramway venant de Münsingen ou venant d'Ulm avec bus n° 7645

A Musées d'autres institutions dans les bâtiments de l'Administration de la SSG (A)

Exposition permanente:
Traîneaux princiers d'apparat
Musée du Land
(Württ. Landesmuseum)

Château d'Urach

La salle Dorée

En 1474, le comte Eberhard le Barbu de Wurtemberg-Urach, futur premier duc de Wurtemberg, fêta au château d'Urach ses noces avec Barbara Gonzaga de Mantoue. A cette occasion, il engagea des travaux d'embellissement du château. Ce fut de nouveau un mariage qui mena à un remaniement de l'édifice au XVIIe siècle : la salle Dorée (Goldener Saal) vit alors le jour, l'une des plus belles salles Renaissance qui soient parvenues jusqu'à nous. Le duc Jean Frédéric de Wurtemberg prit en effet, en 1609, Barbara Sophie de Brandebourg pour femme. Quoique les noces eussent été célébrées à Stuttgart, on peut penser que le duc voulut que sa femme jouisse dans le château de chasse d'Urach d'appartements correspondant à la mode de l'époque, ce qui le motiva donc à ces remaniements d'intérieurs.

La salle possède un plafond plat et trois fenêtres qui laissent entrer la lumière. Des colonnes aux chapiteaux corinthiens structurent l'espace. Des palmiers agrémentés de la devise d'Eberhard « Attempto » (= j'ose) entourée d'ornements décorent les murs. Le doré des colonnes et des murs ne laisse aucun doute quant à l'origine du nom de cette somptueuse salle.

M. P.

Château d'Urach, la salle Dorée

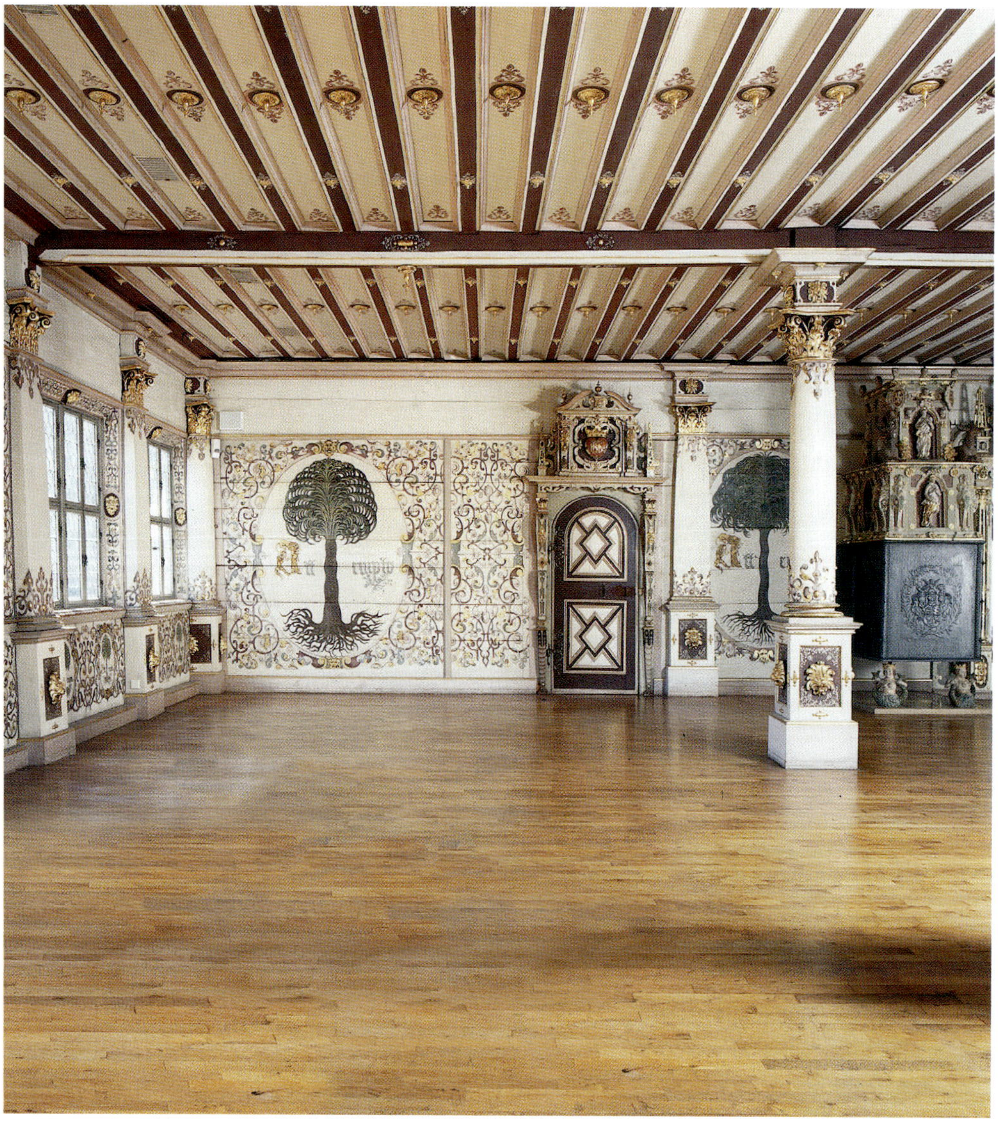

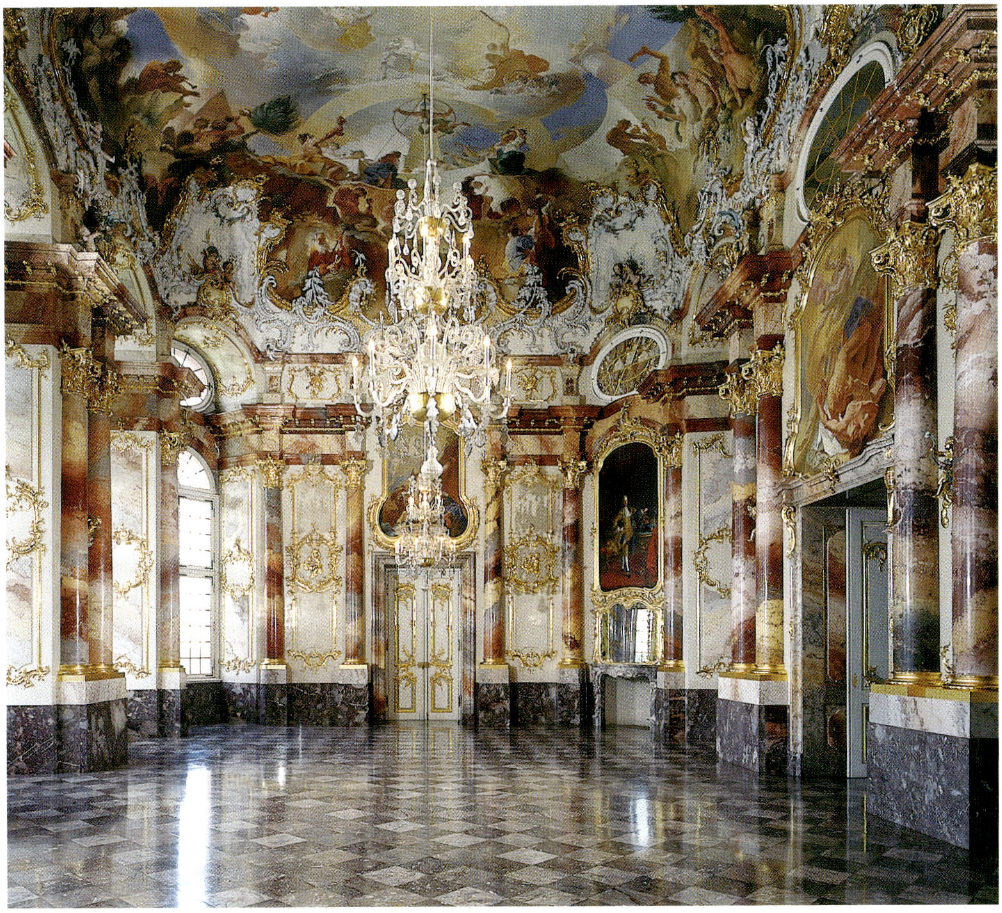

Château de Bruchsal, la salle de Marbre (reconstitution). Les fresques de Johannes Zick et les stucs de Johann Michael Feuchtmayer étaient achevés en 1755

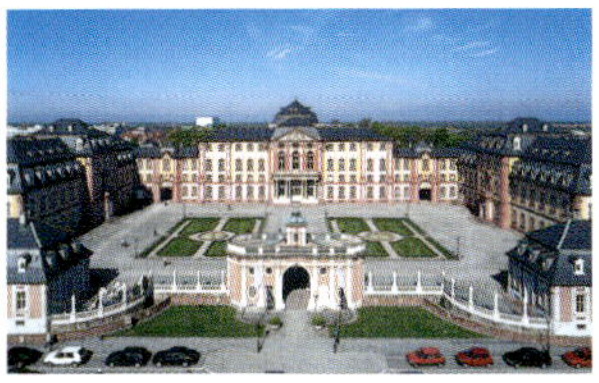

i Schloss Bruchsal
Schlossraum 4
76646 Bruchsal
Tél. 07251/742661
Fax 07251/742664
info@schloss-bruchsal.de
www.schloesser-und-gaerten.de

Exposition permanente „Le château de Bruchsal, construction, destruction et renouveau"
Ouvert du mardi au dimanche de 9 h 30 à 17 h, et le lundi si jour férié
Visites guidées en permanence

Visites spéciales, pour enfants et actions culturelles tout le long de l'année sur rendez-vous pris par téléphone:

Centre d'accueil:
Service-Center
Tél. 07222/934170
Besucherzentrum/Schlosskasse
Tél. 07251/742661

Ascenseur

A partir de Karlsruhe prendre le métro rapide régional, ligne S 3, jusqu'à Bruchsal Hbf. Ou bien le S 31 jusqu'à Schlossgarten

Ligne 125, 131ou 132 jusqu'au château ou bus de la ville

A Musées d'autres institutions dans les bâtiments de l'Administration de la SSG (A): Musée allemand des automates à musique (Deutsches Musikautomaten Museum)

Le château de Bruchsal

La salle de Marbre

Le château de Bruchsal, autrefois résidence des princes-évêques de Spire, est un « ensemble à l'effet prodigieux » (Jacob Burkhardt, 1877).

Damian Hugo von Schönborn put mener à bien la construction de sa nouvelle résidence à Bruchsal débutée en 1721, qui avait pourtant semblé être compromise un certain temps, grâce à la nomination de Balthasar Neumann en 1728. Ce dernier, architecte de génie, conçut un édifice prévoyant dans le cors de logis une cage d'escalier dominée par une coupole, menant aux deux salles des fêtes: la salle Princière (Fürstensaal) côté ville et la salle de Marbre ou salle Impériale (Marmorsaal) côté jardin. La mise en scène grandiose de la salle est en parfaite harmonie avec la fastueuse décoration de la pièce rococo. Ce n'est qu'à l'époque du prince-évêque Franz Christoph von Huttens, soit en 1755, que furent achevés les stucs de Johann Michael Feuchtmayer et les fresques de Johannes Zick. Usant de thèmes issus de la mythologie, ces fresques évoquent de façon saisissante le passé, le présent et l'avenir de la principauté ecclésiastique de Spire. La salle de Marbre semble irradier de beauté par la force qui émane de la vision du « bonheur éternel de l'évêché de Spire ». Elle constitue le centre architectural de l'édifice mais aussi le cœur de la pensée inhérente à cette résidence ecclésiastique.

Les travaux de reconstruction du château, détruit pendant la seconde Guerre mondiale, prirent fin, 30 ans après, en février 1975. Grâce à la fidèle reconstitution de la cage d'escalier, le visiteur du château de Bruchsal a de nouveau la possibilité d'apprécier dans toute son intensité la magnificence jadis déployée dans cette résidence ecclésiastique de la région du Nord du Rhin. U. G.

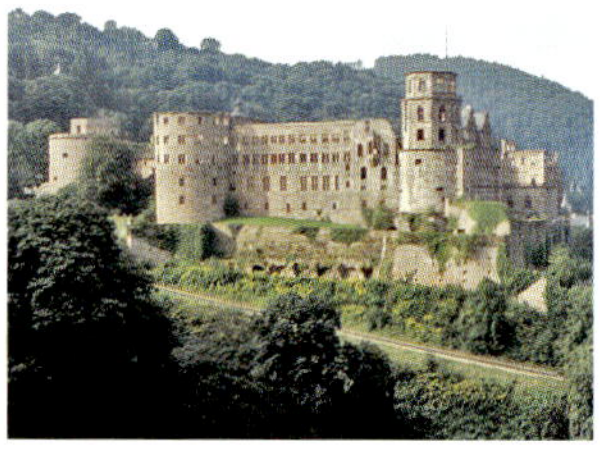

i Schloss Heidelberg
Schlosshof 1
69117 Heidelberg
Tél. 0 62 21 / 53 84-0
Fax 0 62 21 / 53 84-10
info@schloss-heidelberg.de
www.schloesser-und-gaerten.de

Visite (château, Grand Tonneau) Expositions permanentes sur le Moyen-âge et le romantisme dans la Maison de l'Histoire du château (Haus der Schlossgeschichte)

Ouvert toute l'année tous les jours de 8 h à 17 h 30.
Visites du site tous les jours, en allemand et anglais, autres langues sur rendez-vous
Visites spéciales, visites pour enfants et actions culturelles tout au long de l'année et sur rendez-vous:

Centre d'accueil :
Service-Center
Tél. 0 62 21 / 53 84 31
Fax 0 62 21 / 53 84 30
info@service-center-schloss-heidelberg.com

Guide audio (pour les domaines praticables à pied)
Tél. 0 62 21 / 65 44 29

Sattelkammer
Bistro Backhaus
Schlossweinstube

Parking pour autocars (réservation Tél. 01 72 / 6 20 00 63)
Voitures: parking Schlosswolfsbrunnenweg (Ouvert d'avril à octobre en semaine)
Parking Kornmarkt / Schloss

DB Bus de la gare au château:
A la gare prendre bus n° 11 ou 33 jusqu'à l'arrêt Bergbahn; avec funiculaire ou à pied jusqu'au château.

Evénements culturels
Festivités des Schlossfestspiele et concert pendant les mois d'été

A le Musée allemand de la Pharmacie (Deutsches Apotheken-Museum)

Le château de Heidelberg
L'aile de Frédéric

L'aile Frédéric (Friedrichsbau) de style Renaissance, construite entre 1601 et 1610 à l'époque du prince électeur Frédéric IV du Palatinat, est la plus prestigieuse du château de Heidelberg. A la suite des incendies destructeurs de 1693 et 1764, cette aile est la seule du château a avoir été reconstruite et réaménagée à l'époque de l'historicisme au XIXe siècle. Une discussion vive s'engagea d'ailleurs à ce propos entre les différents courants des conservateurs et historiens d'art quant à la reconstitution d'intérieurs historiques. Sur le plan stylistique, l'architecture intérieure devait se référer à la façade en style renaissance. C'est pourquoi le gouvernement de Bade chargea, en 1895, l'architecte Karl Schaefer de la décoration des pièces qu'il réalisa en style néo-renaissance. Le plafond en stuc richement décoré dans la quatrième pièce du deuxième étage, le sol magnifique de marbre stuqué, les lourdes lignes des frontons au cachet antique des portes de bois sombre sont le résultat d'une œuvre conjuguant plusieurs styles en elle. L'historien d'art Georg Dehio s'opposa à un tel agencement de la pièce: il voulait que ce bâtiment soit préservé selon sa structure d'origine, formée au fil des siècles. Les appartements ne furent plus utilisés comme lieu d'habitation après le remaniement mais devinrent le premier château-musée de Bade et fut dès lors un édifice abritant des collections. Grâce aux acquisitions de meubles jusqu'alors possession de la famille princière de Bade, les pièces sont depuis agencées du mobilier d'origine du château Neuf de Baden-Baden.

C. J. F.

Château de Heidelberg, aile de Frédéric, ▷ la quatrième pièce du deuxième étage

Château de Heidelberg, aile de Frédéric, le plafond de la quatrième pièce du deuxième étage

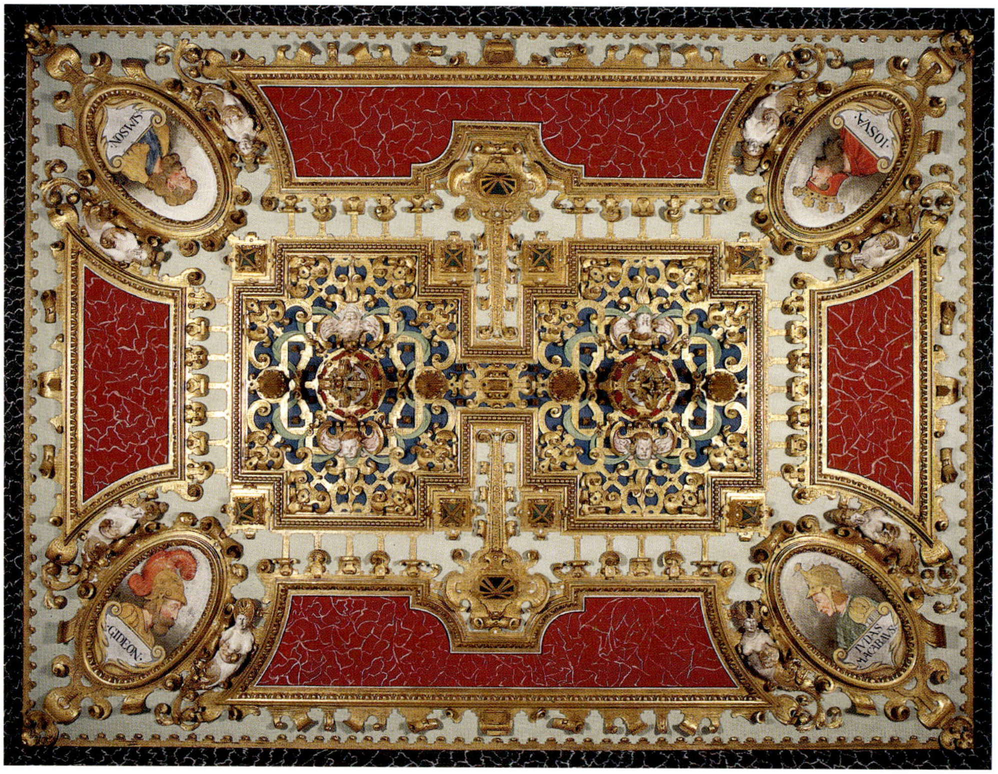

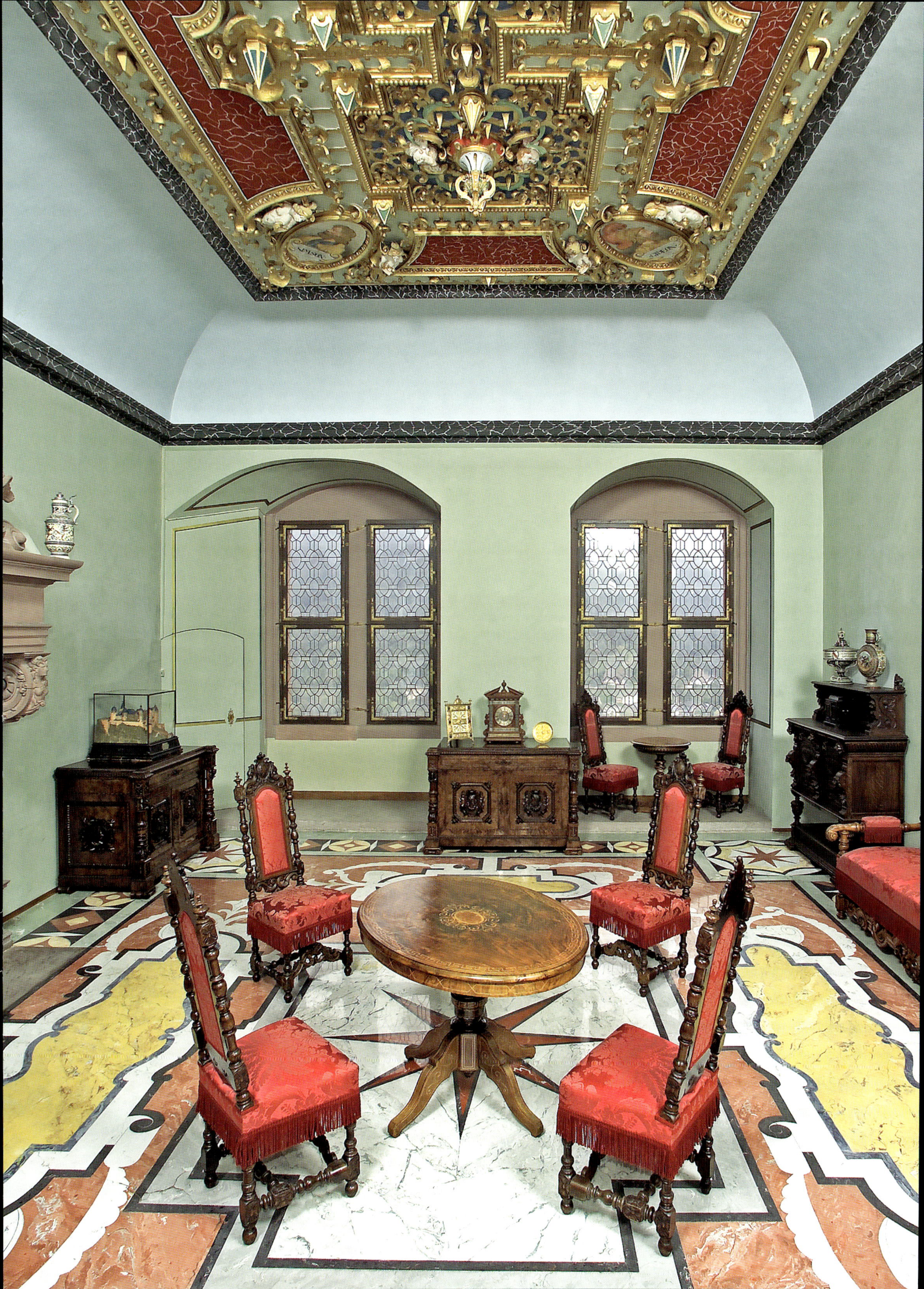

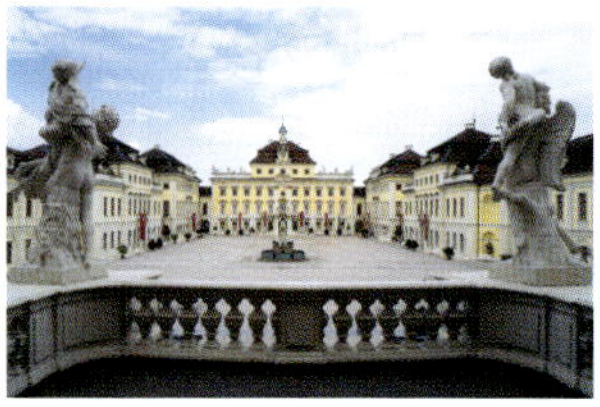

Schloss Ludwigsburg
Schlossstr. 30
71634 Ludwigsburg
Tél. 07141/182004
Fax 07141/186434
Schlosskasse
Tél. 07141/186410
info@schloss-ludwigsburg.de
www.schloss-ludwigsburg.de

Château et musée :
Ouvert de 10 h à 18 h
Visites guidées chaque jour en permanence
de mi-mars à mi-novembre
du lundi au vendredi de 10 h à 17 h,
le samedi, le dimanche et les jours fériés
à 11 h, 13 h 30, 15 h 15
Visites en anglais : du lundi au vendredi à 13 h 30

de mi-novembre à mi-mars :
du lundi au vendredi
à 10 h 30, 11 h 45, 13 h 30, 15 h et 16 h
le samedi, le dimanche et les jours fériés
à 10 h 30, 11 h 30, 12 h et de 13 h à 16 h
toutes les 30 min.
visites en anglais
tous les jours à 13 h 30
Visites pour groupes, spéciales, pour enfants ou autres sur rendez-vous
au n° de tél. 07141/182004

Blühender Barock
A l'intérieur du château

Métro rapide régional
lignes S 4 et S 5 jusqu'à la station « Ludwigsburg »

Pour autocars
Parking pour voitures
Schloss/Marstall

Lignes 421, 427, 430, 443 ou 444, arrêt «Residenzschloss»

Musée de la mode
(Modemuseum)
Musée de la céramique
(Keramikmuseum)
Musée du Baroque
(Barockgalerie)

Château de Ludwigsburg

La Petite salle de Marbre du pavillon de chasse

Au premier étage du pavillon de chasse, la Petite salle de Marbre (Marmorsaletta), dotée de trois cabinets attenants à l'Ouest, a conservé mieux que toute autre salle du château de Ludwigsburg son agencement baroque. Les formes aux lignes mouvementées et la multitude de couleurs témoignent de la merveilleuse facture des décorations du château au début du XVIIIe.

La salle doit son nom à l'ornementation en marbre stuqué des murs réalisée en 1715–1716 par le stucateur Antonio Corbellini. Ce dernier orna les pilastres d'entrelacs colorés, sur les pans de murs se trouvent la croix de l'ordre des chasseurs de Saint Hubert ainsi que le monogramme de Eberhard Louis de Wurtemberg, fondateur de l'ordre et maître d'ouvrage. Des entrelacs de stuc de Riccardo Retti encadrent également la fresque de plafond de Luca Antonio Colomba figurant Apollon et des muses planant au dessus de la salle.

Deux éléments primordiaux de la décoration furent heureusement conservés: il s'agit des deux cheminées surmontées de grands miroirs et aux contours très accusés ainsi que du parquet dont les bois dessinent un grand ovale donnant ainsi une allure festive et enjouée à cette salle rectangulaire allongée.

S. E.

Château de Ludwigsburg, la Petite salle de Marbre au premier étage du pavillon de chasse ▷

Château de Ludwigsburg, la décoration du plafond de la Petite salle de Marbre

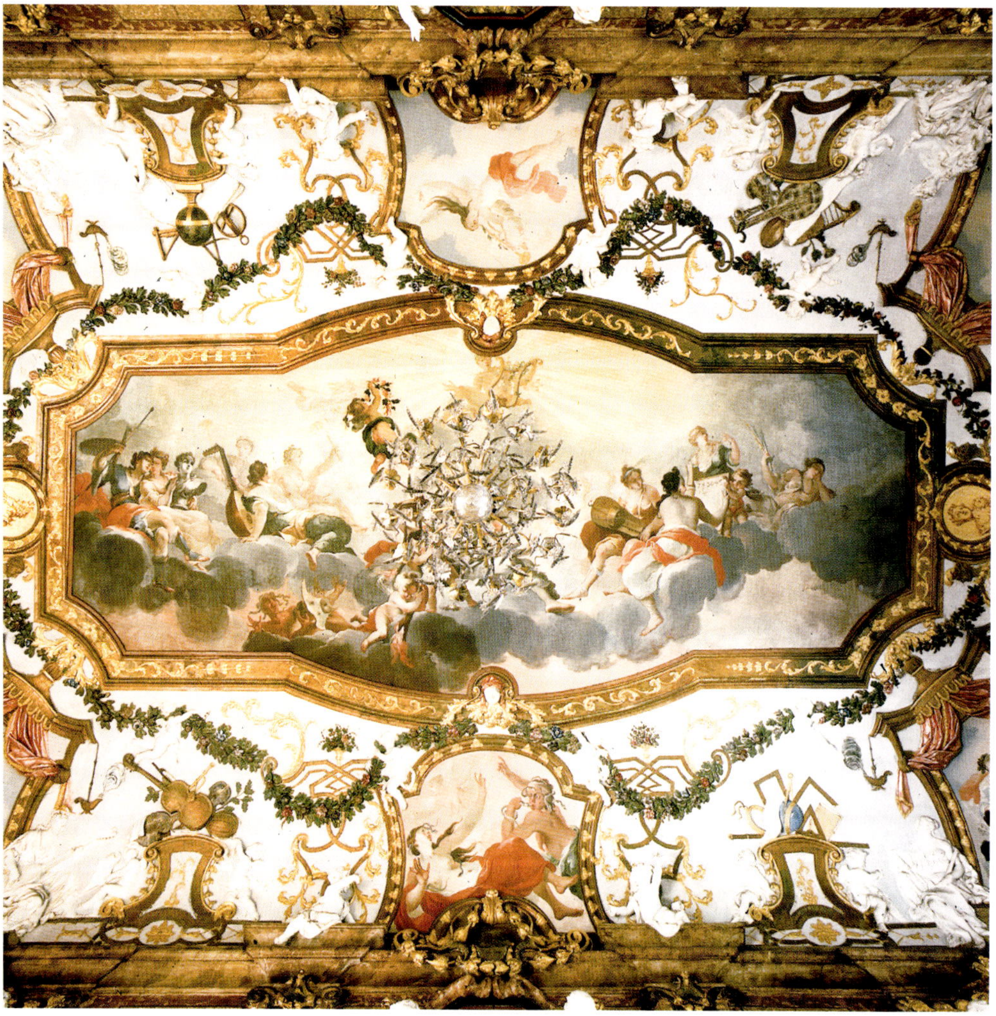

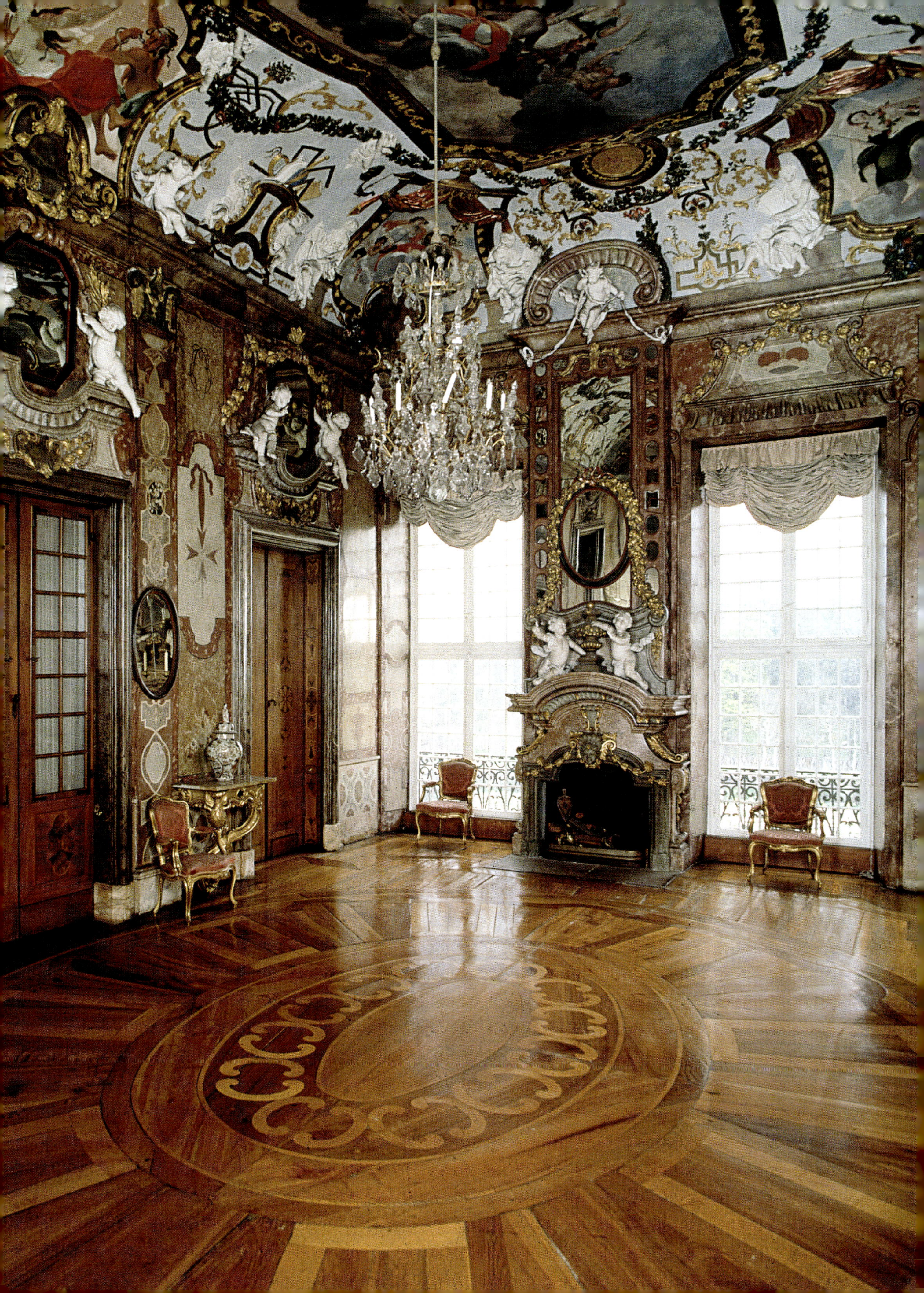

Deuxième antichambre dans l'appartement du duc Carl Eugen

De 1757 à 1759, le duc se fit installer au deuxième étage du nouveau corps de logis, un appartement destiné à la vie de société réalisé dans l'élégante variante française du style rococo. Son architecte de cour Philippe de La Guêpière, qui avait été engagé pour la construction du château Neuf de Stuttgart, conçut chaque détail de cette suite de pièces étonnamment bien préservée. Après un vestibule d'apparat aux nombreux ornements de stuc suivent deux antichambres qui s'ouvrent sur une salle d'« assemblée » (sic), deux cabinets ainsi qu'une chambre dont la décoration resta cependant inachevée.
La deuxième antichambre (zweites Vorzimmer) est la seule pièce de l'appartement dont les murs sont intégralement recouverts de lambris, elle en est également la mieux conservée. Le sculpteur Michel Fressancourt réalisa les boiseries, tout comme il créa de même des consoles et des sièges pour le duc Carl Eugen de Wurtemberg. Les autres pièces étaient tendues de soie que l'on reconstitua à l'identique, il y a peu de temps.

L'ensemble de l'appartement jouit encore de ses peintures d'origine au dessus des portes et des cheminées. Celles de la deuxième antichambre sont particulièrement intéressantes: elles figurent divers amusements de la cour, entre autres une rencontre conviviale, telle qu'elle aurait pu se dérouler précisément dans cette pièce. Sur un autre tableau, des gens de la cour jouent au « jeu du pied de bœuf ». Lors de ce jeu galant, très à la mode alors, le perdant se devait de réaliser le vœu de la gagnante, ou la perdante du gagnant. Le peintre Matthäus Günther, engagé tout comme de La Guêpière pour décorer le château Neuf de Stuttgart, réalisa les tableaux en s'inspirant d'estampes françaises.
Tous les meubles fort précieux de l'appartements sont de main de maître, comme le prouve leurs poinçons. Le duc Carl Eugen en avait fait l'acquisition à Paris en vue de ses différents projets de châteaux. Il y a là des commodes, des secrétaires et bureaux de formes diverses et quelques uns de ces petits meubles de plus en plus fréquents à partir de la fin du XVIIIe siècle. Les consoles sculptées et dorées furent réalisées par les sculpteurs, formés en France, qui travaillaient pour la cour de Wurtemberg.

S. E.

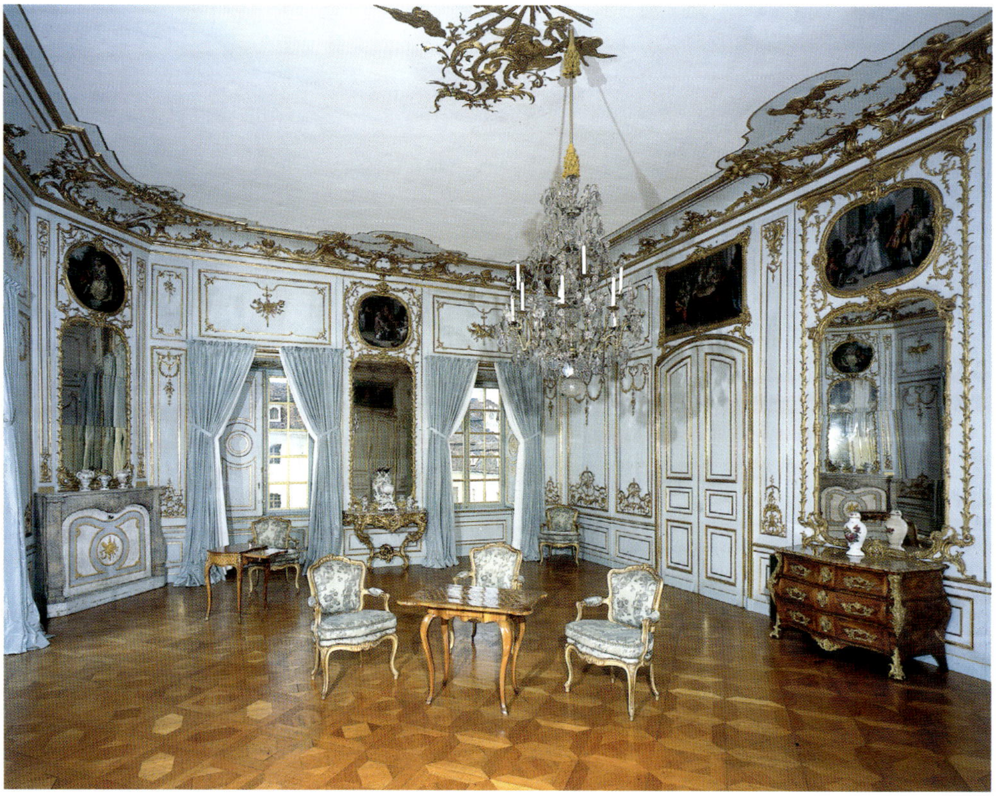

Château de Ludwigsburg, la deuxième antichambre dans l'appartement du duc Carl Eugen au deuxième étage

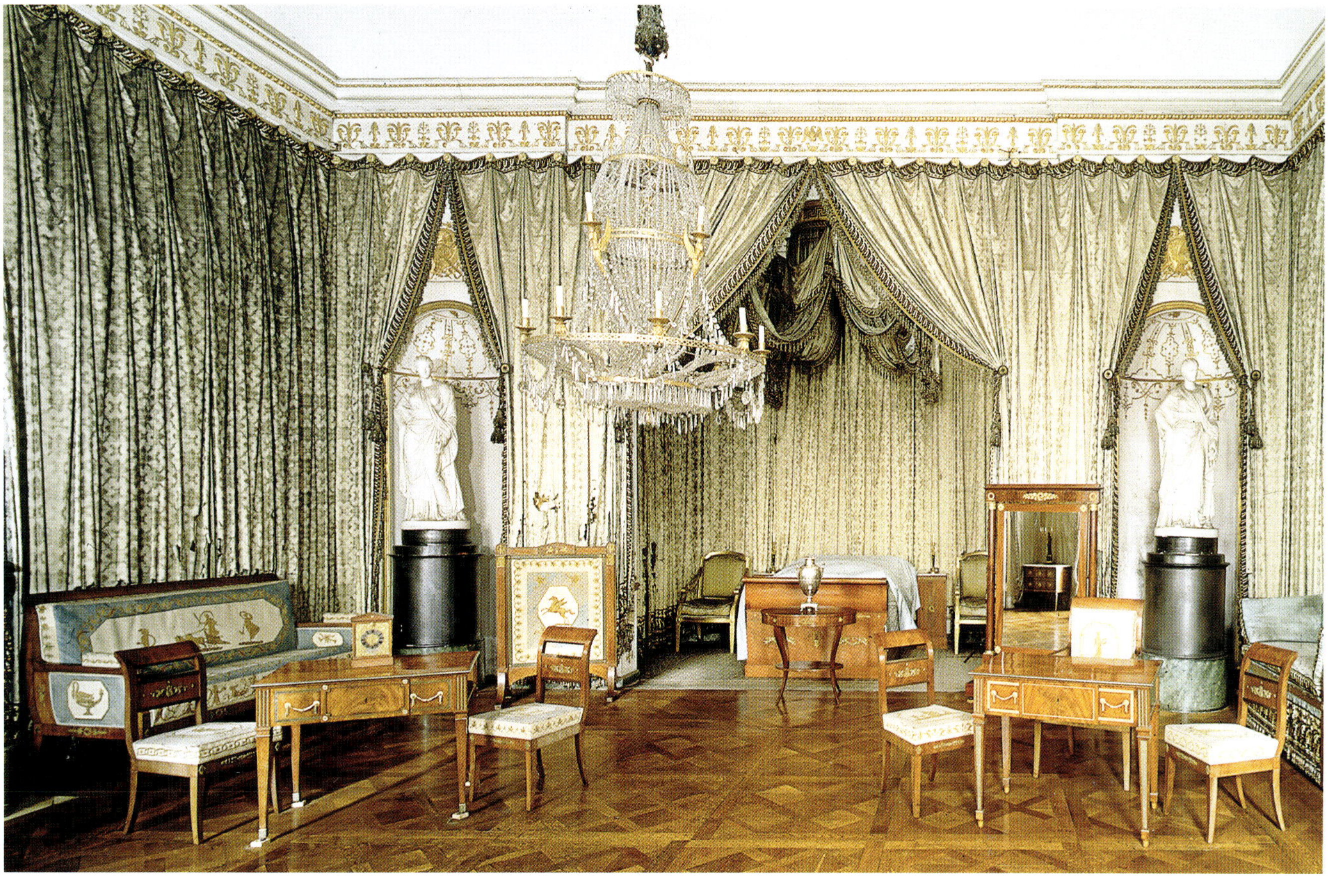

Château de Ludwigsburg, la chambre du roi Frédéric

La chambre du roi Frédéric

Lorsque le futur roi Frédéric Ier de Wurtemberg devint chef de l'Etat en 1797, le château de Ludwigsburg était pareil au château de la Belle au Bois dormant : les salles autrefois si fastueuses de ses ancêtres marquaient l'épreuve du temps. Johann Wolfgang von Goethe nota à l'époque : « le grand château célèbre tout à fait habitable mais, tout autant l'ancien que le nouveau, décoré et meublé avec relativement mauvais goût ». En premier lieu, et en accord avec l'idée de construire une résidence d'été, Frédéric fit moderniser l'immense jardin et les maisons de plaisance qui s'y trouvaient. Puis les travaux commencèrent dans les salons et les salles de représentation du corps de logis. Le visiteur peut encore y découvrir une enfilade de pièces des années 1802–1811, au style parfaitement homogène. La somptueuse salle d'audience toute en rouge et or s'ouvre sur un des joyaux de ce château: la chambre drapée d'étoffe bleu clair. Frédéric la fit décorer selon le style napoléonien après qu'il avait été couronné roi en 1806. Les draperies, plissées avec le plus grand soin et ornées de galons et de passementeries, avaient pour dessein de rappeler la tente d'un général en chef. Au plafond, des étoiles dorées et une rosette avec des capsules de pavot évoquent le sommeil. Des bleuets à la couleur intense créent le lien avec le bleu des tentures.

La décoration classique du château de Ludwigsburg était, de fait, très impressionnante bien qu'elle soit relativement simple de facture. Ceci est le mérite de l'architecte Nikolaus Friedrich von Thouret qui eut comme merveilleux collaborateurs le sculpteur Antonio Isopi et l'ébéniste Johannes Klinckerfuß. Le salon des Registres (Registraturzimmer), attenant à la chambre fut doté d'une décoration faite de grotesques, clairement ordonnée, inspirée des célèbres loggias de Raphaël au Vatican. Les armoires des registres, réalisées par Klinckerfuß, portent les inscriptions INTERNA, EXTERNA et PUBLICA en lettres d'or et donnent ainsi une idée de l'ordre régnant alors dans l'administration royale. U. S.

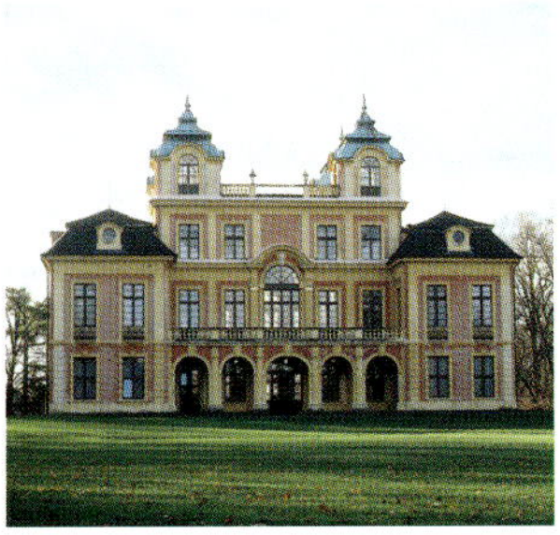

Château de la Favorite

La Grande salle médiane

Presque cent ans après sa construction, l'aménagement du château de plaisance et de chasse baroque de la Favorite fut remanié sous le duc Frédéric II de Wurtemberg, futur roi Frédéric Ier, afin d'être modernisé. Quelques unes des pièces conçues par Nikolaus Friedrich von Thouret depuis 1798 furent ornées de papier peint français au cachet antique, d'autres furent peintes dans le style pompéien. La décoration de la grande salle située au centre de l'édifice ne devait donc pas manquer d'être empreinte de majesté antique : de style classique, elle est toute en blanc et bleu clair. Des pilastres ioniens cannelés supportent un entablement lisse avec un attique en hauteur. Le plafond plat à caissons, orné de rosettes de stuc, remplace la voûte baroque d'autrefois. Dans les niches situées au dessus des quatre cheminées se dressent des statues habillées de tuniques antiques figurant les quatre saisons. Elles furent réalisées par Johann Heinrich Dannecker et Philipp Jakob Scheffauer. La table, dressée avec le service de porcelaine ayant appartenu au roi Frédéric, rappelle que cette salle fut à la fois salle des fêtes et salle à manger. U. S.

i Schloss Ludwigsburg
Schlossstr. 30
71634 Ludwigsburg
Tél. 07141/182004
Fax 07141/186434
info@schloss-ludwigsburg.de
www.schloss-ludwigsburg.de

Ouvert de mi-mars au 1er novembre :
de 10 h à 12 h 30, de 13 h 30 à 17 h,
du 2 novembre à mi-mars du mardi au dimanche de 10 h à 12 h 30,
de 13 h 30 à 16 h
Visites guidées en permanence,
Dernière visite :
de mi-mars au 1er novembre :
à 12 h ou à 17 h
du 2 novembre à mi-mars :
à 12 h ou à 16 h
Visites pour groupes sur rendez-vous

Dans le château

Dans le Blühender Barock et le château

Pour les autocars:
au château
Parking pour voitures Schloss/Marstall

Métro rapide régional lignes S 4 et S 5 jusqu'à la station « Ludwigsburg »

Ligne 421, 427, 430, 443 ou 444, arrêt « Favoriteschloss »

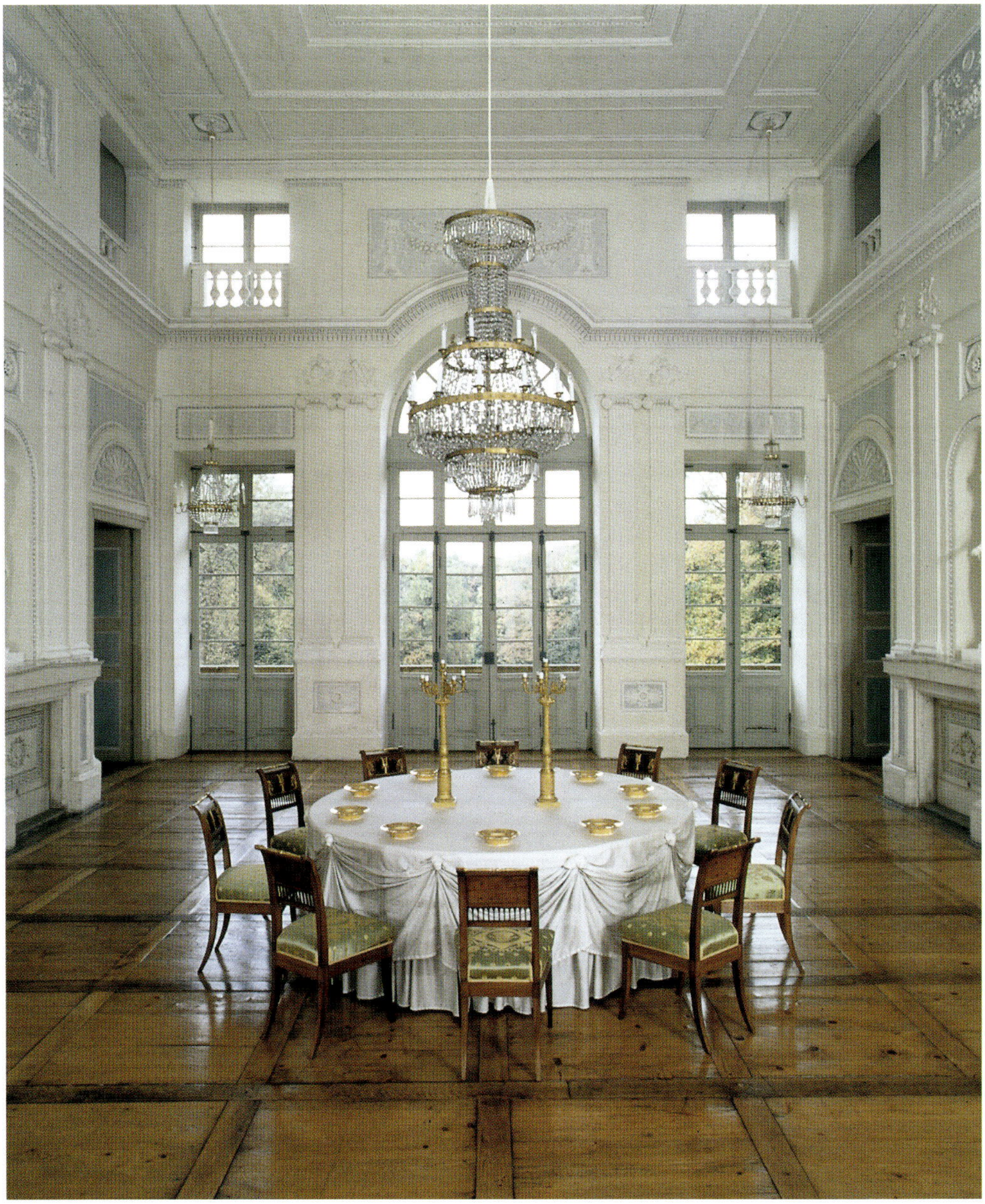

Château de la Favorite, la Grande salle médiane

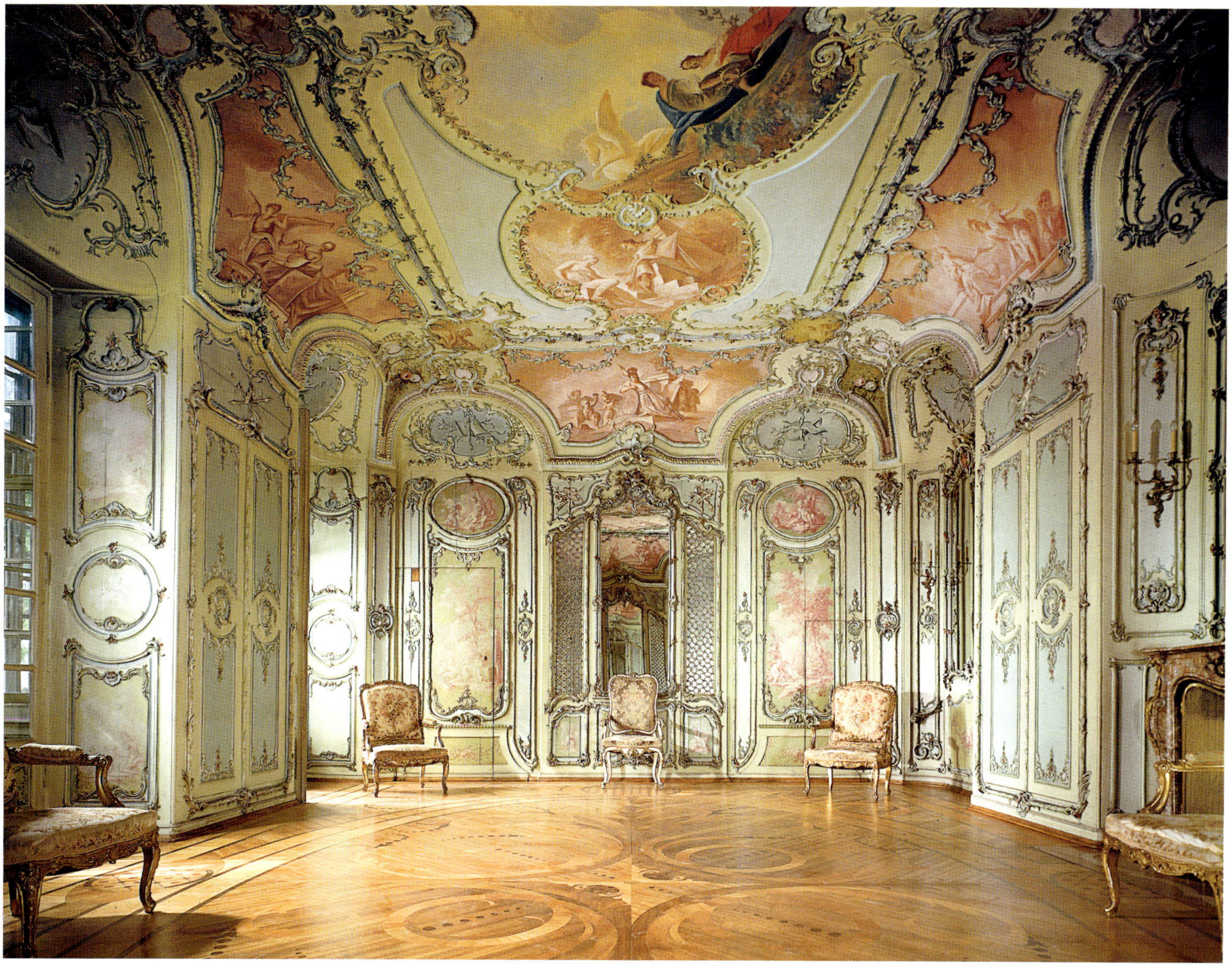

Château de Mannheim, le cabinet de l'épouse de l'Electeur

Le Château de Mannheim
Le cabinet de l'épouse de l'Electeur

Il ne fait aucun doute que le cabinet de la bibliothèque d'Elisabeth Augusta, l'épouse de l'Electeur, situé au rez-de-chaussée du corps de logis du château de Mannheim, est un chef d'œuvre du style rococo. Cette salle rectangulaire, aux tons pastels est l'expression même de la légèreté et de l'enjouement du style architectural de l'époque aux environs de 1760. Nul autre que le célèbre architecte Nicolas de Pigage (1723–1796) conçut les études pour cette décoration fastueuse de la dernière période du rococo. Cette merveille de l'épouse de l'Electeur palatin Charles Théodore (1724–1799) put heureusement être entièrement reconstituée à l'authentique après les importantes destructions de la Seconde Guerre mondiale.
De fait, on ne trouve dans cette décoration que des éléments de décoration très fins, à peine saillants. Le sol reconstitué, formé de bois de la région et exotiques, comprend d'élégants rameaux de feuilles ondulés, typiques du XVIIIe siècle.
Les niches des fenêtres de cette salle qui baigne dans la lumière rythment de façon régulière la structure de la salle. Cette dernière forme un ensemble harmonieux. Les boiseries dorées et sculptées, dont les peintures figurent de petits anges et des ornements, sont en rapport étroit avec les stucs et les fresques. Les peintures en camaïeu du plafond et des voûtes de Philipp Hieronymus Brinckmanns (1709–1761), figurant des allégories (Apollon entouré des muses) sont l'expression parfaite du jeu des formes et des couleurs typique du rococo. C. J. F.

i Vermögen und Bau
Baden-Württemberg,
Amt Mannheim
L 4, 4-6
68131 Mannheim
Tél. 06202/81482
info@schloss-schwetzingen.de
www.schloesser-und-gaerten.de

A l'avenir, visite de l'étage noble et de l'exposition permanente au rez-de-chaussée ainsi que le cabinet de la bibliothèque.

En raison de grands travaux de reconstruction, le château sera fermé, selon les prévisions, jusqu'en 2007.

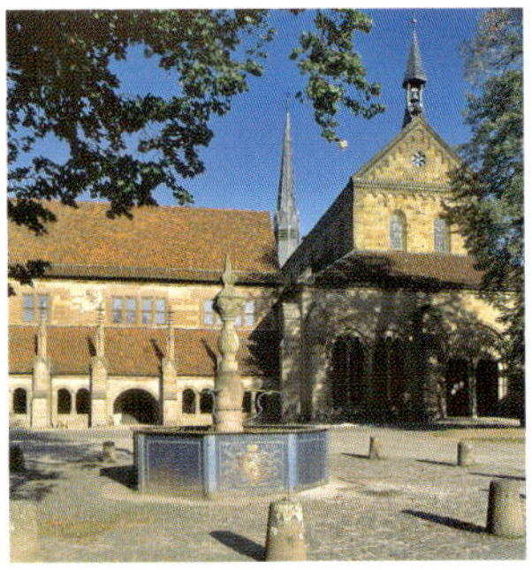

- Kloster Maulbronn
  Infozentrum
  Klosterhof 5
  75433 Maulbronn
  Tél. 0 70 43 / 92 66 10
  Fax 0 70 43 / 92 66 11
  info@kloster-maulbronn.de
  www.schloesser-und-gaerten.de

- Ouvert de novembre à février: du mardi au dimanche de 9 h 30 à 17 h
  de mars à octobre : tous les jours de 9 h à 17 h 30
  Visites guidées à 11 h 15 et 15 h
  Visites pour groupes en anglais ou français sur rendez-vous
  Visites spéciales
  Visites pour enfants

- Accessibles aux personnes handicapées sauf quelques rares restrictions

- A proximité

- Devant le monastère

- De Bruchsal, Bretten et Mühlacker jusqu'à Maulbronn-West, environ 3,5 km à pied

- Ligne de bus n° 700 à partir de Bretten-Mühlacker, ligne n° 734 à partir de Pforzheim

- Petit train « Klosterstadtexpress » en été (le dimanche et les jours fériés)

Monastère de Maulbronn, patrimoine culturel mondial de l'Unesco

Le chœur des moines dans l'ancienne église abbatiale

L'ancienne abbaye cistercienne située dans la vallée de Salzach, entre les villes de Bretten de Bade et de Mühlacker de Wurtemberg, fut érigée en 1147 sur le territoire de l'évêché de Spire. Ce domaine abbatial, portant l'empreinte culturelle des Cisterciens, est inscrit depuis 1993 à la liste du patrimoine culturel mondial de l'Unesco.

L'église abbatiale au centre du site, à l'origine un édifice érigé par les moines blancs de Maulbronn, date de la première période importante du monastère et fut consacrée en 1178. Comme dans toutes les églises cisterciennes, l'adoration du Christ est étroitement liée avec celle de la Vierge Marie, patronne de l'ordre. A l'Est de la clôture de chœur qui délimite la partie occidentale de l'église autrefois réservée aux frères lais (aujourd'hui réservée à la paroisse), se trouve le chœur intérieur pour les moines (Mönchschor), constitué d'un chœur rectangulaire au cachet cistercien (Chœur des prêtres - Priesterchor) et du presbytère dans l'axe de la grande nef . Les moines pénétraient l'église par des portes directes, situées dans la clôture, soit le lieu d'habitation fermé exclusivement réservé aux moines. Le chœur fut bien mieux éclairé lorsque l'on intégra de grandes fenêtres à remplage dans la seconde moitié du XIVe siècle. Les stalles datant d'environ 1450 comptent 92 places. Les moines se retrouvaient là huit fois par jour pour prier et chanter ensemble, la plupart du temps d'ailleurs debout, devant les sièges aux dossiers élevés, et célébraient la messe.

Monastère de Maulbronn, vue de la clôture sur ▷ le presbytère et les stalles ainsi que sur le chœur à l'est

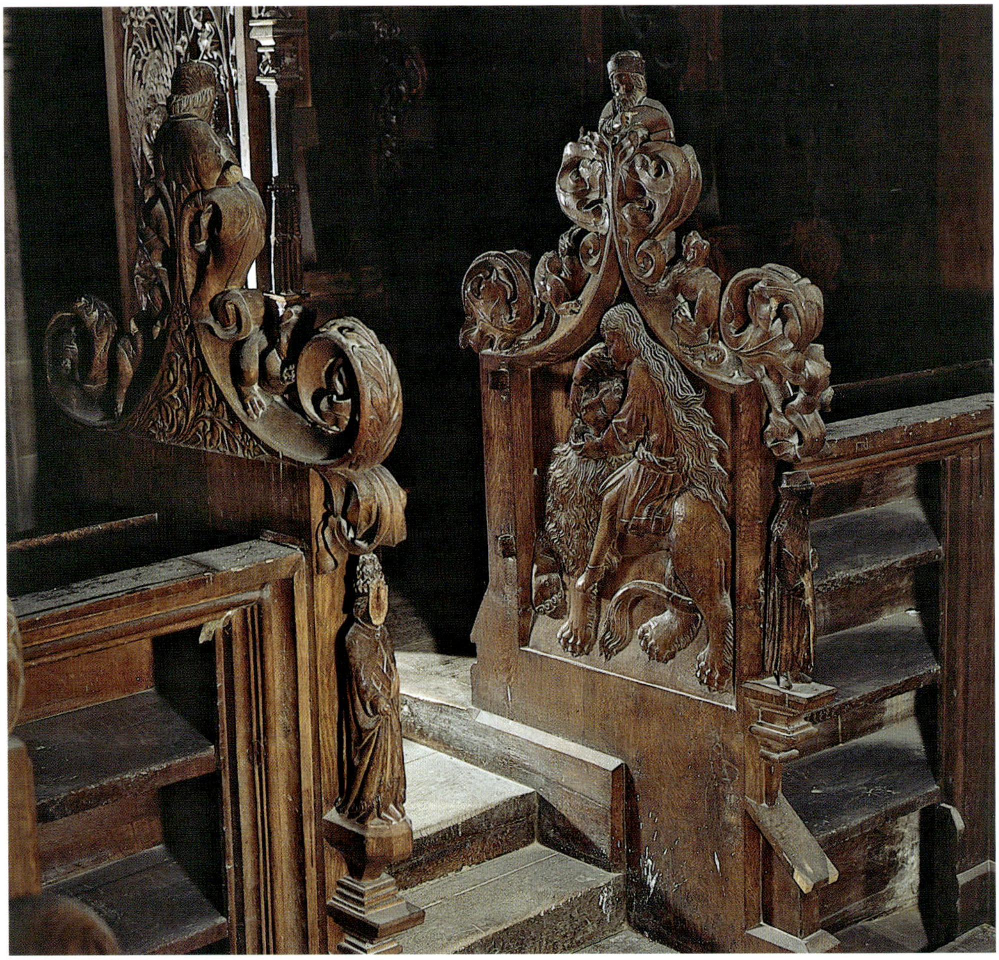

Monastére de Maulbronn, relief sur montant des stalles, le combat de Simon avec le lion

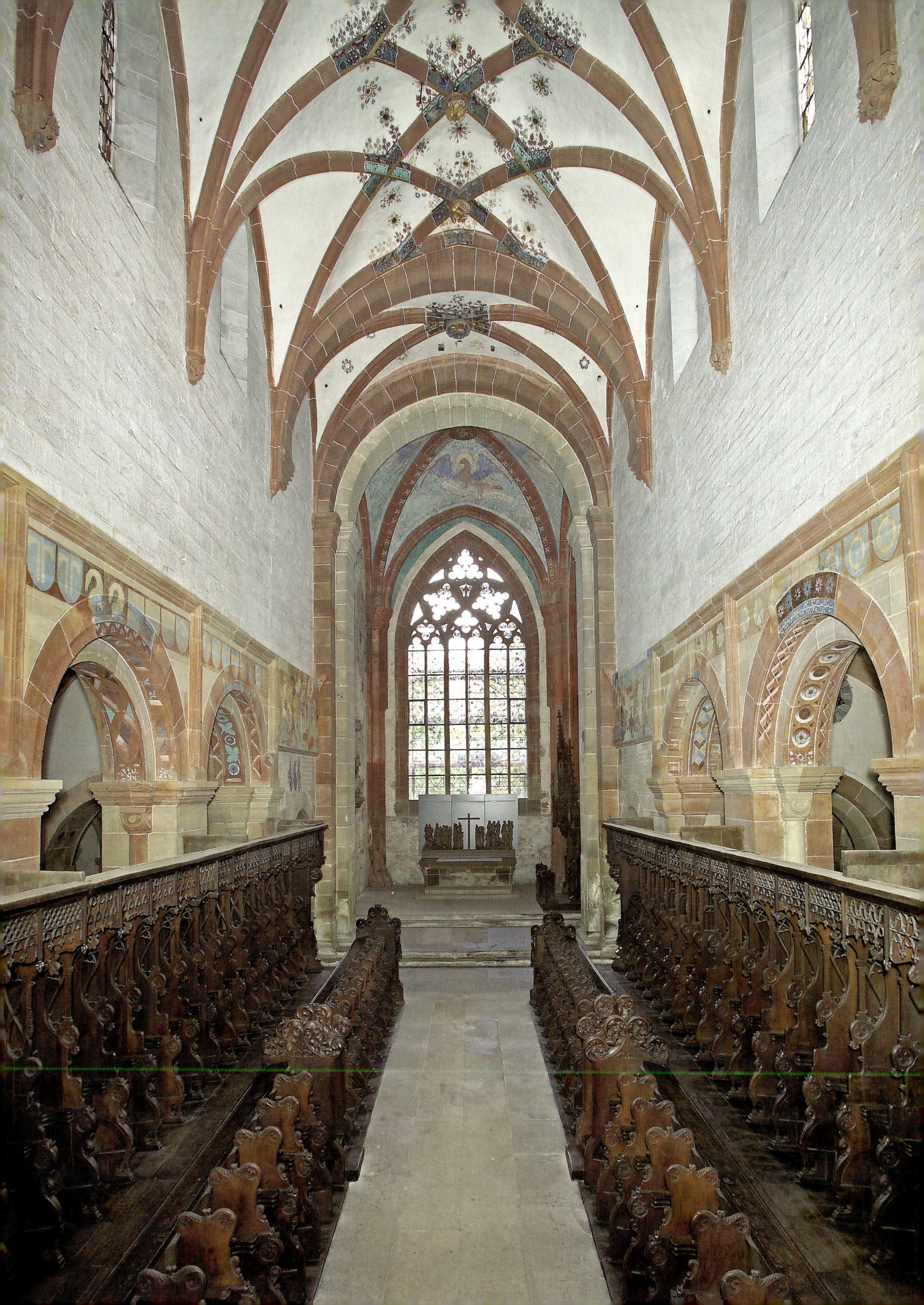

L'ancien réfectoire

La salle à manger des moines, fort impressionnante, est l'un des réfectoires les plus magnifiques du début du baroque. Sept colonnes rondes et puissantes, supportant les voûtes nervées du début du gothique, s'y dressent et divisent en deux halls la salle, qui date d'environ 1220. La provenance latine du mot « réfectoire », soit « refectio », qui veut dire approximativement rafraîchissement/délectation ou restauration/rétablissement explique la fonction de cette pièce: les abbés et les moines venaient ici se rafraîchir et se nourrir pour se régénérer après les fatigues des prières et des maintes tâches corporelles de la journée. A l'époque, un moine lisait des passages des Saintes Ecritures du haut de la chaire surélevée sur le coté est de la salle, afin que les moines se nourrissent pendant les repas également de nourritures spirituelles. A l'apogée du monastère, il pouvait y avoir jusqu'à cent moines cisterciens qui mangeaient ici, en silence et plongés dans leurs réflexions.

Par ses dimensions et la facture des chapiteaux, cette salle est tout à fait digne d'un hall princier. Construite entre la cuisine et la pièce chauffée des moines, dans la partie nord du cloître, cette salle d'environ 27,20 m de long, 11,50 m de large et 10,40 m de hauteur fait également partie du domaine fermé réservé aux moines. En raison de sa taille impressionnante, la salle se distingue clairement des autres, même sur le plan architectural extérieur. Dans le pavillon du Puit (Brunnenhaus) en face de l'entrée au réfectoire, les moines se lavaient les mains avant de passer à table. Dès le début du XIIIe siècle, il y eut à cet emplacement une fontaine, située alors directement dans le jardin du cloître. Le pavillon du Puits ainsi que le réfectoire font partie des éléments architecturaux caractéristiques de l'art des Cisterciens.

C. T. M.

Monastère de Maulbronn, ancien réfectoire des moines blancs

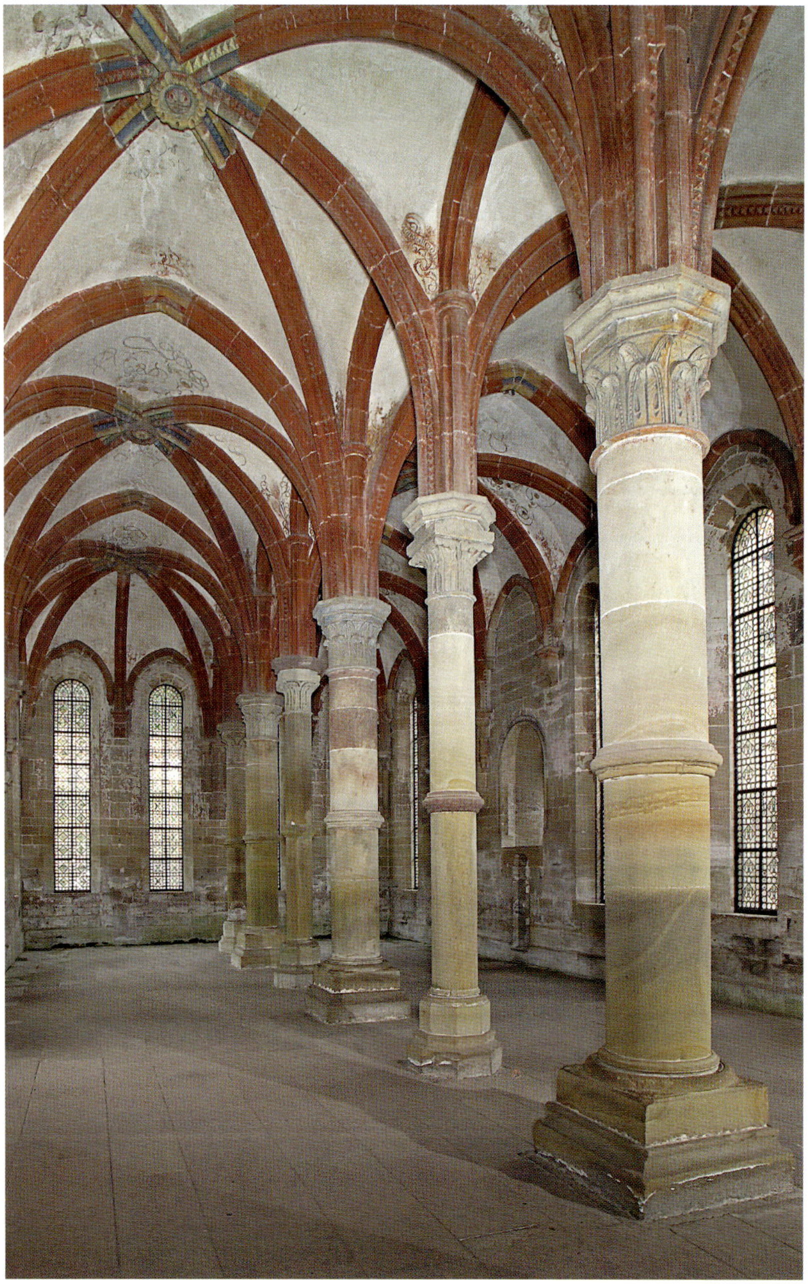

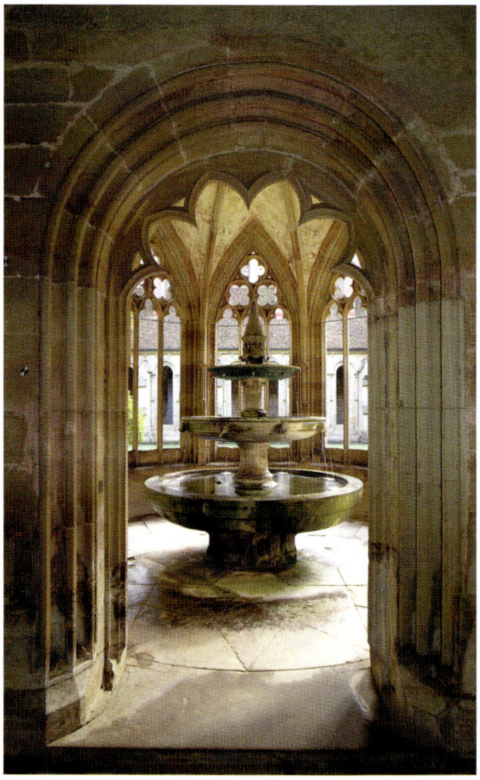

Monastère de Maulbronn, pavillon du Puit dans le cloître, en face du réfectoire

Château Neuf des princes-évêques de Constance

La cage d'escalier

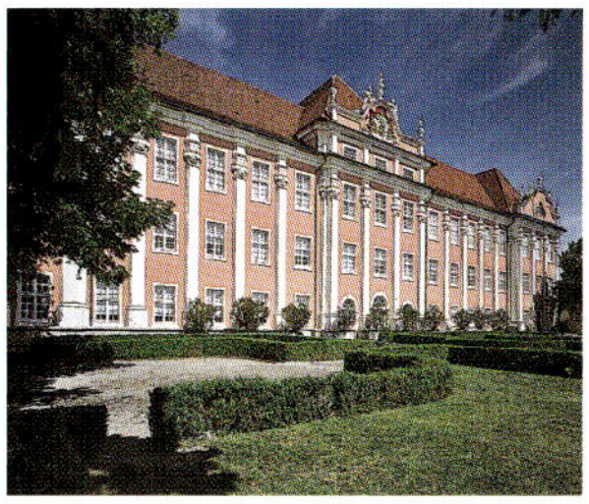

La nouvelle résidence des princes-évêques de Constance ne devint véritablement un édifice de représentation qu'après la construction ultérieure de la somptueuse cage d'escalier. Le prince-évêque Johann Franz Schenk von Stauffenberg avait fait ériger le château Neuf (Neues Schloss) en 1710–1712 au plus bel emplacement de la ville qui dominait le lac et offrait un superbe panorama sur les Alpes. Lui-même résida néanmoins sur la rive nord du lac, dans le vieux château de Meersburg, résidence des princes-évêques depuis que la ville libre de Constance était devenue protestante.

L'agrandissement du château Neuf fut entrepris par le bâtisseur Damian Hugo von Schönborn, prince-évêque de Spire puis évêque de Constance à partir de 1740. L'architecte Balthasar Neumann, qui travaillait alors à la résidence d'été des princes-évêques de Spire à Bruchsal, s'occupa également de l'aménagement du château Neuf. Sur la base de plans du site qu'avait réalisés Carlo Pozzi, il conçut un bâtiment pour la cage d'escalier qui se détachait largement en avant de la façade, mais aussi quelques pièces de l'étage noble. Les fondements de l'édifice n'ayant cependant pas été suffisamment bien faits, Franz Anton Bagnato dut, en se référant aux plans de Neumann, reconstruire cette partie du bâtiment en 1759-1760.

Cet escalier intérieur imposant à trois volées, situé de part et d'autre de la pièce, forme un vestibule d'entrée généreux dans ses dimensions et donne l'impression que les deux étages supérieurs se fondent l'un dans l'autre. La fresque du plafond de Guiseppe Appiani attire le regard du visiteur sur le cardinal von Rodt, prince ecclésiastique qui mena à bien la construction de cette cage d'escalier. La fresque illustre l'influence salutaire de ses vertus sur l'évêché et le chapitre lors de son règne. Sous les armoiries de von Rodt, un stuc réalisé par Carlo Pozzi, les hôtes de l'époque parvenaient, tout comme les visiteurs d'aujourd'hui, par la porte médiane dans la salle des fêtes.

C. T. M.

i Vermögen und Bau
Baden-Württemberg,
Amt Ulm
Postfach 4120
89031 Ulm
Tél. 07 31 / 5 02 89-75
Fax 07 31 / 5 02 89-25
info@vbaul.fv.bwl.de
www.schloesser-und-gaerten.de

Office de tourisme :
Meersburg-Tourismus
Tél. 0 75 32 / 440 400
info@meersburg.de

Musée du château à l'étage noble avec les appartements des princes-évêques

Ouvert d'avril à octobre :
de 10 h à 13 h,
de 14 h à 18 h
Fermé de novembre à fin mars
Visites spéciales sur rendez-vous

Restaurants
Dans la localité, café dans le château (Schlosscafé) en été

Parking à proximité

Jusqu'à Überlingen ou Friedrichshafen;
Bus toutes les demi-heures

Anlegestelle Meersburg

A Galerie Municipale (Städtische Galerie)
Musée Dornier (Dornier Museum), consacré à l'histoire de l'aviation

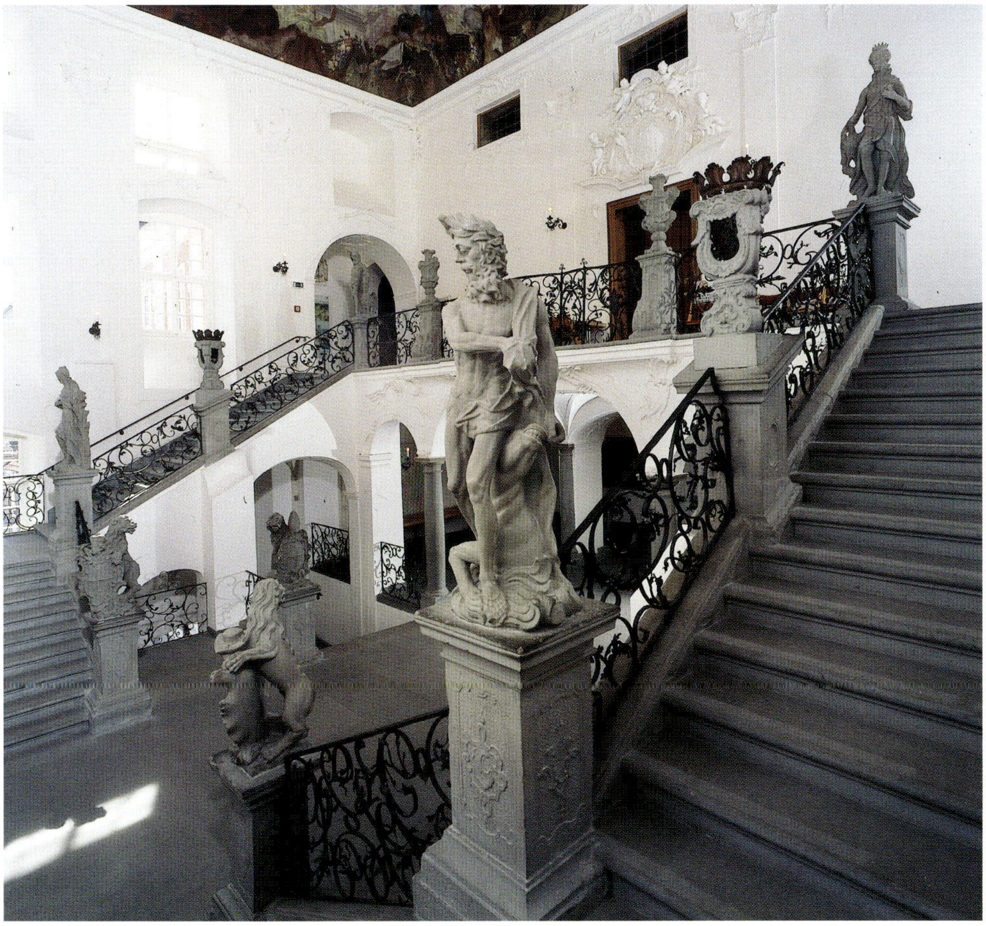

Meersburg, cage d'escalier du château Neuf. Les quatre statues de divinités représentent les quatre éléments de la terre, l'eau, l'air et le feu. Les lions tiennent les armoiries des domaines situés sous la souverainité des princes-evêques

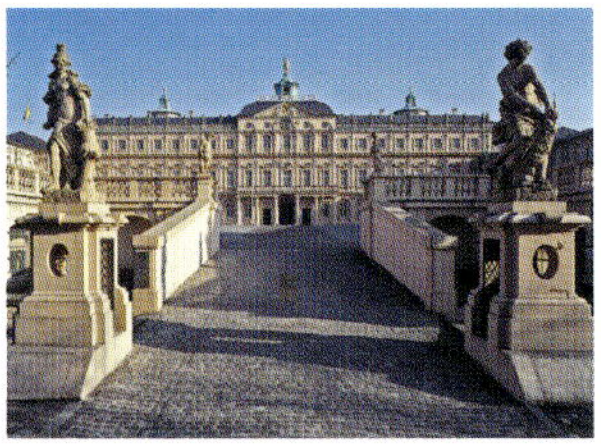

Schloss Rastatt
Herrenstr. 18
76437 Rastatt
Infozentrum
Tél. 07222/978385
Fax 07222/978392
info@schloss-rastatt.de
www.schloesser-und-gaerten.de

Ouvert d'avril à octobre : du mardi au dimanche de 10 h à 17 h,
de novembre à mars : du mardi au dimanche de 10 h à 16 h
Visites guidées du château à chaque heure
Visites spéciales, visites pour enfants et actions culturelles tout au long de l'année sur rendez-vous

Informations :
Service-Center
Tél. 07222/934170

Parking pour autocars

Métro rapide régional lignes S 4 et S 41 jusqu'à l'arrêt « Hauptbahnhof »

Lignes n° 222, 232 et 235 jusqu'au château (Schloss)

Mémorial des mouvements de libération en Allemagne (Freiheitsbewegungen in der deutschen Geschichte)
Tél. 07222/77139-0

Musée historique de l'Armée (Wehrgeschichtliches Museum)
Tél. 07222/34244

Château de Rastatt
La salle des Ancêtres

Le château de Rastatt fut la première des nombreuses résidences baroques de la région du Haut-Rhin. Elle fut initiée par le margrave Louis Guillaume de Bade (1655–1707), nommé également « Louis le Turc » en raison de ses victoires militaires spectaculaires lors des guerres contre l'empire ottoman. En raison de son mérite mis à l'épreuve à la cour de Vienne, l'architecte-peintre italien Domenico Egidio Rossi fut chargé de la construction de la résidence et de la ville qui devait l'accompagner. Une visite dans la résidence de Rastatt illustre jusqu'à nos jours le style prisé au début du XVIIIe siècle dans les palais du Liechtenstein ou bien encore du prince Eugène. Ce sont les décorations de stuc fastueuses, pour l'essentiel encore dans l'état d'origine, qui dominent l'ornement des plafonds dans les appartements officiels du margrave. Des peintres en architecture venus de Rossi en Italie en 1705 réalisèrent les fresques de plafond de la salle des Ancêtres (Ahnensaal) ainsi que la salle de parade de la margravine attenante. Les tapisseries de « L'art de la guerre » font partie des quelques rares éléments du mobilier, à l'époque très précieux et riche en meubles argentés, qui nous soit parvenu. Dans l'antichambre et la salle d'audience, les tapis flamands très expressifs de la manufacture Van der Borght évoquent les mérites du grand chef militaire.

U. G.

Page d'en face :
Château de Rastatt, la salle des Ancêtres, fresque de Giuseppe Roli (1705) et statue en stuc de Giovanni Battista Artario

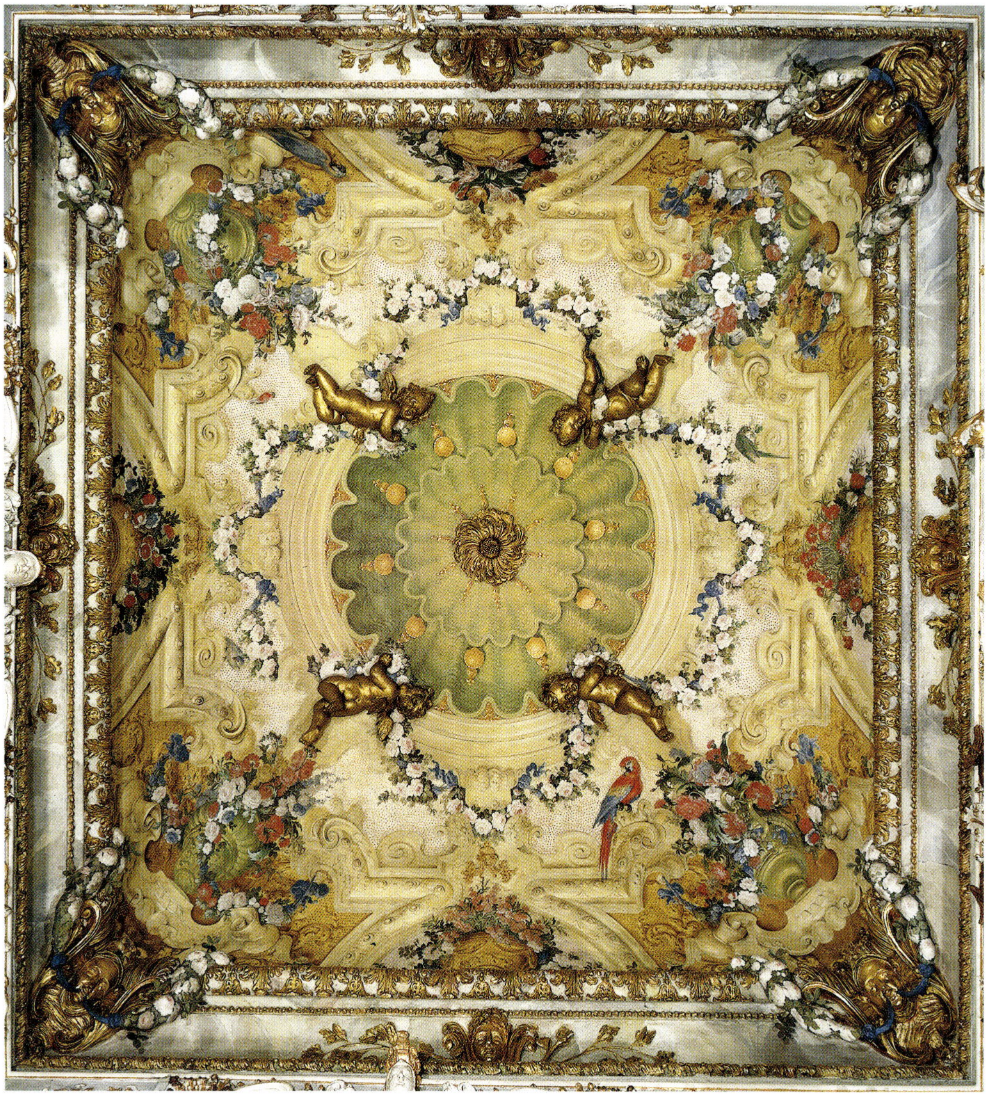

Château de Rastatt, le cabinet de porcelaine, plafond avec quadrature de Pietro Antonio Farina, 1705

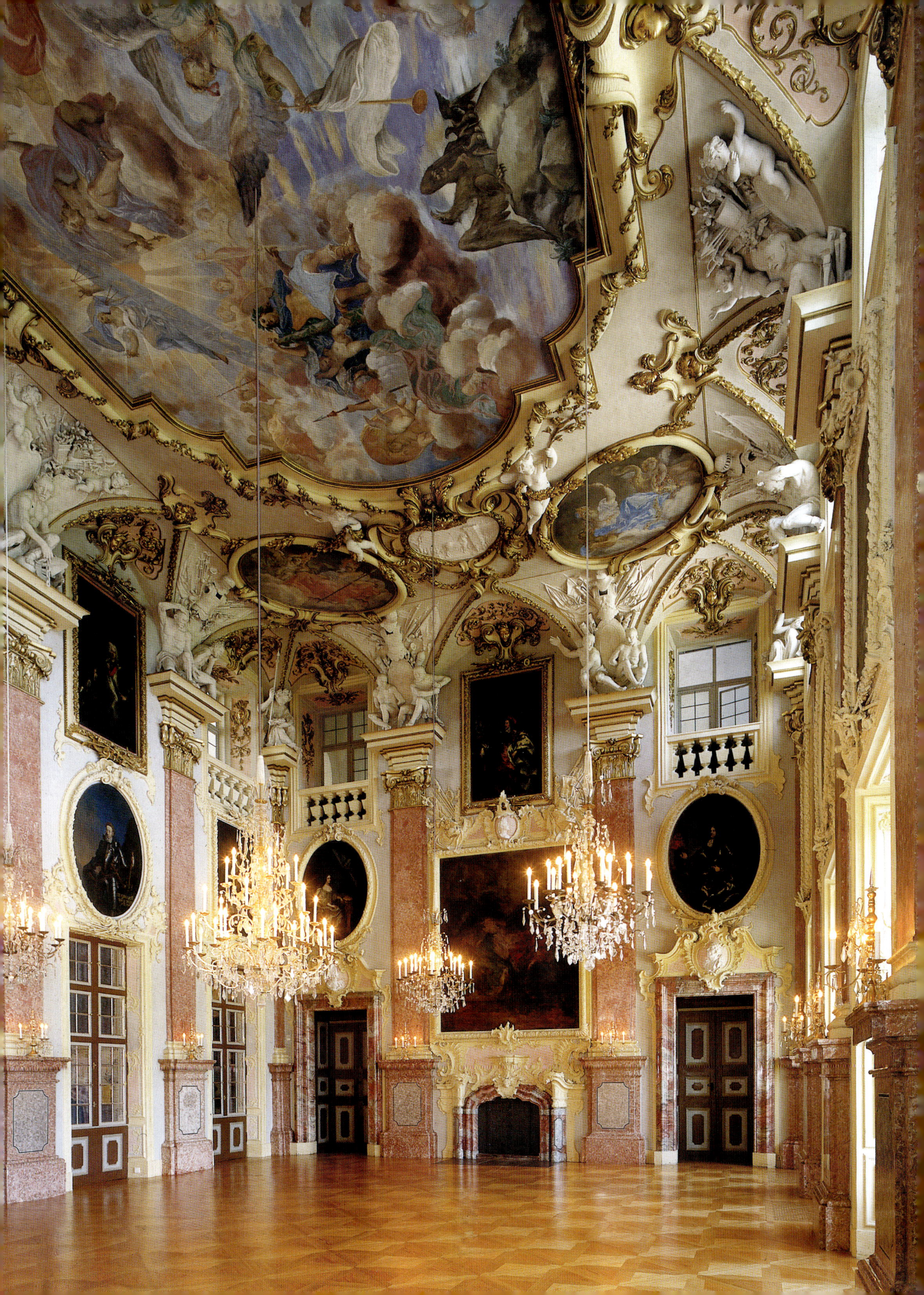

i Schloss Favorite
Rastatt-Förch
76437 Rastatt
Besucherzentrum
Tél. 07222/41207
Fax 07222/408957
info@schloss-rastatt.de
www.schloesser-und-gaerten.de

Du 16 mars au 30 septembre: du mardi au dimanche de 10 h à 17 h
du 1er octobre au 15 novembre: du mardi au dimanche de 10 h à 16 h
Parc du château ouvert librement au public
Visite: documentation sur les jardins dans le bâtiment avant de l'Orangerie
Visite à chaque heure dans le château
Visites spéciales en saison sur rendez-vous
Informations: Service-Center Tél. 072222/934170

Café

A partir du centre de Rastatt avec les lignes de bus 241 et 243 jusqu'à l'arrêt : « Rastatt-Förch »

Métro rapide régional ligne S 41 en direction de « Bhf. Kuppenheim »

Château de la Favorite, à Baden
Le cabinet des Glaces et le cabinet de Pietra Dura

Dans les premières décennies du XVIIIe, Sibylla Augusta, margravine de Baden-Baden, fit construire, à proximité de la résidence de Rastatt, un château de plaisance qui nous est parvenu tel quel, y compris son mobilier. Les appartements de parade à l'étage noble sont tendus de soie précieuse. Ces tentures, conjuguées au faste des sols finement travaillés en marbre stuqué, donnent aux pièces une teinte sombre et vive à la fois incomparable. Les meubles vernis, réalisés pour la plupart dans les ateliers de la cour, mais aussi les lustres de choix importés de Bohème, concourent à faire du château de la Favorite un ensemble précieux dans le style du baroque finissant.

Le sens très aiguisé d'Augsuta, née princesse de Saxe-Lauenburg, pour les arts se reflète à merveille dans les deux cabinets, situés côté jardin au bout des deux appartements : ils sont pareils à des coffres de trésor que l'on pourrait pénétrer. Dans le cabinet des Glaces (Spiegelkabinett), dont la conception architecturale s'inspire d'études de Marot, sont exposées des porcelaines européennes et asiatiques. Les vases et les statues étant situés devant et même sur les miroirs des murs concaves et convexes du cabinet, le visiteur est saisi par l'illusion d'une multitude d'objets précieux. Le cachet exotique de cette pièce est d'autant plus accentué par les portraits en costume qui faisaient déjà l'admiration des visiteurs, il y a 300 ans.

Cet alliage de matériaux de décoration typiques de l'époque avec des techniques correspondant au goût très personnel de l'épouse de Louis le Turc caractérisent l'agencement du château de la Favorite. Il fait de même tout le charme du cabinet de Pietra Dura (Pietra Dura-Kabinett). Sybilla Augusta rapporta probablement en 1719 d'un voyage à Florence les peintures sur pierres semi-précieuses préparées qui sont encastrées dans les murs. Il n'était pas rare à l'époque de trouver de telles pierres, mais elles étaient alors généralement exposées dans des vitrines d'armoires. Ce sont ces pierres, liées aux surfaces de nacre ou vernies ainsi qu'aux peintures sur verre, qui forment le cachet sans égal de ce cabinet.

Une visite du château de la Favorite illustre au mieux les arts décoratifs de cette époque où la mode orientale atteignit un premier apogée en Europe.

U. G.

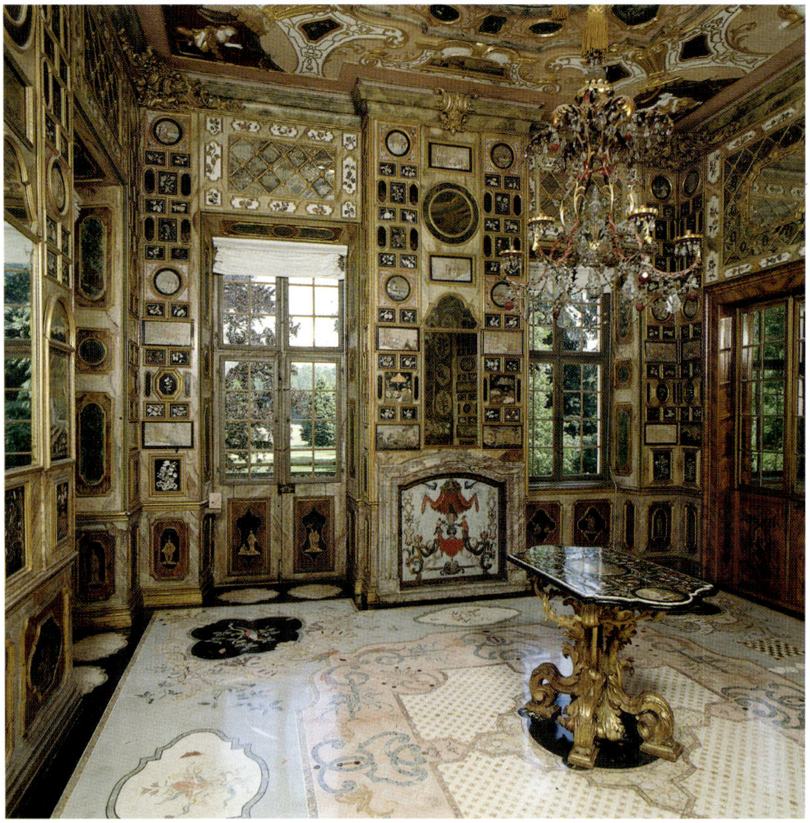

Château de la Favorite, le cabinet de PietraDura

Château de la Favorite, ▷ le cabinet des Glaces

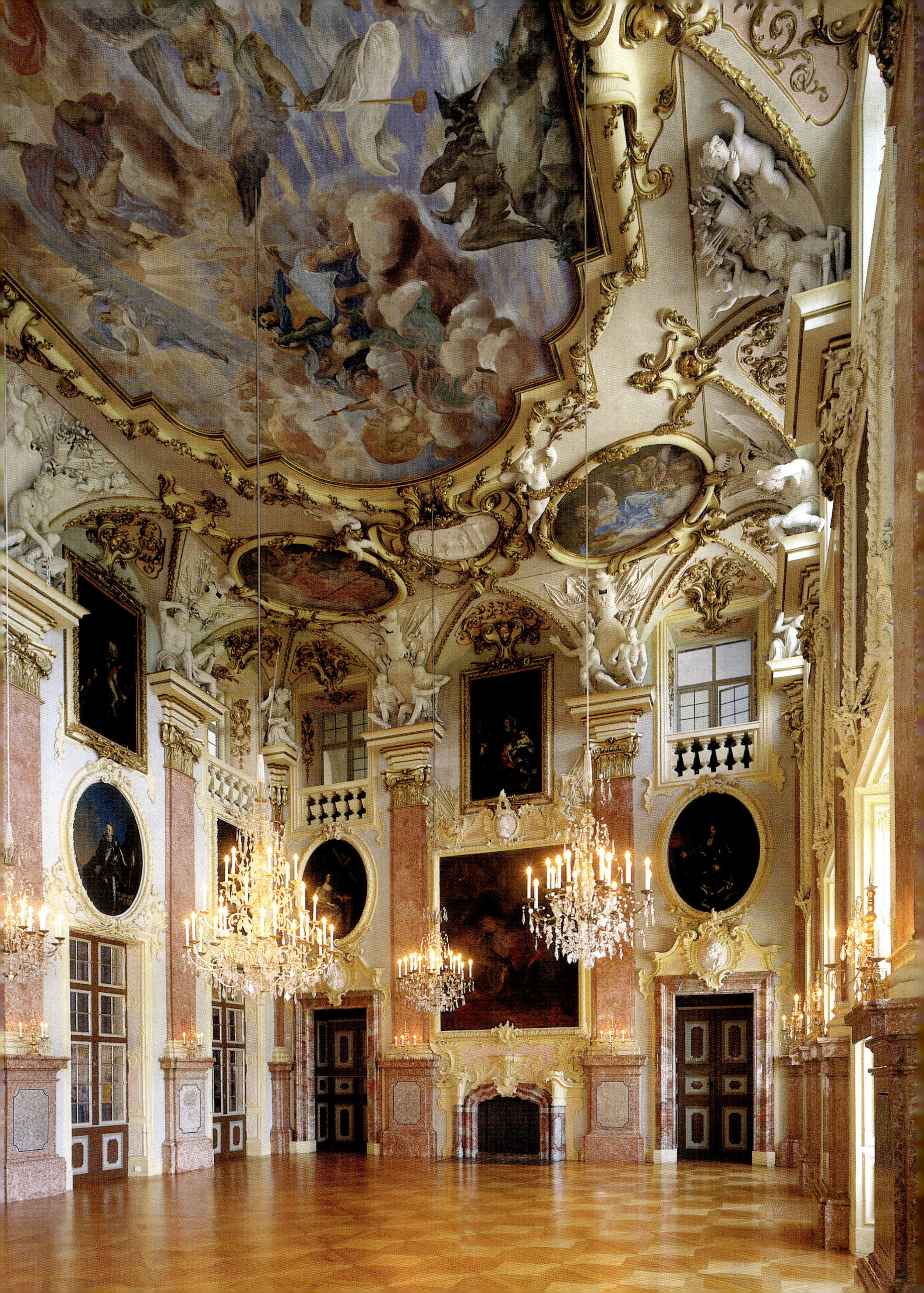

i Schloss Favorite
Rastatt-Förch
76437 Rastatt
Besucherzentrum
Tél. 07222/41207
Fax 07222/408957
info@schloss-rastatt.de
www.schloesser-und-gaerten.de

Du 16 mars au 30 septembre: du mardi au dimanche de 10 h à 17 h
du 1er octobre au 15 novembre: du mardi au dimanche de 10 h à 16 h
Parc du château ouvert librement au public
Visite: documentation sur les jardins dans le bâtiment avant de l'Orangerie
Visite à chaque heure dans le château
Visites spéciales en saison sur rendez-vous
Informations: Service-Center Tél. 07222/934170

Café

A partir du centre de Rastatt avec les lignes de bus 241 et 243 jusqu'à l'arrêt : « Rastatt-Förch »

Métro rapide régional ligne S 41 en direction de « Bhf. Kuppenheim »

Château de la Favorite, à Baden

Le cabinet des Glaces et le cabinet de Pietra Dura

Dans les premières décennies du XVIIIe, Sibylla Augusta, margravine de Baden-Baden, fit construire, à proximité de la résidence de Rastatt, un château de plaisance qui nous est parvenu tel quel, y compris son mobilier. Les appartements de parade à l'étage noble sont tendus de soie précieuse. Ces tentures, conjuguées au faste des sols finement travaillés en marbre stuqué, donnent aux pièces une teinte sombre et vive à la fois incomparable. Les meubles vernis, réalisés pour la plupart dans les ateliers de la cour, mais aussi les lustres de choix importés de Bohème, concourent à faire du château de la Favorite un ensemble précieux dans le style du baroque finissant.

Le sens très aiguisé d'Augsuta, née princesse de Saxe-Lauenburg, pour les arts se reflète à merveille dans les deux cabinets, situés côté jardin au bout des deux appartements : ils sont pareils à des coffres de trésor que l'on pourrait pénétrer. Dans le cabinet des Glaces (Spiegelkabinett), dont la conception architecturale s'inspire d'études de Marot, sont exposées des porcelaines européennes et asiatiques. Les vases et les statues étant situés devant et même sur les miroirs des murs concaves et convexes du cabinet, le visiteur est saisi par l'illusion d'une multitude d'objets précieux. Le cachet exotique de cette pièce est d'autant plus accentué par les portraits en costume qui faisaient déjà l'admiration des visiteurs, il y a 300 ans.

Cet alliage de matériaux de décoration typiques de l'époque avec des techniques correspondant au goût très personnel de l'épouse de Louis le Turc caractérisent l'agencement du château de la Favorite. Il fait de même tout le charme du cabinet de Pietra Dura (Pietra Dura-Kabinett). Sybilla Augusta rapporta probablement en 1719 d'un voyage à Florence les peintures sur pierres semi-précieuses préparées qui sont encastrées dans les murs. Il n'était pas rare à l'époque de trouver de telles pierres, mais elles étaient alors généralement exposées dans des vitrines d'armoires. Ce sont ces pierres, liées aux surfaces de nacre ou vernies ainsi qu'aux peintures sur verre, qui forment le cachet sans égal de ce cabinet.

Une visite du château de la Favorite illustre au mieux les arts décoratifs de cette époque où la mode orientale atteignit un premier apogée en Europe. U. G.

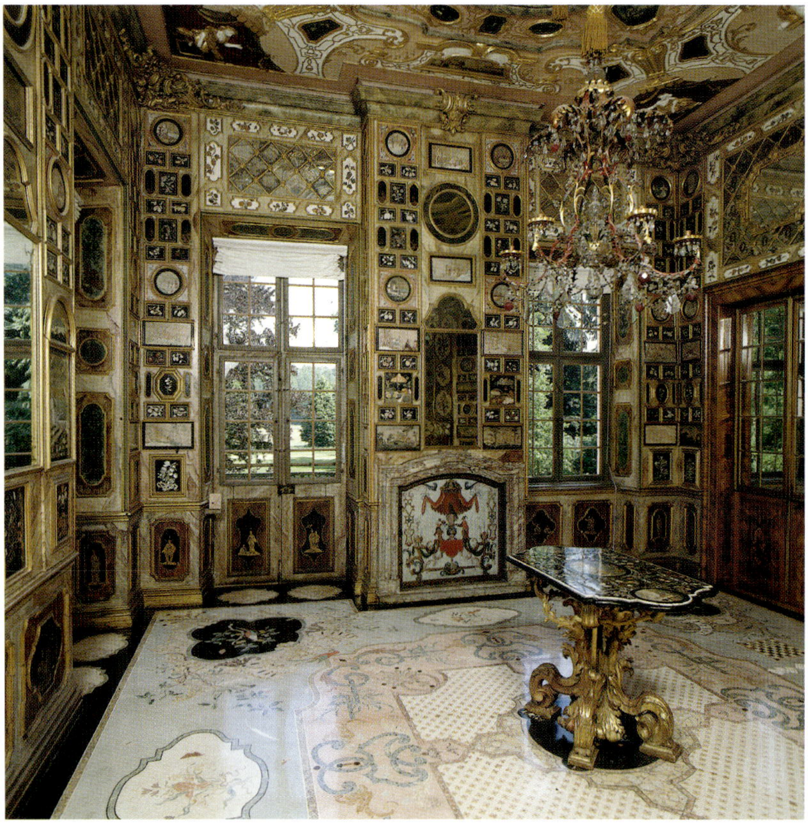

Château de la Favorite, le cabinet des Glaces ▷

Château de la Favorite, le cabinet de PietraDura

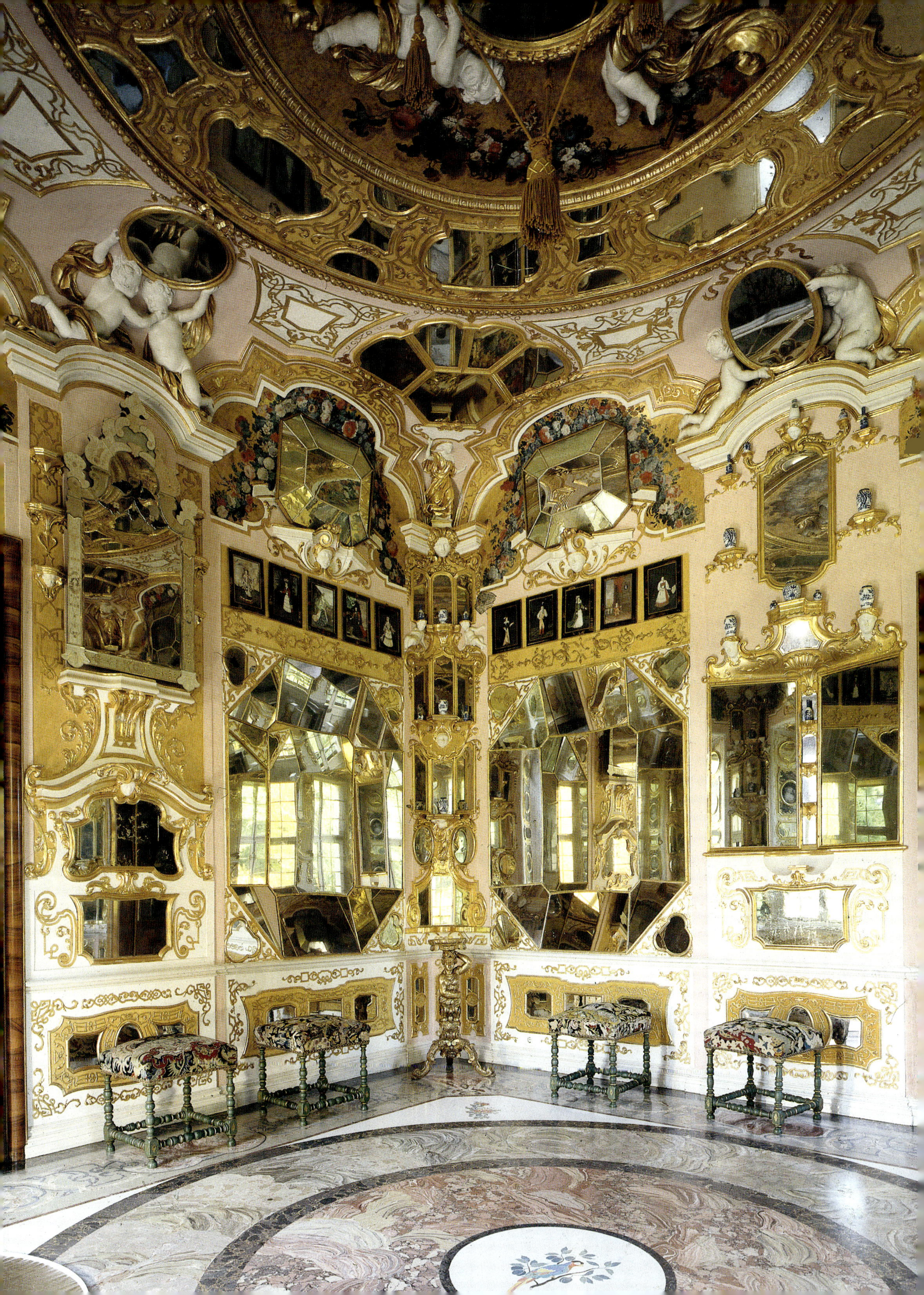

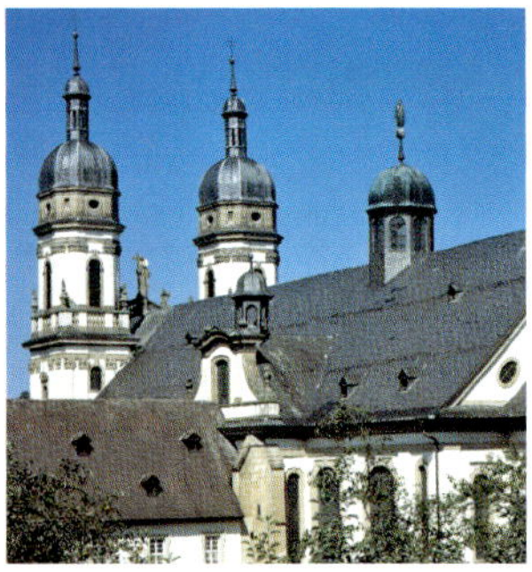

Le monastère de Schöntal

La salle de l'Ordre

L'abbaye cistercienne de Schöntal, fondée au XIIe siècle est logée dans un vaste méandre de la Jagst. Cet imposant site abbatial doit son apparence actuelle en grande partie à l'abbé Benedikt Knittel (1683–1732) qui fit remanier l'église ainsi que plusieurs bâtiments par Johann Leonhard Dientzenhofer à partir de 1701.

Après avoir monté l'escalier d'honneur baroque, le visiteur pénètre au premier étage la Nouvelle abbaye (Neue Abtei), construite entre 1737 et 1746, où se trouvaient autrefois les lieux d'habitation et les salles de travail des abbés. Une porte en verre, au bout du couloir, délimite les trois derniers axes de l'aile sud de l'abbaye. Derrière elle se trouve la salle de l'Ordre (Ordenssaal), au milieu de « l'univers clérical ». Les murs de cette salle sont entièrement recouverts de lambris. Trois portes décorées mènent à d'autres pièces, entre autres dans la salle de Chasse (Jagdzimmer) et la salle des Tableaux (Bildersaal). De petits pilastres de bois aux chapiteaux en rocaille se dressent jusqu'aux voûtes d'arrête. Des tableaux sur toile aux motifs séculiers et religieux décorent les voûtes et les formerets. Les murs sont agrémentés de 302 petits tableaux figurant chacun un membre en habit de tous les ordres connus à l'époque.

G. K.

i Bildungshaus
Kloster Schöntal
Klosterhof 6
74214 Schöntal
Tél. 07943/894-0
Fax 07943/894-100
bildungshaus@
kloster-schoental.de
www.schloesser-und-
gaerten.de

Eglise abbatiale (Klosterkirche): de 8 h à 18 h
Nouvelle abbaye
(Neue Abtei):
Ouverte d'avril à octobre:
Visites à 11 h, 14 h et 16 h
de novembre à mars:
à 11 h et 14 h
Ancienne abbaye (Alte Abtei), centre d'information et exposition permanente:
de mai à septembre:
du mardi au samedi
de 11 h à 16 h,
le dimanche de 13 h à 18 h
Visites spéciales
sur rendez-vous

Accessible, avec quelques restrictions, aux personnes handicapées

Café: Klostercafé
Auberge: Zur Post

P

De la gare de Möckmühl avec le bus n° 11 jusqu'à l'arrêt « Kloster »

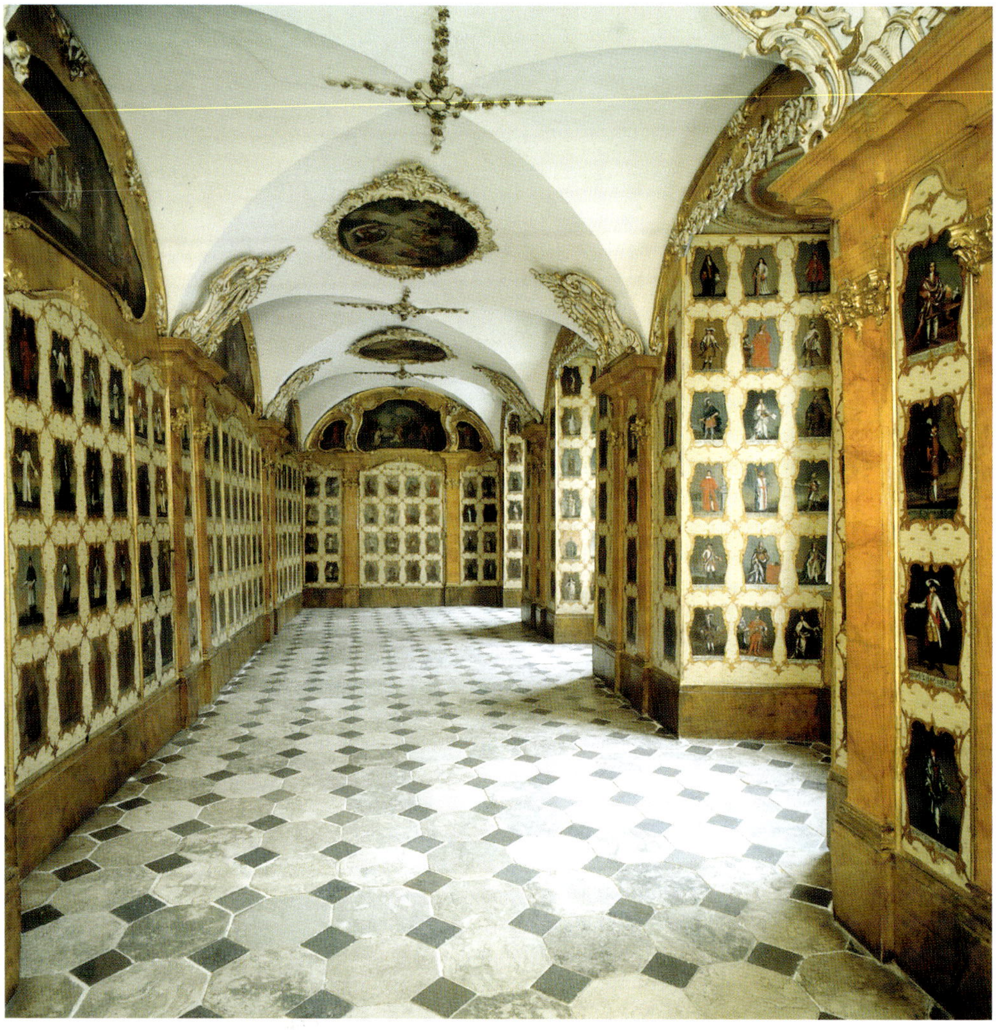

Monastère de Schöntal, la salle de l'Ordre

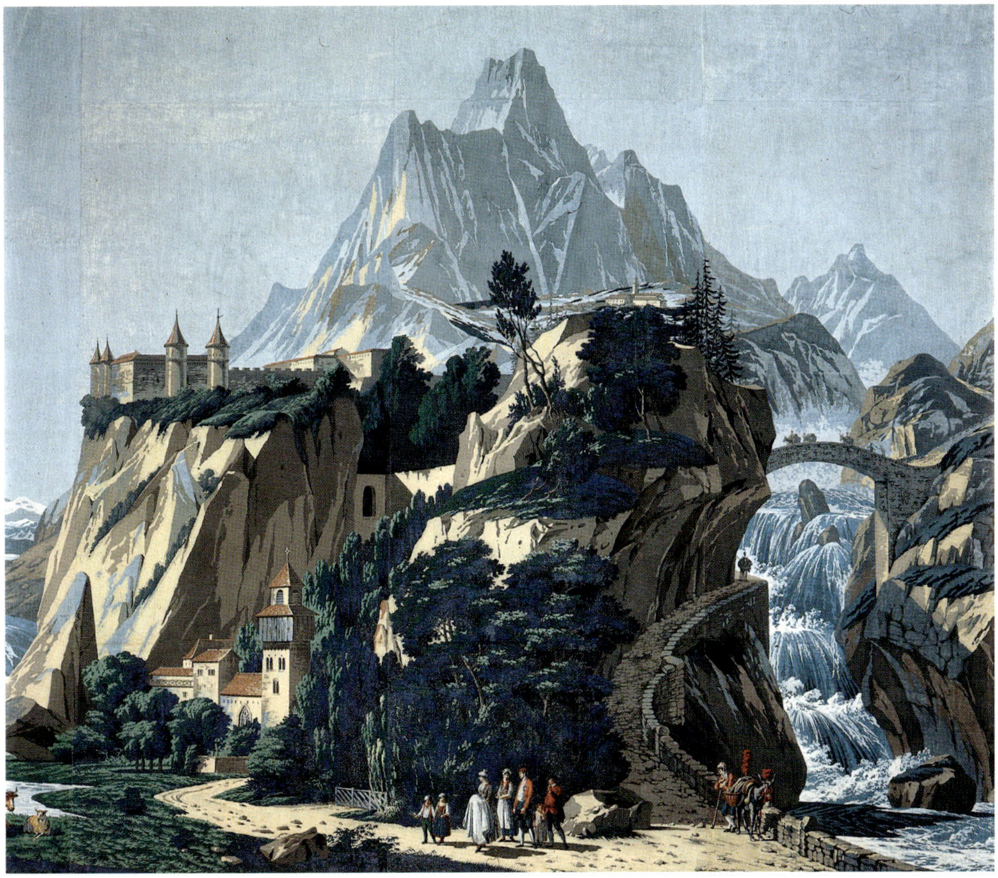

Château de Schwetzingen, le papier peint panoramique « Vues de Suisse », 1804

Château de Schwetzingen

Le salon Suisse

Dans le paysage suisse du salon Suisse du château de Schwetzinger se reflète la sympathie pour une Suisse idéalisée, très en vogue au début du XIXe siècle en raison de la publication de nombreux récits de voyage. Les panoramas peints sur les papiers recouvrant toute la pièce, intitulés « Vues de Suisse » et datant de 1840, représentent des vues idylliques sur des paysages alpins peuplés de personnages au milieu des montagnes, de cascades et de lacs. Il s'agissait là bien sûr plus de l'expression d'un désir que d'une réalité: la souveraineté de la nature intacte y est illustrée par la coexistence tranquille des Hommes avec les bêtes. Telle était la nouvelle Arcadie de l'époque, cette fois-ci située en Suisse.
La maison Zuber, implantée en Alsace à Rixheim près de Mulhouse, réalisa ces papiers peints d'après les esquisses du peintre français Pierre Antoine Mongin (1761–1827) dont on peut également admirer les oeuvres au Grand Trianon de Versailles. Ces papiers peints furent reproduits et vendus nombre de fois, mais à Schwetzingen, le visiteur a l'occasion d'en voir une des rares premières versions qui aient été préservées jusqu'à nos jours.
Ce salon réservé à la comtesse impériale de Hochberg (1768–1820), deuxième épouse du prince électeur Charles Frédérique de Baden, futur grand-duc, était un salon de « compagnie » (sic). Il fut reconstitué avec les sièges et sofas néogothiques datant de 1804 environ qui reflétaient peut-être, au travers de leur forme, le désir de s'échapper dans le temps et dans l'espace du quotidien.

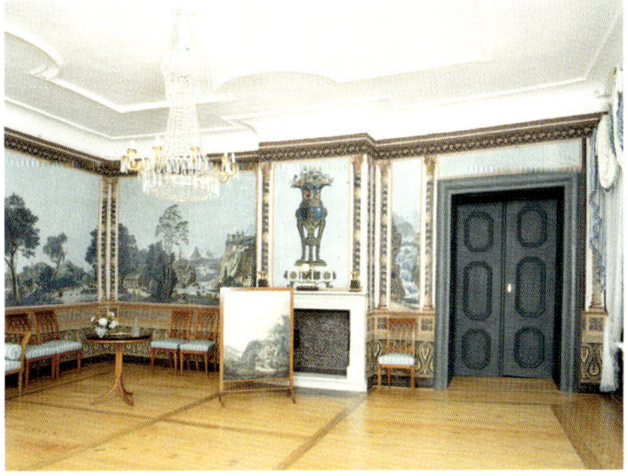

BADE-WURTEMBERG

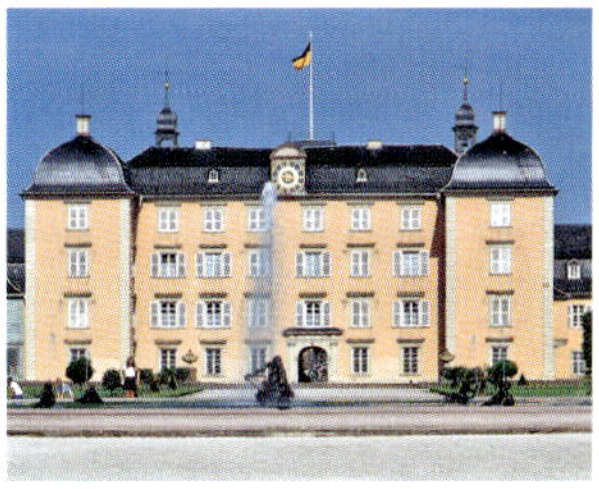

i Schloss Schwetzingen
Schloss Mittelbau
68723 Schwetzingen
Tél. 06202/81482
Fax 06202/81386
info@schloss-schwetzingen.de
www.schloesser-und-gaerten.de

Exposition permanente sur l'historique des jardins, de l'Orangerie et les outils historiques nécessaires à l'entretien des jardins, Lapidarium avec sculptures d'origine

Visites guidées:
d'avril à octobre:
du mardi au vendredi
de 11 h à 16 h
le samedi, le dimanche et les jours fériés à 11 h, 14 h et 15 h ;
de novembre à mars:
le vendredi à 14 h, le samedi, le dimanche et les jours fériés à 11 h, 14 h et 15 h
Jardins du château ouverts la journée tout au long de l'année

Visites spéciales, visites pour enfants et actions culturelles tout au long de l'année sur rendez-vous:

Informations: Service-Center
Tél. 06221/538431
Fax 06221/538430
info@service-center-schloss-heidelberg.com

Jardins accessibles aux personnes handicapées

Restaurant du château

P Parkings publics en ville

DB 5 min. à pied

Particularités:
Festivités : Schwetzinger Festspiele de mai à juin, Mozartfest en septembre
Expositions d'art

Château de Schwetzingen, le salon Suisse

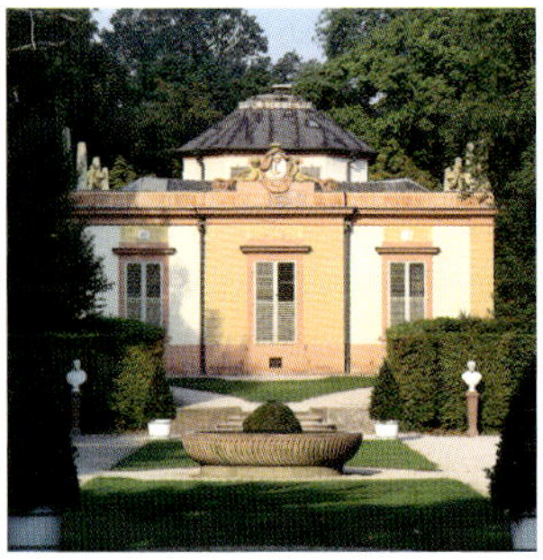

Le bureau dans le pavillon des Bains

Le château de Schwetzingen devint rapidement la résidence d'été préférée de la famille princière de l'Electorat palatin qui avait sa cour à Mannheim. L'Electeur Charles Théodore (1724–1799) aimait, pour se reposer du cérémoniel strict de la vie à la cour, se retirer dans son pavillon de plaisance personnel érigé en 1775, nommé pavillon des Bains (Badhaus) et situé dans le vaste jardin du château de Schwetzingen,.
Comme cela avait déjà été le cas à Mannheim, Pigage fut chargé de la conception des intérieurs. Le visiteur remarquera des influences classiques qui tentent de se distancier de l'abondance typique du baroque et des fines décorations du rococo. Ainsi le bureau de l'Electeur (Arbeitszimmer) témoigne d'une ordonnance aux lignes sévères et use de matériaux très nobles. Des colonnes de marbre au cachet antique, dotées de base dorées, de chapiteaux et d'entablements, encadrent un canapé à baldaquin logé dans une alcôve, sur lequel le prince se reposait de son travail. La caractéristique du classicisme est l'usage de styles d'époques révolues, en particulier de l'antique. La décoration de cette pièce est riche en contrastes. Les tableaux du peintre de cour Ferdinand Kobell (1740–1799) aux couleurs froides sont typiques d'alors et attirent le regard. Ces paysages idéalisés avec bergers illustrent la nostalgie d'un paradis perdu et suggère espace, naturel et simplicité, thèmes chers à l'absolutisme éclairé. Le principe du jardin à l'anglaise inspira certainement aussi ces peintures qui « comptent parmi les paysages allemands les plus beaux de la période de transition au classicisme » (Adolph Feulner, 1929), mais sans aucun doute également les modèles néerlandais comme van Ruisdael et Everdingen. Les meubles et les boiseries en bois de rosier veiné réalisés par Jakob Kieser (1734–1786), ébéniste de la cour de Mannhein, sont infiniment précieux. L'agencement actuel de la pièce correspond à ce qu'il fut à l'origine.

C. J. F.

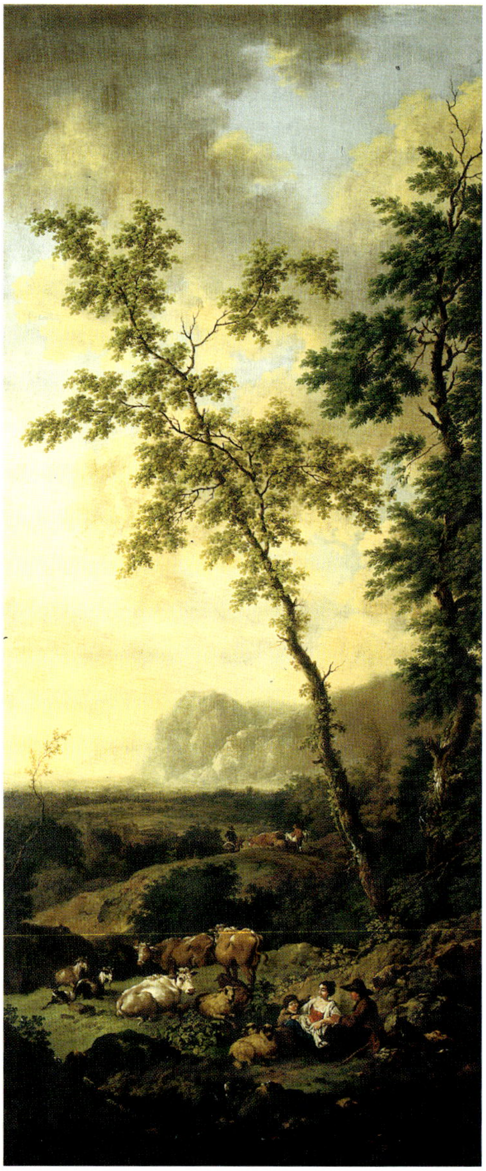

Panorama de paysage de Ferdinand Kobell

Page d'en face : Château de Schwetzingen, le bureau dans le pavillon des Bains

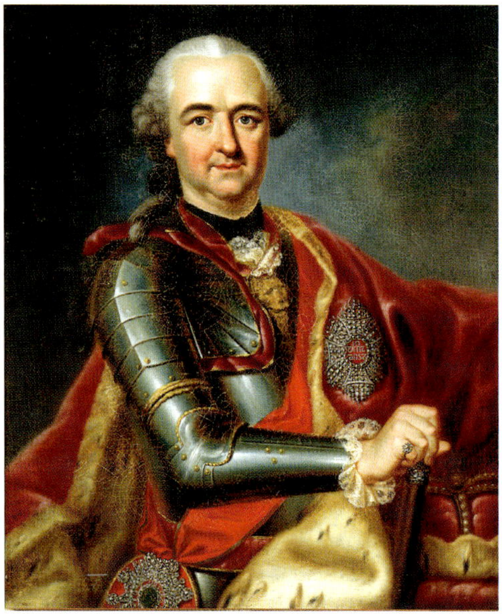

Prince électeur Charles Théodore du Palatinat

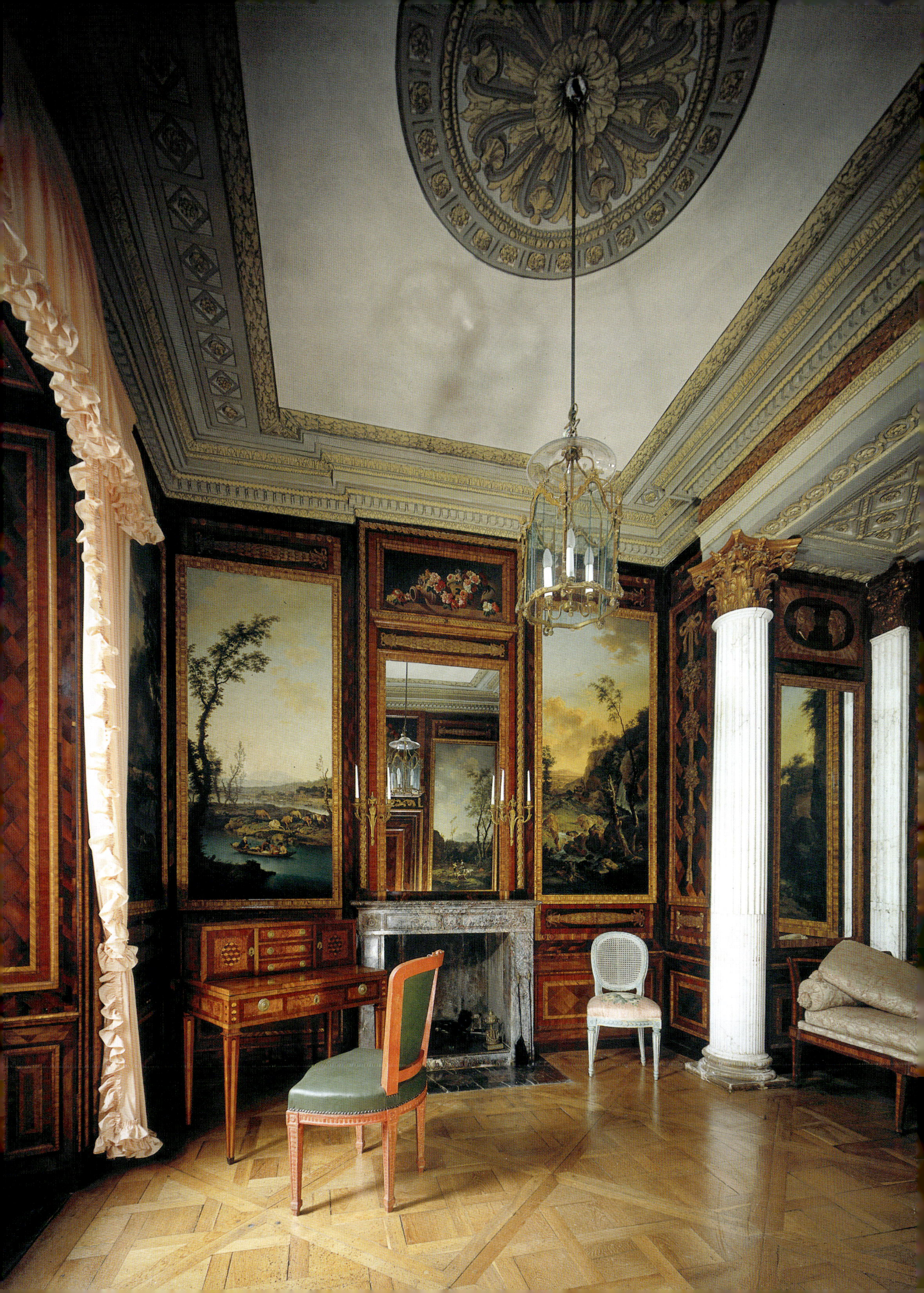

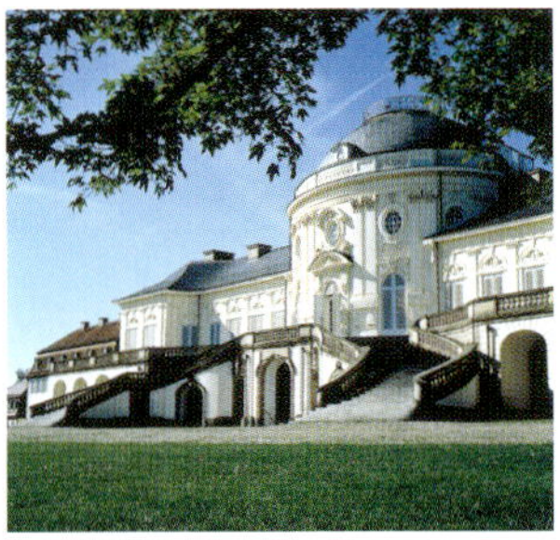

Solitude 1
70197 Stuttgart

i Schloss Solitude
Tél. u. Fax 0711/696699
info@schloss-solitude.de
www.schloss-solitude.de

Ouvert d'avril à octobre
de 10 h à 12 h 30
et de 13 h 30 à 17 h ;
de novembre à mars
du mardi au dimanche
de 10 h à 12 h 30
et de 13 h 30 à 16 h
Visites guidées
en permanence
Dernière visite :
d'avril à octobre :
à 12 h et à 17 h,
de novembre à mars :
à 12 h et à 17 h
Visites pour groupes et
en anglais sur rendez-vous

Au château:
Schlossrestaurant

P

A partir de ZOB Stuttgart,
ligne n° 92 en direction de
Leonberg

Château de Solitude
La salle de Marbre

MLe duc Charles Eugène de Wurtemberg, un homme appréciant les belles architectures et les arts décoratifs, réalisa avec le château de Solitude à partir de 1763 le décor idéal pour des fêtes enjouées en société restreinte. Les pièces de l'étage noble: la salle, la salle d'assemblée (sic) et de musique, les appartements ducaux de réception et plusieurs cabinets privés avaient comme seule vocation celle d'être le théâtre de divertissements. De grandes portes–fenêtres offraient la possibilité d'aller sur la terrasse qui faisait le tour de l'édifice et de laquelle les hôtes avaient un vue imprenable sur les jardins, autrefois très étendus, et le beau paysage. Les pièces du duc constituent l'apogée des décorations luxueuses réalisées par Philippe de La Guêpière. On les pénètre par la salle de Marbre (Marmorsaal) dotée de marbre stuqué rose-ocre aux murs et aux colonnes. Le somptueux sol à incrustations fut exécuté par Johann Georg Beyer. Le salon des Palmiers (Palmenzimmer) tout en rose et or, une chambre dont le lit est agrémenté de rideaux aux broderies chinoises, un bureau et une bibliothèque à la superficie en forme d'haricot y sont attenantes. U. S.

Château de Solitude, la salle de Marbre avec vue sur le salon des Palmiers

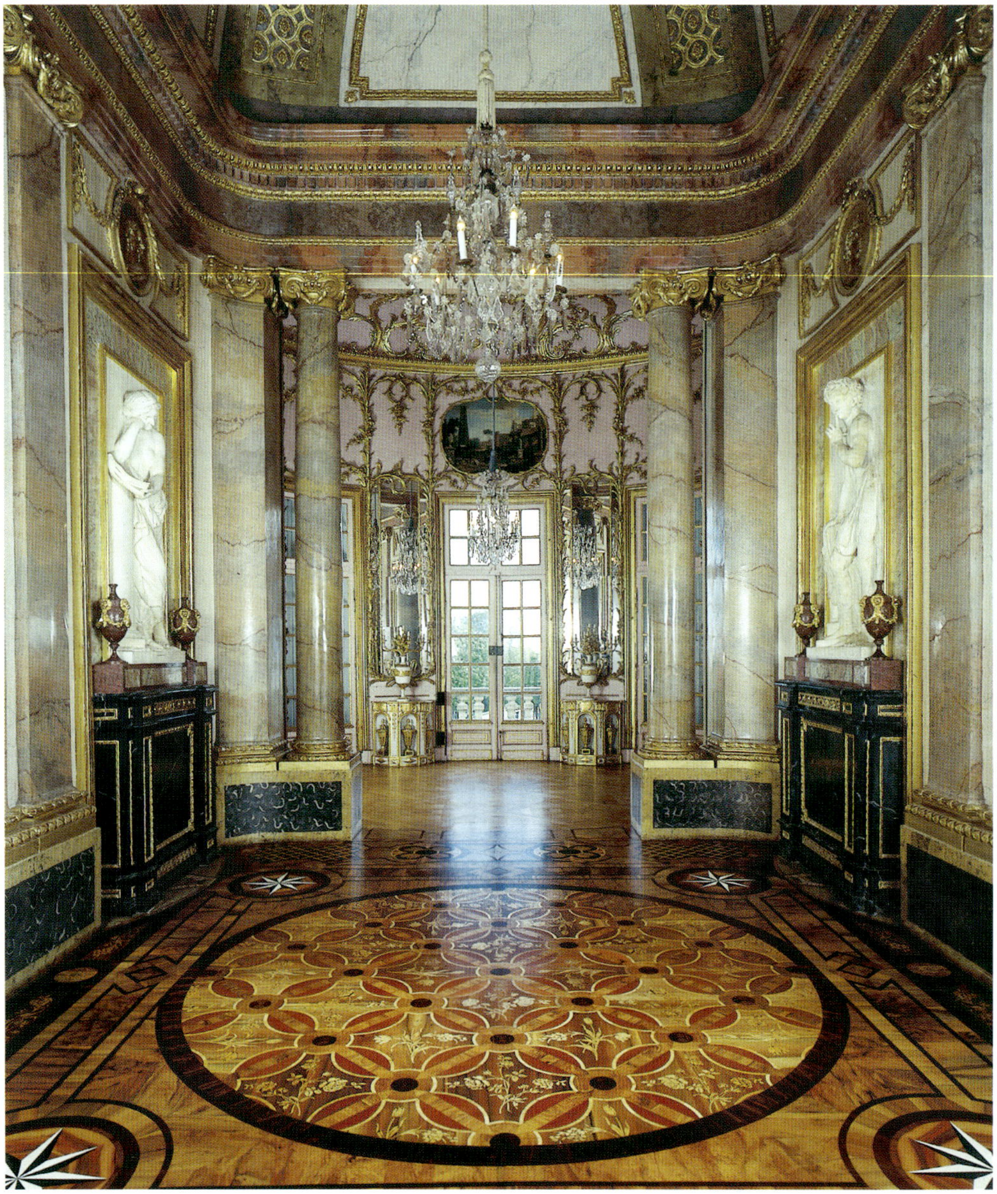

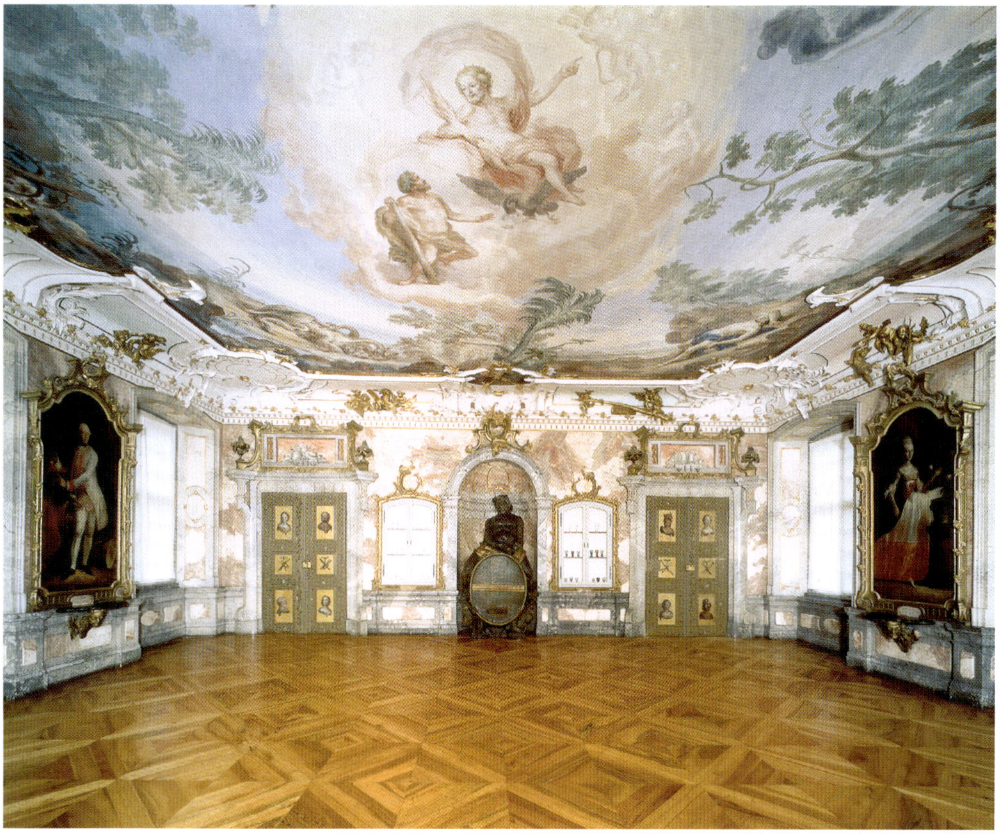

Château Neuf de Tettnang, la salle de Bacchus

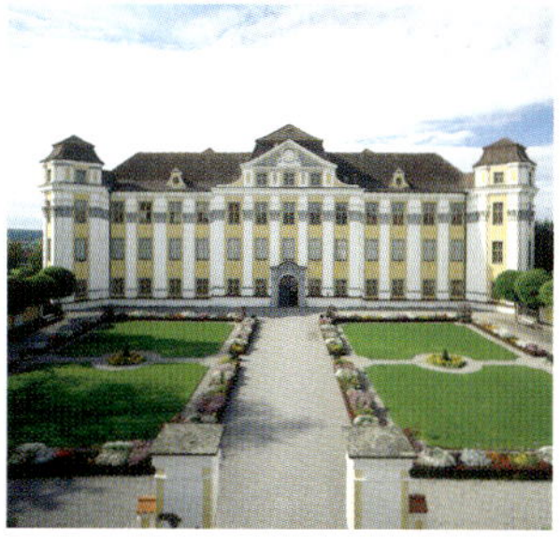

Château Neuf de Tettnang
La salle de Bacchus

A la suite d'un incendie dévastateur en 1753, le comte François Xavier de Montfort fit réaménager son château qui avait été construit seulement quelques années auparavant, par les artistes les plus renommés de la Haute-Souabe et ce, malgré les dettes qu'il avait déjà. Ainsi Joseph Anton Feuchtmayer réalisa les stucs dans de nombreuses pièces du château, entre autres le cabinet Vert dont les murs sont recouverts de verres teintés en vert au travers desquels transparaissent des bouquets de fleurs peints à même le mur.
La salle de Bacchus fut érigée vers 1770 pour devenir une salle à manger et à la fois une salle de fêtes. Cette pièce carrée est relativement basse de plafond mais elle est généreusement éclairée de lumière naturelle par les fenêtres disposées des deux côtés. Johann Caspar Gigl décora les murs dans un style relevant et du rococo et du début du classique. Dans la niche, Bacchus, dieu du vin, qui donna son nom à la salle, est assis enivré sur un tonneau qui est le revêtement d'origine du poêle. La grande fresque de plafond d'Andreas Brugger figure Hercule à genoux devant Jupiter, ainsi que quatre de ses exploits, symboles ici des quatre éléments. J. St.

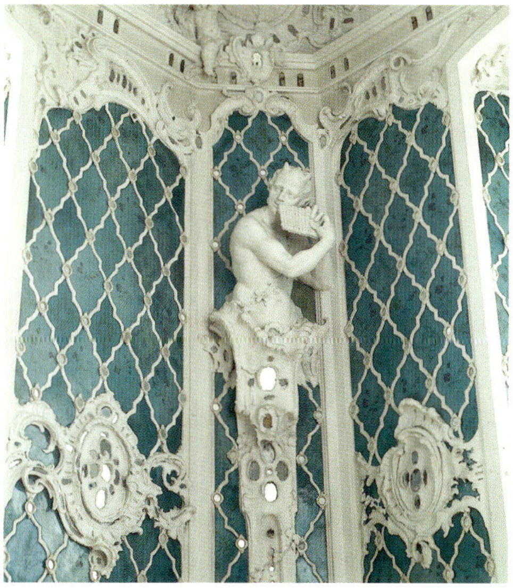

Château Neuf de Tettnang, statue en stuc de J. A Feuchtmayer dans le cabinet Vert

i Neues Schloss Tettnang
Montfortplatz 1
88069 Tettnang
Tourist-InfoBüro
Tél. 07542-933333
Fax 07542-939196
tourist-info@tettnang.de
www.tettnang.de
www.schloesser-und-gaerten.de

Vermögen und Bau
Baden-Württemberg,
Amt Ulm
Tél. 0731-5028975
Fax 0731-5028925
info@vbaul.fv.bwl.de

Musée du château (uniquement visites guidées):
d'avril à octobre:
à 14 h 30 et 16 h
en juillet et août également le mercredi et le vendredi à 10 h 30
Visite du château et de la ville:
le dimanche à 10 h 30
Les cages d'escalier, les corridors et la cour librement accessibles pendant la journée
Visites pour groupes tout au long de l'année sur rendez-vous auprès de l'office de tourisme

Dans la localité

P Parking payant près du château

En provenance de Friedrichshafen ou Ulm, à la station « Bhf. Meckenbeueren » prendre le bus direction Tettnang

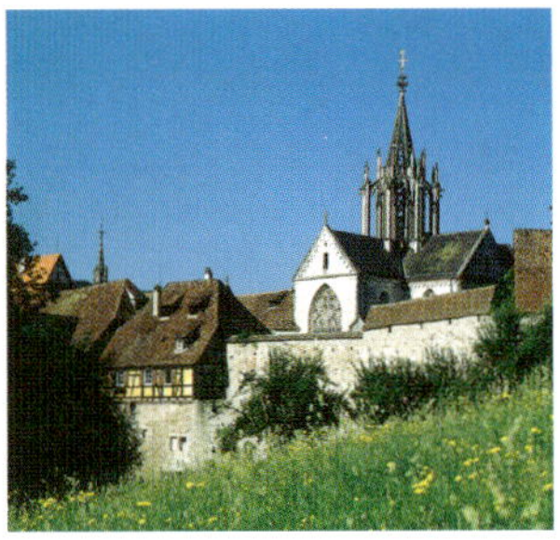

Monastère de Bebenhausen

Le réfectoire d'Eté

Le monastère de Bebenhausen fondé vers la fin du XIIe siècle par des moines de l'ordre des Prémontrés et repris en 1190 par les Cisterciens se trouve près de Tübingen. Le réfectoire d'Eté (Sommerrefektorium), situé dans l'aile sud du cloître, est le joyau architectural des salles de la clôture. S'inspirant de l'architecture de la région du Haut-Rhin, le réfectoire à deux vaisseaux, construit en 1335, fut doté de fastueuses fenêtres à remplage qui rythment avec régularité les murs en pierre de taille. Les voûtes, dont les nervures jaillissent de piliers fins octogonaux, rappellent la forme de parasols et dominent l'aspect intérieur de la salle. Les vitraux des fenêtres et les rameaux peints, agrémentés de fleurs, d'ornements et d'animaux dans les coiffes des voûtes, furent reconstitués en 1874-1875 selon les vestiges qu'il en restait Les lambris et le carrelage du sol sont également néogothiques et harmonisent parfaitement avec cette architecture du gothique finissant.

La salle du Petit-déjeuner

Les rois de Wurtemberg firent agrandir et aménager certains bâtiments du monastère, selon leur goût personnel, en château de chasse. Dans l'ancienne maison des Hôtes (construite en 1522) les intérieurs furent remaniés d'après les études de l'architecte August von Beyer vers 1870. Beyer conserva généralement les lambris d'origine ou les compléta en certains endroits d'ornements de style néogothiques. L'agencement des pièces reflète de façon impressionnante le mode de vie et d'ha-

ℹ Kloster- und Schlossmuseum Bebenhausen
Im Schloss 3
72074 Tübingen
Tél. 07071/602-802
07071/602-804
Fax 07071/602-803
info@kloster-bebenhausen.de
www.schloesser-und-gaerten.de

Château
ouvert d'avril à octobre:
du mardi au dimanche
de 9 h à 18 h,
le samedi, le dimanche te les jours fériés
de 10 h à 18 h ;
de novembre à mars :
du mardi au vendredi
de 9 h à 17 h,
le samedi, le dimanche te les jours fériés
de 10 h à 17 h
Fermé le 1er janvier,
les 24, 25 et 31 décembre
Uniquement visites guidées à chaque heure,
dernière visite :
d'avril à octobre : à 17 h,
de novembre à mars :
à 16 h

Monastère

Restaurants
Sonne, Hirsch, Waldhorn

Système de guidage aux parkings

DB

Avec le train jusqu'à Tübingen ou « Stuttgart Hbf. », puis prendre le bus ligne 754 ou 826, 828, arrêt : « Gasthof Waldhorn »

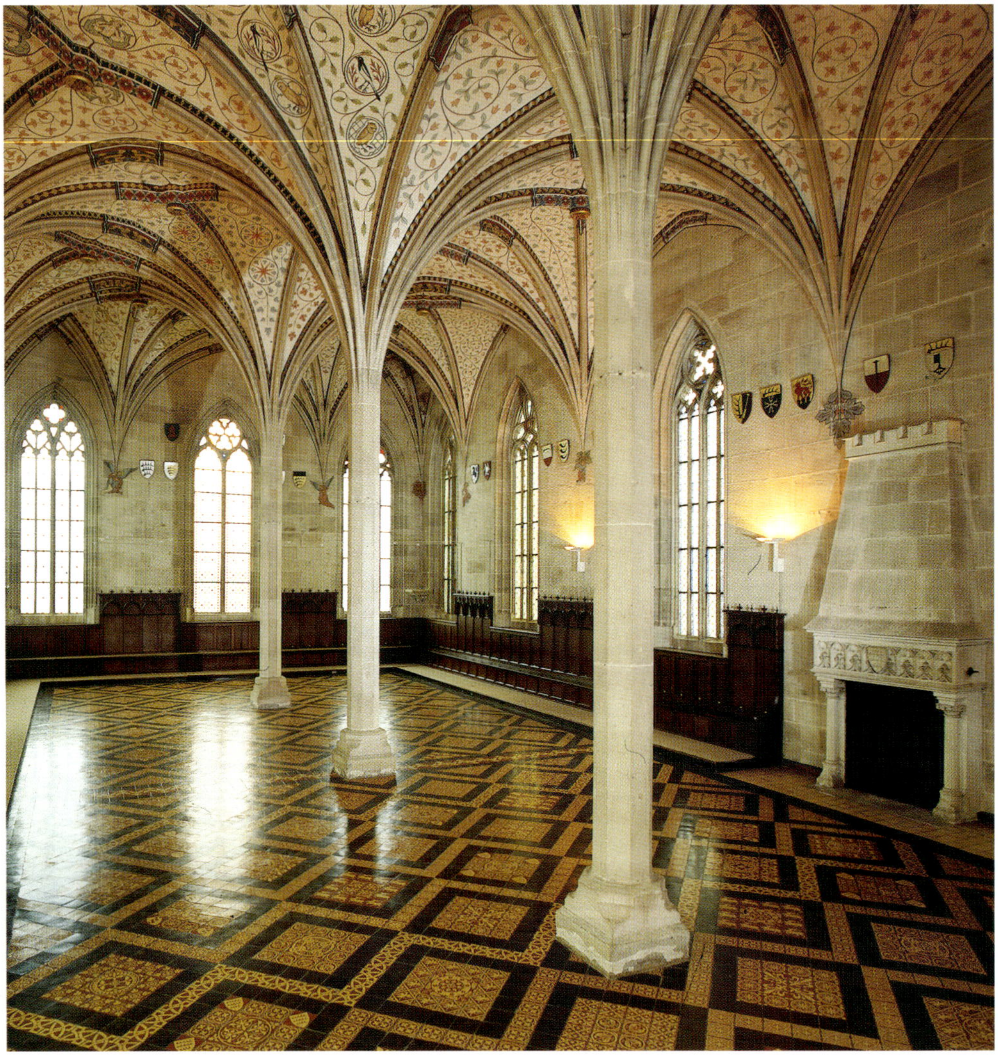

Monastère de Bebenhausen, le réfectoire d'Eté

bitation grand bourgeois du dernier couple royal de Wurtemberg qui ait vécu à Bebenhausen. Dans les appartements privés du château de chasse se situe également la pièce du Petit-déjeuner, dans laquelle les hôtes de haut rang séjournaient à l'époque du monastère. Le revêtement du plafond et des portes sont des reliques de la décoration de 1550. Le mobilier fut exécuté par des fabricants de meubles de Stuttgart, après 1870, en partie dans le style néo-renaissance. Les récipients en grés proviennent pour l'essentiel des ateliers de la région de Westerwald et datent du XVIIe siècle.

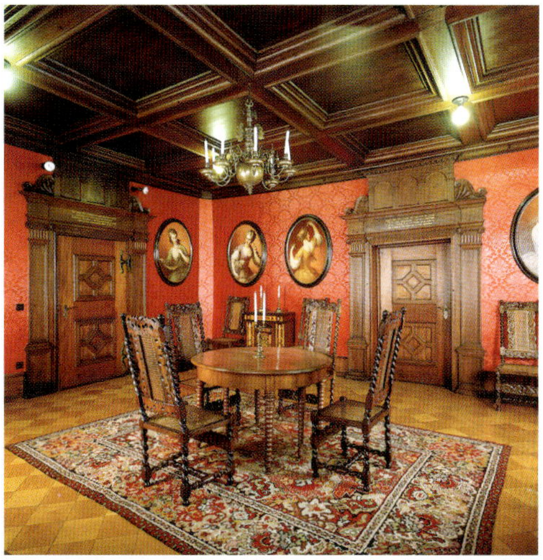

Château de Bebenhausen, la salle du Petit-déjeuner

La cuisine du château

Le bâtiment nommé bâtiment de Kapff (Kapffscher Bau), l'édifice à colombage imposant de l'ancien hôpital du monastère, fut remanié pendant la Première Guerre mondiale pour servir à la suite de la cour. Dans la partie sud du sous-sol fut logée une grande cuisine dotée du plus grand confort technique moderne pour l'époque. La cuisine couvre en tout une superficie de 185 m^2 et était constituée du bureau de la cuisinière en chef, d'une cuisine avec un grand complexe de fours et de plaques chauffés au bois ainsi que d'armoires pour maintenir les plats au chaud et d'un système de préparation d'eau chaude. A cela s'ajoutaient encore une pièce où l'on faisait la vaisselle avec de grands éviers, une pièce pour nettoyer l'argenterie, une buanderie, une pièce où entreposer les viandes et un cellier avec de grands coffres à réfrigérer fonctionnant avec des pains de glace, une cabine de téléphone et une pièce avec des armoires remplies de glace. Le monte-plat, actionnable à la main, de la maison Haushahn était relié à la pièce, utilisée comme office, au premier étage. Les meubles de la cuisine facturés en usine, les armoires à glaces et les cuisinières furent tous acquis par l'administration royale auprès de fournisseurs de renom implantés à Stuttgart. C. F.

BADE-WURTEMBERG

i Kloster- und Schlossmuseum Bebenhausen
Im Schloss 3
72074 Tübingen
Tél. 07071/602-802
07071/602-804
Fax 07071/602-803
info@kloster-bebenhausen.de
www.schloesser-und-gaerten.de

Monastère
ouvert d'avril à octobre :
le lundi de 9 h à 12 h et de 13 h à 18 h
du mardi au dimanche;
de 9 h à 18 h
de novembre à mars :
du mardi au dimanche de 9 h à 12 h et de 13 h à 17 h
Fermé le 1er janvier et les 24, 25 et 31 décembre
Visite à chaque heure le samedi, le dimanche et les jours fériés d'avril à octobre
Visites pour groupes et visites spéciales tout au long de l'année sur rendez-vous

Restaurants
Sonne, Hirsch, Waldhorn

Système de guidage aux parkings

DB
Avec le train jusqu'à Tübingen ou « Stuttgart Hbf. », puis prendre le bus ligne 754 ou 826, 828, arrêt : « Gasthof Waldhorn »

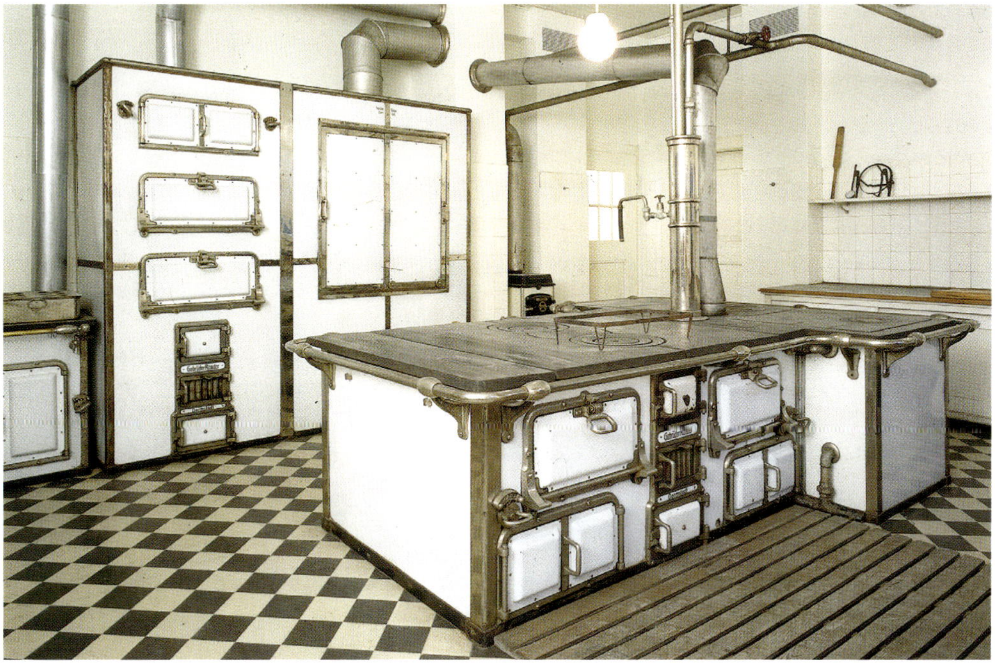

Château de Bebenhausen, la cuisine du château

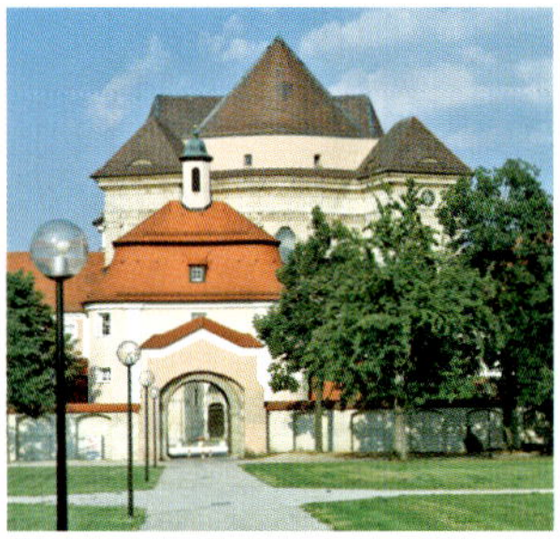

Wiblingen
Kloster Wiblingen

i Vermögen und Bau
Baden-Württemberg,
Amt Ulm
Postfach 4120
89031 Ulm
Tél. 07 31 / 50-2 89 75
Fax 07 31 / 50-2 89 25
info@kloster-wiblingen.de
www.schloesser-und-gaerten.de

Bibliothèque:
ouverte d'avril à octobre:
du mardi au vendredi de 10 h à 13 h et de 14 h à 17 h
le samedi, le dimanche et les jours fériés de 10 h à 17 h
de novembre à mars:
le samedi, le dimanche et les jours fériés de 13 h à 16 h
Fermée les 24, 25 et 31 décembre
Après ouverture du musée du monastère en septembre 2005, changement des horaires d'ouverture
Basilique St. Martin:
Tous les jours de 9 h à 18 h , en hiver de 9 h à 17 h
Visites pour groupes et visites spéciales tout au long de l'année sur rendez-vous

Ascenseur

A proximité

Bus: à partir de la gare de bus d'Ulm avec la ligne 3 ou 8 jusqu'à l'arrêt « Pranger »

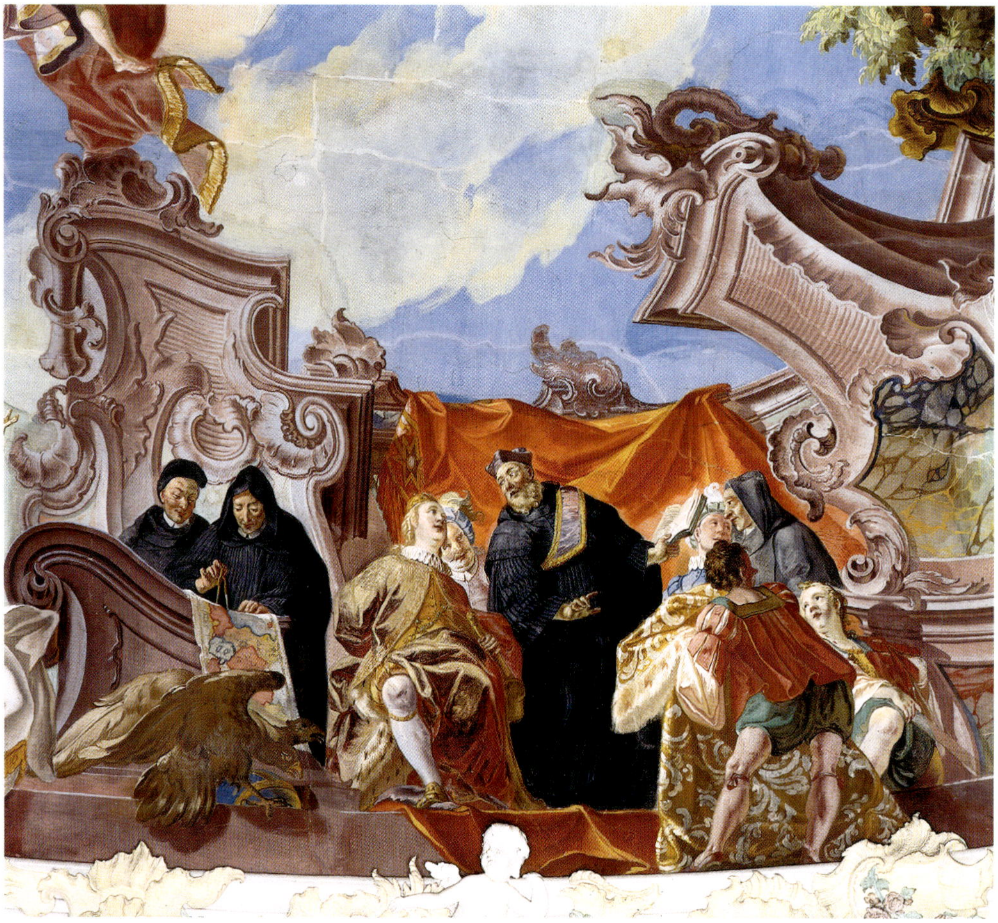

Monastère de Wiblingen, « Les Missionnaires du Nouveau Monde », détail de la fresque du plafond de la bibliothèque, de Franz Martin Kuen

Le monastère de Wiblingen
La bibliothèque

L'épigraphe au dessus du portail rococo au bout du couloir où se trouvaient autrefois les appartements des hôtes du monastère, prépare déjà le visiteur à ce qui l'attend dans la salle qu'il va découvrir: « In quo omnes thesauri sapientiae et scientiae » (Là où sont cachés tous les trésors de la sagesse et des sciences). Après avoir passé le seuil, le visiteur pénètre dans la partie des bâtiments de l'ancien monastère bénédictins dans laquelle était abritée l'ensemble de la science de l'époque. Cette somptueuse bibliothèque faisait déjà l'admiration des contemporains du XVIIIe siècle.

La salle, toute en longueur, impressionne en raison du faste de sa décoration d'origine, dans laquelle le peintre Franz Martin Kuen et le sculpteur Dominikus Hermenegild Herberger s'appliquèrent en 1744 à donner une forme artistique à la vocation de la bibliothèque, salle pour les érudits, lieu de l'étude de la théologie et de la philosophie. Sur tout le pourtour s'étend une galerie dotée de balustrades aux courbes rappelant des balcons. Des armoires sans portes décorent les murs sur la hauteur des deux étages reliés par des escaliers en colimaçon. La décoration glorifie avec force de détails le savoir humain et la sagesse divine, symbolisée au centre du plafond par une femme, entourée d'anges et assise sur un trône.

Les tableaux aux représentations opulentes figurent les sources antiques et chrétiennes du savoir occidental. Les sciences antiques et chrétiennes y sont également symbolisées. Des statues représentent pour leur part les vertus de la vie monacale et les sciences séculaires. Chaque élément est en rapport avec tous les autres dans cette salle qui ne servit point seulement de bibliothèque mais également de salle de représentation pour le monastère.

Cette oeuvre d'art totale étonne tout autant qu'elle témoigne de la grande érudition des moines.

L'ancien monastère de Wiblingen est de nos jours un complexe architectural de grande envergure avec en son centre une grande cour. L'an 1093, année où le premier bâtiment du monastère fut consacré, marqua le début de l'histoire de ce lieu soumis au fil du temps à de nombreuses transformations et non moins de destructions. Un incendie en 1271 mit fin au premier apogée du site. D'autres destructions suivirent en 1536, lors de la guerre des Paysans, puis lors de la guerre de Trente Ans.

A partir de l'époque du baroque, les souverains séculiers mais aussi ecclésiastiques nourrirent toujours plus le désir de représenter dignement. L'abbé Modestus Huber (1692–1729) décida de remanier le site de fond en comble d'après les plans de Christian Wiedemann. Ce projet hardi débuta en 1714. En 1740, l'aile nord de la clôture fut enfin achevée. C'est là que se situe la superbe salle de la bibliothèque. L'église dans le style de la première période du classicisme, agrémentée de fresques de Januarius Zick et dont les tours ne furent jamais entièrement construites, fut érigée entre 1772 et 1783. G. K.

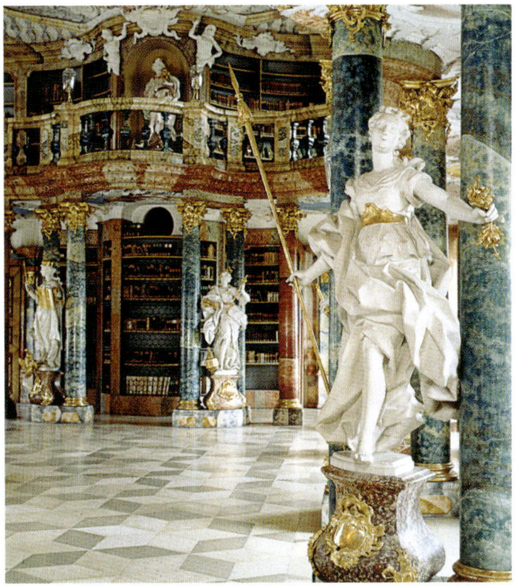

Monastère de Wiblingen, Bibliothèque, l'incarnation des « Sciences naturelles » tenant des éclairs et un javelot, de Dominikus Hermenegild Herberger

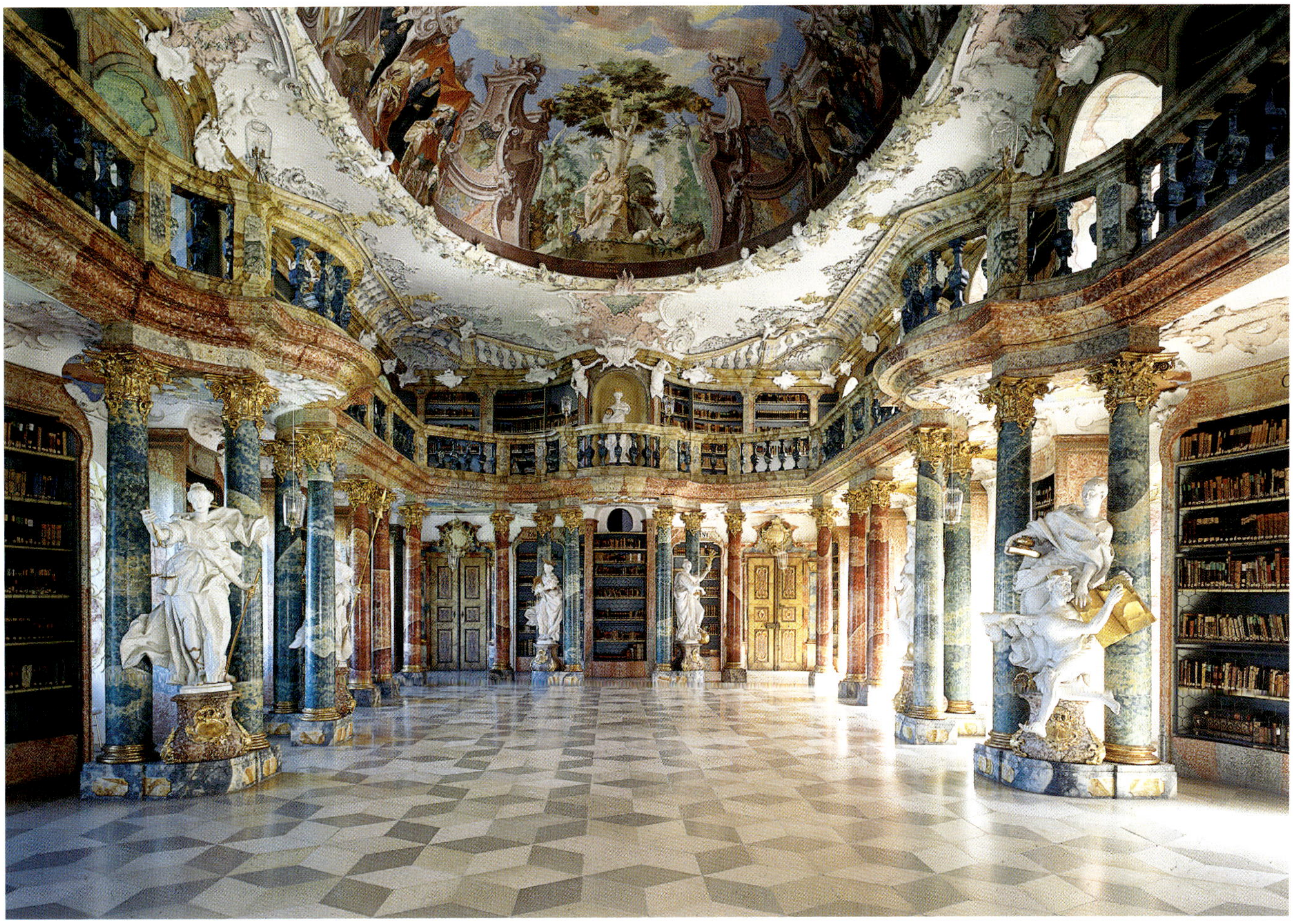

Monastère de Wiblingen, vue à partir du bâtiment réservé aux hôtes sur l'intérieur de la bibliothèque, en direction de la clôture

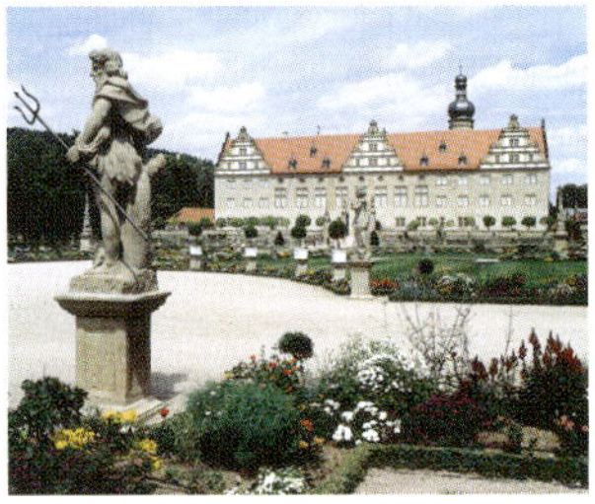

Château de Weikersheim

ℹ Schloss Weikersheim
Schlossverwaltung
Marktplatz 11
97 990 Weikersheim
Tél. 0 79 34 / 9 92 95-0
Fax 0 79 34 / 9 92 95-12
info@schloss-weikersheim.de
www.schloss-weikersheim.de
www.schloesser-und-gaerten.de

D'avril à octobre:
de 9 h à 18 h
de novembre à mars:
de 10 h à 12 h et de
13 h 30 à 16 h 30
ouvert le lundi
Uniquement visites guidées des intérieurs du château
Exposition permanente sur l'historique des jardins
Guide audio pour les jardins baroques
Exposition sur l'alchimie dans l'ancienne cuisine du château
Le petit jardin de l'alchimie dans la roseraie
Visites guidées à chaque heure
(Texte en anglais, français, espagnol, italien et japonais)
Visite pour groupes, visites spéciales ainsi que visites pour enfants tout au long de l'année après demande par téléphone

A proximité, directement devant le château

Parking gratuit à proximité du château : « Heiliges Wöhr »

Place de stationnement pour monter ou descendre de voiture au marché, directement devant le château. Parking gratuit pour autocars

Crailsheim –
Bad Mergentheim
Lauda
Würzburg

La salle des Chevaliers

Le comte Wolfgang II de Hohenlohe-Langenburg, ayant hérité, décida de prendre Weikersheim, un château-fort moyenâgeux entouré d'eau, comme résidence et initia à partir de 1595 des travaux visant à transformer l'édifice en un château Renaissance. Il fut érigé, à des fins de représentation, une immense pièce de 40 m de longueur, de 12 m de large et de 8,5 m de hauteur dans l'aile sud. Balthasar Katzenberger de Wurtzbourg peignit pour le plafond à caissons une série de peintures représentant des scènes de chasse. Les statues en stuc grandeur nature figurant des animaux qui longent le mur sur la longueur de la salle, portent de véritables bois et évoquent également la chasse. Un éléphant est également représenté, élément exotique de cette série. Le même artiste, Gerhard Schmidt, réalisa aussi la statue allongée du comte Wolfgang et celle de son épouse avec les effigies de leurs ancêtres sur les côtés de la grande cheminée ornée de reliefs.

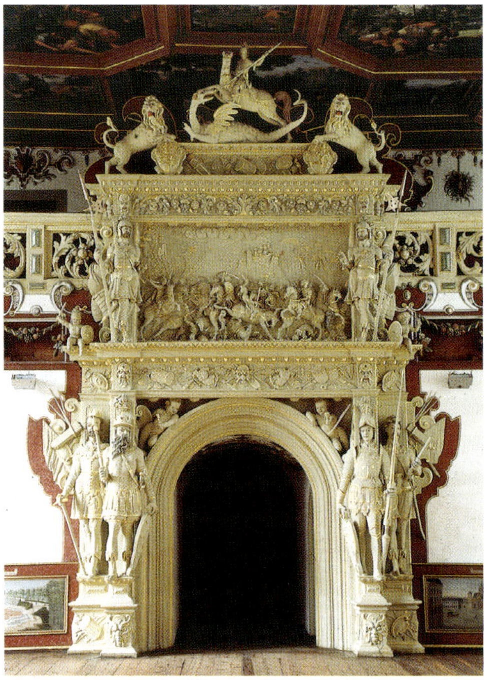

Château de Weikersheim, le portail menant à la salle des Chevaliers, de Gerhard Schmidt

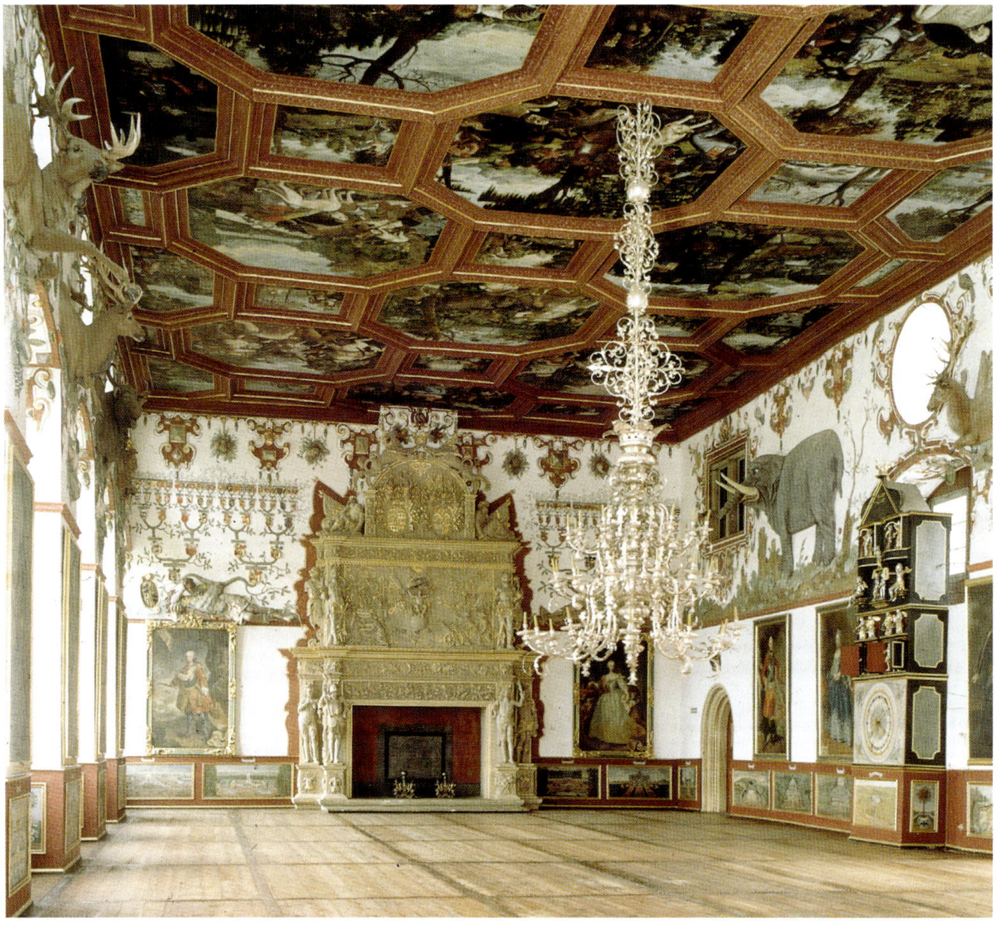

Château de Weikersheim, la salle des Chevaliers

La salle des Chevaliers (Rittersaal) est l'une des rares salles des fêtes de l'époque autour de 1600 qui ait été conservée dans son état d'origine jusqu'à nos jours. Seuls les peintures des lambris, une horloge d'art et le grand lustre sont des ajouts du XVIIIe siècle.

La salle d'audience du comte Charles Louis

A l'époque baroque, le comte Charles Louis de Hohenlohe-Weikersheim (1674–1756) fit remanier le château en une résidence correspondant mieux au goût du jour. A cet effet, les jardins furent réaménagés dans le style baroque et de nombreuses salles du château furent transformées. Ce n'était plus la salle des Chevaliers mais les appartements du comte qui revêtirent le rôle de salles de représentation. Au deuxième étage de l'aile est, le comte fit installer à partir de 1708 une suite de pièces comprenant une antichambre, une salle d'audience et une chambre. Les murs de la salle d'audience sont rythmés par des pilastres de marbre stuqué rouges et de généreuses ornementations en stuc sur les murs et au plafond. Sur les pans de murs encore libres furent accrochées quatre tapisseries de la manufacture de Schwabach. Tout comme la fresque du plafond, elles figurent le mythe antique du chasseur Céphale. Le mobilier de la pièce comprend encore quatre fauteuils et deux tabourets, également de l'atelier de Schwabach, dont les housses s'accordent avec les tapisseries. Il y a enfin plusieurs tables en partie dorées sur lesquelles reposent des faïences d'Ansbach et d'Hanau.

Château de Weikersheim, la salle d'audience du comte Charles Louis de Hohenlohe-Weikersheim

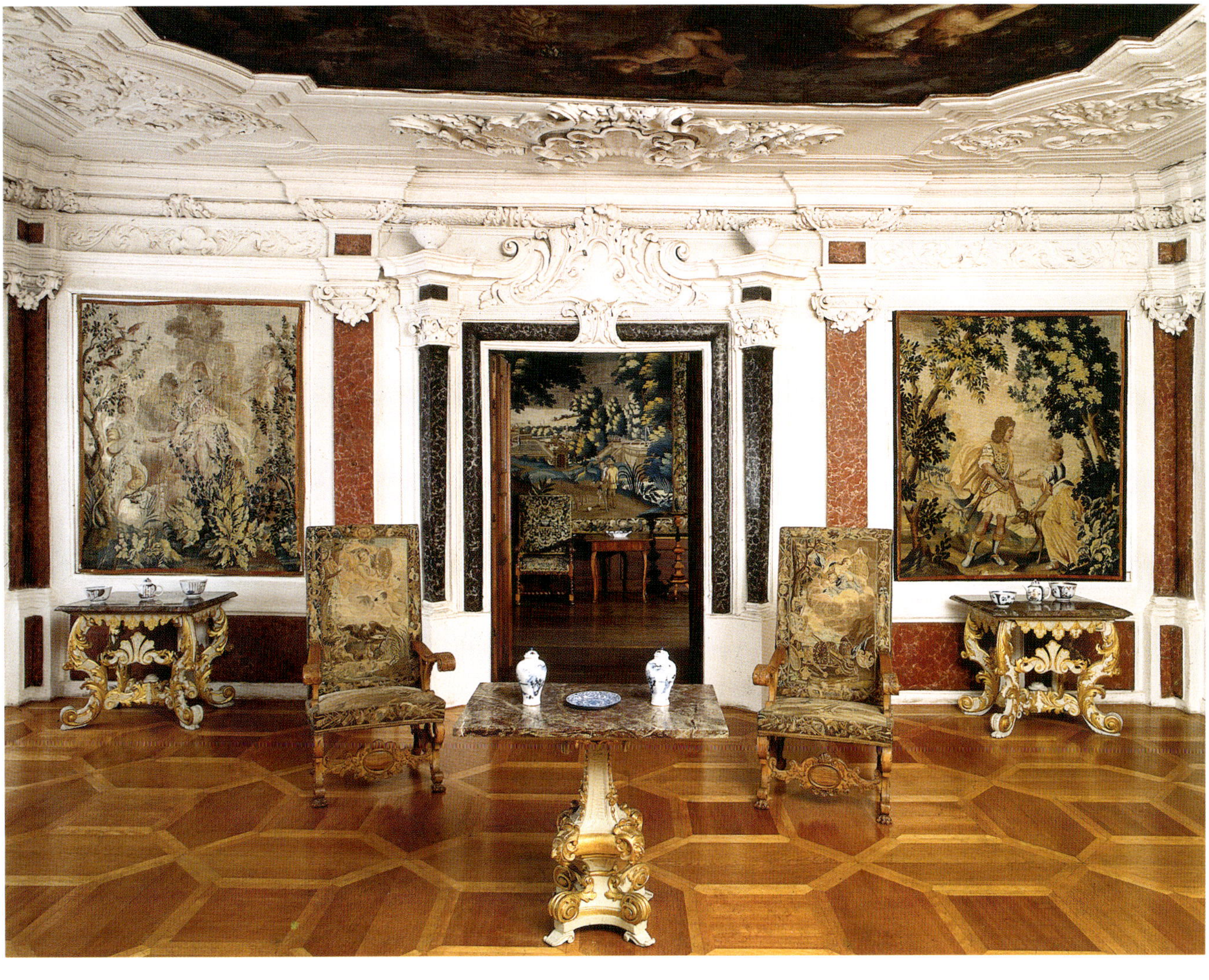

Château de Weikersheim, salle d'audience du comte Carl Ludwig, tapisserie « Les présents de Procris »

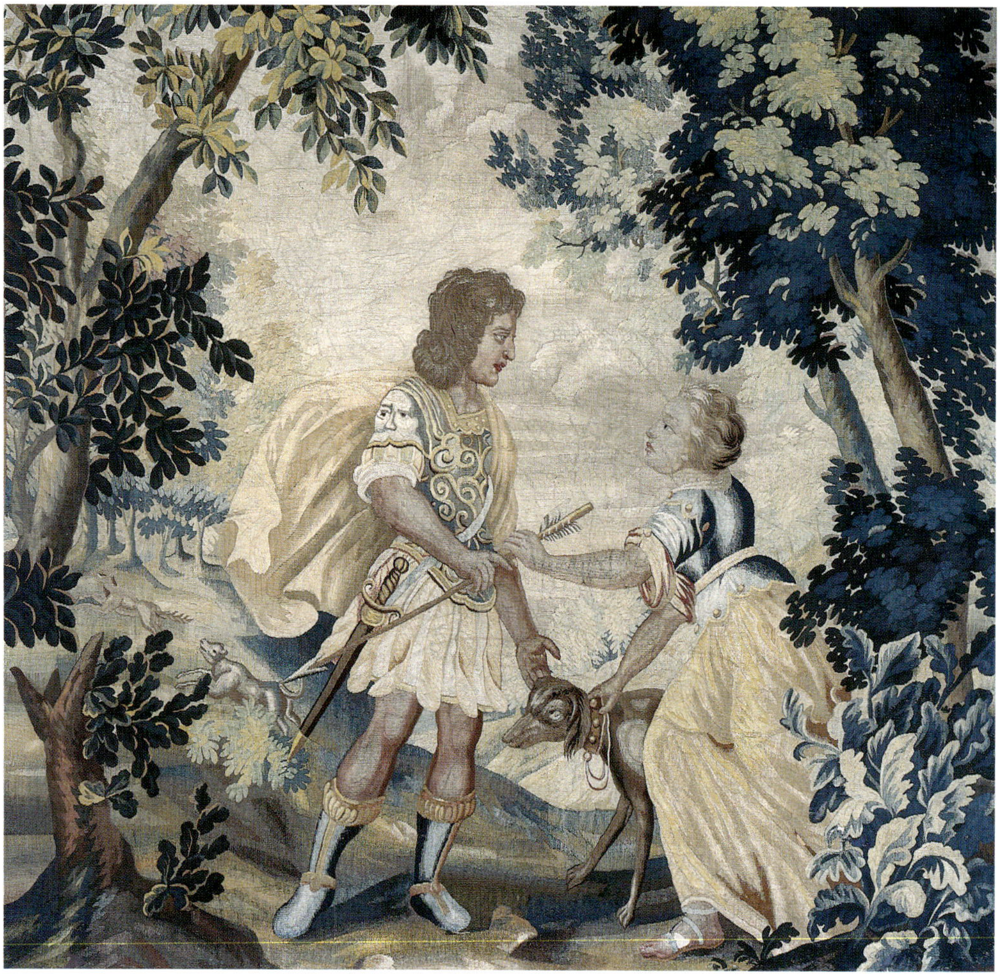

Les appartements de la princesse Elisabeth Friederike Sophie von Oettingen-Oettingen

En 1713, le comte Charles Louis épousa en deuxième mariage la princesse Elisabeth Friederike Sophie de la maison princière de Oettingen-Oettingen. Puisqu'elle était d'un rang supérieur à son mari, les pièces les plus nobles du château lui furent réservées. Les appartements de parade du deuxième étage comprennent, en plus d'une antichambre, d'une salle d'audience et chambre, également le somptueux cabinet des Porcelaines et des Glaces.
La pièce principale, la salle d'audience (Audienzzimmer) fut surnommée au XVIIIe siècle la « Belle pièce » en raison de la grande beauté de sa décoration. Ses murs sont presque entièrement recouverts de tapisseries, la décoration la plus précieuse qu'il soit, dans laquelle sont de plus tissés des fils d'or et d'argent. Les tissus des sièges proviennent de la manufacture des Gobelins et figurent en partie les mêmes motifs que les tapisseries, par exemple une ruche en paille, symbole de la vertu du zèle. D'après les inventaires du XVIIIe siècle, cette fastueuse décoration était à l'époque parachevée par des guéridons en argent massif et d'autres meubles ornés d'argent.

Château de Weikersheim, ruche d'abeille sur la housse d'un siège

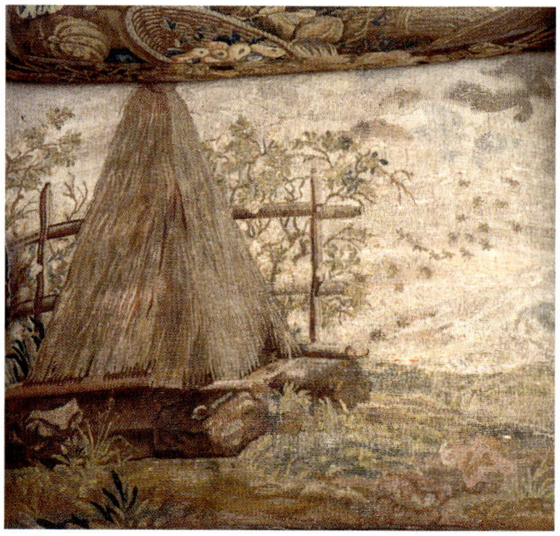

Château de Weikersheim, le cabinet des Porcelaines et des Glaces

Le cabinet attenant à la salle d'audience, érigé en 1717, est un chef d'oeuvre d'une nature toute particulière dans la suite des salles d'apparat princières. A cette époque, aucun château n'était construit sans qu'il abrite un cabinet des Porcelaine et des Glaces (Porzellan- und Spiegelkabinett) , mais celui du château de Weikersheim compte parmi les premier en son genre. Il nous est parvenu entièrement préservé jusqu'à nos jours. Les murs sont recouverts d'ornements plats sculptés dans du bois, dorés et argentés, qui se distinguent avec force de l'arrière-plan fait de soie de damas d'un rouge foncé. Leurs reliefs constituent de petites consoles sur lesquelles sont disposés des douzaines de figurines chinoises en porcelaine et de petits vases. De nombreux petits vases sont encastrés dans les méandres des ornements, tout comme autour de la fenêtre, de l'appui de cette dernière, du linteau et de l'embrasure. Les plus grands miroirs se trouvent au plafond et leur ordonnance correspond à celle des motifs du sol en bois de racine de noisetier.

J. St.

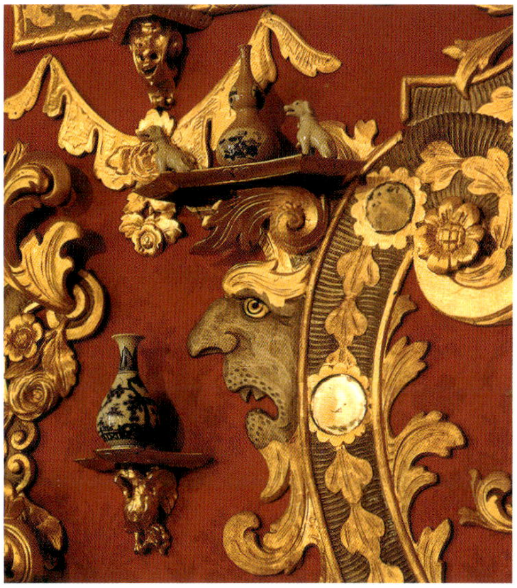

Château de Weikersheim, détail du cabinet des Porcelaines et des Glaces

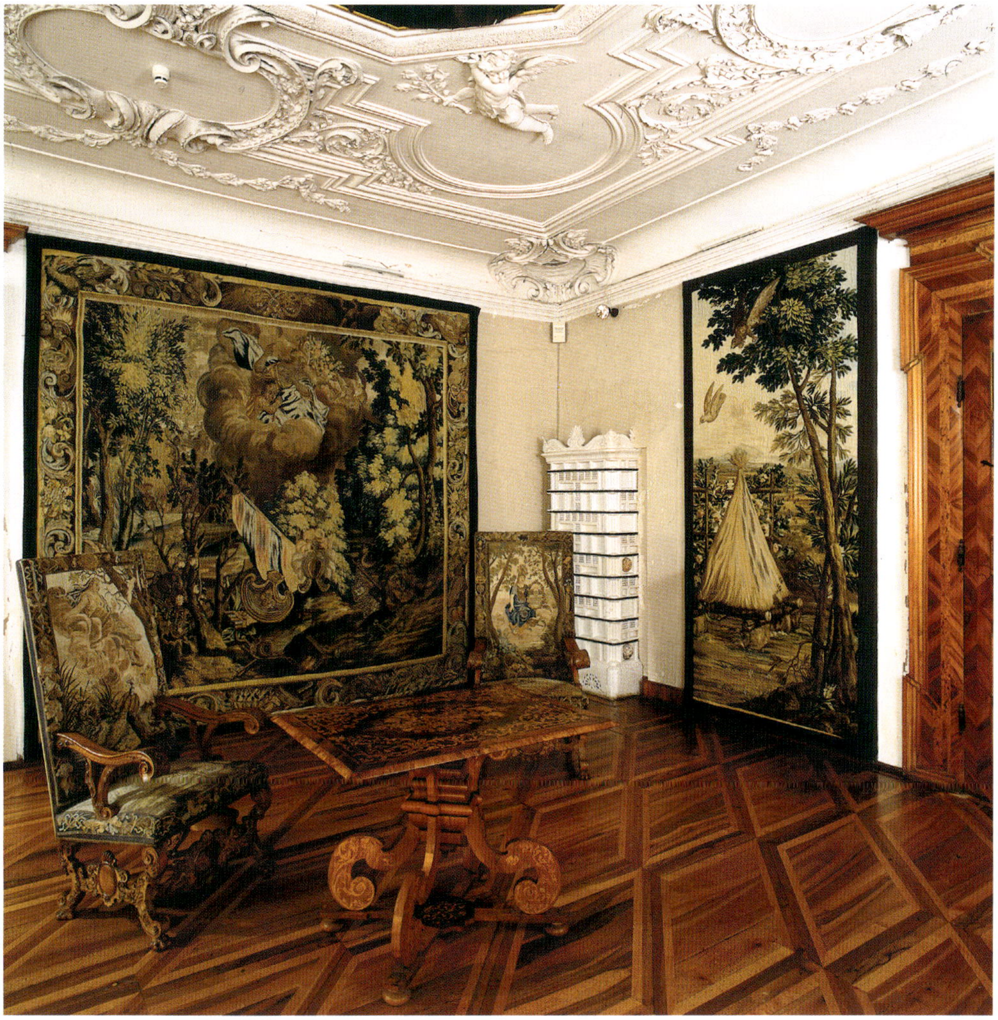

Château de Weikersheim, la salle d'audience de la princesse Elisabeth Friederike Sophie

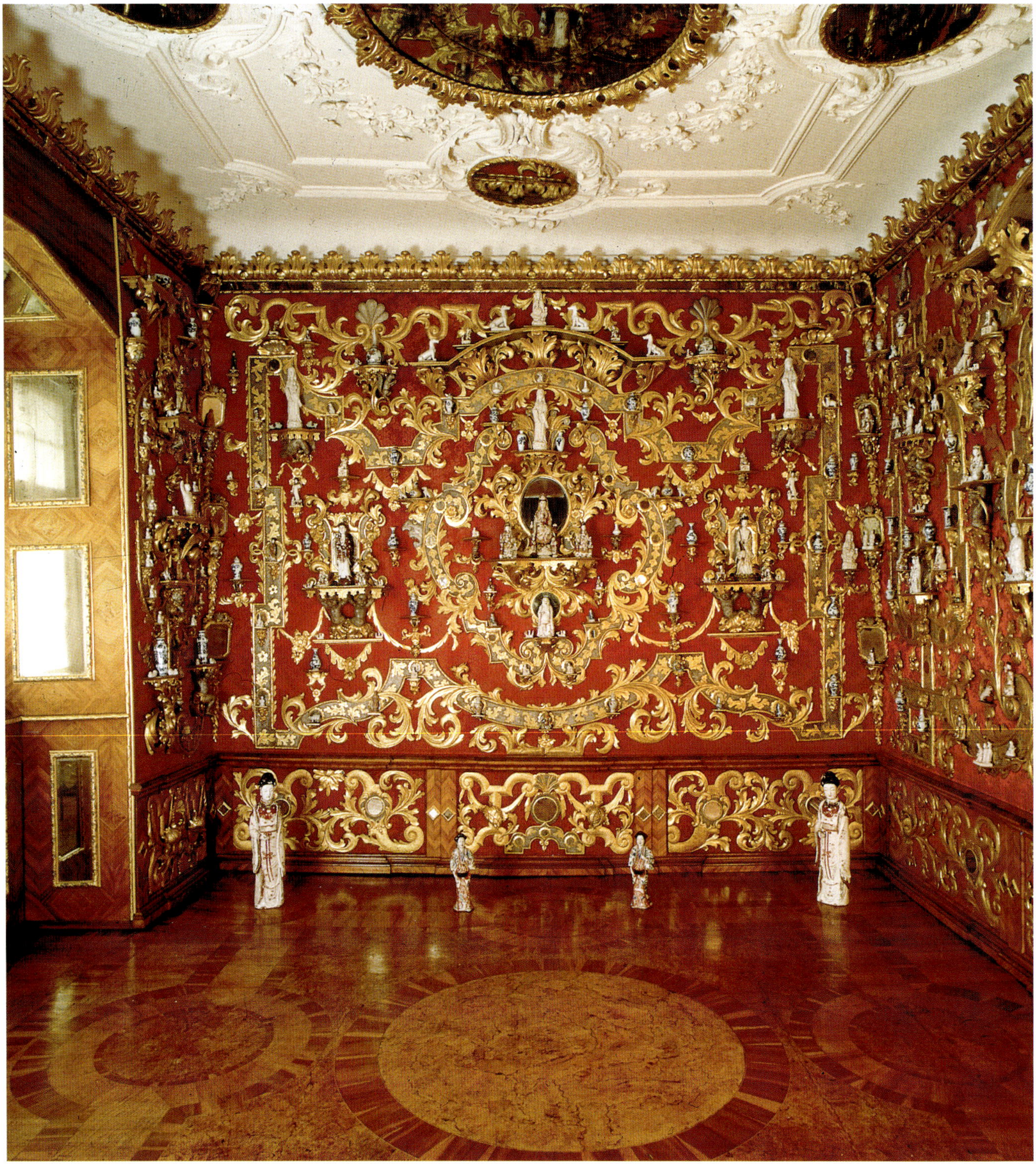

Château de Weikersheim, cabinet des Porcelaines et des Glaces

Crédits photographiques :
Landesmedienzentrum Baden-Württemberg : p. 23, p. 27 à droite, p. 28 en haut, p. 33, 34, 42, 48, 49 en haut à gauche, p. 50, 51 en bas, p. 54, 55, 56 en bas, p. 57; Hauswirth: p. 36 en bas, p. 45 en haut à droite, p. 52, 53; Weichser : p. 25, p. 28 en bas, p. 29, 30 en bas, 31, 36 en haut, p. 37-39, p. 40 en haut, p. 45 en haut à gauche et en bas, p. 46, 47, 58; Spaeth : p. 44 en haut.
Staatliche Schlösser und Gärten Baden-Württemberg : p. 27 à gauche, p. 35, p. 40 en bas, p. 43; Augustin: p. 26 en haut; Cohen: p. 30 en haut, p. 32; Exner: p. 41; Feist, Plietzhausen : p. 44 en bas, p. 49 en bas, p. 51 en haut; Philippi: p. 26 en bas.
Vermögen und Bau Baden-Württemberg, Amt Ravensburg : p. 49 en haut à droite.

Bavière

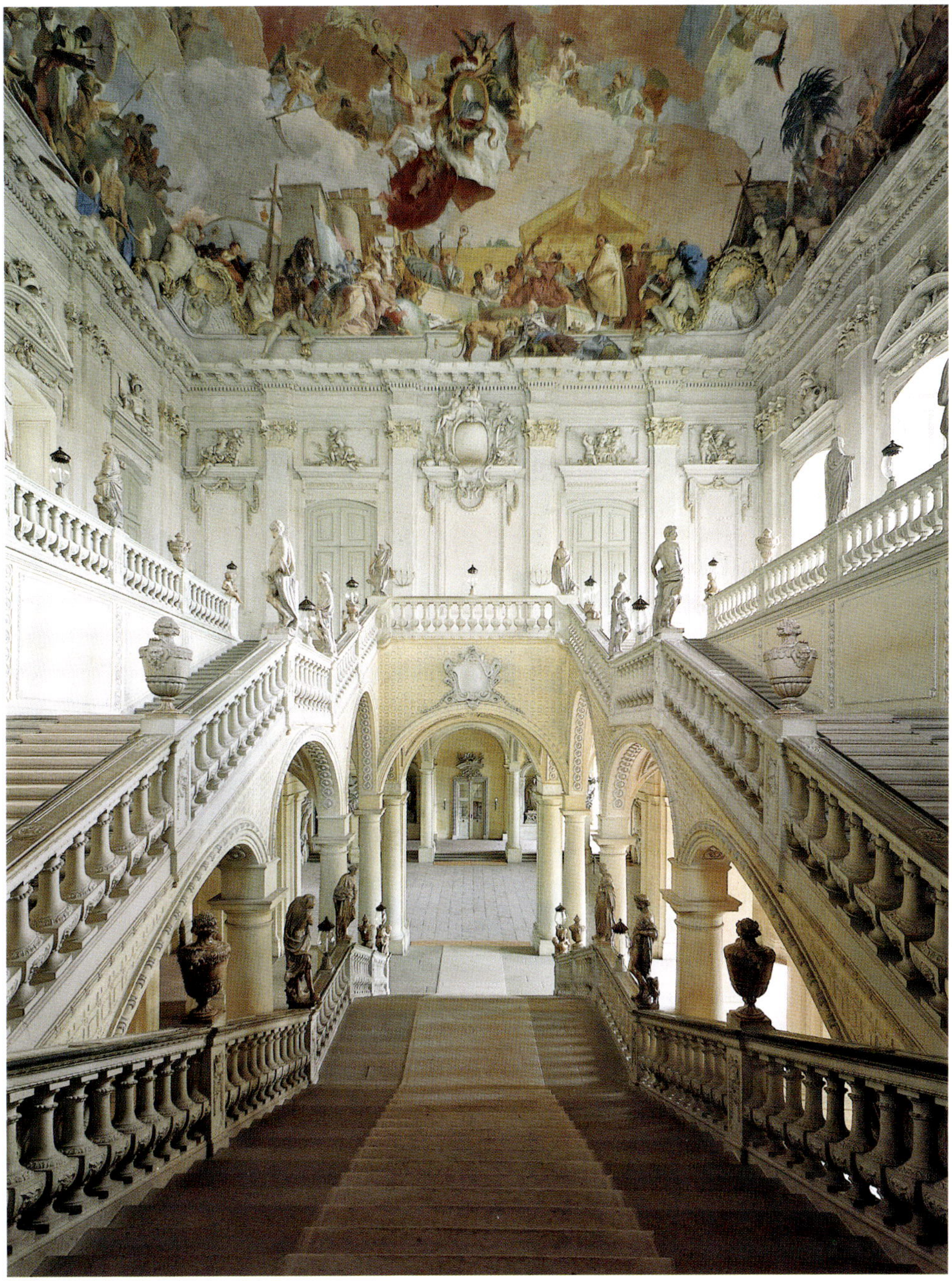

Bayerische Verwaltung der
staatlichen Schlösser, Gärten und Seen

Administration bavaroise des Châteaux,
Jardins et Lacs d'Etat

Bayerische Verwaltung der staatlichen Schlösser, Gärten und Seen

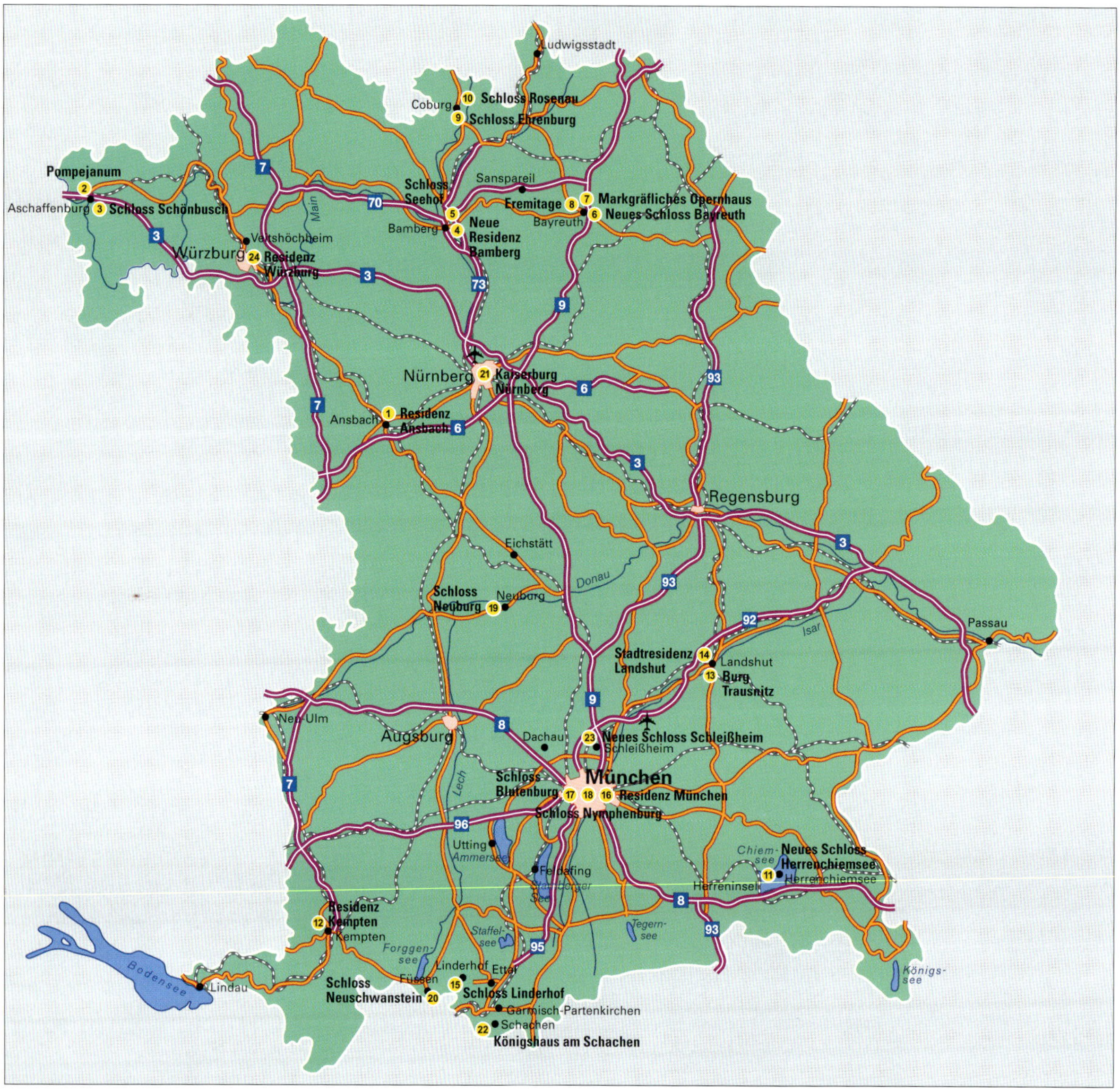

Ansbach
1 Résidence d'Ansbach (p. 61–64)

Aschaffenburg
2 Pompéianum Aschaffenburg (p. 65)
3 Château de Schönbusch, Aschaffenburg (p. 66)

Bamberg
4 Nouvelle Résidence, Bamberg (p. 67)

Bamberg/Memmelsdorf
5 Château de Seehof (p. 68)

Bayreuth
6 Château Neuf de Bayreuth (p. 69)
7 L'Opera des Margraves (p. 70)
8 Ermitage (p. 71)

Coburg
9 Château de Ehrenburg (p. 72–73)

Coburg/Rödental
10 Château de Rosenau (p. 74–75)

Herrenchiemsee
11 Château Neuf de Herrenchiemsee (p. 76–77)

Kempten
12 Résidence de Kempten (p. 78)

Landshut
13 Château de Trausnitz (p. 79–80)
14 Résidence de Landshut (p. 81–82)

Linderhof
15 Château de Linderhof (p. 83–84)

Munich
16 Résidence de Munich (p. 85–92)
17 Château de Blutenburg (p. 93)
18 Château de Nymphenburg (p. 94–99)

Neubourg sur Danube
19 Château de Neubourg (p. 100)

Neuschwanstein
20 Château de Neuschwanstein (p. 101–102)

Nuremberg
21 Château Imperial de Nuremberg (p. 103)

Schachen
22 Chalet Royal de Schachen (p. 104)

Schleißheim
23 Château Neuf de Schleißheim (p. 105–107)

Wurtzbourg
24 Résidence de Wurtzbourg (p. 108–112)

Pour toute information sur les autres sites gérés par l'Administration bavaroise des Châteaux, Jardins et Lacs d'Etat: www.schloesser.bayern.de

◁ *Résidence de Wurtzbourg, l'escalier*

Résidence d'Ansbach

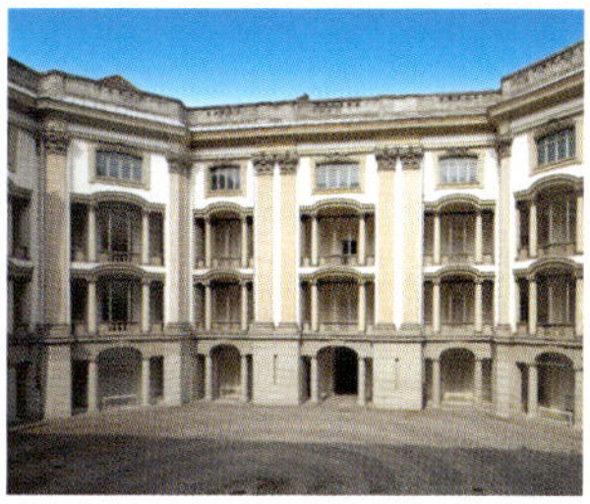

La salle d'audience du Margrave

La résidence du Margrave de Brandebourg-Ansbach, à l'origine un ensemble médiéval, est de nos jours très réputée pour la facture exceptionnelle de ses intérieurs qui furent exécutés pour l'essentiel entre 1734 et 1745 sous la direction de l'architecte Leopoldo Retti. Cette construction fut financée par la dote de la princesse prussienne Friederike Luise qui avait épousé en 1729 le maître d'ouvrage, le margrave Carl-Guillaume-Frédéric (1729–1757).

La décoration de la salle est dominée, depuis 1773, par les somptueuses étoffes de couleur rouge et blanche, dont seuls les motifs de feuillage vert ont perdu un peu de leur éclat au fil des siècles. Le lampas en soie, importé de France, remplaça les tapisseries qui recouvraient jusqu'alors les murs. De nos jours encore, la décoration textile de la pièce comprend des revêtements de mur, des rideaux, le baldaquin et des revêtements de meubles. Ayant été conservé dans son ensemble et de surcroît dans un très bon état, l'intérieur de cette salle représente un chef-d'œuvre de décoration textile, unique en son genre dans l'Allemagne de l'époque.

i Schloss- und Gartenverwaltung Ansbach
Promenade 27
91522 Ansbach
Tél. 0981/953839-0
Fax 0881/953839-40
sgvansbach@bsv.bayern.de

D'avril à septembre : de 9 h à 18 h ; d'octobre à mars : de 10 h à 16 h
Fermé le lundi
Visites guidées toutes les heures (environ 50 min.)

Dernière visite : d'avril à septembre : à 17 h
d'octobre à mars : à 15 h

Résidence d'Ansbach, la salle d'audience du Margrave

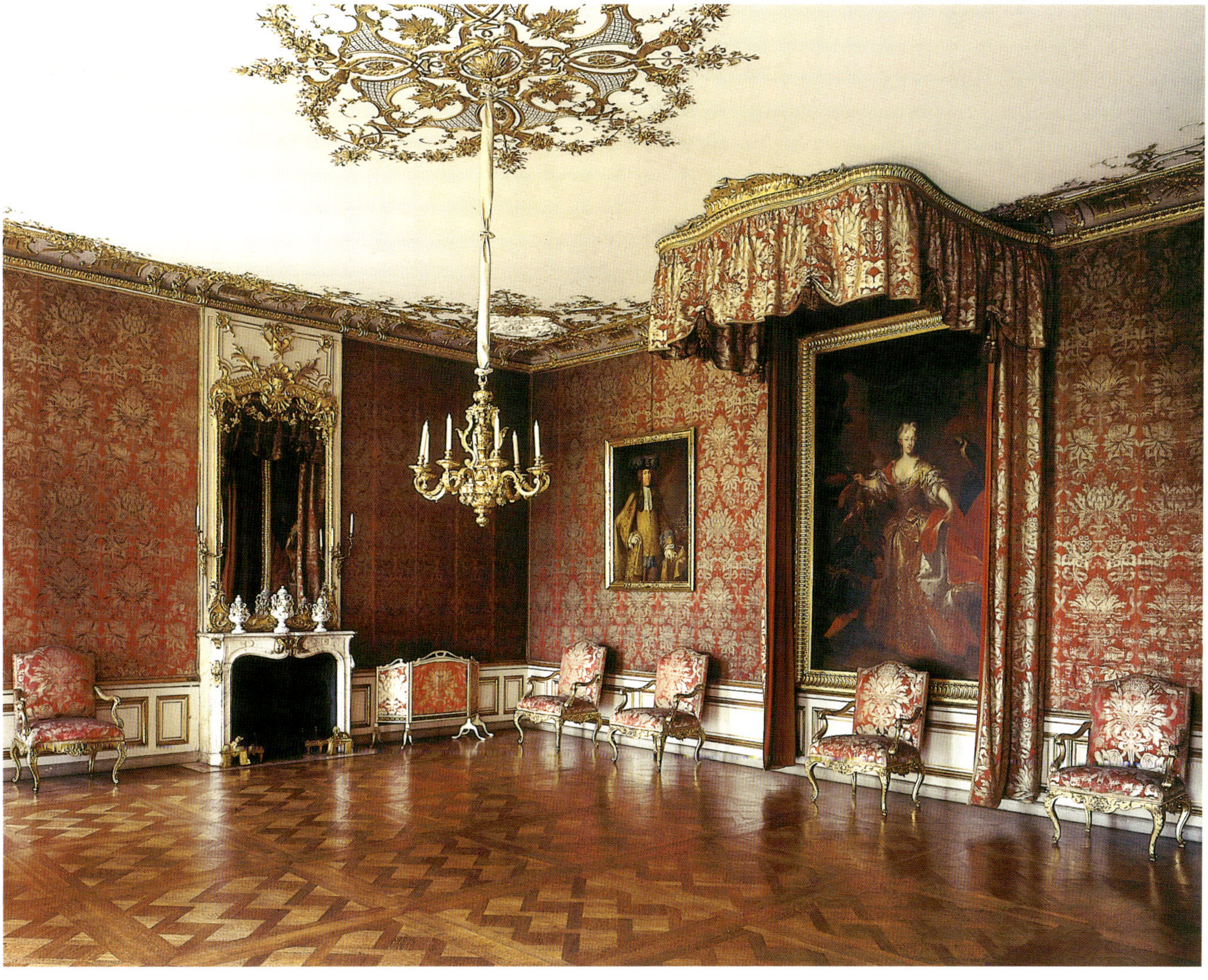

♿ Ascenseur pour personnes handicapées

✕ Restaurant de l'Orangerie

DB Ansbach

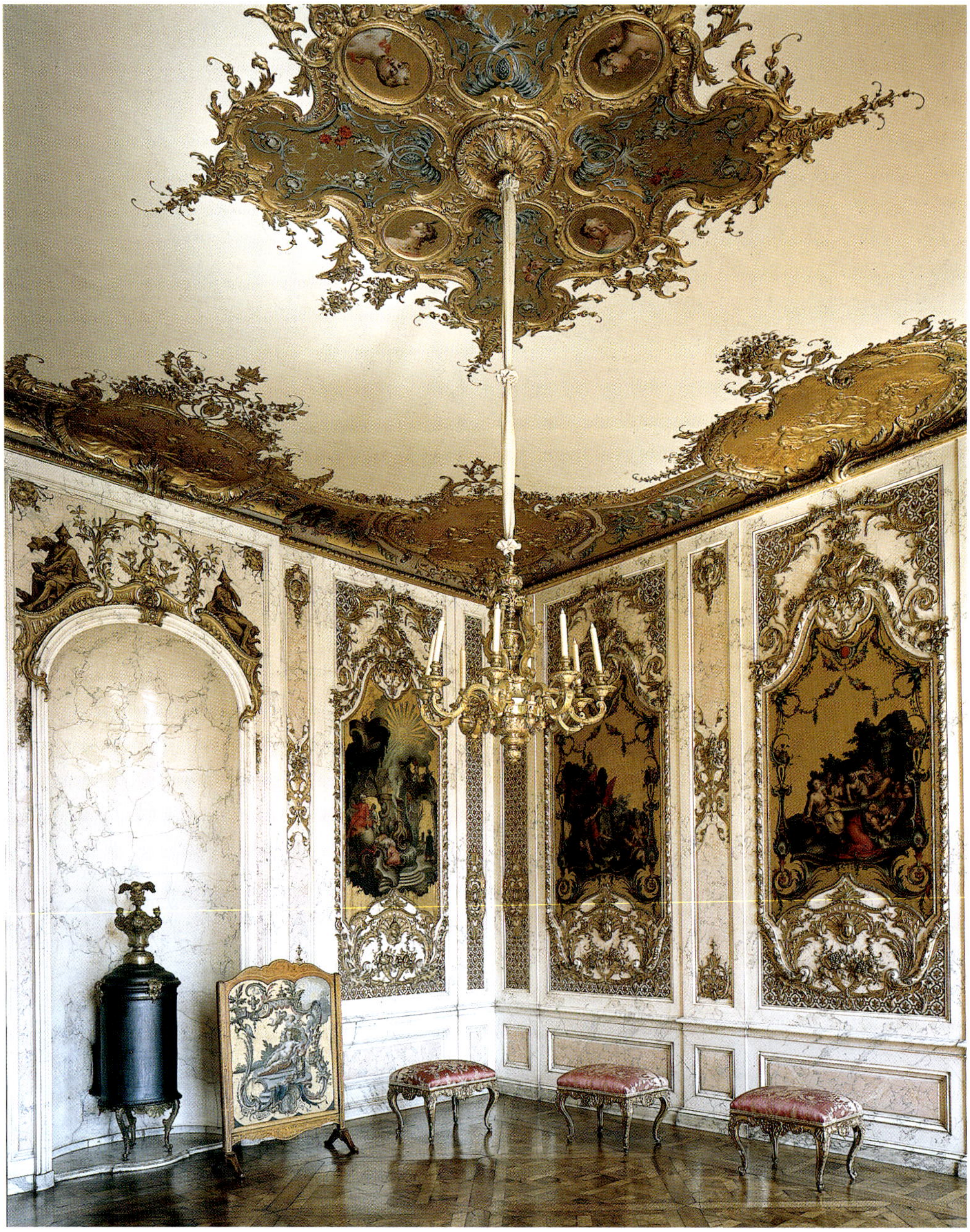

Résidence d'Ansbach, le cabinet de Marbre du margrave

Le cabinet de Marbre du margrave

Les cabinets précieux et exotiques sont des pièces caractéristiques généralement situées en bout d'appartements princiers. Le cabinet de Marbre d'Ansbach (Marmorkabinett) situé entre les deux appartements du couple souverain fait partie des créations d'intérieurs les plus nobles de l'époque du rococo en raison de sa décoration alternant les surfaces de marbre stuqué, aux lignes sévères et aux couleurs pâles, avec l'or des ornements et de la couleur de fond des tableaux. Un spécialiste bavarois réalisa les stucs vers 1740, Johann Adolf Biarelle, qui travaillait à Ansbach, les peintures. Etonnement les six tableaux, alliant des grotesques avec des chimères en rocaille inspirées de Lajoue, n'ont pas pour sujet les vertus mais les vices des souverains. Notons toutefois que les peintures représentent ces vices dans un décor exotique et paradisiaque ce qui laisse tout autant transparaître la fascination pour l'Orient de l'époque que le sentiment de supériorité des Européens face à ces pays lointains. Ainsi il ne s'agit pas ici à proprement parler d'un cabinet "à l'orientale" mais plutôt d'un cabinet riche en fantaisie, éveillant nombre associations d'idées et appelant à être découvert par plusieurs chemins.

Ci-contre : Résidence d'Ansbach, le cabinet des Glaces

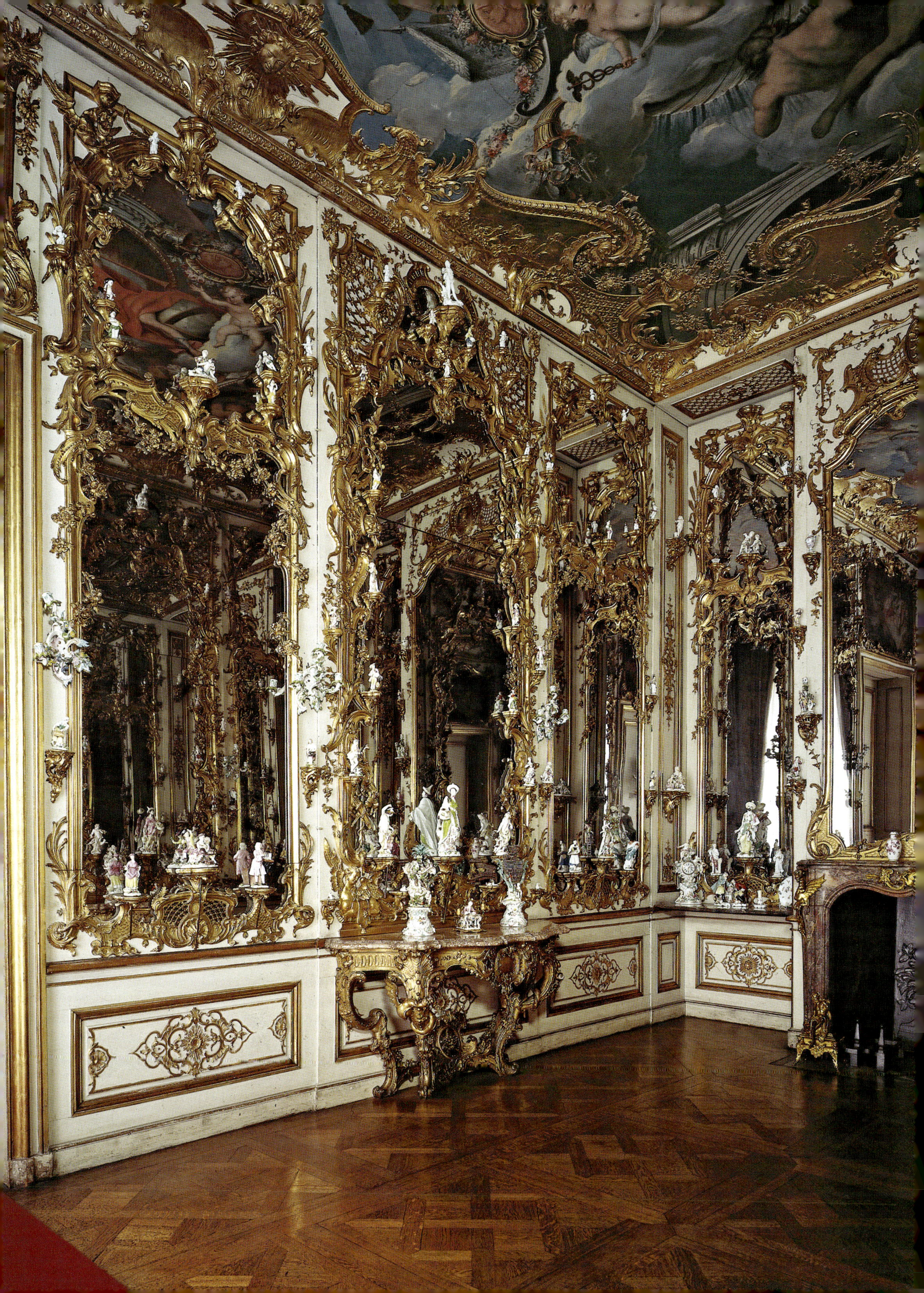

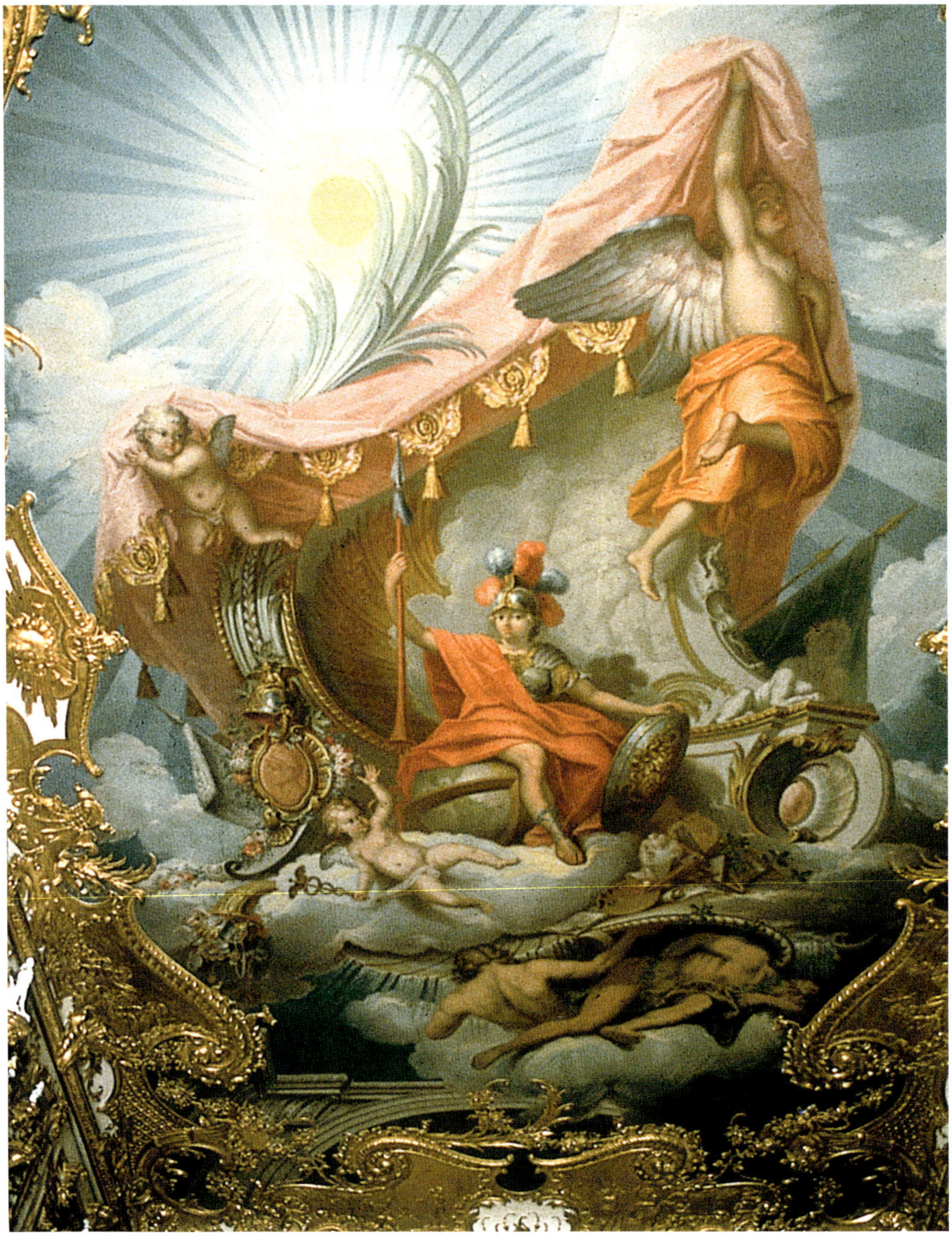

Résidence d'Ansbach, cabinet des Glaces, fresque de plafond, détail

Le cabinet des Glaces de la margravine

Les cabinets décorés de miroirs incarnent le penchant du baroque pour les mirages. Grâce aux reflets des miroirs, il semble que les murs s'ouvrent sur de grandes enfilades de pièces disparaissant toujours de nouveau du champ du regard. Au visiteur de s'imaginer les jeux des lumières des bougies d'antan qui faisaient d'autant plus scintiller les surfaces dorées et les porcelaines. Toutefois, les miroirs d'Ansbach sont disposés de façon strictement symétrique. Ils respectent ainsi l'étiquette de la cour et mettent en valeur la multitude de figurines en porcelaine, disposées sur les nombreuses consoles fixées aux cadres des miroirs. Le thème de la pièce « Art et sciences » est reconnaissable à la fresque du plafond, entourée de stuc doré et représentant Pallas Athéna. A l'opposé du cabinet de Marbre où les architectes combinèrent des murs aux vives couleurs avec un plafond blanc, la pièce présente est dotée d'un plafond aux peintures en trompe-l'œil alors que les murs sont sans réelle couleur. Ce précieux cabinet appartient aux appartements de la margravine Friederike Luise et fut exécuté en 1739 d'après les dessins de Paul Amadeus Biarelle. C. P.

Aschaffenburg, Pompéianum

La cuisine

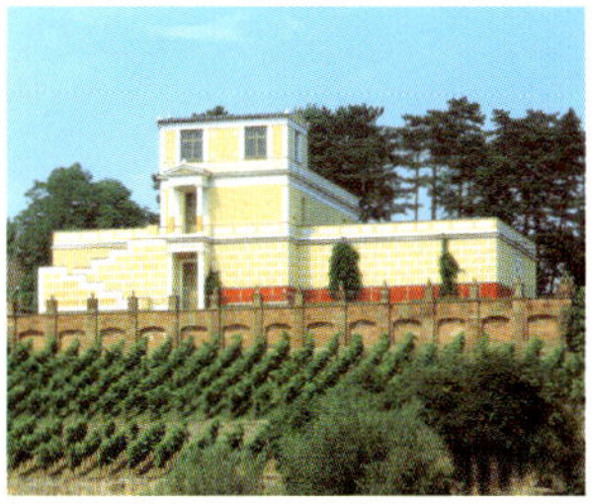

Le roi Louis Ier de Bavière chargea son architecte Friedrich von Gärtner de construire le Pompeianum à Aschaffenburg, ce qui fut fait entre 1840 et 1848. Il avait été prévu que cette reproduction idéale d'une maison romaine comprendrait, dans la mesure du possible, des imitations aussi parfaites et intactes que faire se peut des vestiges retrouvés lors des fouilles de Pompéi menées à grands frais à cette époque. On ne parvint pourtant, dans l'espace de temps que dura la construction, à réunir que l'inventaire destiné à la cuisine du Pompéianum. L'ensemble des récipients et des ustensiles, de nouveau exposés, faisaient partie de l'aménagement d'origine. Les ustensiles de la cuisine en bronze furent réalisés d'après les originaux mis à jour à Pompéi et à Herculanum que le sculpteur et amateur d'art, Martin von Wagner, avait conseillé de reproduire après les avoir vus au musée de Naples. Entre 1845 et 1850, Louis Ier fit exécuter ces copies, parfaitement fidèles aux originaux, à Rome, par le sculpteur et fondeur de bronze, Wilhelm Hopfgarten. Les six grandes amphores en argile aux formes variées qui contenaient du vin et de l'huile, sont d'ailleurs des pièces venant de Rome, acquises à l'époque.

W.H.

i Schloss- und Gartenverwaltung Aschaffenburg
Schlossplatz 4
63739 Aschaffenburg
Tél. 0 60 21 / 3 86 57-0
Fax 0 60 21 / 3 86 57-16
sgvaschaffenburg@bsv.bayern.de

D'avril à septembre :
de 9 h à 18 h
Fermé d'octobre à mars
Fermé le lundi

Les principales salles à visiter sont au rez-de-chaussée, le premier étage n'est accessible que par escalier

Extérieurs / parc

A Annexe de la Collection Nationale d'Antiquités et Glyptothèque Munich

DB Aschaffenburg

Pompéianum, la cuisine

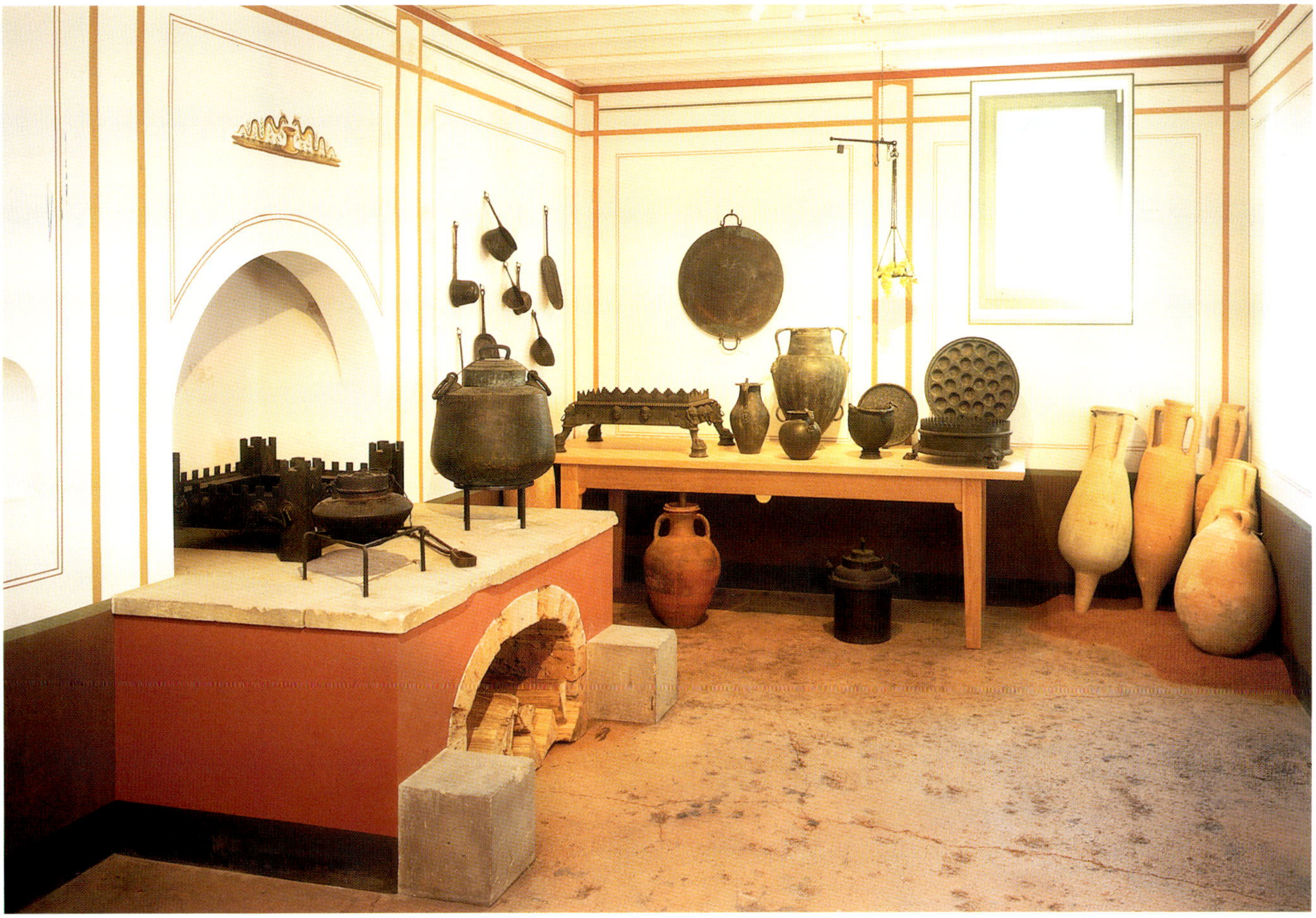

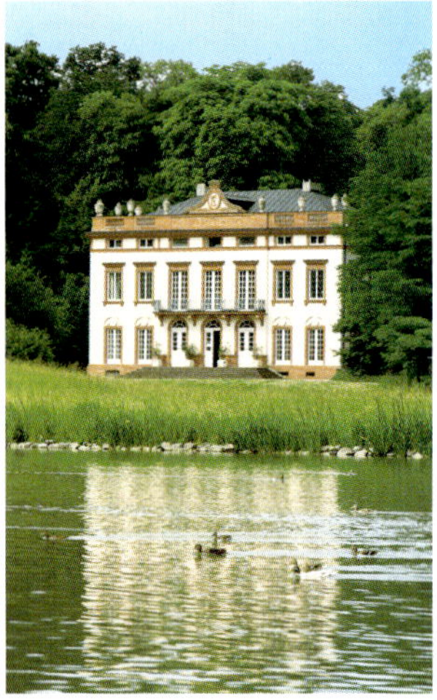

ℹ Schloss und Park Schönbusch
Kleine Schönbuschallee 1
63741 Aschaffenburg
Tél. 0 60 21 / 8 73 08

ℹ Schloss- und Gartenverwaltung Aschaffenburg
Schlossplatz 4
63739 Aschaffenburg
Tél. 0 60 21 / 3 86 57-0
Fax 0 60 21 / 3 86 57-16

D'avril à septembre :
de 9 h à 18 h
Fermé d'octobre à mars
Fermé le lundi

Exposition dans le bâtiment abritant la cuisine du parc de Schönbusch

D'avril à septembre :
le samedi, le dimanche et les jours fériés
de 11 h à 18 h
Visites guidées toutes les heures (environ 20 min.)
Dernière visite :
d'avril à septembre
à 17 h

Les salles d'exposition ne sont accessibles que par escalier

Hôtel-restaurant-café de Schönbusch

DB Aschaffenburg

Aschaffenburg, château de Schönbusch

La salle

Le premier édifice que l'archevêque et prince–électeur, Friedrich Carl von Erthal de Mayence, fit ériger de 1778 à 1882 dans son jardin paysager de Schönbusch à Aschaffenburg nouvellement aménagé, fut le château du jardin (Gartenschloss). La salle principale au premier étage est un bel exemple du transfert du thème baroque des cabinets de glaces dans le langage architectural de la première période du classicisme. Aux trois grandes portes-fenêtres ouvrant sur le balcon correspondent trois portes-miroirs à l'intérieur de la pièce. Toute les portes et l'avant-corps de la cheminée sont encadrés de doubles pilastres ioniques en stuc qui portent un entablement parcourant le pourtour de la salle. Les fenêtres de la mezzanine et les miroirs correspondants de format oblong sont logés dans la scotie située au dessus. L'architecte Emanuel Joseph d'Herigoyen utilisa pour la décoration du plafond plat, composé de différents espaces en stuc, une esquisse tirée du recueil de croquis intitulé « A Book of Ceilings » de l'Anglais George Richardson, paru en 1776, dont le prince-électeur Erthal avait fait l'acquisition pour sa bibliothèque. Les couleurs des fresques du plafond correspondent également à celles des croquis, soit des nuances froides quoique intenses. W. H.

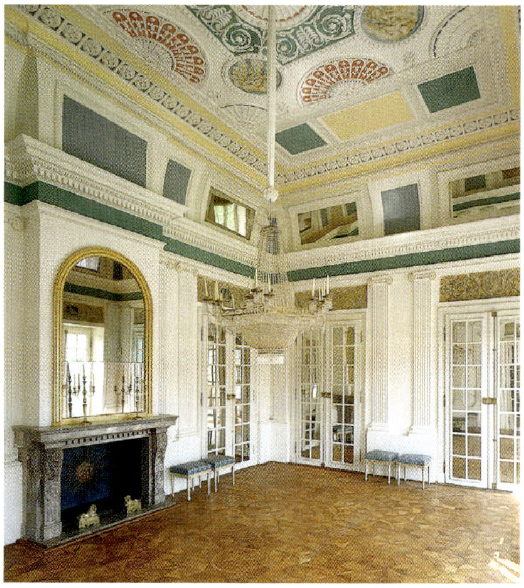

Château de Schönbusch, la salle

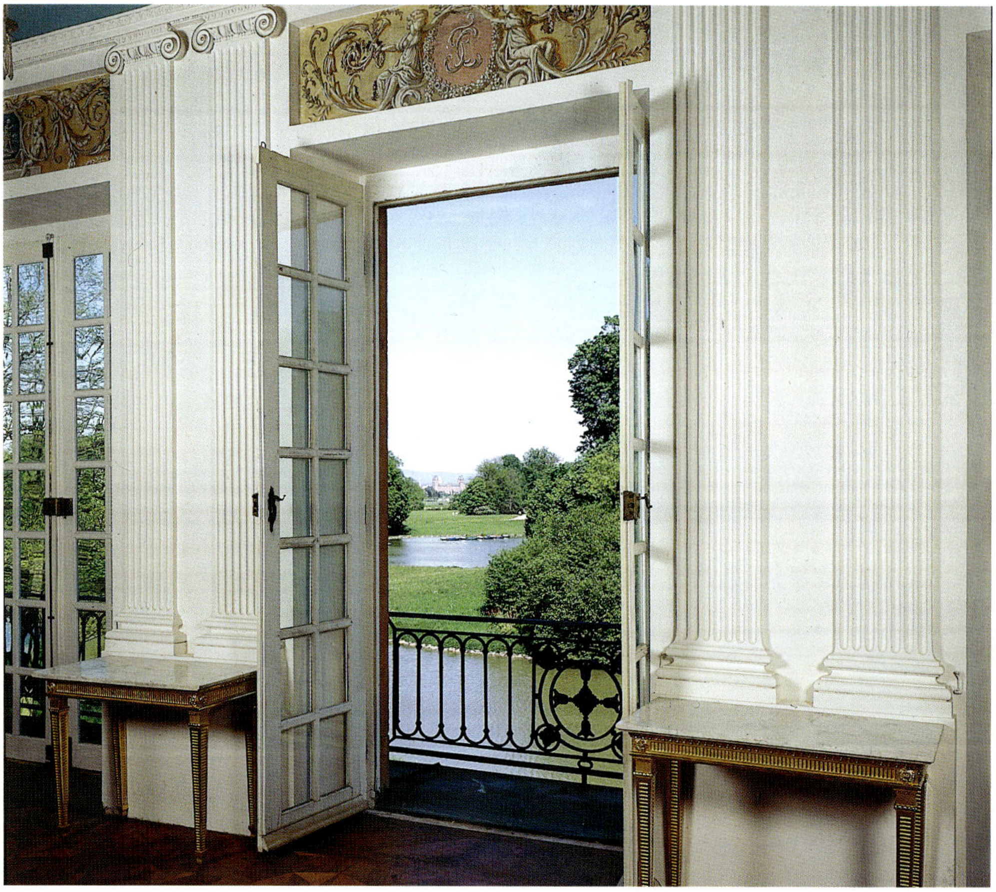

Château de Schönbusch, vue de la salle sur le château de Johannisburg

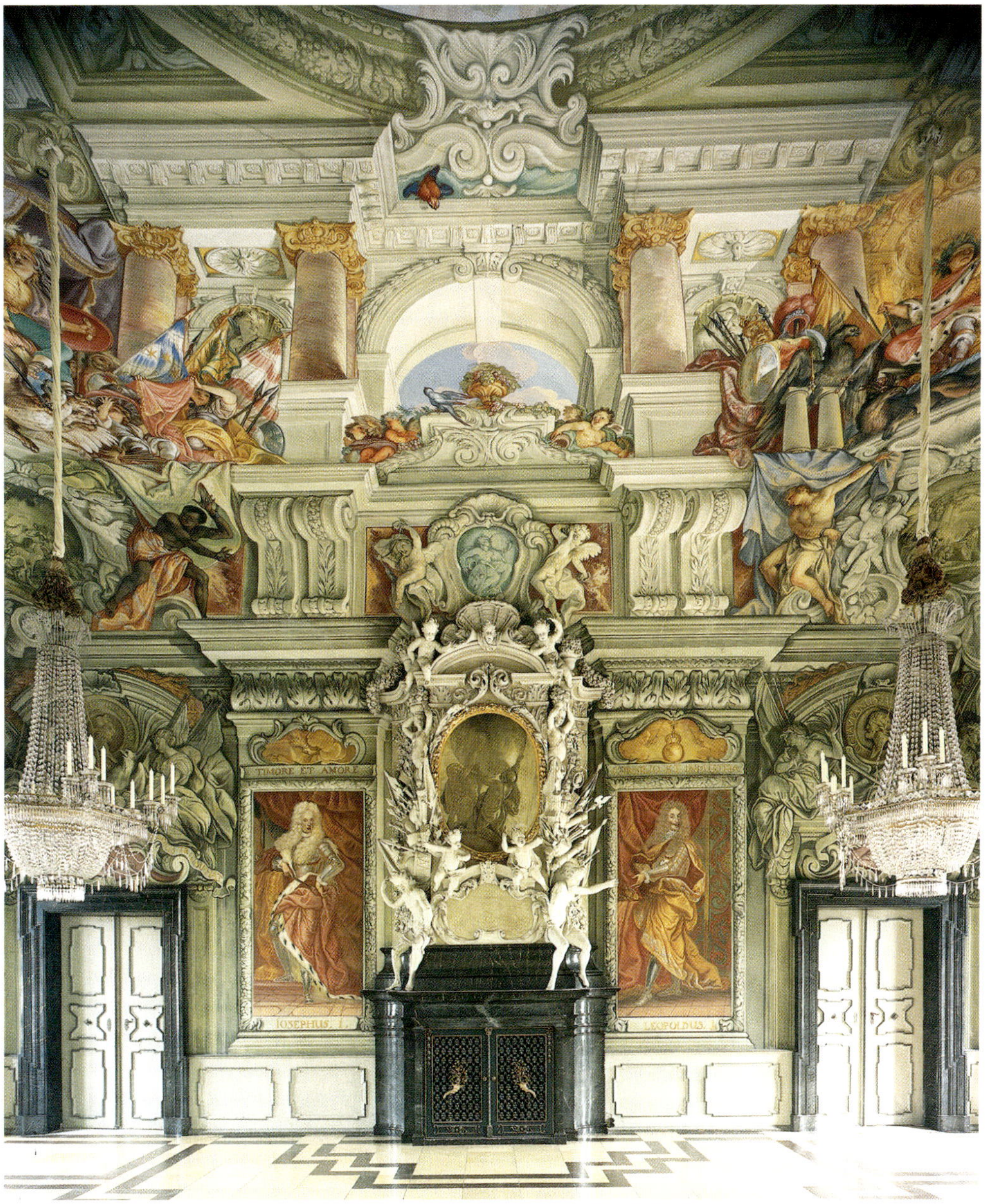

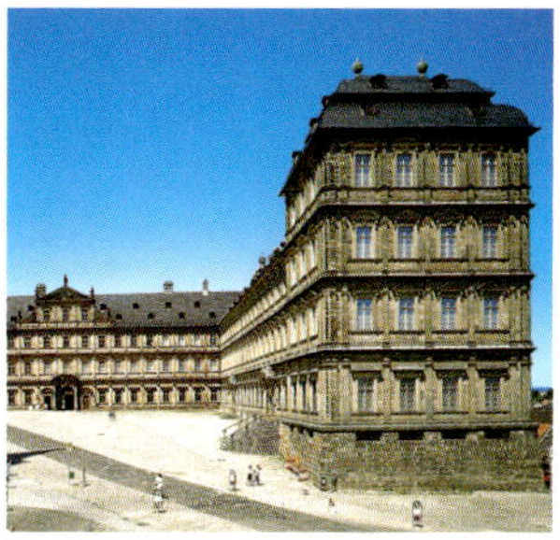

i Schloss- und Gartenverwaltung Bamberg
Domplatz 8
96409 Bamberg
Tél. 09 51 / 5 19 39-0 et
09 51 / 5 19 39-114
Fax 5 19 39-129
sgvbamberg@bsv.bayern.de

D'avril à septembre :
de 9 h à 18 h
d'octobre à mars :
de 10 h à 16 h
Visites guidées d'environ 45 min.

Visite du mont de la Cathédrale :
Durée : environ 1 h 30 (cathédrale, Alte Hofhaltung, Nouvelle Résidence, salle des Empereurs)

Ascenseur

Patrimoine culturel mondial de l'Unesco (avec la vieille ville de Bamberg)

Boutique du musée

Café dans la roseraie

DB Bamberg

Nouvelle Résidence, salle des Empereurs, le mur nord-est

Nouvelle Résidence, Bamberg

La salle des Empereurs

La Nouvelle résidence (Neue Residenz) sur la place de la cathédrale (Domplatz) fut le siège des princes-évêques de Bamberg. Située à l'étage supérieur, la salle des Empereurs (Kaisersaal), aménagée vers 1700 sous Lothar Franz von Schönborn, est relativement basse de plafond. Le peintre tyrolien Melchior Steidl tenta par son travail, qui dura de 1707 à 1709, d'amenuiser cette impression en usant d'architecture en trompe-l'œil pour ouvrir le plafond sur un ciel pictural. L'ensemble de ces peintures débute aux piliers des fenêtres qu'il dota de 16 portraits plus grands que nature des empereurs germaniques. Il commença par Henri II qui fonda en 1007 l'évêché de Bamberg et finit avec Joseph Ier de la maison des Habsbourg qui régnait à l'époque depuis 1705. Le plafond est agrémenté d'allégories des quatre empires du monde, des saisons et des différentes phases de la journée. L'allégorie du « Triomphe de la Sagesse », au message intemporel, prône sur cet ensemble en un cortège triomphal à travers le ciel. Le maître d'ouvrage, Lothar Franz von Schönborn, également archevêque-électeur de Mayence et chancelier d'Empire, souhaita à travers cette salle réaliser un monument en l'honneur de Hasbourg, la dynastie impériale qu'il supporta.

W. H.

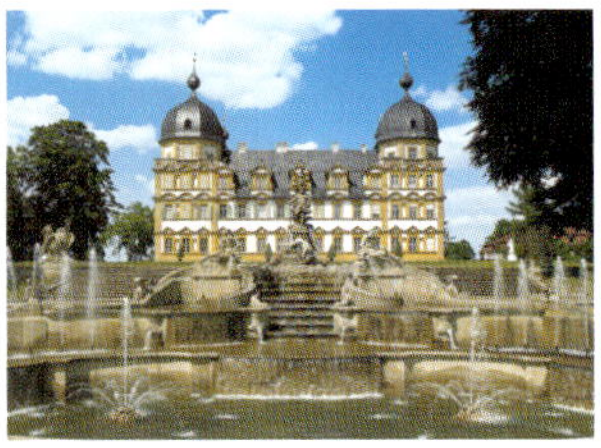

i Schloss und Park Seehof
96117 Memmelsdorf
Information :
Tél. 09 51 / 40 95-71
Fax 09 51 / 40 95-72

D'avril à octobre :
de 9 h à 18 h
Fermé de novembre à mars
Fermé le lundi

Les salles d'exposition ne sont accessibles que par escalier

Jardins historiques

Boutique du musée

DB Bamberg

Bamberg/Memmelsdorf, château de Seehof

La salle Blanche

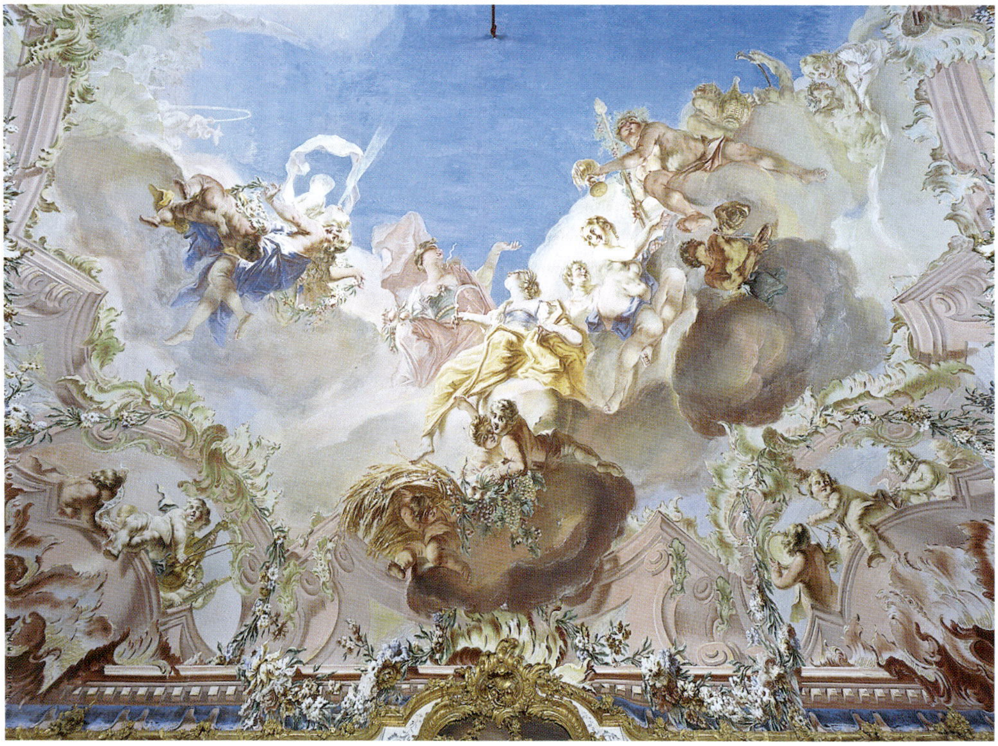

Château de Seehof, salle Blanche, le groupe de Diane, détail

Château de Seehof, la salle Blanche

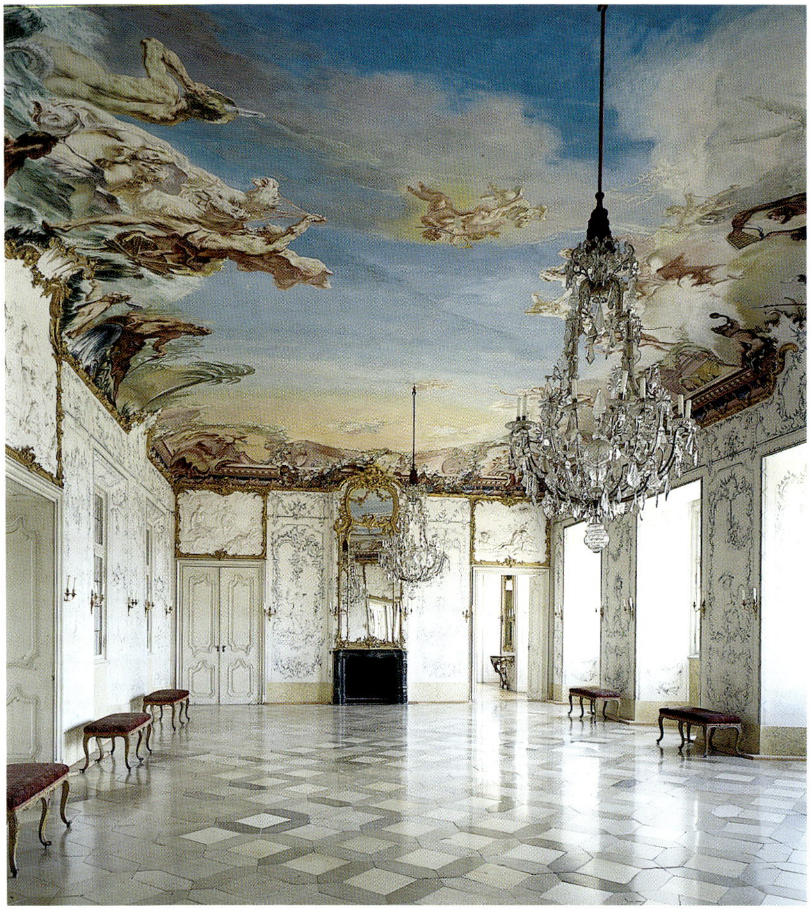

Le Château de Marquardtsburg, ou de Seehof (soit Cour du lac) était la résidence d'été des princes-évêques de Bamberg. Sous Johann Philipp Anton von Franckenstein, certaines pièces furent modernisées et mises au goût du jour, entre autres la salle Blanche (der Weiße Saal), la pièce principale du château. Elle fut agrémentée d'un élégant décor composé de murs blancs de marbre stuqué poli, sur le fond desquels se détachent des ornements bleus, rappelant les peintures sur porcelaine. Le peintre, Giuseppe Appiani, fut chargé des peintures en 1751. Il décora le plafond d'une composition équilibrée et vivante, située entre la nuit et le matin, figurant un ensemble de dieux dans des scènes faisant allusion à la vie de cour, qu'il s'agisse de la chasse, de la pêche, des jardins ou même de la gestion du château de Seehof. Ces fresques de plafond aux vives couleurs s'harmonisent élégamment avec le bleu et le blanc des murs. Par le jeu des miroirs, la salle éveille l'impression de s'étendre à l'infini. Cette salle, la plus travaillée de ce château, constitue l'un des intérieurs les plus originaux du rococo finissant en Franconie. A. S.

Château Neuf de Bayreuth
Le salon des Palmiers

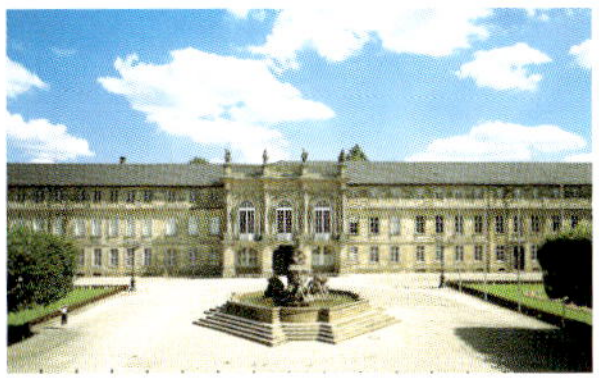

Un incendie ayant ravagé le Vieux Château en 1753, le margrave Friedrich et sa femme la margravine Wilhelmine eurent un bon prétexte pour faire construire le château Neuf de Bayreuth. Celui-ci impressionne moins par son aspect extérieur, de fait modeste, que par ses intérieurs d'une valeur incommensurable. La margravine Wilhelmine écrivit dans une lettre adressée à son frère Frédérique le Grand qu'elle avait intensément participé à leur conception. Toute personne qui regardera de près la décoration pour en saisir les allusions cachées n'aura aucun doute en la véracité de cette affirmation. Un exemple éclatant en est le salon des Palmiers. Son type correspond à celui des galeries que l'on trouve souvent dans les châteaux, mais l'aménagement de ce salon est unique en son genre. Des palmiers parfaitement sculptés s'alignent le long des murs et le visiteur a l'impression de se trouver dans une palmeraie à l'air libre. Or, le modèle dont s'inspire cette décoration est la description dans la Bible du Temple, le Lieu très saint, que Salomon fit bâtir pour le Seigneur. Cette pièce servait probablement aussi de salle de réunion pour la loge franc-maçonnique de Bayreuth que le margrave avait initiée.

P.K.

i Schloss- und Gartenverwaltung Bayreuth-Eremitage Ludwigstr. 21 95444 Bayreuth Tél. 09 21/7 59 69-21 Fax 09 21/7 59 69-15 sgvbayreuth@bsv.bayern.de

D'avril à septembre : de 9 h à 18 h d'octobre à mars : de 10 h à16 h

P Places de stationnement réservées aux personnes handicapées

A Musée d'Archéologie (Archäologisches Museum - Historischer Verein von Oberfranken)

DB Bayreuth

Château Neuf de Bayreuth, le salon des Palmiers

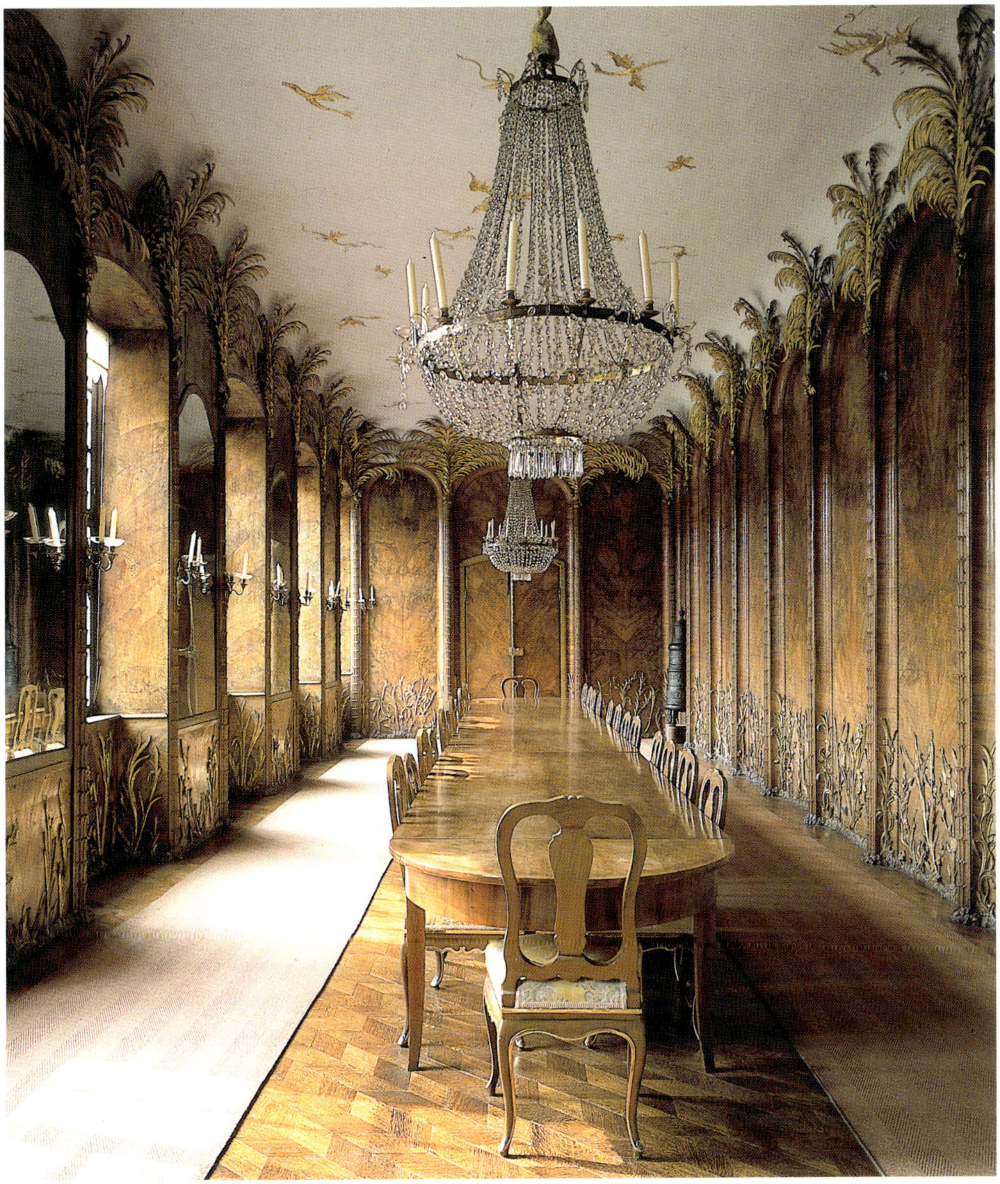

Château Neuf de Bayreth, salon des Palmiers, ornement en stuc du plafond

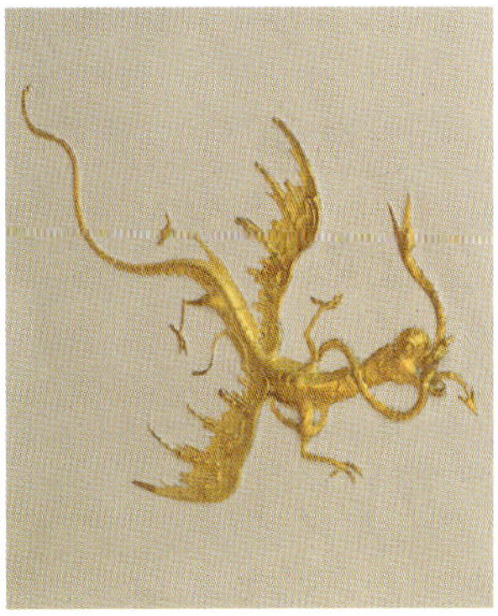

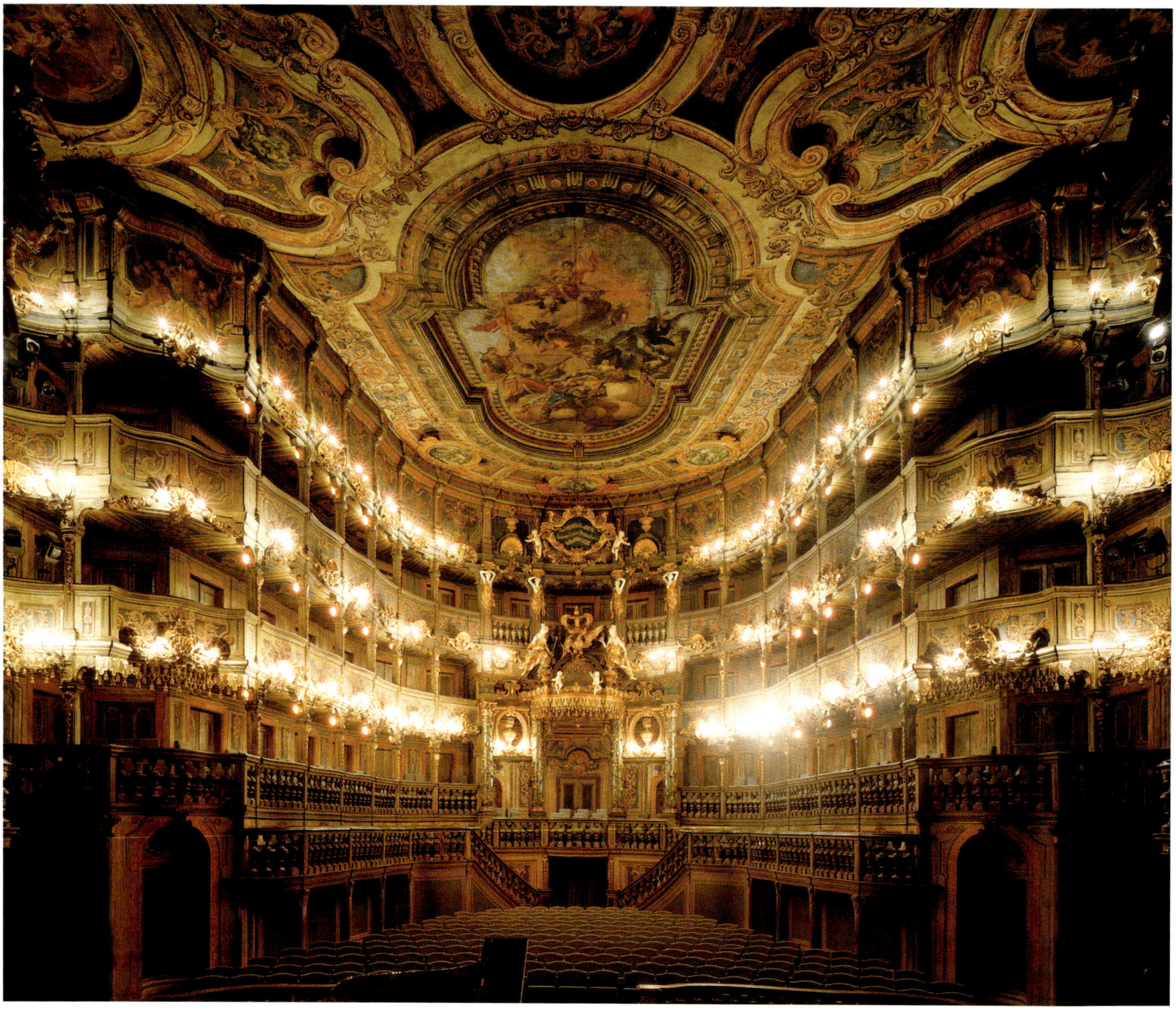

Opéra des Margraves, la salle de théâtre

Bayreuth
Markgräfliches Opernhaus
Opernstraße 14
95444 Bayreuth

i Schloss- und Gartenverwaltung
Bayreuth-Eremitage
Ludwigstr. 21
95444 Bayreuth
Tél. 09 21 / 7 59 69-22
Fax : 09 21 / 7 59 69-32
sgvbayreuth@bsv.bayern.de

D'avril à septembre :
de 9 h à 18 h
d'octobre à mars :
de 10 h à 16 h

Places de stationnement réservées aux personnes handicapées

Boutique du musée

Café de l'Opéra

Bayreuth

Bayreuth
L'Opéra des Margraves

La plus grande fête qui ait jamais été fêtée à Bayreuth à l'époque des margraves fut la célébration du mariage de la princesse Frédérique avec le duc Charles II Eugène de Wurtemberg. L'apothéose des festivités coïncida avec les deux représentations d'opéra qui inaugurèrent l'Opéra des Margraves en 1748. Les travaux de conception avaient débuté en 1744. Pour l'aménagement des intérieurs, il avait été possible de s'attacher la collaboration de l'architecte de théâtre le plus connu d'Europe à cette époque, Giuseppe Galli Bibiena, natif de Parme. S'inspirant de l'œuvre de son oncle Fernandino qui avait bâti l'Opéra de la cour de Vienne, Giuseppe érigea la salle sur une base en forme de cloche. L'Opéra de Bayreuth ne se différencie de celui de Vienne que par ses formes plus modernes et ses dimensions plus grandes. Trois rangées de loges encadrent en leur milieu la somptueuse loge princière, constituée d'un arc de triomphe et d'un baldaquin sur lequel vient tout juste de se poser l'aigle de Brandebourg. L'Opéra des Margraves constitue, à l'échelle mondiale, l'un des théâtres historiquement les plus importants qui ait conservé son état originel. Il met tout autant en évidence l'importance que les margraves de Bayreuth portaient à leur représentation que la passion qu'ils nourrissaient envers le genre de l'opéra. P.K.

Ermitage
Le Vieux château

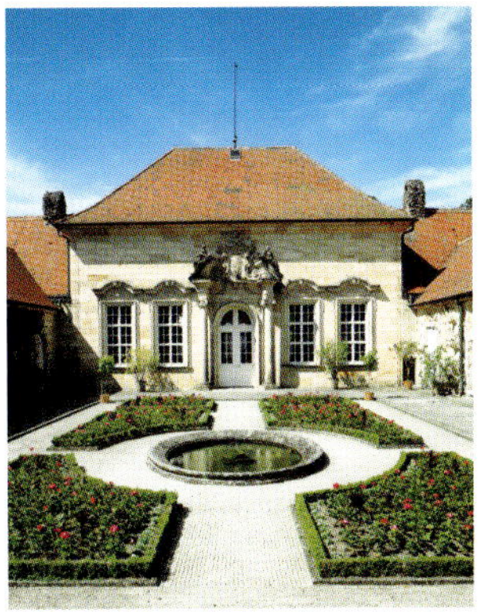

Quel noble cadeau d'anniversaire! Après que le prince héritier Frédéric fut devenu en 1735 margrave de Brandebourg-Bayreuth, il offrit l'Ermitage à son épouse Wilhelmine à l'occasion de son anniversaire. Wilhelmine se mit de suite à concevoir un réaménagement de l'ensemble du site. Elle conserva les éléments du Vieux château qu'avait fait construire, à partir de 1718, le margrave Georges Guillaume, en particulier la grotte avec ses jeux d'eau originaux, la salle des festivités et la cour intérieure. Elle fit ajouter deux petits appartements à l'aile abritant la salle des fêtes. Les pièces situées dans les appartements de la margravine sont particulièrement intéressantes, surtout le cabinet Japonais et la pièce de musique. Le cabinet est entièrement recouvert de panneaux laqués. Deux d'entre eux lui furent offerts par son frère Frédéric le Grand; elle laissa exécuter les autres. Ces panneaux représentent des scènes de la vie à la cour impériale de Chine. La vie heureuse et insouciante qui semble y régner était naturellement une allusion flatteuse à la cour de Bayreuth. Dans la pièce de musique contiguë, les sujets centraux de la décoration portent sur l'amitié et l'harmonie, incarnées par les portraits des dames de cour de Wilhelmine ainsi que par des reliefs en stuc figurant des instruments de musique.

P. K.

Vieux château de l'Ermitage, le cabinet Japonais

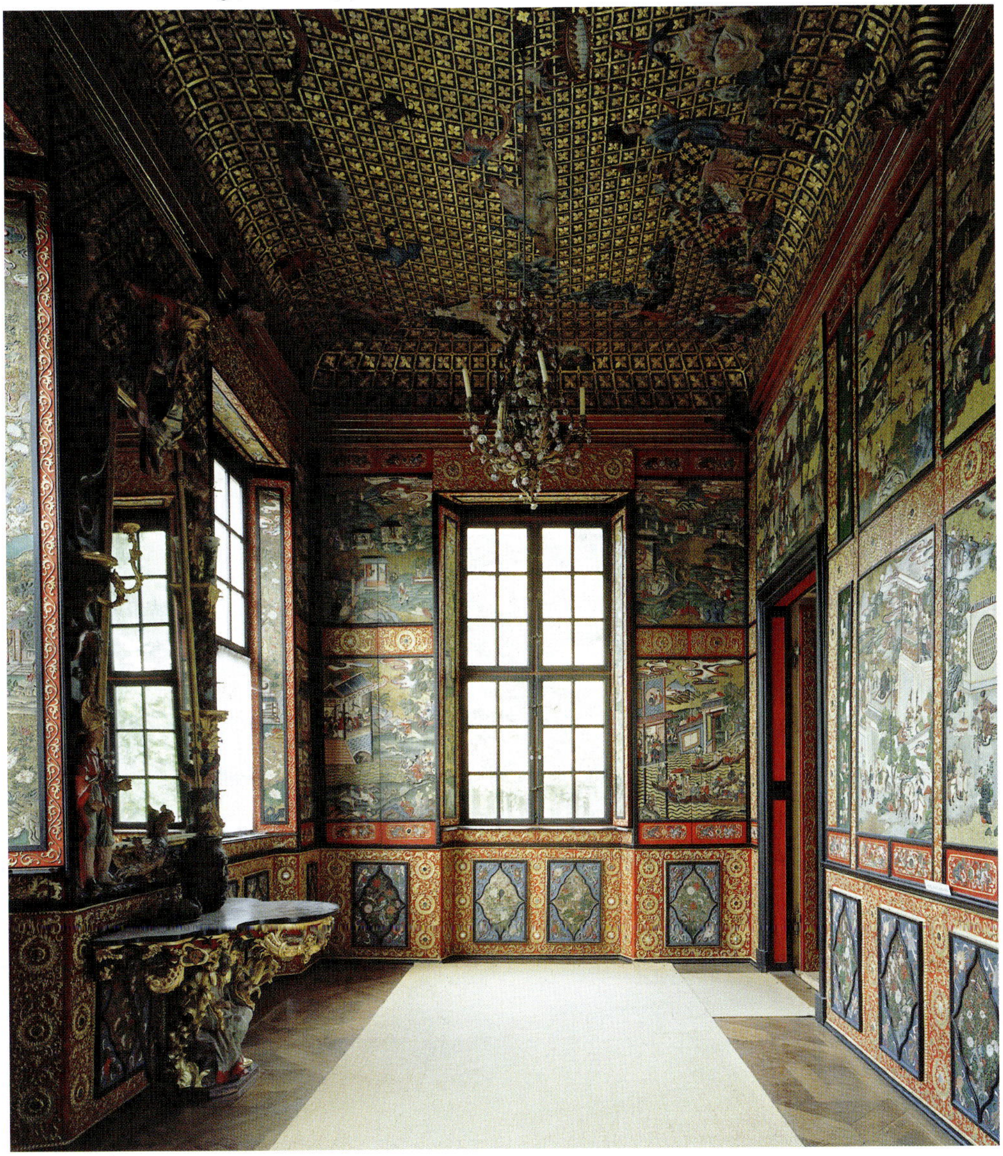

Altes Schloss und
Hofgarten Eremitage
Eremitage Haus Nr. 1
95448 Bayreuth

i Schloss- und
Gartenverwaltung
Bayreuth-Eremitage
Ludwigstr. 21
95444 Bayreuth
Tél. 09 21 / 7 59 69-37
Fax 09 21 / 7 59 69-41
sgvbayreuth@bsv.bayern.de

D'avril à septembre :
de 9 h à 18 h
du 1er au 15 octobre
de 10 h à 16 h
Fermé du 16 octobre à mars

Jeux d'eau
de mai jusqu'au 15 octobre
de 10 h à 17 h à chaque heure sonnante

Grotte intérieure avec jeux d'eau, visites guidées à partir d'environ 10 personnes

Pour € 1,50, location de chaises roulantes

Boutique du musée

Hotel-Restaurant de l'Orangerie / Café de l'Orangerie

DB Bayreuth

i Schloss Ehrenburg
Schloss- und Gartenverwaltung Coburg
Schloss Ehrenburg
96450 Coburg
Tel. 09561/8088-0
Fax 09561/8088-40
ehrenburg@sgv.coburg.de
www.sgvcoburg.de

D'avril à septembre :
de 9 h à 18 h
d'octobre à mars :
de 10 h à 16 h
Fermé le lundi
Visites toutes les heures
Dernière visite :
d'avril à septembre
à 17 h
d'octobre à mars
à 15 h

Visites pour personnes en chaise roulante sur demande

Boutique du musée

Caféteria

DB gare Bayreuth

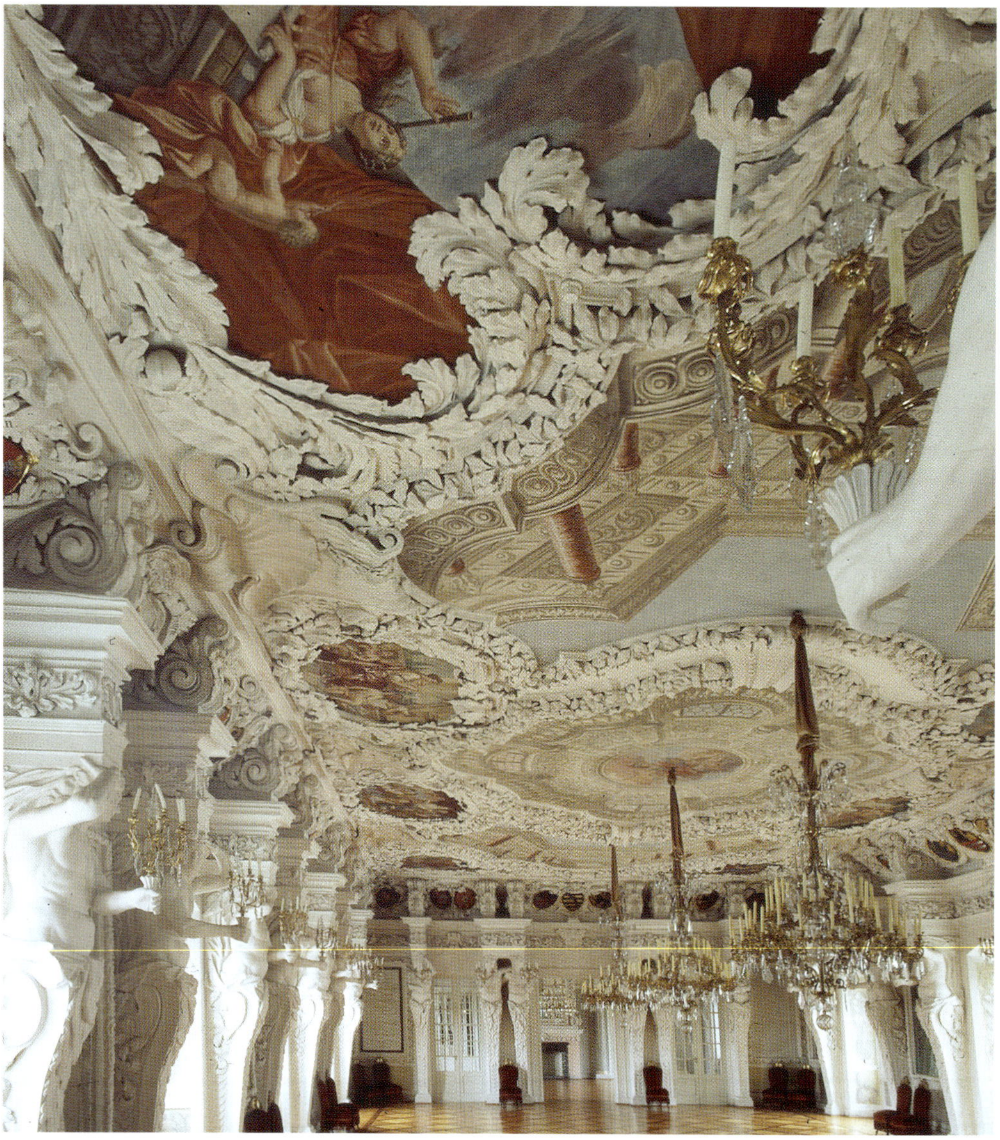

Château d'Ehrenburg, la salle des Géants

Château d'Ehrenburg

La salle des Géants

Le château d'Ehrenburg à Cobourg est situé à l'emplacement d'un ancien couvent dissout au XVIe. L'aile sud qui fut rénovée en 1690 à la suite d'un incendie, est l'élément le plus ancien du château actuel. Cette aile abrite l'église du château (Schlosskirche) et au dessus de celle-ci et de même superficie, la prestigieuse salle des Géants (Riesensaal) qui fut ornementée de stuc par les frères Carlo Domenico et Bartolomeo Lucchese entre 1697et 1699. Le plafond est supportée par les Géants, des piliers statuaires représentant des atlantes et disposés de part et d'autre de chaque fenêtre. Sur la corniche faisant le pourtour de la pièce sont insérées, par groupe de deux, des armoiries des territoires qui étaient anciennement sous la souveraineté de la Maison des Wettin et qui mettent en évidence que les Wettin considéraient être une véritable dynastie. Au plafond, des feuillages et des guirlandes de fleurs entourent des fresques figurant les allégories des Beaux-arts et des Sciences. Au centre, une coupole en trompe-l'œil rehausse encore l'intérieur de la salle. Dans la fresque du ciel, Minerve, déesse des Arts et des Sciences, flotte sur des nuages. En raison de ces stucages si impressionnants, la salle des Géants resta jusqu'à la fin de la monarchie la salle d'apparat la plus importante du duché de Saxe-Cobourg-Gotha. A.S.

La chambre du duc Ernest Ier

Cette pièce, nommée en raison de l'utilisation que l'on en fit plus tard, la chambre de la reine Victoria, était à l'origine celle du duc Ernest Ier. Un escalier en colimaçon la relie à celle de la duchesse, située tout juste en dessous. La cloison, bâtie à l'origine pour protéger l'alcôve des regards, fut remplacée par un léger rideau de soie plissée en 1860. C'est à cette époque également que furent installées les toilettes d'origine anglaise, recouvertes de bois d'acajou, ainsi que le papier peint fleuri dans les tons bruns. Le confort a son prix, également sur le plan esthétique. La pièce tire toute sa valeur de ses meubles d'une facture exceptionnelle, soit un ensemble fait en acajou avec des motifs de cygnes, exécuté à Paris en 1815. Comme à la coutume le lit se trouve au centre. Il est décoré des armoiries d'alliance de Saxe–Bade rappelant Ernest II et Alexandrine. La bibliothèque et le vestiaire contigus terminent cette enfilade de pièces qui forme l'un des appartements princiers les plus élégants d'Allemagne de l'époque néoclassique.

A. S.

Château d'Ehrenburg, La chambre à coucher

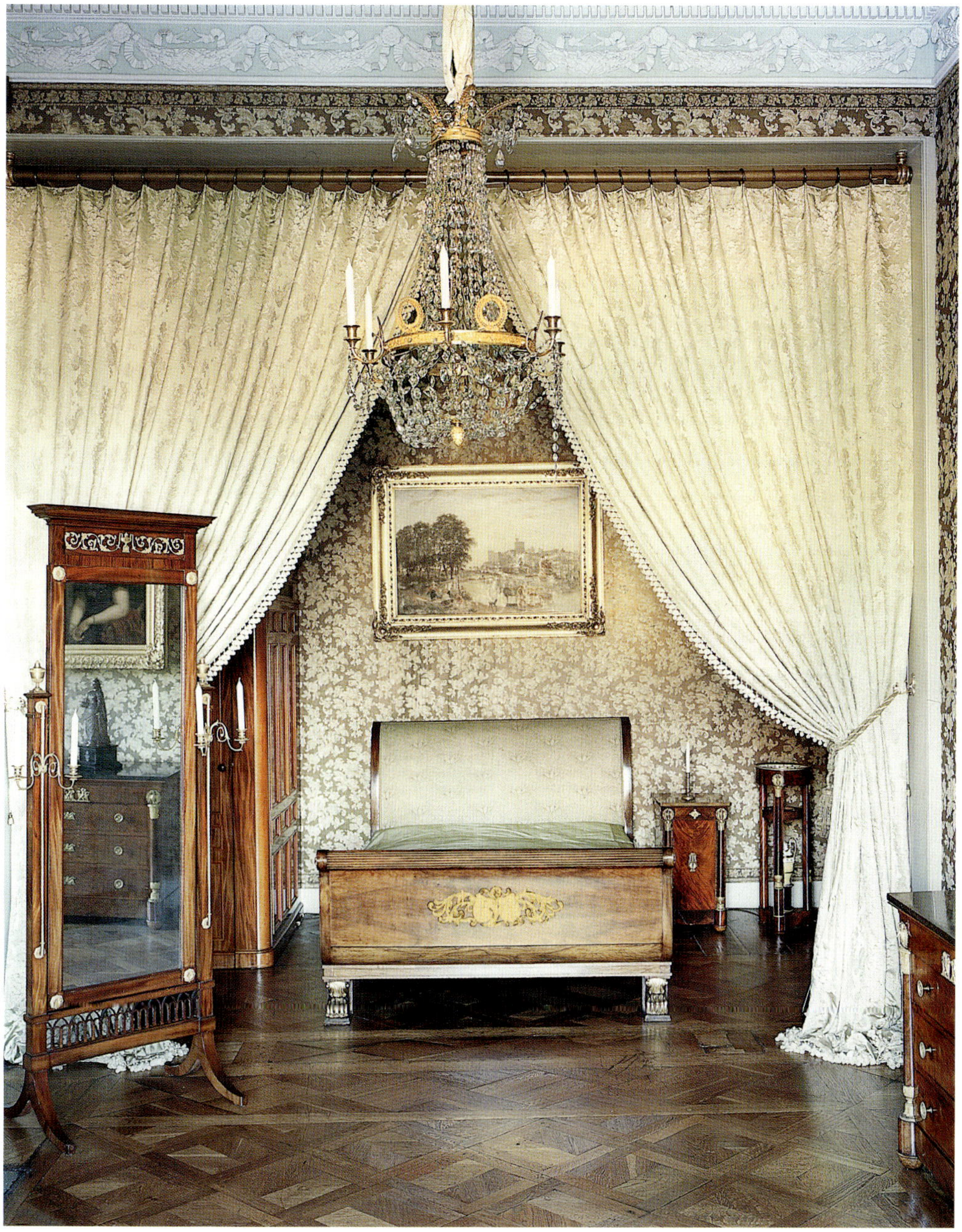

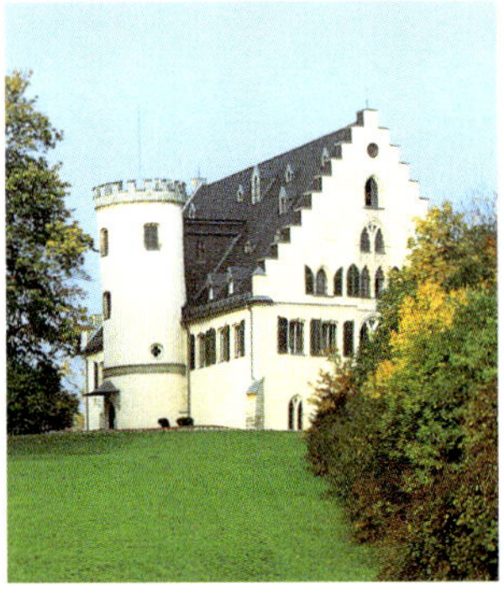

i Schloss und Park Rosenau
Schloss- und Gartenverwaltung Coburg
Schloss Rosenau
96472 Rödental
Tél. 0 95 63 / 30 84-0
Fax 0 95 63 / 30 84-29
rosenau@sgv.coburg.de
www.sgvcoburg.de

D'avril à septembre : de 9 h à 18 h
d'octobre à mars : de 10 h à 16 h
Fermé le lundi
Visites toutes les heures
Dernière visite : d'avril à septembre à 17 h
d'octobre à mars à 15 h

pas d'ascenseur

A Orangerie dans le parc de Rosenau, musée de verre moderne

Boutique du musée

Restaurant du parc de Rosenau

DB Rödental / Oeslau

Château de Rosenau

La salle de Marbre

Le duc Ernest Ier de Saxe-Cobourg-Gotha fit transformer l'ancien château médiéval de Rosenau (1806-1844) en une résidence d'été et réalisa ainsi son rêve de vivre dans un château moyenâgeux. Les travaux d'aménagement en style gothique commencèrent en 1814. Dans la salle de Marbre (Marmorsaal), la pièce principale du vieux château, le manque d'aplomb des murs fut masqué par la construction d'un hall à trois vaisseaux agrémentés de voûtes d'arêtes. Les murs et les piliers fasciculés sont recouverts de marbre stuqué de couleur gris perle. Une fine décoration de rameaux dorés recouvre les voûtes auxquelles pendent des lustres de Vienne également couleur d'or et de style gothique. Le stuc, les couleurs et l'or en feuilles anoblissent les matériaux et s'intègrent harmonieusement dans ce rêve fait réalité d'une architecture médiévale. Ce style est d'ailleurs perpétué dans la bibliothèque ainsi que dans les autres pièces du château jusque dans le parc paysager avec sa place aux tournois. Rosenau fut un des premiers sites en Allemagne à donner forme à un mouvement romantique qui remettra le Moyen-âge au goût du jour. A. S.

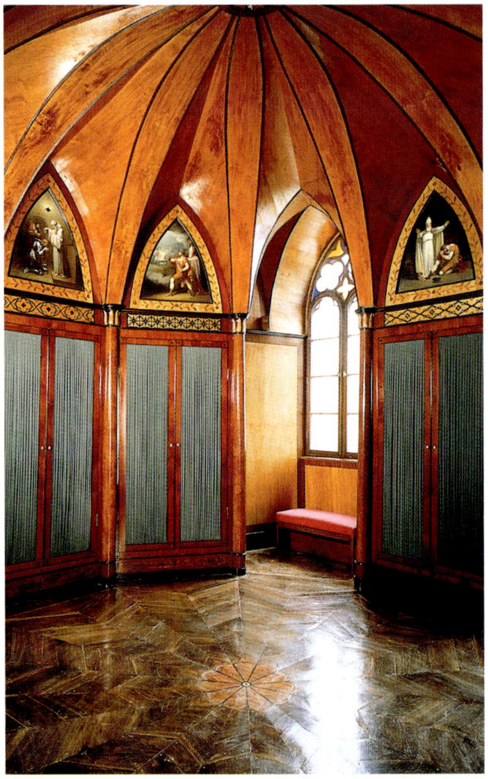

Château de Rosenau, la bibliothèque,

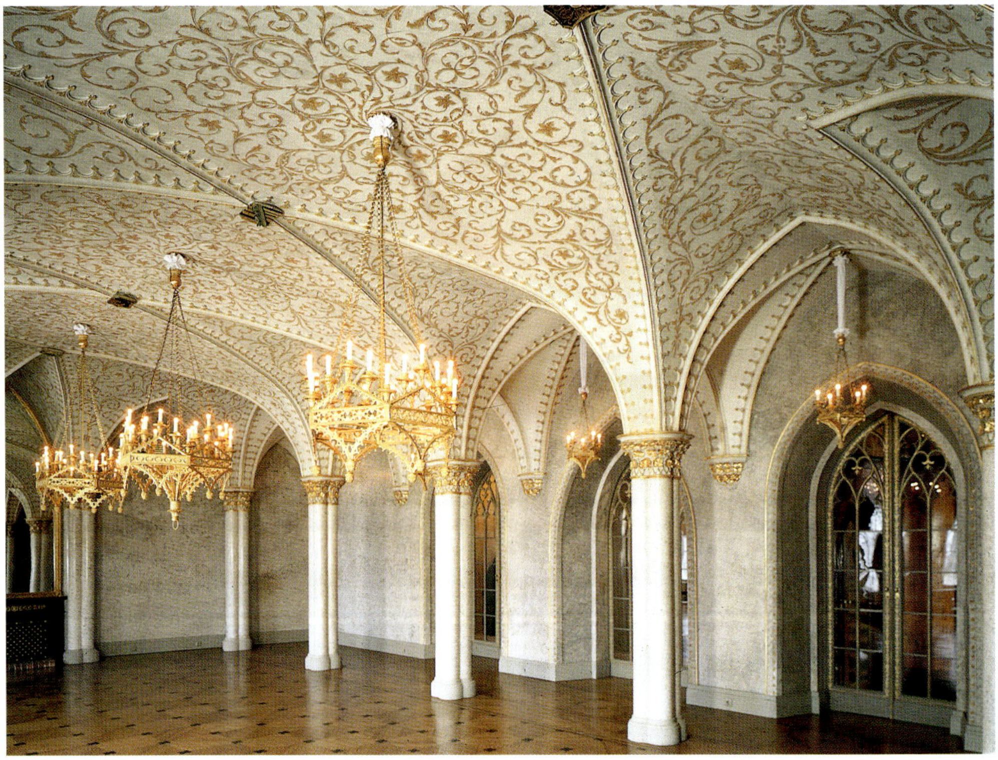

Château de Rosenau, la salle de Marbre

Le salon de la Duchesse

Pour la restauration, entreprise à partir de 1972, des étages supérieurs du château de Rosenau employés un certain temps à d'autres fins, il fut largement puisé dans la richesse des inventaires, des documents et des dessins représentant les intérieurs d'origine vers la moitié du XIXe ainsi que du mobilier en grande partie conservé. Il fut ainsi possible de reproduire, au premier étage, l'ancien salon de la Duchesse (Salon der Herzogin) qui illustre à merveille l'idée que l'on se faisait vers 1815 du style de vie moyenâgeux. Cette vision s'exprime plus particulièrement dans les fresques de murs élégantes, rappelant un peu un papier peint aux motifs gothiques, qui ne furent pas entièrement dégagées mais reconstituées d'après des recherches. Devant elles se trouvent des meubles viennois noirs de style Biedermeier. Les rideaux transparents furent de même reconstitués grâce aux aquarelles que Ferdinand Rothbart avait peintes vers 1850. L'aménagement de ce salon évoque cependant plus un salon bourgeois cossu qu'un appartement de souverain. La conception que l'on avait à l'époque d'un lieu d'habitation fut finalement plus forte que le désir d'être fidèle à l'esprit du Moyen-âge.

A. S.

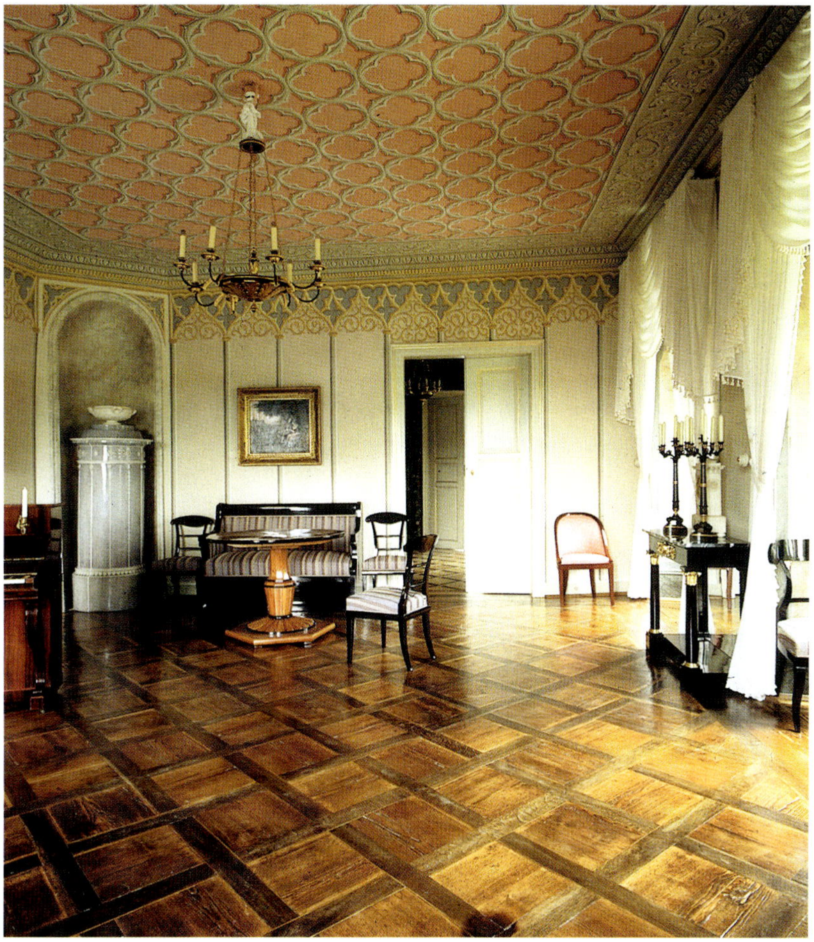

Château de Rosenau, le salon de la Duchesse

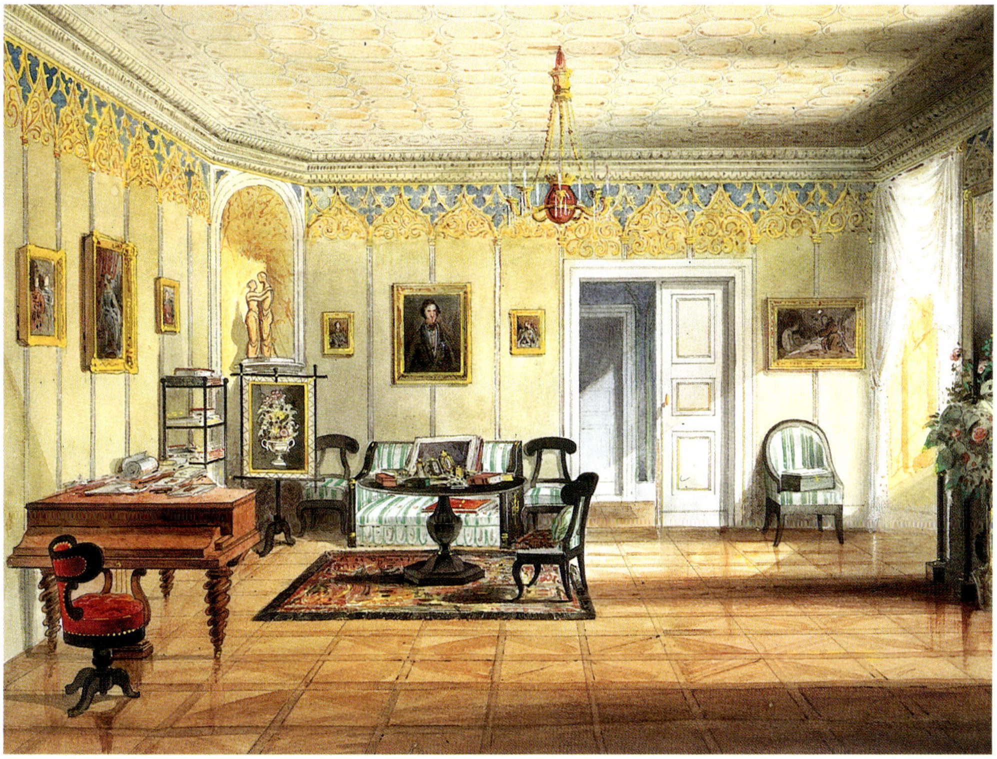

Aquarelle de Rothbart (environ 1850), salon de la Duchesse

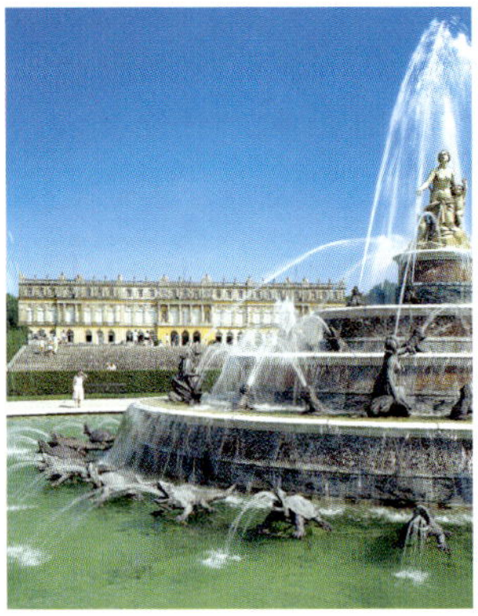

ℹ Schloss- und Gartenverwaltung Herrenchiemsee
83209 Herrenchiemsee
Tél. 0 80 51 / 68 87- 0
Fax 0 80 51 / 68 87-99
Abruf 0 80 51 / 68 87-91
info@herren-chiemsee.de
www.herrenchiemsee.de

D'avril à septembre : de 9 h à 18 h
d'octobre à mars : de 9 h 40 à 16 h

Visites guidées (environ 35 min.)
en groupe de 70 personnes au maximum
Dernière visite :
d'avril à septembre à 17 h 15
en octobre à 16 h 40
de novembre à mars à 15 h 40

Jeux d'eau
de mai jusqu'au 3 octobre tous les jours de 9 h 35 à 17 h 25 toutes les 15 min.

Ascenseurs pour personnes handicapées

Accueil des visiteurs

DB Prien

Château Neuf de Herrenchiemsee

La chambre de parade

La chambre de parade (Paradeschlafzimmer) fut la première pièce du château Neuf de Herrenchiemsee à être achevée. Elle fut remise aux mains du maître d'ouvrage, Louis II de Bavière, le 18 septembre 1881. Placée « sous le signe du soleil », cette pièce somptueuse exceptionnelle relevant du style de l'historisme est un hommage unique en son genre au roi Louis XIV de France, le représentant de la monarchie absolue qu'idéalisait Louis II.
En tant que lieu des „levers“ et „couchers“ du roi, soit de la première et de la dernière audience de la journée, la fonction de la chambre de Louis XIV, au sein du cérémonial de cour, à Versailles, égalait celle d'une salle de trône. La chambre de parade au centre du château de Herrenchiemsee s'inspira de ce modèle. Elle devint une salle inégalable en richesse et en magnificence, presque sacrale, un « monument » qui n'était point là pour être utilisé mais pour « faire frémir », comme le dit Louis II en personne. Le lit de parade est axé sur la fenêtre du milieu, celle du soleil levant. La fresque « Apollon sur son char solaire », évoquant l'apothéose du roi soleil est donc à appréhender comme l'expression d'un culte.

E. D. S.

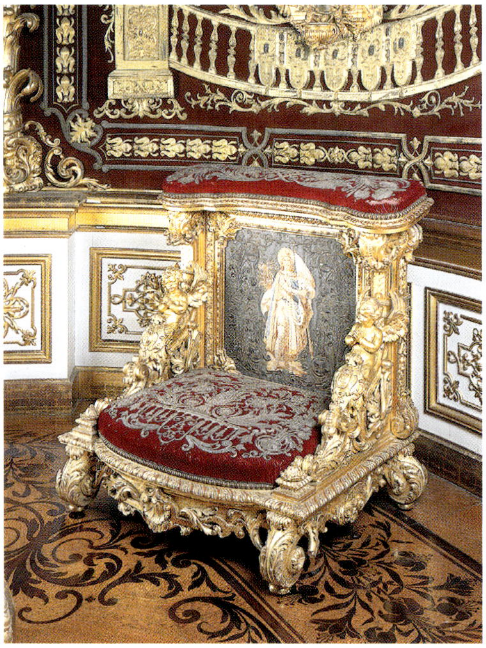

Château Neuf de Herrenchiemsee, chambre de parade, Petit banc de prière

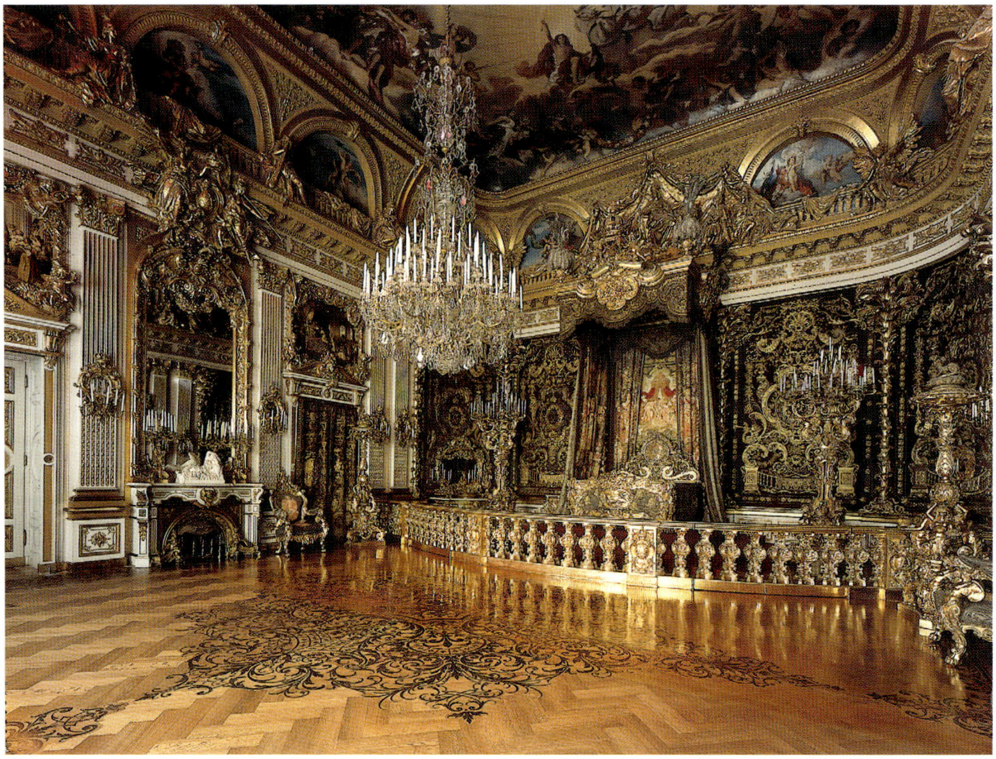

Château Neuf de Herrenchiemsee, la chambre de parade

Le cabinet des Porcelaines

Avec le château de Herrenchiemsee, érigé entre 1878 et 1886 d'après le modèle de Versailles, Louis II désira faire revivre l'absolutisme. Ainsi le cabinet des Porcelaines (Porzellankabinett) correspond de fait à un genre de pièce spécifique aux appartements princiers du baroque et du rococo. A l'époque de l'enthousiasme européen pour la Chine, soit au XVIIe et au XVIIIe, de nombreux cabinets de porcelaines virent le jour, afin de pouvoir mettre en valeur, comme le ferait une salle de trésor, les précieuses porcelaines venant de l'Asie de l'Est et, à partir de 1708, les premières porcelaines européennes.

Dans le château de Herrenchiemsee, non seulement les statues, les vases, les lampes murales et les lampadaires proviennent de la fabrique de porcelaine de Meissen, mais également les cadres des tableaux, les consoles et les marqueteries du bureau qui furent d'ailleurs exécutés sur mesure. Le roi décéda avant la fin de la réalisation du cabinet et même du château : les lambrissages des murs auraient également dû être recouverts de porcelaine. F. U.

Château Neuf de Herrenchiemsee,
le cabinet des Porcelaines

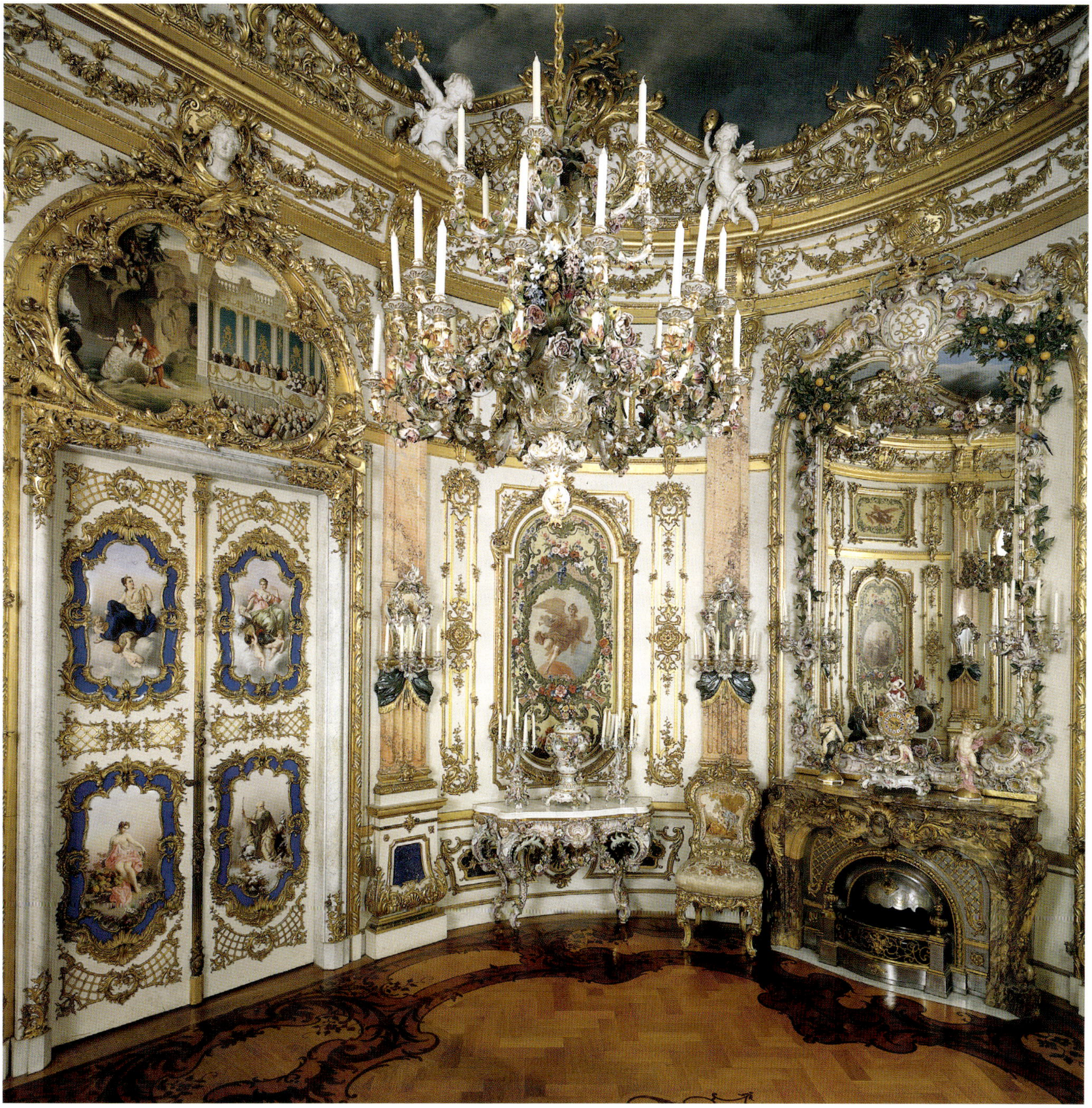

Kempten
Residenz Kempten
Residenzplatz 4–6
87435 Kempten

Bayerische Schlösserverwaltung
– Außenstelle Kempten –
Herr Josef Hiemer
Am Stadtpark 3
87435 Kempten
Tél. 0831/256-251
Fax 0831/256-260

D'avril à septembre :
de 9 h à 16 h
en octobre :
de 10 h à 16 h
en novembre et de janvier à mars : le samedi de 10 h à 16 h
en décembre :
aux heures annoncées dans la presse locale
Fermé le lundi
Visites guidées toutes les 45 minutes

Ascenseur pour personnes handicapées

DB Kempten

Résidence de Kempten
La salle des fêtes

La première impression des visiteurs à la vue de la résidence des princes-abbés à Kempten est celle d'un imposant bâtiment aux lignes sévères, presque dénué de tout ornement. De fait, cette résidence est la première abbaye monumentale baroque d'Allemagne à avoir été bâtie à l'issue de la Guerre de Trente Ans en Allemagne, entre 1651 et 1670. A partir de 1728, le prince-abbé Anselm von Reichlin-Meldegg, amateur d'art, décida de remanier l' appartement des princes-abbés (fürstäbtliche Wohnräume). Le résultat en est une enfilade de salles décorées à l'extrême, un joyau du rococo en Bavière. La salle des fêtes, probablement exécutée par Dominikus Zimmermann entre 1740 et 1743, est tout à fait singulière. Le peintre Franz Georg Hermann, le sculpteur Aegid Verhelst et le sculpteur ornemaniste en stuc Johann Georg Üblher travaillèrent à sa décoration. Toutes les statues ainsi que la fresque du plafond exaltent l'abbaye princière et son histoire qui remonte à 750, date à laquelle elle fut fondée comme abbaye annexe de St. Gallen. P. K.

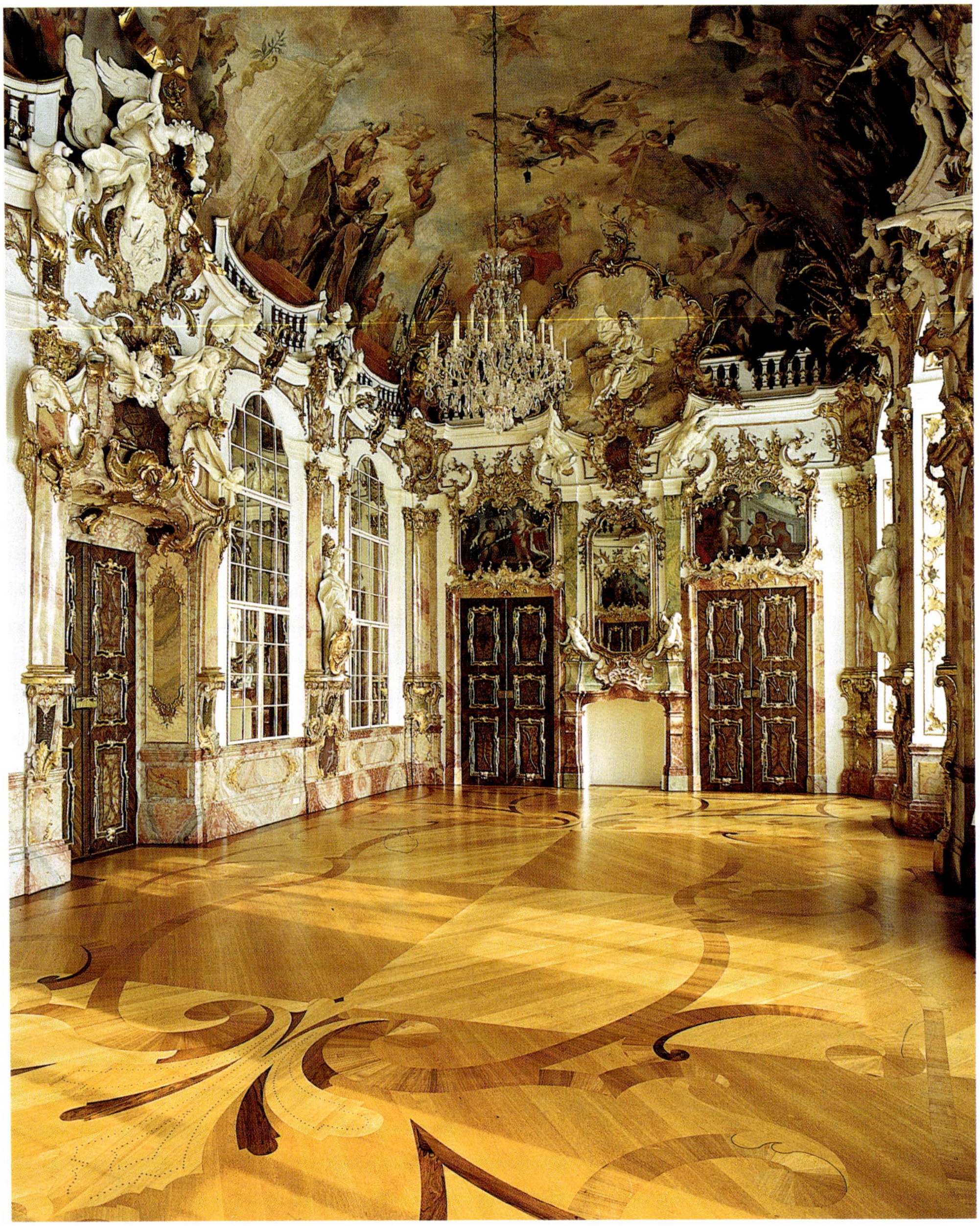

Résidence de Kempten, la salle des fêtes

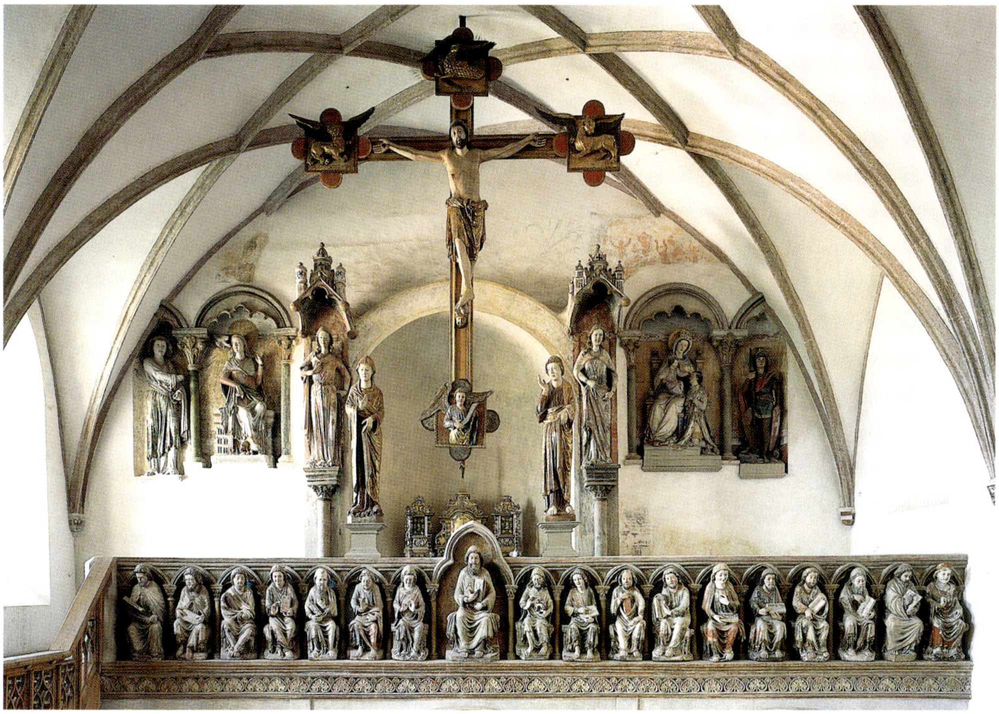

Château de Trausnitz, chapelle, la galerie orientale avec ornement statuaire

ℹ Burg Trausnitz
Burgverwaltung Landshut
Burg Trausnitz 168
84036 Landshut
Tél. 0871/92411-0 et -44 (Infoline)
Fax 0871/92411-40
burgverwaltung.landshut@bsv.bayern.de
www.burgtrausnitz.de

D'avril à septembre :
de 9 h à 18 h
d'octobre à mars :
de 10 h à 16 h
Visites guidées (environ 45 min.)
Visites nocturnes sur demande

Salles d'exposition accessibles uniquement par escalier

Boutique du musée

Restaurant Burgschänke

Musée du Cabinet de merveilles et d'objets d'art

DB Landshut

Château de Trausnitz

La Chapelle Saint-Georges

En 1204, le duc Louis de Kelheim fit construire cette résidence seigneuriale des Wittelsbach en Bavière qui ne tarda pas à être transformée en un château fort imposant. De 1255 à 1503, devenu résidence des ducs de Basse-Bavière, ce château fut un centre de pouvoir.
La chapelle Saint-Georges fait partie des vestiges du château médiéval. Elle abrite encore de nos jours des statues datant de 1230 – 1235 et d'une grande valeur sur le plan de l'histoire de l'art : il s'agit de l'ensemble monumental représentant la Crucifixion, sculpté dans le bois, ainsi que des statues en stuc du mur de l'autel et de la balustrade de la galerie. Les statues de Sainte-Catherine et de Sainte-Barbara ainsi que celle de l'ange de l'annonciation méritent plus particulièrement l'attention du visiteur : leur forme s'apparentent clairement à celles de la statuaire des cathédrales françaises. Au XIVe, les Riches Ducs de Bavière-Landshut firent don de trois retables à volet, chefs-d'oeuvre de la peinture de l'Ancienne Bavière (Altbayern). Le duc Louis X modernisa la chapelle en 1517 grâce à l'ajout d'une voûte réticulée de style gothique tardif. Le roi Louis II posa aussi sa marque puisqu'il commanda en 1871 un relief représentant la Vierge Marie accompagnée de Saint-Georges et requit que son propre portrait apparaisse sur l'œuvre. B. L.

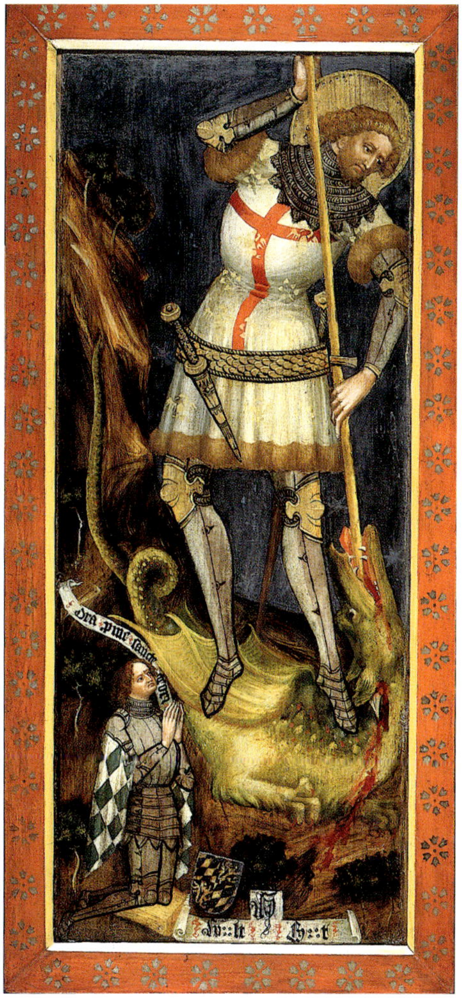

Château de Trausnitz, chapelle, le volet du maître-autel avec l'image du fondateur, le duc Henri Le Riche

Château de Trausnitz, escalier des Bouffons, Pantalone chevauche un âne auquel Zanni est en train de faire un lavement, détail

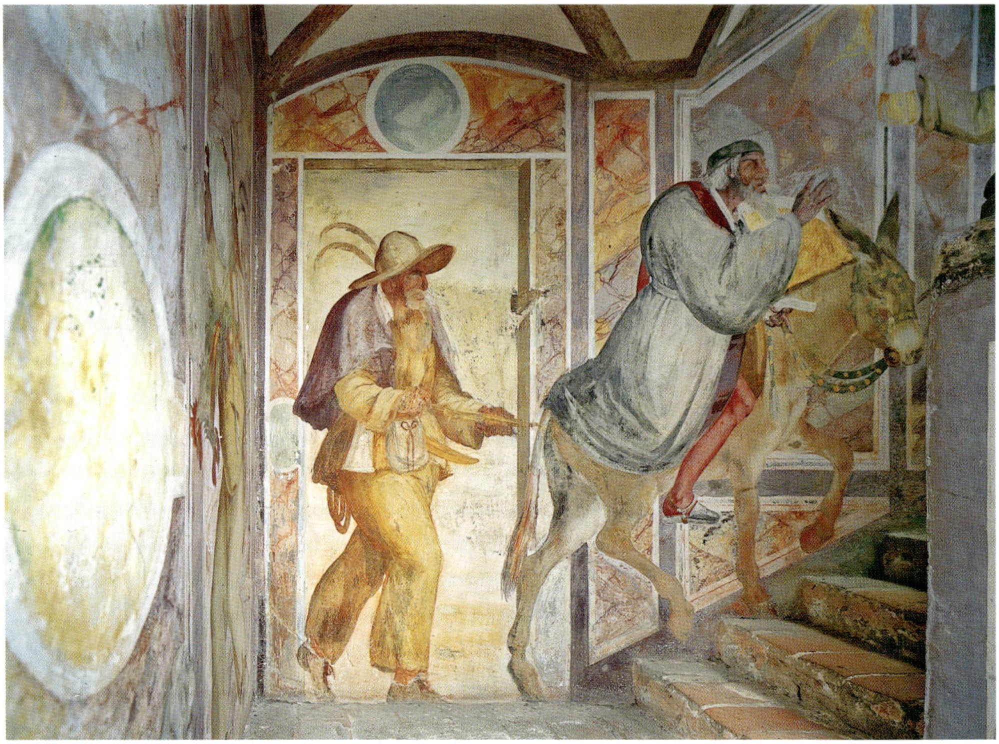

Château de Trausnitz, la sérénade de Pantalone, escalier des Bouffons

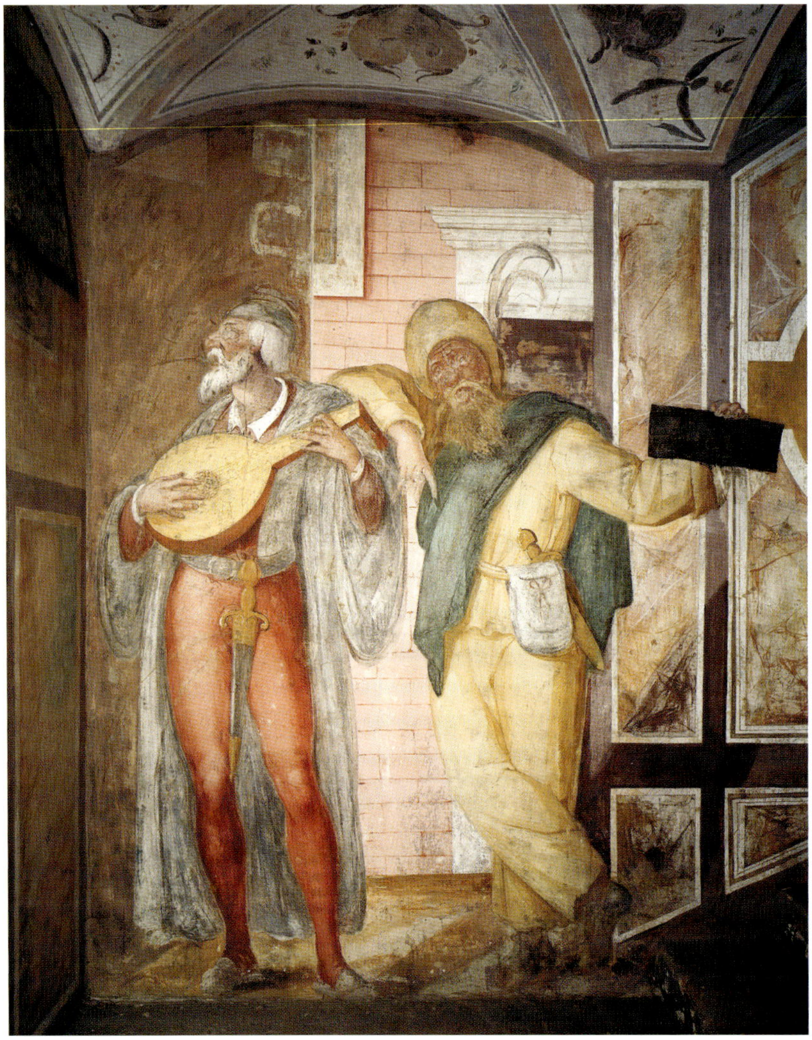

L'escalier des Bouffons

Le château de Trausnitz servait de résidence au prince héritier de Bavière au XVIe. Guillaume, devenu le duc Guillaume V, transforma Traunitz, en un château Renaissance dédié aux Muses, en 1579. Il fit entourer la cour du château de galeries à arcades s'élevant sur plusieurs étages, construire l'annexe Italienne et aménager des jardins d'agrément.
Aujourd'hui encore le célèbre escalier des Bouffons, avec ses peintures grandeur nature tirées de scènes de la commedia dell'arte, témoigne de cette époque. Au beau milieu de ces peintures représentant mille farces évoquant l'amour et la jalousie des hommes, que des comédiens ambulants jouaient à l'origine au pied-levé devant leur public, certains personnages sont récurrents comme, entre autres, le marchand vénitien Pantalone et son serviteur Zanni. L'escalier des Bouffons de Landshut est la première représentation picturale de ce passe-temps apprécié auprès des cours princières et la seule qui ait jamais atteint de telles dimensions monumentales.
Le peintre Friedrich Sustris, qui avait étudié à Florence, conçut ces fresques qu'Alessandro Padovano exécuta entre 1575 et 1579. Antonio Ponzano y rajouta des peintures grotesques. Ces trois artistes se retrouvèrent peu de temps après pour créer un autre chef-d'œuvre, cette fois-ci dans l'Antiquarium de la résidence de Munich.

B. L.

Résidence de Landshut

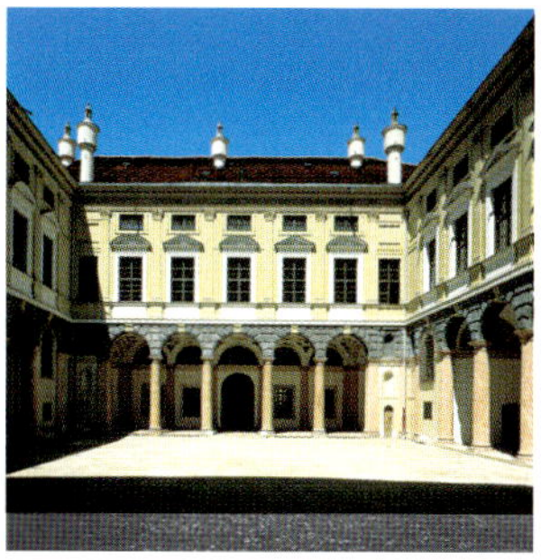

La salle Italienne

La construction de la Résidence (Residenz), palais urbain, débuta en 1536 sur ordre du duc Louis X de Bavière (règne de 1516 à 1545) qui résidait à Landshut dans sa fonction de gouverneur et de co-régent. Au retour d'un voyage en Italie qui l'avait impressionné au plus haut point, il fit changer le concept du bâtiment et c'est ainsi que l'édifice Allemand (Deutscher Bau), déjà achevé, fut complété par une cour à arcades menant à l'édifice Italien, terminé en 1543. Il en résulte un ensemble spectaculaire et à la fois unique en son genre : le premier palais exécuté dans le style de la Renaissance italienne au nord des Alpes.

La salle Italienne (Italienischer Saal) est exemplaire pour une décoration d'intérieurs seigneuriaux. La voûte en berceau ornée de caissons s'inspire du palais du Te à Mantoue réalisé par Giulio Romano. Ce sont d'ailleurs les stucateurs de Mantoue qui furent chargés de l'exécution. Le peintre Hans Bocksberger l'Ancien de Salzbourg réalisa les fresques dans lesquelles le visiteur reconnaît la philosophie humaniste sous-jacente. Elles figurent les portraits d'hommes célèbres de l'Antique. Les hauts-reliefs sur les murs tout autour de la salle relatent pour leur part les actes héroïques d'Hercule et sont des chefs-d'œuvre de la Renaissance.

B.L.

Stadtresidenz Landshut
Altstadt 79
84028 Landshut

i Burgverwaltung Landshut
Burg Trausnitz 168
84036 Landshut
Tél 0871/9 24 11-0 et -44
(répondeur)
Fax 0871/9 24 11-40

Résidence de Landshut, la salle Italienne

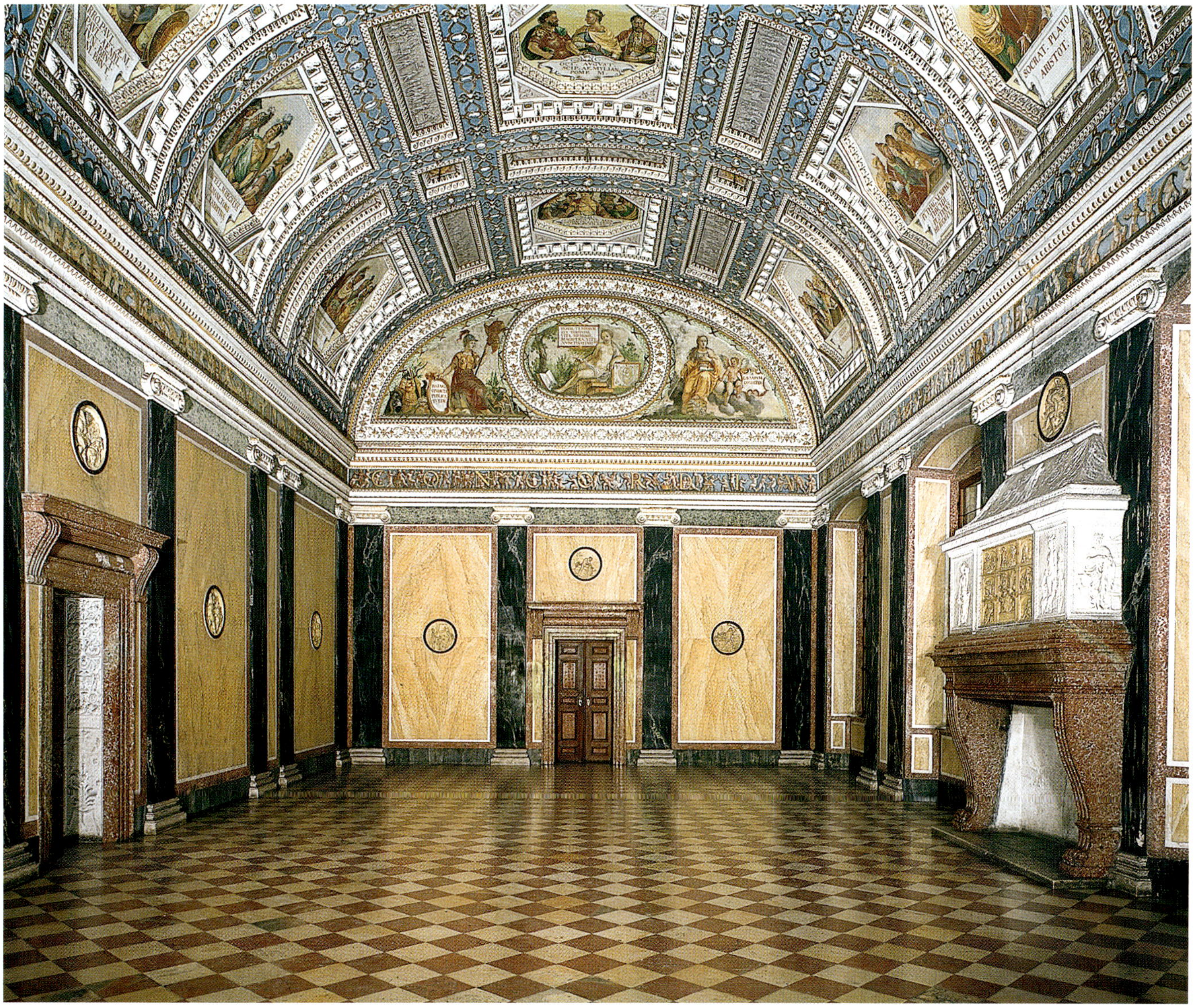

D'avril à septembre :
de 9 h à18 h
d'octobre à mars :
de 10 h à 16 h
Fermé le lundi
Visites guidées (environ 45 min.)

Ascenceur

Café de la résidence

Musées municipaux

Landshut

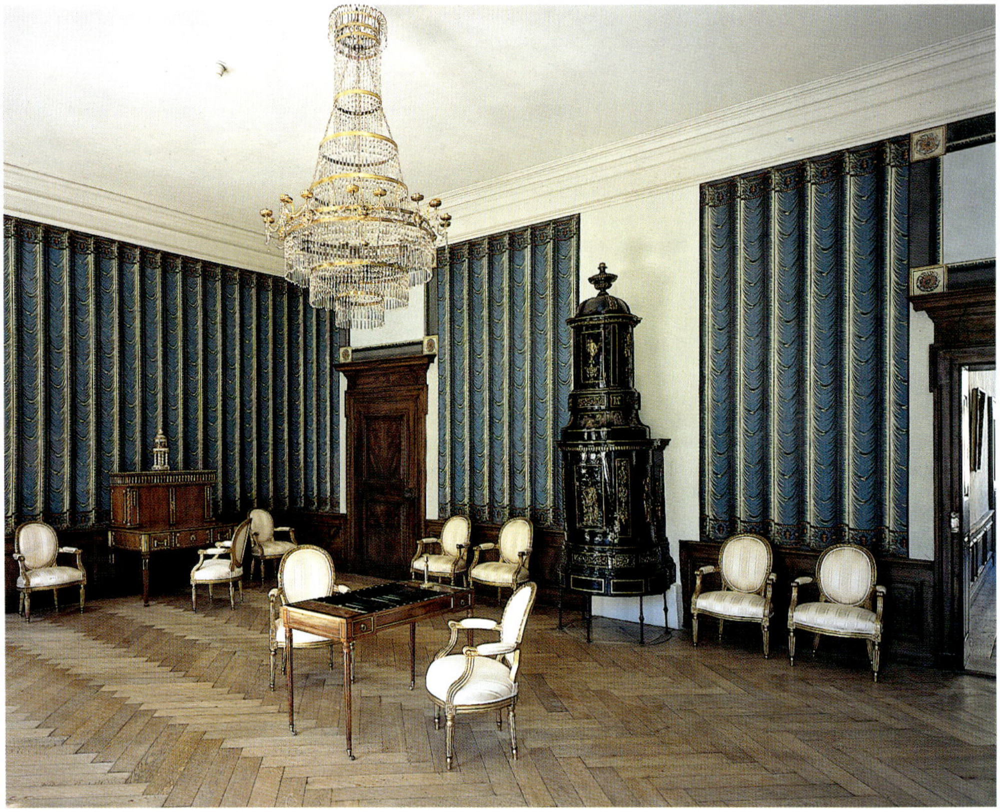

Résidence de Landshut, la salle de réception des appartements de Birkenfeld,

Résidence de Landshut, chambre des appartements de Birkenfeld, papier peint à arabesques, détail

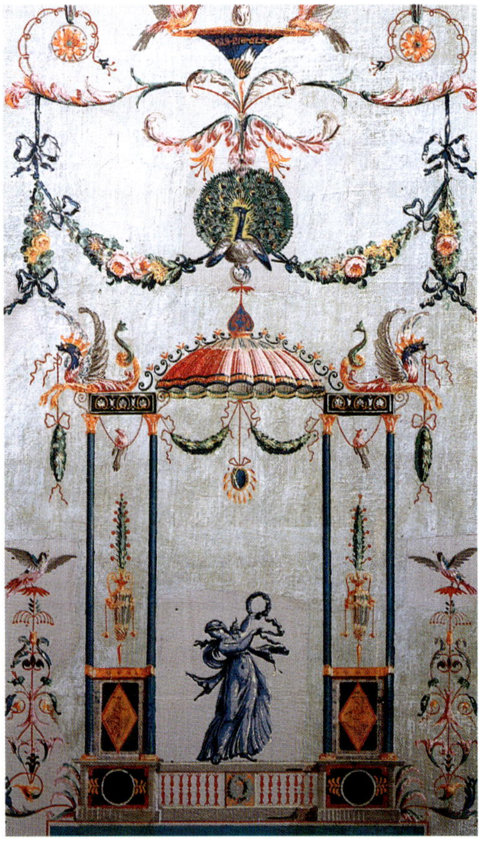

Les appartements de Birkenfeld

Les appartements de Birkenfeld (Birkenfeldzimmer) de l'édifice Allemand de la Résidence furent agencés, vers 1780, en des appartements de style classique pour le comte palatin Wihlelm von Birkenfeld-Gelnhausen, beau-frère du futur premier roi de Bavière. Les meubles et les poêles en faïence de Landshut tout à fait caractéristiques évoquent le style de vie mené alors à la cour de Landshut.

De nos jours, la décoration des salles est néanmoins dominée par les papiers peints qui furent mis à jour lors d'une restauration des pièces, il y a de cela quelques années. Posés vers 1803, alors que le jeune prince et futur roi Louis Ier de Bavière, alors étudiant à Landshut, logeait dans cet appartement, ces papiers peints comptent parmi les premiers qui aient existé avant que le papier peint ne vive son âge d'or. Cela leur confère d'autant plus de valeur. Chaque pièce est décorée d'un papier peint différent, qu'il soit une imitation particulièrement réussie de tissu dans le style pompéien, alors fort apprécié, ou orné d'arabesques aux couleurs vives. Les papiers peints proviennent de manufactures françaises et furent imprimés à l'aide de planches de bois gravées.

B. L.

Château de Linderhof

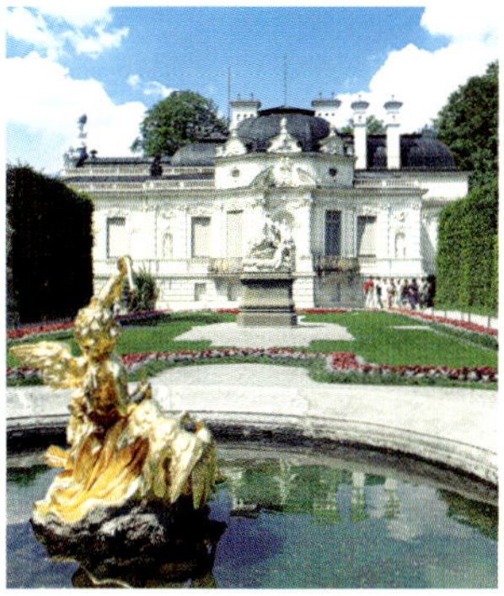

La salle à manger

Le roi Louis II de Bavière avait au départ nourri le dessein de faire bâtir un nouveau Versailles, dans la vallée de Graswangtal, en commémoration de son parrain de la maison des Bourbon. On érigea finalement, entre 1870 et 1878, une villa royale de style rococo, tout à fait dans les goûts du souverain et faisant allusion en maint endroits aux Bourbons. Les quelques pièces privées, toutefois richement décorées, sont spécialement adaptées aux besoins du roi. La salle à manger de forme ovale et dans les tons rouge, blanc et or fut achevée en 1872. Les décorations des lambris évoquent le potager, la chasse, la pêche et l'agriculture, soit la provenance de la nourriture nécessaire à l'élaboration des repas princiers. La particularité de cette pièce est la table du milieu, réalisée selon le modèle des tables françaises du XVIIIe que l'on pouvait faire disparaître dans le sol. A l'image du conte des frères Grimm, « La table, l'âne et le bâton », et de sa formule magique : « Table, couvre-toi », les serviteurs pouvaient mettre la table et y disposer les mets au rez-de-chaussée avant de la faire monter dans la salle à manger grâce à un système d'ascenseur. Ainsi le roi pouvait-il prendre ses repas sans être importuné .

K. K.

Château de Linderhof, salle à manger, fresque du plafond, détail

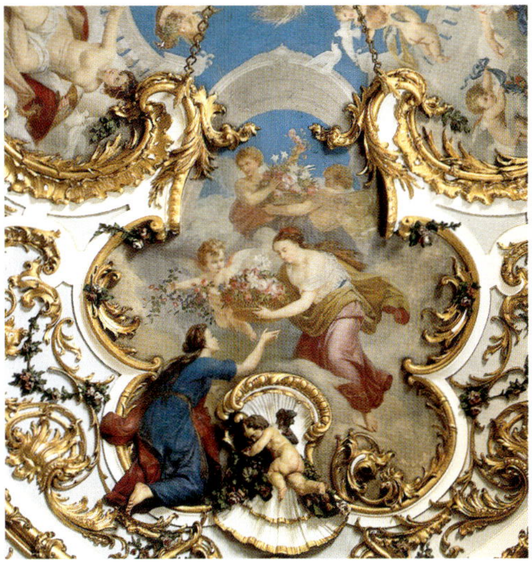

Château de Linderhof, la salle à manger

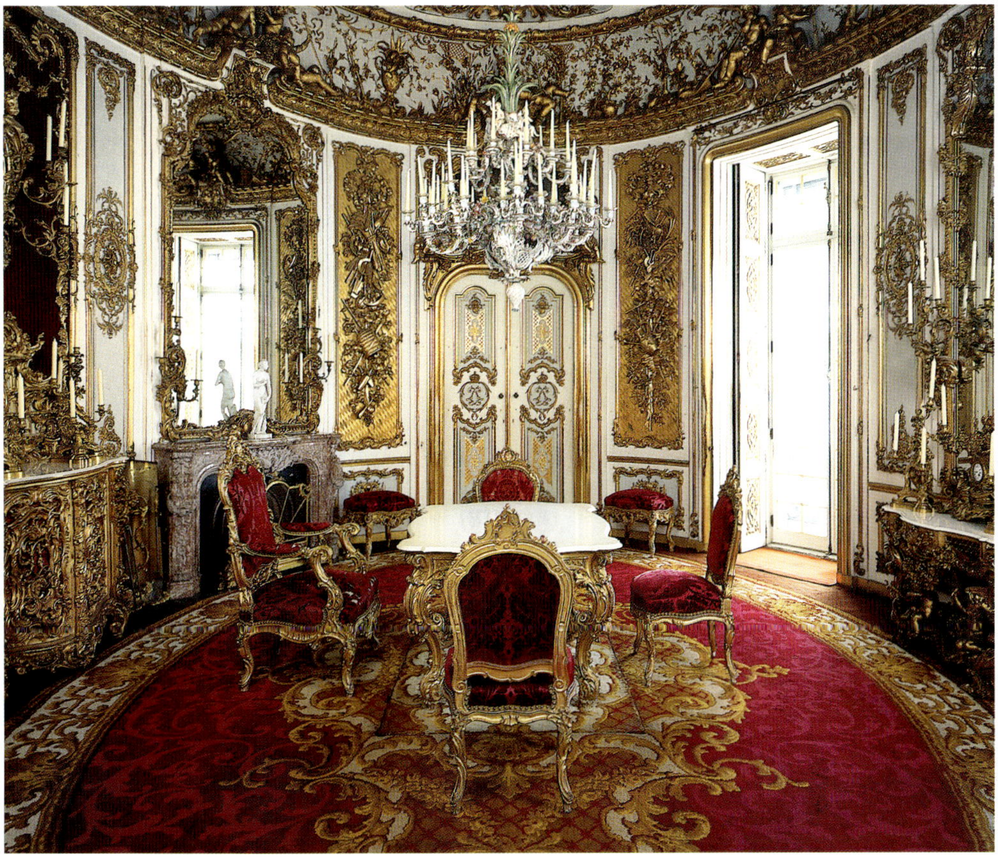

ℹ Schloss und Park Linderhof
Schloss- und Garten-verwaltung Linderhof
Linderhof 12
82488 Ettal
Tél. 08822/9203-0
Fax 08822/9203-11
sgvlinderhof@bsv.bayern.de
www.linderhof.de

D'avril à septembre :
de 9 h à 18 h
d'octobre à mars :
de 10 h à16h

Visites guidées du château
(environ 25 min.) pour groupes de 40 personnes au maximum.
Visites guidées spéciales sur demande.

Jeux d'eau de début avril à fin octobre tous les jours de 9 h à 17 h toutes les 30 min.

Prêt de chaises roulantes à la caisse

Boutique du musée

Hôtel du château

DB Oberau ou Oberammergau

Parc et édifices du parc (grotte, kiosque Mauresque, maison Marocaine, refuge de Hunting et ermitage de Gurnemanz)

i Schloss- und Gartenverwaltung Linderhof
Linderhof 12
82488 Ettal
Tél. 0 88 22 / 92 03-0
Fax 0 88 22 / 92 03-11
sgvlinderhof@bsv.bayern.de
www.linderhof.de

D'avril à septembre : de 9 h à 18 h
Fermé d'octobre à mars : Les horaires d'ouverture peuvent être modifiés pour des raisons météorologiques

Visites guidées de la grotte (environ 15 min.) pour des groupes de 100 personnes au maximum; visite guidées spéciales sur demande

Visites guidées du parc sur demande

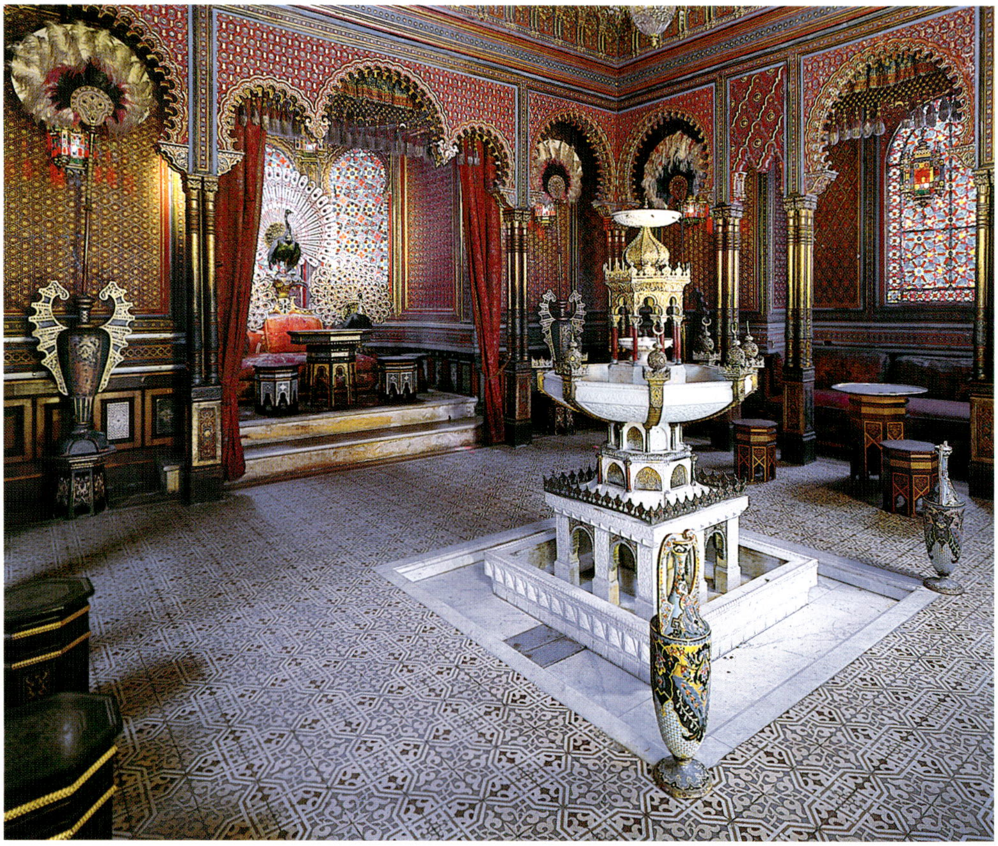

Château de Linderhof, vue intérieure du kiosque Mauresque

Le kiosque Mauresque

Le kiosque Mauresque (Maurischer Kiosk), doté d'une coupole, fut construit comme contribution de la Prusse à l'Exposition universelle de 1867. Karl von Diebitsch, un expert en architecture dans le style oriental et principal représentant de l'orientalisme architectural à Berlin, l'avait conçu et le roi Louis II de Bavière avait été fortement impressionné par l'édifice lors de sa visite à l'Exposition universelle.

Le pavillon de Diebitsch eut de fait un vif succès et fut tout d'abord acquis par l'industriel Bethel Henry Strousberg, un des hommes les plus riches d'Allemagne, avant qu'il ne le concédât, en 1876, à Louis II qui le fit ériger dans le parc du château de Lindenhof. L'architecte en chef de la cour, Georg Dollmann, mena deux ans durant des travaux d'aménagement pour transformer ce pavillon en une salle du trône au flair oriental et correspondant à la personnalité du roi de Bavière. Dollmann dota la salle d'une abside pour y loger le trône aux Paons et la décoration devint dans son ensemble plus fastueuse. Conformément aux esquisses de Franz Seitz, la maison munichoise F.X. Zettler posa de nouveaux vitraux, dont l'ornementation laisse scintiller la lumière comme dans un kaléidoscope. Le soir, au crépuscule, les formes et les couleurs s'unissent pour former un tableau de conte oriental festif et enivrant.

E. D. S.

Château de Linderhof, kiosque Mauresque. le trône aux Paons,

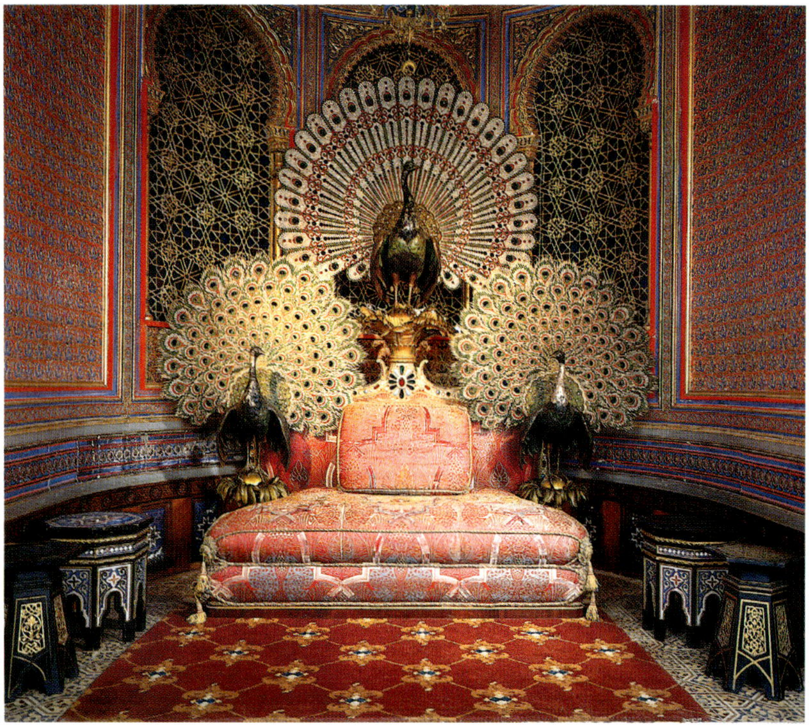

Résidence de Munich

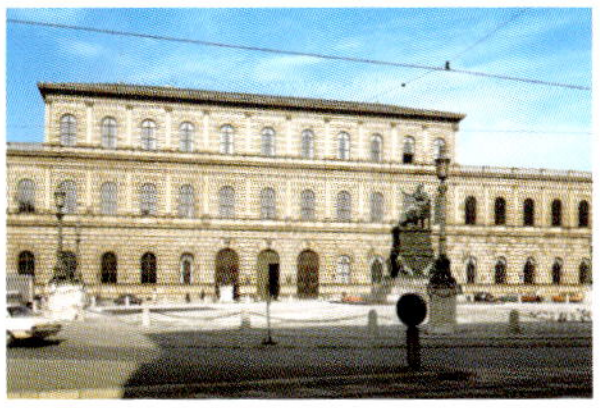

L'Antiquarium

La Résidence de Munich (Münchner Residenz) fut le siège des ducs, princes-électeurs et rois de Bavière de 1508 à 1918. L'Antiquarium est la salle d'apparat la plus ancienne qui ait été conservée. Le duc Albert V fit aménager la salle Renaissance, à voûtes et longue de 66 mètres, en salle d'exposition pour sa grande collection de sculptures antiques, entre 1568 et 1571. Friedrich Sustris transforma l'Antiquarium en une salle des fêtes pour son successeur, Guillaume V. C'est de cette époque (1580–1590) que datent les peintures grotesques et celles représentant des villes bavaroises situées sur les voûtes ainsi que les deux crédences dans les niches des fenêtres qui servaient de dressoirs pour la table princière placée sur l'estrade devant la cheminée. Vers 1600, le duc Maximilien Ier chargea Hans Krumper de remanier les superstructures de la cheminée et du portail des murs frontaux et vers 1615–1620, son peintre de cour, Peter Candid, renouvela les fresques au sommet des voûtes, figurant les allégories de la gloire et des vertus. Ainsi cette salle prit-elle peu à peu forme et trahit encore de nos jours le regard que porta chacun de ces seigneurs sur sa propre personne.

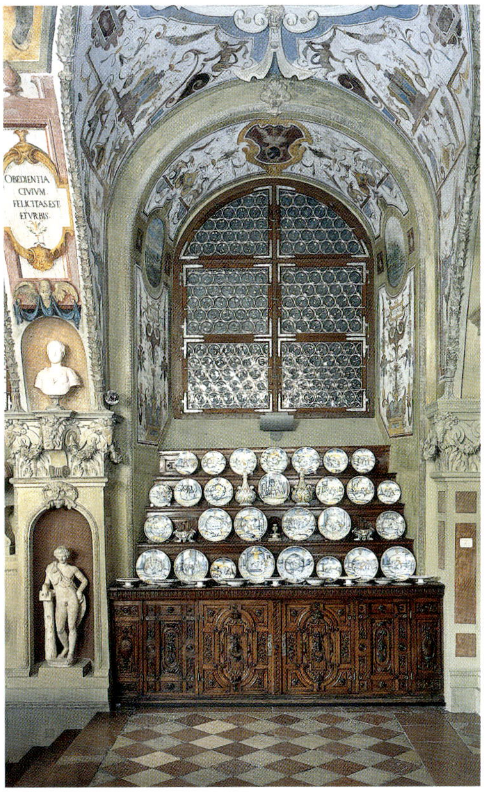

Résidence de Munich, l'Antiquarium,les niches des fenêtres avec crédences et service en majolique du duc Albert V

ℹ Residenz München
Verwaltung der Residenz München
Residenzstraße 1
80333 München
Tél. 089/29067-1
Fax 089/29067-225
residenzmuenchen@bsv.bayern.de

⏲ D'avril au 15 octobre : de 9 h à 18 h
du 16 octobre à mars : de 10 h à 16 h

Circuits de visite distincts le matin et l'après-midi
Guide audio sur demande

♿ Les salles d'exposition sont accessibles par escalier

Jardins

DB Munich

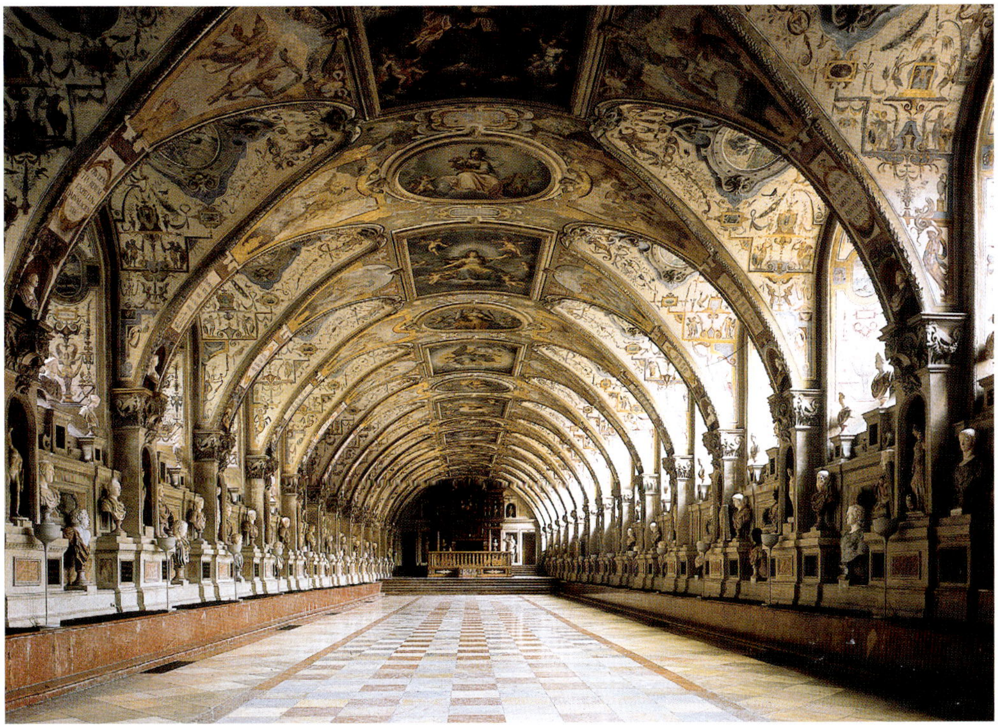

Résidence de Munich, l'Antiquarium,

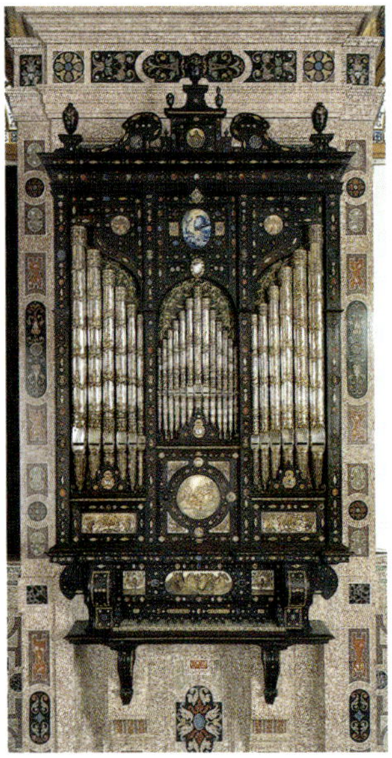

Résidence de Munich, Riche chapelle, l'orgue d'apparat

La chapelle Riche

La Riche chapelle (Reiche Kapelle), consacrée en 1607, était le lieu de recueillement et de prière privée du duc Maximilien Ier et de son épouse Elisabeth de Lorraine. C'est ici que l'on conservait le „trésor des reliques" de la cour de Munich, une collection de précieuses reliques. La Riche chapelle était à la fois l'expression de la piété du souverain catholique et le centre religieux de la Résidence que le duc avait fait considérablement agrandir et fastueusement décorer.

Les artisans Blasius et Wilhelm Pfeiffer (nommés Fistulator) recouvrirent les murs de la chapelle de « scagliola », soit de tesselles de marbre stuqué. L'autel agrémenté de reliefs argentés est d'Augsbourg, l'orgue d'apparat et le reliquaire ainsi que les vitraux de la coupole proviennent de la décoration d'origine de la chapelle qui fut en grande partie détruite en 1944 puis restaurée après la guerre. Alors que la décoration en stuc doré du plafond réalisée sur un fond couleur lapis-lazuli dut être reconstituée, il fut possible de reconstruire les reliefs en terre cuite dorée grâce aux différents morceaux retrouvés.

Résidence de Munich, la Riche chapelle

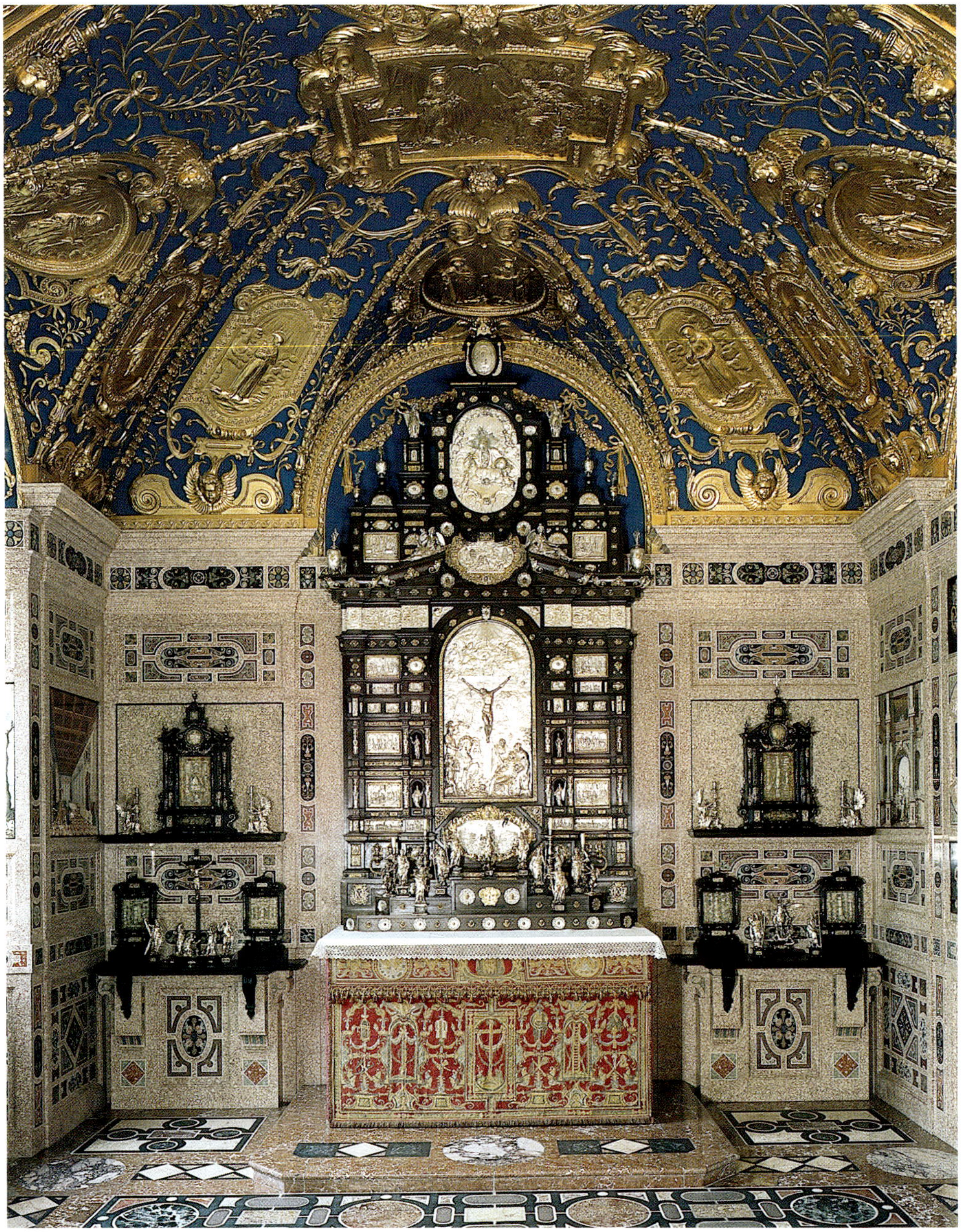

La galerie des Ancêtres et le cabinet du Trésor

Le prince-électeur Charles Albert fit remplacer une sala terrena par la galerie des Ancêtres, de 1726 à 1730, d'après les plans de Joseph Effner. Peu de temps après, de 1730 à 1733, le nouvel architecte de la cour, François Cuvilliés l'Ancien, y rajouta le cabinet du Trésor. Johann Baptist Zimmermann créa les stucs du plafond et Wenzeslaus Miroffsky les sculptures sur bois plaquées or. Celles du cabinet du Trésor sont l'œuvre de Johann Joachim Dietrich.
La galerie des Ancêtres et le cabinet du Trésor avaient pour fonction de légitimer la dynastie et traduisaient la prétention du prince-électeur bavarois à la dignité d'empereur du Saint Empire. Ainsi la galerie présente, au beau milieu de 121 portraits de souverains bavarois et de leurs épouses, le légendaire premier duc bavarois Theodo, l'empereur Charlemagne (auquel s'apparentait la famille de Charles Albert) ainsi que l'empereur Louis de Bavière, le premier empereur issu de la maison des Wittelsbach. Dans le cabinet du Trésor attenant, le Trésor de la famille était conservé. C'est exactement au dessus de ces deux pièces que furent aménagés les « salons Riches ».

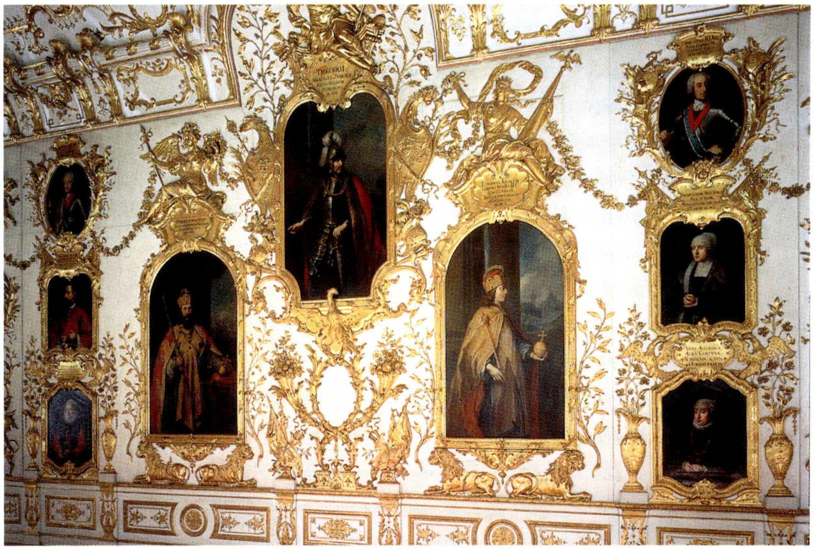

Résidence de Munich, galerie des Ancêtres, portraits de Charlemagne, du Duc Theodos et de Louis de Bavière, en haut à droite le prince-électeur Charles Albert

Résidence de Munich, le cabinet du Trésor (aujourd'hui le cabinet des Porcelaines)

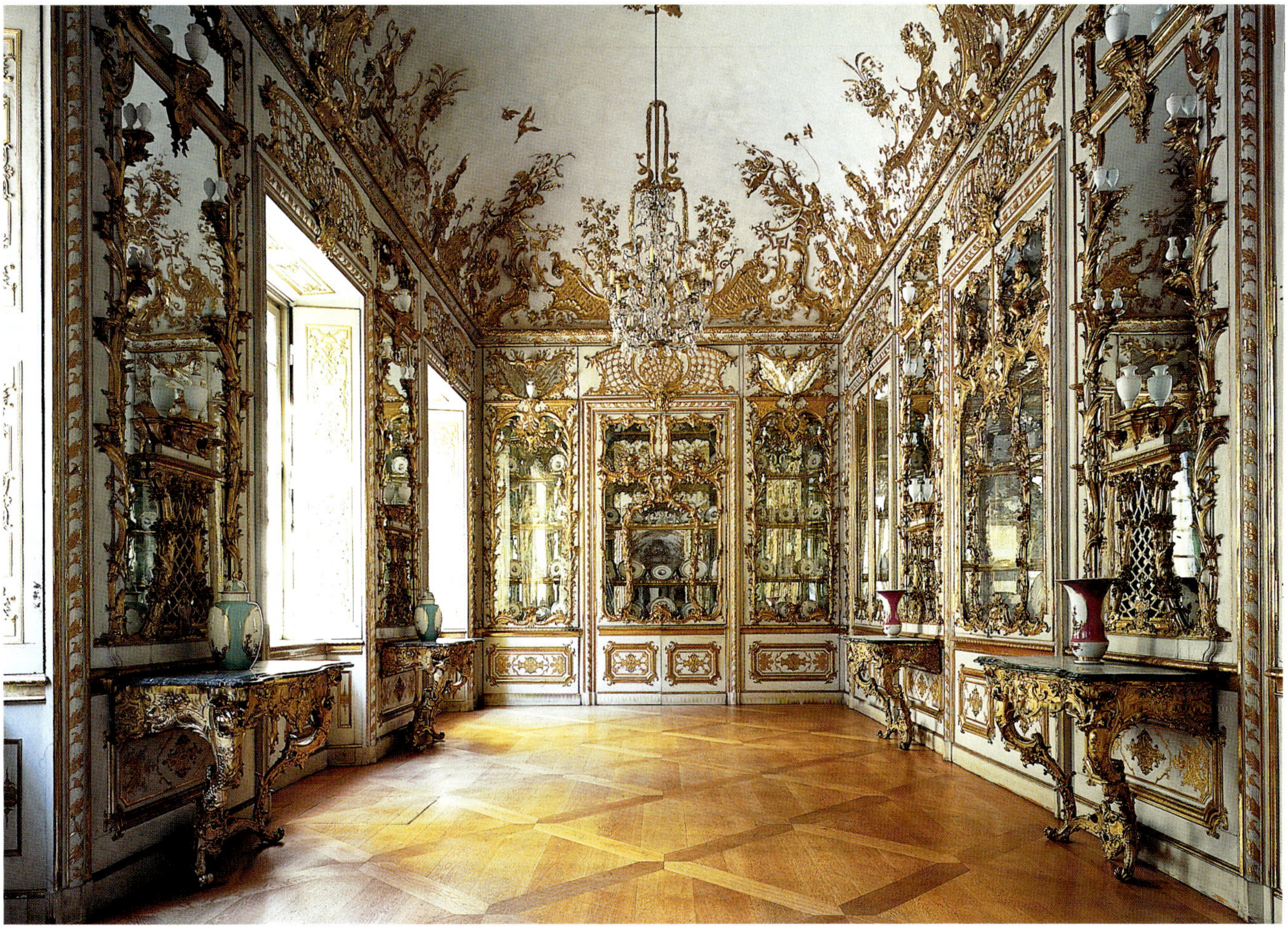

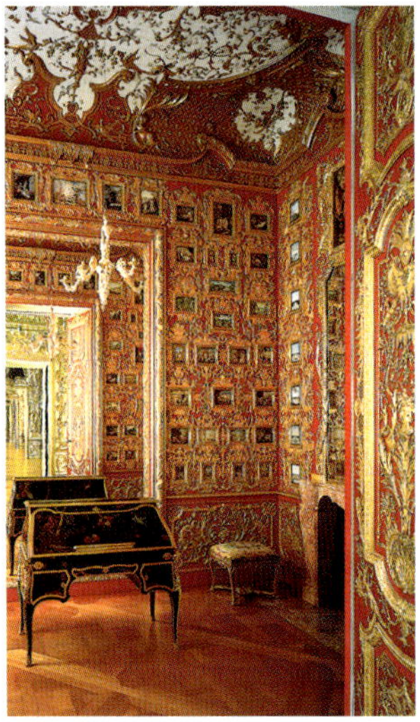

Résidence de Munich, salons Riches, le cabinet des Miniatures

Les salons Riches

Les salons Riches (Reiche Zimmer) constituaient les appartements de parade du prince-électeur Charles Albert qui devint plus tard l'empereur Charles VII. Ils n'avaient pas vocation d'être habités et ne servaient que dans le cadre du cérémonial de cour et diplomatique. En 1726, l'architecte de cour Joseph Effner en débuta la construction. A la suite d'un incendie dans la Résidence en 1729, François Cuvilliés l'Ancien fut chargé de la restauration, du nouvel agencement et de la luxueuse décoration de ces pièces. En 1737, la suite fut enfin achevée. Malgré l'ampleur des destructions de la Seconde Guerre mondiale, les salons Riches comptent parmi les créations d'intérieurs les plus remarquables du style rococo d'Allemagne du sud. La décoration conçue par l'architecte Cuvilliés, qui avait été formé à Paris, surpasse de loin ce que l'on pouvait voir à l'époque en France. Par exemples les ornements des stucs au plafond, réalisés par Johann Baptist Zimmermann, sont enrichis de motifs figuratifs. Ainsi, ces éléments en stuc influencent l'apparence du salon et dans sa forme et dans sa décoration. L'incroyable richesse des formes que le visiteur ne manquera pas d'admirer est caractéristique de cette période du style de rococo que l'on affectionnait alors à la cour de Munich. Cuvilliés ne conçut cependant pas seulement les décors fixes mais aussi les sièges et presque toutes les consoles. C'est ainsi que furent réalisées, en étroite collaboration avec les artistes de la cour, des œuvres d'art totales uniques en leur genre qui furent complétées par l'ajout de meubles de luxe provenant de Paris, d'étoffes précieuses, de porcelaine de l'Asie orientale et de grands miroirs. La richesse et la finesse de la décoration vont en augmentant de pièce en pièce, à commencer par l'antichambre et la salle d'audience dont l'aménagement se plie aux besoins du cérémonial de cour, en passant par la galerie Verte (Grüne Galerie) abritant des tableaux et d'un faste princier ostentatoire, pour mener jusqu'à la chambre d'apparat auxquels se rattachent encore le cabinet des Glaces et celui des Miniatures.

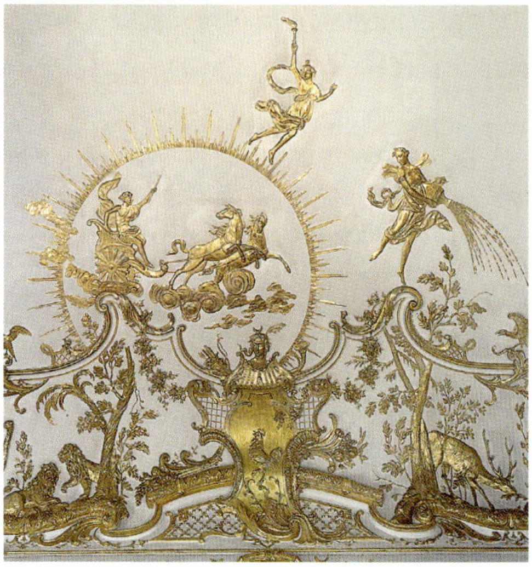

Résidence de Munich, salons Riches, chambre d'apparat, stuc de plafond « Allégorie du Matin », détail

Ci-contre : Résidence de Munich, salons Riches, la galerie Verte

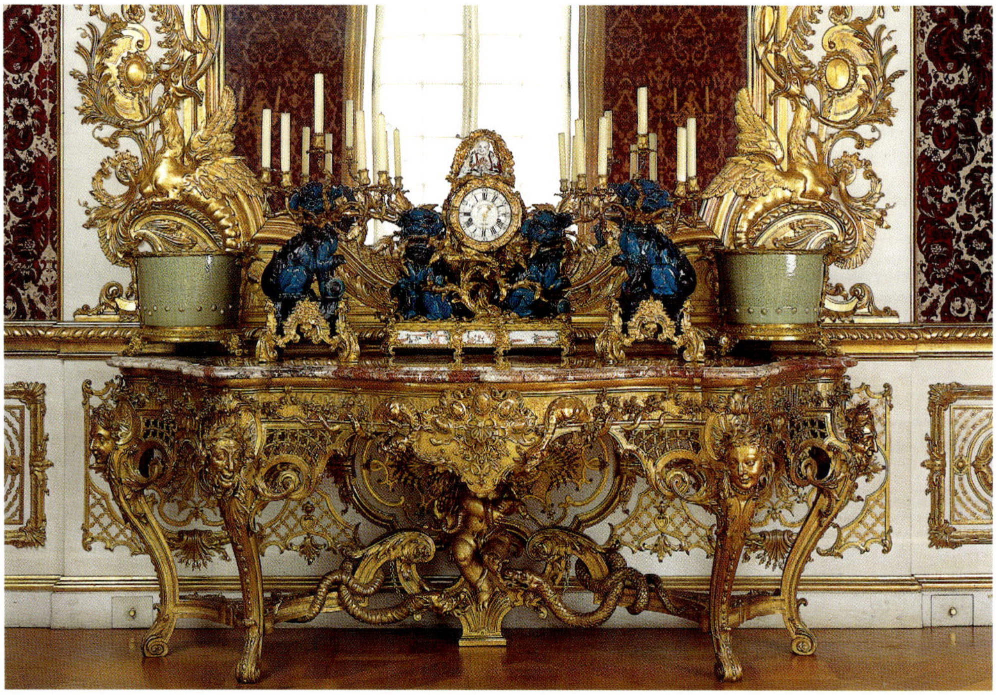

Console avec des objets d'art, Résidence de Munich, salle de conférence, Riches salons

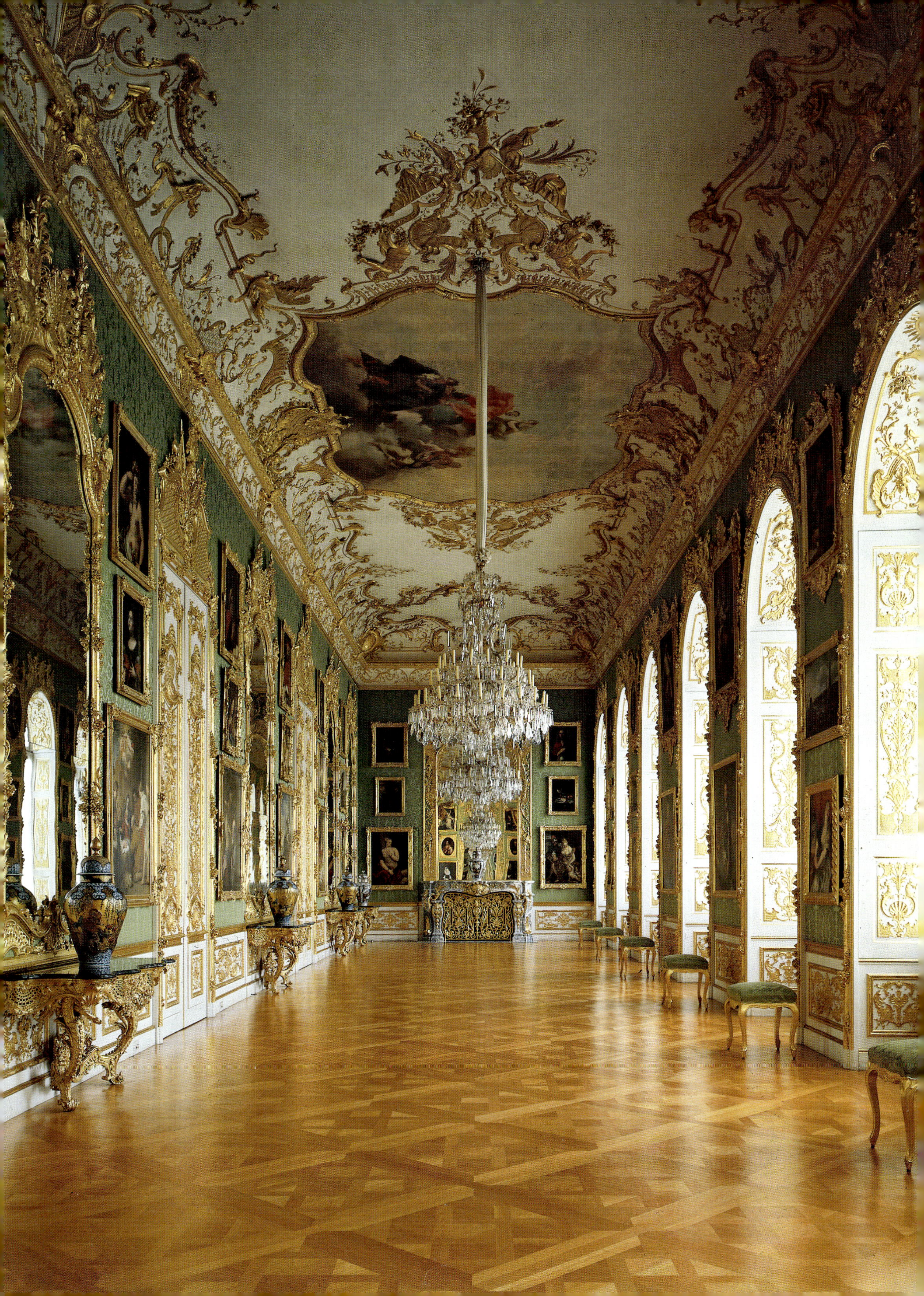

Le logis du Roi

Le logis du Roi (Königsbau), un palais pour le roi Louis Ier et son épouse Thérèse, fut édifié entre 1826 et 1835 d'après les plans de l'architecte Leo von Klenze. Ce bâtiment devait prolonger la Résidence vers le Sud, en direction de la nouvelle place Max-Joseph. A l'étage principal se trouvent les appartements du couple royal qui trahissent sans équivoque l'attirance de Louis pour l'Italie, l'Antique et la poésie. Les tableaux aux murs et les reliefs figurent des scènes inspirées des grandes œuvres de poètes grecs et allemands.

Leo von Klenze, le représentant par excellence du classicisme à Munich, ne conçut pas seulement l'architecture de cet édifice mais également l'ensemble de la décoration intérieure à laquelle il s'efforça de donner un style homogène, qu'il s'agisse de la décoration des murs, des meubles ou même des parquets. Bien que l'architecture en partie détruite lors de la Seconde Guerre mondiale n'ait pu être entièrement reconstituée, l'ensemble des pièces a gardé son caractère néo-classique grâce au mobilier presque entièrement conservé.

Résidence de Munich, logis du Roi, le salon de la Reine Thérèse

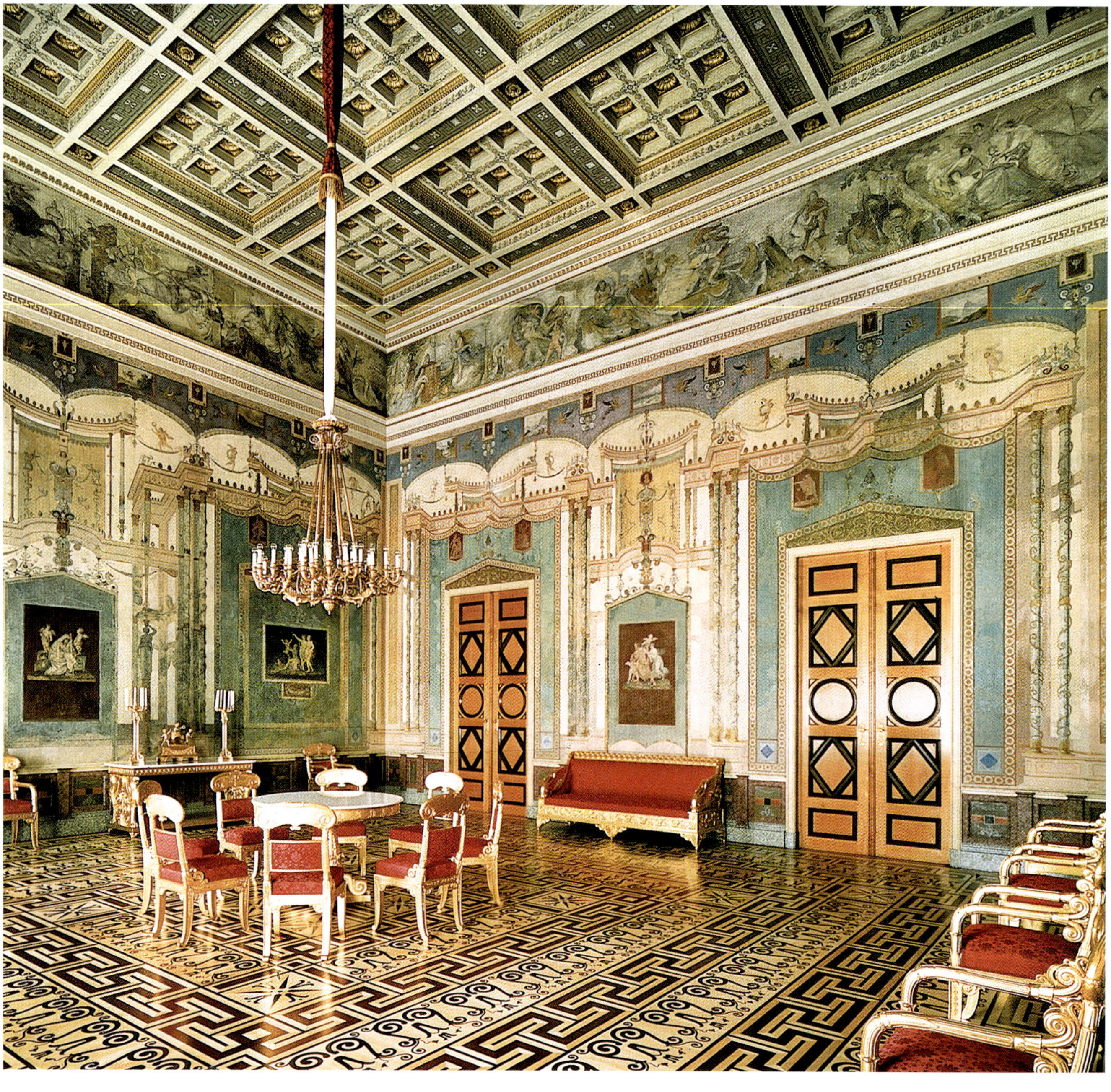

Les salles des Nibelungen

Les cinq Salles décorées de fresques au rez-de-chaussée du logis du Roi Louis Ier sont dédiées à la Chanson des Nibelungen (Nibelungenlied), œuvre médiévale et épopée des héros allemands par excellence, créée vers 1200, qui vécut un renouveau au XIXe siècle. Ces salles furent dès le départ destinées à être ouvertes au public et avaient pour vocation d'éveiller la passion des Allemands pour leur nation. Ces salles très hautes aux fresques monumentales rappelant le style italien abritent quelques unes des œuvres majeures de la peinture allemande du XIXe.

Les fresques des murs et des plafonds furent réalisées par Julius Schnorr von Carolsfeld de 1828 jusqu'en 1834 puis achevées, en collaboration avec Friedrich von Olivier et Wilhelm Hauschild de 1843 jusqu'en 1867. Malgré les dommages de 1944, les salles purent être restaurées pour l'essentiel. La première salle présente les héros de la Chanson des Nibelungen, dans les trois suivantes, les fresques monumentales figurent le mariage de Siegfried avec Kriemhild, fille du roi, ensuite Hagen assassinant Siegfried et enfin la cruelle vengeance de Kriemhild. La cinquième salle est consacrée à la Plainte (Klage) face à la perte des Nibelungen.

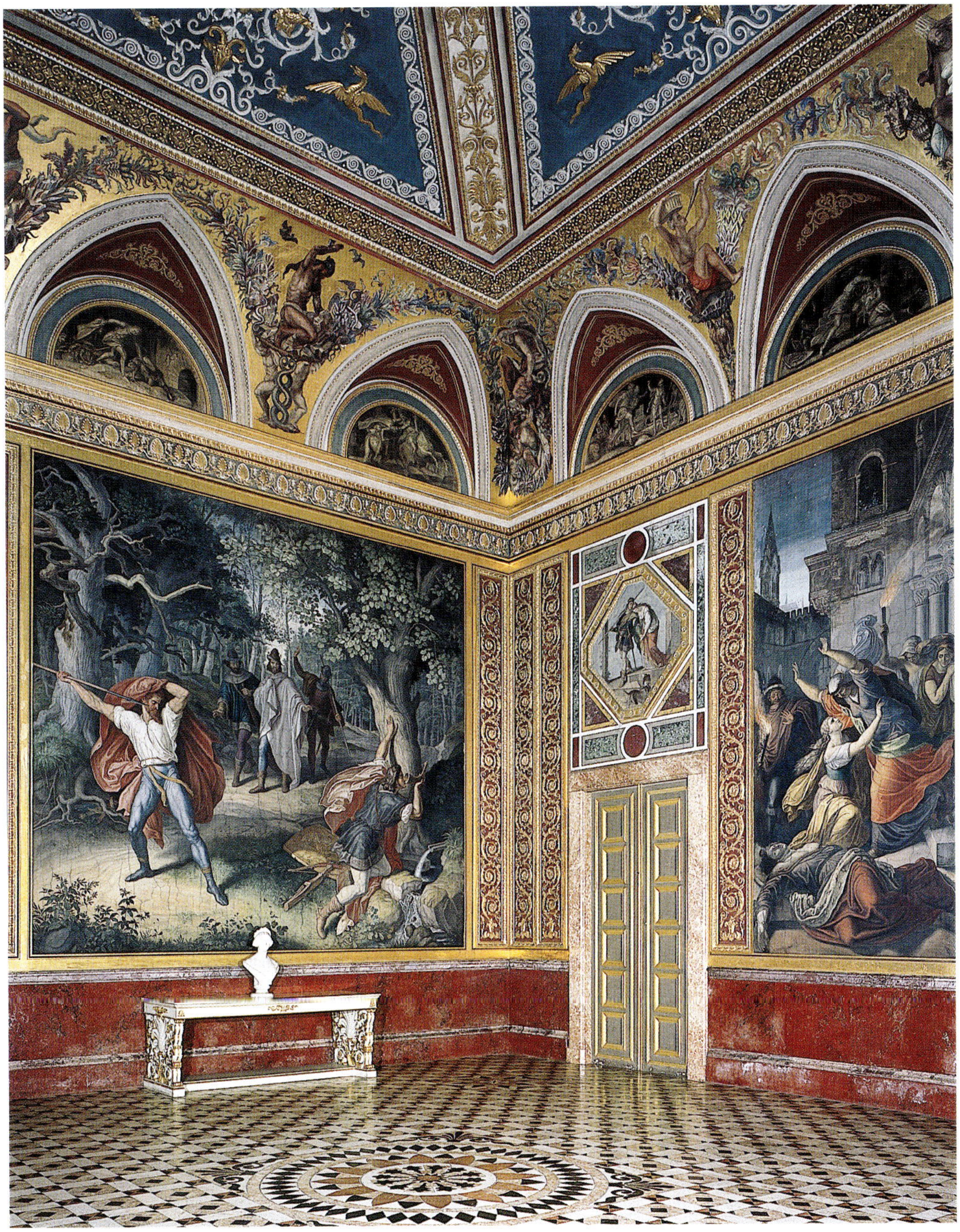

Résidence de Munich, salles des Nibelungen, la salle de la Trahison

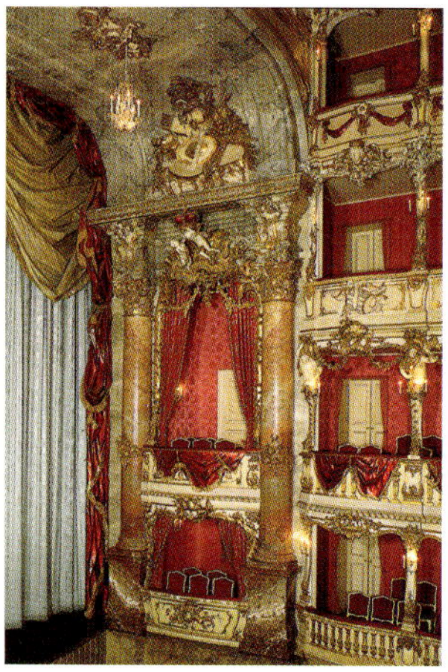

Théâtre de Cuvilliés, la loge de l'avant-scène

Théâtre de Cuvilliés dans l'Apothekenhof de la Résidence de Munich

i Verwaltung der Residenz München
Residenzstraße 1
80333 München
Tél. 089/29067-1
Fax 089/29067-225
residenzmuenchen@bsv.bayern.de

D'avril au 15 octobre : de 9 h à 18 h
du 16 octobre à mars : de 10 h à 16 h
Fermé temporairement en cas de répétition

Salle d'exposition accessible par escalier

DB Munich

Le théâtre de Cuvilliés

Le théâtre de Cuvilliés (Cuvilliés-Theater) qui porte de nos jours le nom de son créateur, François Cuvilliés l'Ancien, est la salle appartenant au Nouvel Opéra (Neues Opera Hauß) que le prince-électeur Max III Joseph fit édifier entre 1751 et 1755 à côté de la Résidence. Pendant la Seconde Guerre mondiale, seul le revêtement des loges qui avait été entreposé à un autre endroit, ne fut pas détruit. Lors de la reconstruction de la Résidence, de 1956 jusqu'en 1958, on intégra l'aménagement intérieur du théâtre qui avait été épargné à une autre partie de la Résidence, nommée Apothekenstock, dans la cour de la Fontaine (Brunnenhof).

Il ne reste de la salle de théâtre, agrémentée à l'origine d'une fresque de plafond par Johann Baptist Zimmermann, plus que les éléments de bois dans leurs cadres de couleurs dotés d'une décoration ornementale et florale débordante dans le style rocaille. Néanmoins, le théâtre de Cuvilliés reste une œuvre majeure du rococo et ce, non seulement pour les cours princières bavaroises, mais également à l'échelle européenne.

S. H.

Théâtre de Cuvilliés, la loge du prince-électeur

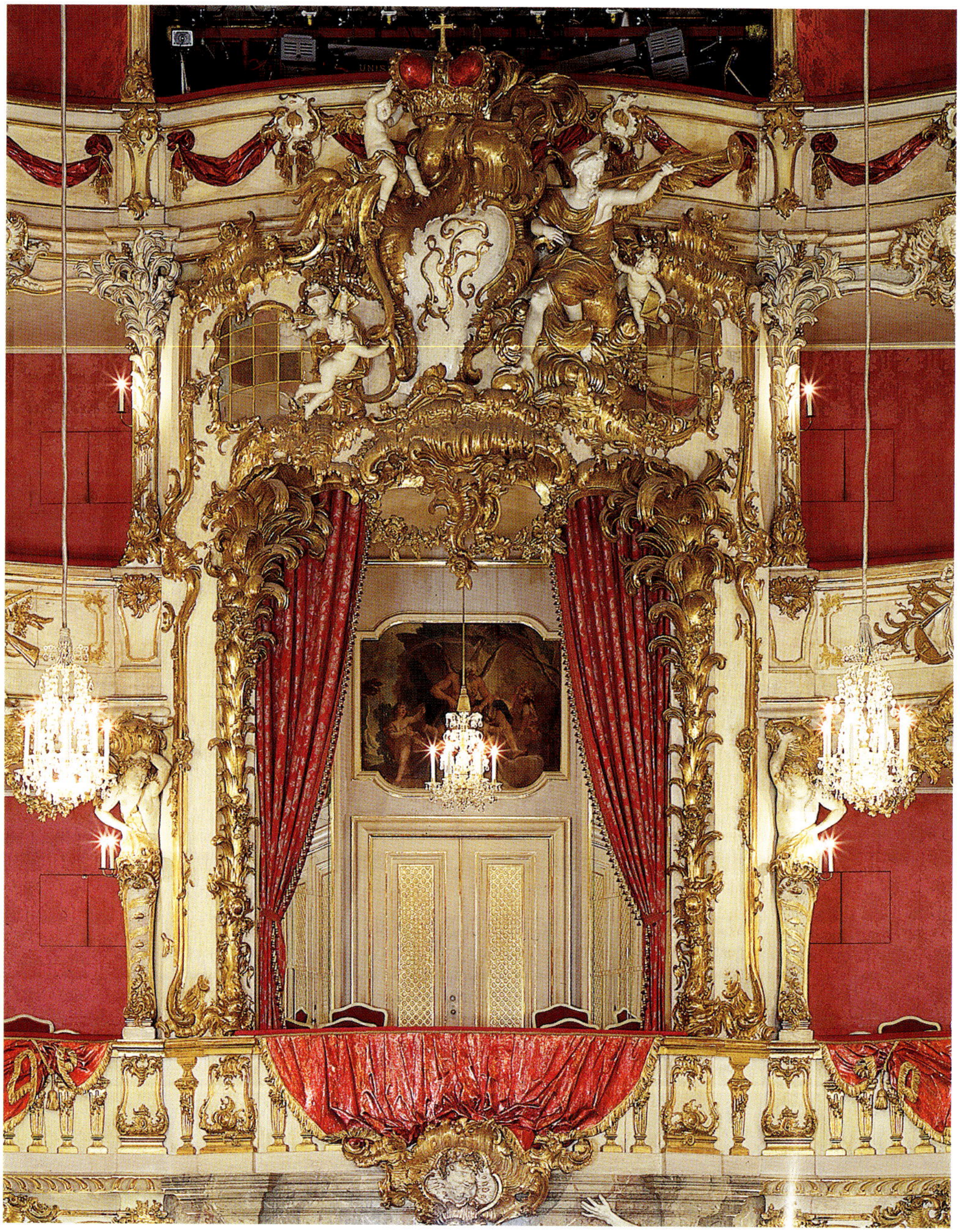

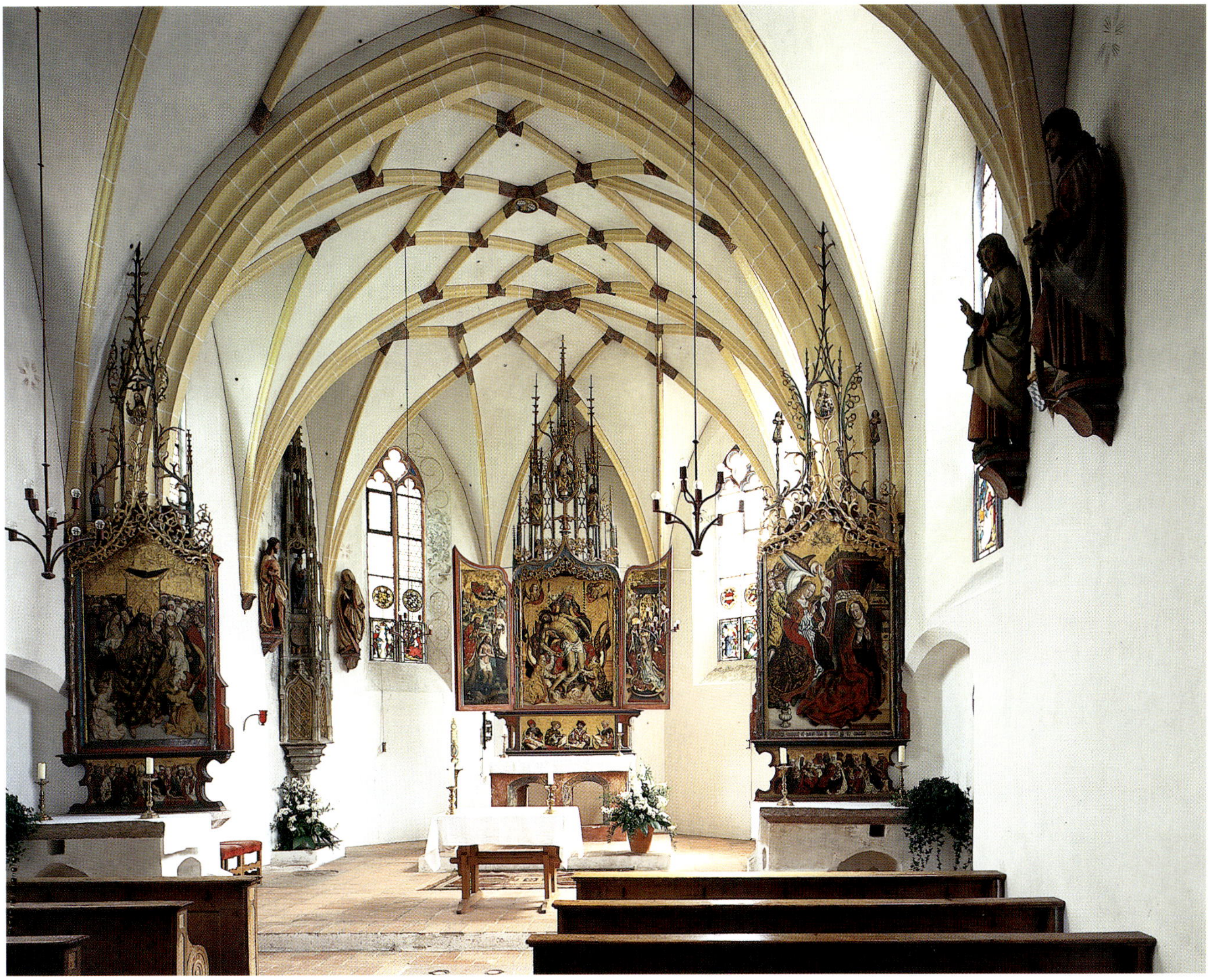

Château de Blutenburg, la chapelle

Château de Blutenburg
La chapelle du Château

La chapelle médiévale du Château (Schlosskapelle) du château de Blutenburg abrite l'un des intérieurs les plus beaux de style gothique tardif qui comprenne encore le mobilier liturgique d'époque. Il s'agit là d'un ensemble rare tout autant par son homogénéité que par son harmonie et la qualité de sa finition. Le duc Sigismund de Bavière (1439–1501), chassé du pouvoir par son frère, la fit ériger en 1488 à un endroit où il désirait pouvoir se retirer. Il lui fallut attendre jusqu'en 1497 pour que l'aménagement de l'intérieur comportant trois autels magnifiques, des sculptures, des vitraux et des fresques murales soit enfin achevé.
Sigismund créa ainsi non seulement un chef d'œuvre représentatif du style gothique tardif, mais également un monument digne de son rang princier. Le fait que la Sainte-Trinité soit patronne de la chapelle, fut l'occasion de charger l'artiste Jan Pollak d'agrémenter les autels de peintures figurant le lieu céleste de la souveraineté en opposition avec la souveraineté séculière : Dieu le Père est l'empereur (les colonnes du baldaquin du trône céleste sont ornées des losanges du drapeau bavarois !), la Vierge Marie est la Reine céleste et le Christ est représenté sous les traits du Saint Sauveur du monde. La rangée d'apôtres du „Maître de Blutenburg", située à la naissance des voûtes de la chapelle semble soutenir l'église et met en évidence les hautes prétentions de Sigismund.

J. E.

Schloss Blutenburg
Seldweg 15
81247 München

i Schloss- und Gartenverwaltung Nymphenburg
Schloss Nymphenburg,
Eingang 19
80638 München
Tél. 089/17908-0
Fax 089/17908-627
sgvnymphenburg@bsv.bayern.de

Le château de Blutenburg abrite la Bibliothèque internationale pour la jeunesse.

L'église du château peut être visitée.

D'avril à septembre :
de 9 h à 17 h
d'octobre à mars
de 10 h à 16 h

Accès à l'église par quelques marches

Auberge Schlossschränke

DB München-Pasing

P

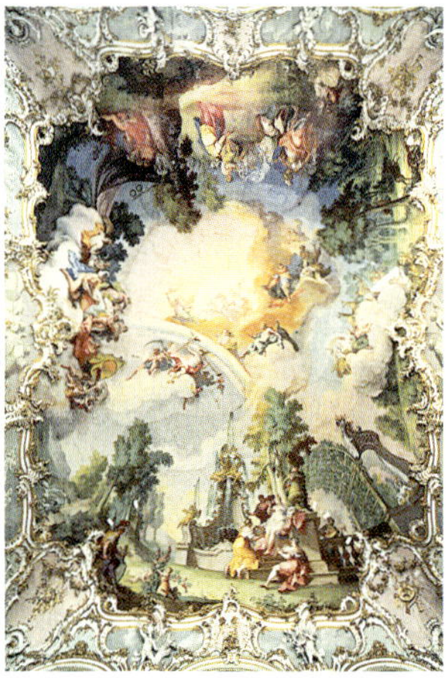

Château de Nymphenburg, salle de Pierre, la fresque de plafond de Johann Baptist Zimmermann

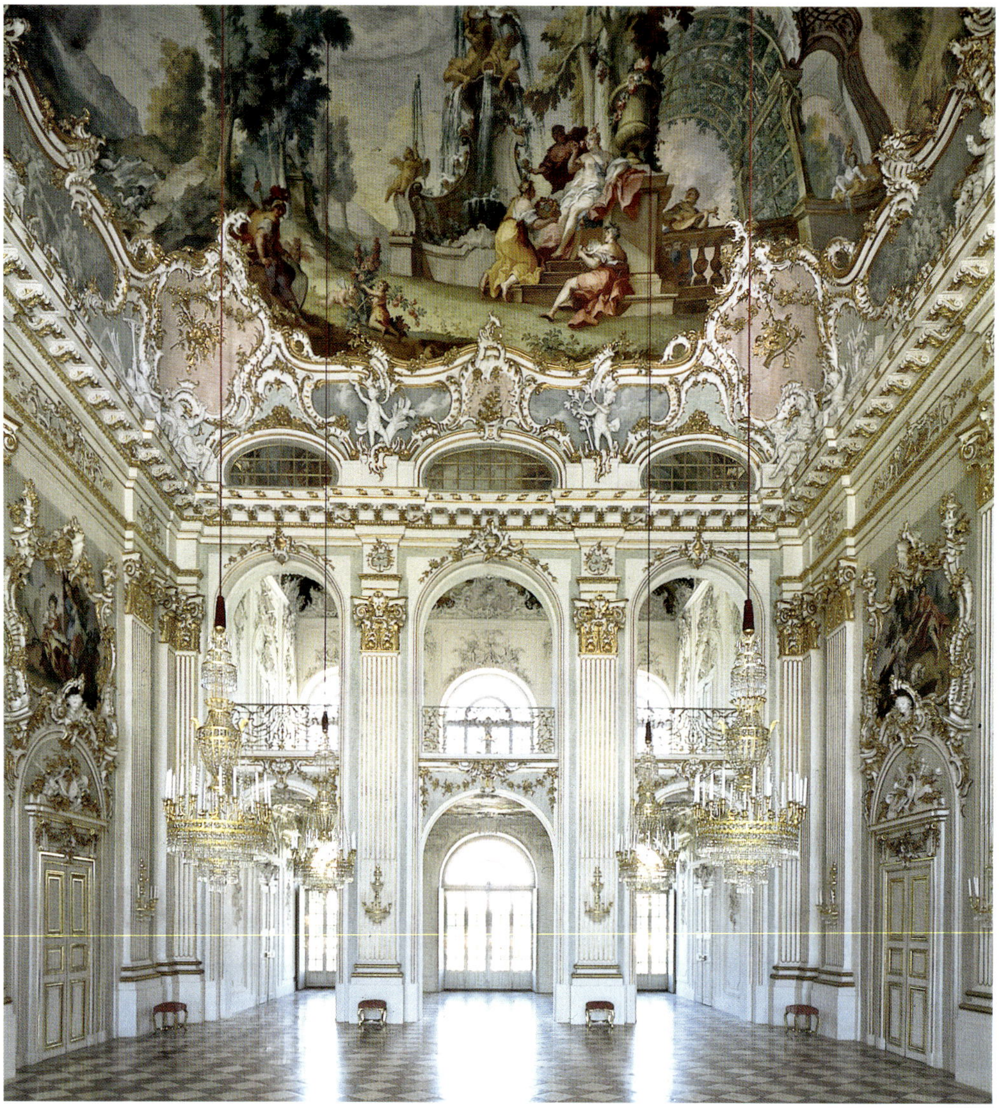

Château de Nymphenburg, la salle de Pierre

Schloss und
Park Nymphenburg

i Schloss- und Garten-
verwaltung Nymphenburg
Schloss Nymphenburg,
Eingang 19
80638 München
Tel. 0 89 / 1 79 08-0
Fax 0 89 / 1 79 08-6 27
sgvnymphenburg@
bsv.bayern.de

D'avril au 15 octobre :
de 9 h à 18 h
du 16 octobre à mars :
de 10 h à 16 h
guide audio sur demande

Accessible uniquement
par escalier

Boutique du musée

Restaurant „Zur Schwaige"
Café dans la palmeraie

DB München

Château de Nymphenburg

La salle de Pierre

Quiconque visite le château de Nymphenburg, la résidence d'été de la dynastie des Wittelsbach, fait en quelque sorte un voyage au sein de l'histoire de la Bavière. Dans l'espace de temps allant par la pose de la première pierre en 1664 aux environs de 1840, donc presque deux cents ans durant, les princes-électeurs et les rois de Bavière laissèrent leurs empreintes en ces lieux. Ils agrandirent le château, le transformèrent, l'aménagèrent d'une autre façon. Le vœu premier de l'initiatrice de cet édifice, l'épouse du prince-électeur Ferdinand-Marie, Adélaïde-Henriette de Savoie, ne fut cependant jamais trahi. Elle appela le site, qui était à l'époque bien plus petit « Borgo delle Ninfe », soit le château des nymphes ou encore Nymphenburg. Lorsque le prince-électeur Maximilien III Joseph chargea Johann Baptist Zimmermann, alors déjà vieillard, de somptueusement décorer de stucages et de peintures la salle de Pierre (Steinerner Saal), entre 1755 et 1757, ce dernier fit une révérence au nom du château dans les fresques de plafond. Au sein de paysages paradisiaques qui rappellent le parc du château, les nymphes rendent hommage à la déesse Flora. Les peintures sur les côtés des voûtes représentent les trois activités principales de la vie de cour dans une résidence d'été au XVIIIe : la chasse au travers de la déesse Diane, la musique par celui d'Apollon et des muses, enfin l'amour, représenté par Vénus. Lors des fêtes nocturnes, la salle brillait dans l'éclat des bougies, alors que sur la galerie l'orchestre de cour jouait de la musique. P. K.

Le Salettl septentrional

Lorsque le prince-électeur Maximilien II Emmanuel eut fait agrandir, en 1700, le château de sa mère par l'ajout de nouvelles pièces d'habitation, on ne put plus y entrer que par l'antichambre de l'ancien appartement qui devint ainsi une pièce de passage. A l'issue de la guerre de Succession espagnole, il transforma cette pièce en un monument à la gloire de ses victoires guerrières : les murs furent ornés de motifs militaires dans le style Régence français et aux lignes élégantes. L'élément central de cette décoration est le portrait en pied très digne du prince-électeur arborant une pose de vainqueur. On reconnaît à l'arrière-plan la ville de Namur qu'il avait conquise dans sa fonction de gouverneur des Pays-Bas. De toute évidence, dès le XVIIIe, certaines salles avaient pour vocation de tenir le rôle de monument commémoratif puisque, sur le côté sud du château, le prince-électeur Maximilien III Joseph avait fait construire une salle de recueillement de ce genre pour son père Charles Albert, quelques années durant empereur du Saint empire. Il transparaît ainsi que le « château des muses », tel qu'il avait été conçu par Henriette, servit également à affirmer des prétentions politiques.

P.K.

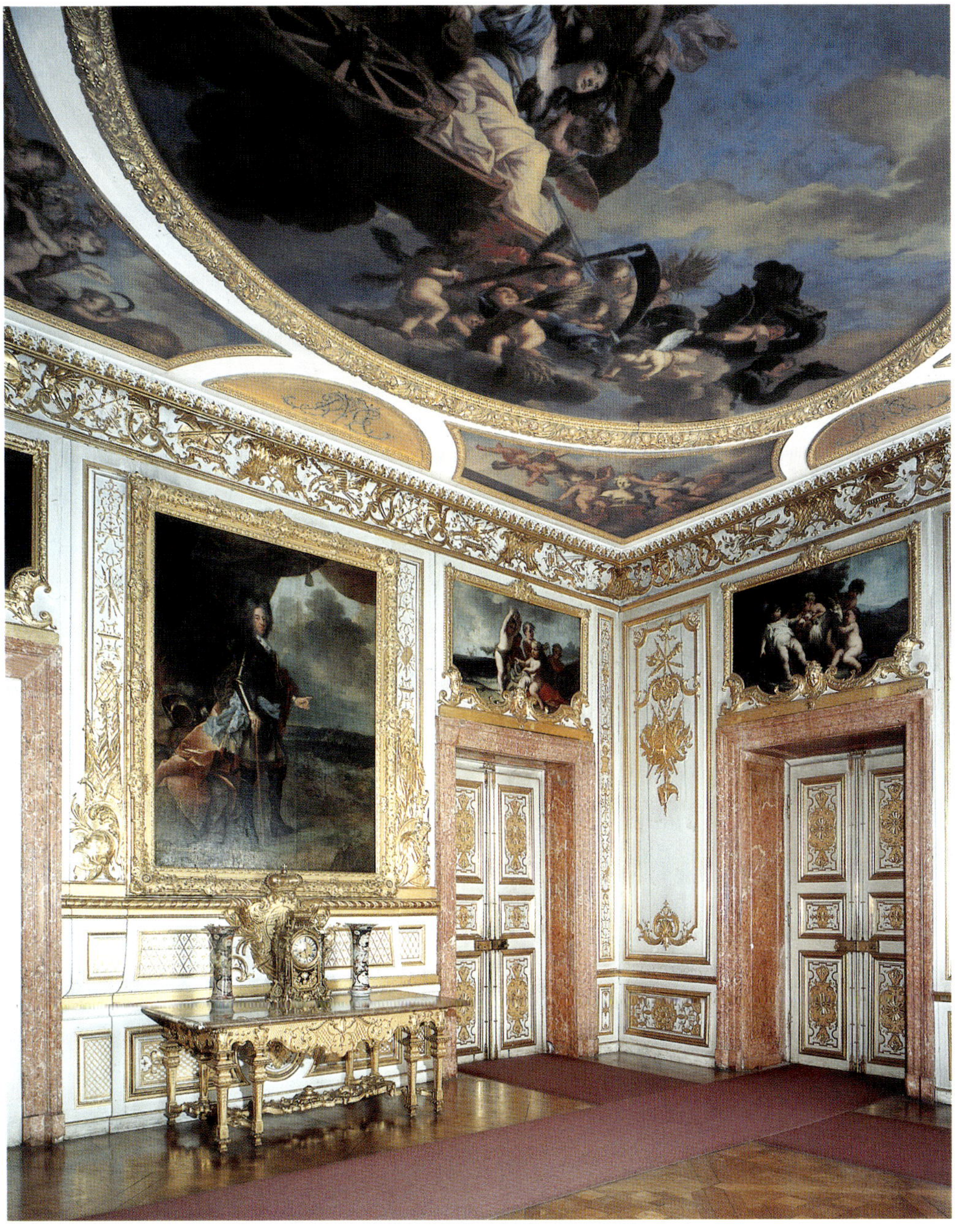

Château de Nymphenburg, Salettl septentrional (1ère antichambre)

Amalienburg im Schlosspark Nymphenburg

Schloss- und Gartenverwaltung Nymphenburg
Schloss Nymphenburg, Eingang 19
80638 München
Tél. 089/17908-0
Fax 089/17908-627
sgvnymphenburg@bsv.bayern.de

D'avril au 15 octobre : de 9 h à 18 h
du 16 octobre à mars : de 10 h à 16 h

Accès par escalier

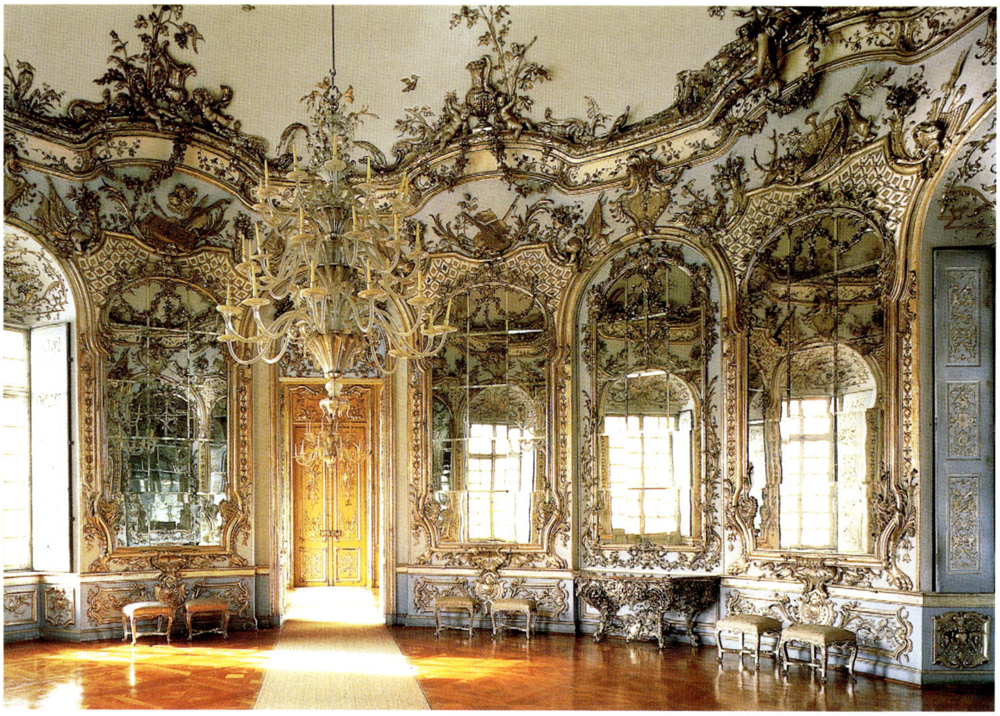

Pavillon d'Amalienburg, la salle des Glaces

Le pavillon d'Amalienburg – La salle des Glaces

Une des caractéristiques du parc du château de Nymphenburg sont les quatre petits châteaux du parc, quatre pavillons aménagés avec luxe. Excepté l'ermitage de Madeleine (Magdalenenklause), ils furent conçus pour être les lieux des menus plaisirs de la vie de château, ce qui explique leurs apparences variées et un peu fantaisistes. Le quatrième et dernier pavillon fut ordonné par le prince-électeur Charles Albert et construit de 1734 jusqu'en 1739 pour son épouse Marie Amélie de la maison des Habsbourg. Ce pavillon ne constitue pas seulement, au même titre que l'Ancien théâtre de la Résidence, une des œuvres majeures de François Cuvilliés, mais peut-être même l'œuvre la plus spécifique du rococo bavarois, si ce n'est européen. Le dessein de ce bâtiment est reconnaissable à ses nombreux ornements plastiques : il servait pour la chasse au faisan. Au centre de l'édifice ne se tient une salle dotée d'une coupole sur laquelle est installée une plate-forme qui servait de lieu de tir à la princesse. L'intérieur de la salle est unique en son genre , ne serait-ce qu'en raison de sa forme ronde. L'absence de coins mais aussi la décoration font oublier la présence des murs. Des miroirs de la taille des fenêtres sont alignés côte à côte et seules les fenêtres elles-mêmes et les portes interrompent cet alignement. Sur la corniche qui dissimule plus qu'elle ne souligne la continuation du mur dans la coupole, le visiteur peut voir des scènes de chasse. Au dessus, la fresque de la coupole figure le ciel peuplé d'une multitude d'oiseaux et au faîte un ornement évoque le soleil. Le soir, lorsque les lumières des bougies se reflètent à l'infini dans les miroirs et que la pièce se fond par les fenêtres et les portes ouvertes dans le parc environnant, alors la réalité s'efface pour laisser place à un monde imaginaire que l'on peut à peine appréhender.

P.K.

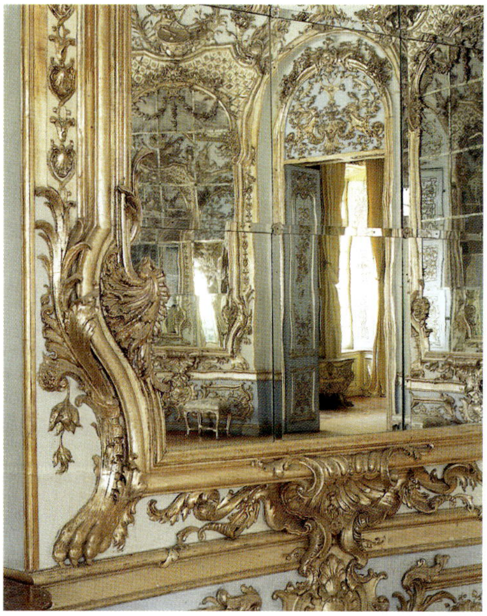

Pavillon d'Amalienburg, salle des Glaces, le reflet du reflet du reflet ...,

Le pavillon d'Amalienburg – La cuisine

Chaque pièce dans le pavillon d'Amalienburg est digne d'intérêt : le cabinet des chiens, la « retirade », salle de repos ou bien encore le salon de chasse. Une des salles majeures, en dehors de la salle des Glaces est néanmoins la cuisine de parade. Les murs y sont recouverts de carreaux de faïence de Delft. Elles ont comme motifs des vases de fleurs opulents et colorés ou bien des scènes réalisées dans le style de la peinture sur vase chinoise. La cuisine doit sa magnifique décoration au fait que , comme on le raconta d'ailleurs aux enfants Nannerl et Wolfgang Amadeus Mozart lors de leur visite du pavillon d'amalienburg en 1763, « Feu Madame la Princesse faisait elle même la cuisine ». Il s'agit donc là d'une cuisine de parade offrant un cadre digne de la noble cuisinière qui y travailla, semblable à celle des maisons de la haute bourgeoisie hollandaise.

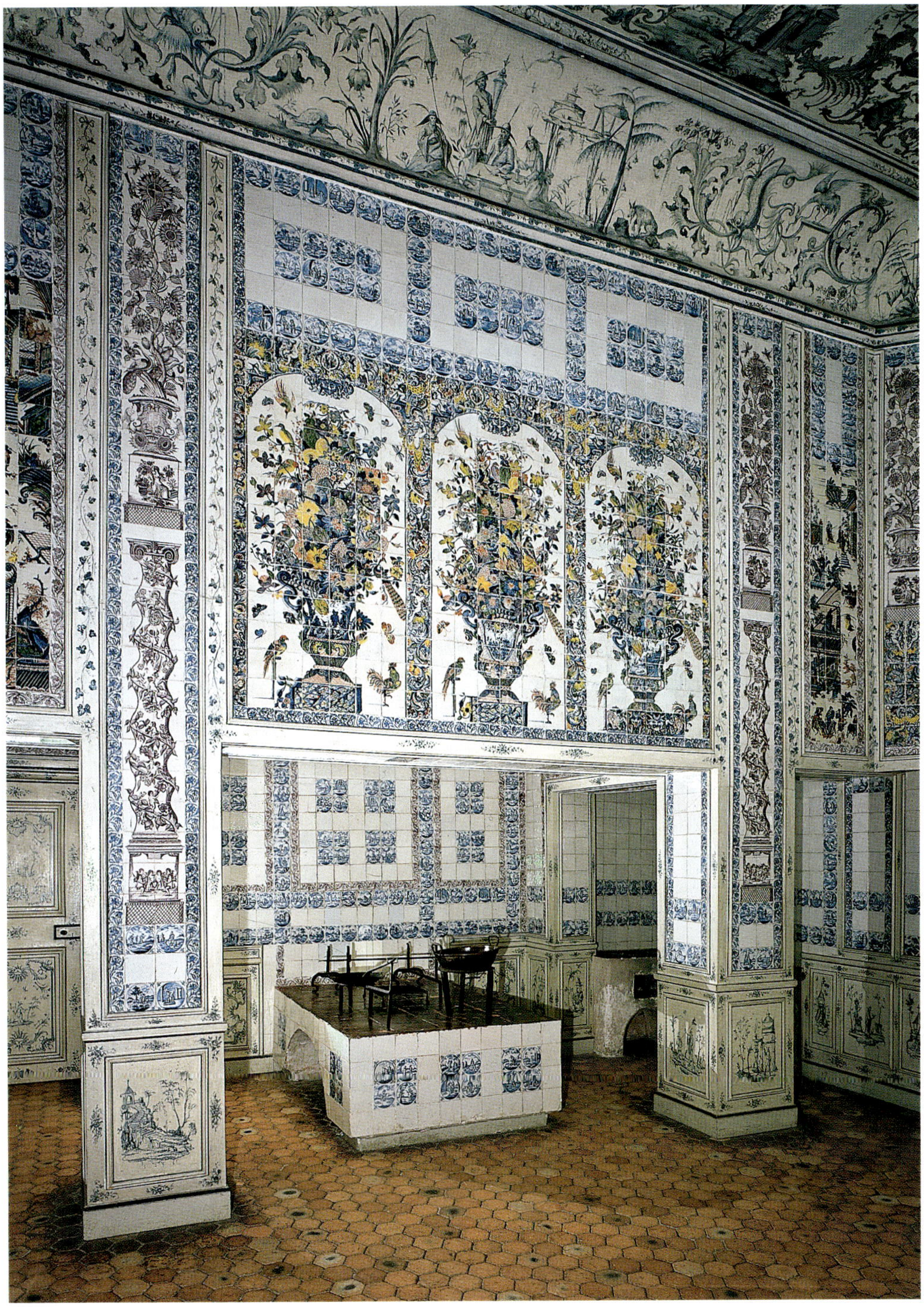

Pavillon d'Amalienburg, la cuisine

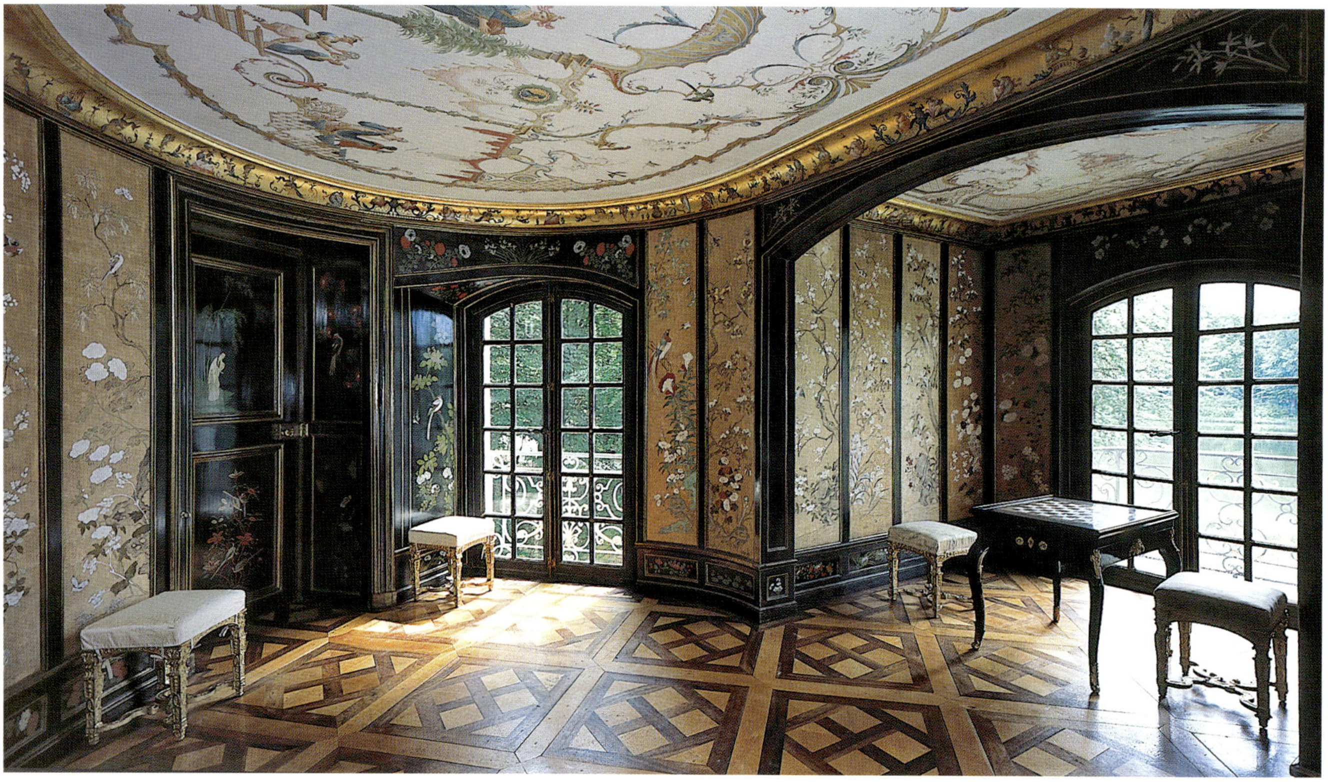

Pagode, le salon Chinois

Pagode, commode en laque du Japon du cabinet Chinois

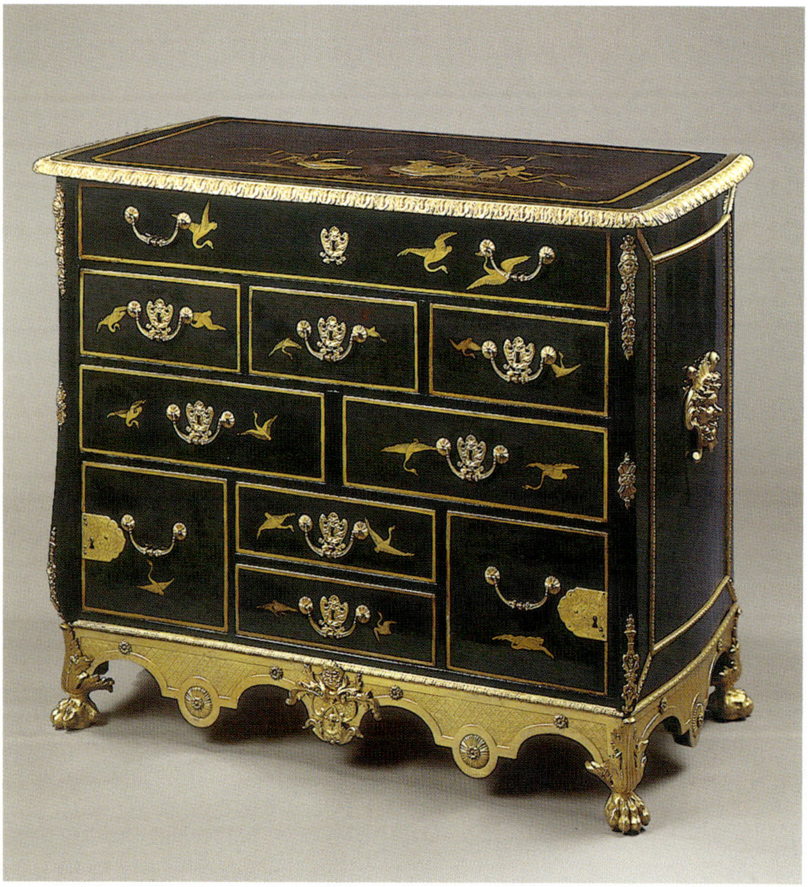

La Pagode

La Pagode est le premier pavillon que Maximilien Emmanuel fit ériger (d'après ses propres esquisses paraît-il) par son architecte Joseph Effner entre 1716 et 1719. Les lignes architecturales extérieures se reconnaissant sans équivoque de l'école française, on ne saisit le pourquoi du nom de pagode qu'en pénétrant le minuscule appartement situé à l'étage supérieur. En effet deux des trois pièces sont décorées dans le style chinois. Dans la pièce la plus petite, le cabinet Chinois (chinesisches Kabinett) laqué de rouge, se tiennent deux commodes. Des vêtements propres étaient rangés dans ces meubles, pour l'essentiel provenant du Japon, afin que le prince-électeur puisse se changer quand il avait eu trop chaud en jouant au mail. Le lambrissage des murs du salon Chinois (Chinesischer Salon), pièce de séjour spacieuse, est réalisé en laque rouge et noire. Des papiers peints de Chine que Maximilien Emmanuel avait probablement ramenés de Paris recouvrent le mur du fond.

P.K.

Le pavillon de Bains

La Pagode (Pagodenburg) n'était pas encore achevée que Joseph Effner entreprit déjà la construction d'un autre pavillon dans le parc de Nymphenburg (1718–1721). Cet édifice est exceptionnel en raison de son célèbre bassin situé au niveau des soubassements. Ce dernier était rempli d'un peu plus d'un mètre d'eau et les baigneurs pouvaient s'asseoir, tout en restant dans l'eau, sur des bancs de marbre pour faire conversation ou bien se laisser servir à boire ou à manger. Au dessus du niveau de l'eau, les murs sont recouverts de carreaux blancs et bleus de type hollandais. Les murs hors bassin, à l'étage principal, sont d'un marbre stuqué somptueux. Les gens de la cour avaient loisir de se tenir sur la galerie surmontant le bassin et d'observer les baigneurs. La peinture sur toile tendue sur toute la superficie du plafond est l'œuvre du peintre français Nicolas Bertin. Elle représente des motifs de fontaines et des scènes s'inspirant du thème de la baignade. Deux robinets permettaient de rajouter si besoin de l'eau chaude ou froide. L'installation de chauffage d'origine se trouve encore dans la cave adjacente, néanmoins on peut supposer qu'elle suffit tout au plus à tiédir l'eau.

P. K.

Badenburg, Pagodenburg und Magdalenenklause im Schlosspark Nymphenburg

ℹ Schloss- und Gartenverwaltung Nymphenburg
Schloss Nymphenburg, Eingang 19
80638 München
Tel. 089/17908-0
Fax 089/17908-627
sgvnymphenburg@bsv.bayern.de

D'avril au 15 octobre : de 9 h à 18 h
Fermé du 16 octobre à mars

Accès par escalier

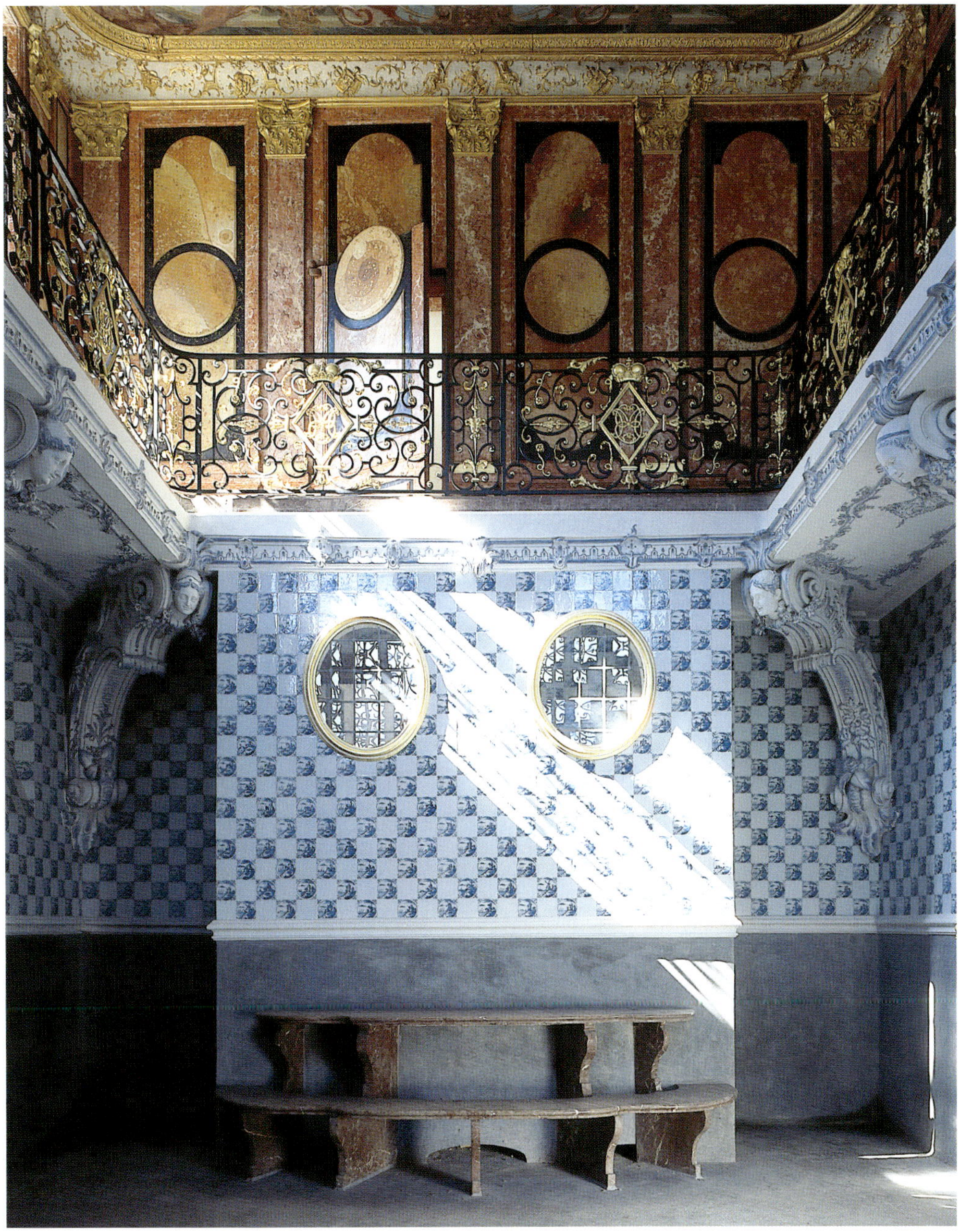

Pavillon de Bains, la salle de bains

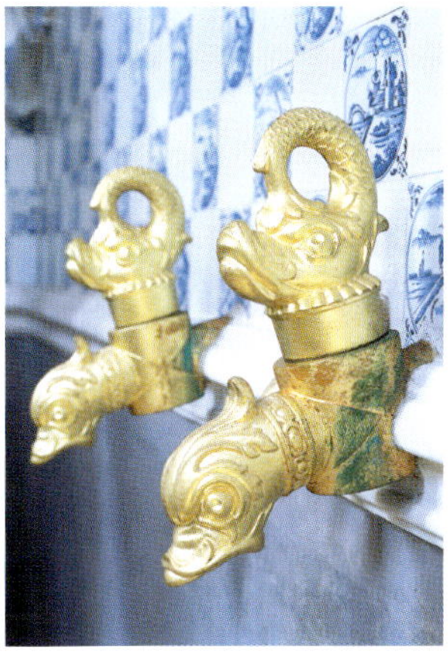

Pavillon de Bains, salle de bains, robinets d'eau chaude et d'eau froide

i Schloss Neuburg
Schlossverwaltung
Neuburg
Residenzstraße 2
86633 Neuburg
Tél 0 84 31/88 97
Fax 0 84 31/4 26 89
sgvneuburg@bsv.bayern.de

D'avril à septembre :
de 9 h à 18 h
d'octobre à mars :
de 10 h à 16 h
Fermé le lundi

Rampe d'accès, ascenseur

Boutique du musée

Cafétéria

A Musée d'archéologie

Galerie d'Etat de peinture baroque flamande

DB Neuburg

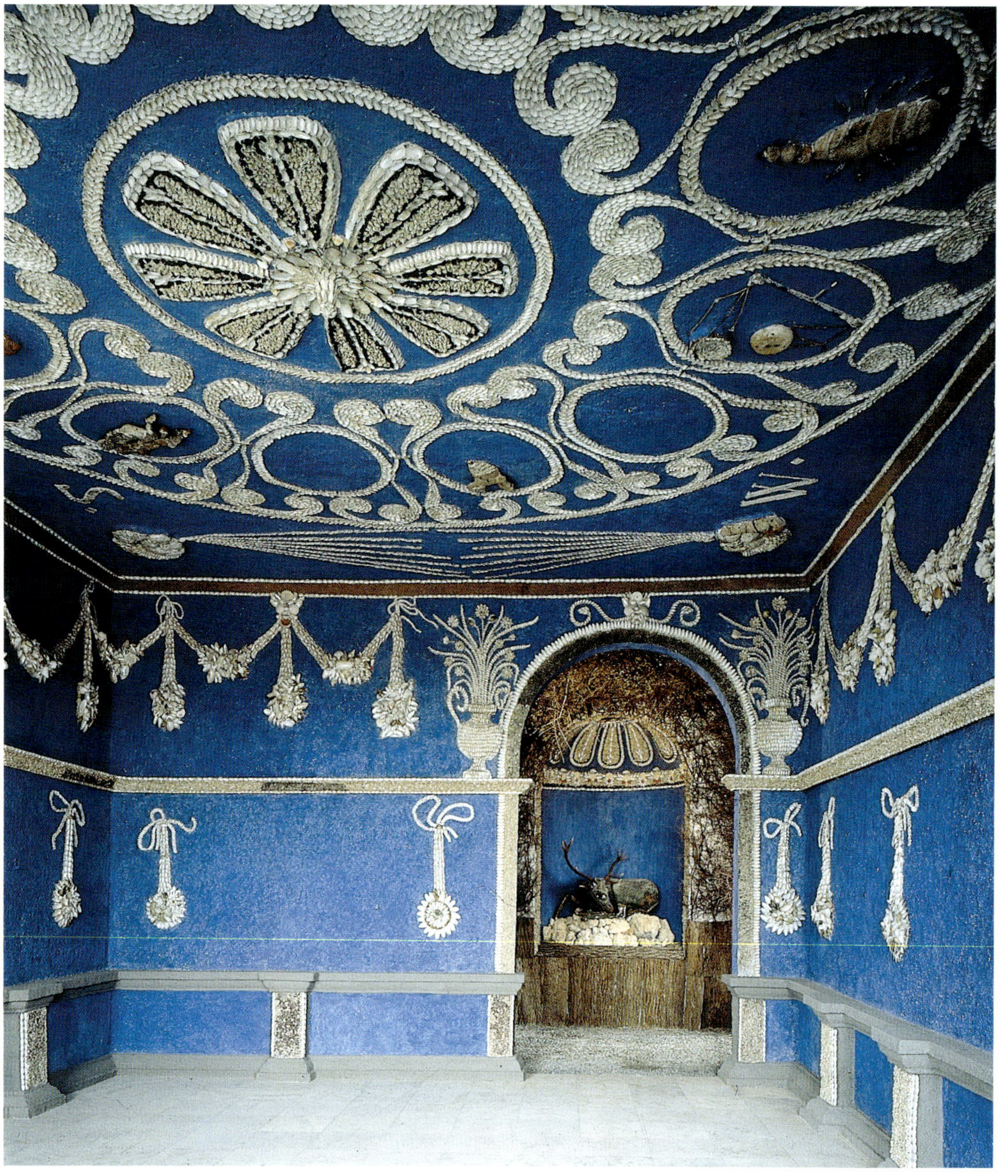

Château de Neubourg sur Danube, la pièce des Signes du zodiaque et la grotte du Cerf

Château de Neubourg sur Danube
Les grottes artificielles

L'imposant château Renaissance, résidence de la principauté de Palatinat-Neubourg fondée en 1505, fut construit à partir de 1527 sous le règne du comte palatin Ottheinrich qui devint plus tard le prince-électeur du Palatinat. Son successeur Philippe Guillaume y fit ajouter entre 1667 et 1670 une aile baroque spacieuse, agrémentée de grottes artificielles à l'instar des modèles italiens et français.

Ces pièces dotées de grottes aux formes très variées occupent tout le rez-de-chaussée d'une des deux tours rondes baroques, ce à quoi s'ajoutent encore une petite cour avec une fontaine et une loggia. La grotte, dotée à l'origine des jeux d'eau fastueux, faisait partie intégrante des réjouissances de la cour.

Chaque salle a son caractère bien particulier. La première est l'Entrée, une grande salle haute de plafond dont les murs sont recouverts de tuffeau et où se tient la statue du dieu de la mer, Neptune. La suivante est d'un bleu scintillant et l'ensemble de sa décoration est constitué de statues représentant les signes du zodiaque et les vents. Ces sculptures sont entièrement incrustées de coquillages et figurent de façon très sensuelle le cosmos. Ensuite, la grotte de Pan reprend le thème en y incluant les quatre saisons; mille stalactites de verre donnent de plus l'illusion d'une grotte de glace. B. L.

Château de Neuschwanstein

La chambre du Roi

Le château de Neuschwanstein est le château de rêve grâce auquel le roi Louis II de Bavière voulait donner un visage à la poésie du Moyen-âge allemand et de même immortaliser sa relation à Wagner. L'édifice, débuté en 1869, resta inachevé à la suite du décès du roi en 1886.
A l'image de toutes les pièces du château, la chambre du Roi de style néogothique évoque une épopée médiévale : ici, Gottfried du « Tristan » de Strasbourg dont Anton Spiess s'inspira de certaines scènes pour réaliser les fresques murales et dont les personnages principaux sont représentés sur la porte et le poêle. L'élément principal de la pièce est le lit de parade, richement sculpté. Les draps de soie bleue sont brodés de lions et de losanges, symboles de la Baviére, ainsi que du cygne, marque du châtelain. Le message ne laisse aucun doute : il s'agit là de l'union de Lohengrin avec le chevalier au cygne. Le robinet de la table de toilette a également la forme d'un cygne. Comme s'il avait fait un voyage dans le temps, le roi pouvait, en ces lieux, se donner l'impression de vivre dans le passé ou bien transposer un peu de la poésie de ces temps révolus dans le présent. K. K.

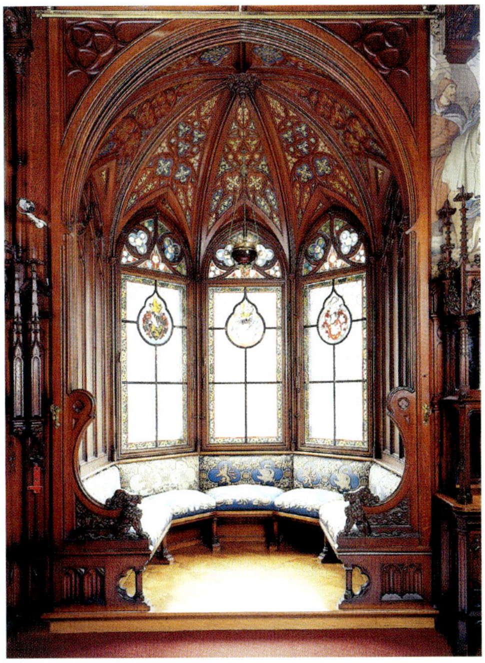

Château de Neuschwanstein, encorbellement de la chambre

Château de Neuschwanstein, la chambre du Roi

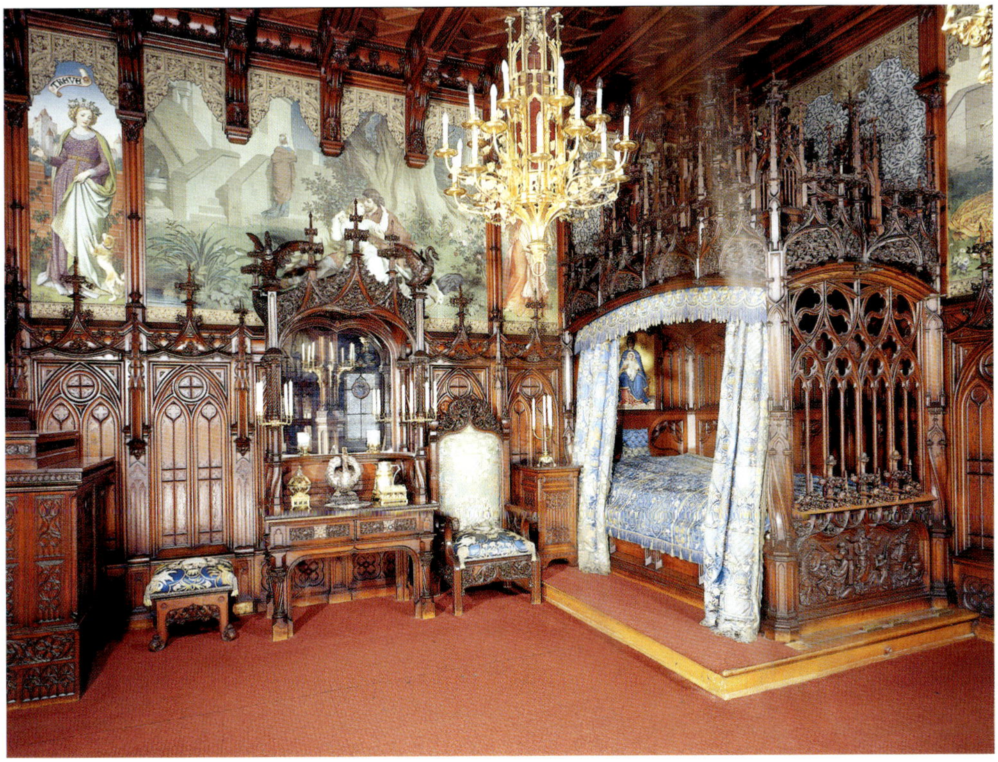

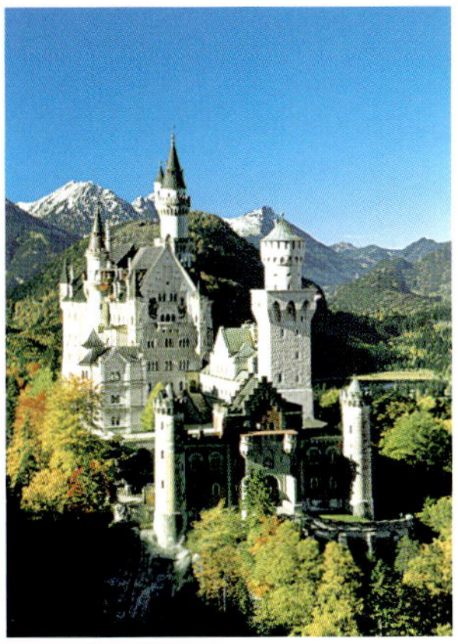

Schloss Neuschwanstein
Schlossverwaltung
Neuschwanstein
Neuschwansteinstr. 20
87645 Schwangau
Tél. 0 83 62 / 9 39 88-0
Fax 0 83 62 / 9 39 88-19
svneuschwanstein@
bsv.bayern.de
www.neuschwanstein.de

Réservation de tickets
d'entrée / Ticketcenter
Tél. 08362 / 93083-0
Fax 08362 / 93083-20
www.ticket-center-
hohenschwangau.de

D'avril à septembre :
de 9 h à18 h
d'octobre à mars :
de 10 h à 16h
Visites guidées du château
(environ 35 min.) en
allemand, anglais ou
bien par guide audio
en onze langues.

Sur rendez-vous, visites
guidées spéciales pour
personnes ayant des
difficultés à marcher
Sur rendez-vous, visites
guidées spéciales pour
personnes en chaises
roulantes, le mercredi

Boutique du musée

Cafétéria
Auberge

Spectacle en multivision

DB Füssen

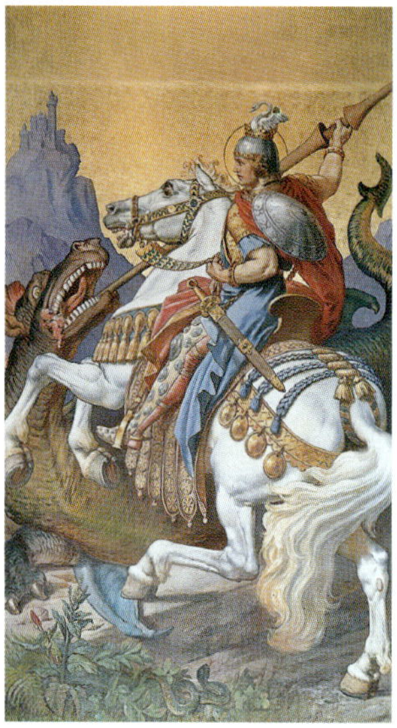

Château de Neuschwanstein, salle du Thrône, Saint Georges, fresque murale

La salle du Trône

La salle du Trône (Thronsaal) d'inspiration byzantine fut conçue par Julius Hofmann qui en débuta les travaux en 1884. Cette salle est le dernier ajout de Louis II dans le programme thématique du château de Neuschwanstein. Par l'aménagement de ce château, le roi ne souhaitait pas seulement donner corps à sa force d'imagination mais aussi à une notion qui le touchait à la fois personnellement et sur le plan théologique : celle du pur royaume de la grâce de Dieu, celle de la médiation entre Dieu et les Hommes. En conséquence, la salle qui rappelait au départ le château de la Wartburg avec sa salle des Chevaliers chanteurs fut transformée pour qu'elle évoque plutôt le château du Saint-Graal (Gralsburg) sur le Montsalvat, soit le mont de la Rédemption, tel qu'il avait été présenté sur scène lors de l'opéra de Parsifal. Le roi choisit lui-même les thèmes des peintures murales qui figurent le Christ, maître de la terre et du ciel, les actions de rois saints (six d'entre eux sont d'ailleurs représentés dans l'abside), ainsi que Saint Georges et Saint Michel, antagonistes du Mal et patrons de la foi chrétienne. Cependant, Louis II, que l'on déposséda de ses droits en raison de sa folie, se suicida et ainsi, le trône sur lequel il aurait pu prendre place, entouré de ses saints prédécesseurs, ne fut jamais réalisé.

E. D. S.

Château de Neuschwanstein, salle du Thrône

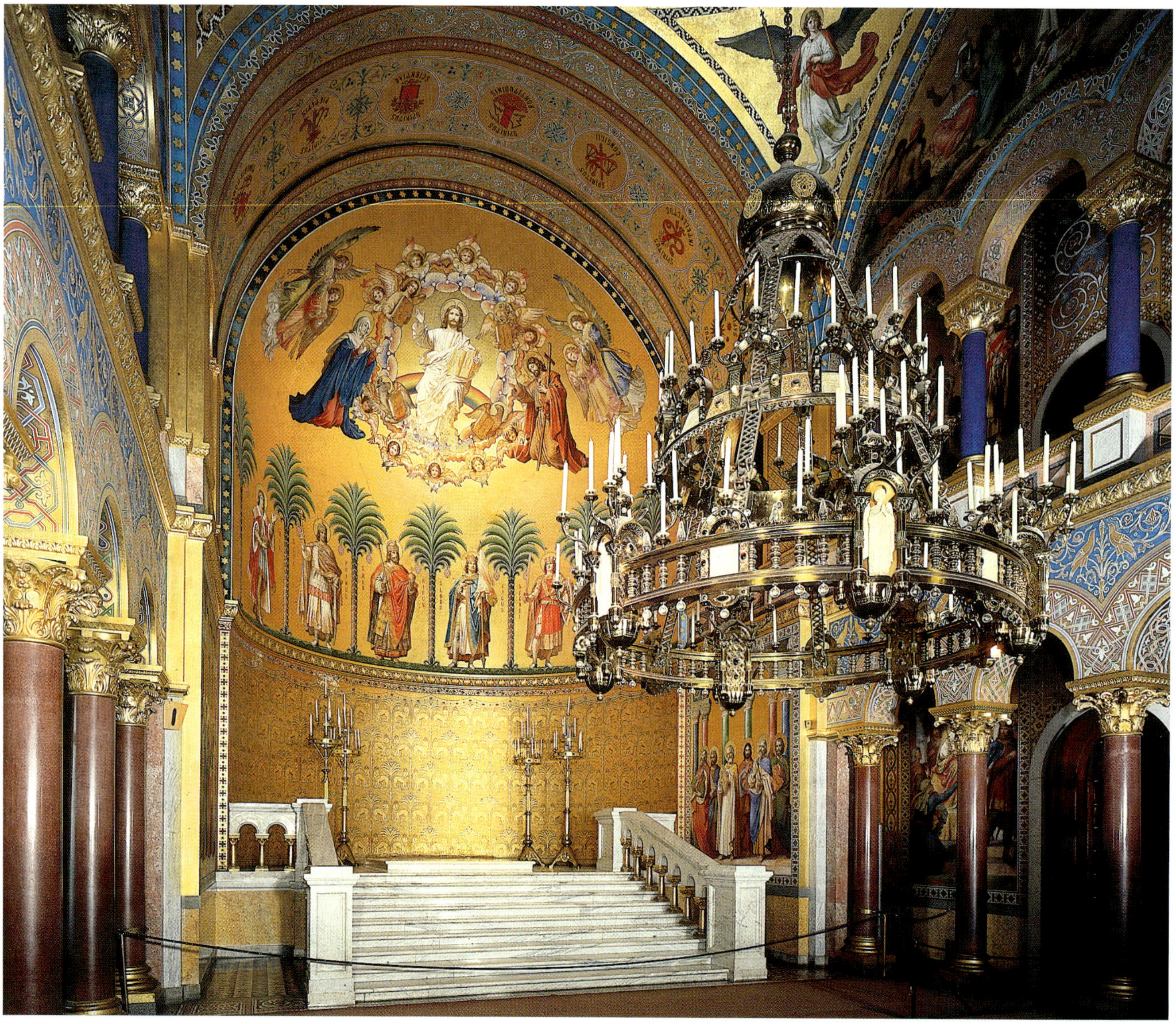

Château Impérial
La chapelle de l'Empereur

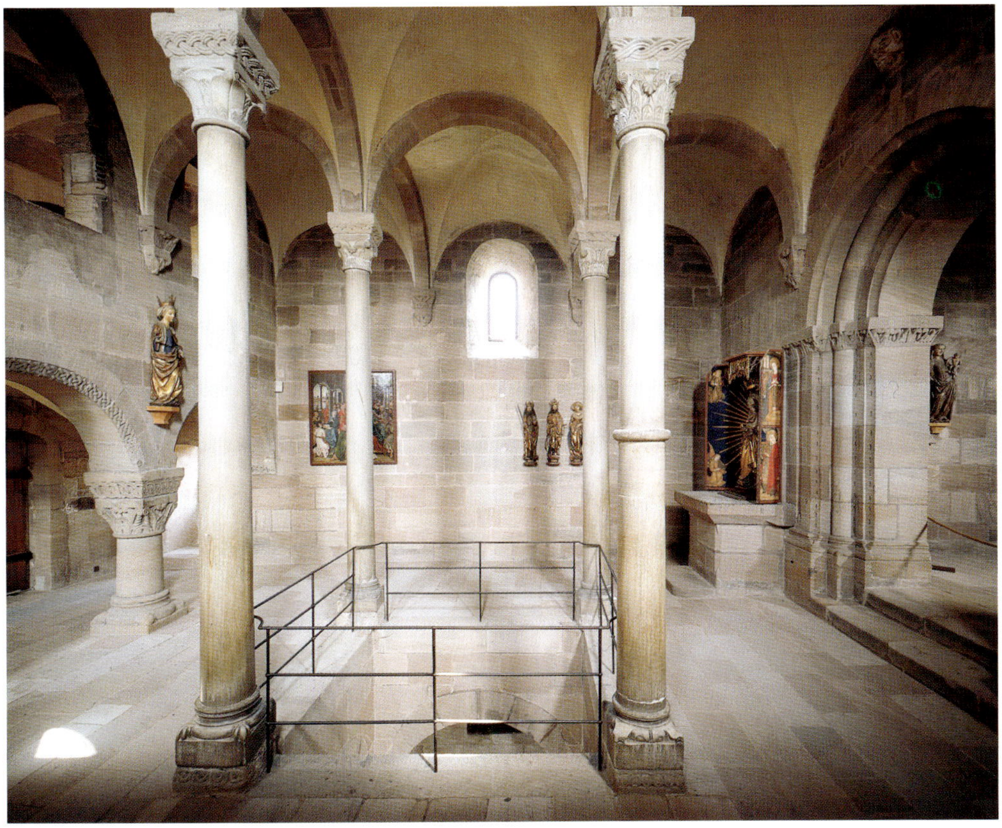

Château impérial de Nuremberg, la chapelle Haute

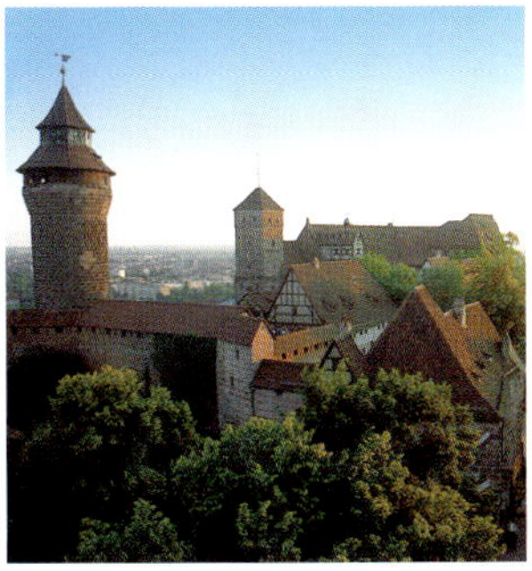

Château impérial de Nuremberg avec jardins, puit profond et tour ronde.

i Burgverwaltung Nürnberg
Auf der Burg 13
90403 Nürnberg
Tél. 09 11 / 22 57 26
Fax 09 11 / 2 05 91 17
burgnuernberg@bsv.bayern.de

D'avril à septembre de 9 h à 18 h
d'octobre à mars : de 10 h à 16 h
Visites guidées

Visite de l'ensemble du château impérial : environ 90 min.

A Annexe du musée national germanique dans le bâtiment abritant le chauffoir

DB Nürnberg

Entre 1050 et 1571, tous les empereurs et rois du Saint Empire tinrent diète et rendirent justice dans le château Impérial de Nuremberg (Kaiserburg Nürnberg). Ainsi, Nuremberg compte parmi les palais impériaux les plus importants du Moyen-âge et la chapelle de l'Empereur (Kaiserkapelle) parmi les salles les plus impressionnantes d'Allemagne en rapport avec les souverains de l'époque.

La chapelle de l'Empereur fut construite vers 1200, à l'époque des Staufer. Elle comprend une chapelle Basse (Unterkapelle) pour l'usage de la cour de moindre rang et une chapelle Haute (Oberkapelle) pour les grands de la cour, la tribune occidentale étant exclusivement réservée à la famille impériale. Seule une ouverture au plafond relie les deux chapelles dans l'espace et sur le plan liturgique. Ainsi la chapelle de l'Empereur de Nuremberg est une fusion remarquable de deux types de bâtiment : le principe des chapelles doubles (Doppelkapelle) et celui des chapelles d'Empereur, celle-ci étant caractérisée ici par sa tribune occidentale. Le contraste entre l'architecture massive de la chapelle Basse, un peu semblable à une crypte et la chapelle Haute, spacieuse et claire, met en exergue les différences de rang social des fidèles.

F. U.

Château impérial de Nuremberg, la chapelle Basse

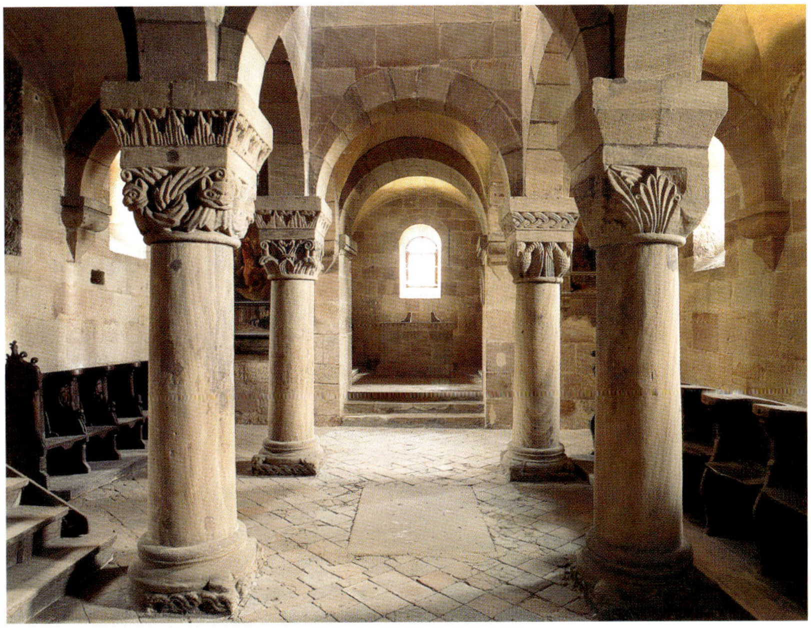

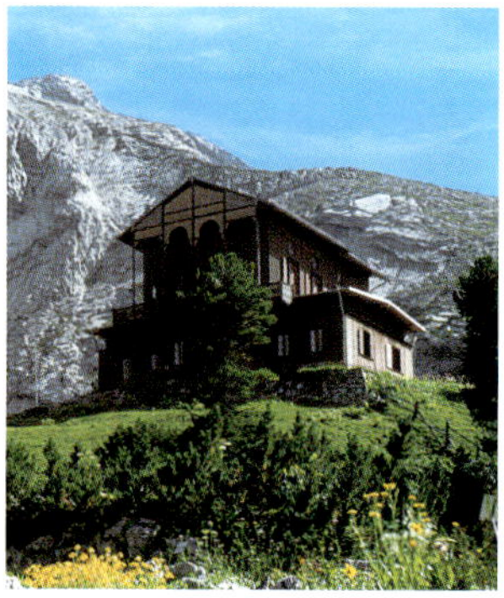

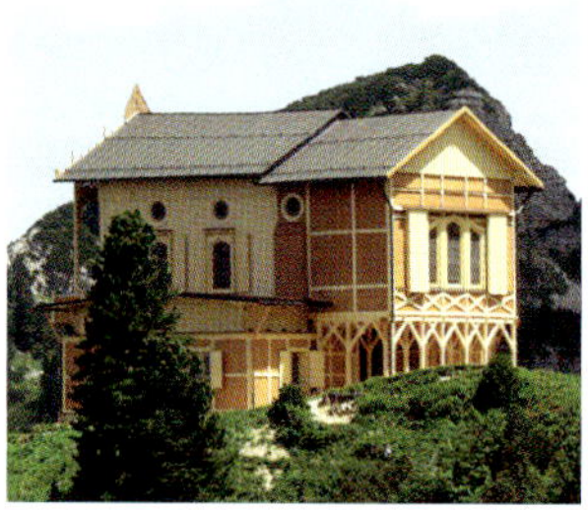

Résidence royale de Schachen avec jardin alpestre
82467 Garmisch-Partenkirchen
Tél. 0172/8768868

i Schloss- und Gartenverwaltung Linderhof
Linderhof 12
82488 Ettal
Tél. 08822/9203-0
Fax 08822/9203-11

Mois d'ouverture variables selon la météo : à partir de mai/juin jusqu'à début octobre

Visites guidées tous les jours à 11 h, 13 h, 14 h et 15 h

Jardin de plantes alpestres

Auberge

Accessible uniquement à pied (temps de marche : environ 3 heures)

DB Klais ou Garmisch-Partenkirchen

Chalet Royal de Schachen
La salle Turque

Le chalet royal sur l'alpe de Schachen est situé dans l'une des plus belles régions des Alpes bavaroises : au Sud s'élève le massif du Wetterstein, à l'Ouest se dressent les sommets de la chaîne de la Zugspitze, au Nord s'étend la vallée de la Loisach avec la ville de Garmisch-Partenkirchen.

La construction en bois, dans le style d'un chalet suisse, fut débutée en 1870, mais Louis II la fit grandement transformer jusqu'en 1872. Lors de ces travaux, la salle Turque fut installée à l'étage supérieur. Son aménagement s'inspire des salles du palais du Sultan d'Eyüb, à Constantinople, reproduites dans des publications de l'époque. La décoration, le jeu des couleurs et l'apparence générale de la salle sont néanmoins l'œuvre personnelle de Louis II et de son architecte.

La disposition de la salle reflète la mode orientale fort appréciée alors, mais aussi le désir du roi de se plonger dans des mondes imaginaires où les tracas du quotidien n'avaient nullement leur place. Aujourd'hui encore, les visiteurs qui entrent dans cette pièce Turque de style oriental, scintillante de vives couleurs qui enivrent les sens, croient pénétrer soudainement un autre monde, d'autant plus qu'ils viennent de quitter sans transition aucune le rez-de-chaussée qui, lui, est aménagé dans un style ouvertement montagnard alpestre. E. D. S.

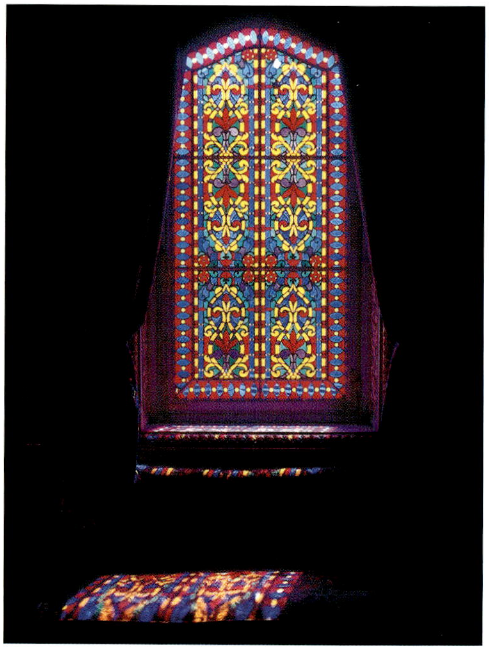

Chalet royal de Schachen, la salle Turque, vitrail

Chalet royal de Schachen, la salle Turque

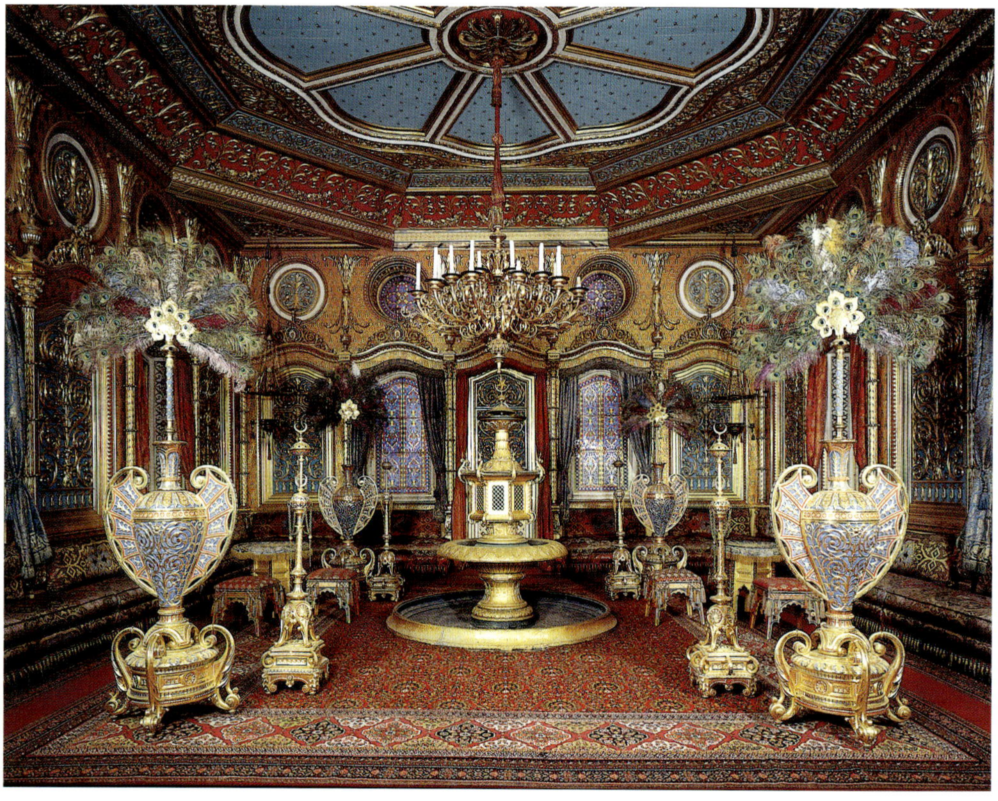

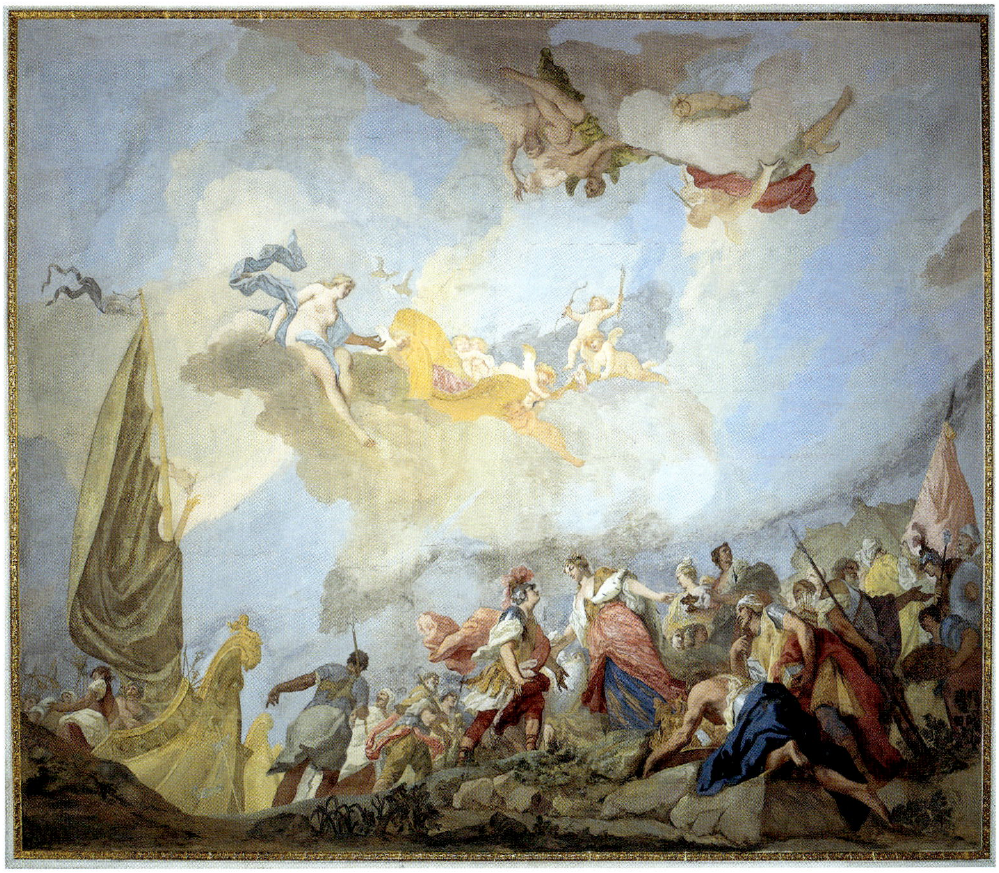

Château Neuf de Schleißheim, la fresque de plafond de la salle des Victoires, Didon reçoit Enée

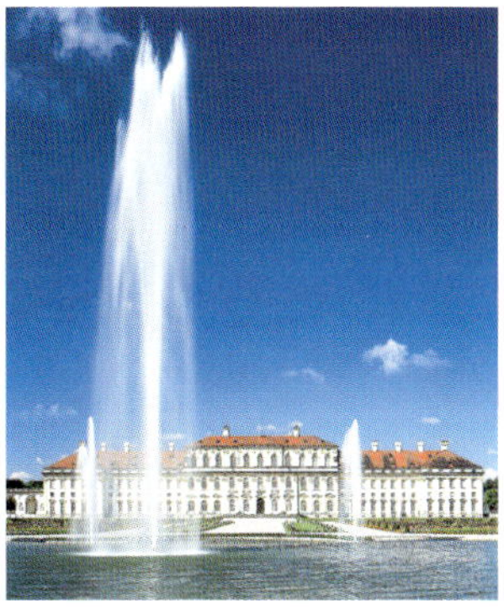

Neues Schloss und Hofgarten Schleißheim

Schloss- und Gartenverwaltung Schleißheim-Dachau
Max-Emanuel-Platz 1
85764 Oberschleißheim
Tel. 098/315872-0
Fax 089/315872-50
sgvschleissheim@bsv.bayern.de

D'avril à septembre : de 9 h à 18 h
d'octobre à mars : de 10 h à 16h
Fermé le lundi

Fontaines en service d'avril à septembre tous les jours entre 10 h et 16 h
Guide audio sur demande

Ascenseur

Jardins baroques

Galerie d'Etat

Boutique du musée

Auberge Schlossgastätte

München

Ligne S 1 Oberschleißheim

Château Neuf de Schleißheim

La salle des Victoires

Les intérieurs du château Neuf de Schleißheim, construit pour le prince-électeur Max Emmanuel de Bavière (règne de 1680 à 1726) culminent dans la suite d'apparat comprenant un escalier d'honneur, plusieurs salles de fêtes et une galerie de tableaux.

La salle des Victoires (Viktoriensaal), aménagée entre 1723 et 1725 sous la direction de l'architecte de cour Joseph Effner qui avait étudié en France, est la synthèse d'éléments de style d'inspiration bavaroise, française et italienne, typique de l'art de cour bavarois de la fin du Baroque. Les murs, décorés de lambris sculptés, exécutés sous l'égide du menuisier de cour Johann Adam Pichler, comptent parmi les plus belles décorations d'intérieurs dans le style Régence d'inspiration française. Neuf tableaux monumentaux de Franz Joachim Beich évoquent les exploits de Max Emmanuel lors de ses combats victorieux contre les Turcs. Au dessus de la corniche, des bustes en hermès d'Hercule faits de stuc alternent avec des petits anges portant des trophées d'armes. Les lettres inscrites sur leurs écus forment le nom de Max Emmanuel. La fresque de plafond du Vénitien Jacopo Amigoni fait partie d'un ensemble de fresques glorifiant le maître d'oeuvre. B. L.

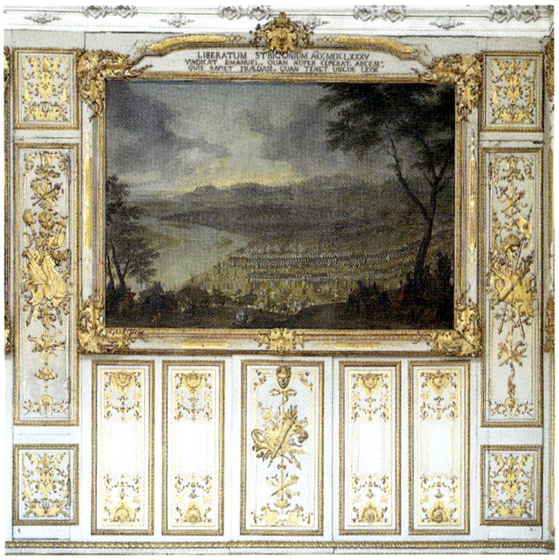

Château Neuf de Schleißheim, les lambris de la salle des Victoires

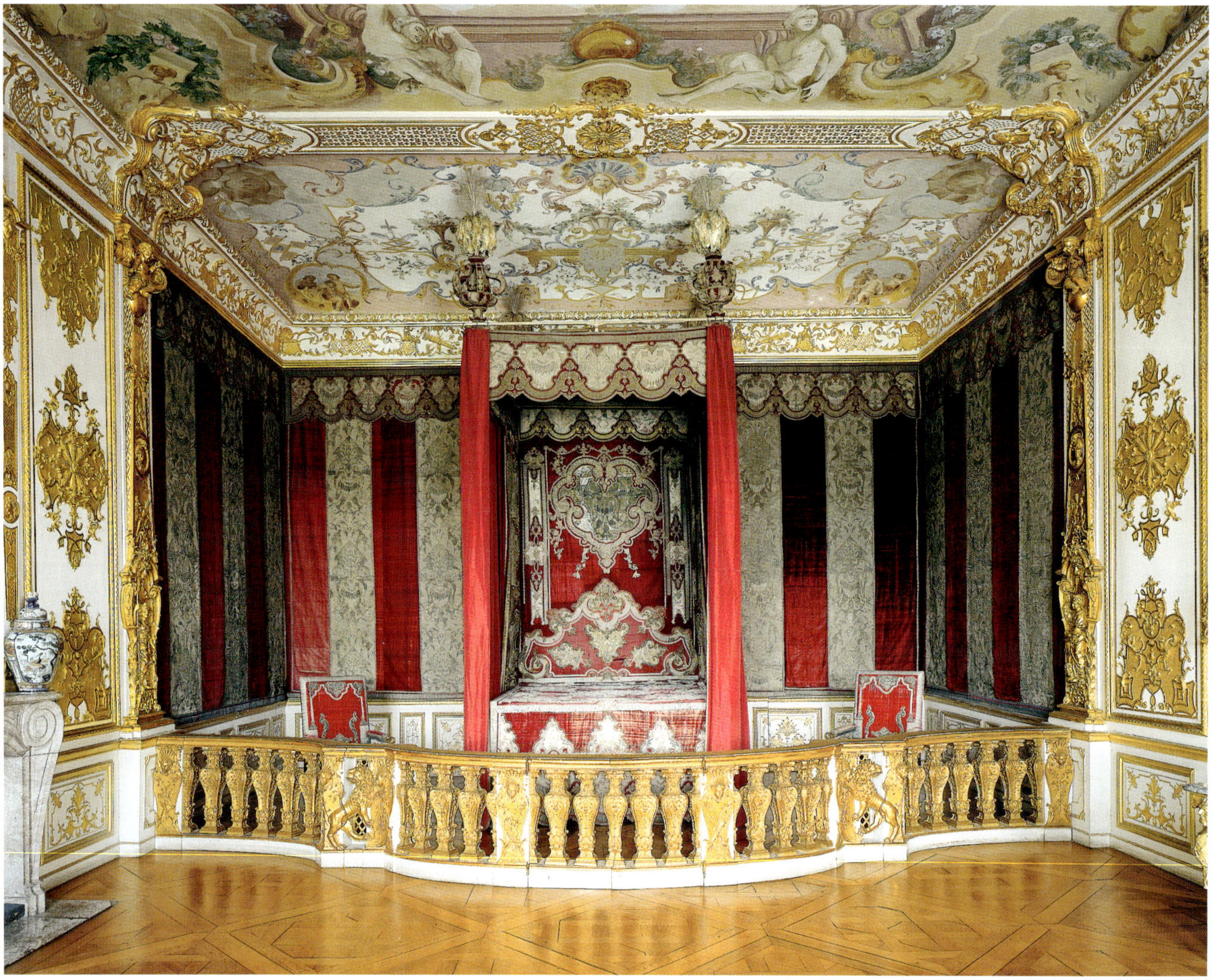

Château Neuf de Schleißheim, la chambre de parade du prince-électeur Max Emmanuel

La chambre de parade du prince électeur Max Emmanuel

La chambre de parade du prince-électeur Max Emmanuel de Bavière (Paradeschlafzimmer) dans le château Neuf de Schleißheim est une œuvre importante de l'art décoratif à l'époque du baroque tardif. Une balustrade à la courbe élégante sépare « l'espace public » de la pièce de celui qui était réservé au prince, soit l'alcôve où se dresse le lit.

Il est rare qu'une couche ait été aussi bien conservée que le lit impérial du prince. En accord avec l'étiquette réglementant l'aménagement des chambres princières de l'époque, les étoffes du lit d'apparat, les revêtements des sièges et les tentures de l'alcôve sont fait du même tissu, ici du velours de soie rehaussé de dessins brochés en fils d'argent et de lourdes broderies en fil d'or. Ce lit entièrement recouvert d'étoffes constituait donc le meuble le plus précieux de toute la suite. Dans cette pièce qui est la plus importante des appartements princiers, les lambris de couleur blanche, les sculptures sur bois dorées et les étoffes rouge carmin s'allient pour créer l'ensemble des trois couleurs symboles de la plus haute dignité du cérémonial.

La fresque du plafond de Jacopo Amigoni figurant Mars endormi, topique baroque, évoque le prince se reposant.

B.L.

La chapelle d'appartement

La chapelle d'appartement (Kammerkapelle) est une chapelle privée faisant partie intégrante des appartements de la femme du prince-électeur. Tout comme une autre pièce, plus petite, nommée le cabinet de Stuc (Stuckaturkabinett), les murs de cette chapelle furent recouverts de lambris incrustés de marbre stuqué (méthode de la scagliola) que l'on transféra vers 1724 de la Résidence de Munich à Schleißheim. Ces lambris sont l'œuvre du célèbre marbrier de la cour de Maximilien Ier, Wilhelm Pfeiffer, nommé Fistulator, comme le prouve sa signature datée de 1629. La technique de la scagliola était alors un art très répandu et apprécié à la cour de Munich. Les pièces de cabinet mais aussi les planches de table étaient souvent constituées de ces plaques de marbre stuqué aux couleurs variées.

A Schleißheim, on allia cette forme d'art antique précieuse à un plafond tout à fait innovateur dans sa décoration. Le célèbre stucateur et peintre de fresques bavarois Johann Baptist Zimmermann est l'artiste qui réalisa le fin stuc du plafond ainsi que les quatre statues élégantes figurant les vertus cardinales, assises sur la balustrade de l'ouverture de plafond. La peinture de l'autel représentant l'Assomption est l'œuvre de Peter Paul Rubens. B. L.

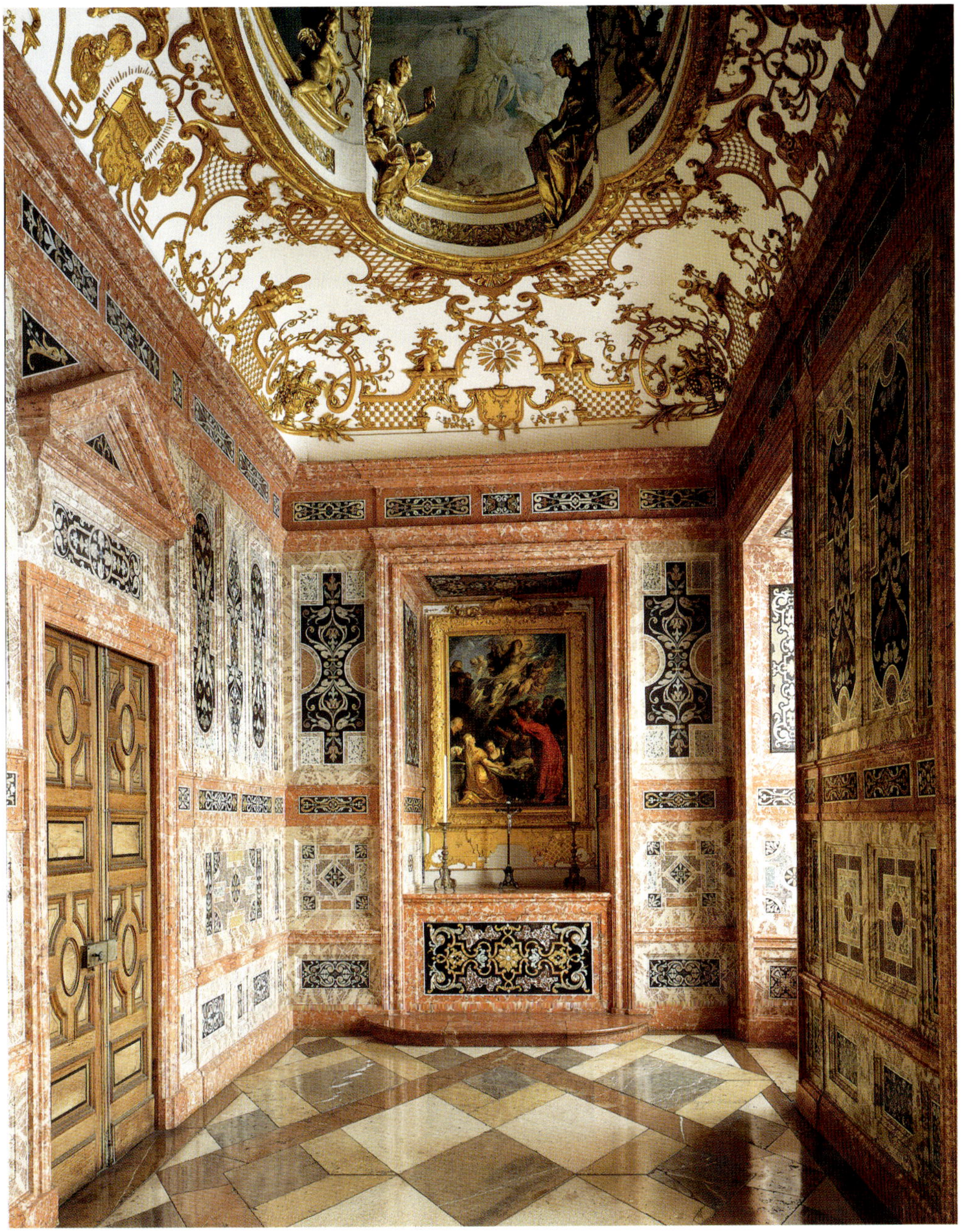

Château Neuf de Schleißheim, la chapelle d'appartement

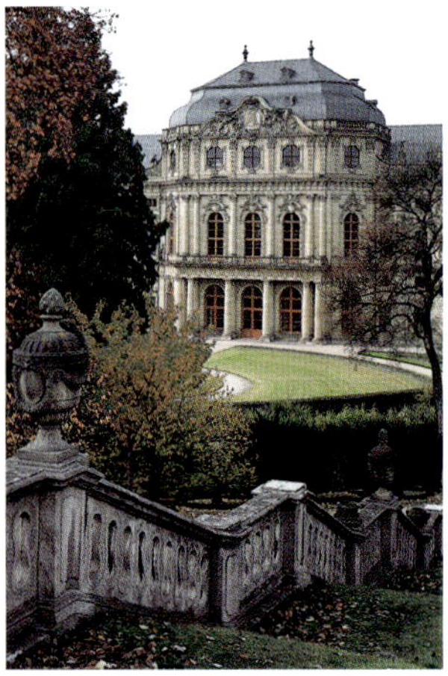

Residenz und Hofgarten Würzburg

i Schloss- und Gartenverwaltung Würzburg
Residenzplatz 2, Tor B
97070 Würzburg
Tél. 09 31 / 3 55 17-0
Fax 09 31 / 5 19 25
sgvwuerzburg@bsv.bayern.de

D'avril à octobre
de 9 h à 18 h
de novembre à mars
de 10 h–16 h
Visites guidées

Sur rendez-vous, visites guidées en dehors des horaires d'ouverture

Sur rendez-vous, visites guidées des jardins

Ascenseur pour personnes handicapées en chaise roulante

Jardins

Parc Rosenbachpark

A Musée de l'université de Wurtzbourg dans l'aile sud-Martin-von-Wagner-Museum

Boutique du musée

Restaurant Residenzgaststätte

Patrimoine culturel mondial de l'Unesco

P

DB Würzburg

Résidence de Wurtzbourg

L'escalier d'honneur

Les intérieurs de l'ancienne Résidence des princes-évêques de Wurtzbourg, dont le gros-oeuvre fut réalisé entre 1720 et 1744, ne furent terminés qu'en 1780. Cette résidence compte parmi les sites de châteaux baroques les plus beaux d'Europe. Son premier maître d'ouvrage, le prince-évêque Jean Philippe François de Schönborn, chargea l'architecte Balthasar Neumann, encore inconnu, de faire les plans. Ce dernier, fort doué, travailla également pour le frère du prince-évêque François Charles de Schönborn ainsi que pour les deux autres princes-évêques suivants jusqu'à ce que ce bâtiment imposant soit enfin achevé. L'élément architectonique majeur de la Résidence est le célèbre escalier d'honneur de Neumann. Sous une voûte en ogive surbaissée et sans aucun support qui, avec ses 23 mètres de hauteur maximale et sa superficie de 18 x 30 m, représente un record architectonique, Neumann érigea un escalier à trois volées doté d'une galerie. L'artiste Giovanni Battista Tiepolo, venu à cet effet de Venise, décora la voûte entre 1752 et 1753 de la plus grande fresque de plafond jamais peinte. Avec une élégance sans égale dans le trait, il donna aux mondes exotiques des continents d'Afrique, d'Asie et d'Amérique les visages de personnages féminins princiers. L'allégorie de l'Europe avec la cour de Wurtzbourg, havre des arts, constitue l'apogée de cette œuvre monumentale. W.H.

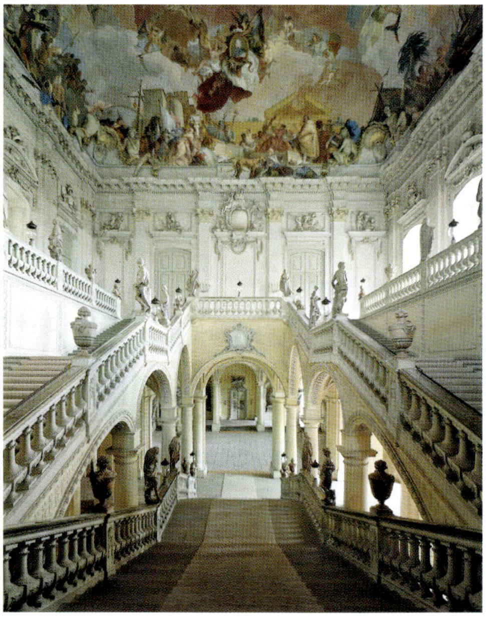

Résidence de Wurtzbourg, l'escalier d'honneur, vue sur la fresque d'Europe

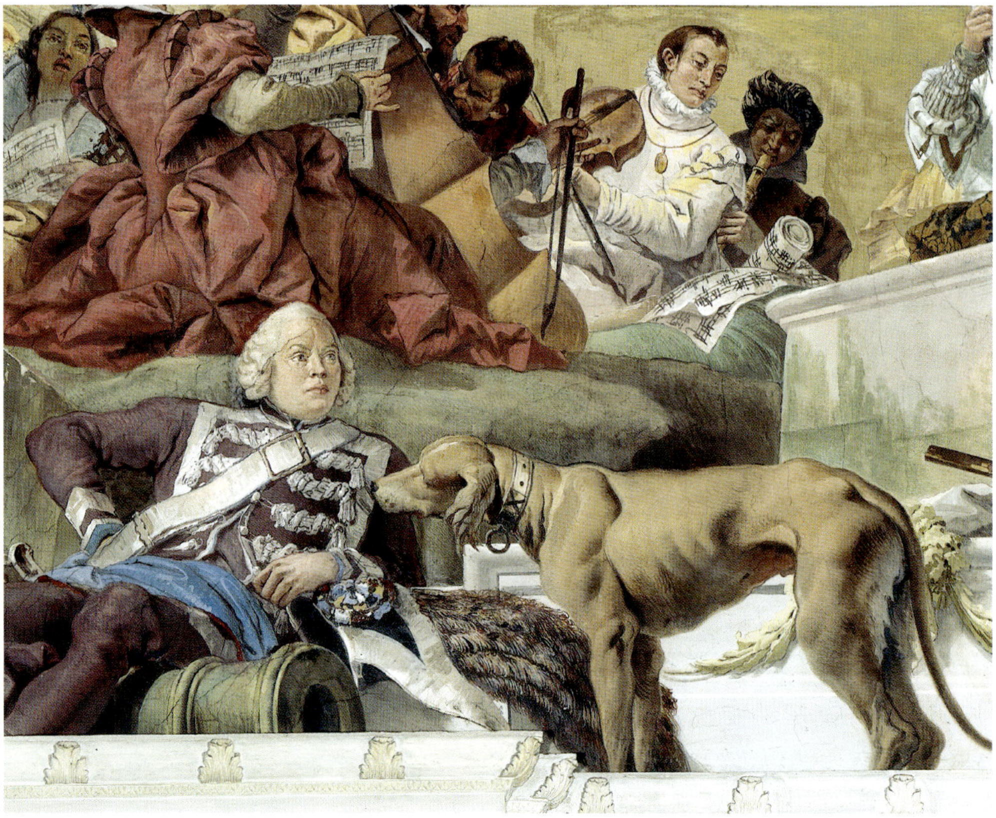

Résidence de Wurtzbourg, escalier d'honneur, fresque du plafond, portrait de l'architecte Balthasar Neumann

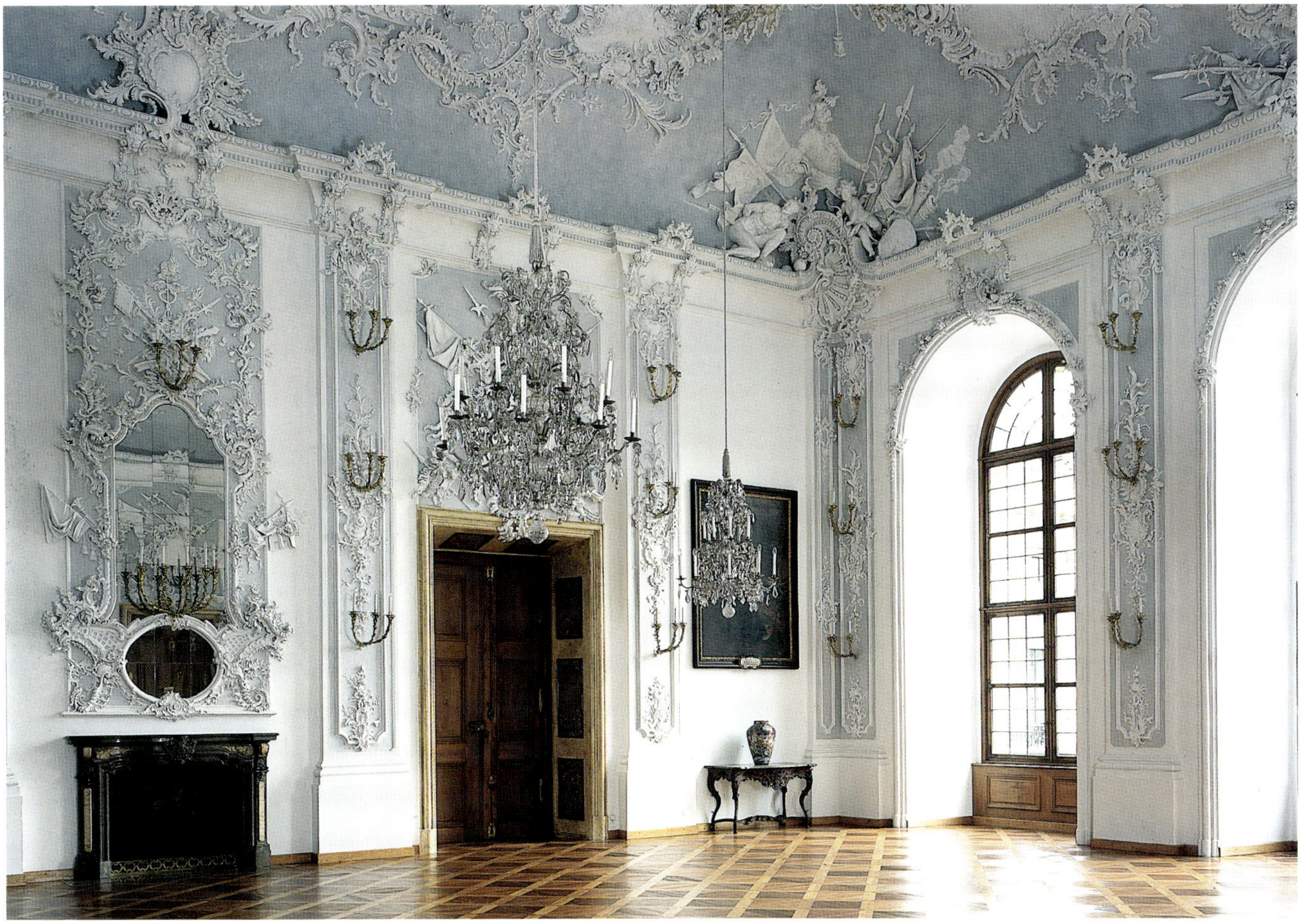

Résidence de Wurtzbourg, la salle Blanche

La salle Blanche

La décoration, faite en 1744-1745 de la salle Blanche (Weißer Saal) contraste par son absence volontaire de couleurs avec la vive splendeur de celles de la fresque de l'escalier d'honneur et le scintillement doré de la salle de l'empereur. Les stucs blancs d'Antonio Bossi se détachent du fond gris clair des murs et du plafond. Seuls quelques rares détails sont soulignés d'une couleur pâle. Le jeu des ombres suffit à créer toute une gamme de blancs et gris. La riche inspiration d'Antonio Bossi lui permit de décorer en l'espace de quelques mois seulement l'immense surface de la voûte haute et profonde. Il réussit à donner des dimensions presque monumentales à la décoration en rocaille, qui sert de coutume plutôt à agrémenter des salles plus petites et intimes, sans pour autant lui enlever de sa légèreté enjouée. Ce travail de Bossi au relief étonnamment plastique, parvient malgré l'immense variété des formes à ordonner clairement la salle. La représentation d'armures, d'armes et d'emblèmes de la souveraineté ainsi que les reliefs figurant les déités de la guerre Mars et Bellone rappelle la vocation première de cette salle, à l'origine prévue pour la garde du prince-évêque. W. H.

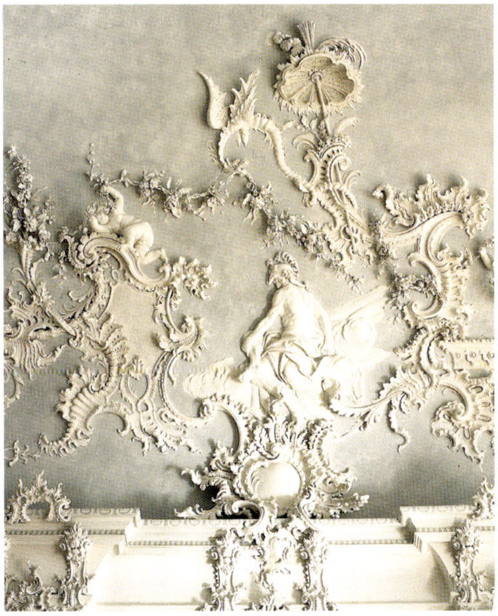

Résidence de Wurtzbourg, la salle Blanche, le dieu de la guerre Mars, détail de l'ornement en stuc

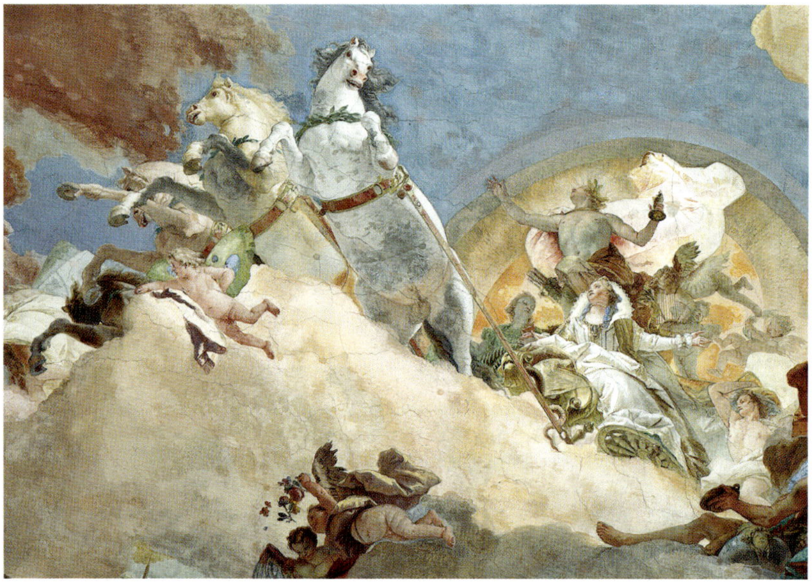

Résidence de Wurtzbourg, salle Impériale, le char de la mariée avec Béatrice de Bourgogne, détail de la fresque du plafond

La salle Impériale

Balthasar Neumann fit de la salle Impériale (Kaisersaal), dotée de 20 demi-colonnes de presque huit mètres de haut et d'une coupole ovale très élevée, l'apogée de l'ensemble des pièces de la Résidence de Wurtzbourg. La voûte fut construite en 1742 et l'artiste Giovanni Battista Tiepolo peignit les fresques en 1751-1752, mais c'est l'alliance de tous les arts de décoration qui permit de réaliser cette pièce qui compte parmi les intérieurs à vocation profane les plus beaux et les plus harmonieux du Baroque. Les trois grandes fresques de Tiepolo y narrent avec brio l'histoire politique de l'évêché de Wurtzbourg au sein de l'Empire sous le règne de l'empereur Frédéric Barberousse. La fresque centrale du plafond figure Apollon menant, sur son char de soleil tiré par quatre chevaux, la mariée Béatrice de Bourgogne au trône. Les deux autres fresques représentent « Le mariage de Frédéric Barberousse avec Béatrice de Bourgogne célébré par l'évêque de Wurtzbourg en 1156 » ainsi que « Le don fait à l'évêque de Wurtzbourg du duché de Franconie en 1168 ». Les peintures au dessus des portes représentant des scènes de la vie des empereurs de l'Antique sont l'œuvre du fils Domenico Tiepolo. Antonio Bossi réalisa les quatre statues en stuc, grandeur nature, de Neptune, Junon, Flora et Apollon dans les niches murales des côtés étroits de la salle. W.H.

Résidence de Wurtzbourg, la salle Impériale

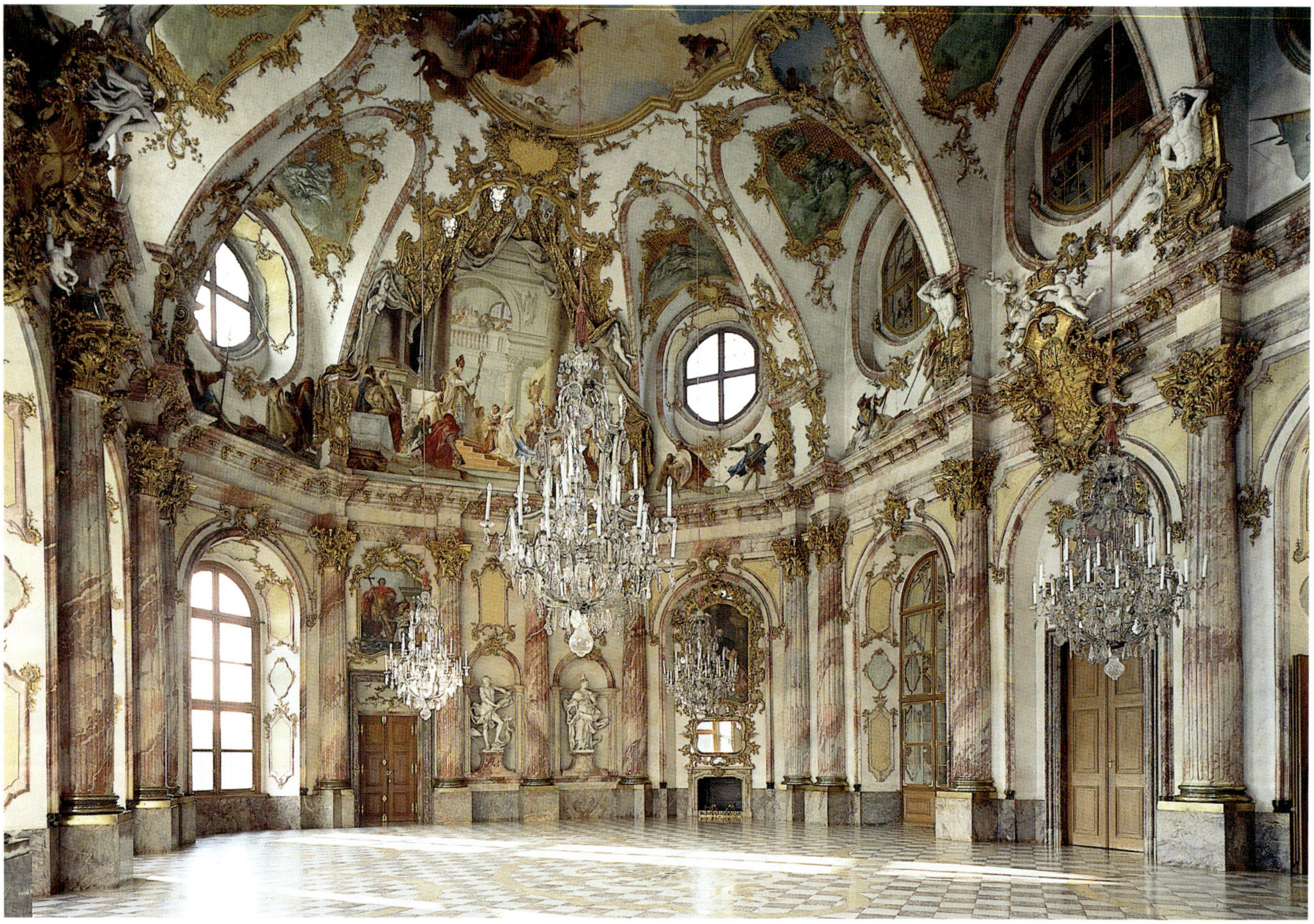

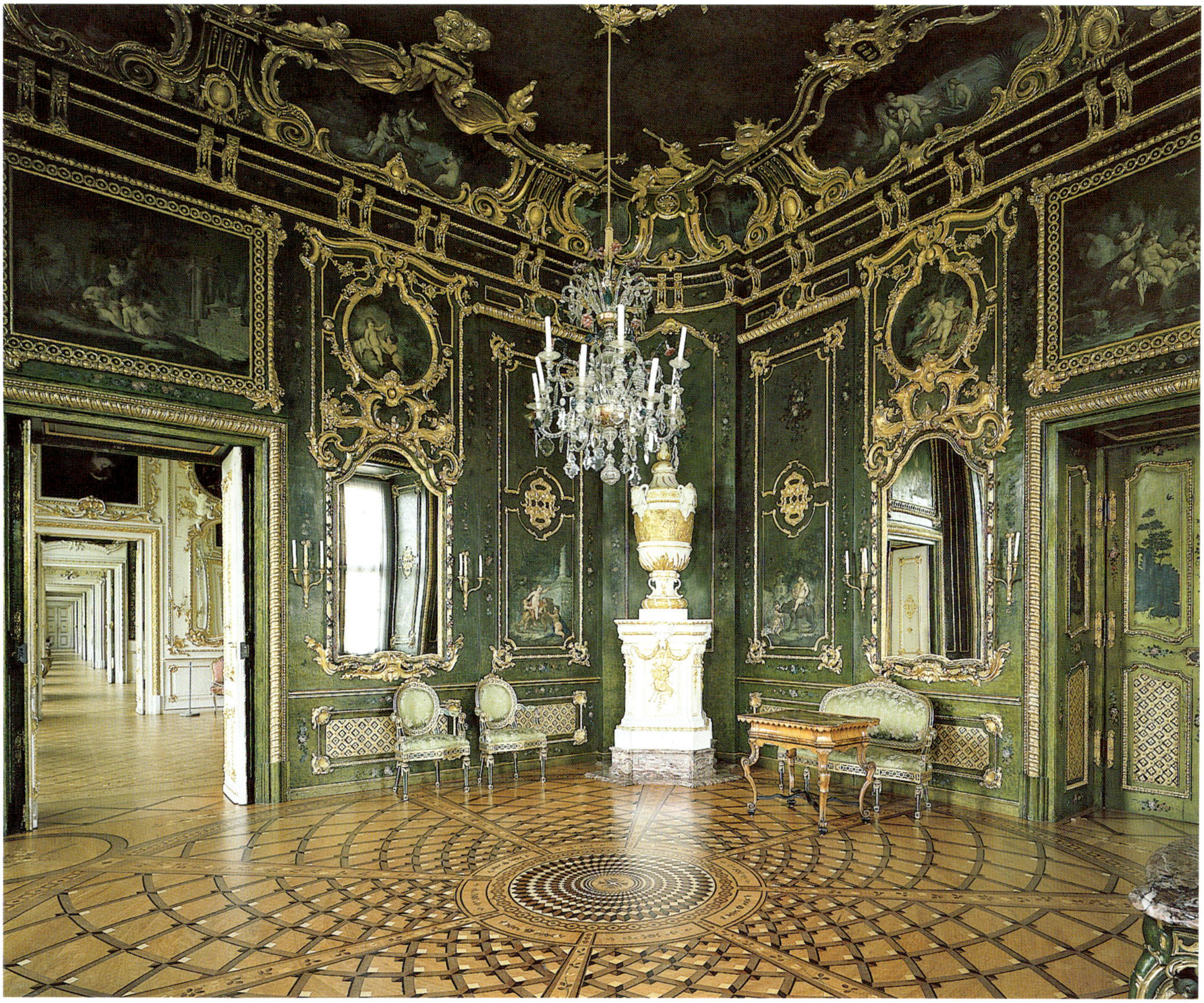

Résidence de Wurtzbourg, le salon Laqué Vert,

Le salon Laqué Vert

Le salon Laqué Vert (Grünlackiertes Zimmer) est la pièce d'angle terminant l'enfilade de 165 mètres de long des salles de l'empereur, situées au nord et au sud de la Résidence de Wurtzbourg. Elle fut aménagée lors de l'époque transitoire du passage du rococo à la première période du classicisme. La couleur singulière de cette pièce est due à l'emploi d'une laque d'un vert transparent sur un fond argenté. Elle contraste agréablement avec l'or du stuc et est agrémentée de figurations de scènes peuplées de petits anges aux couleurs vives et de fleurs en cascade. Les peintures sont l'œuvre de Georg Karl Urlaub, Christian Popp et Ernst Schwab, les stucs dorés de Materno Bossi. Les montures des sièges et des consoles harmonisent avec les couleurs de la salle. Le sol décoré de motifs géométriques fut à l'origine réalisé par l'ébéniste de cour, Balthasar Hermann, le poêle de faïence avec une corniche en forme de vase par Franz Paul Acker. A la suite d'incendies pendant la guerre en 1945, les murs durent être en partie reconstitués, le sol et le plafond pour l'essentiel restaurés.

W. H.

La chapelle

Bien qu'elle soit de petite taille, la chapelle (Hofkirche), consacrée en 1743, compte parmi les lieux sacraux allemands les plus achevés du XVIIIe, en raison du raffinement de son agencement et de la grande valeur artistique de sa décoration intérieure. Sans pour autant transformer le mur de la façade du palais donnant sur le sud-ouest, haut de quatre étages reconnaissables aux rangées de fenêtres, l'architecte Balthasar Neumann réussit l'exploit de réaliser, à l'intérieur du bâtiment, une chapelle dotée de trois coupoles ovales et dont la courbe des murs ne manque pas de surprendre le visiteur. La somptueuse décoration, réalisée entre 1735 et 1743, fut en partie conçue par son rival Lucas von Hildebrandt. Quant à la décoration en elle-même elle fut essentiellement exécutée par des artistes de la cour de Wurtzbourg : Rudolph Byss et ses disciples peignirent la fresque du plafond (restaurée après la guerre), Antonio Bossi réalisa les stucs et les statues également en stuc, Johann Wolfgang van der Auwera les sculptures de marbre de Saint Kilian et Saint Burkard sur les côtés du maître-autel. Les retables des autels latéraux « la chute des Anges » et « L'Assomption », datés de 1752, sont l'œuvre de Giovanni Battista Tiepolo.

W. H.

Résidence de Wurtzbourg, la Chapelle

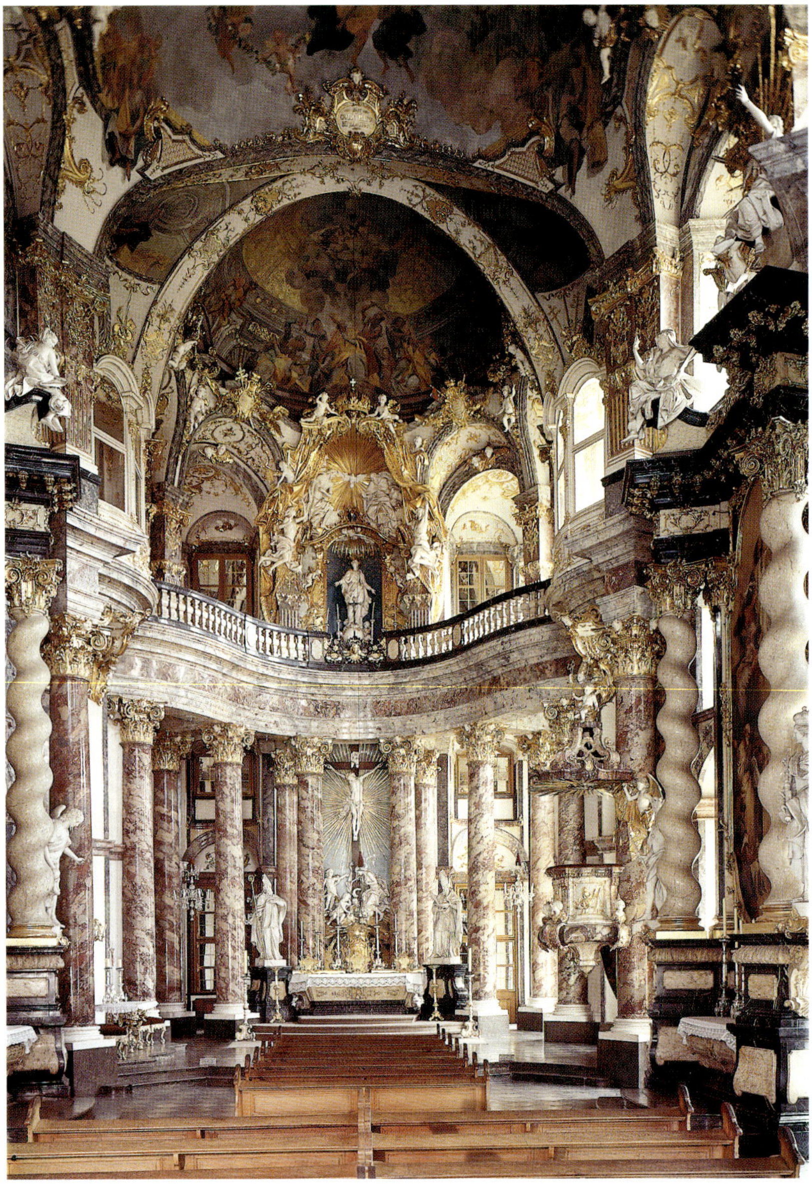

Résidence de Wurtzbourg, Chapelle, Sainte Madeleine et deux putti au pied de la Croix

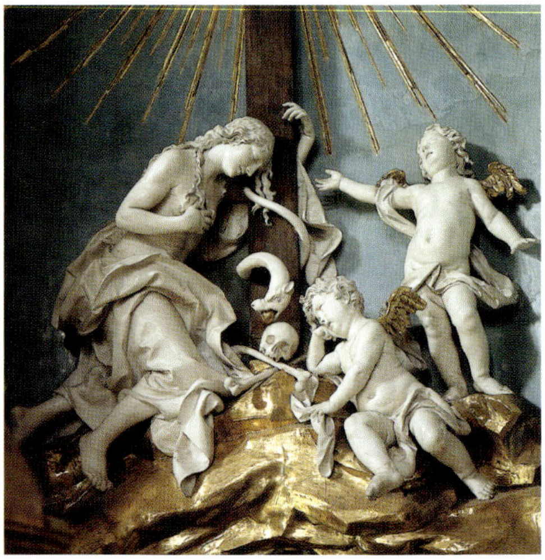

Crédits photographiques :
Bayerische Verwaltung der staatlichen Schlösser, Gärten und Seen : p. 59, 61, 62, 63, 64, 65 en haut, 66, 67 à droite, 68, 69, 70, 71 en haut, 71 en bas (Frahm), 73, 74, 75, 76, 78, 79 en haut (Ulrich Pfeuffer), 79 en bas (Maria Scherf), 81, 82 (Ulrich Pfeuffer), 83, 84, en haut, 84 en bas (Mayr), 85, 86, 87, 88 en haut, 88 en bas (Maria Scherf/Heidi Mayer), 89, 90 (Herpich), 91, 92, 93, 94 (à gauche), 95, 96 en haut (R. Mayer), 96 en bas, 97, 98, 99, 100, 101, 102 en haut, 103 en haut à droite, 104 en bas et à gauche, 105, 106, 107, 108, 109, 110 en bas, 112 à droite
Achim Bunz, Munich : p. 77, 94 à droite
Caretta, Rome : p. 103 en haut
Herpich : p. 90
Edmund von König Verlag, Diedlheim : p. 11
Feuerpfeil Verlags GmbH, Bayreuth : p. 67
L. Keresztes : p. 103 en bas
Mathews : p. 72
Wolf-Christian von der Mülbe, Dachau : p. 80, 110 en haut, 112 à gauche
Elmar D. Schmid : p. 104 à droite
Schöning & Co., Lübeck : p. 102 en bas

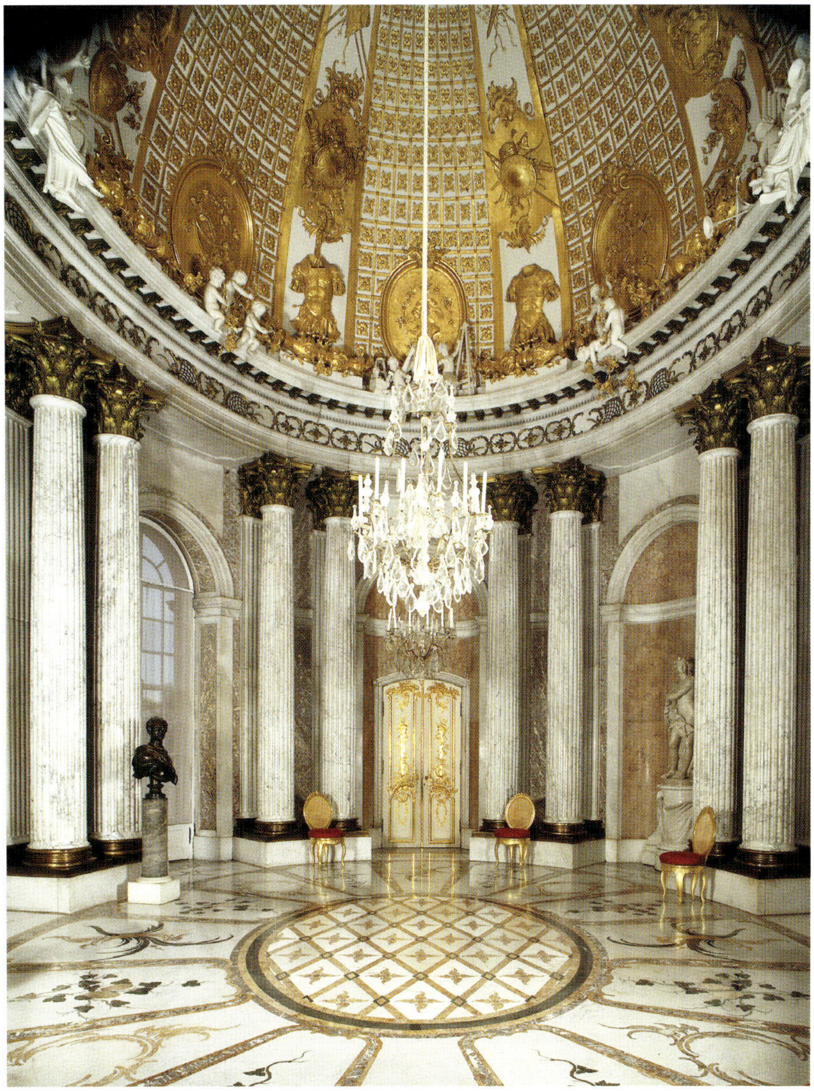

Berlin-Brandebourg

Stiftung Preussische Schlösser und Gärten Berlin-Brandenburg

Fondation des Châteaux et des Jardins Prussiens de Berlin-Brandebourg

STIFTUNG PREUSSISCHE SCHLÖSSER UND GÄRTEN BERLIN-BRANDENBURG

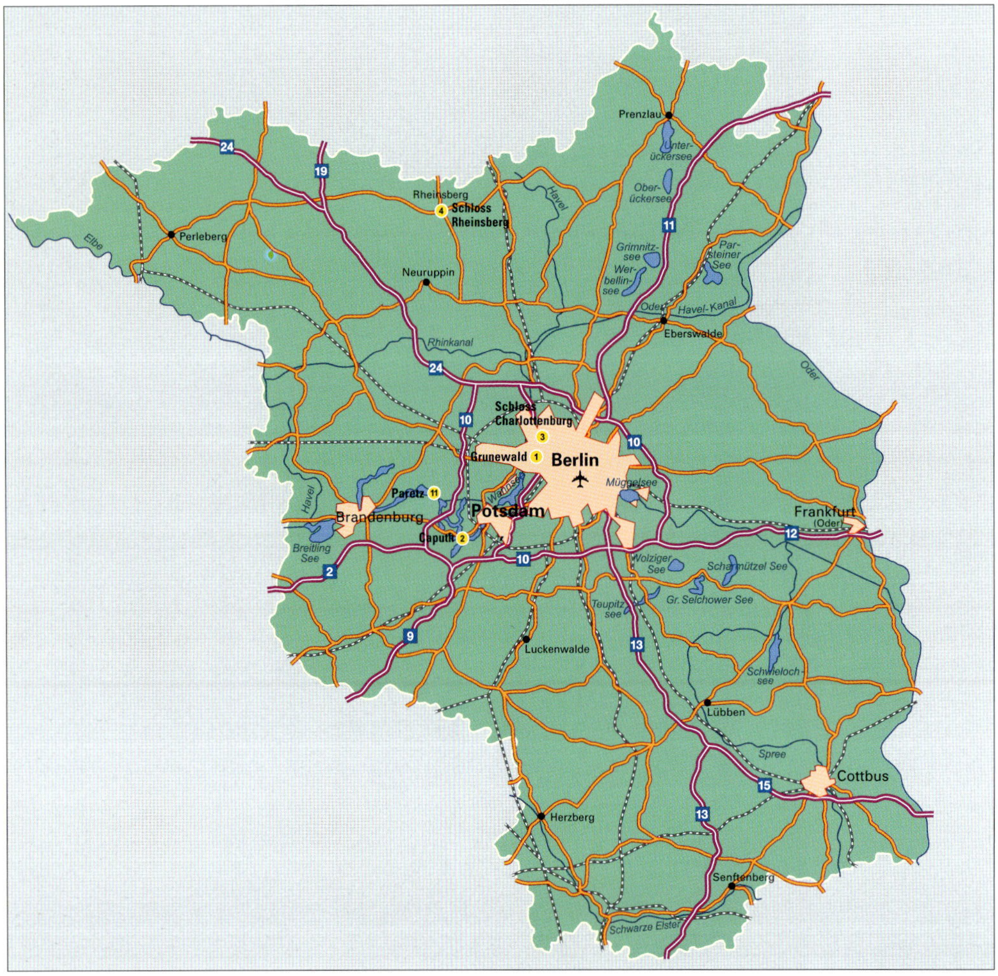

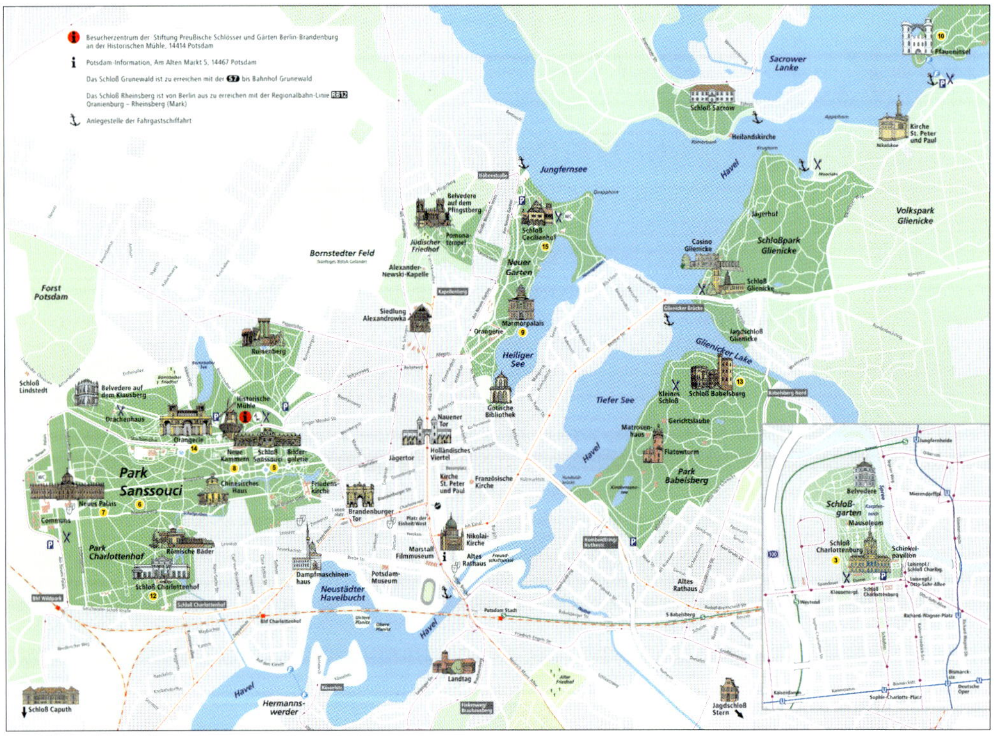

Grunewald – Berlin
1 Grunewald (p. 115)

Caputh
2 Château de Caputh (p. 116)

Charlottenburg – Berlin
3 Château de Charlottenburg (p. 117–124)

Rheinsberg
4 Château de Rheinsberg (p. 125–126)

Sans-Souci – Potsdam
5 Château de Sans-Souci (p. 127–130)
6 Parc de Sans-Souci (p. 131–132)
7 Nouveau palais (p. 133–138)
8 Nouvelles chambres (p. 139)

Nouveau jardin – Potsdam
9 Palais de Marbre (p. 140–142)

l'Ile aux Paons – Berlin
10 Château de l'Ile aux Paons (p. 143–144)

Paretz
11 Château de Paretz (p. 145–147)

Charlottenhof – Potsdam
12 Château de Charlottenhof (p. 148–149)

Babelsberg – Potsdam
13 Château de Babelsberg (p. 150)

Sans-Souci – Potsdam
14 Château de l'Orangerie de Sans-Souci (p. 151)

Cecilienhof – Potsdam
15 Château de Cecilienhof (p. 152)

Pour toute information sur les autres sites gérés par la Fondation des Châteaux et des Jardins Prussiens de Berlin-Brandebourg : www.spsg.de

◁ Château de Sans Souci, la salle de Marbre, G.W. von Knobelsdorff, 1745–1748

Le pavillon de chasse de Grunewald

Le Grand salon

De nos jours, il est encore possible de commencer, bien que modestement, la visite des châteaux de Berlin et de Postdam par celle d'une pièce Renaissance et ce, malgré la destruction du château de Berlin. Le prince-électeur Joachim II avait chargé l'architecte Caspar Theis d'ériger en 1542 le pavillon de chasse de Grunewald. Les recherches entreprises dans le Grand salon permirent, en 1973 et 1974, de remettre à jour la décoration qui avait existé avant les travaux de remaniement en style baroque de Martin Grünberg, opérés entre 1705 et 1708. Une double arcade partage la pièce en deux et le plafond de bois restauré, est agrémenté de cases noires et blanches qui imitent un plafond en caissons. Le sol constitué de plaques en brique rouge fut refait en 1974, dans le respect des résultats des fouilles réalisées. Dans d'autres pièces, quelques plafonds en stuc de style baroque ont été conservés mais en revanche, rares sont les embrasures de portes ou de fenêtres qui soient encore du XVIe. Néanmoins l'aménagement de cette résidence est de nos jours de grande valeur, quoique dans un tout autre style que ce qu'elle fut, puisqu'elle comprend une galerie de tableaux où sont présentées de nombreuses œuvres de L. Cranach l'Ancien et L. Cranach le Jeune auxquels s'ajoutent encore différents tableaux du XVIe. Divers tableaux de peintres hollandais du XVIIe permettent au visiteur de faire la transition avant d'admirer quelques œuvres picturales du XVIIe et XIXe créées à Berlin même. Les meubles n'appartiennent également pas à l'aménagement d'origine du château.

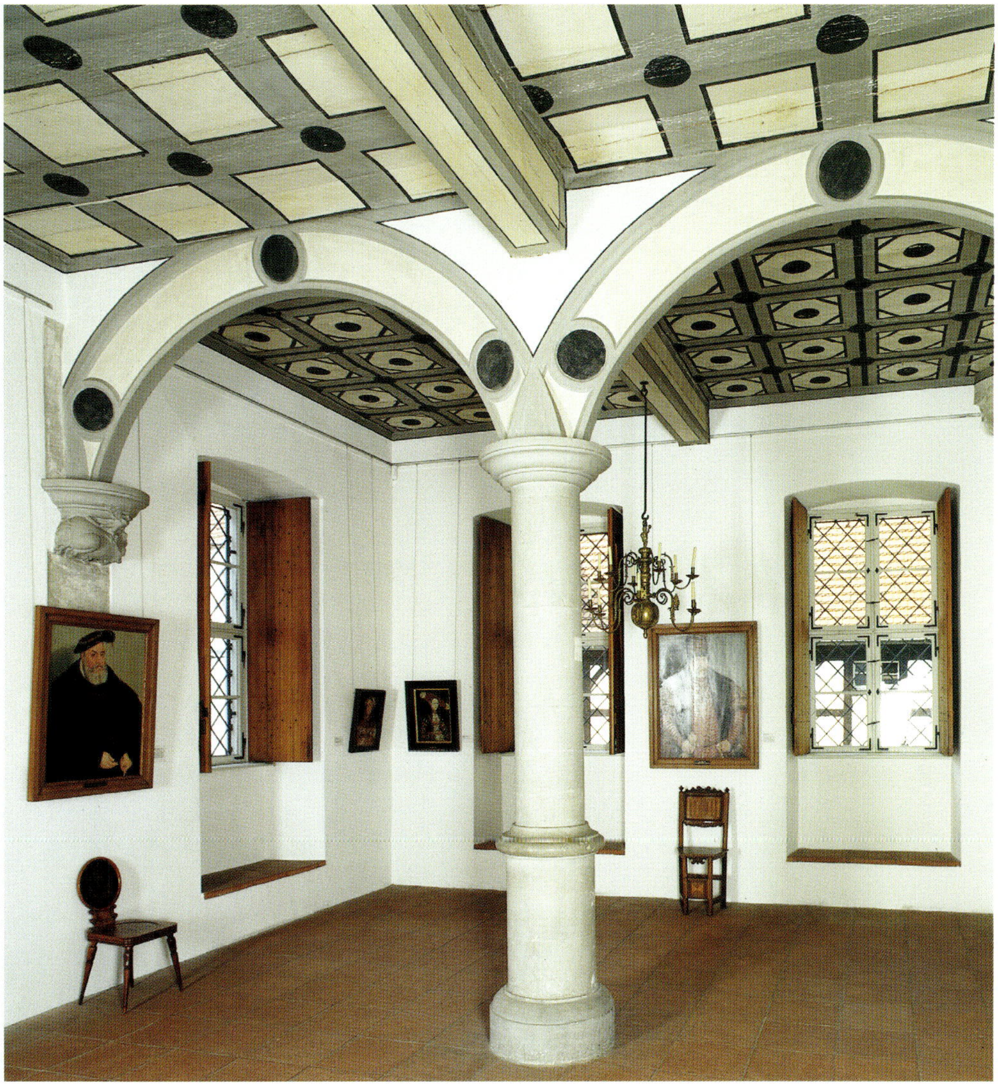

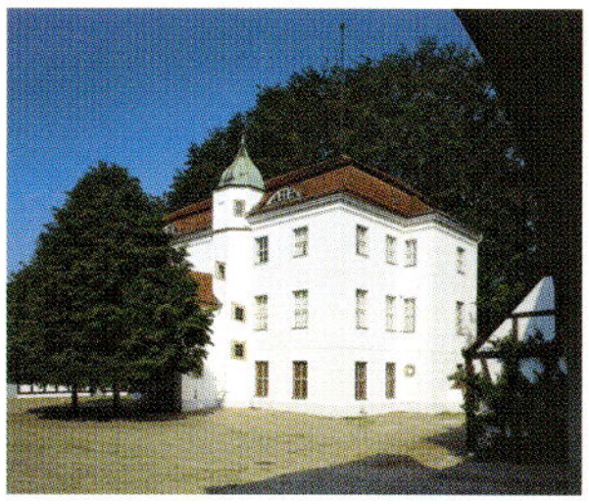

i Jagdschloss Grunewald
Hüttenweg 100
(am Grunewaldsee)
14193 Berlin
Tél. 030/8133597
Fax 030/8149348

15 mai – 15 octobre:
de 10 h à 17 h
dernière entrée avant fermeture à 17 h
Fermé le lundi
16 octobre – 14 mai:
le samedi, le dimanche et les jours fériés avec visite guidée à 11 h, 13 h, 15 h

Bus ligne X10 à partir de la station Berlin Zoo jusqu'à la station Königin Luise Str./ Clayalle
Métro U3 jusqu'à la station Dahlem Dorf
Puis prendre le bus 110 jusqu'à l'arrêt Königin Luise Str./ Clayallee

Restaurant Forsthaus Paulsborn

P Forsthaus Paulsborn ou Clayallee/Königin Luise Str.

Le Grand salon, pavillon de chasse de Grunewald

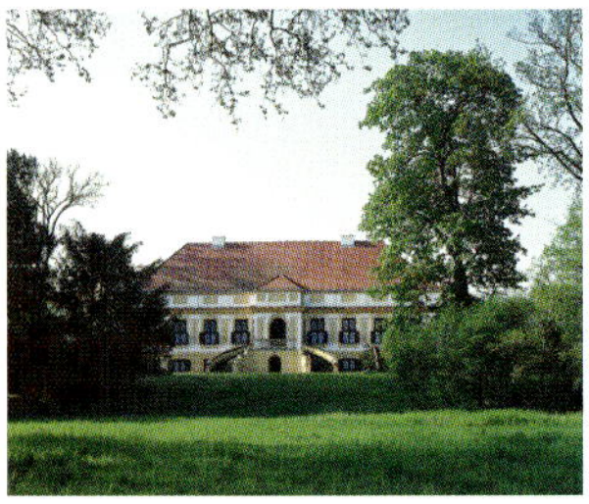

Schloss Caputh
Straße der Einheit 2
14548 Schwielowsee
Ortsteil Caputh

i Besucherzentrum an der Historischen Mühle
Postfach 60 14 62
14414 Potsdam
Tél. 03 31 / 96 94-200 / -201
Fax 03 31 / 96 94-107
Besucherzentrum@spsg.de

15 mai – 15 octobre:
de 10 h à 17 h
dernière entrée avant fermeture à 17 h
Fermé le lundi
16 octobre – 14 mai:
le samedi et le dimanche
de 10 h à 16 h
dernière visite guidée à 16 h

Restaurant Kavaliershaus dans le jardin de Caputh

Parking devant le château

Bus 607 à partir de Potsdam. Hbf.

RB 22 jusqu'à Caputh-Geltow, chemin pour piétons

Château de Caputh
La salle des fêtes, la salle à manger d'été

Le château fut tout d'abord érigé en 1662, en gentilhommière sur les bords du lac du Templiner See près de Potsdam par Philippe de Chièze, l'intendant général du prince-électeur. Ce dernier le racheta pour l'offrir ensuite en 1671 à son épouse Dorothée qui le fit transformer et agrandir en une somptueuse résidence d'été. On ne connaît pas le nom de l'architecte qui mena ces travaux mais le château a conservé, bien qu'il ait longtemps été utilisé à de toutes autres fins, non seulement son plan baroque d'origine avec les appartements du couple princier , mais également ses fresques de plafond datant d'environ 1680, réalisées par Jacques Vaillant and Samuel Theodor Gericke, ainsi que ses plafonds richement ornés de stuc qui font de ce château l'une des créations architecturales profanes les plus importantes de cette époque préservées jusqu'à nos jours au Brandebourg. La salle des fêtes (Festsaal), dotée de hautes voûtes en ogive surbaissée, est la salle la plus imposante. Sa décoration de stuc, complétée en certains endroits au début du XXe, fut créée peu de temps après la prise en possession de l'épouse du prince-électeur en 1671. La riche décoration de tableaux du château est d'origine et comprend entre autres une série de portraits d'empereurs romains, comme le « César » de Rubens, qui faisaient déjà partie de l'inventaire du château de Postdam en 1700, mais également des œuvres de peintres dont il est prouvé qu'ils avaient fourni des tableaux pour l'aménagement d'origine. Quant aux meubles, ils proviennent d'intérieurs de la même époque de châteaux qui furent détruits. Pour le cabinet des Porcelaines, on choisit, en plus de quelques porcelaines d'Asie orientale, des statues de marbre correspondant à celles d'origine, d'après les recherches menées. Il ne reste, par contre, plus rien des tapisseries de cuir et des étoffes de rideaux.

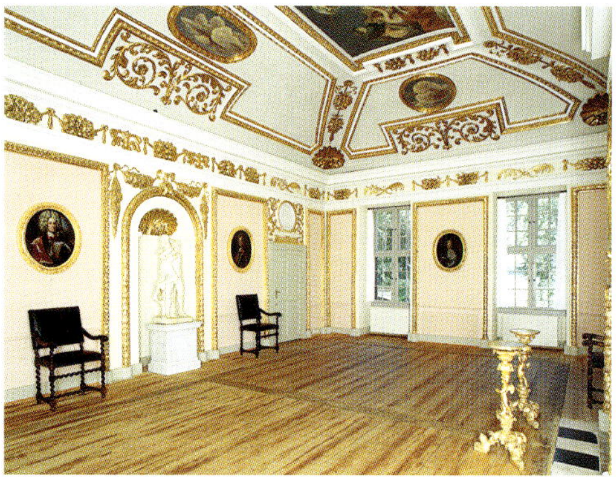

La salle des fêtes avec portraits et « L'enlèvement de Proserpine » de Bartholomäus Eggers

La salle à manger d'été à voûtes, qui avait déjà été installée au niveau des soubassements du temps du roi Frédéric 1er, ne fut décorée des 7500 carreaux de faïence hollandais bleus et blancs actuels (chiffre approximatif) qu'à l'époque du « roi-sergent », Frédéric Guillaume 1er, soit vers 1720.

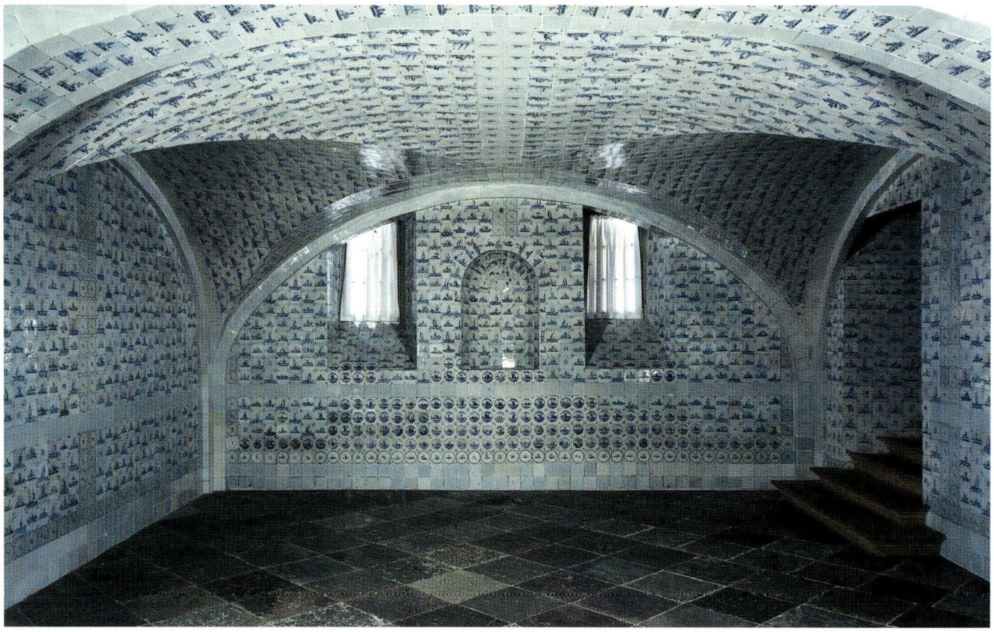

La salle à manger d'été avec ses carreaux de faïence hollandais, vers 1720.

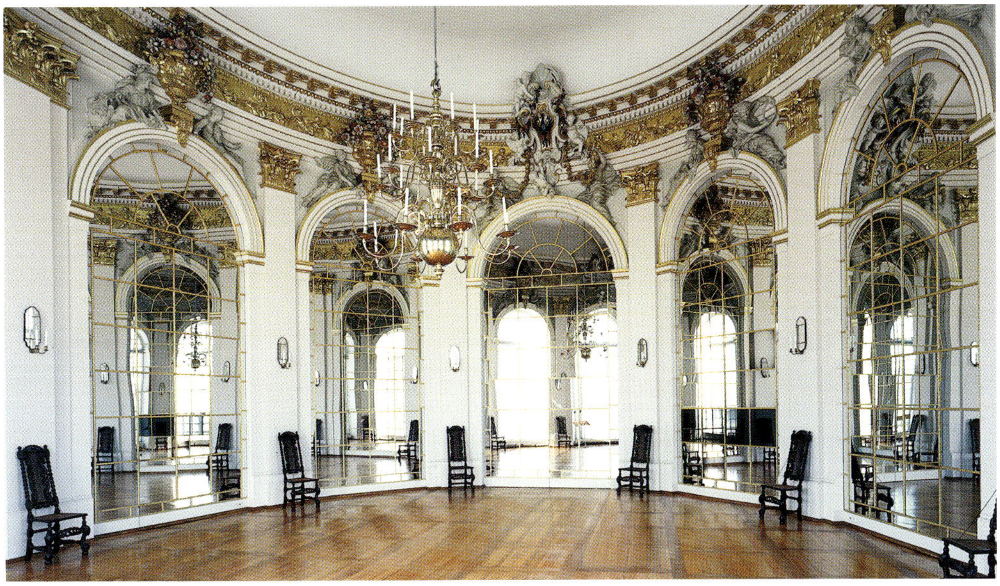

La salle des Glaces ovale, à l'étage supérieur, 1699–1705 (reconstitution)

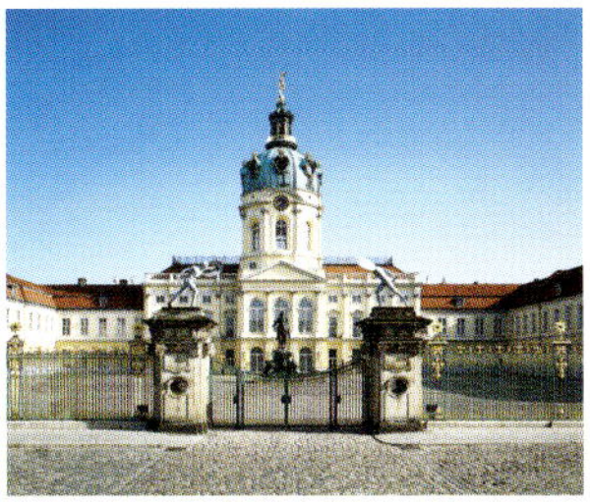

Charlottenburg
Spandauer Damm 20–24
(Luisenplatz)
14059 Berlin

Besucherzentrum an der Historischen Mühle
Postfach 60 14 62
14414 Potsdam
Tél. 0331/9694-200/-201
Fax 0331/9694-107
Besucherzentrum@spsg.de
Informations au
030/32091-405/-406

Vieux château :
Tel. 030/32091-440
Fax 030/32091-400
tout au long de l'année:
de 9 h à 17 h
avec visite guidée,
dernière visite guidée à 17 h
Fermé le lundi

Le salon d'Argent et les appartements de Frédéric Guillaume IV
Pas de visite guidée
Tout au long de l'année:
de 9 h à 17 h,
dernière entrée avant fermeture à 17 h
Fermé le lundi

Le château de Charlottenburg

Vieux château, la chambre de Verre, la salle Supérieure Ovale

L'édifice d'origine, la résidence d'été de Sophie Charlotte, l'épouse du prince-électeur, portait le nom de Lietzenburg et fut érigé par Arnold Nering à partir de 1695 pour être achevé en 1699 par Martin Grünberg. Il ne comprenait alors encore que la partie médiane, agrémentée de demi-colonnes, du château actuel à trois ailes. Cette partie du château fut presque entièrement détruite en 1943. Néanmoins plusieurs salles du rez-de-chaussée et deux salles de l'étage supérieur furent reconstituées dans les années 50 et 60. Toutes les autres pièces à l'étage ainsi que quelques unes d'en bas furent aménagées en salles d'exposition pour le musée. A l'époque, les appartements de l'épouse du prince-électeur s'étendaient sur l'ensemble du rez-de-chaussée. Leurs plafonds plats en stuc renouaient avec la tradition qui voulait que les résidences soit ornées d'œuvres de stucateurs italiens, fort appréciées dans les années allant de 1680 jusqu'au début de la décennie de 1690 au Brandebourg. L'architecture de ces appartements est en contraste flagrant avec les salles d'apparat hautes et voûtées des nouveaux bâtiments, dont la construction ne fut entreprise qu'en 1701 par Johann Friedrich Eosander.

Une des pièces les plus importantes des appartements de la reine était la chambre de Verre dont les murs étaient somptueusement décorés d'une alternance de bandes de glace et de bandes de damas vert, les deux matériaux étant à chaque fois délimités par des baguettes dorées. Le riche mobilier, qui nous est parvenu grâce à l'inventaire réalisé à la suite du décès de la reine en 1705, contribue également à donner un caractère tout à fait remarquable à cette pièce. Même à la suite de l'agrandissement du château, alors que cette pièce n'était plus qu'une deuxième antichambre donnant accès à la salle d'audience, elle continua de capter les regards grâce à sa riche décoration comprenant des meubles argentés. Quelques pièces d'exposition évoquent cette époque comme, par exemple, un grand miroir en argent d'A. Biller et certains meubles dorés sculptés par des artistes. En haut, la salle des fêtes à deux étages fut restaurée en son état originel avec des niches aux murs recouverts de miroirs, l'ensemble s'inspirant de la galerie des Glaces de Versailles. Elle comprend d'ailleurs, tel qu'il est noté dans l'inventaire de 1705, dix chaises laquées.

La chambre de Verre de Sophie Charlotte, épouse du prince-électeur, datant de 1699 (reconstitution)

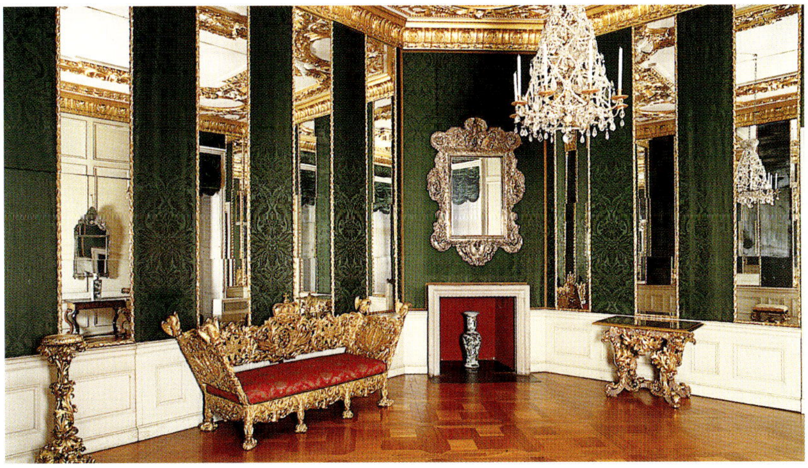

Bus lignes X21, 109, 145, 210 à partir de la station Berlin Zoo jusqu'à Luisenplatz

Museumsshop Charlottenburg, Tél. 030/32603946 Info@museumsshop-im-schloss.de

Parking devant les entrées principales du jardin

Vieux château, Grande galerie, la Chambre de Damas Rouge

L'année même du couronnement du roi, soit en 1701, l'architecte Eosaner, revenu de France, présenta un projet d'agrandissement de la petite résidence d'été de Lietzenburg. L'aile orientale abritant la cuisine, aménagée par A. Schlüter en 1700, fut intégrée, côté ville, à un bâtiment composé de trois ailes et agencé autour d'une cour d'honneur. Le côté donnant sur le jardin devint, à l'instar de Versailles, une longue façade de représentation à deux étages principaux et dotée d'une mezzanine qui existait déjà dans le bâtiment de Nering. Néanmoins, lors de ces transformations, seuls les appartements royaux furent agrandis pour former finalement une suite de 140 mètres de long au rez-de-chaussée. La hauteur de leur voûtes en revanche fut la raison pour laquelle le premier étage fut réduit à l'état de mezzanine.
Lietzenburg changea de nom à la mort de Sophie Charlottes en 1705 et fut dès lors nommé le château de Charlotte, soit Charlottenburg. Si la résidence de Lietzenburg avait tout d'abord été conçue comme lieu de retraite pour l'épouse du prince-électeur, elle devint peu à peu au fil des transformations un véritable château avec des appartements pour le roi et la reine, des salles d'audience, des galeries et des salles d'apparat. L'un des éléments

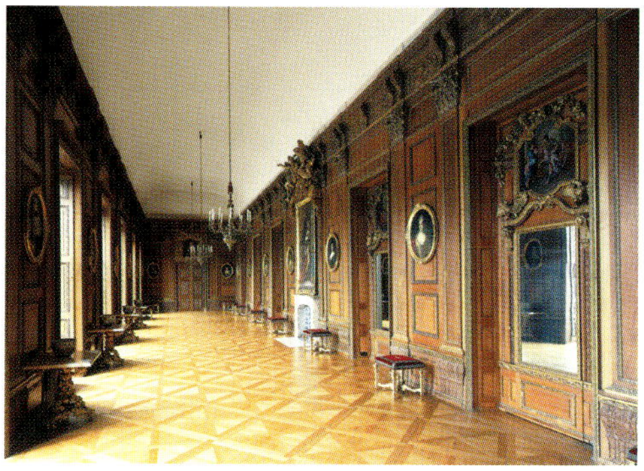

La Grande galerie (la galerie des Ancêtres), œuvre de J.F. Eosander, après 1705

les plus importants de cet ensemble est la Grande galerie ou galerie des Ancêtres, flanquée de deux salons de forme carrée : la salle à manger et ce qui devint par la suite la salle d'audience de la reine. Les trois pièces ont en commun leur style d'aménagement au cachet anglais: des lambris de chêne ponctués de pilastres et des portes sculptées, probablement réalisées par le sculpteur sur bois anglais Charles King, engagé en 1703. En raison du décès de Frédéric 1er, le plafond resta sans décoration. Dans l'appartement situé à l'ouest, il avait été prévu de réaliser une galerie d'ambre dont les murs auraient été recouverts de « l'or de la mer Baltique ». Toutefois la pièce n'étant pas achevée en 1709, elle fut recouverte cette année-là de tentures de damas rouge décorées de tresses dorées.

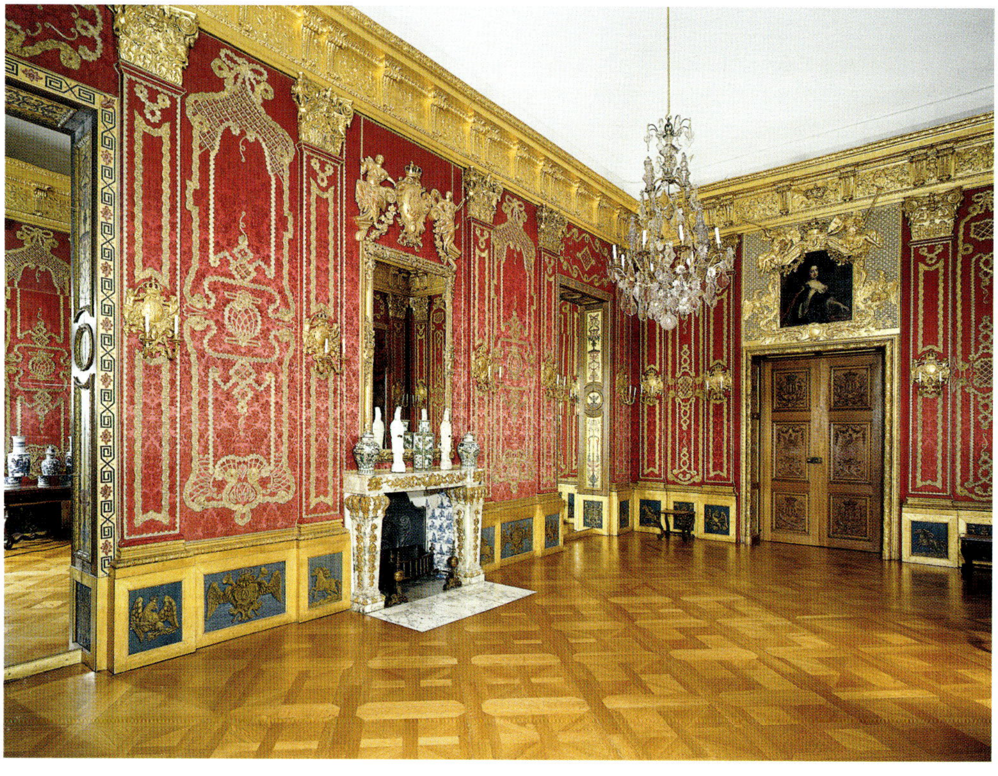

La salle de Damas Rouge (prévue pour être la galerie d'Ambre), « Tabakskollegium » de Frédéric 1er, œuvre de J.F Eosander, après 1705/1709

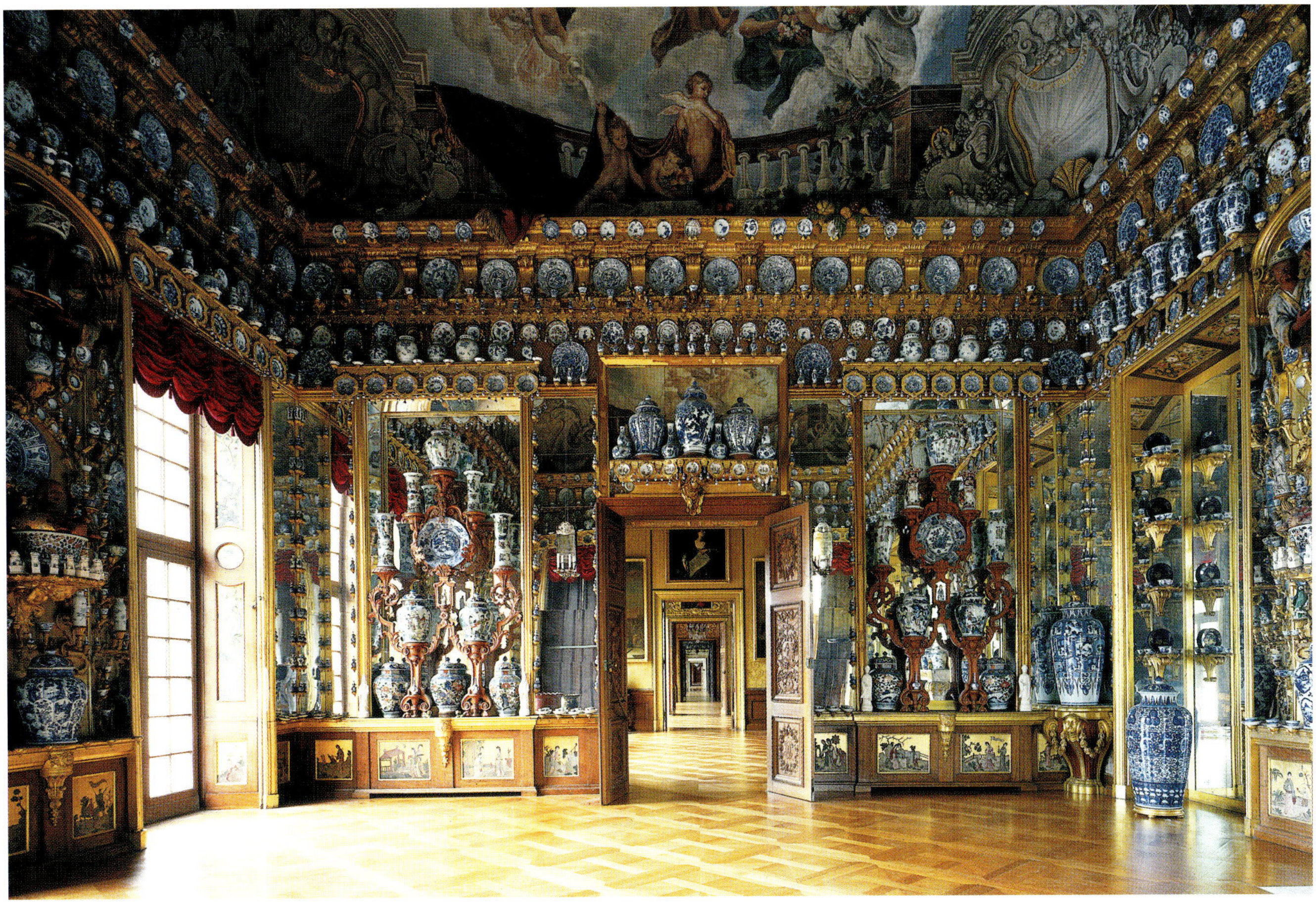

Le cabinet des Porcelaines, J.F. Eosander, 1706

Vieux château, le cabinet des Porcelaines, la chapelle

L'enfilade des appartements à l'ouest prend fin dans la pièce la plus remarquable de ce château baroque, le Grand cabinet des Porcelaines (Große Porzellankammer) situé derrière la chambre du roi. Ce cabinet possède en tout six fenêtres se répartissant sur deux murs et pour le reste, des pans de murs et des niches entièrement recouverts de glaces précieuses qui rendent le cabinet très lumineux et mettent en valeur une profusion (en tout 3000) de porcelaines d'Asie orientale. Au-dessus d'une large corniche resplendit la fresque de plafond d'Antonie de Coxie, glorifiant l'ascension de la famille royale de Prusse et les vertus du roi. Cette fresque est encadrée de peintures en trompe-l'œil, imitant des éléments d'architecture composés de balustrade et de cartouches, ainsi que de réels éléments en stuc.

En passant par une porte entièrement recouverte d'une glace, située dans une des niches, le visiteur atteint la loge du roi de la chapelle et de là la chapelle en elle-même qui constitue sans aucun doute la salle la plus imposante de tout l'édifice. Cette chapelle haute de deux étages, aux voûtes très élevées, est l'apogée architectural des appartements royaux de style baroque. En grande partie détruite par une bombe, elle fut reconstruite entre 1960 et 1977. Des pilastres en stuc de couleur lapis-lazuli, agrémentés de reliefs dorés, ponctuent les murs qui s'ouvrent à l'est sur un espace ressemblant à une nef latérale avec des galeries et sur lesquels, de l'autre côté, des peintures en trompe-l'œil donnent l'illusion que cet agencement serait le même à l'ouest. Sur le mur au nord où se trouve la loge du roi, de petits anges tiennent l'étoffe d'un baldaquin devant lequel deux allégories de la Renommée portent une couronne de Prusse immense surmontée de l'aigle prussien. Devant le mur au sud, la chaire et l'autel sont l'œuvre de Charles King. La partie médiane du mur à l'est met en relief le positif de dos de l'orgue au moyen d'ornement statuaire. Le décor pictural et statuaire somptueux est composé de nombreuses scènes bibliques au sein desquelles se retrouvent beaucoup d'insignes à la gloire du nouveau royaume et de feu la reine tels que la couronne, le sceptre ou encore l'épée avec l'aigle prussien.

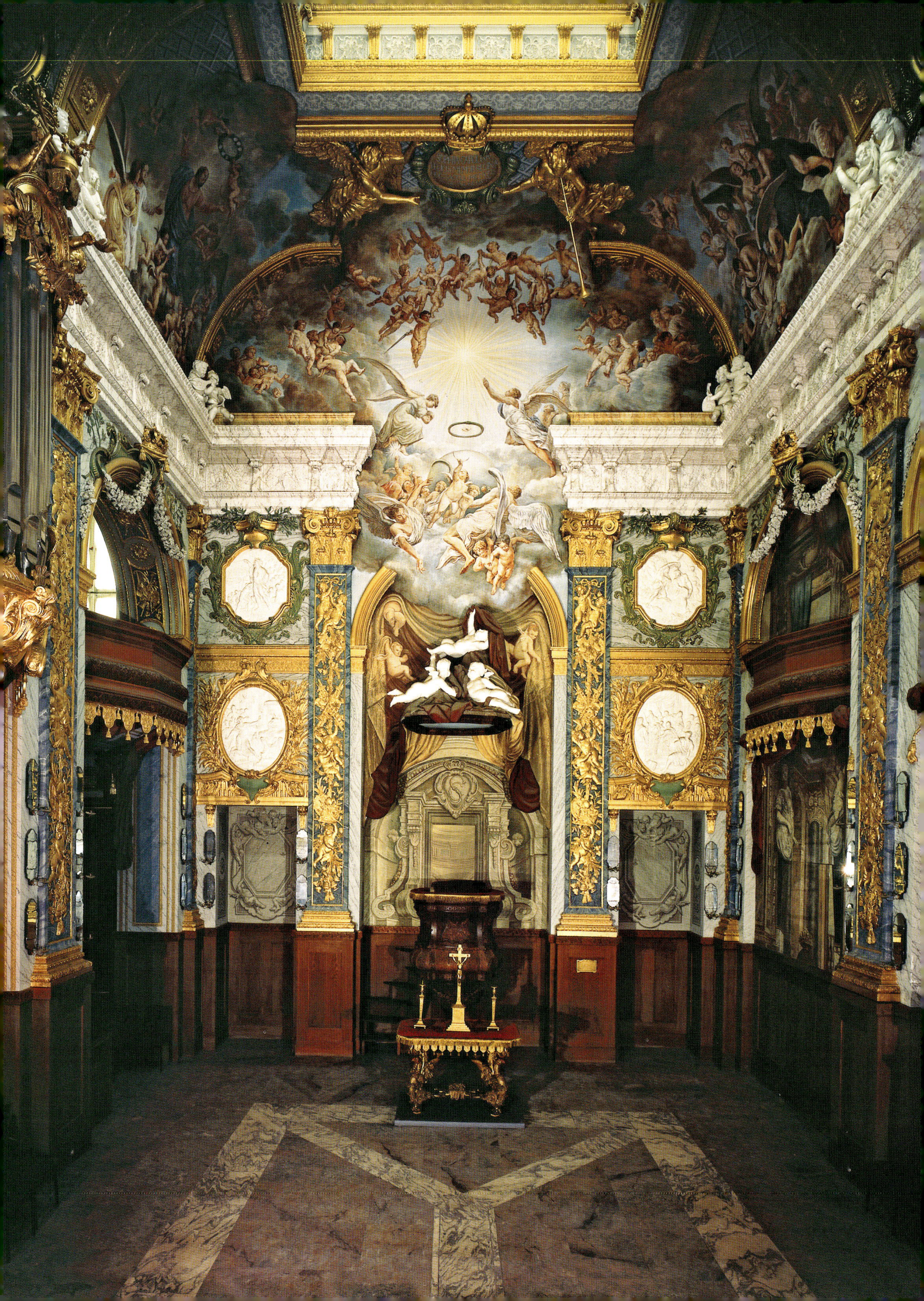

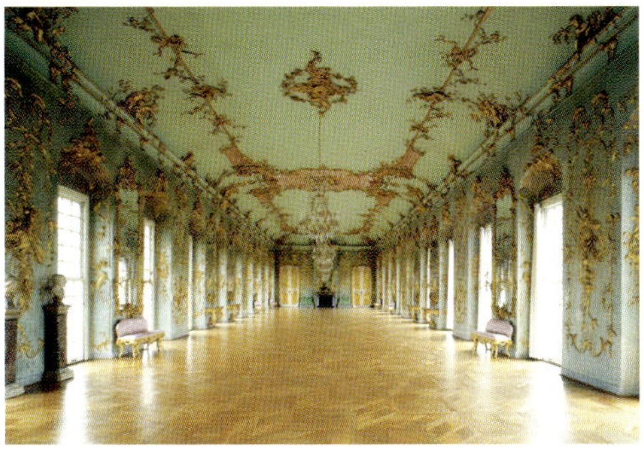

L'aile Neuve, la bibliothèque de Frédéric II, la galerie Dorée

Lors des dernières années du règne de Frédéric Ier, la silhouette du château devint une dominante du paysage de la région par la construction de sa tour à coupole. Toutefois, des deux orangeries prévues au départ, seule celle à l'ouest était achevée lorsque le roi décéda en 1713. A peine était-il monté sur le trône que Frédéric II chargea G.W. von Knobelsdorff d'ériger, à la place de la deuxième orangerie, une nouvelle résidence d'été construite entre 1740 et 1742 et que l'on nomma ultérieurement l'aile Neuve (Neuer Flügel). La bibliothèque du roi, presque entièrement détruite lors de la Seconde Guerre mondiale puis reconstruite en 1961, compte parmi les premiers intérieurs créés vers 1740 et exécutés dans une variante du style rococo, nommée depuis rococo frédéricien. On ne connaît pas l'artiste qui réalisa l'ornementation argentée des murs, mais celle du plafond est l'œuvre de J.A. Nahl, arrivé en 1742 à Berlin. Les six armoires à livres, faites de bois de cèdre agrémenté de profils en laiton, possédaient à l'origine des portes recouvertes de miroirs. Elles furent probablement acquises dès les années 30 par le roi, alors encore prince héritier, et contiennent de nos jours les livres de la bibliothèque que le roi possédait alors à Potsdam. La console argentée est également d'origine et elle constitue un très bon exemple de la superbe facture des meubles sculptés de la première période du rococo frédéricien.

La Grande galerie ou galerie Dorée (Große Galerie - Goldene Galerie) de l'aile Neuve, réalisée par Knobelsdorff et Nahl entre 1742 et 1746, est tout autant un chef d'œuvre du rococo frédéricien que du rococo européen en général. Des ornements dorés agrémentent de multiples façons les murs de marbre stuqué verts ainsi que le plafond de la salle de couleur vert clair ou encore les treillages rose pâle et les rosettes. L'ensemble évoque une salle de jardin au milieu d'un paysage fleuri. Même les niches des fenêtres font partie intégrante de cette décoration. Les piliers placés entre les onze axes des fenêtres sont décorés en alternance soit de marbre stuqué dotés de bustes antiques posés sur des piédestaux de marbre, soit de miroirs devant lesquels sont agencés d'étroits sofas et des consoles. En 1943, bien que la pièce eut été détruite à l'exception de quelques éléments de décorations en stuc sur les murs, il fut possible de reconstruire cette salle primordiale grâce aux moules des ornements en stuc conservés et grâce à la riche documentation photographique qui en avait été fait.

⊙ l'aile Neuve
(L'aile de Knobelsdorff):
Tél. 030 32091 453
Visite avec guide audio
1er avril – 31 octobre:
de 10 h à 17 h,
dernière entrée avant
fermeture à 17 h
Fermé le lundi
1er novembre – 31 mars
de 11 h à 17 h,
dernière entrée avant
fermeture à 17 h
Fermé le lundi

à gauche:
La Grande galerie dans l'aile Neuve, 1742–1746 (reconstitution)

La bibliothèque du premier appartement de Frédéric II dans l'aile Neuve, 1742 (reconstitution)

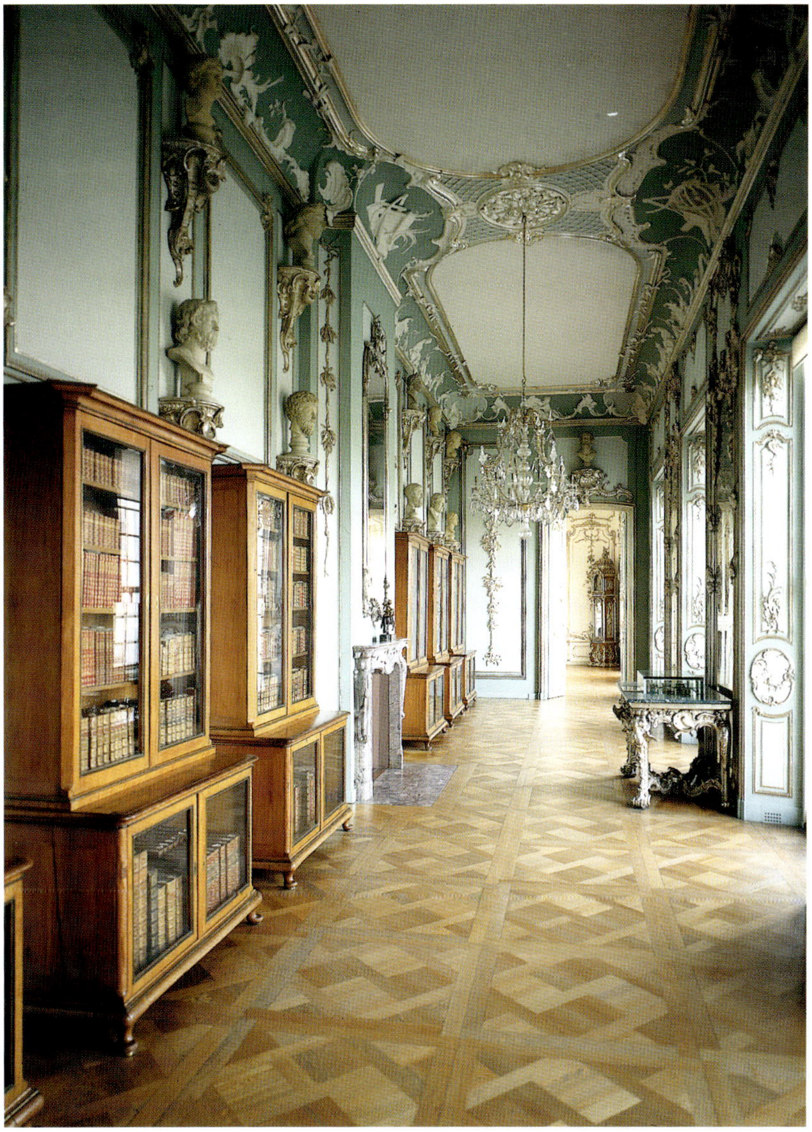

◁ *La chapelle, J.F. Eosander, 1706*

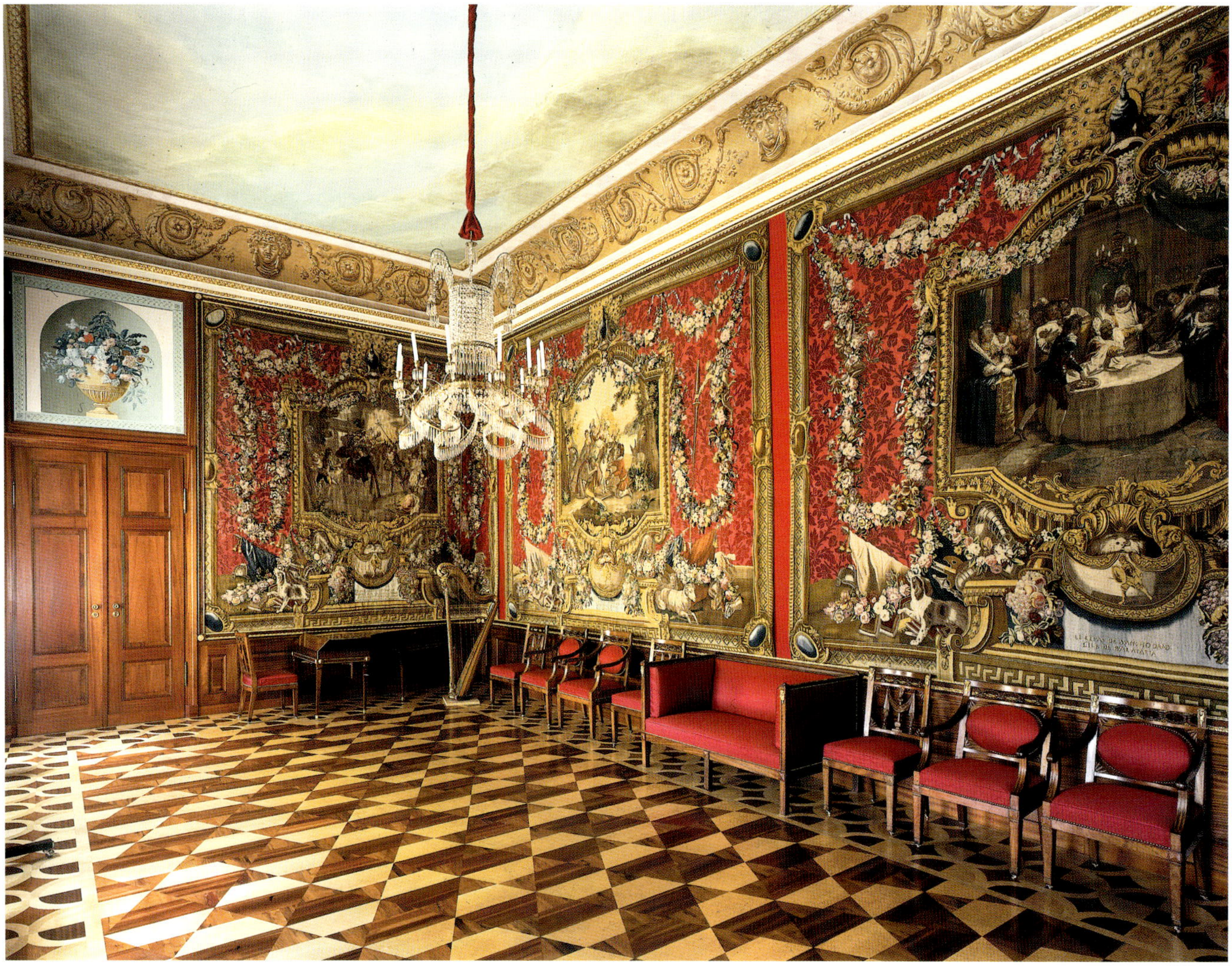

Deuxième salle de tapisseries de haute lice (salle de concert) des appartements d'hiver de Frédéric Guillaume II à l'étage supérieur de l'aile Neuve, 1797

Aile Neuve, salle de concert des appartements d'hiver

Frédéric Guillaume II fit aménager en 1788, au rez-de-chaussée de l'aile Neuve (Neuer Flügel) côté jardin, tout juste derrière l'appartement de la reine Elisabeth Christine, six pièces dans le style chinois et étrusque qui devaient constituer un appartement d'été. Frédéric Guillaume III habita ces intérieurs en plus des pièces côté ville. En 1943, seules les trois dernières salles du Vieux château furent épargnées de la destruction.

Entre novembre 1796 et août 1797, sept pièces du côté sud appartenant au premier appartement de Frédéric II furent transformées pour devenir les appartements d'hiver de Frédéric Guillaume II. Cinq d'entre elles furent entièrement détruites en 1943, néanmoins le mobilier et la décoration ayant été par chance en majeure partie épargnés, on put refaire les pièces entre 1983 et 1993. Elles constituent des oeuvres majeures du premier classicisme berlinois. La comtesse Lichtenau participa activement à l'aménagement coordonné par August Friedrich Voss. Ce chantier ne put être mené à bien en si peu de temps que grâce au très grand nombre d'artistes et d'artisans qui y travaillèrent. Dans deux des pièces, la série de tapisseries autour du thème de Don Quichotte conçues par C.A. Coypel furent utilisées pour décorer les murs. Ces tapisseries avaient été réalisées dans l'atelier de M. Audran et P.-F. Cozette dans la manufacture de Gobelin à Paris. Le roi de France les avaient offertes en 1784 au prince Henri qui pour sa part les avait léguées à son neveu Frédéric Guillaume II. L'ensemble des meubles de la salle de concert, nommée également Deuxième salle de tapisseries de haute lice s'inspire de meubles créés par Hepplewhite.

Aile Neuve, Nouvelle chambre de la reine Louise

Frédéric Guillaume II étant décédé en novembre 1797, ce fut la reine Louise qui emménagea les appartements d'hiver. Frédéric Guillaume III s'installa pour sa part dans la suite située à l'étage inférieur, également dans l'aile Neuve, dont l'aménagement rococo avait été préservé. Les pièces ne furent remaniées peu à peu que par l'apport de meubles plus modernes, la pose de papiers peints ou bien elles furent repeintes. Le couple royal avait de plus amené toute une série de meubles issus du palais de Marbre pour ses besoins.

A la suite du retour du couple royal de son exil à Königsberg à la Noël de 1809, K. F. Schinkel fut chargé en 1810 de réaliser une nouvelle chambre (neues Schlafzimmer) dans les appartements d'hiver aux décors modestes. Il drapa de soie la pièce comme la mode le dictait depuis quelques années. Certains intérieurs de la reine Louise au palais Royal de Berlin ou encore une salle au rez-de-chaussée de l'aile Neuve qui lui était attribuée, avaient déjà été décorés ainsi.

Le projet de Schinkel, au départ très ambitieux, ne fut pas réalisé tel quel. L'aménagement de la chambre royale fut finalement bien plus discret que prévu: il fut renoncé à une structure d'alcôve et devant le mur de teinte rouge pâle on pendit seulement un voile blanc. A la place du poêle fut disposée une vieille cheminée, conservée jusqu'à ce jour, qui provenait du château de Berlin. La fresque de plafond de Johann Harper fut détruite en 1943. Quant à l'ameublement, soit le lit conçu par Schinkel et les tables de chevet furent combinés avec des meubles plus anciens. Aujourd'hui encore, on peut admirer dans cette pièce l'horloge et les deux encensoirs provenant du palais Royal de Berlin.

La Nouvelle chambre de la reine Louise dans les appartements d'hiver, K.F. Schinkel, 1810 (drapé de voile reconstitué)

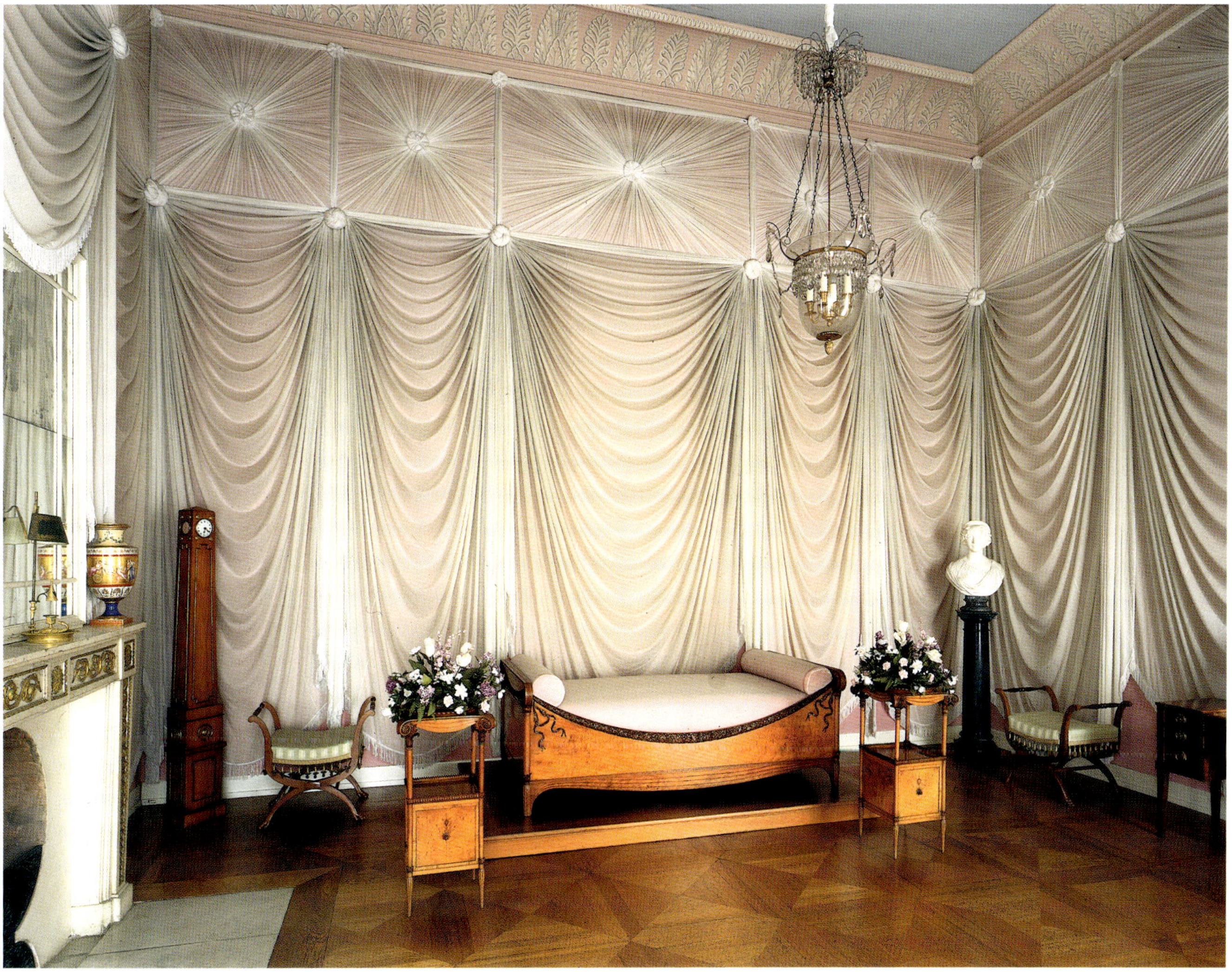

Le Nouveau pavillon (pavillon de Schinkel) dans les jardins de Charlottenburg:
Tél. 030 32091 443
Tout au long de l'année: de 10 h à 17 h, dernière entrée avant fermeture à 17 h
Fermé le lundi

Le Nouveau pavillon, la Salle, la bibliothèque de Frédéric Guillaume IV dans le Vieux château

Revenu de son voyage en Italie en 1822, Frédéric Guillaume III chargea K. F. Schinkel d'aménager le Nouveau pavillon (Neuer Pavillon) en appartement privé. Les travaux durèrent de 1824 à 1825 sous la direction l'architecte de la cour A. D. Schadow, un disciple de Schinkel, et s'inspirèrent du modèle de la Villa Reale Chiatamone à Naples où avait séjourné Frédéric Guillaume III. A l'étage supérieur se trouvaient les pièces d'habitation du roi, à savoir la chambre, le bureau et la salle de conférence. Au rez-de-chaussée, dans l'aile occidentale du pavillon, la salle (Saal) et une pièce adjacente étaient vouées à de petites réceptions. En novembre 1943, le pavillon fut victime d'un incendie qui n'épargna pratiquement rien du mobilier et de la décoration. Il fut reconstruit de 1957 à 1970. Le vestibule et l'escalier, la salle et le cabinet Rouge y attenant furent entièrement refaits. Dans les autres pièces, il fut tenté de reproduire les cheminées, les profils des murs et les bordures des papiers peints, néanmoins on ne put, pour l'essentiel, que rendre la couleur d'origine. L'importance de la salle est soulignée par la grande exèdre, qui rappelle un banc antique de Pompéi. De nos jours, le pavillon abrite un musée consacré à l'art berlinois, regroupant des oeuvres majeures de l'époque de Schinkel : des portraits, des tableaux de paysages, des œuvres de peinture historique, des vedute mais aussi des sculptures et des créations d'arts appliqués.

Après son avènement au pouvoir en 1840, Frédéric Guillaume IV fit installer un appartement pour sa femme, la reine Elisabeth, et luimême à l'étage supérieur de l'aile de Nering et des pièces y attenant. On conserva dans l'ensemble les décorations d'origine, se contentant d'y apporter quelques rajouts. Néanmoins, les formes de certaines pièces furent accentuées. Les salles se trouvant dans l'aile de Nering furent détruites en 1943 puis reconstruites dans un style neutre afin d'être utilisées comme salles d'exposition muséale. La bibliothèque du roi, réalisée d'après les plans de J. H. Strack en 1845-1846 comptait parmi les pièces nouvellement créées. Endommagée partiellement en 1943, elle fut restaurée et complétée de 1989 à 1992. Le mobilier, entreposé à Potsdam pendant la guerre, fut remis en place à l'issue de la réunification de l'Allemagne.

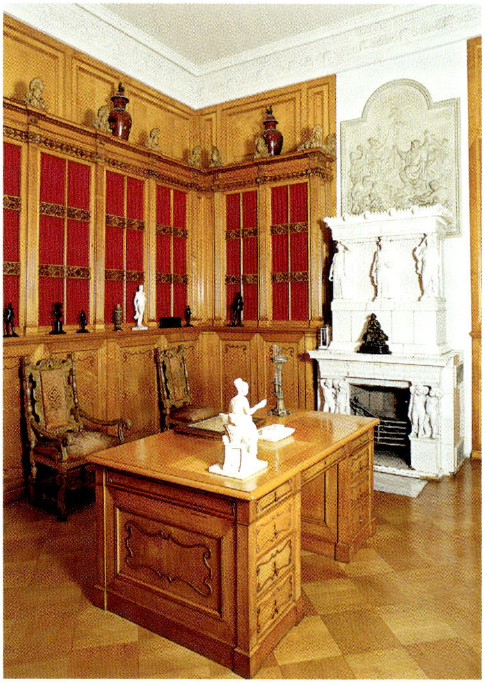

La bibliothèque de Frédéric Guillaume IV dans le Vieux château, J.H. Strack, 1845/1846

La salle du Nouveau pavillon (le pavillon de Schinkel), K.F. Schinkel, 1824/25 (reconstitution)

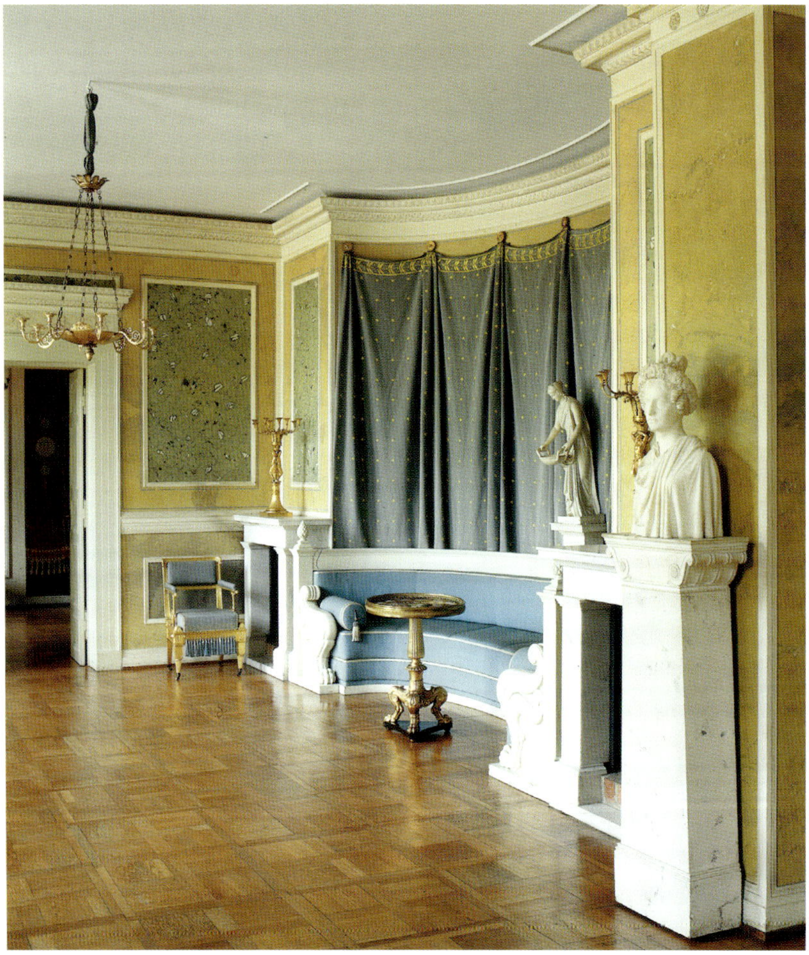

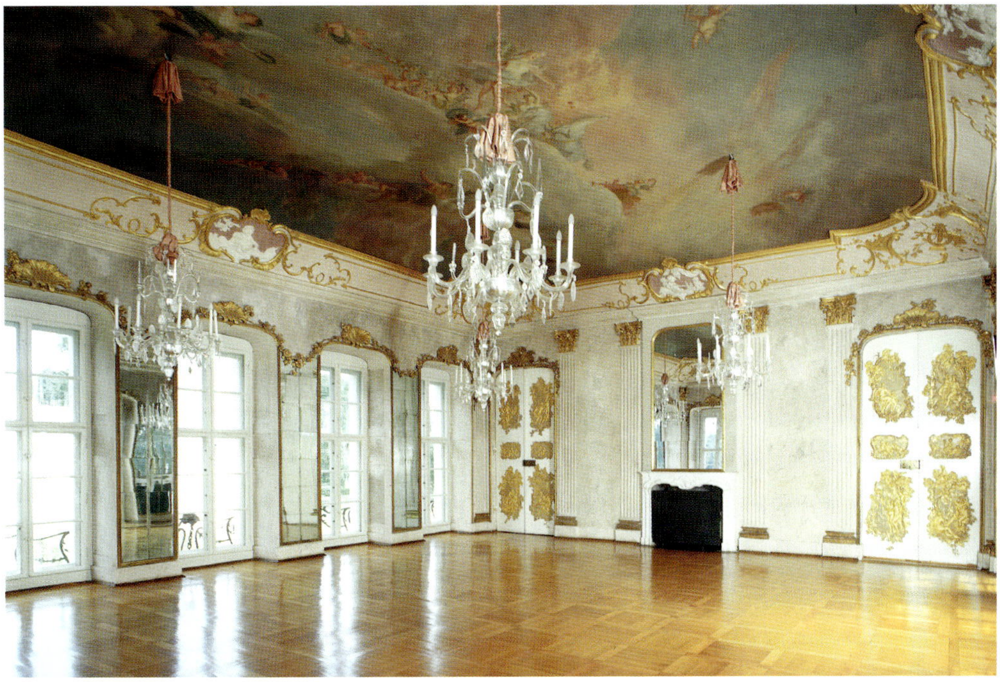

La Grande salle (la salle des Glaces), projet de G.W. von Knobelsdorff, 1737

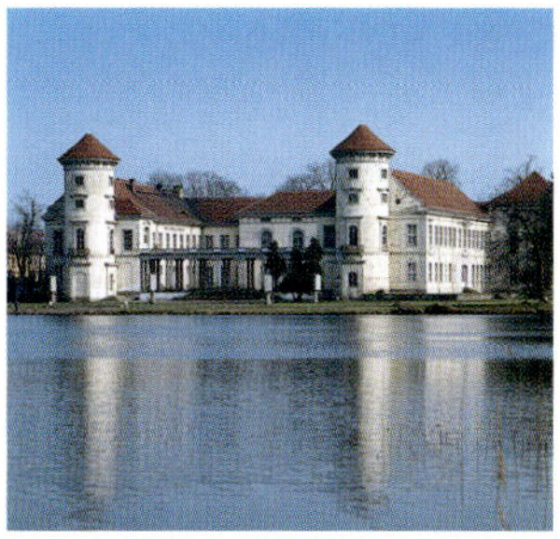

Schloss Rheinsberg
16831 Rheinsberg

i Schloss Rheinsberg
Postfach 1128
16831 Rheinsberg
Tél. 03 39 31 / 7 26-0
Fax 03 39 31 / 7 26-26

1er avril – 31 octobre:
de 10 h à 17 h,
dernière entrée avant
fermeture à 17 h
Fermé le lundi
1er novembre – 31 mars:
de 10 h à 16 h,
dernière visite guidée à 16 h
Fermé le lundi

Restaurants à proximité du château

Parking à proximité du château

DB RB 6 à partir de Bln. Charlottenburg
RB à partir de Bln. Lichtenberg (horaires d'été)

Le château de Rheinsberg

La Grande salle, la galerie de tableaux, la chambre du prince Henri, le cabinet des Antiquités

Dès que Frédéric Guillaume 1er eut acheté la seigneurie au bord du Grienericksee en 1734 pour le prince héritier Frédéric et son épouse, l'architecte en chef de l'Electorat de Brandebourg, Johann Gottfried Kemmeter, commença les travaux de transformation de cet édifice qui datait du XVIe. A son retour d'Italie, en 1737, Georg Wenzeslaus von Knobelsdorff reprit la direction du chantier qui trouva son achèvement dans la réalisation de l'aile nord

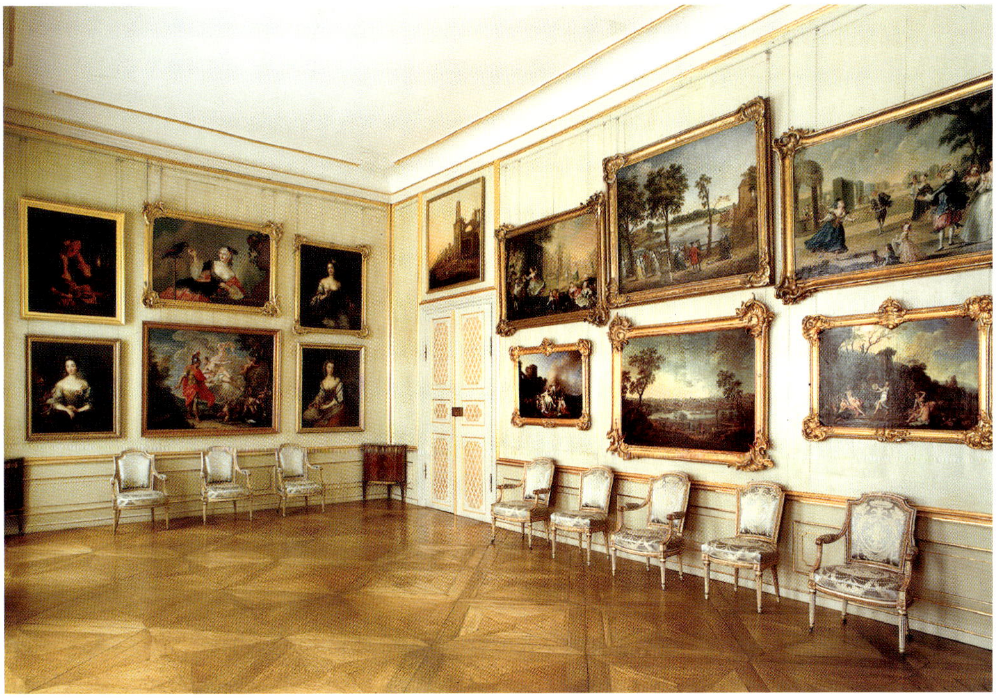

La galerie de tableaux du prince Henri, 1763

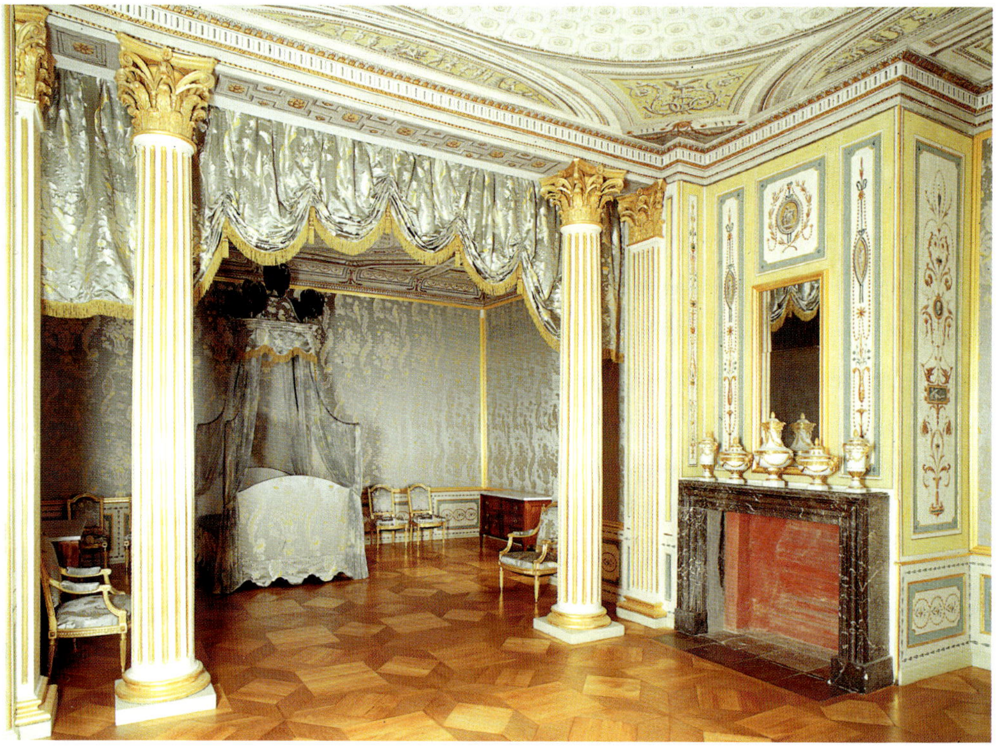

La chambre du prince Henri, 1786

en 1740, soit l'année de l'accession au trône de Frédéric II. Prince Henri de Prusse fut propriétaire du château de 1744 à 1802 ; c'est dans ce laps de temps que furent construits les deux pavillons à l'Est.

Le château recèle des intérieurs précieux dans le style de la toute première période du rococo frédéricien, tels que la salle des fêtes, le hall d'entrée des appartements de l'épouse du prince héritier et quelques autres pièces encore dotées de nos jours de leurs portes richement travaillées et de pas moins de cinq fresques de plafond signées Antoine Pesne. Lors des 50 années où le prince Henri habita les lieux, les pièces furent remaniées dans les années 60 par Carl Gotthard Langhans qui conserva dans l'ensemble le style rococo. Toutefois ce dernier est déjà moins exhubérant dans ses formes dans la salle du Grand escalier et dans la salle aux Coquillages. A la suite du premier voyage du prince en France, quelques pièces furent créées dans le style du premier classicisme comme la chambre et la bibliothèque qui comptent parmi les premiers exemples de ce nouveau style dans les châteaux prussiens. Deux des salles les plus anciennes qui soient encore voûtées furent remaniées par J.F. Reclam en 1772. Il les repeignit avec force d'imagination pour les transformer en une grotte antique et un paysage extérieur. Le château fut utilisé 40 ans durant comme sanatorium puis, placé sous la tutelle des Administrations des châteaux et jardins en 1991, il fut peu à peu restauré et recouvra même certaines œuvres d'art de ses origines qui avaient été conservées dans d'autres châteaux. Il est projeté de transformer la plupart des salles en un château-musée. Cependant dans certaines pièces comme celle consacrée au palais princier de Berlin, des œuvres d'art sont exposées comme ce serait le cas dans un musée habituel.

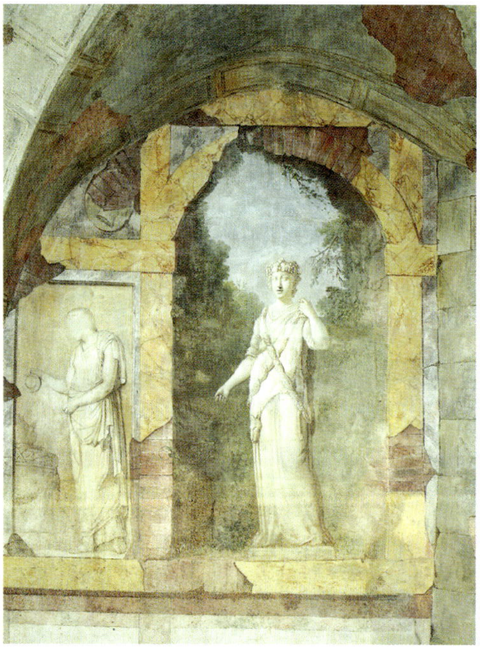

La salle voûtée (le cabinet des Antiquités), 1772

Le château de Sans-Souci

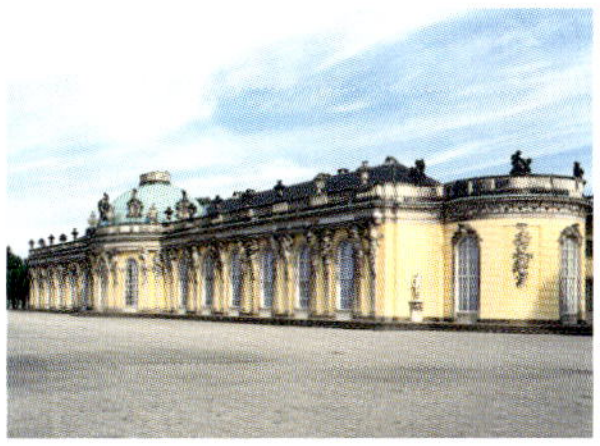

Schloss Sanssouci
Maulbeerallee
14469 Potsdam

Besucherzentrum an der
Historischen Mühle
Postfach 60 14 62
14414 Potsdam
Tél. 03 31 / 96 94-200 / -201
Fax 03 31 / 96 94-107
Besucherzentrum@spsg.de

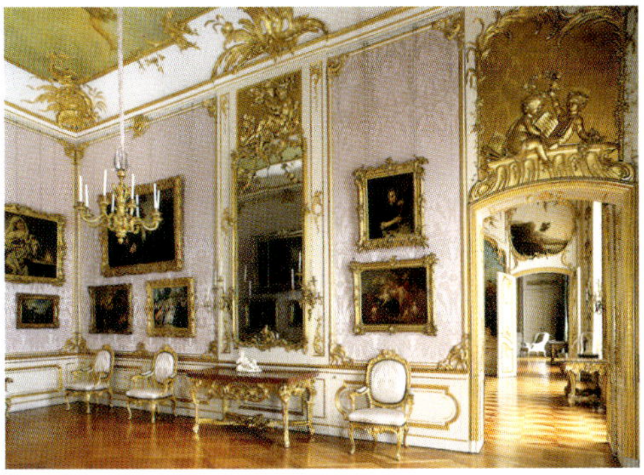

La salle d'audience – salle à manger, 1745–1747

La salle d'audience et la salle à manger, la Petite galerie

C'est avec l'aménagement du vignoble royal sur le « mont sauvage », que commença en 1744 l'histoire de Sans-Souci. Georg Wenzeslaus von Knobelsdorff dessina, d'après les directives du roi, les plans pour une résidence d'été qui fut construite de 1745 à 1747 et baptisée du nom de « SANS, SOUCI » (sic). Cette résidence fut conçue comme lieu de retraite privé du roi, incluant douze pièces dans le style des « maisons de plaisance » (sic) françaises. L'aménagement actuel est pour l'essentiel d'origine.

Dans la partie médiane se trouvent le vestibule, fait de marbre stuqué, et la salle à la coupole qui irradie de toute la splendeur de ses nobles marbres. Cette pièce conjugue la passion du roi pour les œuvres en marbre et son désir de représenter avec faste sa dignité de roi, ce qui a mené à la création d'une des plus belles salles qu'il soit en Europe. Le précieux matériau de pierre, utilisé pour les murs, les colonnes et le sol, fut choisi pour créer une harmonie de couleurs parfaite. Les bronzes dorés à l'or et au mercure semblent de feu et constituent avec les portes sculptées des éléments également fort marquants de la décoration. Des allégories des arts et des sciences en stuc blanc se détachent avec grand effet du stuc doré de la voûte de la coupole.

La partie orientale du château comprend vers le sud quatre pièces appartenant aux appartements du roi – les pièces du devant, soit la salle d'audience – salle à manger, la salle de parade – salle de concert, le bureau – chambre à coucher, enfin la bibliothèque. En ce qui concerne la richesse de l'ameublement et de la décoration, les tableaux, les sculptures, les lustres en cristal de roche, les précieux candélabres aux murs, les meubles, les horloges françaises et les cheminées sont de la plus grande élégance.

De la salle de Marbre, le visiteur accède à la salle d'audience qui tient également lieu de salle à manger. Les tableaux, dont les cadres dorés richement sculptés ressortent particulièrement bien sur le damas de soie lilas pâle, sont tout l'attrait de la salle. Il s'agit exclusivement d'œuvres d'artistes français dont les œuvres les plus remarquables dont « Le concert » d'Antoine Watteau et « La déclaration d'amour » de Jean-François de Troy.

La Petite galerie située au Nord, une des premières salles réservée aux collections de Frédéric II comprend des œuvres d'Antoine Watteau et de ses successeurs, Nicolas Lancret et Jean-Baptiste Pater, ainsi que des sculptures antiques issues de la collection Polignac acquises en 1742 par le roi.

La Petite galerie, 1745–1747

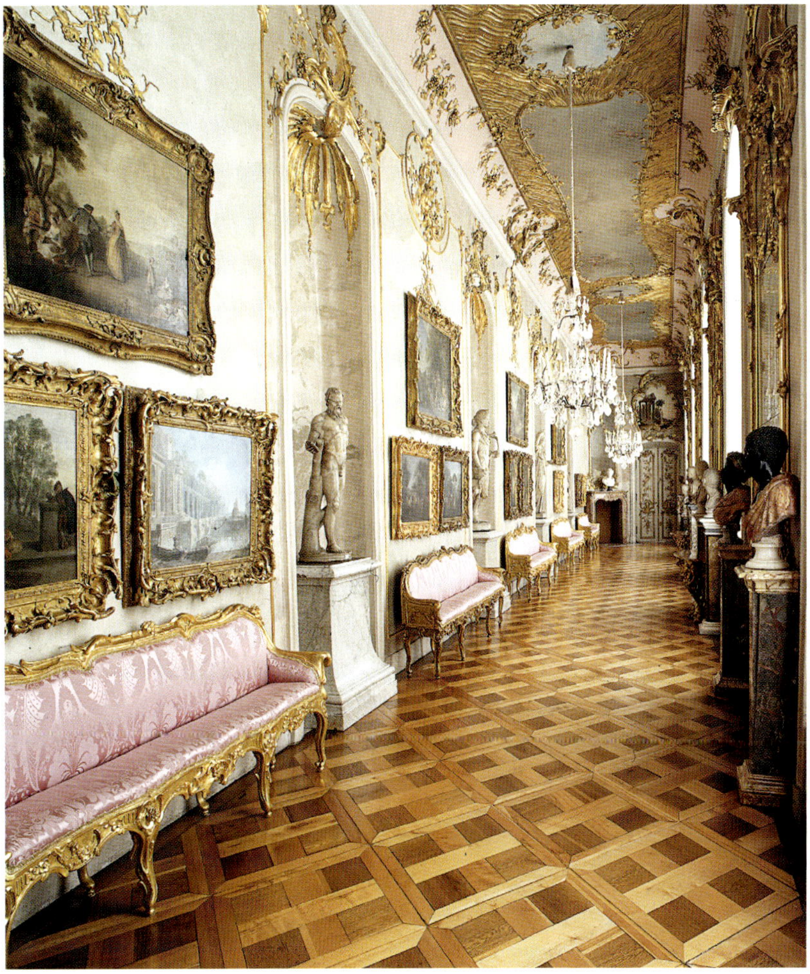

⏲ Seulement visites guidées si possible venir le matin en raison du nombre limité de visiteurs acceptés
1er avril – 31 octobre:
de 9 h à 17 h,
dernière entrée avant fermeture à 17 h
Fermé le lundi
1er novembre – 31 mars:
de 9 h à 16 h
dernière entrée avant fermeture à 16 h
Fermé le lundi

L'aile des Dames:
15 mai – 15 octobre:
le samedi et le dimanche de 10 h à 17 h,
dernière entrée avant fermeture à 17 h

Cuisine:
1er avril – 31 octobre:
de 10 h à 17 h
dernière entrée avant fermeture à 17 h
Fermé le lundi

La salle de concert

La conjugaison des lambris blancs agrémentés de riches ornements sculptés dorés, réalisés d'après les esquisses de Johann August Nahl par Johann Michael Hoppenhaupt l'Ancien, avec les cinq peintures murales où sont représentées des scènes tirées des « Métamorphoses » du poète latin Ovide, peintes par Antoine Pesne, ainsi qu'avec l'ornement en stuc du plafond, filigrane et allègre dans ses lignes, élève cette salle au rang de chef-d'œuvre du rococo. Les miroirs des niches du mur intérieur reflètent le paysage qui s'étend devant les fenêtres et les glaces accrochées aux murs des côtés en vis-à-vis agrandissent les dimensions de la pièce en la reflétant à l'infini. Grâce aux tableaux et aux panneaux décoratifs qui surmontent les portes, la salle semble s'ouvrir vers l'extérieur et les paysages environnants. À cela s'ajoutent les treillages du plafond qui donnent presque l'illusion d'être dans un jardin sous une tonnelle. Cette salle tenait le rôle de salle de parade dans la suite des appartements royaux et il y était joué de la musique quotidiennement, c'est pourquoi elle se nomme salle de concert.

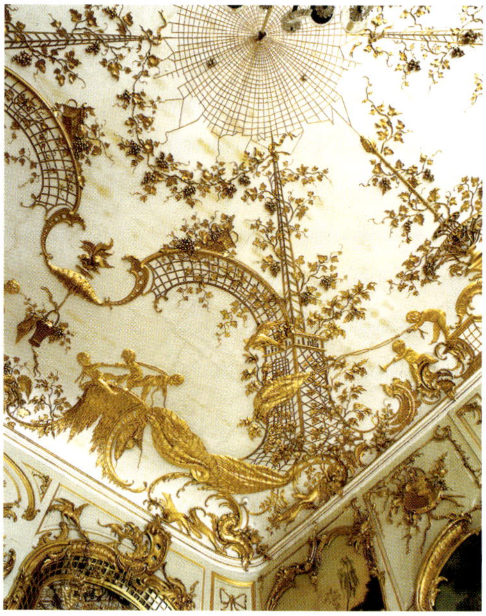

Le plafond de la salle de Concert (détail)

La salle de concert, Esquisse de J.A. Nahl, 1745–1747

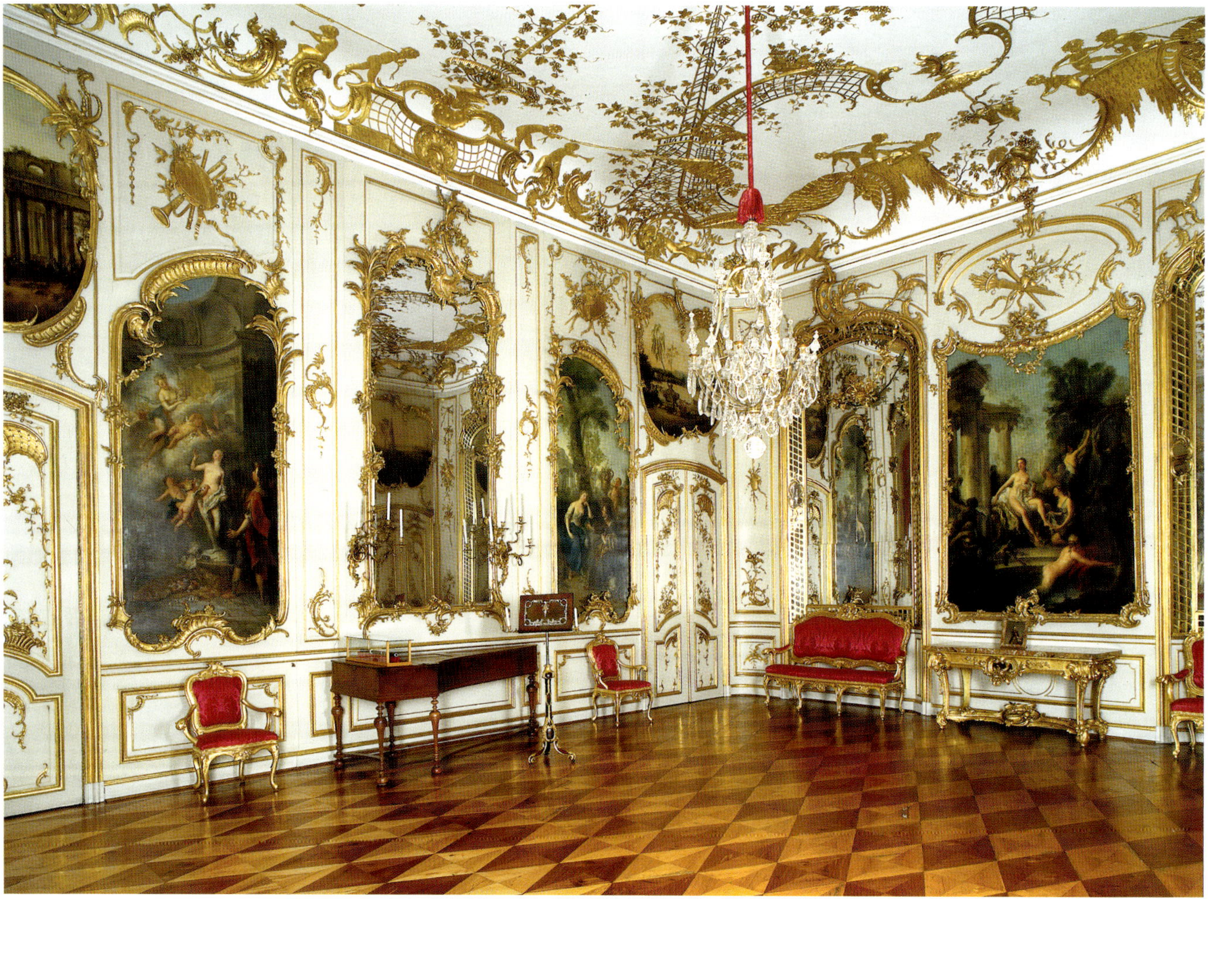

La bibliothèque

Située non point dans l'axe de l'enfilade des salles, mais bien au contraire en retrait, à l'extrémité du château, la bibliothèque était le lieu de retraite du roi, dans lequel personne n'avait le droit de pénétrer à moins qu'il n'en ait reçu l'ordre exprès. Cette pièce de forme ronde est l'un des intérieurs les plus accompli du rococo: ses armoires à livres sont basses et enchâssées dans des lambris de bois de cèdre couverts d'ornements de bronze doré au feu. De plus, la pièce est agrémentée de consoles de bronze dorées supportant des bustes antiques au dessus desquels des reliefs de bronze dorés, figurant les allégories des arts, sont insérés dans le mur. La porte se fond dans le mur de la bibliothèque et l'architecture de la pièce s'en retrouve comme plus compacte encore, les seules ouvertures semblant être les deux portes donnant sur la terrasse et le jardin. Dans les armoires se trouvent les livres d'origine qui comprennent presque exclusivement les œuvres de poètes grecs et romains ou bien des livres d'histoire (en traduction française) ainsi que de la littérature française du XVIIe et XVIIIe siècles.

Bus 695 à partir de Potsdam Hbf jusqu'à Schloss Sanssouci
Tramway lignes 94, 96 jusqu'à Luisenplatz (chemin à pied à travers le parc)
Bus lignes 605, 606 à partir de Potsdam Hbf jusqu'à Luisenplatz (chemin à pied à travers le parc)

Museumsshop Sanssouci
Tél. 030/32 60 39-46
Info@museumsshop-im-schloss.de

Mövenpick Restaurant Zur Historischen Mühle

Parking au centre d'accueil des visiteurs (derrière le Moulin Historique)

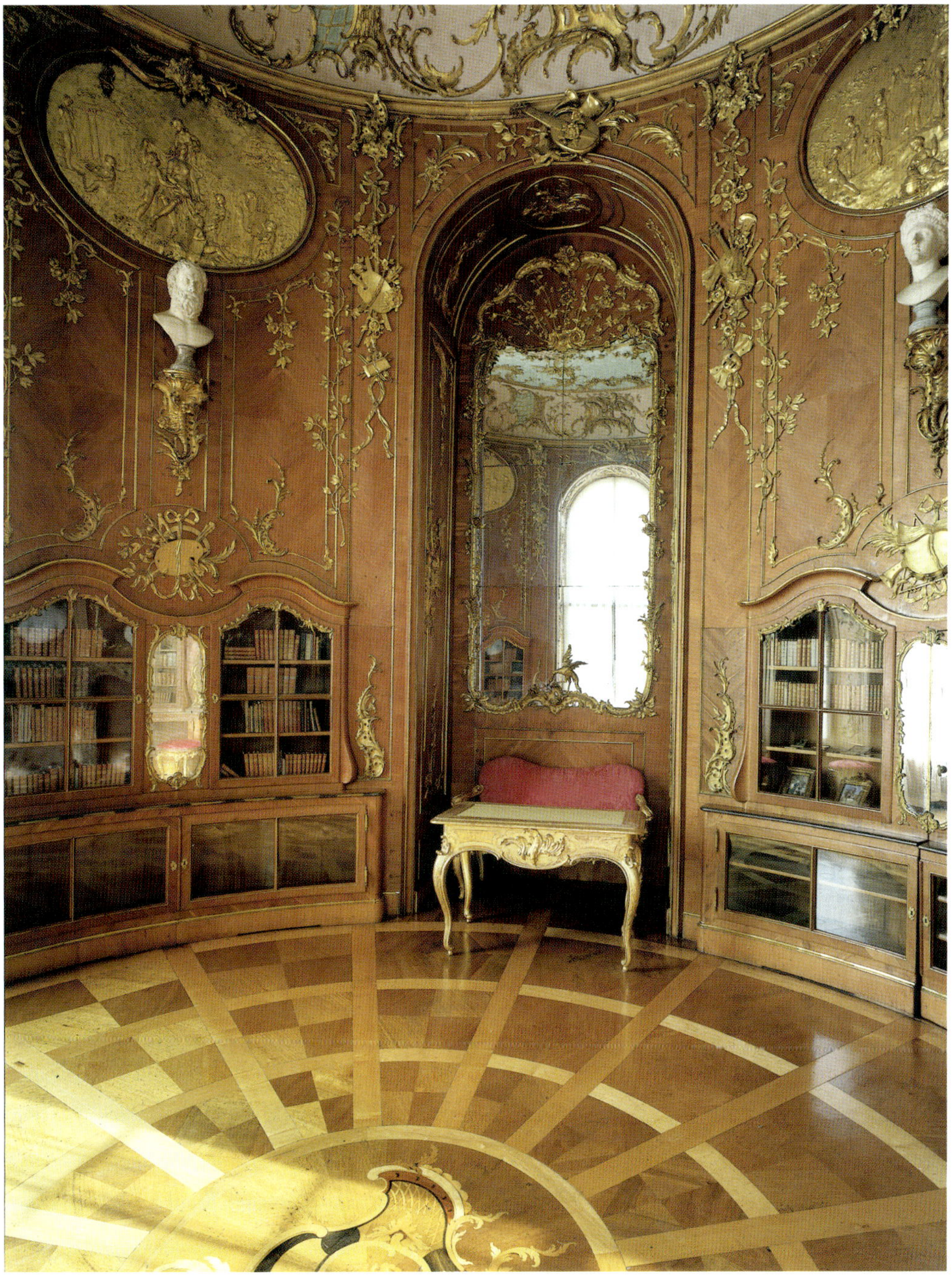

Bibliothèque, conception de G.W. von Knobelsdorff, 1745–1747

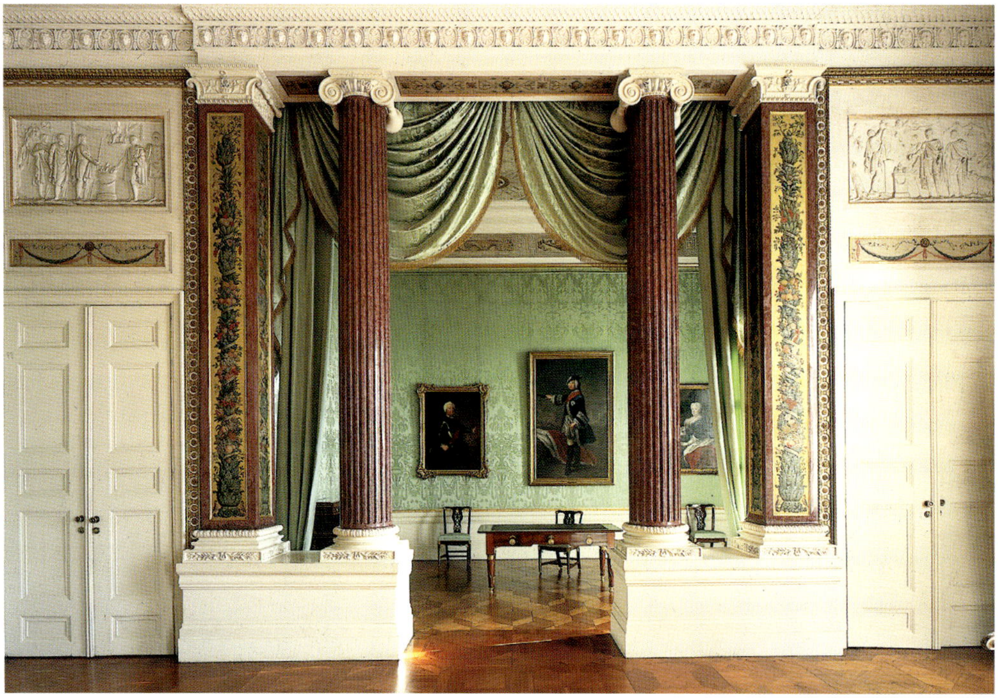

Le bureau et la chambre à coucher, conceptions de F.W. von Erdmannsdorff, 1786/87

La quatrième chambre d'hôte (la chambre de Voltaire), le bureau et la chambre à coucher

La partie occidentale du palais est occupée par cinq chambres d'hôte à alcôve ainsi que par les pièces réservées aux domestiques. Elles sont bien plus modestes dans leur aménagement: on le remarque à la parcimonie avec laquelle les sculptures sur bois ainsi que les meubles sculptés ont été dorés (les autres sièges sont d'ailleurs en blanc), mais aussi aux lampes, aux tapisseries, aux parquets. Seuls les peintures, conservées en grande partie, témoignent du faste du palais. A l'origine, les murs de la première, quatrième et cinquième chambre étaient décorés de chinoiseries peintes par Frédéric Guillaume Höder. La quatrième chambre d'hôte où Voltaire séjourna, fut agrémentée en 1752-1753 de lambris richement sculptés, laqués en jaune et décorés de cascades de fleurs, de fruits et d'animaux peints dans le style naturaliste par Christian Hoppenhaupt le Jeune. L'ornement floral se perpétue vers le plafond en partie sous forme d'ornement en stuc monté sur des fils de fer. Les premiers aménagements décoratifs de Knobelsdorff et Nahl relevaient du style frédéricien. Avec Hoppenhaupt, un artiste plus jeune qu'eux, la décoration faite ultérieurement se reconnut du naturalisme.

A la suite du décès de Frédéric le Grand en 1786, son successeur Frédéric Guillaume II chargea Frédéric Guillaume von Erdmannsdorff de Dessau de remanier le bureau qui servait tout à la fois de chambre à coucher dans le style du premier classicisme qui venait de faire sa percée en Prusse. Les pièces réalisées par Erdmannsdorff dans les appartements du château de Berlin ayant été détruites, cette pièce est la seule trace qu'il reste à Berlin de ses créations. De fait, peu d'exemples d'ameublements de style classique subsistent encore de nos jours.

La quatrième chambre d'hôte (chambre de Voltaire), conception et réalisation de J. C. Hoppenhaupt le Jeune, 1752/53

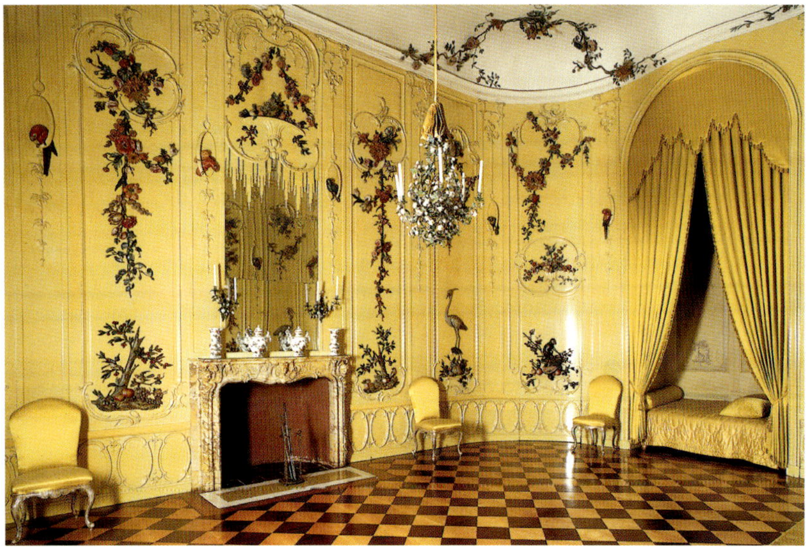

Le parc de Sans-Souci

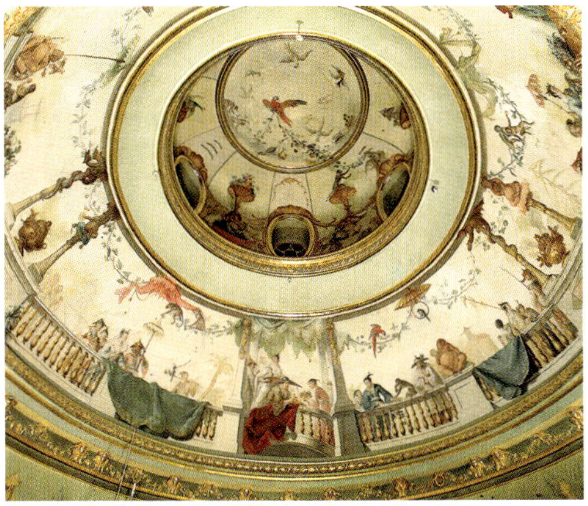

La maison Chinoise, vue dans la coupole

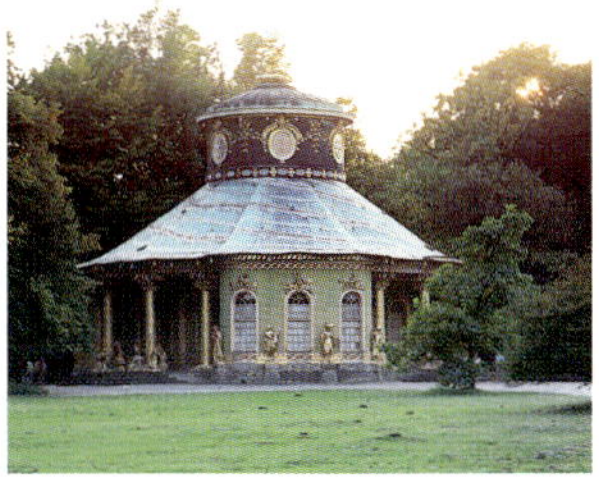

Chinesisches Haus
Park Sanssouci
14469 Potsdam

- voir Schloss Sanssouci
- 15 mai – 15 octobre: de 10 h à 17 h, dernière entrée avant fermeture à 17 h. Fermé le lundi
- Tramway lignes 94, 96 jusqu'à Luisenplatz, chemin pour piétons
- Bus lignes 605, 606
- Parking au Nouveau palais ou au centre d'accueil des visiteurs

La maison Chinoise

La maison Chinoise réalisée entre 1754 et 1763 par Johann Gottfried Büring est l'un des petits édifices les plus réussis du parc de Sans-Souci. Les plans auraient été élaborés d'après une esquisse de Frédéric le Grand dont il ne reste cependant pas trace. Le roi s'était certainement inspiré de l'édifice à Lunéville de l'architecte Emanuel Héré pour l'ancien roi polonais Stanislaus Leszynski, quoique ce projet eut été largement transformé pour sa réalisation à Potsdam. L'architecture du pavillon dans le parc de Sans-Souci ainsi que le riche décor de sculptures et de peintures sont des créations purement fantastiques dans le style des chinoiseries très prisées en Europe au milieu du XVIIIe. Les statues devant les façades et celles assisses en groupe autour des colonnes-palmiers se dressant devant les différentes entrées du pavillon sont plutôt des figurants d'un opéra ou d'un ballet que des personnages d'Extrême-Orient. Autour de la salle à manger d'été de forme ronde, située au milieu de l'édifice, trois petits cabinets ont été intégrés entre les trois porches devant lesquels s'étendent de petites terrasses. La salle dotée de neuf portes-fenêtres ou bien grandes fenêtres avec ses murs de marbre stuqué vert pâle reste d'une dignité sobre voire un peu froide malgré l'alternance du blanc et de l'or dans sa décoration, ses somptueux candélabres, son lustre, ses consoles de porcelaine et ses chaises dorées. Les vives couleurs de la fresque de la coupole, réalisée par Thomas Huber (1755/1756) d'après les esquisses de Blaise Nicolas Le Sueur, baigne, par beau temps, dans la lumière qui pénètre par les six fenêtres de la coupole. Dans le cabinet à l'est, la tapisserie de soie jaune peinte fut reconstituée. Du mobilier d'origine, il subsiste encore une horloge de Melchior Kambly recouverte d'écailles et décorée d'ornements en bronze.

La salle à manger de la maison Chinoise, 1757

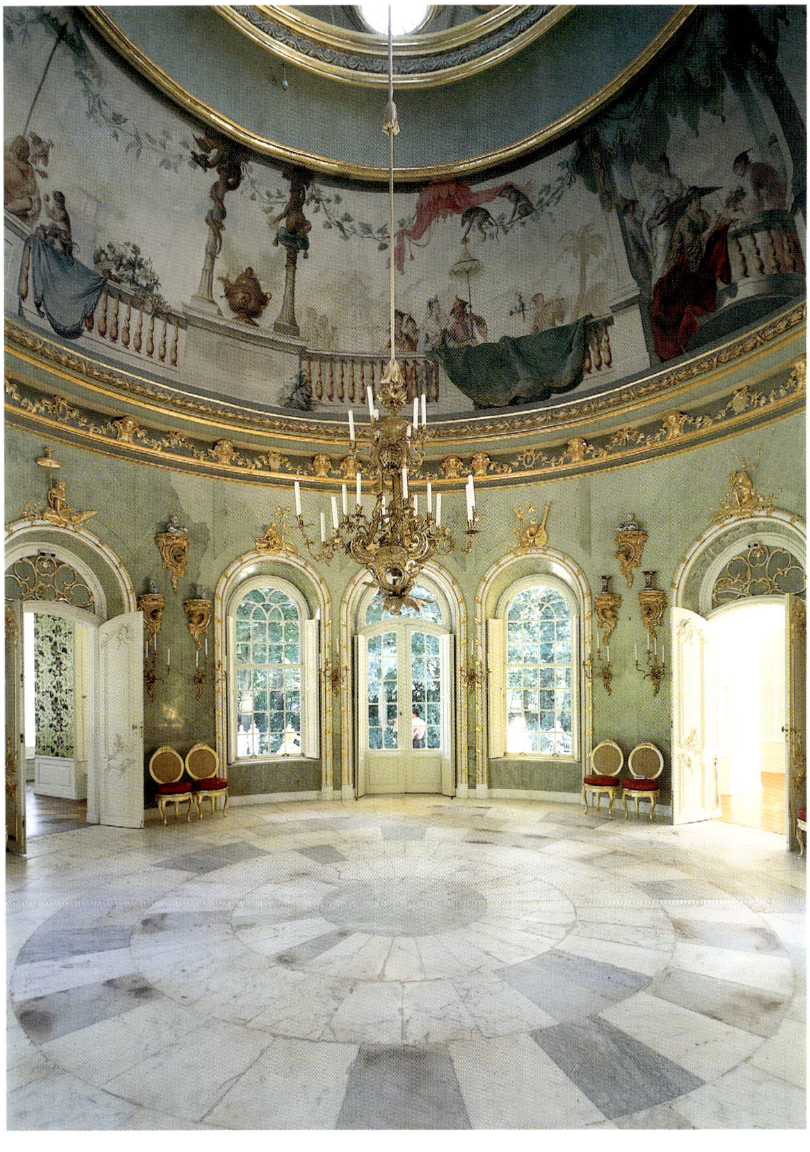

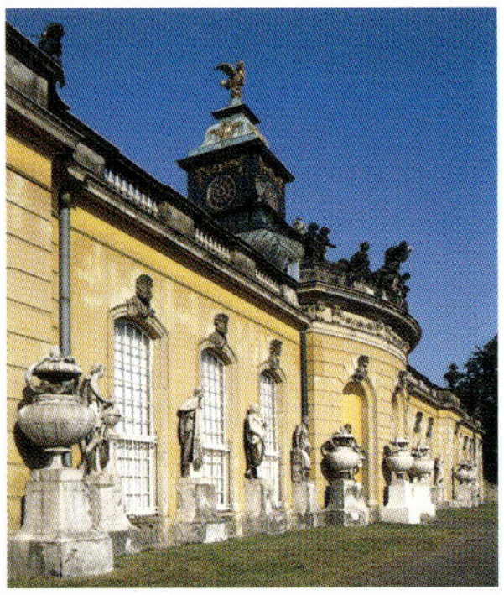

Bildergalerie
Park Sanssouci
14469 Potsdam

i Besucherzentrum an der Historischen Mühle
Postfach 60 14 62
14414 Potsdam
Tél. 03 31 / 96 94-200 / -201
Fax 03 31 / 96 94-107
Besucherzentrum@spsg.de

15 mai – 15 octobre: de 10 h à 17 h, dernière entrée avant fermeture à 17 h
Fermé le lundi

Bus ligne 695 jusqu'à Schloss Sanssouci

P Parking au centre d'accueil des visiteurs (derrière le Moulin Historique)

La galerie de tableaux de Sans-Souci

Dès le début des années 1750, Frédéric II eut l'idée d'ériger une galerie qui abriterait les chefs d'œuvre de la fin de la Renaissance et du baroque qu'il collectionnait. De 1755 à 1763, il chargea Johann Gottfried Büring d'ériger, à l'est du château de Sans-Souci, le pendant de l'Orangerie de Knobelsdorff située à l'ouest. Ce bâtiment spécialement conçu pour être une galerie d'art compte parmi les musées les plus anciens d'Europe préservés jusqu'à nos jours. Bien qu'il soit clairement inspiré de l'architecture de l'Orangerie, à la différence de celle-ci, il arbore à son faîte une coupole. Il est de plus richement décoré de nombreuses statues. Son intérieur aux proportions monumentales et tout en longueur est structuré par la partie médiane plus sombre située sous la coupole. Ceci ne brise cependant nullement la ligne élancée de la salle. L'abondance de lumière et la somptueuse décoration faite de marbre noble agrémenté d'ornements en stuc doré ne manquent pas de surprendre le visiteur. Le mur où s'alignent les tableaux est parfaitement intégré à cet ensemble qui constitue une des plus belles galeries d'art du monde. Les ornements de stuc des plafonds figurant les allégories des arts et leurs attributs jouent un rôle non négligeable dans le rayonnement de cette salle. Les sculptures de marbre aux côtés des portes, furent commandées par le roi auprès de Guillaume Coustou le Jeune, Jean-Baptiste Lemoyne et Louis-Claude Vassé à Paris. L'ensemble du mobilier d'époque, constitué de quatre consoles et de douze consoles appliquées au mur, sur lesquelles étaient posés des bustes antiques et des sculptures, ainsi que de huit bancs, invitant le visiteur à séjourner un peu devant les tableaux, fut conservé jusqu'à nos jours. Les sculptures antiques furent léguées dès 1830 au musée Royal de Berlin et remplacées par d'autres. Quant aux tableaux, nombre d'entre eux furent confisqués par l'armée russe en 1945-1946 comme butin de guerre. Ils furent en partie restitués en 1958 et c'est ainsi que des chefs-d'œuvre de Peter Paul Rubens, Anton van Dyck, Caravaggio et Maratti et bien d'autres tableaux fort intéressants ont retrouvé leur place dans la salle de la galerie et le cabinet.

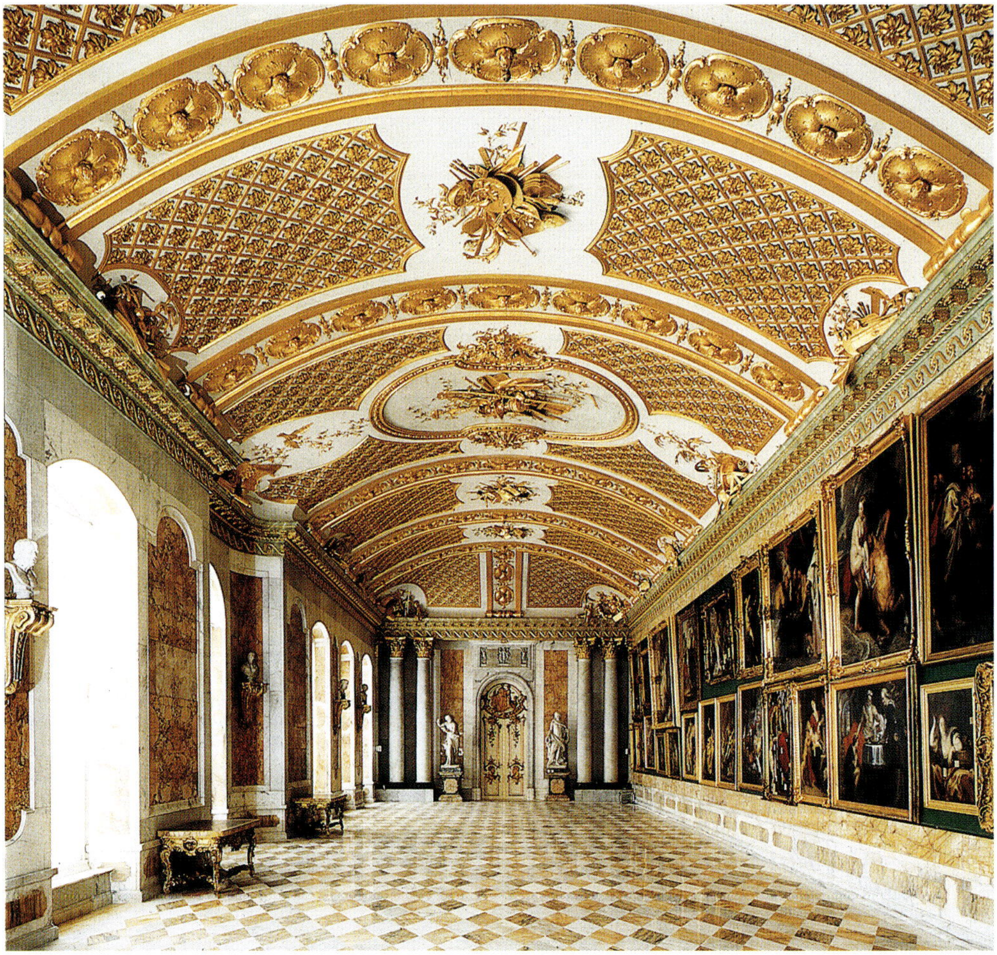

La galerie de tableaux, 1755–1763

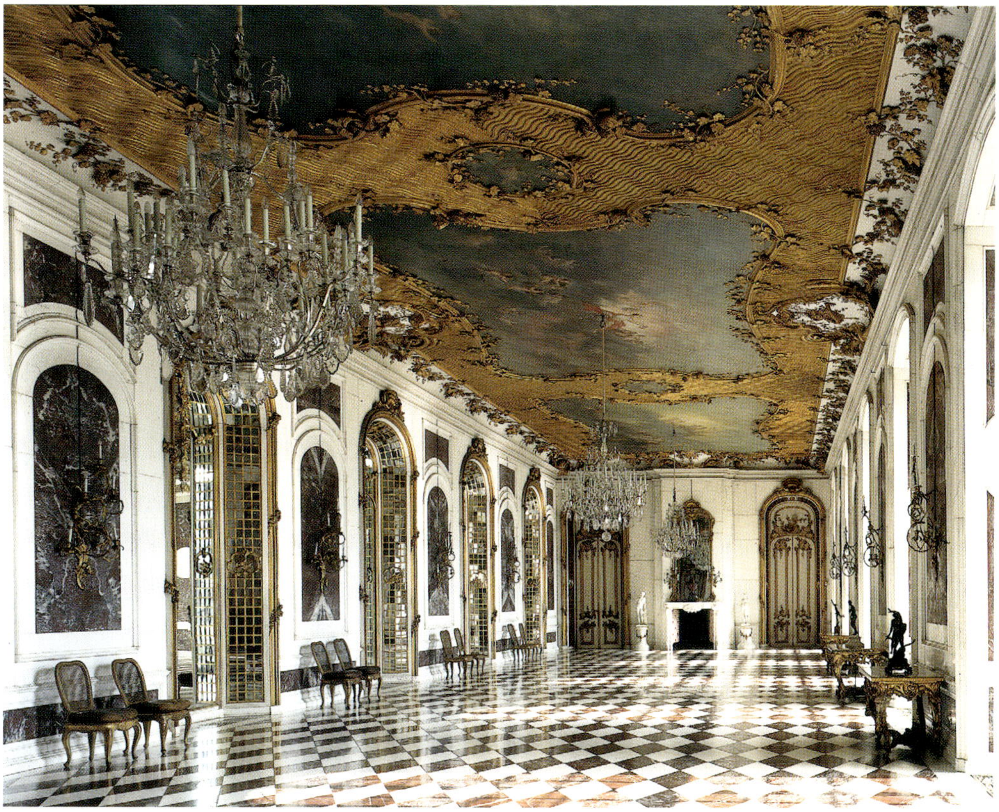

La galerie de Marbre, conception de Carl von Gontard, 1765/69

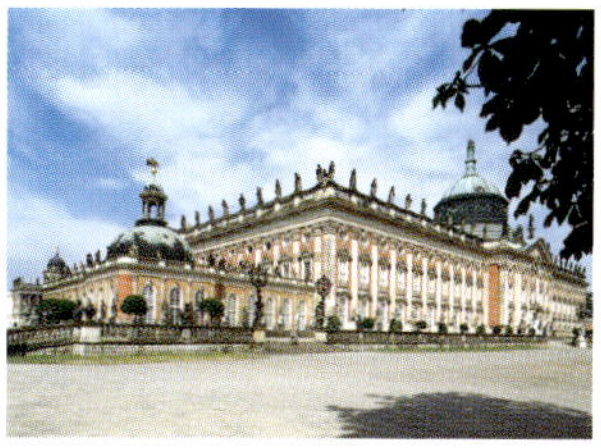

Neues Palais von Sanssouci
Am Neuen Palais
14471 Potsdam

Besucherzentrum an der Historischen Mühle
Postfach 60 14 62
14414 Potsdam
Tél. 03 31/96 94-200/-201
Fax 03 31/96 94-107
Besucherzentrum@spsg.de

1er avril – 31 octobre:
de 9 h à 17 h,
dernière entrée avant fermeture à 17 h
Fermé le vendredi
1er novembre – 31 mars:
de 9 h à 16 h,
dernière entrée avant fermeture à 16 h
Fermé le vendredi

Bus lignes 605, 606, 695 jusqu'à Neues Palais

Museumsshop Neues Palais
Tél. 030 326039 46
Info@museumsshop-im-schloss.de

Restaurant Cafe Drachenhaus dans le parc de Sans-Souci

Parking près du château

RB 1 jusqu'à Park Sanssouci

Le Nouveau palais de Sans-Souci

La construction du Nouveau palais de Sans-Souci, au bord de l'Havel et en face de la Résidence d'été de Frédéric le Grand, avait été prévue pour le début des années 1850. Ce Palais était destiné à recevoir dignement les invités du roi pendant l'été et à être le lieu des réjouissances estivales. Mais en raison de la guerre de Sept Ans (1756–1763), les travaux de construction durent être différés. En 1763, on se décida pour un nouvel emplacement et ainsi l'édification du Palais, dirigée par Johann Gottfried Büring et Heinrich Ludwig Manger, fut entreprise à l'extrémité occidentale de l'allée principale du parc de Sans-Souci. A la suite du départ de Büring, Carl von Gontard, mandé à Potsdam en même temps que d'autres artistes et artisans de Bayreuth, reprit la direction du chantier. Le palais achevé en l'espace de six ans fut somptueusement aménagé. Il avait pour fins de démontrer l'ampleur de la puissance de la Prusse à l'issue de la guerre. Ce palais est donc la création architecturale la plus accomplie du bâtisseur Frédéric le Grand et comprend des chefs d'œuvre d'arts intérieurs de style frédéricien. Toutefois, la construction de ce bâtiment poursuivit également des objectifs d'ordre économique. Elle fut une « mesure de création d'emplois » d'une envergure sans égale dans la Prusse de l'époque : elle offrit salaire et pitance à toutes les branches artisanales de la région. L'édifice fut ultérieurement agrandi par la création de communs superbes pavillons dotés de coupoles, de longue ailes et de cours entourées de remises, réalisés d'après les plans de Jean Laurent Le Geay en 1766-1769 et voués à abriter les cuisines et autres dépendances mais aussi à servir de lieu d'habitation pour les gens de la cour et le personnel. La colonnade qu'il avait été projeté d'ériger entre les ailes entourant la cour d'honneur trouva finalement sa place entre les dépendances. La décoration intérieure des salles de fêtes fut essentiellement conçue par Gontard, l'aménagement des appartements et du théâtre sont l'œuvre de Johann Christian Hoppenhaupt le Jeune, quoi qu'il recourût en partie à certaines esquisses plus anciennes de Johann Michael Hoppenhaupt l'Ancien ou bien s'inspira, selon le vœu du roi, d'intérieurs particulièrement accomplis d'autres châteaux de ce dernier.

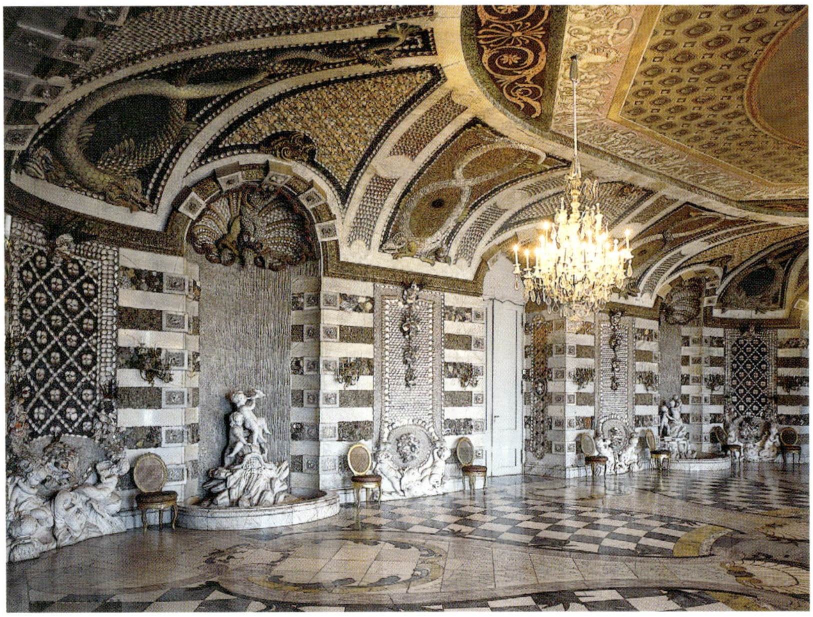

La salle des Grottes, conception de Carl von Gontard, vers 1766

La chambre Bleue (la première antichambre des appartements du roi), conception de J.M. Hoppenhaupt l'Ancien, vers 1750, réalisée après 1765

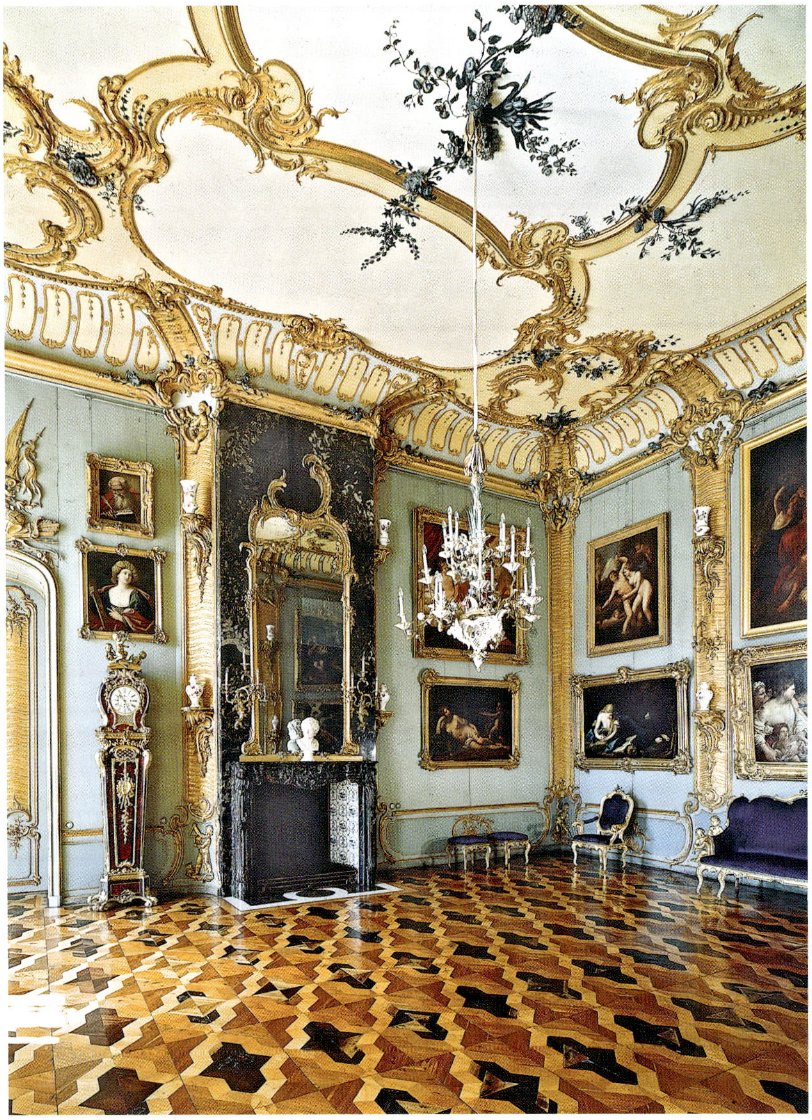

La salle des Grottes, la chambre Bleue

Aux quatre salles de fête du corps médian et aux galeries attenantes, aux appartements du roi dans la petite aile au sud et aux somptueux appartements d'hôte dans le corps de logis, s'ajoutent, pour l'essentiel, de grands appartements destinés aux membres de la famille royale et plusieurs chambres d'hôtes auxquels mènent quatre escaliers. Pour accéder à l'appartement du roi et à l'appartement des hôtes de haut rang, il faut traverser la cour d'honneur (Ehrenhof) pour atteindre le vestibule Inférieur (Unteres Vestibül) puis la salles des Grottes (Grottensaal). La décoration d'origine constituée de groupes de sculptures et de fontaines, de bandes de marbre, de scories de verre, de minéraux de la région et d'imitations de concrétions ainsi que de décorations ornementales faites de coquillages fut, entre le XIXe siècle et la fin de la monarchie, d'autant plus enrichie par l'ajout de pierres semi-précieuses, de minéraux rares, de fossiles et de coquilles venant du monde entier.

Au sud, la lumineuse galerie de Marbre attenante est ornée de marbre italien blanc et rouge ainsi que de niches aux murs recouverts de miroirs. Elle mène aux appartement du roi et servait de grande salle à manger. Son aménagement est pour l'essentiel d'origine.

La chambre Bleue (Blaue Kammer) est la première antichambre des appartements du roi. A l'image de presque toutes les autres antichambres, les éléments forts de la décoration de la chambre Bleue sont les tableaux qu'elle abrite. Il y a là entre autres des œuvres de Peter Paul Rubens, Pompeo Batoni, Jean-Baptiste Pater, Jean Raoux et Jean-Francois de Troy. Alors que les autres antichambres sont sobrement décorées, l'agencement de cette pièce se base sur un ambitieux projet de Hoppenhaupt l'Ancien qui prévoyait de faire une salle d'audience. Des lisènes dorées structurent la salle auxquelles s'ajoutent une double rangée de consoles portant des vases en porcelaine de Meissen. Les meubles sont des chefs d'œuvre du rococo allemand. L'horloge et la commode de Melchior Kambly, tout comme plusieurs tableaux et le lustre de porcelaine de Berlin, sont d'époque.

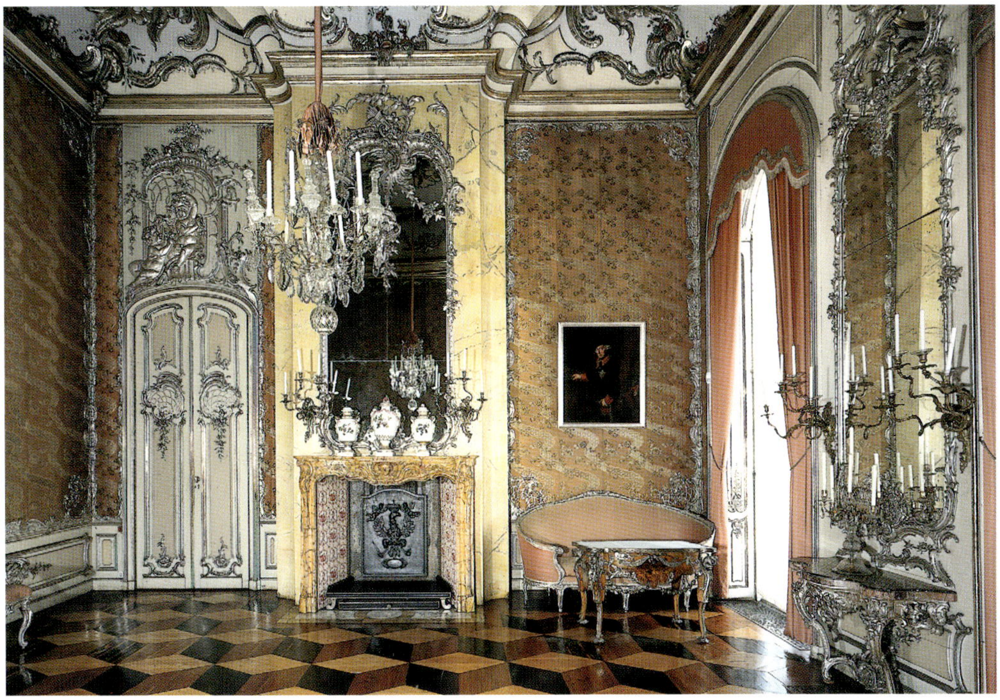

Le bureau du roi, conception de J. C. Hoppenhaupt le Jeune, sculptures sur bois de Peter Schwizer, 1765

Le bureau, la chambre à coucher de Frédéric le Grand

Le bureau du roi est l'une des quelques pièces à posséder encore presque entièrement sa décoration d'origine. Ceci ne concerne pas seulement les meubles de salon, la table, le lustre, la série de vases sur la cheminée, la console dotée d'une mosaïque et le chandelier de table mais aussi la commode, un chef d'œuvre du rococo, plaqué d'écailles et ornée d'incrustations de nacre et d'ivoire, réalisée par Heinrich Guillaumel Spindler le Jeune, dont l adécoration fut complétée de bronze argentés de l'atelier de Melchior Kambly. Les brocarts d'argent des murs, les rideaux et les meubles illustrent parfaitement l'activité florissante de la célèbre industrie de la soie dans le Berlin du XVIIIe. Ceux des murs furent toutefois remplacés par des copies vers 1900.

Il en fut d'ailleurs de même pour la tapisserie bleue de brocard d'argent dans la chambre à coucher ; en échange les brocards des sièges sont d'origine. Le lit « à la polonaise » se trouvait tout d'abord dans la chambre du prétendant au trône et ne fut placé dans cette pièce que vers 1900. Il fut renoncé, pour des raisons pratiques, à faire une copie du brocard d'argent. Les sièges sont l'œuvre de Hoppenhaupt le Jeune. Sous l'empereur, alors que cette chambre était habitée, on installa des bains et des toilettes ainsi qu'un système de chauffage central que l'on intégra, d'ailleurs assez adroitement, dans le sol des niches des fenêtres. Le raccordement à l'électricité opéré en même temps que ces travaux ne put pourtant pas être réalisé avant 1918 dans les appartements royaux qui servirent de chambres d'hôte pendant la guerre. Les décorations en argent que le roi prisait tout particulièrement sont ici bien plus nombreuses que dans le Nouveau palais. Le visiteur remarquera plus spécialement, dans les pièces réservées au roi, les plafonds de stuc argenté agrémentés de rameaux fleuris.

La chambre à coucher du roi, conception et réalisation de J.C. Hoppenhaupt le Jeune, 1765

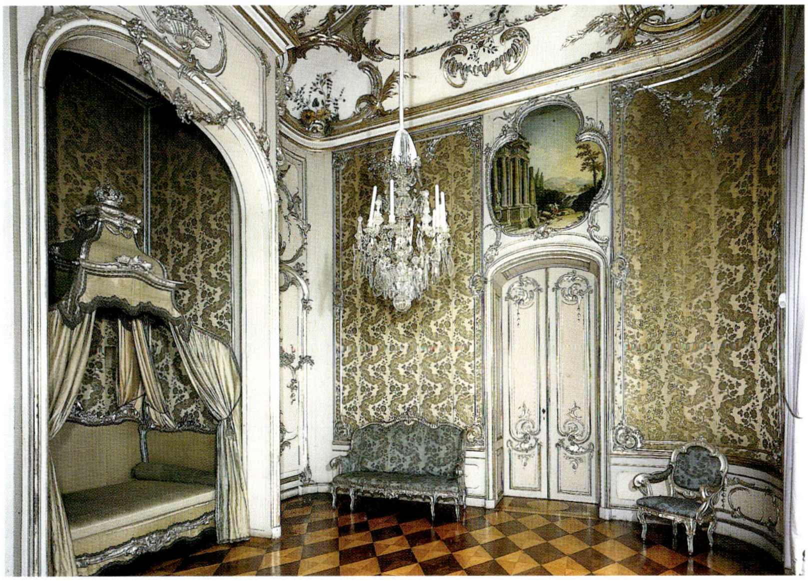

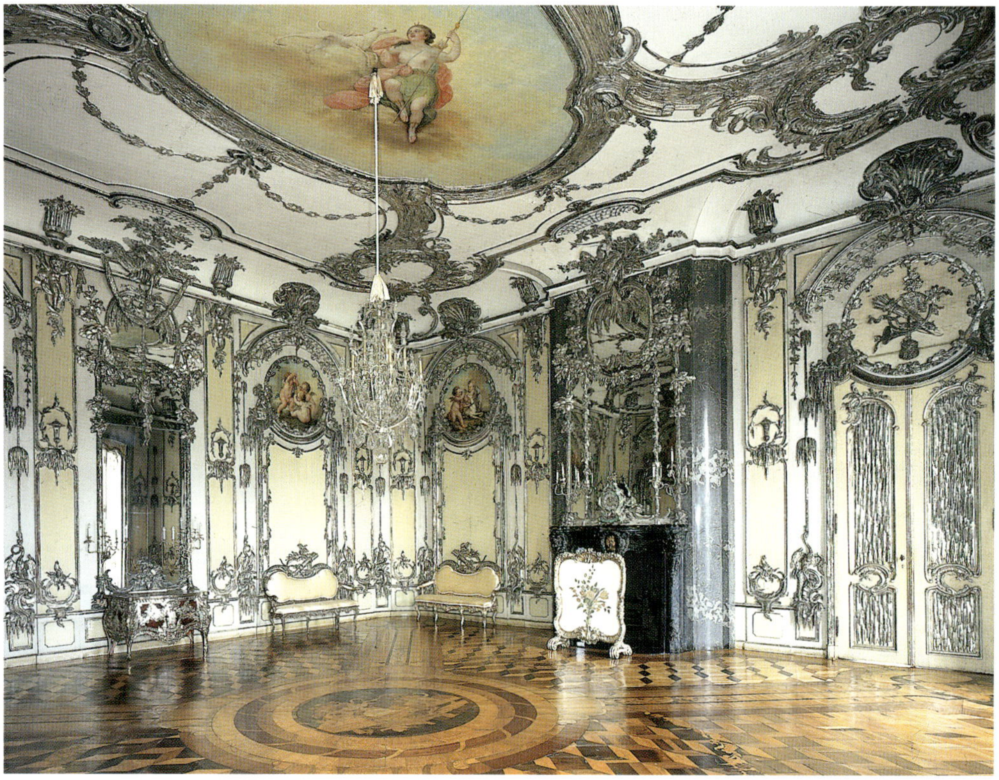

Une des salles de concert de l'étage réservé aux hôtes princiers, conception de J.M. Hoppenhaupt l'Ancien datant de 1750 environ, réalisée de 1767 à 1769

Les salles de concert de l'étage réservé aux hôtes princiers, le théâtre

Les salles de concert de la partie du palais réservée aux grands hôtes princiers se distinguent des autres salles de réception par leur taille. La structure verticale des lambris jaune pâle et laqués en gris est mise en relief par leurs ornements fait de sculptures argentées figurant des hérons laissant jaillir de longs jets d'eau de leurs becs, de troncs d'arbres ou bien encore de rocaille. Cet ensemble s'inspire d'une esquisse de J.M. Hoppenhaupt l'Ancien.

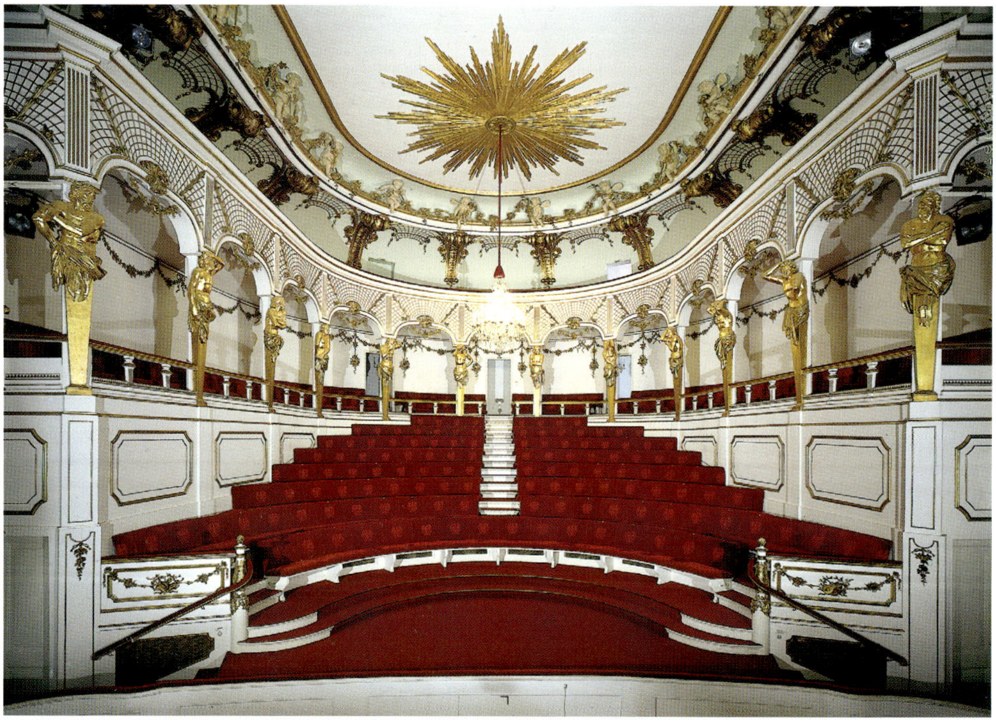

Théâtre, conception de J.C. Hoppenhaupt le Jeune, vers 1767/69

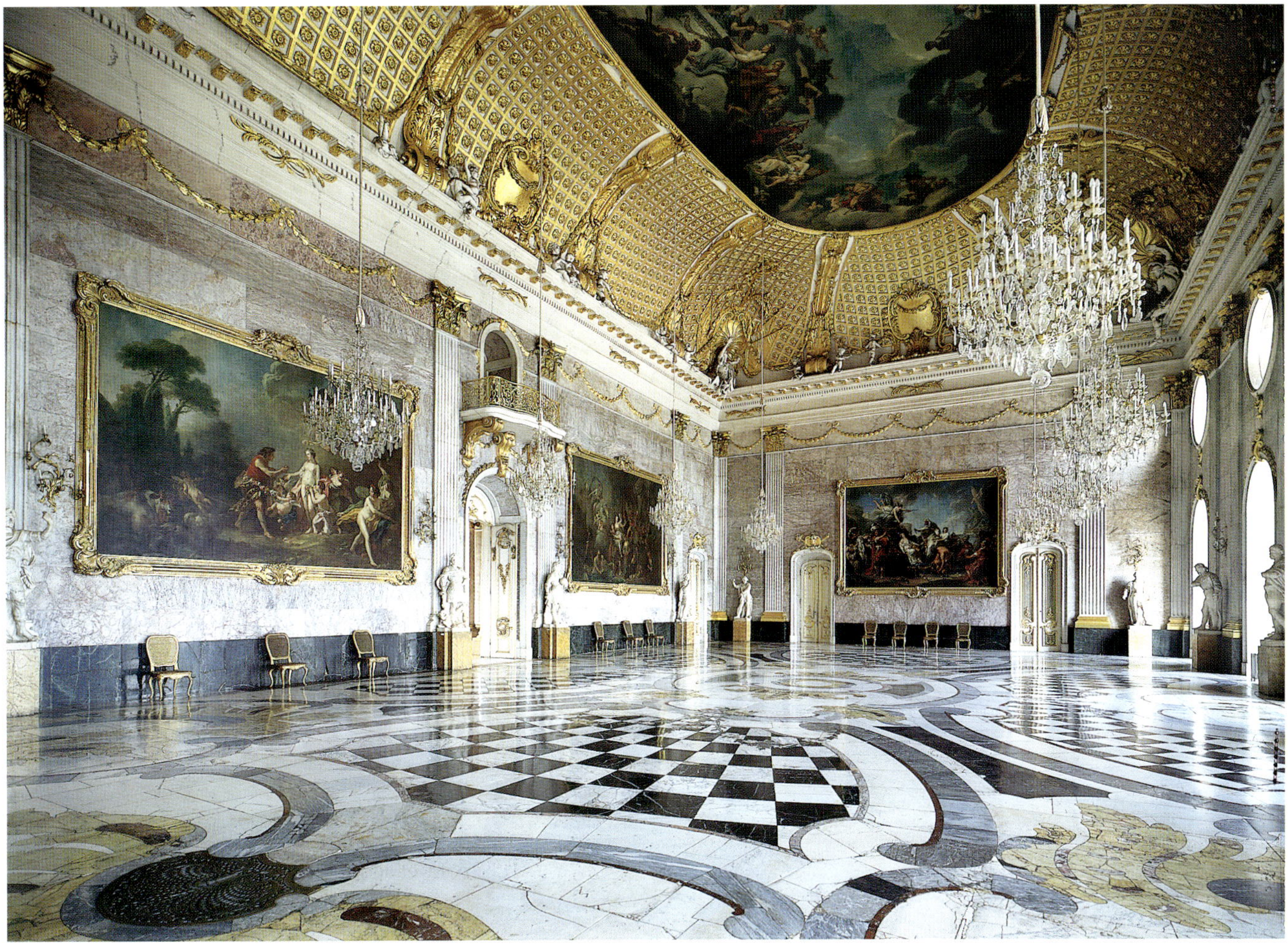

La salle de Marbre, conception de Carl von Gontard, 1765–1769

Des objets de chasse, des faucons, la tête de la déesse Diane ainsi que la fresque de plafond de Johann Christoph Frisch, représentant également Diane. sont tous en rapport avec le thème de la chasse qui est même reprit dans le sol richement incrusté, réalisé par les frères Spindler, et figurant des chiens et des emblèmes de chasse. La somptueuse commode de Heinrich Guillaumel Spindler le Jeune, plaquée d'écailles, incrustée d'ivoire et de nacre coloré faisait partie de l'aménagement d'origine. Elle est somptueusement décorée de bronzes réalisés dans l'atelier de Melchior Kambly. Le paravent de cheminée brodé, les vases de la manufacture berlinoise disposés sur la cheminée et deux des quatre sofas présents appartenaient également dès le départ à la décoration de la pièce. En 1766, il fut procédé à l'acquisition du piano à queue de Burkard Tschudi, manufacturé à Londres, ainsi que d'autres oeuvres du grand maître pour le Nouveau palais.

Frédéric Le Grand fit ériger l'opéra Royal de Berlin en 1740–1742, mais également des salles de théâtre dans le château de Berlin, dans sa résidence d'hiver du château de Postdam ainsi que dans le Nouveau palais de Sans Souci, cette salle étant d'ailleurs la seule qui ait été conservée. J.C. Hoppenhaupt donna au théâtre une forme d'amphithéâtre. Le parterre en gradin est délimité par la galerie qui parcoure la salle derrière lui et dont la structure est ponctuée par des hermès sculptés et dorés. Des palmiers encadrent la scène. Le théâtre dont s'inspire la salle présente, se trouvait dans le château de Potsdam et avait été conçu par G.W. von Knobelsdorff mais il fut transformé en appartements dès 1800.

La salle de Marbre et la galerie Supérieure

La salle de Marbre, d'une superficie de 600 m², occupe toute la largeur de l'avant-corps médian et s'élève sur deux étages. Elle fut agencée par Carl von Gontard qui s'inspira, à cet effet, de la salle de Marbre du château de

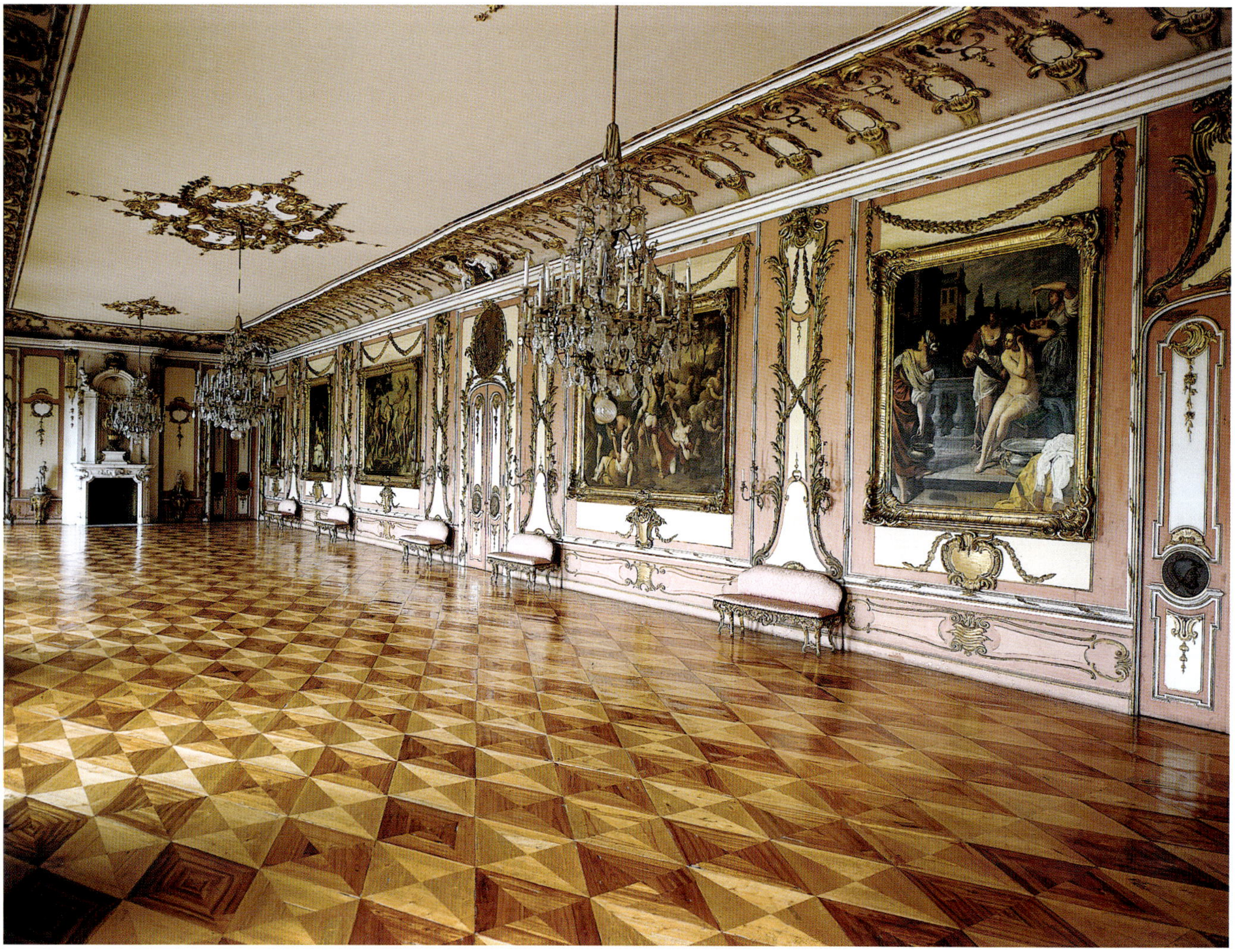

La galerie Supérieure, conception de J.C. Hoppenhaupt le Jeune, 1765–1769

Potsdam. Toutes deux sont ornées de différents types de marbre de Silésie. Les somptueuses incrustations du sol de marbre sont l'œuvre de M. Kambly. Trois célèbres artistes de Paris ainsi que le peintre de cour, Antoine Pesne, furent chargés par le roi, avant la guerre de Sept Ans, de réaliser la décoration de cette salle. Or, si le roi avait fait remanier la salle de marbre de la résidence d'hiver afin qu'elle soit toute à la gloire des Grands Electeurs, la salle de Marbre du Nouveau palais avait pour objectif de présenter le roi comme le mécène des arts. La fresque du plafond réalisée en 1769 par Charles Amedé van Loo, peintre de la cour, et intitulée « Hébé fait entrer Ganymède sur l'Olympe », avait au départ été conçue pour être un hommage au roi. Cette salle qui ne contenait à l'origine que les tableaux somptueusement encadrés, les lustres et les candélabres aux murs ainsi que les chaises fut enrichie en 1950 d'une galerie d'Ancêtres, constituée d'une série de statues baroques figurant les princes-électeurs de Brandebourg. Elles avaient été réalisées par Bartolomäus Eggers, au XVIIe, pour la salle des fêtes principale du château de Berlin, où elles se trouvaient jusqu'alors.

La galerie Supérieure attenante, conçue par J.C. Hoppenhaupt, devrait avoir été utilisée comme salle de bal et était l'entrée officielle dans les appartements du prétendant au trône. La décoration en style de la première période du classicisme (la forme des guirlandes, les médaillons ronds de couleur bronze, les vases sur la cheminée) s'explique par la construction relativement tardive du Nouveau palais. Les éléments de décor centraux de cette pièce sont les six tableaux de maîtres italiens (Guido Reni, Artemisia Gentileschi, Luca Giordano) qui faisaient partie de l'aménagement d'origine au même titre que les trois consoles.

Les Nouvelles chambres dans le parc de Sans-Souci

La salle de Jaspe, le Grand cabinet de marqueterie

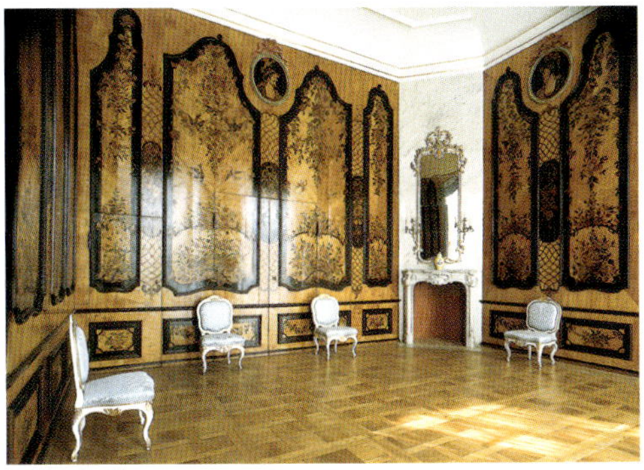

Le Grand cabinet de Marqueterie, les frères Spindler, 1771–1775

De 1771 à 1775, Frédéric le Grand chargea Johann Christian Unger de remanier l'Orangerie que Knobelsdorff avait construite en 1747 tout juste à côté du château de Sans-Souci. Ces travaux menèrent à la création de quatre salles de fête magnifiques et de plusieurs appartements réservés aux hôtes. L'Orangerie devint ainsi une annexe du château dont les intérieurs s'avérèrent être les dernières créations de style rococo frédéricien, alors que presque au même moment était bâti le château de Wörlitz, premier exemple du style classique en Allemagne. Lors du remaniement de l'Orangerie, on veilla à faire jouer tous les registres du rococo et à ne présenter que des œuvres d'une facture irréprochable, comme l'appréciait le roi. Trois des salles de fête sont caractérisées par le marbre stuqué qu'on y employa et ce, dans de nombreuses variantes: couleur lapis-lazuli, en jaune ou dans une teinte verte rappelant celle du chrysopras, une des pierres préférées du roi. En revanche, la salle de Jaspe, la salle médiane, est constituée de marbre noble en provenance de la Silésie, province qui venait d'être annexée au royaume. Cette pièce agrémentée, de surcroît, de bustes antiques répond parfaitement aux exigences d'une salle d'apparat. Dans la galerie d'Ovide, les 14 reliefs de stuc doré dont émanent sensualité et joie de vivre, ont été réalisés par les frères Johann David et Johann Lorenz Guillaumel Räntz de Bayreuth d'après des motifs tirés des Métamorphoses du poète latin Ovide. Le vert des murs, devant lesquels se dressent les reliefs, a de nos jours quelque peu perdu de sa vivacité mais non point les reliefs eux-mêmes qui renforcent encore, avec les grandes niches de glaces, le caractère festif de la salle. L'ameublement constitué de chaises et de quelques consoles correspond à celui du XVIIIe.

Les chambres d'hôte sont aménagées en cabinet. Les points forts de leur décoration sont soit l'usage conséquent d'objet laqués, soit des tableaux représentant Potsdam au XVIIIe. Dans deux de ces chambres, nommées aussi le Grand et le Petit cabinet de Marqueterie, les frères Johann Friedrich et Heinrich Guillaumel Spindler de Bayreuth ont incrusté dans les lambris force de rameaux fleuris, d'oiseaux et de fruits, de grillages et de cartouches, réalisant ainsi de véritables chefs d'œuvre de l'art de la marqueterie du XVIIIe.

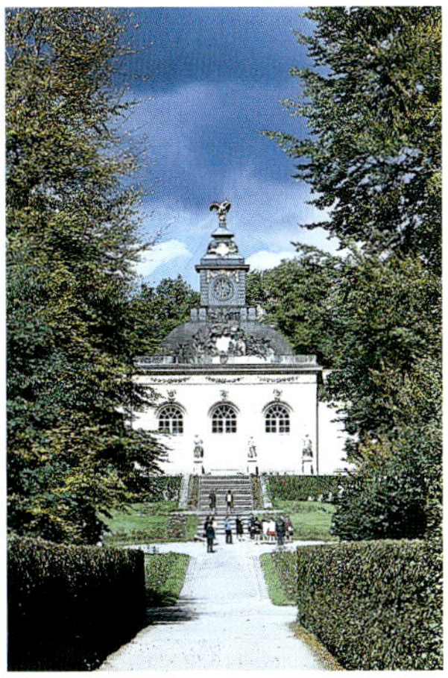

Neue Kammern
Maulbeerallee
14469 Potsdam

i Besucherzentrum an der Historischen Mühle
Postfach 60 14 62
14414 Potsdam
Tél. 0331/9694-200/-201
Fax 0331/9694-107
Besucherzentrum@spsg.de

1er avril – 14 mai:
le samedi et le dimanche et les jours fériés
de 10 h à 17 h
dernière entrée avant fermeture à 17 h
15 mai – 31 octobre:
de 10 h à 17 h,
dernière entrée avant fermeture 17 h
Fermé le lundi

Bus 695 jusqu'à Schloss Sanssouci

P Parking au centre d'accueil des visiteurs (derrière le Moulin Historique)

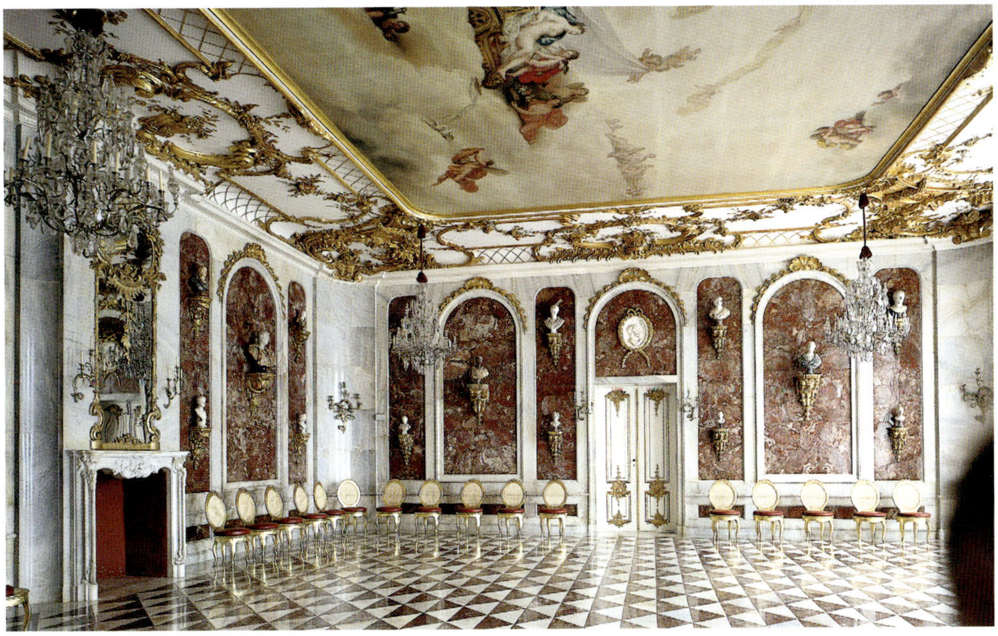

La salle de jaspe, 1771–1775

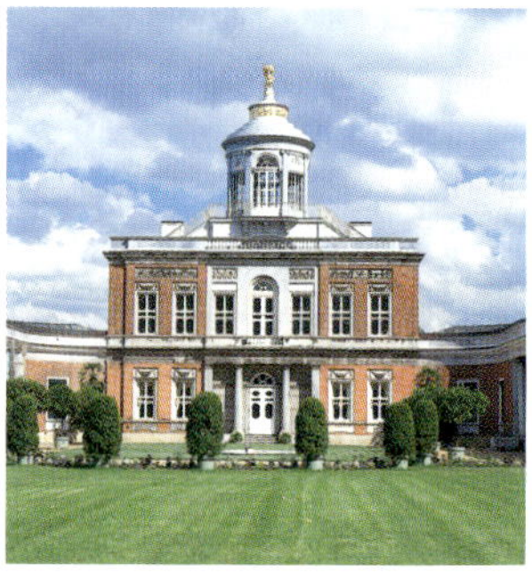

Marmorpalais
Im Neuen Garten
14469 Potsdam

Nouveau jardin – Le palais de Marbre

L'escalier, la salle aux Grottes

Le palais de Marbre (Marmorpalais) fut créé en même temps que le Nouveau jardin de 1787 à 1793. L'édifice d'origine, une villa de forme carrée, était pour ainsi dire le « Sans-Souci » du successeur de Frédéric le Grand, le roi Frédéric Guillaume II. Elle avait été réalisée par Carl von Gontard, l'architecte le plus important de la fin du règne du grand roi. Frédéric Guillaume II chargea Carl Gotthard Langhans, le nouveau directeur de l'Administration des bâtiments royaux, de l'aménagement du palais. Michael Philipp Boumann mena à bien, en 1797, la construction des ailes dont les intérieurs ne furent cependant décorés qu'entre 1844 et 1847 d'après les plans de Ludwig Persius et Ludwig Ferdinand Hesse. Au même titre que le chambres royales du château de Berlin, aujourd'hui détruites, les intérieurs du palais de Marbre réalisés par Langhans comptent parmi les chefs d'œuvre du classicisme berlinois naissant. Ils font preuve d'une étonnante variété dans leur décoration. Les lambris plaqués et marquetés alternent avec les lambris laqués et décorés d'ornements, mais il y a de même des drapés de soie, des paysages peints couvrant des murs entiers et le marbre stuqué. Ces salles furent utilisées à de nombreuses fins entre le XIXe et le début du XXe siècle, néanmoins il fut possible dans les années 1920 de reconstituer l'aménagement d'origine de façon tout aussi complète que cela est le cas dans le Nouveau palais. Le mobilier ayant subi des pertes pendant la guerre et le bâtiment ayant été transformé en casino pour les officiers soviétiques jusqu'en 1955, puis en Musé de l'Armée jusqu'en 1988, il fallut entreprendre des restaurations et reconstructions de grande envergure. Depuis sa réouverture en 1997, le bâtiment principal se présente sous la forme d'un château-musée quoique seul le rez-de-chaussée contienne en grande partie des décorations d'origine. A l'étage, hormis quelques meubles, il fallut avoir recours à des meubles provenant d'autres châteaux.

Le vestibule s'ouvre sur la cage d'escalier qui est éclairée d'en haut. L'escalier de marbre, qui n'est soutenu que du côté du mur, est l'une des plus belles créations de Carl Gotthard Langhans.

Les murs de marbre stuqué de la salle des Grottes qui se trouve derrière, adoucit les couleurs un peu froides de l'escalier. Cette pièce donne l'impression d'être plus grande qu'elle ne l'est en réalité grâce au quatre miroirs qui sont agencés en vis à vis. Elle est agrémentée de piliers, un agencement assez typique pour Langhans qui donne une illusion de grand espace. Les sièges proviennent du pavillon de la Bibliothèque et de la salle de concert de l'Orangerie, située dans le Nouveau jardin.

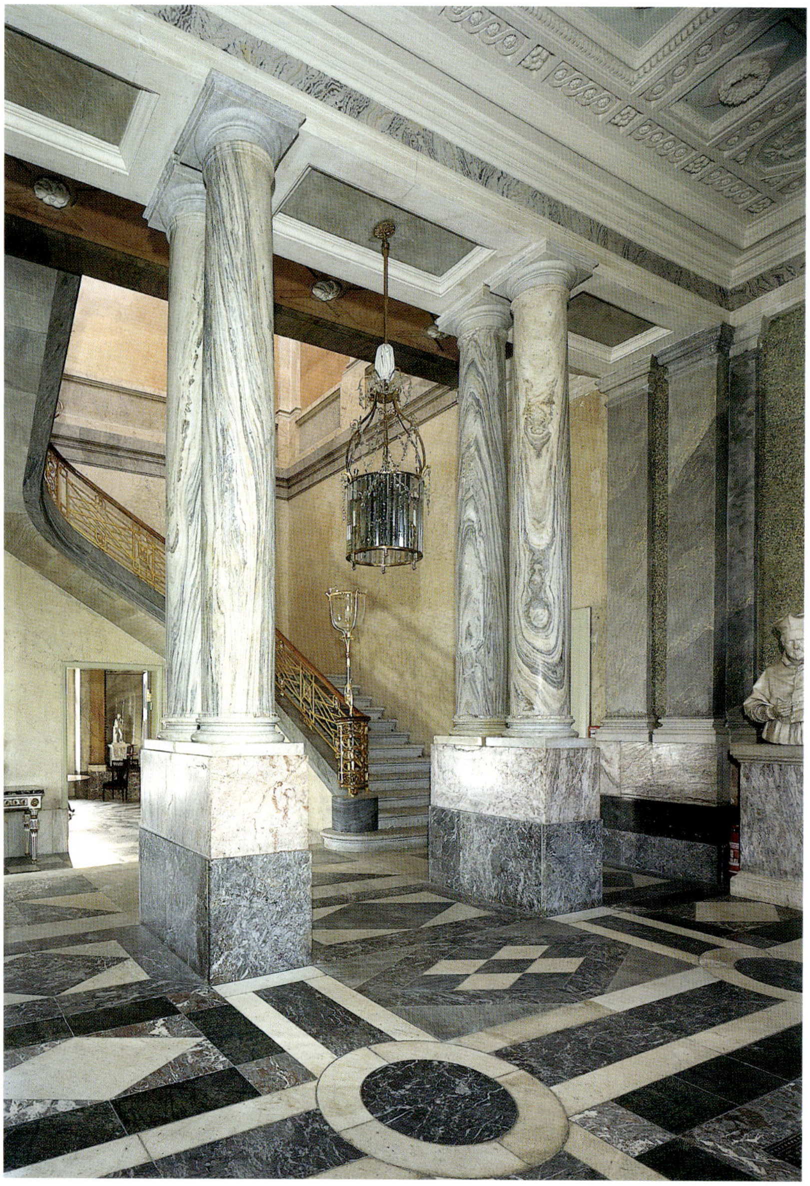

Les salles des Grottes, conception de Carl Gotthard Langhans, 1789

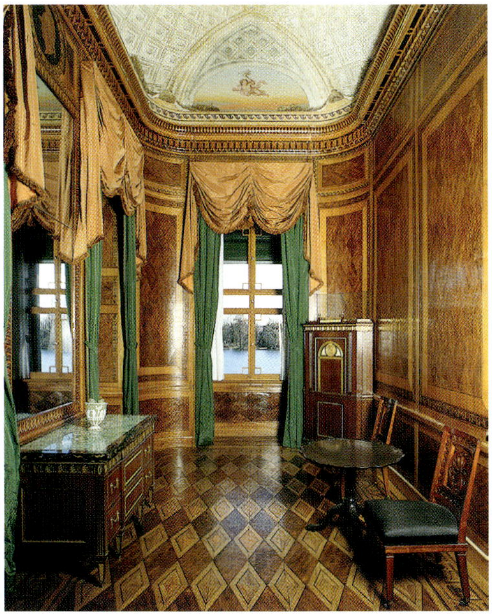

La chambre à coucher du roi, conception de C. G. Langhans, 1789/90

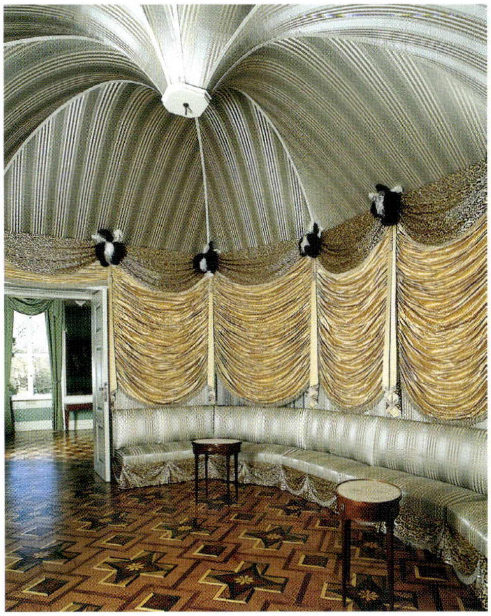

Le cabinet oriental, conception de C. G. Langhans, 1789/90

Le vestiaire, la chambre

Les intérieurs sont regroupés autour de l'escalier central. Les pièces du château à usage strictement privé, entre autres le vestiaire et la chambre à coucher, sont également celles qui ont subi le moins de transformations, si l'on excepte le renouvellement des précieuses étoffes de soie. F. W. von Erdmannsdorff avait fait l'acquisition de cheminées de marbre à Rome au nom du roi qui furent utilisées pour la décoration des pièces. Dans le vestiaire, se tient l'une d'entre elle, dotée de ferrures de bronze et d'incrustations de mosaïques de tesselles romaines. Dans toutes les pièces, les corniches des cheminées en porcelaine anglaise, entre autres verte ou noire, sont encore intactes.

Le bureau et la chambre à coucher au rez-de-chaussée sont décorés de lambris faits de différents bois, comme du bois d'if par exemple, et correspondent au style de la première pério-

ℹ Besucherzentrum an der Historischen Mühle
Postfach 60 14 62
14414 Potsdam
Tél. 03 31/96 94-200/-201
Fax 03 31/96 94-107
Besucherzentrum@spsg.de

1er avril – 31 octobre:
de 10 h à 17 h
dernière entrée avant fermeture à 17 h
Fermé le lundi
1er novembre – 31. mars:
le samedi et le dimanche de 10 h à 16 h
dernière visite guidée à 16 h

Tramway lignes 90, 92 et 95 jusqu'à Reiterweg/Alleestr.
Chemin à pied de 15 min

Orangerie Sommercafe

Kolonie Alexandrowka
Restaurant Russische Teestube

Parking à proximité du château

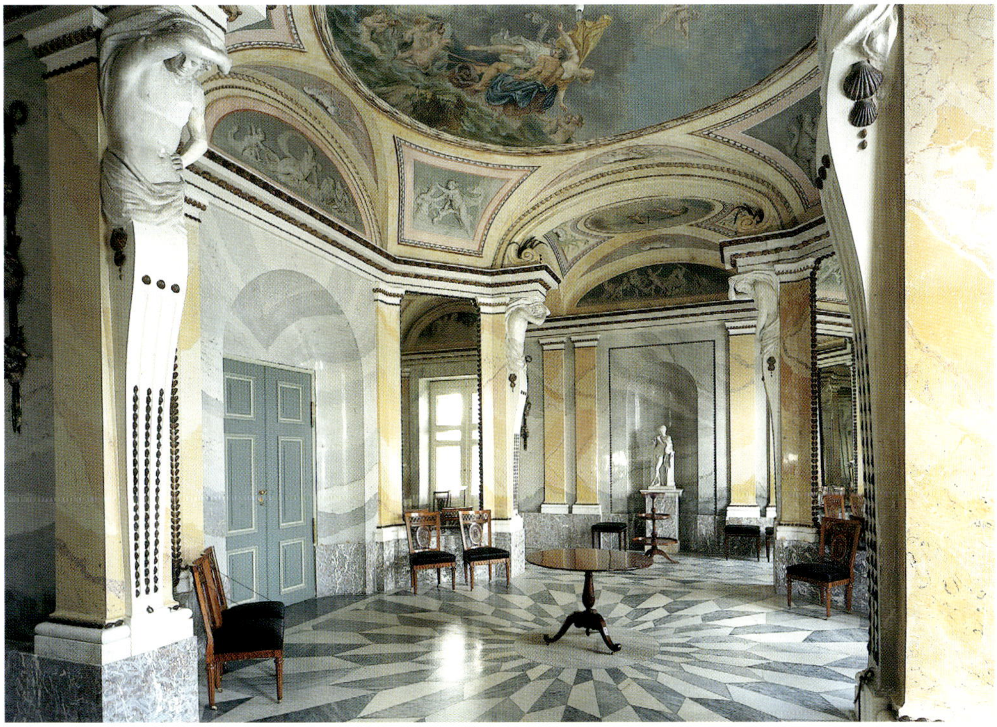

La salle des Grottes, conception de C. G. Langhans, 1789

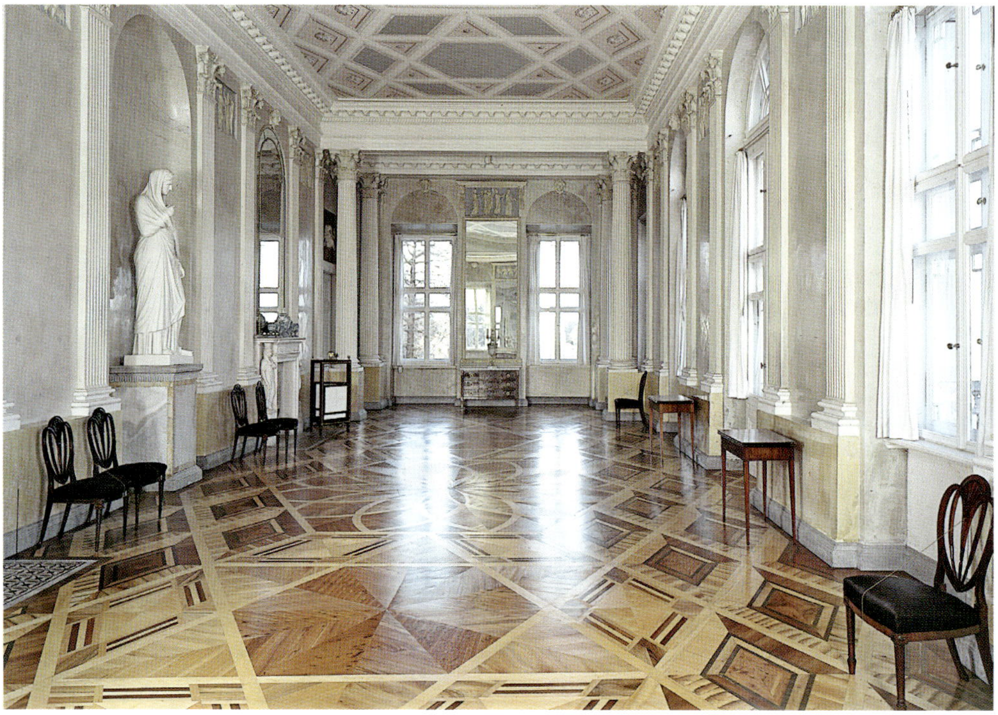

La salle de concert, conception de C. G. Langhans, 1789/90

de du classicisme berlinois. La chambre à coucher au cachet étrusque fut réalisée par Johann Gottlob Fiedler, le plus grand ébéniste de l'époque à Berlin. L'ensemble de la commande de „meubles à coffre" pour le rez-de-chaussée semble avoir été exécutée par David Hacker, un disciple de David Roentgens, qui s'était installé à Berlin en 1791. Il créa ces meubles avec les matériaux du célèbre atelier de Neuwied, entre autres l'armoire d'angle et la commode de la chambre à coucher.

La chambre Verte (le vestiaire), conception de C. G. Langhans, 1789/90

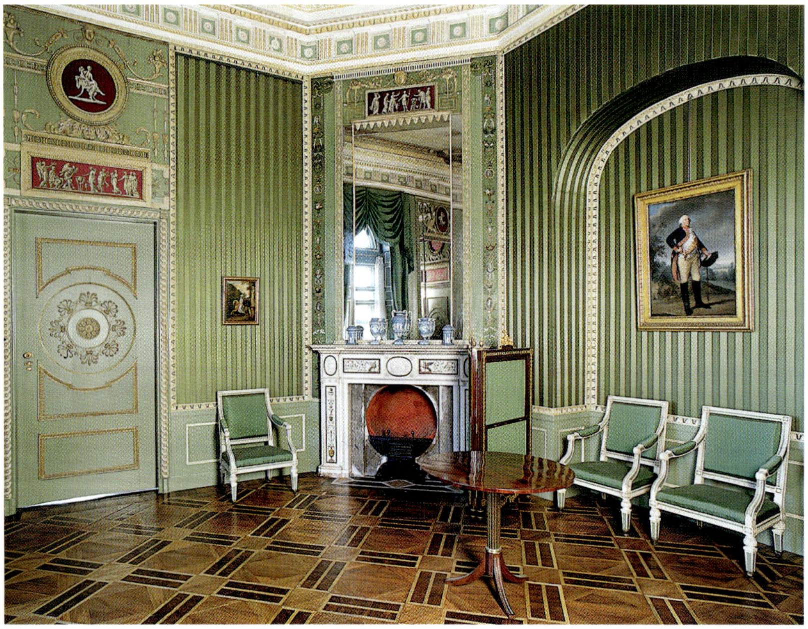

La salle de concert, le cabinet Oriental

La salle de concert, située à l'étage supérieur, est la pièce principale du château. Ses murs sont faits de stuc blanc, d'un bleu lumineux à l'origine, et les trois grandes fenêtres s'ouvrant sur une terrasse donnant sur le lac, offrent une vue admirable sur l'île aux Paons. Sa forme en longueur, atténuée par les colonnes et la division en trois parties du plafond, rappelle celle d'une galerie et la différencie nettement des autres salles de forme carrée. Le bâtiment ayant été endommagé, les peintures du plafond qui imitent des structures de stuc sont des reconstitutions, comme le sol d'ailleurs.

Le cabinet Oriental suit la mode orientale qui vécut une renaissance au XVIIIe siècle : à l'instar d'une tente, il est drapé, aux murs comme au plafond, de satin à rayures bleues et blanches et la soie à franges transparentes des rideaux plissés rappelle le pelage d'un tigre. Un deuxième cabinet de ce style prévu dans l'aile sud ne fut finalement jamais réalisé.

Château de l'Ile aux Paons

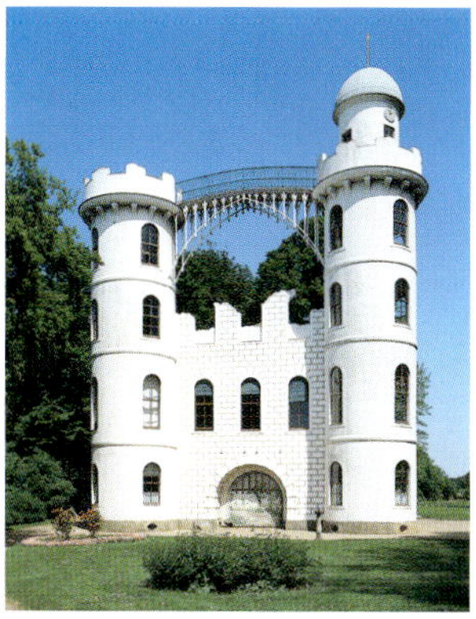

Le cabinet Tahitien

La « résidence Romaine » de l'Ile des Paons, comme on nommait le petit château de plaisance au XVIIIe, fut construite de 1794 à 1795 par le maître-charpentier Johann Gottlieb Brendel de Potsdam, qui revêtit tout à la fois le rôle d'architecte, de maître de chantier et d'entrepreneur. L'architecte directeur en chef de la cour, Michael Philipp Daniel Boumann, n'a participé de façon certaine qu'à deux ouvrages de ce chantier. De même, on ne sait avec précision si ce sont les plans de Carl Gotthard Langhans ou bien ceux d'un architecte de Potsdam qui furent utilisés pour la réalisation de la salle des fêtes. Mais il est sûr que l'aménagement de cette dernière fut largement influencé par Madame Ritz, future comtesse de Lichtenau ancienne maîtresse et à l'époque personne de confiance de Frédéric Guillaume II. Puisque du palais de Marbre le roi avait une belle échappée sur l'Ile aux Paons, il fut décidé d'y construire le château dont la façade fut configurée en ruine romantique. Il semble que le roi se soit tout d'abord laissé inspirer par l'île de Capri dont il possédait une illustration dans un des livres de sa bibliothèque. Le parc de l'Ile aux Paons fut cependant plutôt aménagé dans le style anglais.

L'aménagement intérieur ainsi que tout son inventaire ont été miraculeusement préservés jusqu'à nos jours. Le visiteur y est donc témoin du style du début du classicisme à Berlin dans son état originel, tel qu'on ne peut le voir nulle part ailleurs. A partir de 1797, le rez-de-chaussée fut réservé aux membres de la cour et le premier étages aux « majestés ».

Schloss Pfaueninsel
Nikolskoerweg
14109 Berlin

Besucherzentrum an der Historischen Mühle
Postfach 60 14 62
14414 Potsdam
Tél. 03 31/96 94-200/-201
Fax 03 31/96 94-107
Besucherzentrum@spsg.de

1er avril – 31 octobre:
de 10 h à 17 h
dernière visite guidée à 17 h
Fermé le lundi

Bac pour la traversée vers l'Ile des Paons
Tél. 030 80586831
novembre – février
de 10 h à 16 h
mars, octobre. de 9 h à 18 h
avril, septembre de 9 h à 19 h
mai – août de 8 h à 21 h

Bus ligne 218 à partir de Berlin Wannsee ou bus 116 à partir de Potsdam, Glienicker Brücke jusqu'à Nikolskoer Weg, puis bus 218 ou 25 min. à pied

Auberge: Wirtshaus zur Pfaueninsel

Parking au bout du chemin de Nikolskoer Weg

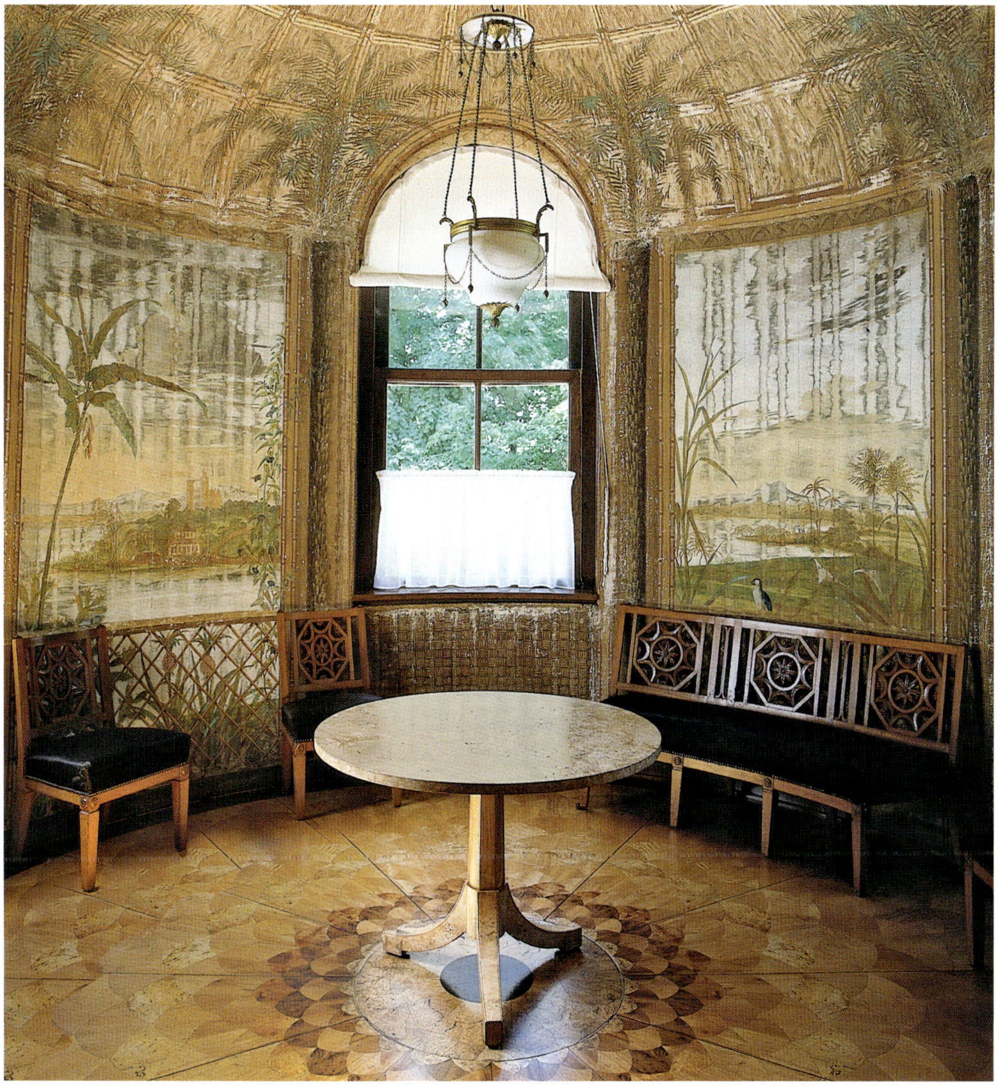

Le cabinet Tahitien, 1795

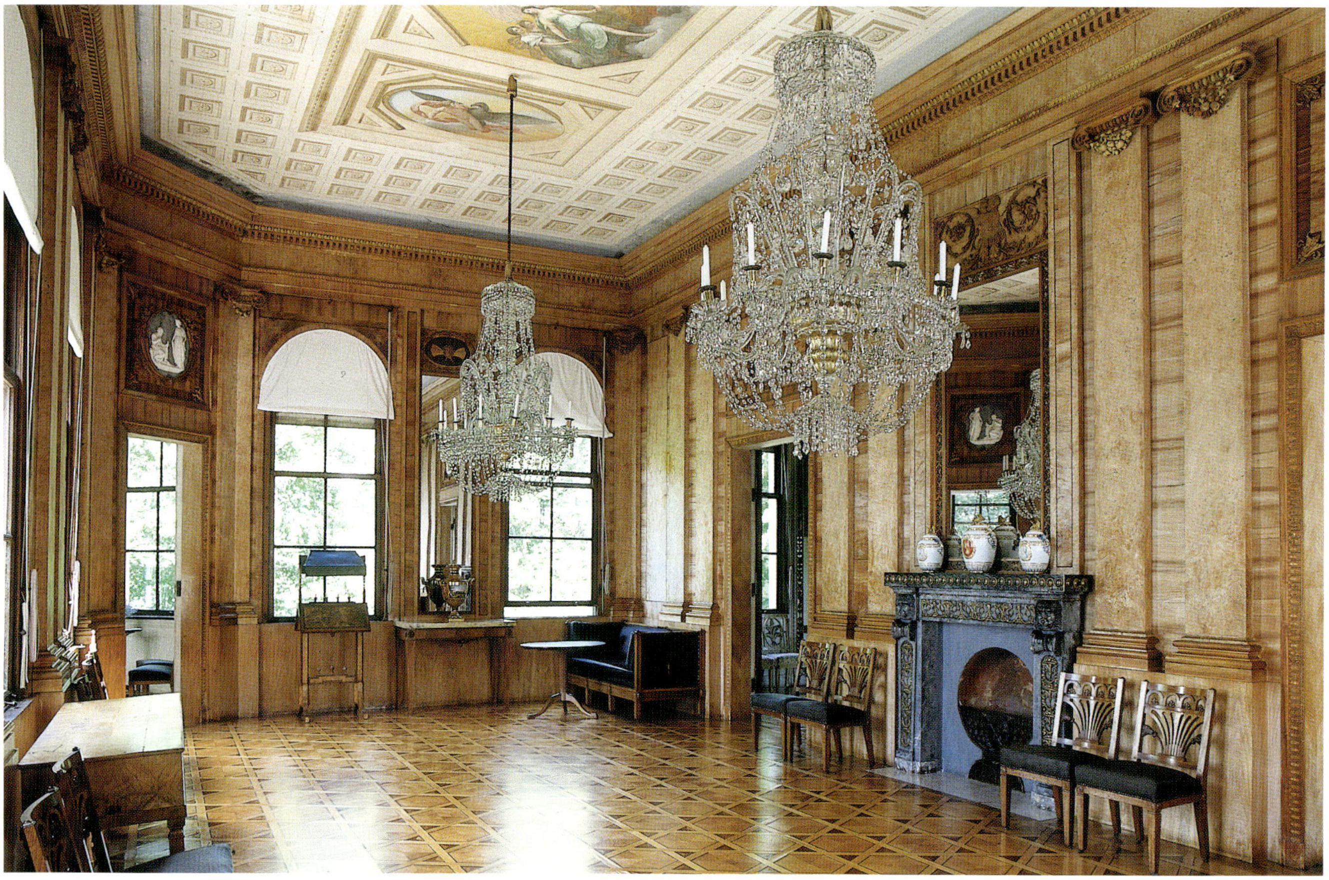

La salle des fêtes, 1795

La salle des fêtes, le salon de la Tour

L'intérieur peint du cabinet Tahitien, de forme ronde, imite l'aspect d'une cabane de bambou dans laquelle Peter Ludwig Lütke peignit des paysages imaginaires où les rives de la Havel furent transposées dans un pays tropical. Ainsi le visiteur a l'illusion d'être à Tahiti et peut en même temps admirer le château de l'Ile aux Paons et le palais de Marbre, tous deux entourés de palmiers, d'ananas et de perroquets. Comme pour les autres pièces, le mobilier fut spécialement créé pour ce cabinet. Dans toutes les pièces les papiers peints et les tentures d'origine purent être conservés.

La salle des fêtes s'étend sur toute la largeur du château et s'ouvre par sept fenêtres sur le paysage environnant. Frédéric Guillaume II avait prévu de l'utiliser également comme salle de concert comme en témoignent le piano table et le double pupitre de musique. Cette pièce ornée de lambris en bois sur lesquels sont appliqués des reliefs sculptés et dotée d'une cheminée richement décorée ainsi que de fresques au plafond, s'avère être un chef-d'œuvre de la décoration d'intérieurs à Berlin dans la dernière décennie du XVIIIe.

A l'Est, le cabinet de la Tour, attenant à la salle des fêtes, fut utilisé comme bureau par Frédéric Guillaume III. Le raffinement de la décoration, constituée de papiers peints à galons, d'un choix exquis de meubles et de quatorze aquarelles de Giovanni Volpato représentant les musées du Vatican et dont les cadres et les verres sont adaptés à la forme ronde de la pièce, remonte à l'époque de la comtesse de Lichtenau et de Frédéric Guillaume II.

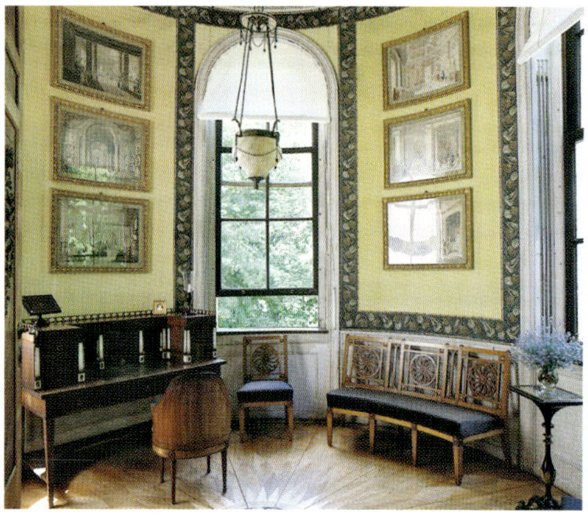

Le salon de la Tour (bureau du roi), 1795

Le château de Paretz

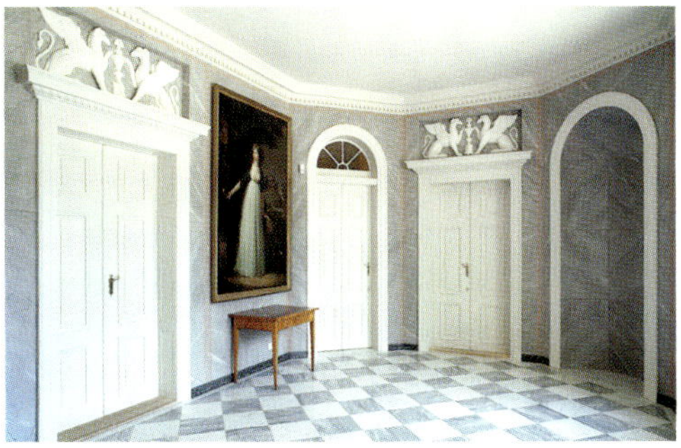

Le vestibule, conception de David Gilly, 1797 (reconstitution)

Le vestibule, le salon du jardin

Le domaine fut acheté en 1797 par le prince héritier Frédéric Guillaume III et l'année même David Gilly entreprit en collaboration avec son fils Friedrich Gilly la construction du château sur la base d'anciennes fondations. En 1798, le château fut achevé ; en 1805, la construction de l'ensemble du village prit également fin.
Les intérieurs du château sont remarquables en raison de l'immense variété de ses papiers peints et imprimés, tous en provenance de manufactures berlinoises. En effet, en raison de la profusion de motifs que le visiteur a loisir de découvrir dans les intérieurs du château, ce dernier est le seul lieu où il s'avère encore possible de se faire une réelle idée de la qualité de l'industrie berlinoise de papiers peint vers 1800. Grâce aux recherches opérées dans ce domaine, la ville de Berlin est, à présent, enfin reconnue comme un centre important de cette branche industrielle de haute qualité. Ayant été la résidence de Frédéric Guillaume III et de la reine Louise, l'édifice fut pieusement conservé, avant d'être entièrement altéré par les travaux accompagnant sa transformation en école d'agriculture après 1945. Heureusement, il fut possible d'entreposer au château de Sans Souci les papiers peints les plus importants des appartements royaux.
Le château, redevenu bien public, fut reconstitué et en 2001, il fut possible d'entreprendre (grâce aux dons de la fondation culturelle - Cornelsen-Kulturstiftung) la restauration de ces papiers peints qui sont les seuls à exister encore, les autres châteaux jouissant d'une telle décoration ayant été détruits. Ainsi les intérieurs de la reine Louise et de Frédéric Guillaume III recouvrèrent leur décoration d'origine. Néanmoins il ne reste que peu de meubles d'époque après le pillage qui suivit la fin de la guerre. Ils furent donc remplacés ou complétés par des meubles d'époque en provenance d'autres châteaux.

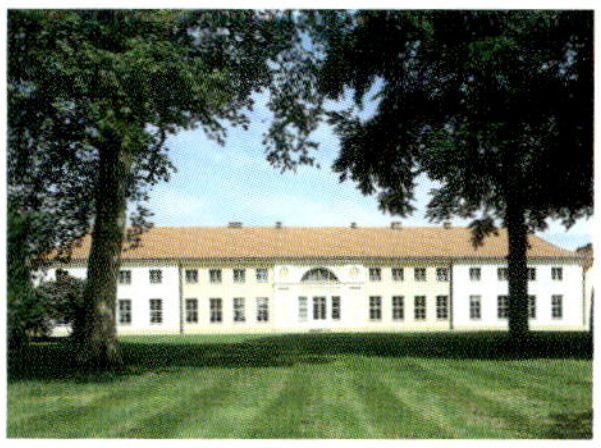

Schloss Paretz
Parkring 1
14669 Paretz

ℹ Besucherzentrum an der Historischen Mühle
Postfach 60 14 62
14414 Potsdam
Tél. 03 31 / 96 94-200 / -201
Fax 03 31 / 96 94-107
Besucherzentrum@spsg.de

A Pâques:
de 11 h à 17 h
dernière entrée avant fermeture à 17 h
15 mai – 31 octobre
de 11 h à 17 h
dernière entrée avant fermeture à 17 h
Fermé le lundi
1er novembre – 14 mai:
le samedi, le dimanche et les jours fériés
de 11 h à 16 h
dernière visite guidée à 16 h

Bus 614 à partir de Potsdam Hbf

Restaurants dans la localité de Paretz / Ketzin

Parking à proximité du château

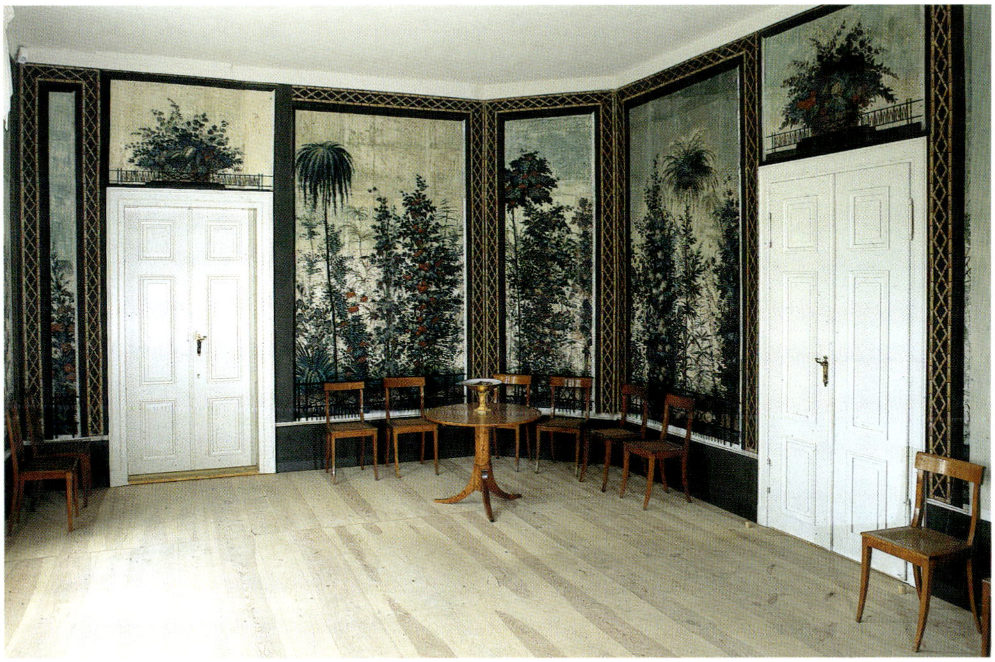

Le salon du jardin, papier peint de la manufacture Aaron Wessely, Berlin 1797

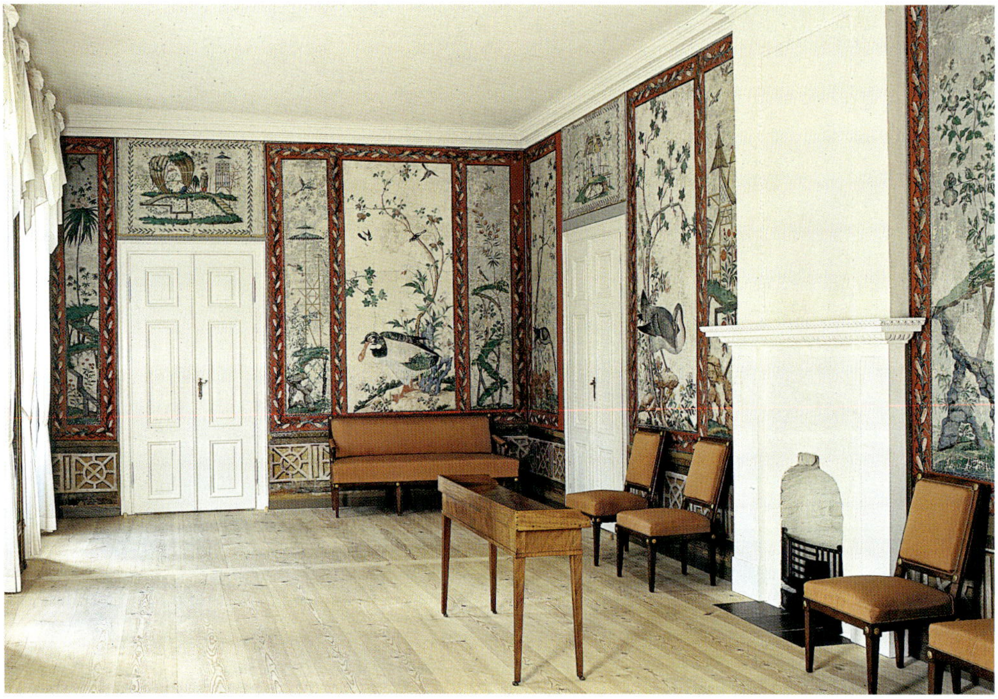

Le salon, papier peint chinois avec bordure berlinoise, de John Christian, 1797

Le salon, la salle de séjour

Le vestibule avec son marbre stuqué peint, ses portes couronnées et ses niches dans lesquelles était disposées à l'époque des étagères couvertes de pots de fleurs fleuris, est une des pièces les plus somptueuses du château. Le sol de marbre intensifie d'autant plus cet effet de faste. De nos jours, les portraits en pied du jeune couple princier, oeuvres de Wilhelm Böttner, accueillent les visiteurs. Une chaise d'époque fut conservée.

La salle du jardin est également située dans l'avant-corps médian. On y trouve, en plus des papiers peints de la manufacture d'Aaron Wessely à Berlin figurant des paysages imaginaires agrémentés d'arbres fleuris, également des restes du profil en stuc du plafond. Les chaises sont du même modèle que celles qui appartenaient à l'époque au mobilier de la pièce.

La salle de séjour, avec bordure de lilas de John Christian, 1797

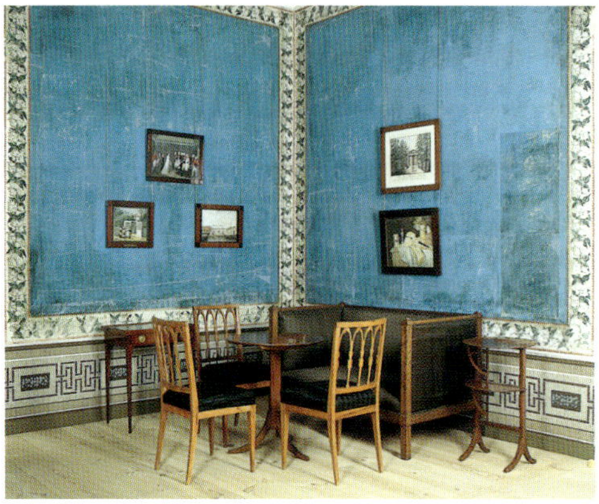

La salle du jardin donne sur le salon qui est la plus grande pièce du château. Le papier peint à la chinoise est décoré d'oiseaux et de plantes exotiques. Il fut réalisé, ainsi que la bordure ornée de « blés turcs » (soit du maïs), par le fabricant de papiers peints et négociant anglais John Christian qui s'était installé à Berlin au plus tard en 1782.

La salle de séjour fut tout d'abord la chambre à coucher et ne fut donc décorée que d'un papier peint bleu orné d'une bordure de lilas, également réalisé par John Christian. Alors que la décoration murale telle que les papiers peints ou encore le miroir sur montant sont d'origine, les autres meubles furent remplacés par des éléments semblables.

La chambre à coucher, le bureau du roi

Le papier peint représentant des paysages dans la chambre avec vue sur le palais de Marbre et le château de l'Ile aux Paons fut réalisé par la manufacture Isaak Joel & Erben, alors que cette pièce servait encore de salle de séjour. Elle se reconnaît encore de la tradition des fresques murales du XVIIIe. Le piano-table anglais appartient à l'aménagement d'origine du château.

Un heureux hasard permit, lors de travaux, la découverte de grands fragments des papiers peints du bureau, dotés d'une bordure et décorés de feuilles de vigne qu'avait réalisés John Christian. Ceci donna donc la possibilité de réimprimer des papiers peints selon les originaux. Rares sont les œuvres graphiques qui aient été conservées, elles furent donc remplacées par d'autres œuvres soit nouvellement acquises à cet effet, soit trouvées dans les stocks du château. Le miroir du trumeau et la commode font partie de la décoration d'origine, il y fut rajouté la bibliothèque, qui comprend des livres ayant appartenu à la reine Louise, le bureau et les chaises.

Ces décorations d'intérieurs qui furent réalisées à la fin du XVIIIe siècle appartiennent à une période de transition, située entre la première période du classicisme et les premières œuvres de Karl Friedrich Schinkel que l'on ne peut plus admirer que dans la chambre à coucher de la reine Louise dans le château de Charlottenburg, à la suite de la Seconde Guerre mondiale. (voir page 123)

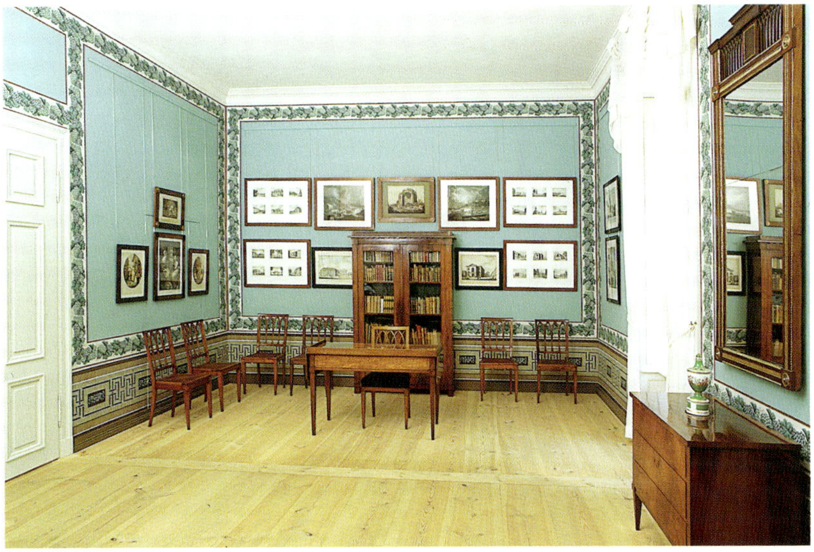

Le bureau du roi, papier peint à bordure de la manufacture de John Christian, 1797 (reconstitution)

La chambre à coucher (à l'origine salle de séjour), papier peint de la manufacture Issak Joel & Erben, 1797

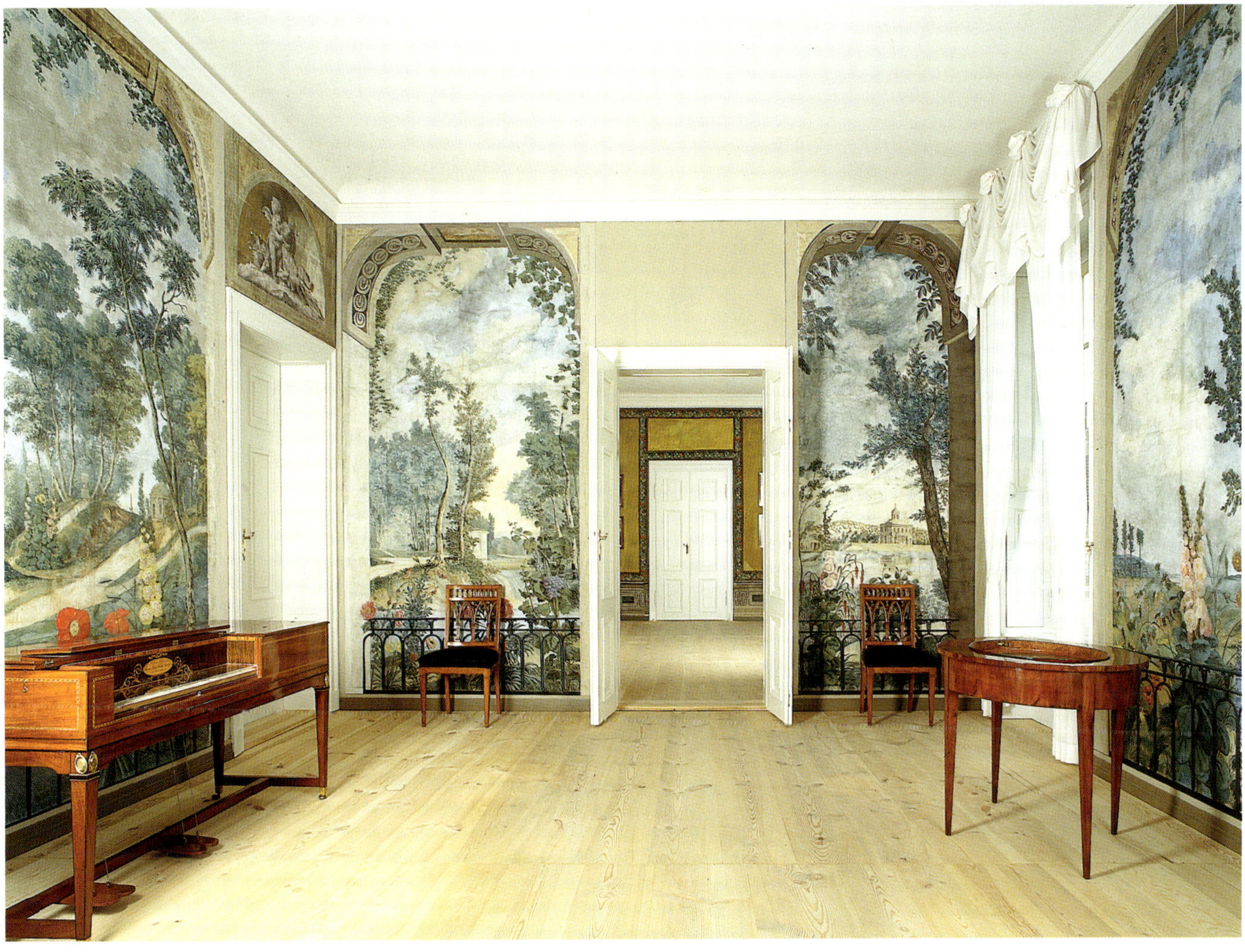

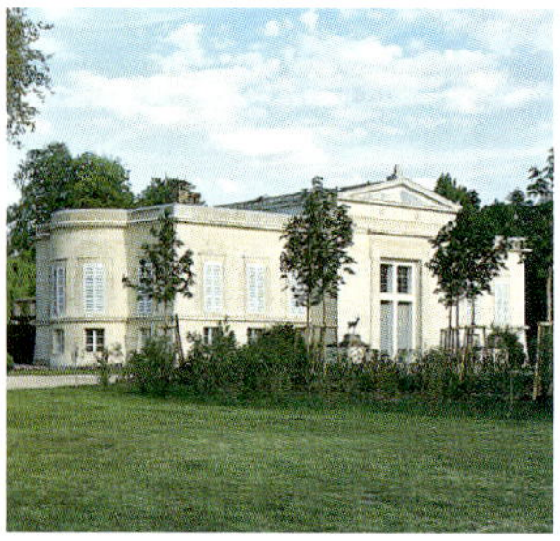

Schloss Charlottenhof
Geschwister-Scholl-Str. 34a
Park Sanssouci
14471 Potsdam

Besucherzentrum an der Historischen Mühle
Postfach 60 14 62
14414 Potsdam
Tél. 03 31 / 96 94-200 / -201
Fax 03 31 / 96 94-107
Besucherzentrum@spsg.de

Pâques:
de 10 h à 17 h
dernière visite guidée à 17 h
15 mai – 15 octobre:
de 10 h à 17 h
dernière visite guidée à 17 h
Fermé le lundi

Tramway lignes 94, 96 jusqu'à Schloss Charlottenhof

Bus lignes 605, 606 jusqu'à Schloss Charlottenhof

Parking au palais Nouveau ou au centre d'accueil des visiteurs

Château de Charlottenhof
Le vestibule, la salle de séjour, la salle, la pièce-tente

En 1825, Frédéric Guillaume III offrit en cadeau de Noël à son fils le site de Charlottenhof attenant à la partie sud du parc de Sans souci. Ce dernier s'empressa d'élaborer des plans avec les deux architectes Karl Friedrich Schinkel et Peter Joseph Lenné pour transformer l'agencement du domaine et de la demeure qui s'y trouvait. Il nomma cette partie du site des châteaux de Potsdam qui lui était réservée « Siam ». Les intérieurs de la demeure furent remaniés avec des moyens très restreints de 1826 à 1829 sous la direction de Schinkel et ont gardé jusqu'à nos jours leur

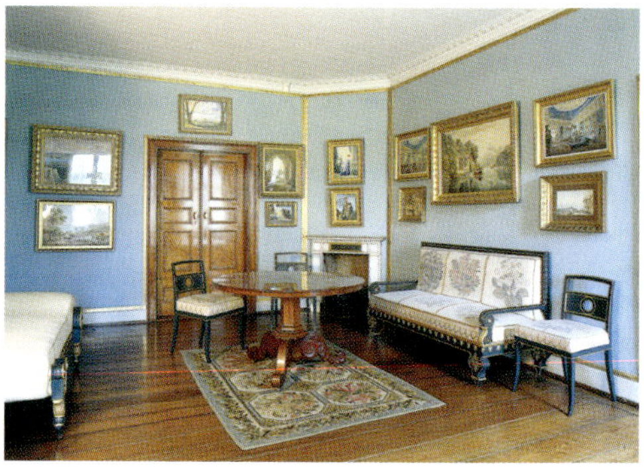

La salle de séjour, K.F. Schinkel, 1826-1829

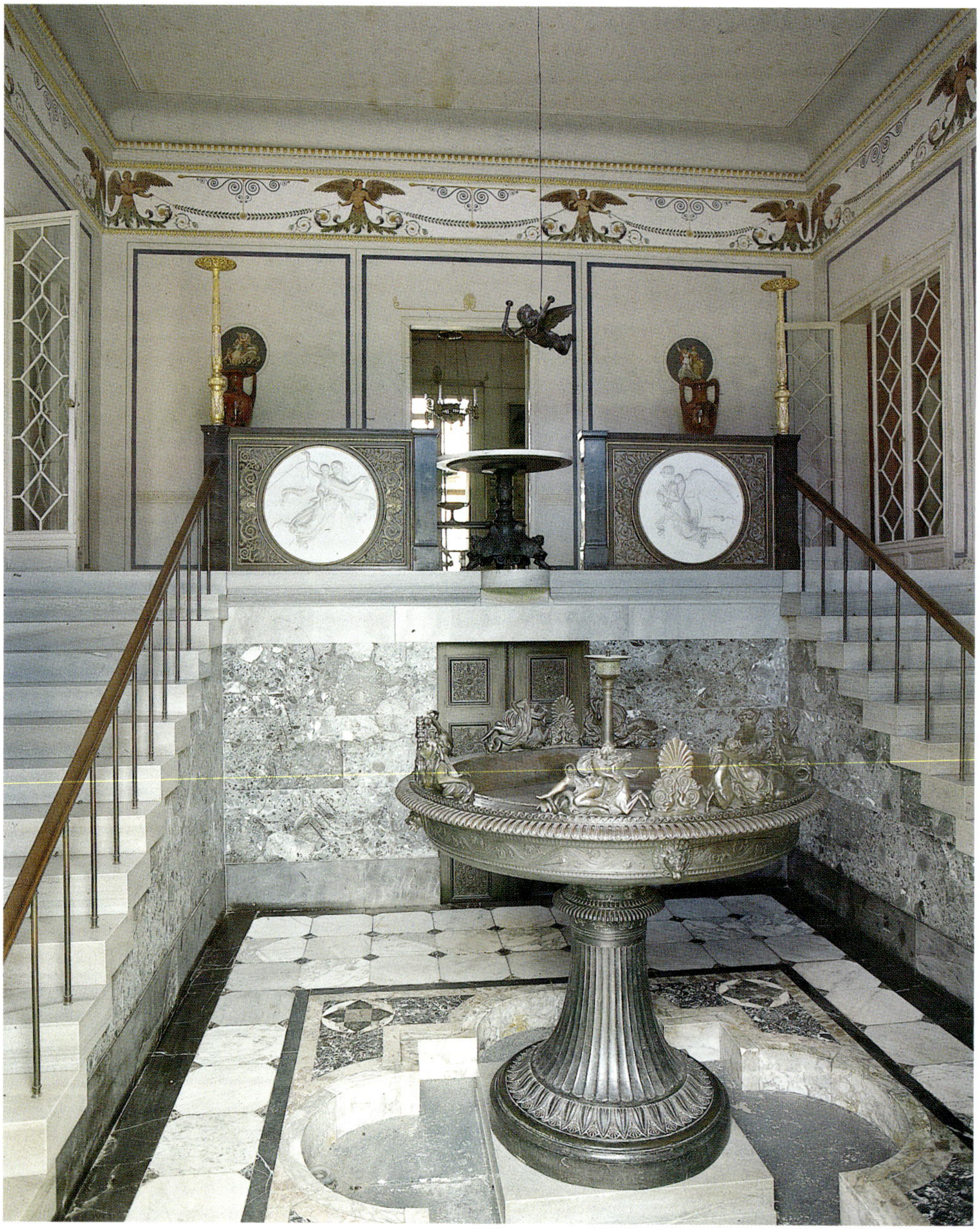

Le vestibule, K.F. Schinkel, 1826–1829

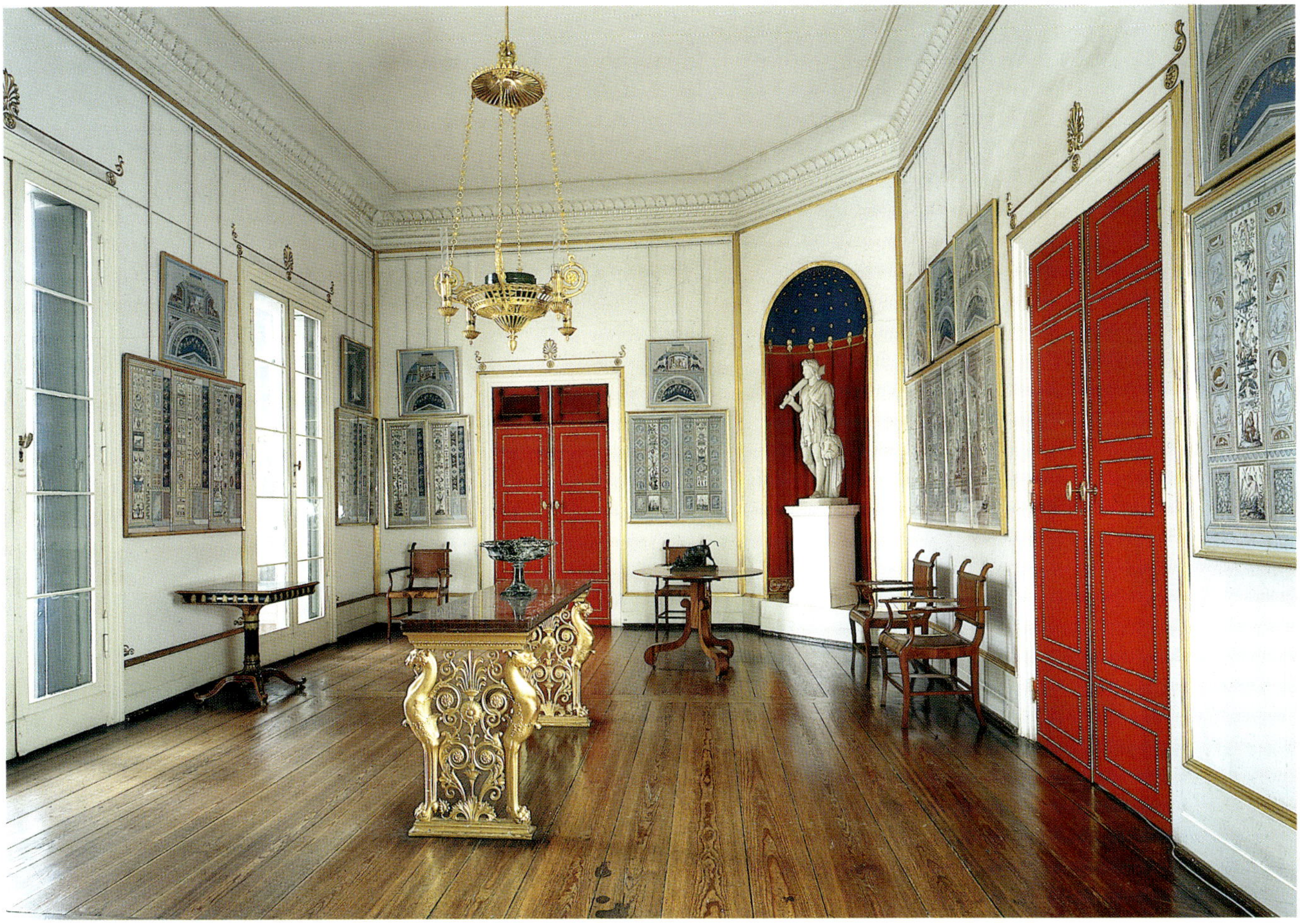

La salle, K.F. Schinkel, 1826–1829

aménagement d'origine. On suppose cependant que nombre des meubles, appartenant au mobilier de base, furent également utilisés pour la résidence d'été. Une des pièces les plus intéressantes est le bureau de l'épouse du prince héritier, plus travaillée que les autres : un petit cabinet d'angle doté de meubles, spécialement conçus à son effet, et aux portes richement décorées. Il y fut rajouté quelques temps après une frise représentant des danseuses de Pompéi. La chambre à coucher des dames de la cour fut agencée de façon assez spartiate dans le style des « pièces-tentes » qui étaient très prisées, quoique généralement aussi bien plus fastes dans leur décoration, à la fin du XVIIIe et pendant l'Empire. Le vestibule, assez modeste à l'origine, ne fut décoré de marbre qu'après 1840.

Au sein du complexe abritant le domicile du jardinier de la cour et les bains Romains, le visiteur aura loisir de découvrir un pavillon, érigé au bord du lac par Schinkel dans les années 30. Les meubles qu'il contient, furent conçus par l'architecte en personne et sont d'origine tout comme la plupart des tableaux.

La pièce-tente, K.F. Schinkel, 1826-1829

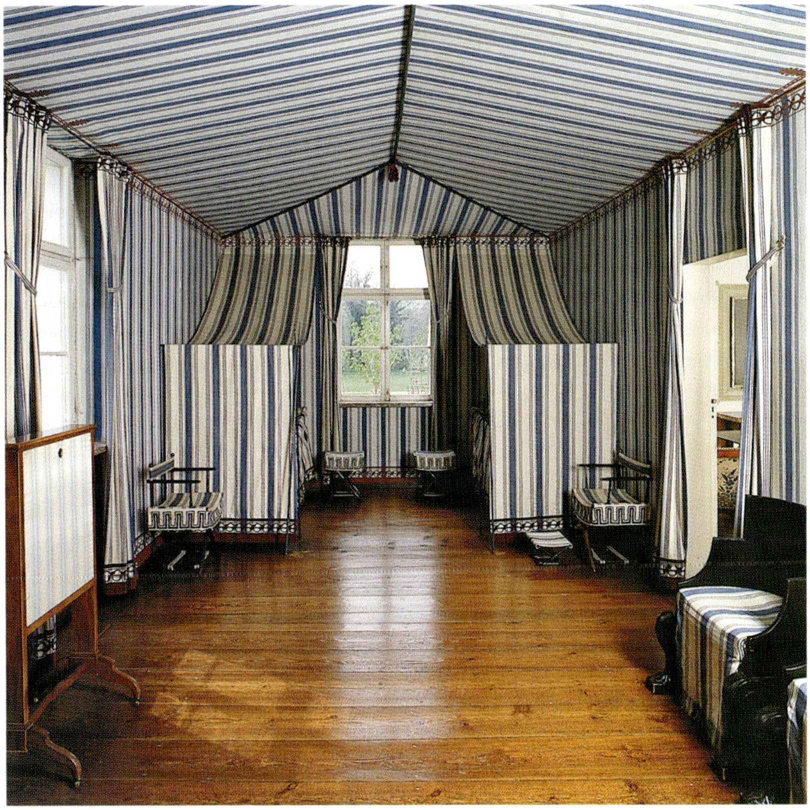

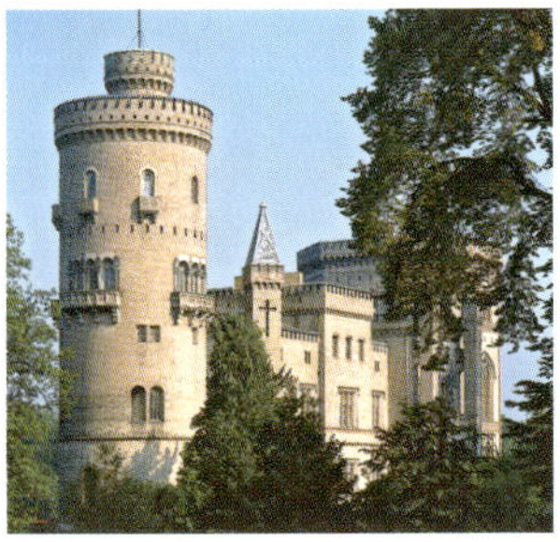

ℹ Besucherzentrum an der Historischen Mühle
Postfach 60 14 62
14414 Potsdam
Tél. 03 31 / 96 94-200 / -201
Fax 03 31 / 96 94-107
Besucherzentrum@spsg.de

En raison de travaux de restauration, fermé selon les prévisions jusqu'en 2006!

Bus ligne 694 à partir de Potsdam Hbf. ou S-Bhf. (métro régional rapide) Belsberg jusqu'à Schloss Belsberg

Café et Restaurant Kleines Schloss

Parking à proximité du château

Château de Babelsberg
La salle de bal

Selon les vœux de la princesse Augusta, la résidence d'été du prince Guillaume de Prusse (Guillaume Ier), pour laquelle Karl Friedrich Schinkel avait réalisé des plans, aurait du être un faste château de style néo-gothique. Mais en raison du manque de moyens financiers, il ne fut tout d'abord érigé, entre 1834 et 1835, qu'un petit cottage, comprenant un nombre réduit de pièces et une salle à manger pour laquelle Schinkel conçut également la décoration intérieure A l'avènement en 1840 de Frédéric Guillaume IV, son frère aîné Guillaume, qui n'avait pas d'enfant, devint pour sa part prétendant au trône. De suite, Ludwig Persius entreprit, en s'inspirant du projet d'origine de Schinkel, de faire les plans pour un agrandissement de la demeure et prévit une salle de bal, une salle à manger, de nouveaux appartements pour les enfants et les hôtes et même une tour où hisser des drapeaux. Les travaux débutèrent en 1844 et furent poursuivis de 1845 à 1849 par Johann Heinrich Strack à la suite du décès de Persius. Conçue par Persius, la salle de bal octogonale s'élève sur deux étages et est un véritable chef-d'œuvre du style néo-gothique allemand. Sa voûte en étoile, supportée par des faisceaux de colonnes placés en saillie des piliers, donne au visiteur l'impression de pénétrer la clôture de cœur d'une cathédrale gothique. Le reste de la décoration fut conçu par Strack sous l'influence de la princesse Augusta, qui fit également remanier certaines pièces du bâtiment de Schinkel. Cette demeure fut utilisée plus de 50 ans durant comme résidence d'été par le couple princier et l'apport permanent de nouvelles acquisitions ou présents transforma tant l'aménagement des intérieurs qu'il devint de plus en plus difficile de saisir encore le concept d'origine de l'architecte. Les générations suivantes n'habitèrent plus en ces lieux et jusqu'en 1945, les intérieur restèrent tels quels et par là même, un exemple type d'une résidence d'été de l'époque de l'historicisme. Dans les années 1945–1946, la majorité des éléments de l'ameublement furent transportés en Union Soviétique pour être partiellement restitués en 1958, mais la plupart semblent avoir été pris comme butins de guerre privés. Il est prévu de réouvrir le site comme château-musée de l'historicisme, dès que sa restauration sera achevée.

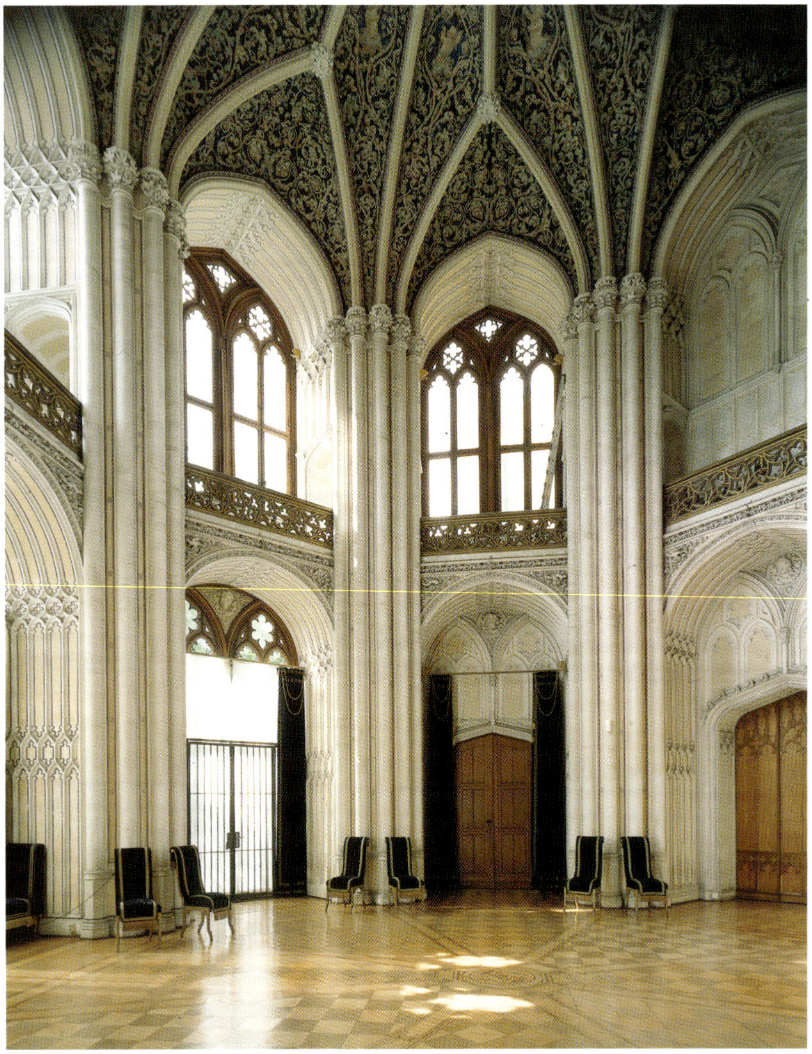

La salle de bal, conception de L. Persius, avant 1845

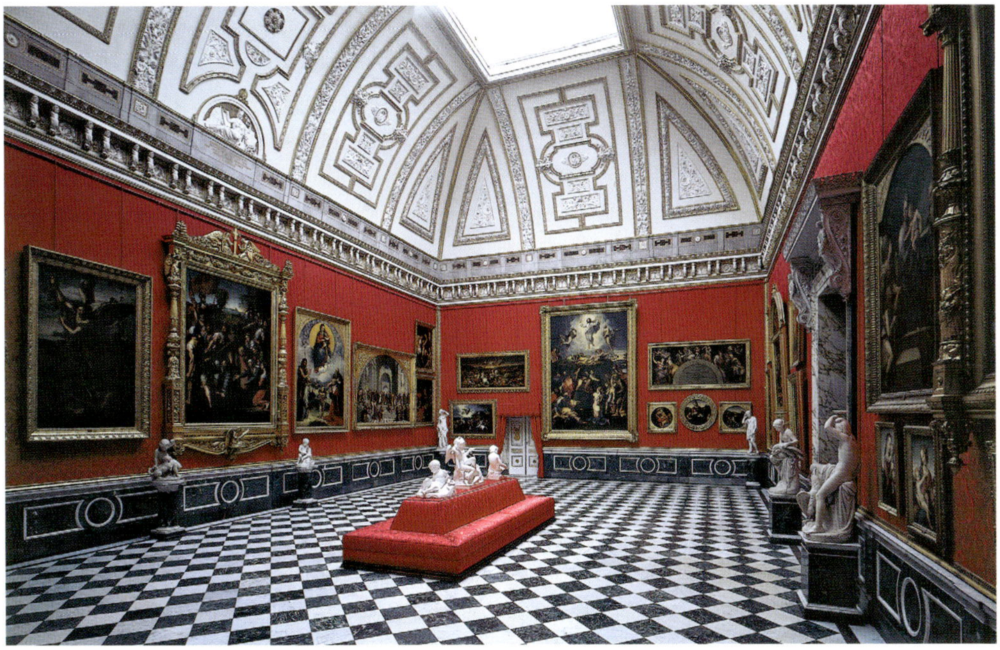

La salle de Raphaël, conçue d'après le modèle de la salle Sala Regia du Vatican, 1851–1858

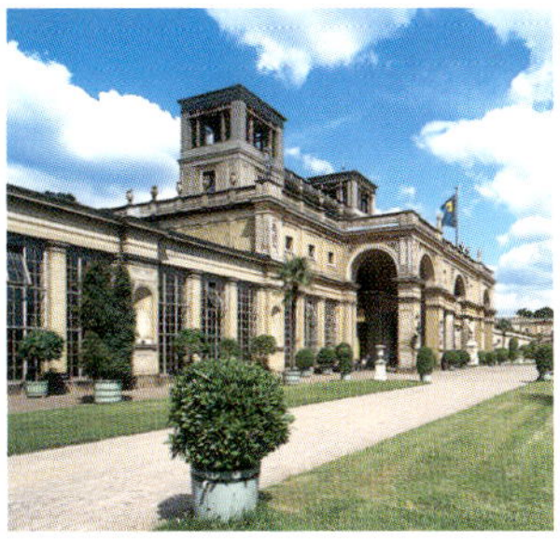

Orangerieschloss
Park Sanssouci
14469 Potsdam

Besucherzentrum an der Historischen Mühle
Postfach 60 14 62
14414 Potsdam
Tel. 03 31 / 96 94-200 / -201
Fax 03 31 / 96 94-107
Besucherzentrum@spsg.de

15 mai – 15 octobre:
de 10 h à 17 h
dernière visite guidée à 17 h
Fermé le lundi

Tour de l'Orangerie:
1er avril – 14 mai:
le samedi et le dimanche
et les jours fériés
de 10 h à 17 h,
dernière entrée avant
fermeture à 17 h
15 mai – 31 octobre:
de 10 h à 17 h,
dernière entrée avant
fermeture 17 h
Fermé le lundi

Bus ligne 695 jusqu'à Orangerie

Parking au centre d'accueil des visiteurs

Château de l'Orangerie - Sans-Souci

La salle de Raphaël, la chambre à coucher

A la suite de la transformation de l'Orangerie de Knobelsdorffen, on ne sut longtemps pas où entreposer les citrus. A l'époque de Frédéric Guillaume IV, ce problème mena les architectes August Stüler et Ludwig Ferdinand Hesse, mais aussi le roi qui participa activement aux dessins des esquisses, à concevoir une nouvelle grande orangerie. Elle fut prévue pour être l'apogée du projet de voie triomphale rassemblant plusieurs édifices prévus à la limite du terrain du parc de Sans-Souci en hommage à Frédéric le Grand. Finalement, seul le château de l'Orangerie vit le jour, entre 1851 et 1864. Le corps central, évoquant un palais, doit son apparence extérieure aux villas italiennes de la Renaissance, telles que la villa Medicis ou encore la villa Phamphili. Il abrite, en plus d'un appartement, la somptueuse salle dédiée à Raphaël, dans laquelle la lumière du jour pénètre d'en haut comme la salle Sala Regia au Vatican, et qui rassemble 49 copies des oeuvres du peintre. L'aménagement des intérieurs est dans le style du deuxième rococo finissant, quoique l'on reconnaisse déjà dans les lambris des formes de détails relevant du style Régence et du classicisme. Ces pièces finement décorées sont un exemple inégalé de l'achèvement de l'art pratiqué à la cour dans le Brandebourg prussien historique, tel qu'on ne peut plus que rarement encore l'admirer en Allemagne et même en d'autres pays. Les somptueux meubles capitonnés deuxième rococo, réalisés en partie dans le style Boulle, mais aussi les lambris et les tentures en damas ainsi que les rideaux de couleur rouge foncé, bleu vif ou violette, sans oublier les sculptures en marbre, les figurines en porcelaine du XVIIIe et les oeuvres russes en malachite donnent à la pièce un caractère exceptionnel.

La chambre à coucher – la pièce aux Malachites, 1851–1858

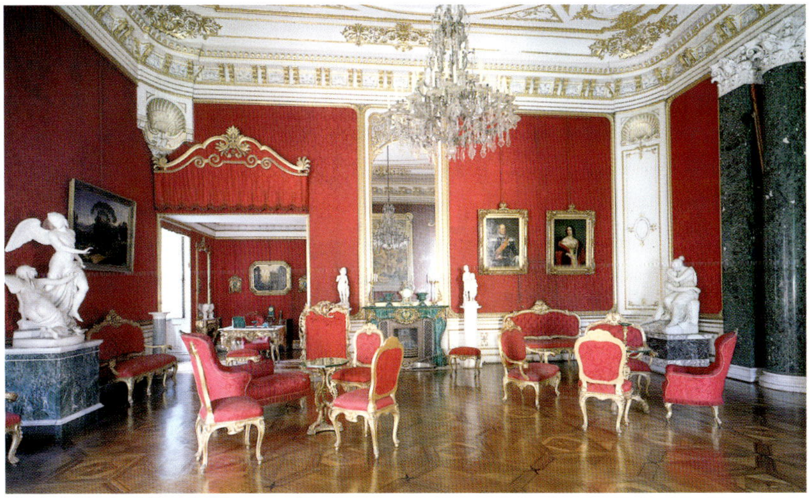

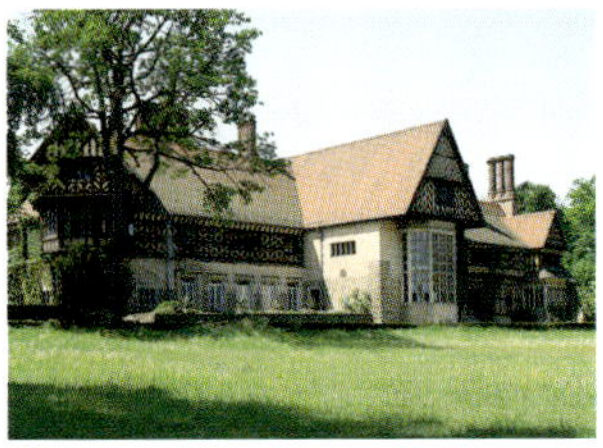

Historische Stätte der
Potsdamer Konferenz
Schloss Cecilienhof
Im Neuen Garten
14469 Potsdam

Besucherzentrum an der
Historischen Mühle
Postfach 60 14 62
14414 Potsdam
Tél. 03 31/96 94-200/-201
Fax 03 31/96 94-107
Besucherzentrum@spsg.de

1er avril – 31 octobre:
de 9 h à 17 h
dernière entrée avant fermeture à 17 h
Fermé le lundi
1er novembre – 31 mars:
de 9 h à 16 h
dernière entrée avant fermeture à 16 h
Fermé le lundi
L'appartement du prince héritier
(seulement visites guidées):
tout au long de l'année,
visites guidées à 11 h, 13 h
et 15 h

Tramway lignes 90, 92 et 95
jusqu'à Rathaus,
puis bus 692 jusqu'à Schloss
Cecilienhof

Museumsshop Cecilienhof
Tel. 0 30/32 60 39-46
Info@museumsshop-im-schloss.de

Schlosshotel und Restaurant Cecilienhof
Restaurant Meierei – Brauhaus im Neuen Garten GmbH

Parking à proximité

Château de Cecilienhof

La salle de conférence, la Cabine de bateau

Le château, conçu pour le prince héritier Guillaume dans le style d'un cottage anglais fut construit entre 1913 et 1917 au bord du lac de Jungfernsee et est le dernier château de la maison royale de Prusse. En collaboration avec les ateliers de Saaleck, l'architecte Paul Schultze-Naumburg se chargea de la réalisation du bâtiment qu'il conçut avec le couple princier en vue d'une utilisation tout le long l'année. Le site est regroupé autour de cinq cours, quoique la grande cour, qui constituait aussi l'accès principal, eut été au départ réservée au seul usage du couple, la partie orientale autour de la cour des Princes, aux enfants et au petit cercles des proches du prince et de son épouse. L'aménagement des pièces, qui passe des arts décoratifs d'inspiration anglaise dans la chambre de prince au style Louis XVI dans le salon Blanc de la princesse, est typique pour cette époque. La Grande salle dotée d'escaliers dans les formes du baroque de Dantzig, le plafond à poutres et la naissance de ses arcs tudors de la niche de la cheminée s'inspirent de l'ancien style anglais. C'est dans ces salles officielles que siégea du 17 juillet au 2 août 1945 la « Conférence de Potsdam » réunissant les trois forces alliées à l'issue la Seconde Guerre mondiale. La famille princière déserta les lieux en mars 1945 et l'aménagement des salles officielles fut remanié par les militaires soviétiques qui y installèrent des meubles, lampes et tapis d'autres châteaux, mais aussi de villas privées. La Grande salle fut aménagée pour les besoins de la conférence et est restée depuis en cet état. Dans les années 1990, six appartements privés furent restaurés. Ils furent décorés avec des meubles d'origine, certains provenant des pièces du rez-de-chaussée. Au rez-de-chaussée, le vestiaire de la princesse et la Cabine de bateau, un présent de la compagnie maritime Norddeutscher Lloyd situé à côté du bureau, ont préservé la presque totalité de leur aménagement d'origine. Ils donnent une idée de ce que fut l'habitat de l'aristocratie au début du XXe, qui ne portait déjà plus trace des éléments caractéristiques des intérieurs princiers et royaux au passé.

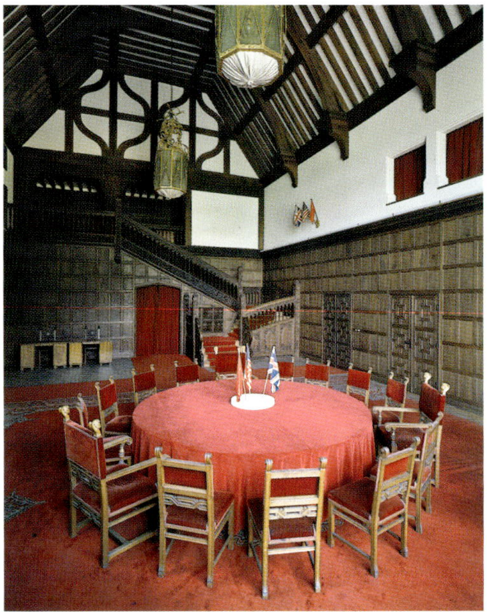

La Grande salle, lieu de la Conférence de Potsdam des forces alliées à l'issue de la Seconde Guerre mondiale en 1945

La Cabine de bateau, présent de la compagnie maritime Norddeutscher Lloyd

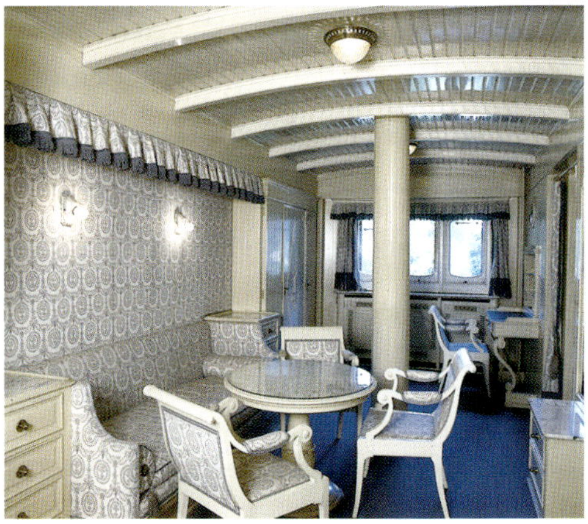

Crédits photographiques :
Photothèque de la SPSG Berlin-Brandenburg, photos, entre autres, de Roland Handrick, Wolfgang Pfauder, Hans Bach, Ulrich Frewel et Gerhard Mutza

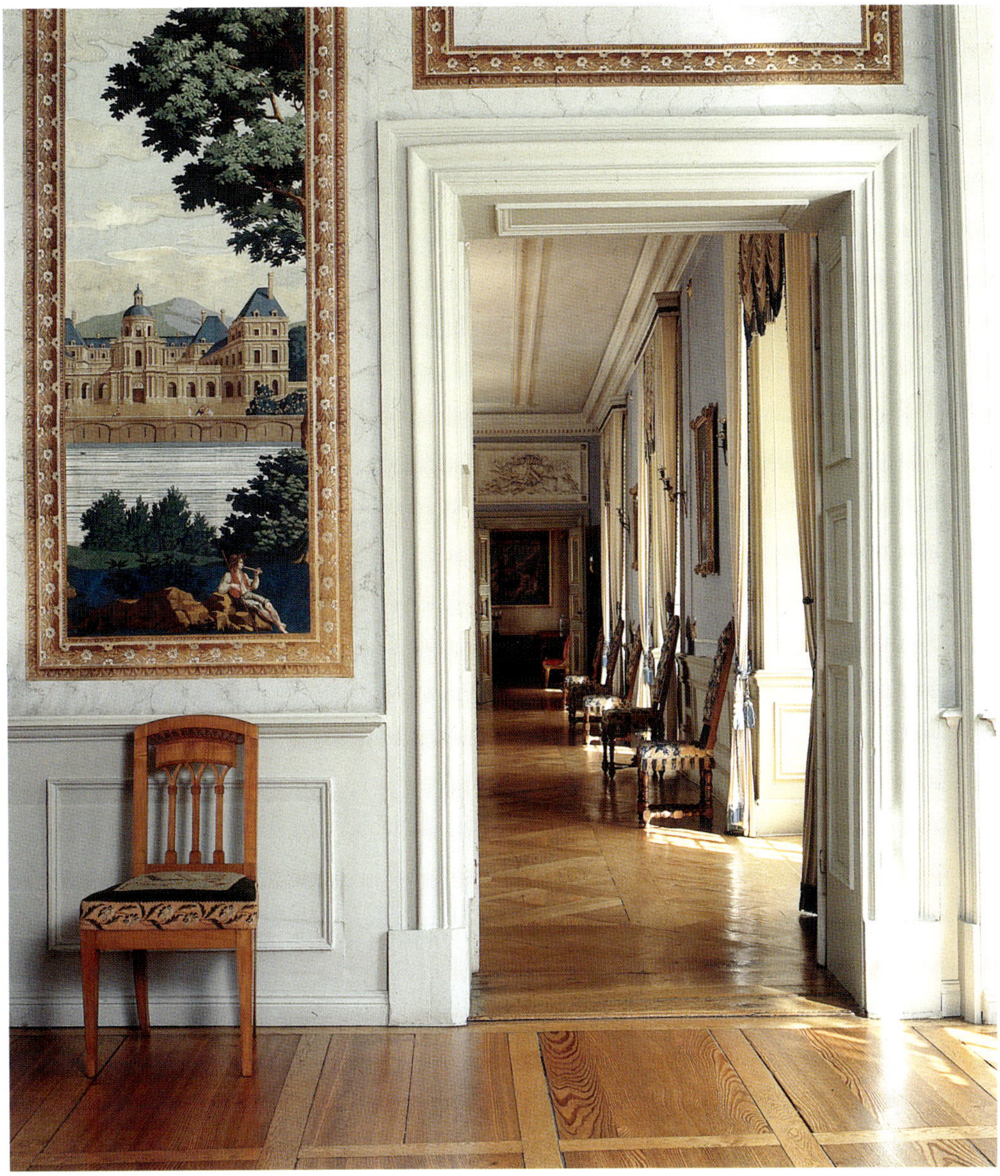

Hesse

HESSEN

Staatliche Schlösser
und Gärten Hessen

Administration des Châteaux
et Jardins d'Etat de Hesse

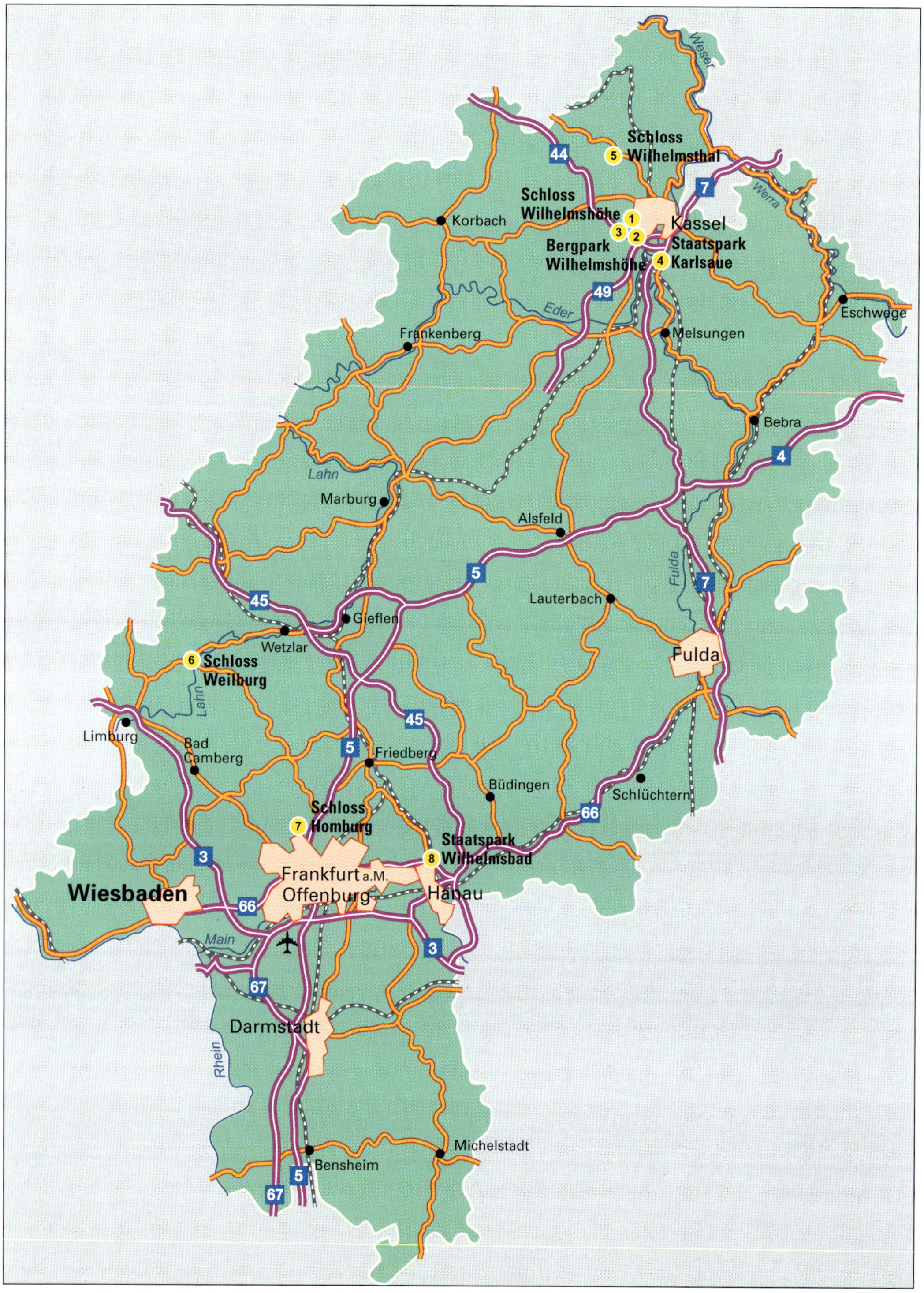

Kassel
1 Château de Wilhelmshöhe
L'aile de Weißenstein
(p. 155–158)
2 Parc Montagneux
de Wilhelmshöhe
Le pavillon de danse
(p. 159)
3 Parc Montagneux
de Wilhelmshöhe
Le château de Löwenburg
(p. 160–163)
4 Parc de Karlsaue
Les bains de Marbre
(p. 164–165)

Calden
5 Château de Wilhelmsthal
(p. 166–169)

Weilburg
6 Château de Weilburg
L'Orangerie
(p. 170–172)

Bad Homburg vor der Höhe
7 Château de Homburg
(p. 173–175)

Hanau
8 Parc de Wilhelmsbad
Le château-fort
et la résidence princière
(p. 176–178)

Pour toute information sur les autres sites gérés par l'Administration des Châteaux et Jardins d'Etat de Hesse: www.schloesser-hessen.de

◁ *Château de Weilburg, vue du salon Parisien dans la salle à manger*

Le château de Wilhelmshöhe
Aile de Weißenstein

Au dessus de la ville de Cassel, dans le parc Montagneux unique en son genre en Europe, se dresse le château de Wilhelmshöhe, conçu pour être habité l'été. Le landgrave Guillaume IX fit construire l'édifice à trois ailes selon les plans des architectes Simon Louis du Ry et Heinrich Christoph Jussow de 1786 à 1798. Alors que le corps de logis fut victime d'un incendie pendant la Seconde Guerre mondiale et abrite de nos jours les collections des musées d'Etat de Cassel, l'aile de Weißenstein (Weißensteinflügel) resta épargnée. Ainsi cette aile constitue, avec le château de Wilhelmsthal, le seul château de Hesse où il soit encore possible d'admirer des appartements princiers encore dotés de leur précieux agencement dans les styles du premier classicisme et Empire.

L'aile de Weißenstein, telle que nous la connaissons aujourd'hui, fut aménagée comme un château en soi et comprend donc toutes les suites de pièces nécessaires à une résidence d'été princière, soit des salons et des appartements pour le landgrave et son épouse, ainsi que pour les hôtes. Jusqu'à son exil en 1806, le prince électeur Guillaume Ier habita ici.

La salle à manger, qui n'est en fait qu'une partie du salon, est recouverte de marbre stuqué au lieu d'être tendue de tentures de soie afin que cette étoffe précieuse, la décoration la plus chère alors, ne s'imprègne pas d'odeurs ou ne soit pas détériorée par la chaleur ambiante. A

i Schloss Wilhelmshöhe
34131 Kassel-Wilhelmshöhe
Tél. 05 61 / 3 16 80-2 00
Fax 05 61 / 3 16 80-2 66
www.schloesser-hessen.de
info@schloesser.hessen.de

Ouvert de mars à octobre :
du mardi au dimanche de 10 h à 17 h,
dernière visite à 16 h ;
de novembre à février :
du mardi au dimanche de 10 h à 16 h,
dernière visite à 15 h.
En décembre ouvert uniquement le week-end et sur rendez-vous
Fermé les 24 et 25 décembre, le 1er janvier

Visites guidées:
Aile de Weißenstein
et bâtiment intermédiaire
Salles d'apparat
et appartements

Château de Wilhelmshöhe, la salle à manger. Les deux colonnes doubles compartimentent la salle et mènent aux tables situées dans la tour ronde

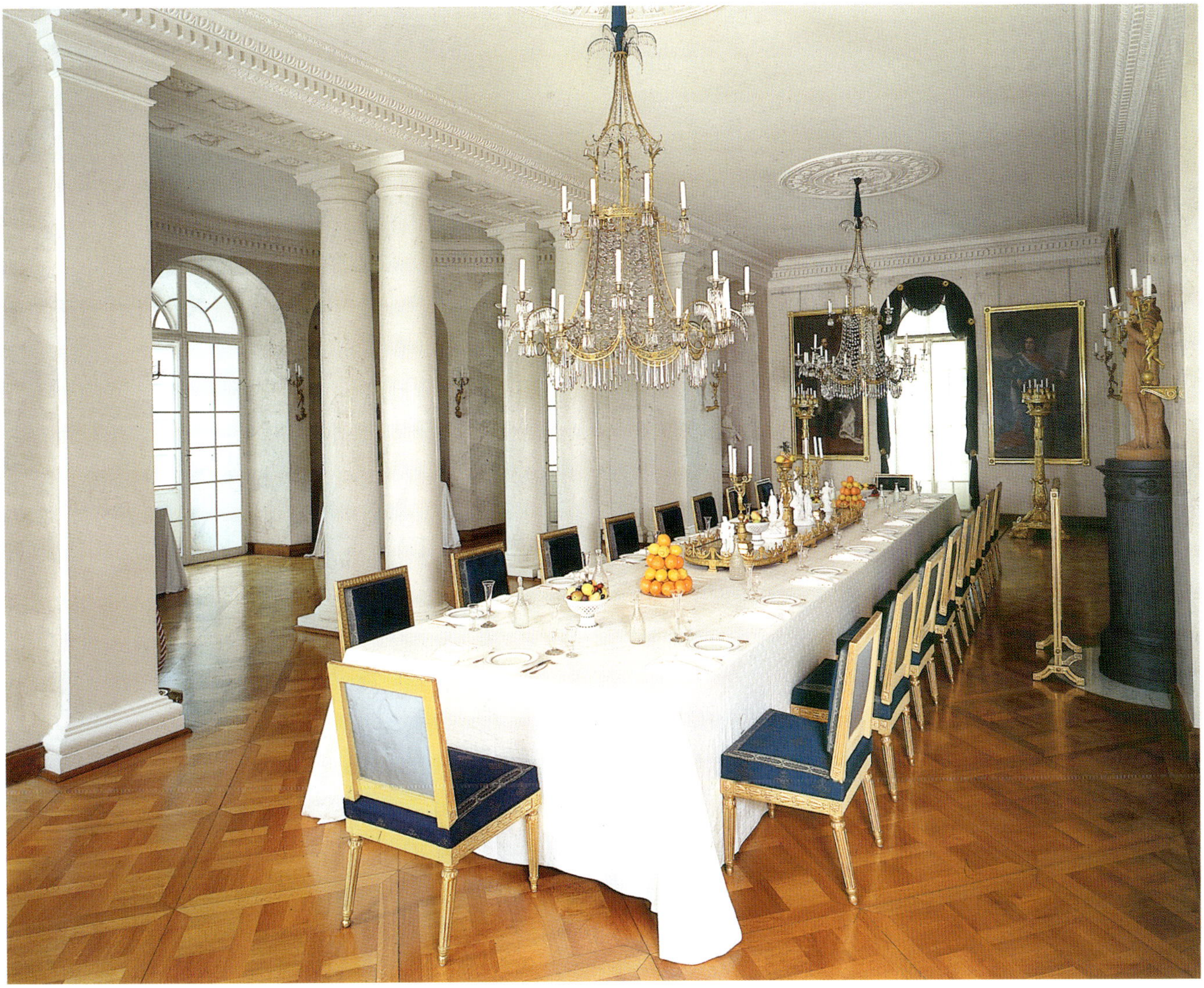

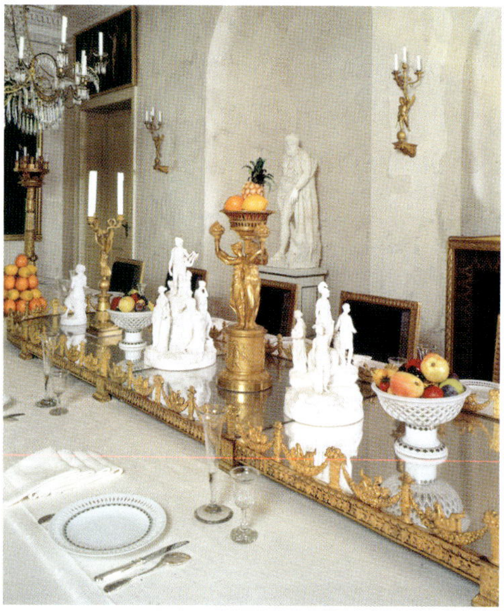

Château de Wilhelmshöhe, le somptueux plateau de glaces (Surtout) de Pierre-Philippe Thomire posé sur la table

l'époque, on n'ouvrait la table dans toute sa longueur qu'à l'occasion d'événements solennels pour la réduire ensuite de nouveau à sa taille normale. La table, que le visiteur la découvre aujourd'hui soit somptueusement dressée, présente un service fort précieux de Pierre-Philippe Thomire, bronzier parisien sous Napoléon Bonaparte. Les deux miroirs encastrés posés sur la table avaient pour dessein de refléter la lumière des deux lustres de cristal situés au dessus d'eux et laissaient ainsi la table resplendir de tous ses feux.

Les pièces situées dans le bâtiment intermédiaire ont toutes conservé leur décoration murale avec des niches de poêles ornées de stuc et des poêles de Berlin authentiques. A la suite de la destruction du corps de logis et du palais de la Résidence à Cassel, de précieux meubles furent transférés dans l'aile de Weißenstein. Il en est ainsi pour la chambre du prince électeur Guillaume II avec son lit impérial, datant de 1823, qui se trouvait à l'origine dans le corps de logis. Ce lit, décoré de ferrures de bronze richement dorées et d'un ciel de lit monumental, servait bien plus à représenter avec éclat le prince, qu'à lui être un simple lieu pour dormir.

Château de Wilhelmshöhe, le cabinet semi-rond de l'appartement de la landgravine à l'étage noble, aile de Weißenstein ▷

Château de Wilhelmshöhe, la chambre du prince électeur Guillaume II avec son lit d'apparat style Empire finissant

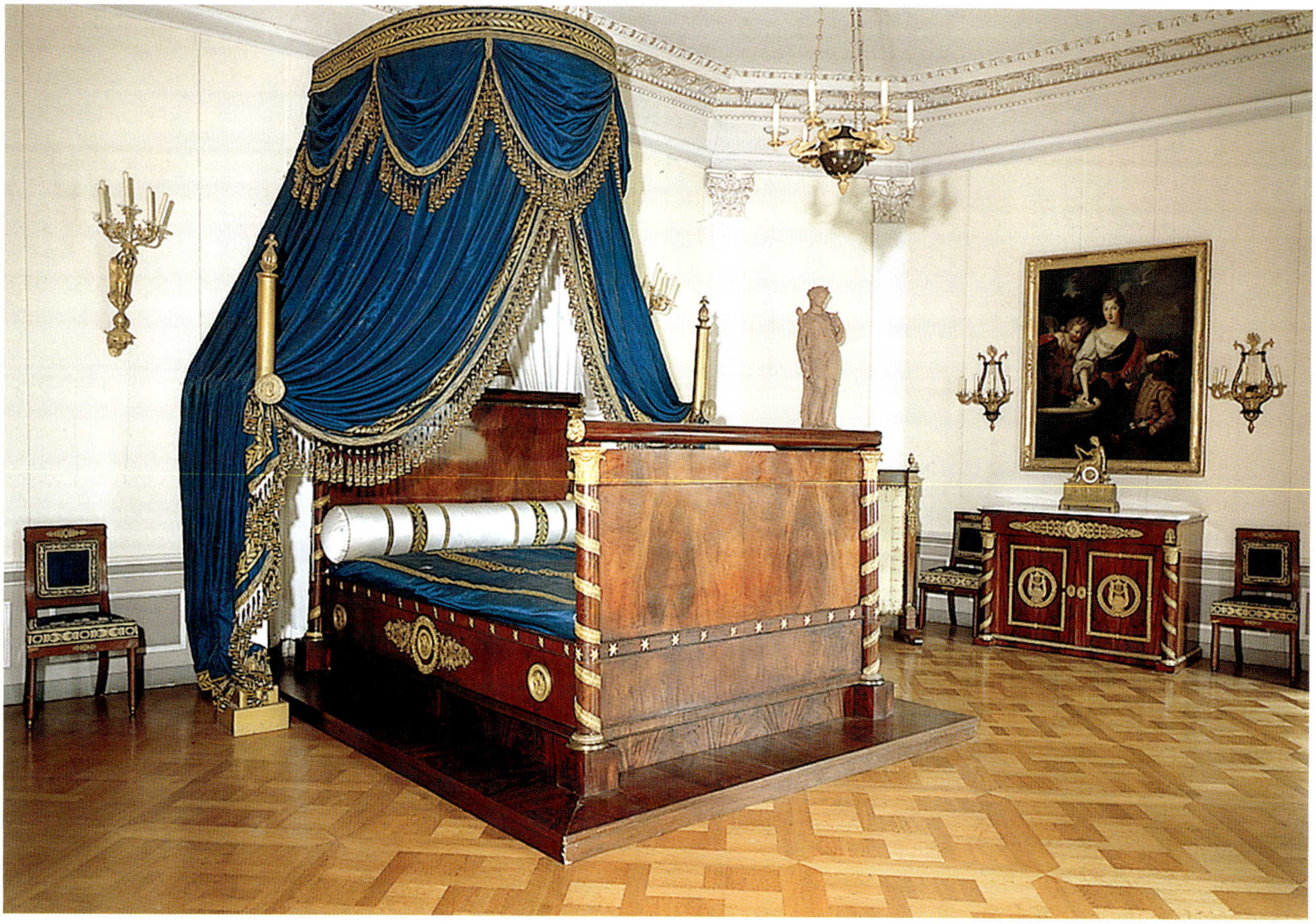

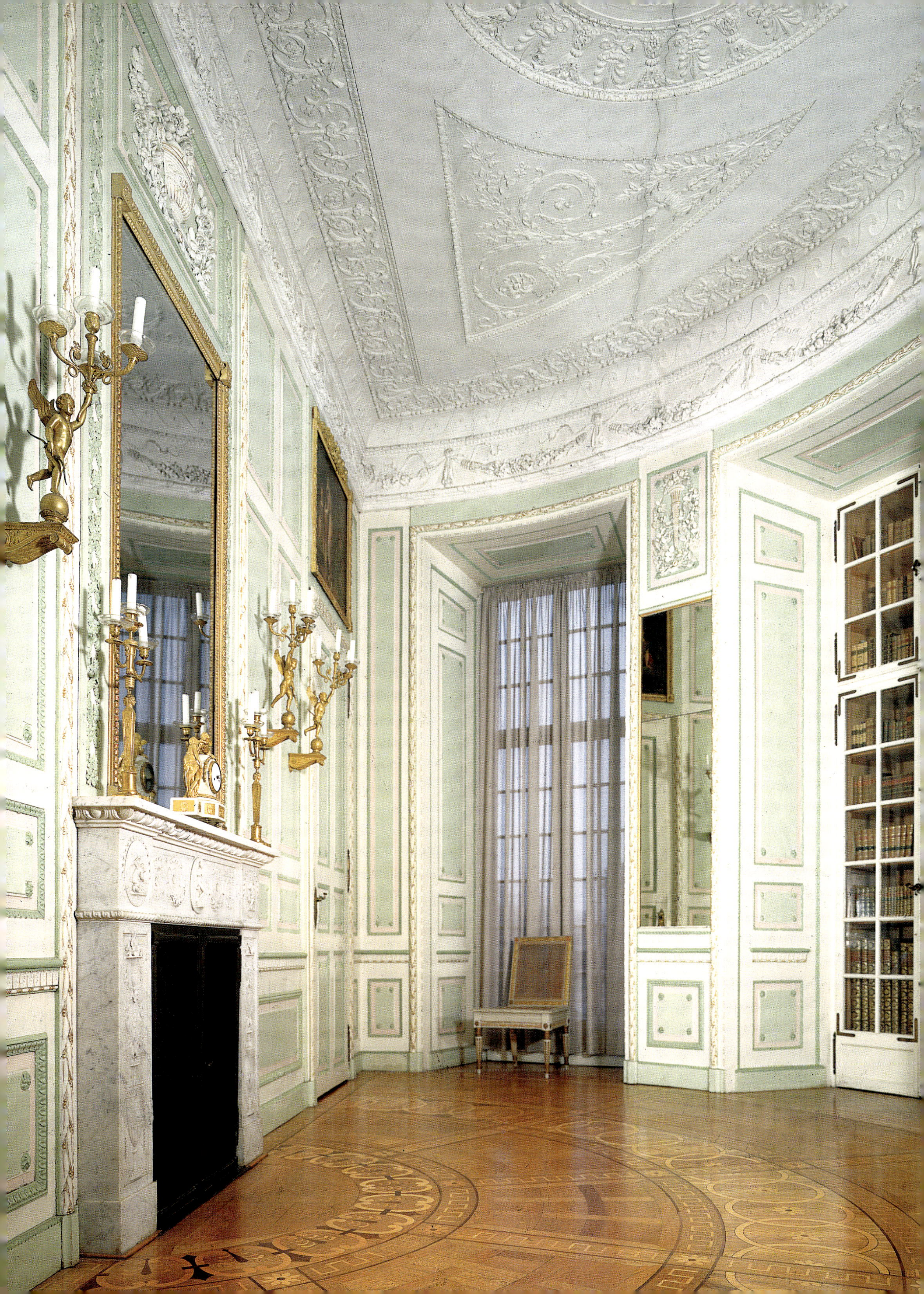

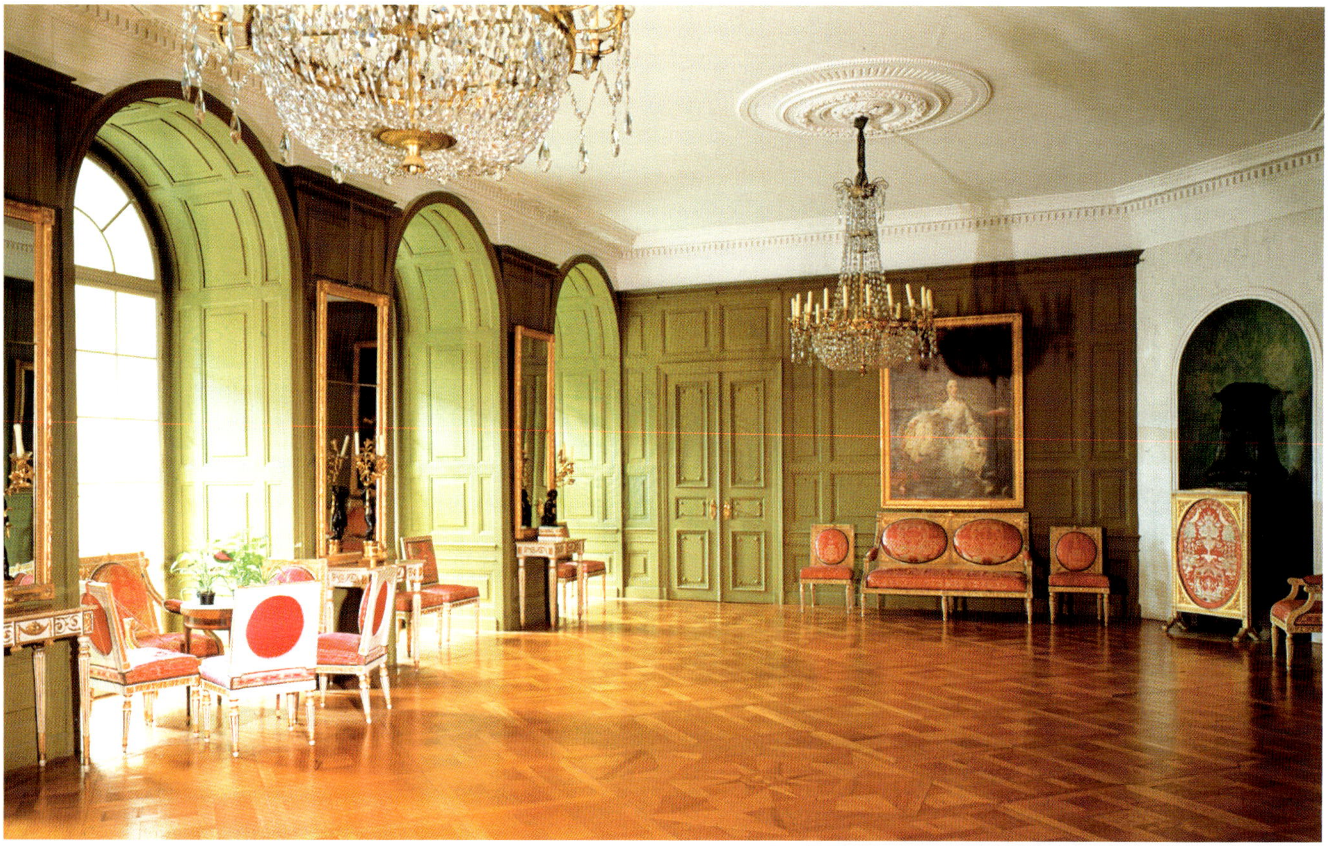

Château de Wilhelmshöhe, aile de Weißenstein, la galerie de tableaux

Château de Wilhelmshöhe, aile de Weißenstein, le salon de Jérôme

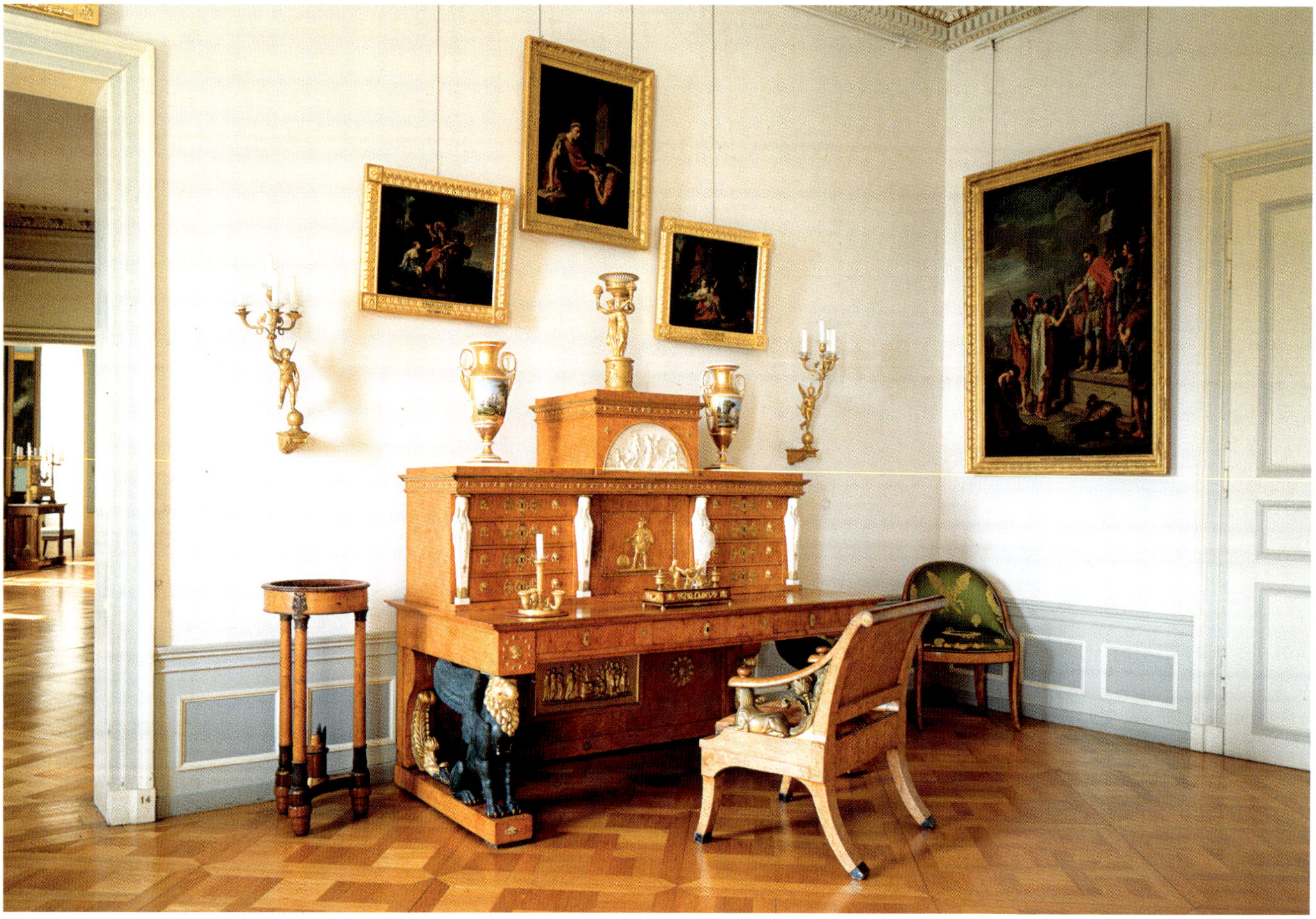

Le parc Montagneux de Wilhelmshöhe
Le pavillon de danse

Au début du XIXe, toute l'Europe fut prise de la passion de la danse quand la mode des valses viennoises fit son apparition. Le prince électeur Guillaume II en profita pour charger en 1828 Johann Conrad Bromeis de transformer le petit théâtre de cour, une des premières œuvres de Leo von Klenze et situé sur le mont de Wilhelmshöhe en une salle de bal. Il fut tout d'abord prévu de l'ouvrir au public, l'ancienne salle de bal du voisinage ayant été démolie en 1824, mais finalement l'usage de cette salle de bal resta réservé à la cour.

Bien que l'architecture extérieure soit d'une allure sobre, l'intérieur abrite une grande salle baignant dans la lumière durant le jour et éclairée avec faste le soir. Les somptueuses peintures du plafond et des murs sont constituées d'arabesque enjouées. Sur la frise haute en couleur qui entoure la salle au dessus des colonnes trois-quarts engagées dans le mur, s'ébattent des perroquets, des cacatoès, des faisans dorés ou bien des corbeaux entre des rameaux d'acanthe. A l'origine, six divans, disparus de nos jours, se trouvaient dans cette pièce. Il fut possible de reconstituer très précisément les rideaux grâce aux esquisses qui en avaient été faites.

En choisissant le style Empire pour la décoration, le prince électeur se décida (et ce, malgré l'occupation française dont avait souffert la région), pour le goût français qui, de fait, continuait d'être prédominant aux cours européennes. Ainsi, après les destructions du palais de la Résidence et du corps de logis de Wilhelmshöhe, il réalisa un des derniers intérieurs somptueux dans le style Empire finissant qui existe encore de nos jours à Cassel.

F. B.

i Wilhelmshöhe, Ballhaus
34131 Kassel-Wilhelmshöhe
Tél. 05 61 / 3 16 80-2 00
Fax 05 61 / 3 16 80-2 66
www.schloesser-hessen.de
info@schloesser.hessen.de

Ouvert uniquement lors d'expositions à la belle saison

Parc Montagneux de Wilhelmshöhe, la salle de bal dans le pavillon de danse du château de Wilhelmshöhe

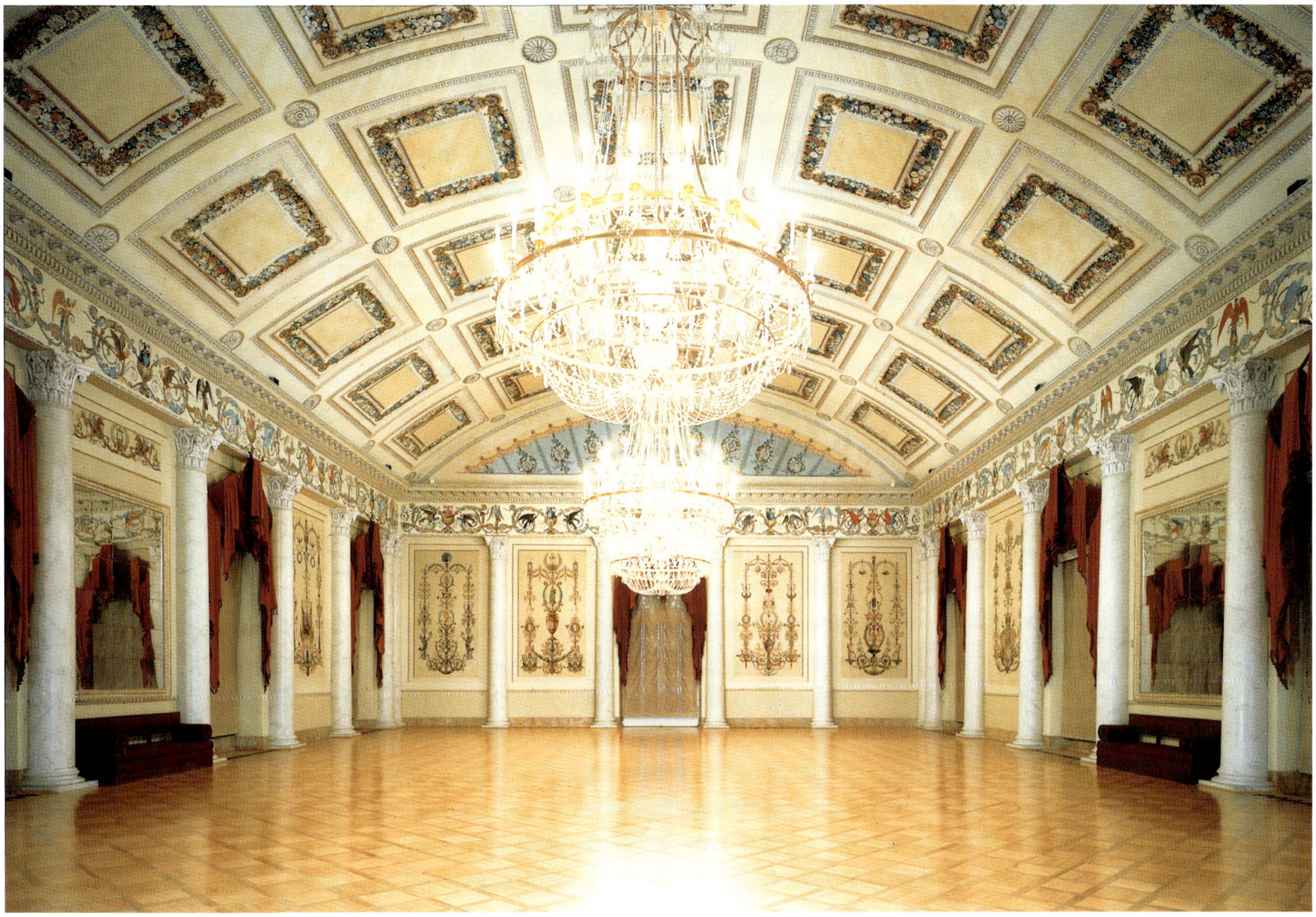

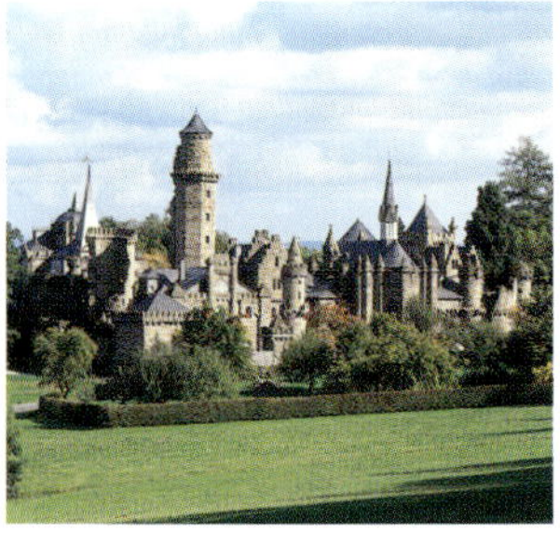

Le château de Löwenburg

i Wilhelmshöhe, Löwenburg
34131 Kassel-Wilhelmshöhe
Tél. 0561/31680-245
Fax 0561/31680-222
www.schloesser-hessen.de
info@schloesser.hessen.de

de mars à octobre:
du mardi au dimanche de 10 h à 17 h,
dernière visite à 16 h;
de novembre à février:
du mardi au dimanche de 10 h à 16 h,
dernière visite à 15 h.
En décembre ouvert uniquement le week-end et sur rendez-vous
Fermé les 24 et 25 décembre, le 1er janvier

Visites guidées:
Appartements de l'aile des Dames et de l'aile des Hommes, écuries princières, chapelle, salle d'armes

Au beau milieu du parc Montagneux de Wilhelmshöhe se dresse un château médiéval. Le château de Löwenburg, dont les ruines ne sont qu'artificielles, fut construit de 1793 à 1801 pour le langrave Guillaume IX. Cet édifice est l'une des premières créations d'importance de style néo-gothique réalisées en Allemagne. Derrière ses murs couronnés de crénelage, protégé par des portes à pont-levis et de hautes tours, se cache un château de plaisance qui servit de lieu retraite au langrave aussi souvent qu'il voulait s'éloigner de la vie de cour. Les plans de l'architecture intérieure, bien que tortueux, correspondent de fait à ceux d'un palais et ils prévoyaient une suite d'appartements baroques.
L'allure gothique du château de Löwenburg provient de l'enthousiasme de l'époque pour tout ce qui était ruine et témoignait des temps passés, car aux environs de 1800, le Moyen-âge tenait lieu de modèle en tant qu'époque héroïque exemplaire.
Le château de Löwenburg n'avait nullement pour dessein d'effrayer de potentiels ennemis, mais d'être un monument commémorant l'histoire de la Hesse et de la dynastie du maître d'ouvrage. Guillaume IX orna le château de toutes sortes d'œuvres d'art et d'objets de collection. Ils provenaient de différents châteaux et églises de Hesse et rappelaient à la mémoire les ancêtres de Guillaume IX. Le maître d'ouvrage souhaita que les pièces soient aménagées autant que possible dans le style médiéval. Néanmoins, les meubles et la décoration n'étaient nullement de pur style gothique et ne correspondaient certainement pas aux conditions de vie du Moyen-âge. Bien au contraire : nombre d'éléments du mobilier sont du style renaissance ou baroque. Au bout du compte, le château de Löwenburg n'était pas seulement un château de plaisance mais aussi une sorte de musée que l'on faisait visiter à des hôtes de haut rang. Pendant les promenades dans le parc de Wilhelmshöhe, ils étaient invités à faire une pause dans le château en ruine pour prendre le thé et le maître des lieux en profitait pour leur y expliquer l'histoire de l'Etat tout en démontrant l'importance de sa dynastie.
Un élément important de cette mise en scène était la salle d'armes. Le plus bel objet d'exposition de cette salle est le „Chevalier Noir", un harnois à cannelures de l'époque de Maximilien au début du XVIe. La tradition de la maison des landgraves de Hesse voulait que, quand un souverain mourrait, il soit porté par un chevalier tenant l'étendard de la dynastie durant du cortège funèbre. Cette armure fut mise la dernière fois lors de la mise en terre de Guillaume IX en 1821.
Le maître du château était lui-même un militaire compétent qui participa activement aux guerres contre la France révolutionnaire afin de défendre l'ancien régime. Les armes et les

Château de Löwenburg, chambre dans l'appartement du Chevalier

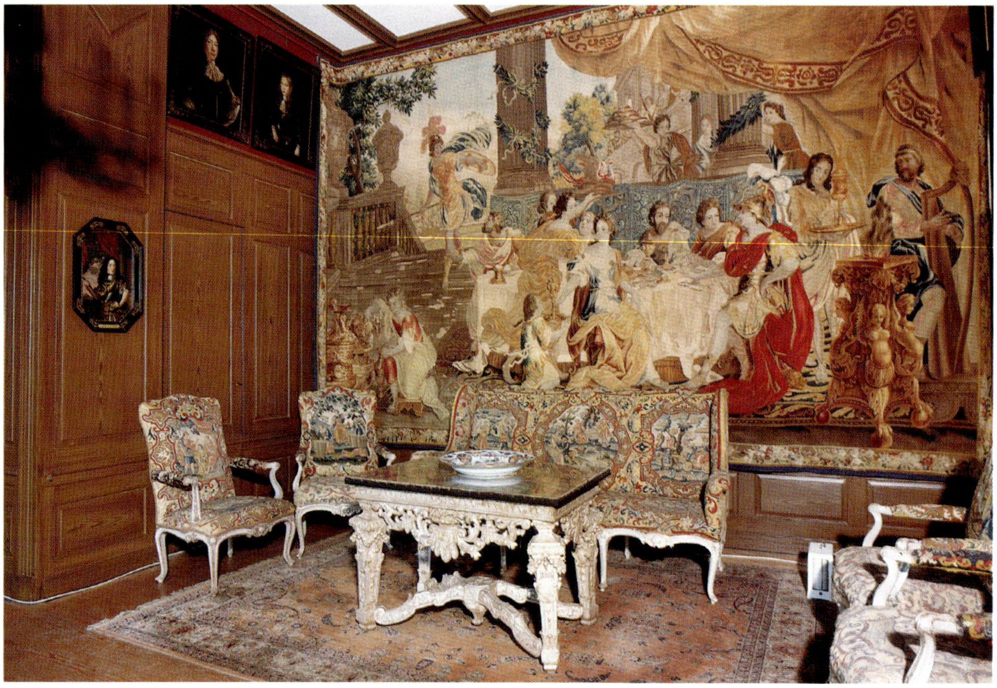

Page suivante: château de Löwenburg, armes et armures des XVIe et XVIIe siècles dans la salle d'armes

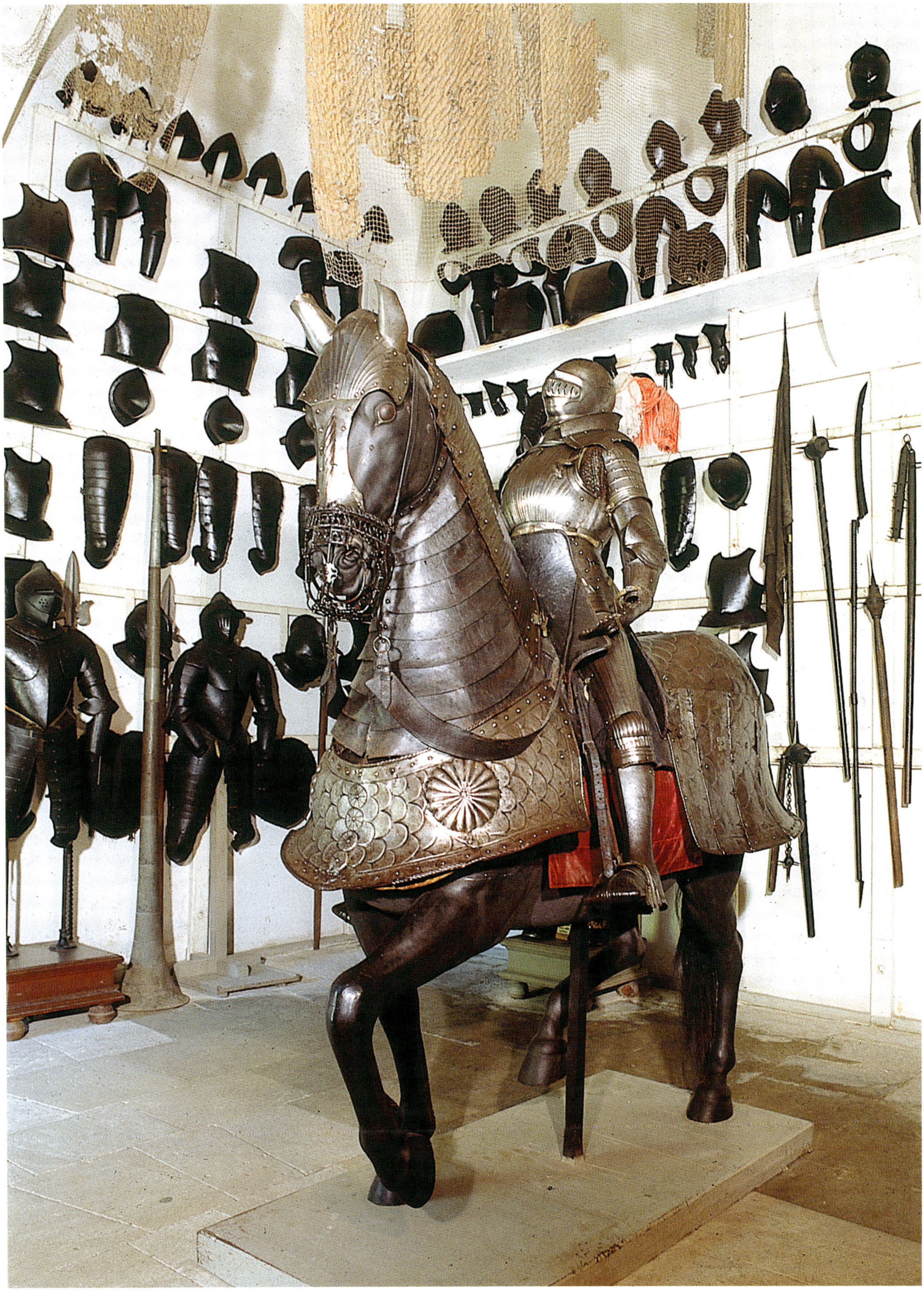

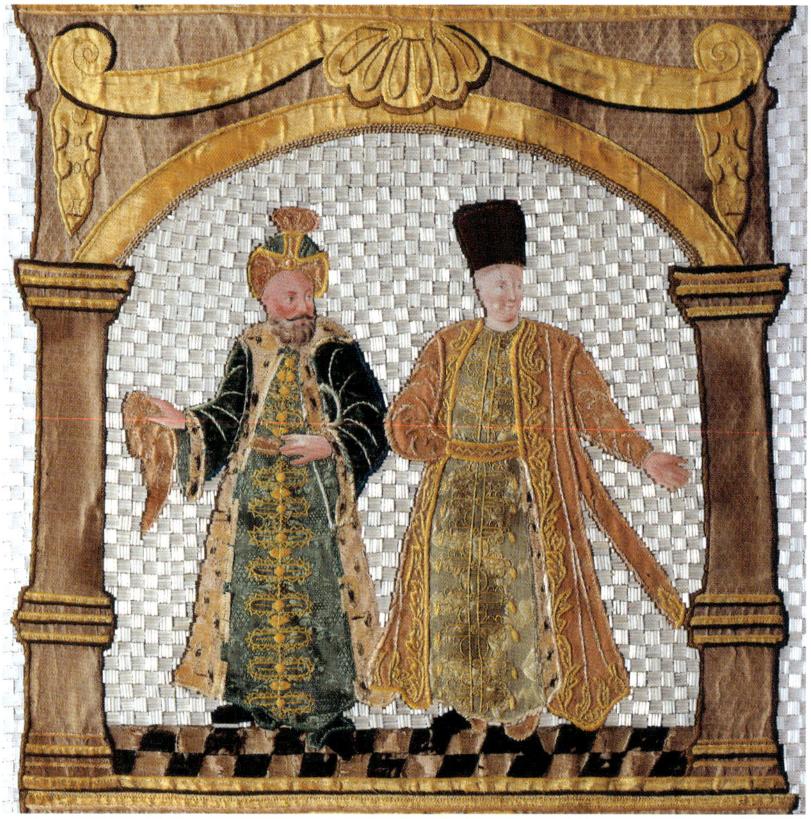

Château de Löwenburg, la Tenture à perles, détail figurant deux dignitaires ottomans. De minuscules perles de verres donnent son nom à la tenture

armures exposées prouvent qu'il suivit pas à pas les traces de ses ancêtres : militaire aguerri, il était en son âme un noble chevalier digne de l'histoire de sa famille, l'une des plus anciennes dynasties de l'Empire.

Les pièces du château de Löwenburg avaient été aménagées avec faste. Le château étant réellement devenu une ruine pendant la seconde Guerre mondiale, peu de pièces, hélas, ont conservé leur caractère authentique jusqu'à nos jours. D'autres, telles que la pièce aux Tentures à perles dans l'aile des Dames ont été reconstituées. Cette pièce, salle de jeu et salon des dames, démontre que le château de Löwenburg abritait de véritables trésors d'éléments originaux et étranges. Les tentures parsemées de perles, réalisées au début du XVIIIe, figurent au moyen de plusieurs petits portraits des personnages de la cour arborant des habits de la Renaissance pourtant déjà passés de mode à l'époque.

Le poêle de cette pièce est un exemple frappant du mélange de styles pratiqué au château de Löwenburg. Le corps du poêle, en fonte et agrémenté d'ornements de style rococo, est surmonté d'une corniche en terre cuite aux formes gothiques, spécialement manufacturée pour le château afin de souligner l'ambiance médiévale de cette pièce. En contraste, un vase de style classique fut posé sur cet ensemble. C. O.

Château de Löwenburg, la pièce aux Tentures à perles avec meubles baroques

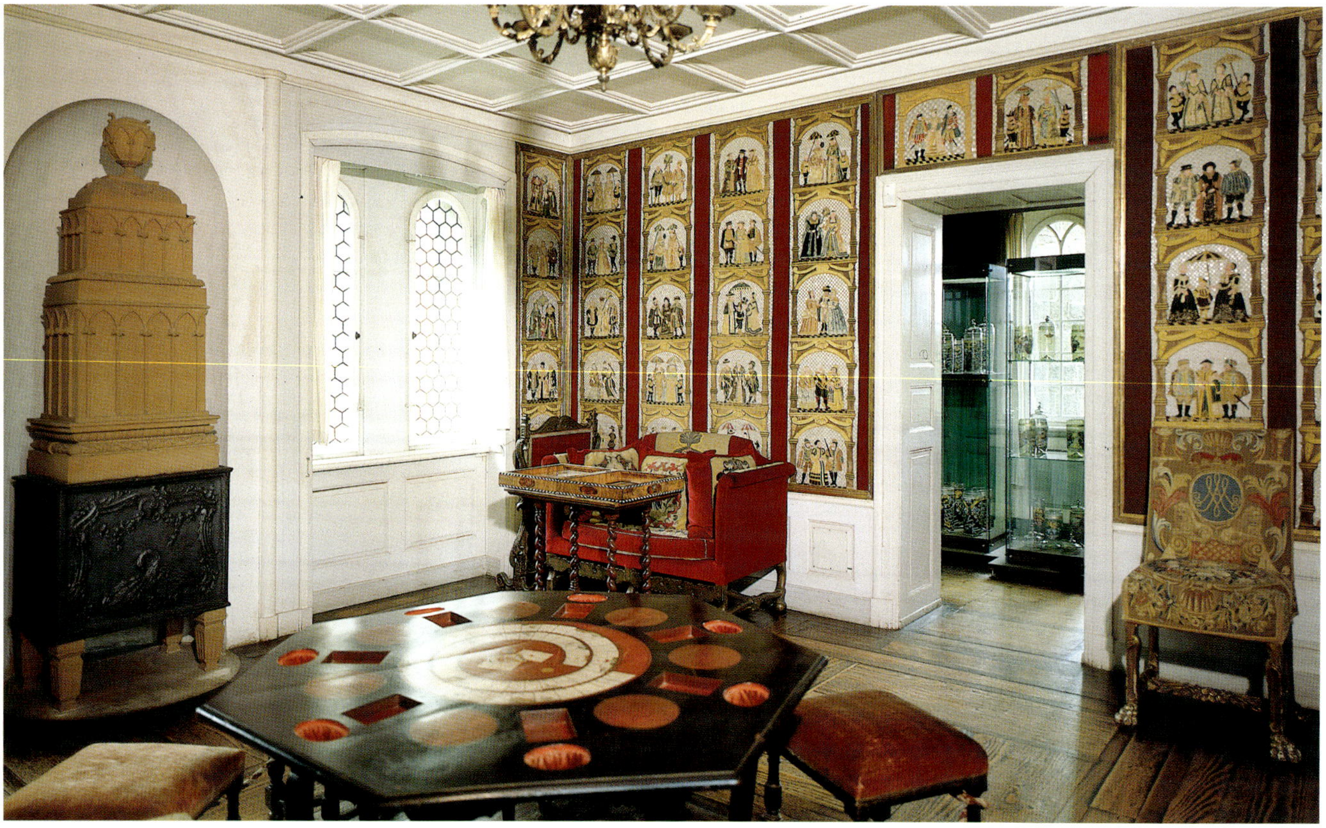

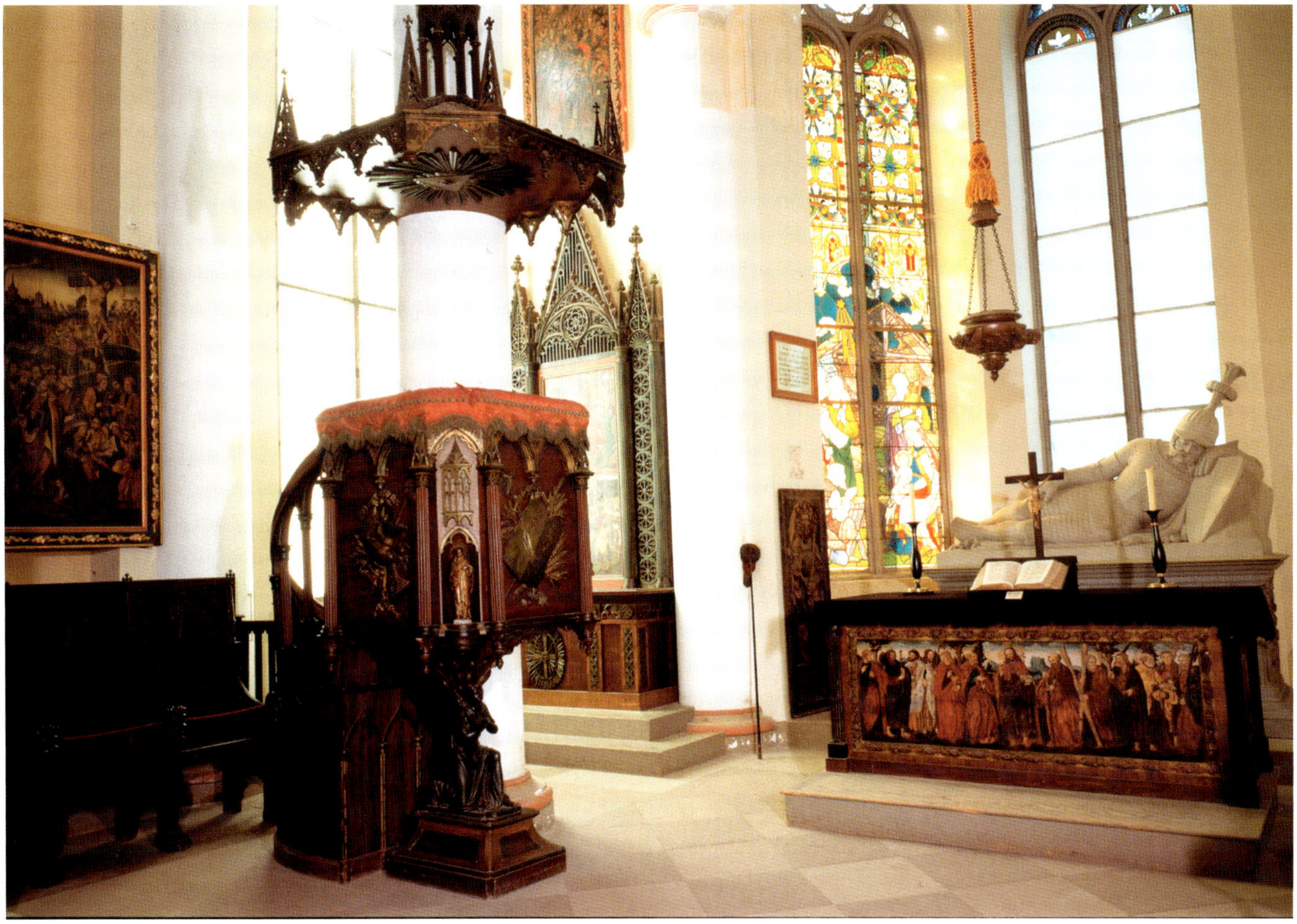

Château de Löwenburg, la chapelle

Château de Löwenburg, la chambre du prince électeur

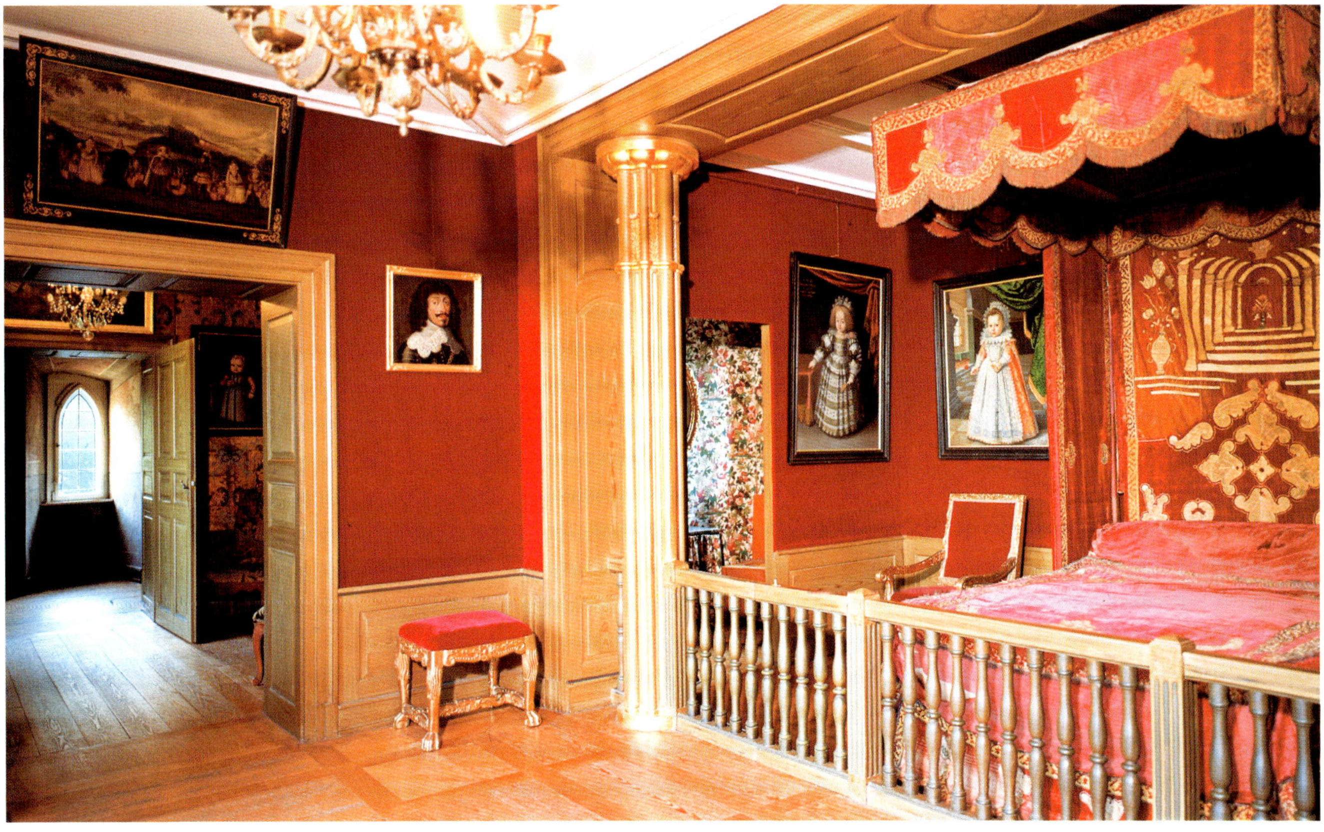

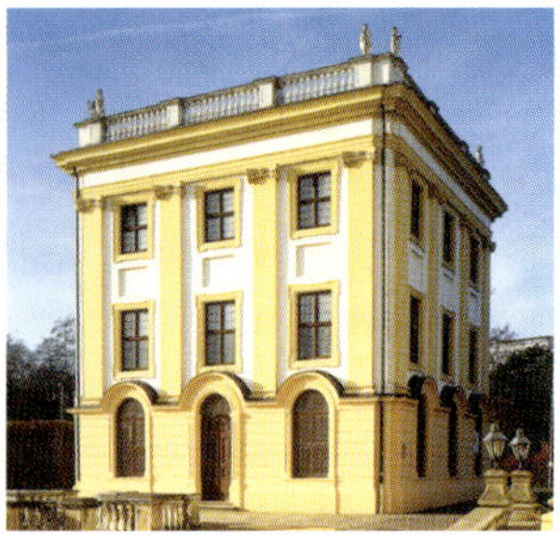

Parc de Karlsaue

Les bains de Marbre

Cette salle hors du commun fut construite entre 1722 et 1728 sous le landgrave Karl (1654–1730) pour servir de salle de bains princière. Les murs de la salle sont revêtus d'un marbre somptueux, aux multiples couleurs. La salle est de plus agrémentée de groupes de statues de marbre ainsi que de reliefs sur les murs et la coupole. Ce pavillon , situé dans la noue de la Fulda, fut érigé dans la foulée de la construction du château de l'Orangerie dont le landgrave fit sa résidence d'été à partir de 1702. Le landgrave Karl engagea le sculpteur romain Pierre Etienne Monnot (1657–1733), l'un des plus grands maîtres de son art à la fin du XVIIe. Monot insuffla la vie à ces bains grâce à ses sculptures et à ses reliefs de marbre magistraux. En pénétrant ces bains d'apparat, le visiteur est de suite transposé dans un monde antique envoûtant. Les statues et reliefs de marbre de carrare blanc se reflètent dans le sol de marbre brillant, tout comme les nombreuses incrustations des murs, colorées et scintillantes. Aujourd'hui, comme alors, la salle, conçue pour être pareille à une représentation théâtrale, invite à flâner et à se laisser séduire par les scènes représentées autour des thèmes de l'amour, de la poursuite et des transformations, tirées des « Métamorphoses » d'Ovide. Les bains de marbre comptent parmi les bains d'apparat les plus achevés du baroque finissant qui aient été préservés jusqu'à nos jours. S. S.

i Kassel, Staatspark Karlsaue
34121 Kassel
Marmorbad und
Westpavillon in der
Orangerie
Tel. 05 61 / 31 68 06 25
Fax 05 61 / 31 68 06 26
www.schloesser-hessen.de
info@schloesser.hessen.de

Ouvert du 1er avril au 3 octobre:
du mardi au dimanche
de 10 h à 17 h.
Les visites guidées ont lieu aux heures sonnantes.
Dernière visite guidée à 16 h.

Bains de Marbre, le petit faune Ampelos ▷ (= vigne, N.d.T) tente vainement d'atteindre un raisin que tient en hauteur Bacchus

Bains de Marbre, autour du bassin situé au centre de la pièce, le sculpteur Monot réalisa des statues et des reliefs inspirés des Métamorphoses d'Ovide

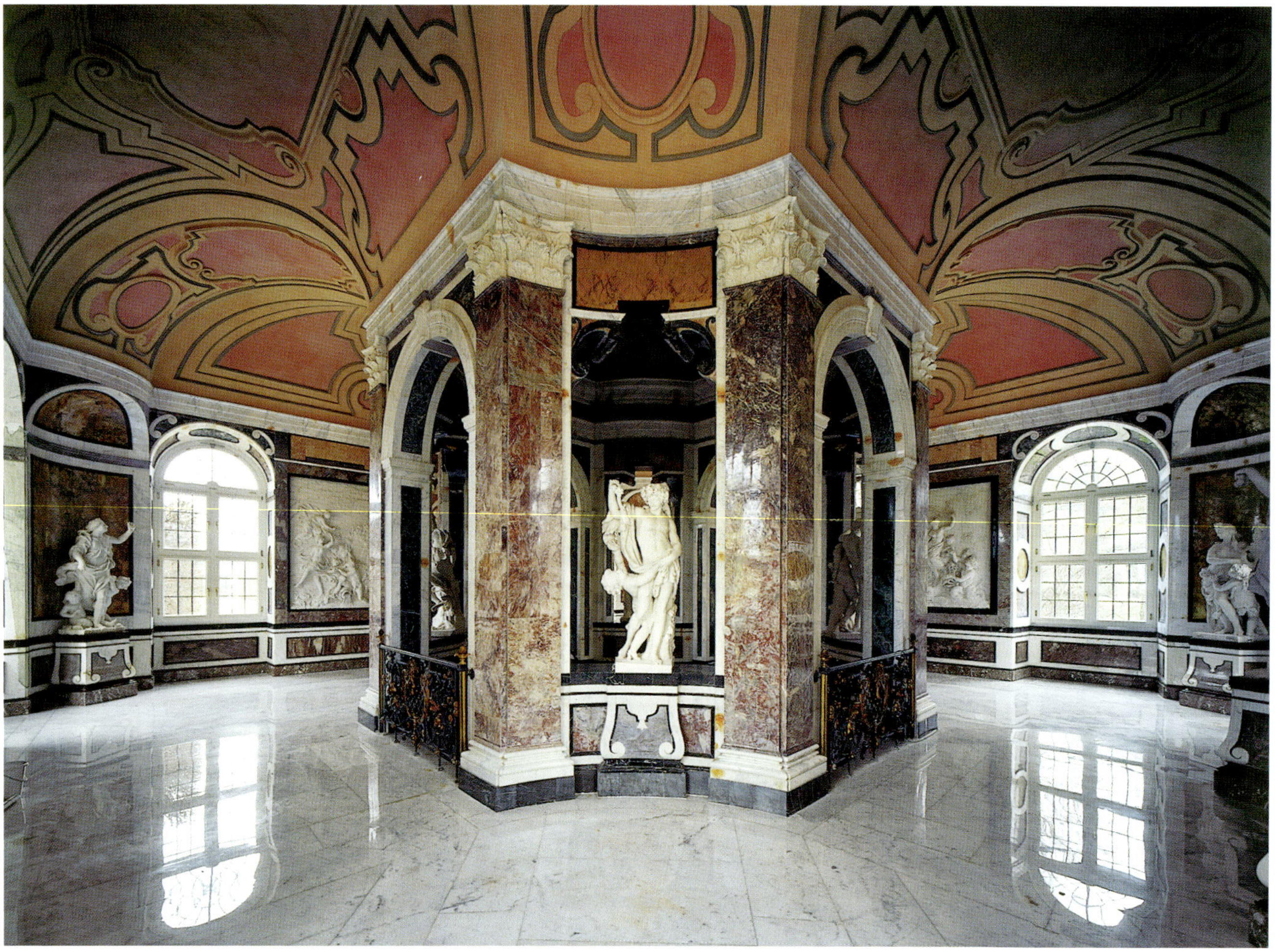

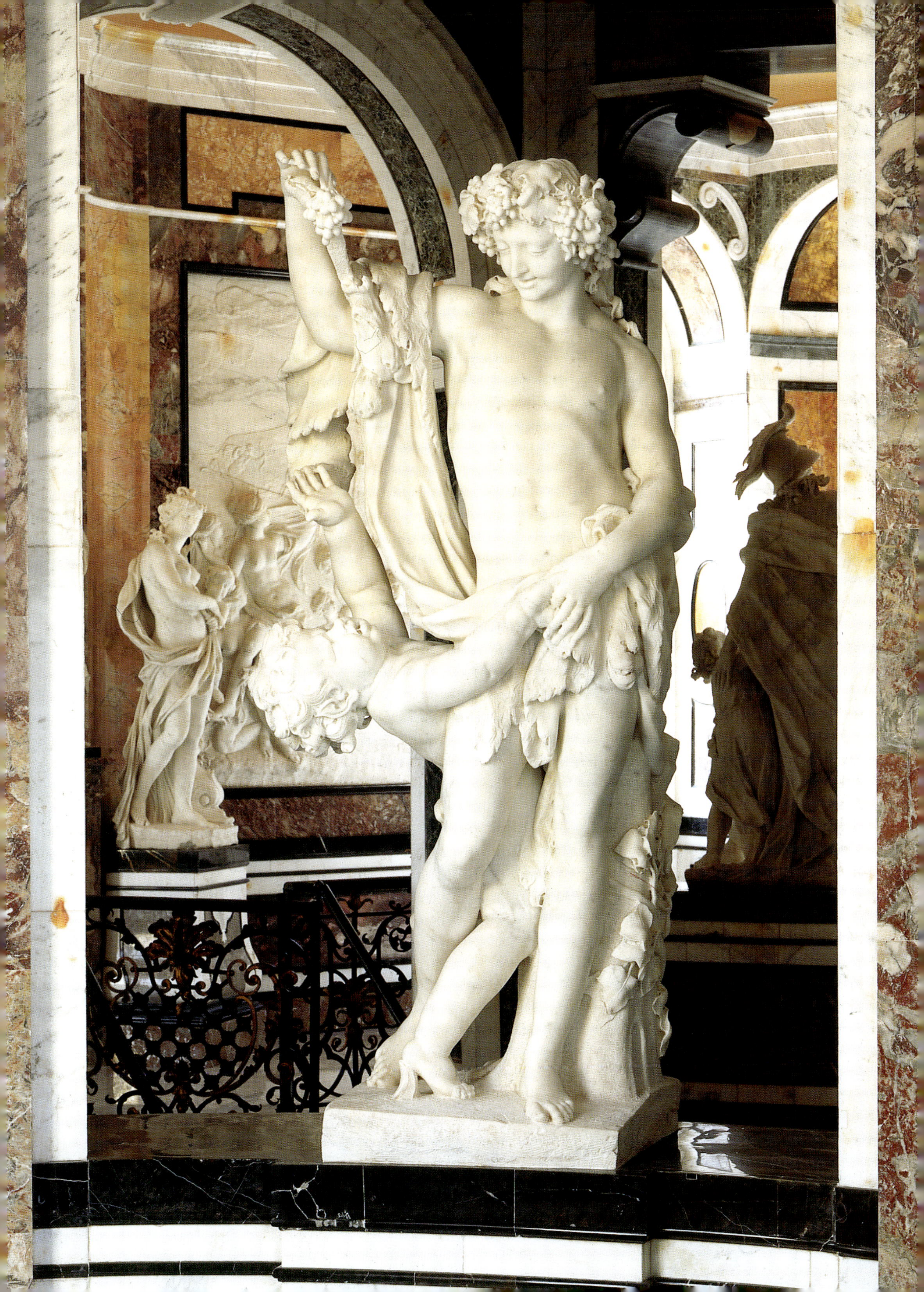

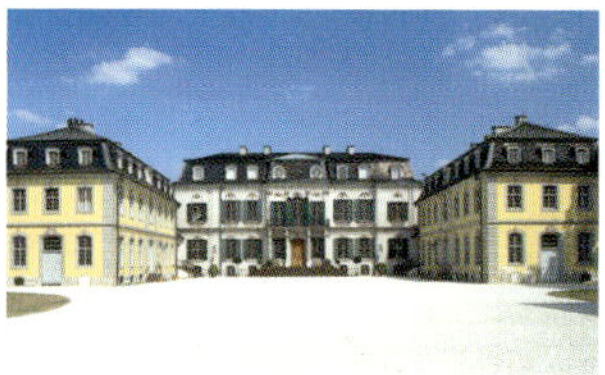

i Schloss und Schlosspark
Wilhelmsthal
34379 Calden
Tél. 05674/6898
Fax 05674/4053
www.schloesser-hessen.de
info@schloesser.hessen.de

Château ouvert
de mars à octobre:
du mardi au dimanche
de 10 h à 17 h, dernière
visite guidée à 16 h.
de novembre à février:
de 10 h à 16 h, dernière
visite guidée à 15 h
En décembre ouvert uniquement le week-end et
sur rendez-vous.
Fermé les 24, 25 et 31
décembre et le 1er janvier

Visites guidées: corps
de logis et aile abritant
la cuisine

De l'Ascension jusqu'au
3 octobre inclus, à l'issue
des visites guidées, les jeux
d'eaux rococo, comprenant
environs 370 fontaines dans
le périmètre du canal et de
la grotte, sont mis en
marche. Visites guidées du
parc sur demande.

P

Le château de Wilhelmsthal

A l'écart de la cour, le futur landgrave Guillaume VIII se fit construire, à partir de 1742, un château de plaisance et rendez-vous de chasse au milieu d'un grand parc. En été, la famille du landgrave de Hesse-Cassel et les gens de la cour venaient dans cette résidence pour y faire en toute simplicité (relative) de courts séjours. Au sein du corps de logis de cet édifice symétrique furent installés, des deux côtés d'une grande salle, deux appartements sur les deux étages qui comprennent des antichambres, une chambre, un cabinet et un vestiaire. A l'étage mansardé ainsi que dans les ailes, d'autres appartements furent aménagés pour les gens de la cour. Guillaume, grand amateur d'art, gouvernait à l'époque le land de Hesse comme gouverneur aux ordres de son frère Frédéric, roi de Suède. Il fait agencer sa résidence préférée à la mode du rococo, alors très actuelle. On prit garde dans l'architecture, la décoration et l'ameublement à respecter les règles de « convenance » (sic) sans oublier les aspects de « commodité » (sic). A cet effet, le maître d'ouvrage engagea les artistes les plus demandés de l'époque. Ainsi, il chargea l'architecte à la cour de Munich, François de Cuvilliés, initié à Paris, de faire les plans de l'édifice. Le sculpteur et décorateur Johann August Nahl, qui venait de faire ses preuves au château de Sans-Souci, réalisa les études pour les ornements des intérieurs et Johann Michael Brühl de Weimar, les stucs. De même, le peintre à la cour de Cassel, Johann Heinrich Tischbein, influa pour beaucoup sur l'apparence des intérieurs avec ses nombreux tableaux à huile. Il est l'auteur de la plupart des tableaux du châteaux, en particulier des portraits des dames dans les première et deuxième antichambres de l'appartement du landgrave. Les plafonds, les murs, les miroirs et les cadres des tableaux ont en commun leur décoration aux lignes rappelant des coquillages, des plantes et des animaux. L'homogénéité de l'ornement est telle que tous ces éléments de la pièce semblent se fondre les uns en les autres. En plus de leurs revêtements de murs sculptés et peints, les pièces sont agrémentées d'étoffes et de papiers peints précieux. Les couleurs préférées sont le bleu clair, le rose, le vert clair et surtout l'or. La décoration murale ainsi que l'ameublement forment un ensemble parachevé par l'ajout de meubles particulièrement précieux et de petites œuvres d'art de verre ou de porcelaine. Le cabinet du landgrave au rez-de-chaussée est un brillant exemple de l'heureuse combinaison de différents types d'art en ces intérieurs. Cette pièce toute en or et « vert marin » fut richement décorée d'ornements de rocaille et de fleurs. Située en retrait des salles d'apparat, elle a un caractère intime, souligné par la présence du portrait de famille au dessus de la somptueuse commode dite « aux Plumes de paon » (Pfauenfederkommode). Dans ce cabinet abritant des meubles très précieux, le landgrave exécutait son courrier et d'autres tâches de bureau. Il y recevait également de petits groupes de gens.

*Page suivante :
Château de Wilhelmsthal, cabinet du landgrave. La somptueuse commode « aux Plumes de paon » est d'origine.*

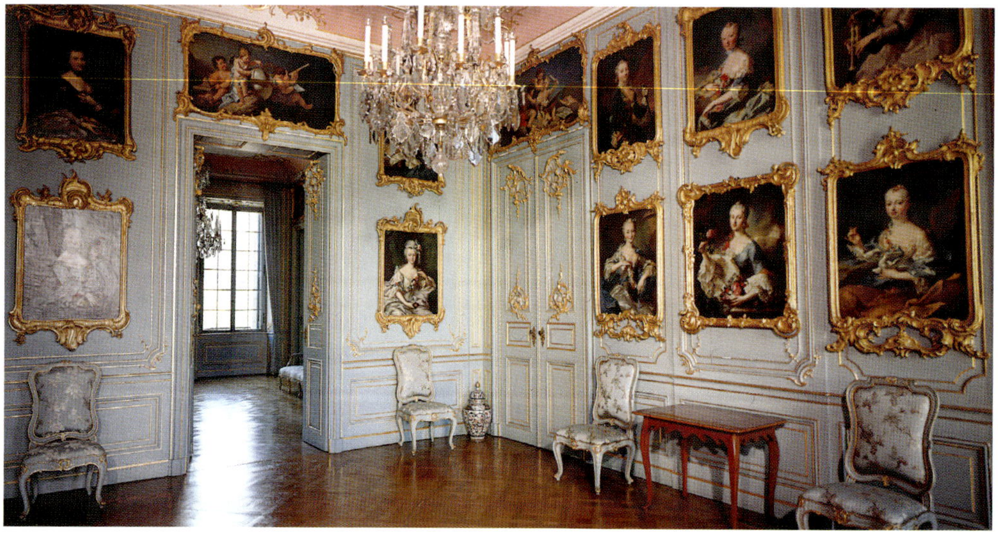

Château de Wilhelmsthal, la galerie des Beautés dans la 1ère antichambre des appartements du landgrave

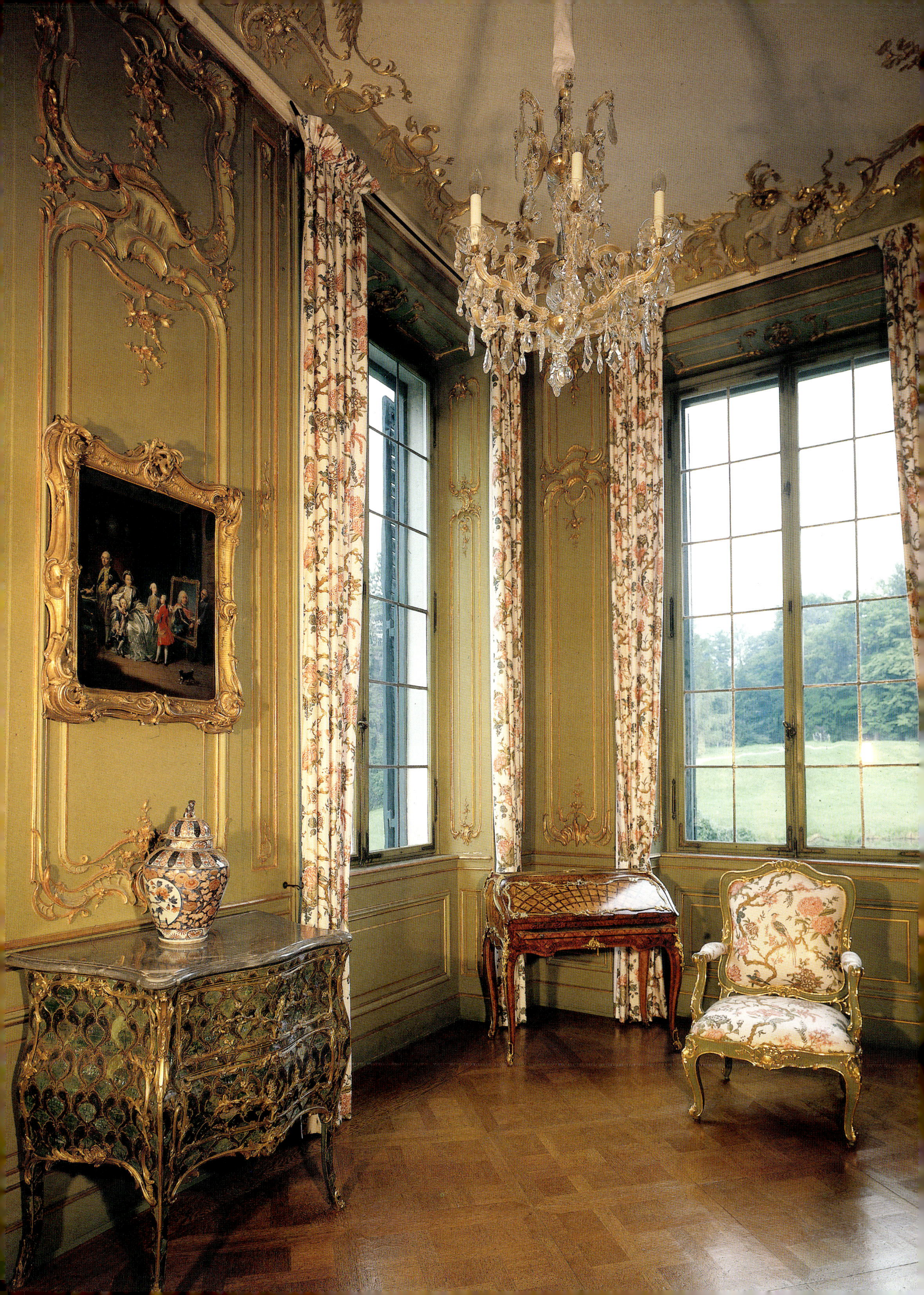

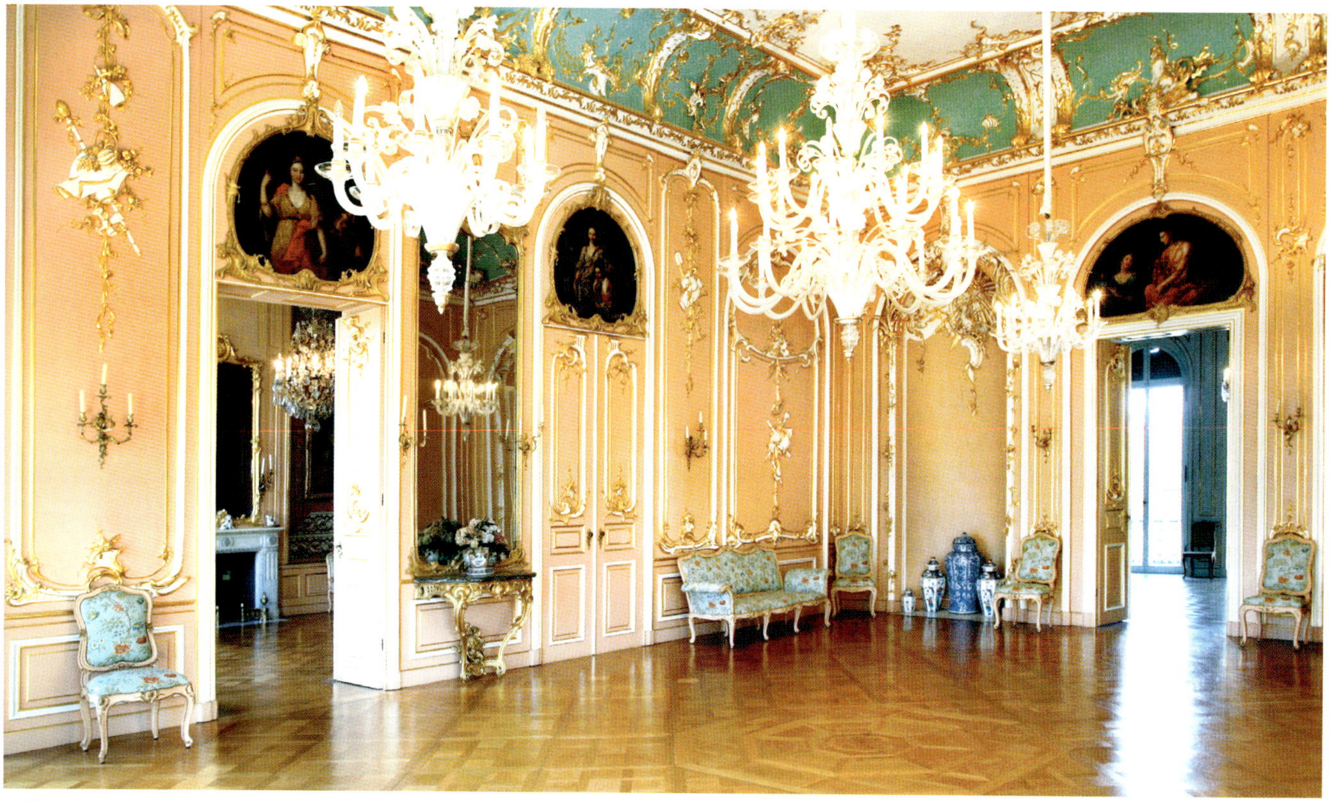

Schloss Wilhelmsthal, salle des Muses

La salle des Muses (Musensaal) est d'un tout autre genre. En tant que salle des fêtes, elle représente la salle majeure des pièces de l'étage. Les stucs aux formes enjouées, les sculptures des lambris sur les murs, figurant des instruments de musique et des masques, ainsi que la série de tableaux autour du thème des neuf muses, donnent à cette salle son caractère festif et joyeux. Les reliefs sculptés du cabinet situé à l'étage de l'appartement du sud, qui servait d'appartement pour les hôtes, témoigne de la grande imagination de leur créateur. Dans les cadres des lambris tenus dans les tons vert, or et blanc, figurent de nombreux perroquets et autres oiseaux. Au sein de cette ambiance joyeuse, les visiteurs pouvaient se réjouir de la vue de l'ara, grand perroquet coloré, qui pique un raisin ou bien pouvaient-ils encore observer la perruche qui regarde malicieusement à travers les barreaux de sa cage et picore une cerise. Par bonheur, le château fut conservé sans avoir subi de trop grandes transformations. Bien que le successeur de Guillaume VIII ait renouvelé l'aménagement de certaines pièces, le château de Wilhelmsthal réussit à garder son cachet de château de plaisance du XVIIIe, tel qu'il avait été envisagé par le maître d'ouvrage. S. S.

Château de Wilhelmsthal, détail du cabinet aux Perroquets

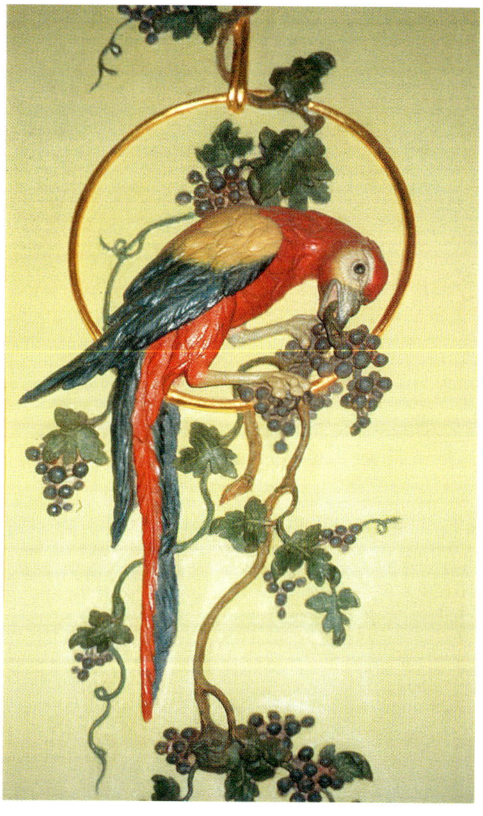

Page suivante :
Château de Wilhelmsthal, vue du cabinet d'angle de l'appartement d'hôte au premier étage, nommé également en raison de sa décoration, le cabinet aux Perroquets

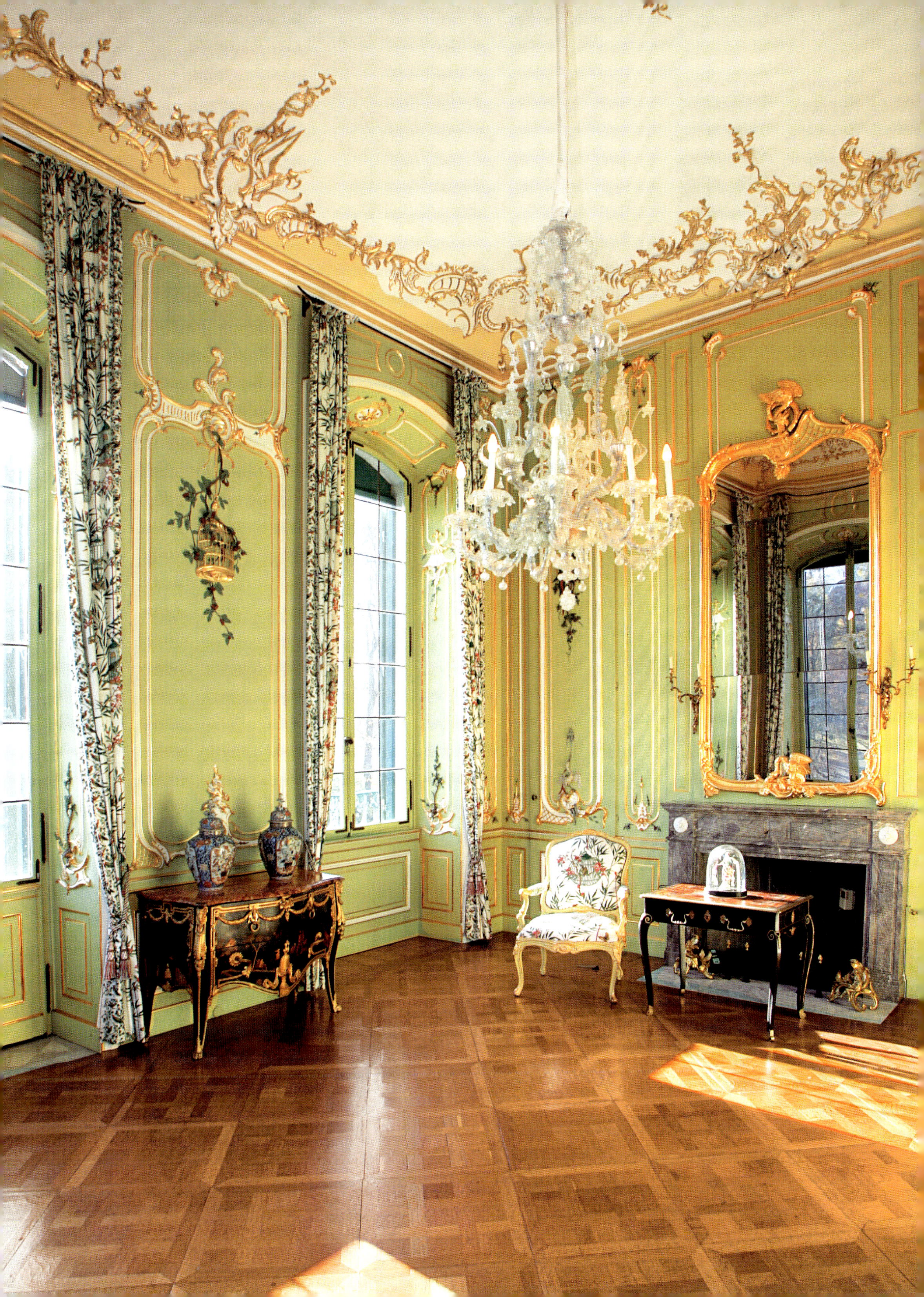

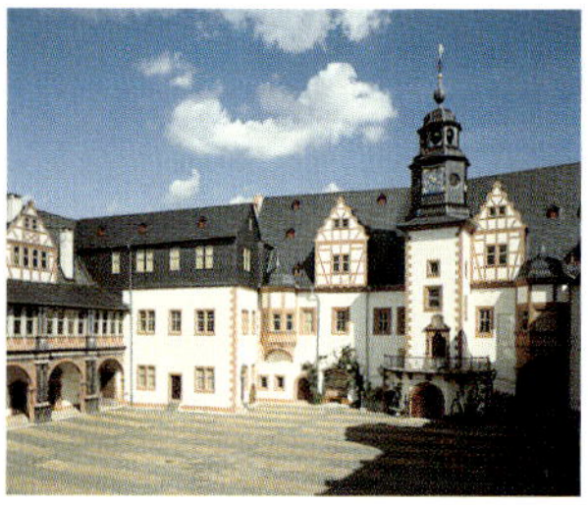

Schloss und Schlossgarten
Weilburg
35781 Weilburg / Lahn
Tél. 06471 / 9127-0
Fax 06471 / 9127-20
www.schloesser-hessen.de
info@schloesser.hessen.de

Château de Weilburg

Le château de résidence de Weilburg se dresse sur un éperon rocheux imposant et domine de haut la Lahn. Ce château datant du XVIe est l'une des petites résidences allemande les mieux conservées du début des temps modernes. Au début du XVIIIe, le château Renaissance doté de quatre ailes fut transformé en une grandiose résidence baroque à l'époque du Comte Johann Ernst zu Nassau-Weilburg.

Au centre du complexe de bâtiments se trouve l'édifice principal à quatre ailes dont les suites de pièces répondent aux exigences du protocole tout en remplissant leur fonction de lieu d'habitation. Les appartements seigneuriaux reflètent de façon très vivante l'histoire de la vieille dynastie zu Nassau-Weilburg.

Les grandes salles au rez-de-chaussée dotées de voûtes nervées et de peintures Renaissance sont des vestiges de la construction du château vers le milieu du XVIe. Les pièces d'habitation et d'apparat de la famille ducale se trouvent au premier étage, mais leur aménagement d'origine fut grandement transformé aux XVIIIe et XIXe siècles.

Le cabinet Chinois, qui doit son nom aux étagères murales dorées sur lesquelles sont disposées des porcelaines chinoises, est l'exemple le plus somptueux de décoration intérieure baroque qu'il soit. Ancien cabinet de la maîtresse des lieux, cette pièce richement décorée relie les appartements du duc Johann Ernst avec ceux de son épouse Maria Polyxenia. Les armoiries d'alliance du couple princier, scellées dans le sol, sont entourées de ramages de fine facture. Les lambris des murs et les portes sont agrémentés de peintures grotesques. Des ornements de stuc en or et blanc décorent les allégories des quatre saisons au somptueux plafond de stuc. Les portraits aux cadres d'or donnent corps à la présence du maître d'ouvrage et de son épouse.

Château de Weilburg, la grande salle (Hofstube) au rez-de-chaussée du château

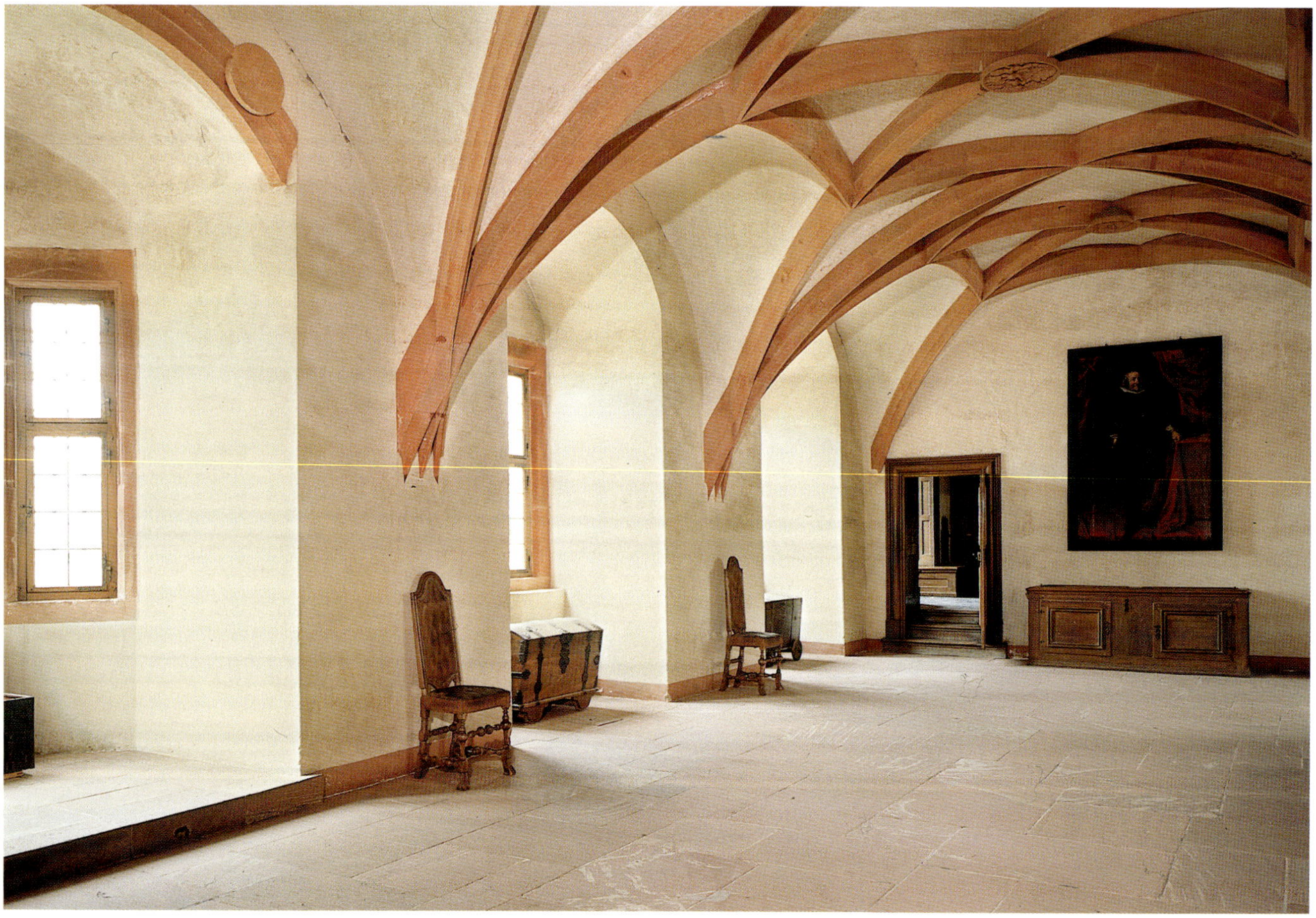

La chambre d'apparat dans l'appartement seigneurial avait essentiellement vocation de représentation. Les incrustations du parquet aux motifs d'étoile font penser que la pièce fut créée vers 1701. Des peintures à la chinoise décorent les portes et les lambris des murs. Des stucs dorés entourent les panneaux décoratifs au dessus des deux portes. Les tentures de velours rouge ainsi que les portières brodées de fil d'or confèrent à la pièce une aura digne. Cependant, c'est le lit d'apparat qui capte les regards avec son baldaquin élevé fait de velours rouge et de brocart. Les meubles précieux et la décoration murale s'allient pour créer une œuvre d'art d'intérieurs princiers d'une impressionnante homogénéité.

D. S.

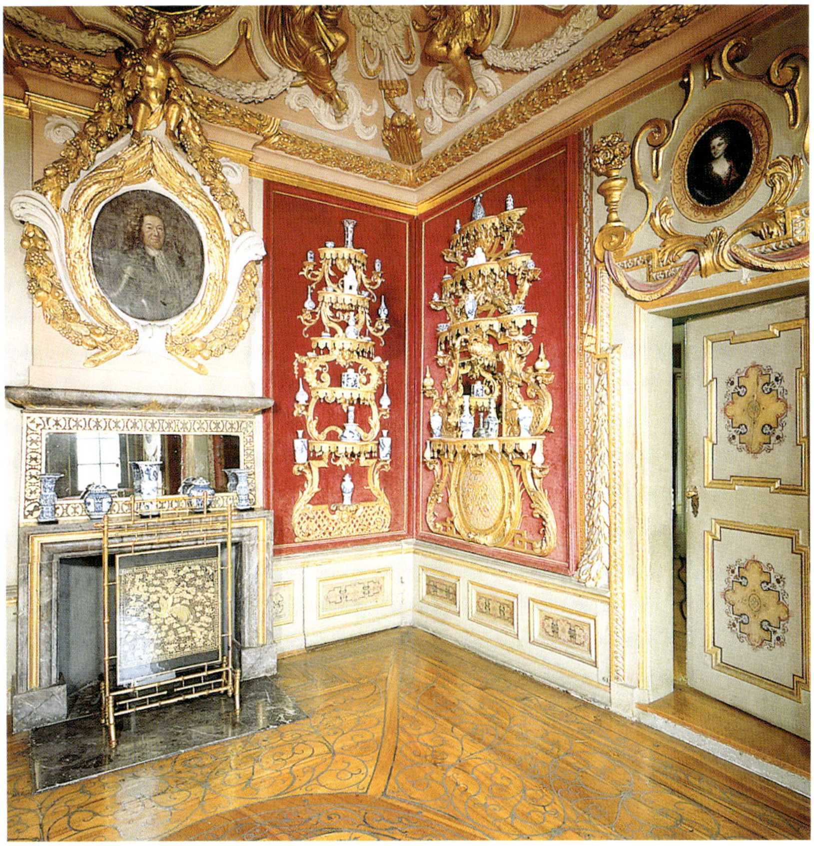

Château de Weilburg, le cabinet Chinois

Château de Weilburg, la chambre avec son somptueux lit de parade

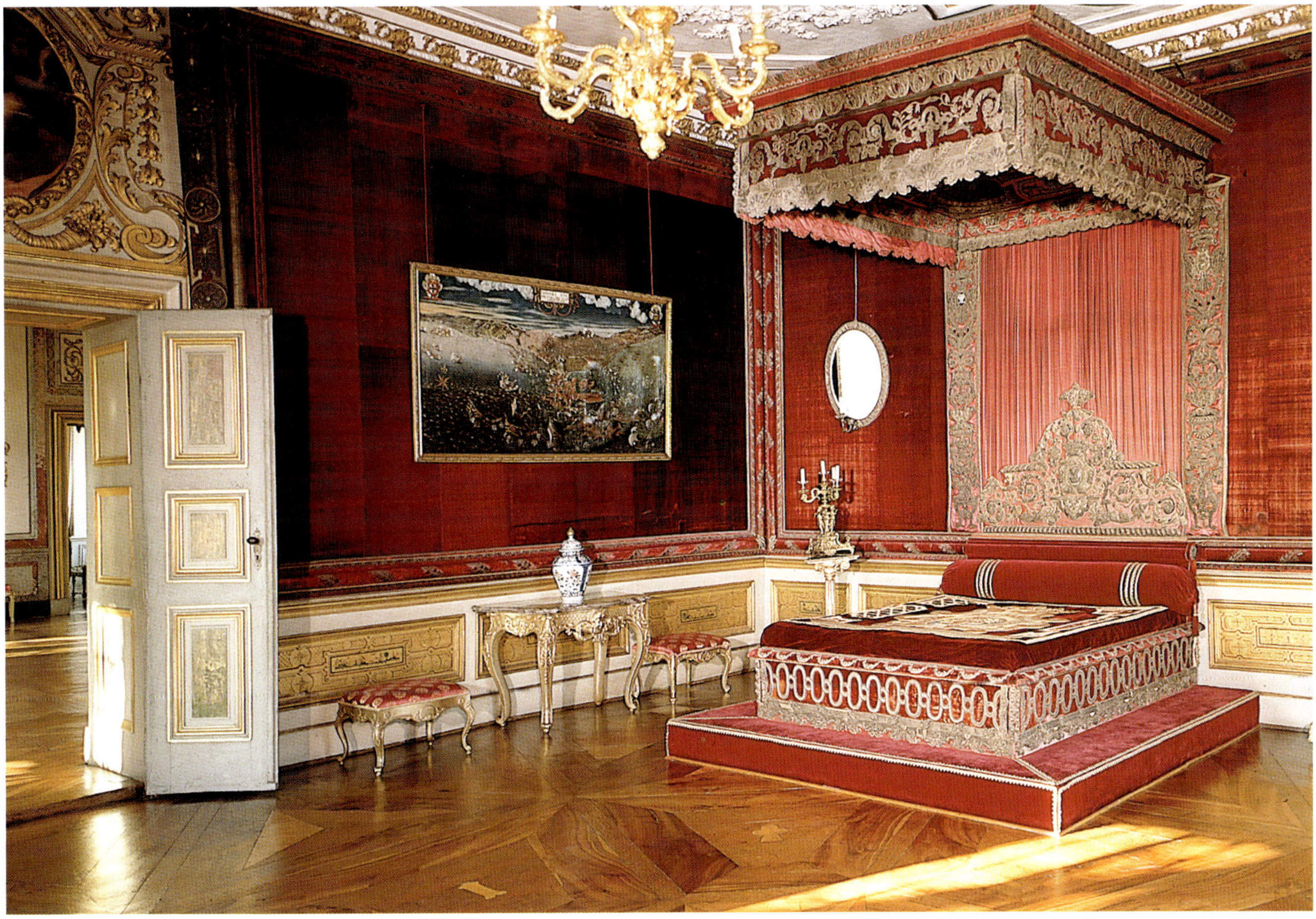

- Château ouvert de novembre à février : du mardi au dimanche de 10 h à 17 h, dernière visite guidées à 15 h ; en mars, avril et octobre : du mardi au dimanche de 10 h à 17 h, dernière visite à 16 h
  Visites guidées: les quatre ailes (West-, Nord-, Ost- und Südflügel)
  Et l'orangerie Supérieure (obere Orangerie)
  Ascension de la tour des Joueurs de fifre (Stadtpfeiferturm) sur demande.
- Jardins du château ouverts de mai à mi-octobre : de 7 h jusqu'à la tombée de la nuit, de la mi-octobre à avril : de 8 h jusqu'à la tombée de la nuit
  Visites guidées de mai à septembre : du lundi au jeudi de 10 h à 16 h sur rendez-vous

Evènements culturels:
Concerts: Weilburger Schlosskonzerte,
théâtre: Theater im Schloss
www.weilburger-schlosskonzerte.de

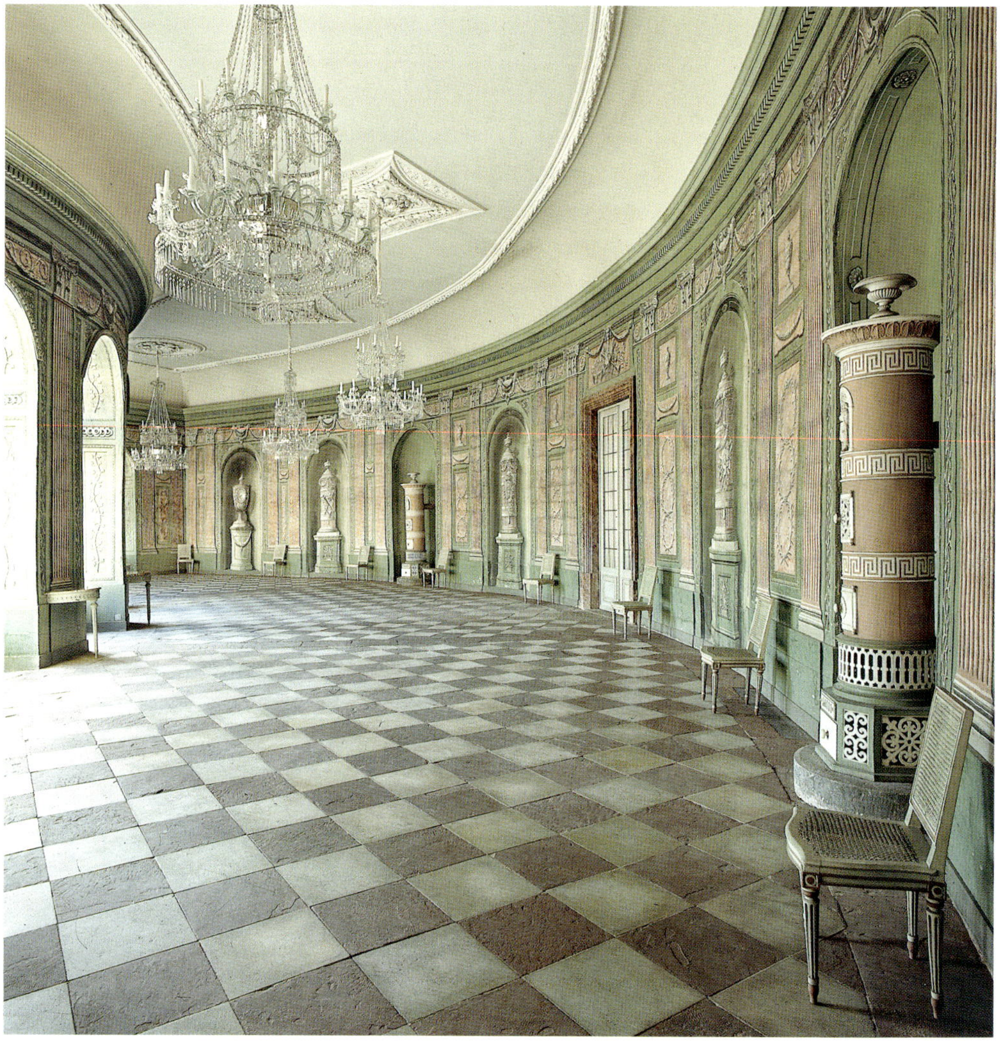

Château de Weilburg, l'orangerie Supérieure, vue dans la galerie Sud

L'orangerie Supérieure

Au sud du château de Weilburg s'étend le jardin en terrasses. Le comte Johann Ernst chargea l'architecte Julius Ludwig Rothweil de la construction (qui dura de 1703 jusqu'en 1713) de deux orangeries qui structurent clairement le jardin en deux étages. Si l'on utilisait les orangeries en hiver pour y protéger les citrus et autres plantes fragiles du froid, en revanche, en été, elles étaient le centre des festivités et des divertissements de la cour.

L'orangerie Supérieure, sans aucun doute la plus belle, relie le château avec l'église du château et de la ville. Ses grandes portes-fenêtres font le lien entre l'espace extérieur et l'intérieur, tous deux merveilleusement agencés. Une salle médiane s'élevant sur deux étages et dotée d'une tribune pour les musiciens sur tout le tour de la pièce, est flanquée de deux galeries en demi-cercle. Les pilastres ioniques, les riches ornements de stuc et les fresques de plafond représentant des allégories confèrent une impression de faste à la salle.

La galerie du nord est tapissée d'une tenture bleue et blanche sur laquelle furent peintes des imitations de carreaux. Cette tenture est remarquable en raison de la richesse de ses détails : chaque carreau diffère en effet de l'autre.

Dans la galerie Sud, la décoration murale de style classique fut réalisée en 1790. Les peintures rougeâtres et vertes en trompe-l'œil de pilastres à cannelures, de festons, ainsi que les poêle disposés dans les niches donnent plus de volume à la galerie. D. S.

Le château de Homburg

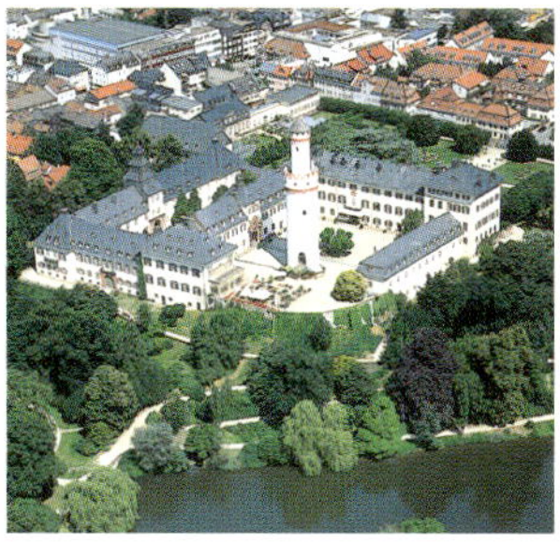

Emblème de Homburg, la tour Blanche se dresse au milieu du château doté de nombreuses ailes qui fut, de 1621 jusqu'en 1866, le siège des landgraves de Hesse-Hombourg. En 1678, le landgrave Frédéric II, héros du drame de Heinrich von Kleist, « Le Prince de Hombourg », entreprit de transformer l'édifice, datant de la fin du Moyen-âge, en une résidence baroque à deux étages.
L'ameublement et la décoration, en partie somptueux, s'inspirèrent des modèles des grandes cours d'Europe, quoiqu'ils eussent été également sujets à des changements dus aux fluctuations de la mode au fil du temps. Les transformations les plus importantes, rendues possibles par l'apport de la fortune d'Elisabeth d'Angleterre qui avait épousé Frédéric VI, furent l'ajout de nouveaux bâtiments et la transformation de certaines salles d'apparat après 1803. Finalement, le château servit de résidence d'été aux rois prussiens et aux empereurs allemands. L'appartement de Wil-

Château de Homburg, le cabinet des Glaces dans l'aile Royale

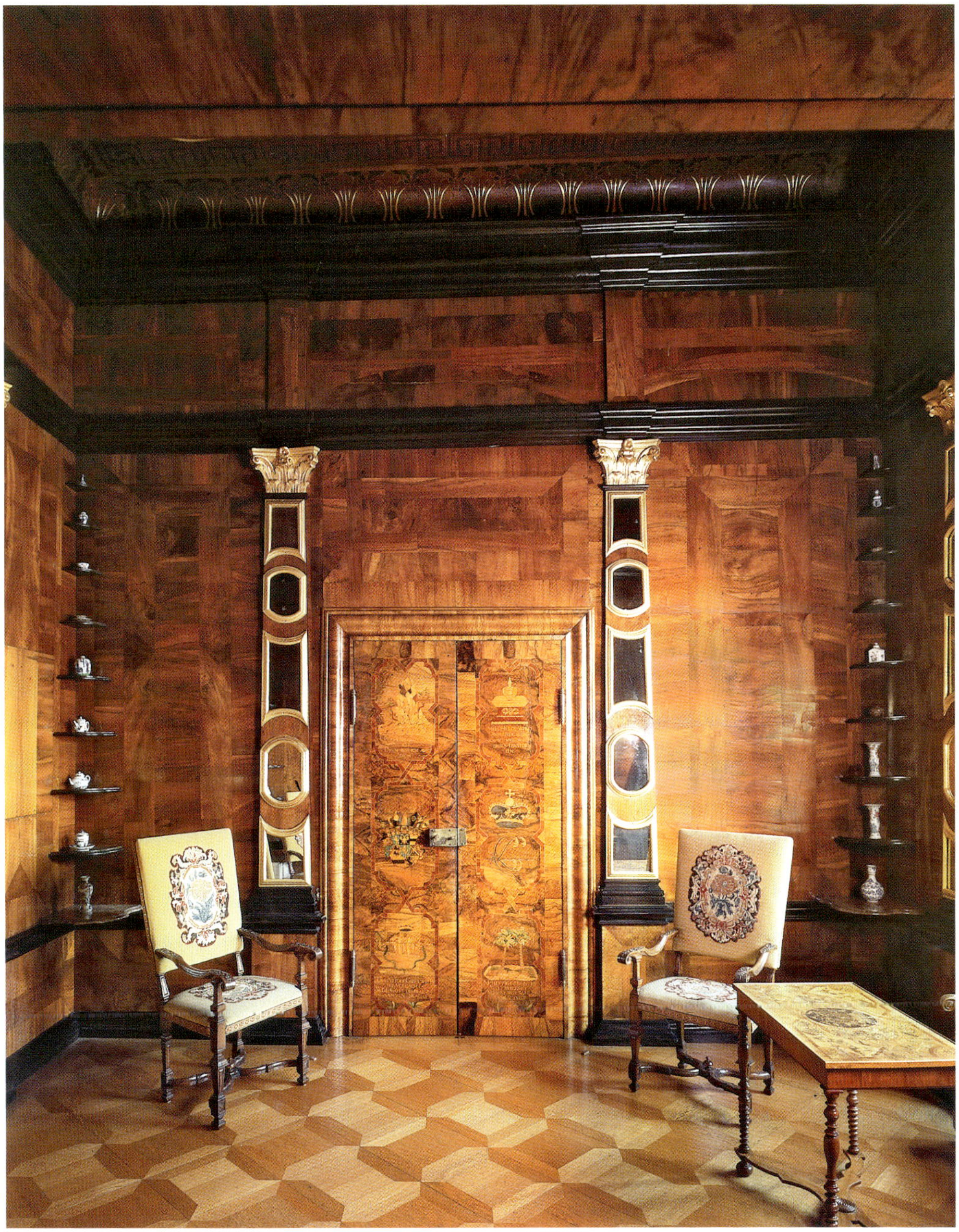

i Bad Homburg
vor der Höhe
Schloss und Schlosspark
61348 Bad Homburg v.d.
Höhe
Tél. 06172/9262-147
Fax 06172/9262-148
www.schloesser-hessen.de
info@schloesser.hessen.de

Aile Royale, aile du Hirschgang, aile de la bibliothèque (Königsflügel, Hirschgangflügel, Bibliotheksflügel) ouvertes
de novembre à février :
du mardi au dimanche
de 10 à 16 h,
dernière visite guidée à 15 h
de mars à octobre :
de 10 h à 17 h,
dernière visite guidée à 16 h ;
de juin à août :
le lundi de 10 h à 17 h,
dernière visite guidée à 16 h

Aile d'Elisabeth (Elisabethenflügel) et église du château (Schlosskirche) ouvertes
le dimanche de 11 h à 15 h,
visite à chaque heure
pendant toute l'année
Fermé du
du 24 au 26 décembre,
le 31 décembre et le
1er janvier
Ascension de
la tour Blanche :
de novembre à février :
de 9 h à 15 h ;
de mars à octobre de 9 h
à 16 h

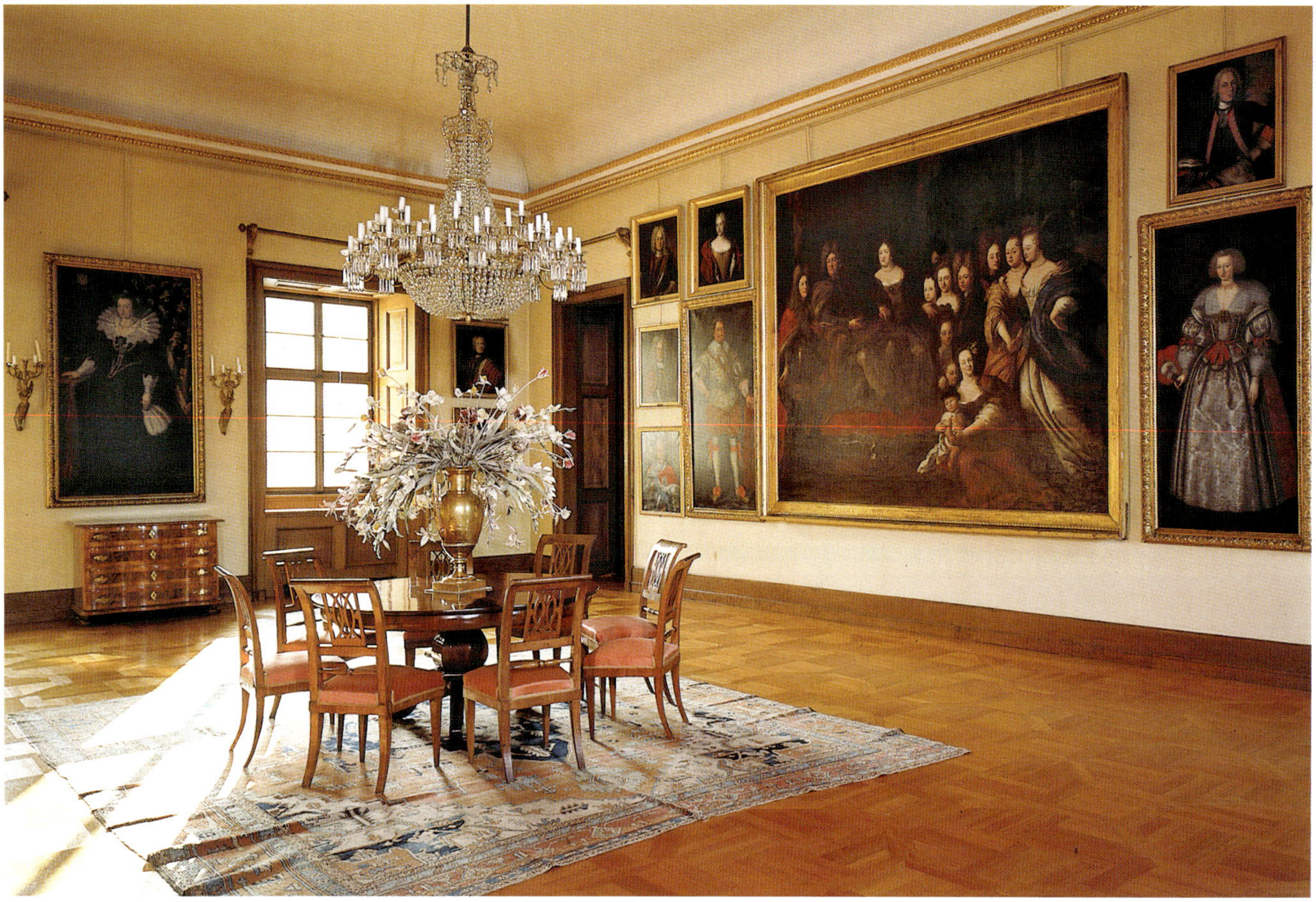

Château de Homburg, la galerie des Ancêtres avec les portraits de la famille des landgraves

helm II est le seul qui ait été conservé. Les meubles et décorations de ses intérieurs permettent au visiteur de comprendre comment vivaient l'empereur et son épouse.

Il ne reste cependant guère d'élément des pièces d'habitation et d'apparat telles qu'elles se présentaient au XVIIIe. Un précieux vestige, caractéristique d'ailleurs pour les arts de décoration d'intérieurs à l'époque, est le cabinet aux Glaces de l'aile sud du château. Il paraît que les lambris de bois du cabinet, décorés de fines incrustations, sont un présent de la corporation des menuisiers à l'occasion du mariage du landgrave Frédéric III avec la comtesse Christiane von Nassau-Ottweiler.

Vers 1830, l'architecte de Darmstadt, Georg Moller (1784–1852), fut chargé de remanier la décoration des pièces d'apparat. La suite comprenant le vestibule, l'escalier et la salle à manger porte encore sa trace stylistique. L'aménagement de la salle à manger devint classique sous l'influence de Moller qui y travailla entre 1835 et 1841. La table est mise pour 26 personnes avec le « service de la Croix de fer ». En 1821, le landgrave avait reçu ce service du roi prussien Frédéric Guillaume III en remerciement pour ses bons et loyaux services en tant que militaire.

La bibliothèque et la galerie des Ancêtres dans l'aile de la bibliothèque furent également remaniées par Moller. Quatre colonnes ornées de stuc structurent l'architecture intérieure de la salle de la bibliothèque dont les murs étaient à l'époque couverts d'armoires de livres. Les études de Moller ayant été conservées, il fut possible de reconstituer ces armoires qui donnent aujourd'hui une impression assez authentique de ce que fut cette salle. La galerie des Anciens attenante présente l'histoire de la dynastie de Hesse-Hombourg et contribue ainsi à affirmer l'identité de cette famille.

L'aile Anglaise

A la suite du décès de Frédéric VI en 1829, la landgravine Elisabeth, fille du roi d'Angleterre Georges III se fit aménager un appartement dans l'aile Anglaise (Englischer Flügel) du château de Homburg. Cet appartement aux dimensions généreuses et richement meublé comprenait une suite de sept pièces : l'entrée, la chambre, le bureau, le cabinet Bleu, la salle d'audience, la salle à manger et l'ancienne bibliothèque. Le visiteur reconnaîtra tout autant à l'agencement, au mobilier qu'à la décoration de ces pièces combien la landgravine avait l'âme d'une collectionneuse mais aussi qu'elle s'intéressait aux arts et se plaisait à essayer de nouvelles formes architecturales ou de décoration. La salle à manger (Speisesaal) une pièce dans le style dit pompéien, dont le peintre spécialisé dans la décoration Johann Daniel Scheel (1773–1833) recouvrit les murs de peintures d'arabesques est un chef-d'œuvre des arts de décoration d'intérieurs à l'époque du classicisme. D. S.

Aile Anglaise, fresque de mur avec arabesques

Aile Anglaise, salle à manger aux murs ornés de peintures dans le style pompéien

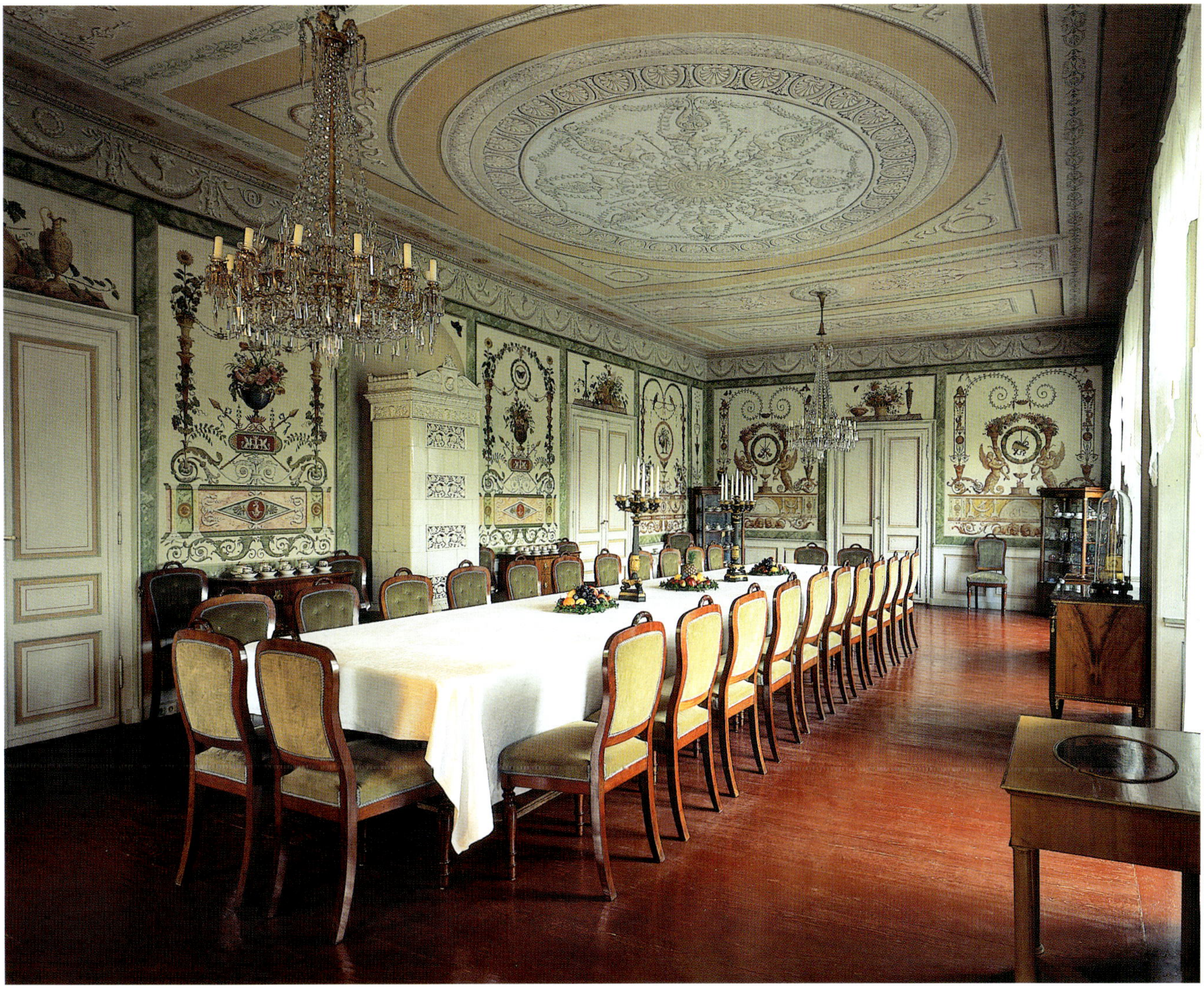

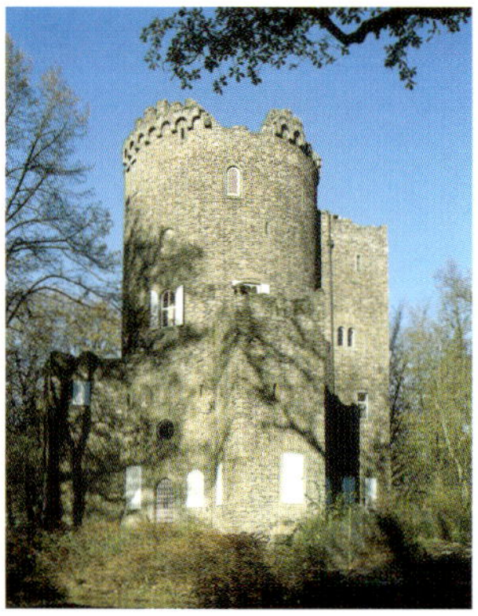

Parc de Wilhelmsbad

Le château-fort et la résidence princière

Cette ancienne station thermale se situe dans l'un des parcs paysagers les plus anciens d'Allemagne. Le prince héritier Guillaume de Hesse-Cassel la fit aménager entre 1777 et 1781. C'est à l'écart, sur une petite île de sa prédilection, que fut érigé une résidence où le prince héritier avait loisir de se retirer. Cet édifice a tout d'une ruine de château médiéval et le visiteur ne manque pas d'être surpris de découvrir en pénétrant à l'intérieur un appartement et une salle de fêtes, tous deux d'une grande élégance. Le rez-de-chaussée abrite l'appartement princier comprenant une antichambre, deux cabinets, une chambre, une pièce de repos ainsi qu'un vestiaire. La grande salle à coupole à l'étage, réalisée dans le style de la première période du classicisme était la salle de divertissement. Elle comprend des tables de jeux, mais aussi la galerie des Ancêtres dont les tableaux témoignent de l'ancienneté et de la tradition de la maison de Hesse-Cassel.

Le « pavillon de logis » était réservé exclusivement à l'usage de la cour du landgrave de Cassel. On le nomma donc dès lors « le pavillon du Prince ». Le prince héritiery logea d'ailleurs à partir de 1779, en attendant que la construction du château soit achevée. L'objet de décoration majeur de son appartement est le papier peint d'origine représentant un paysage au milieu duquel se dressent non seulement des architectures antiques mais aussi des ruines de châteaux allemands. Ces motifs étaient en quelque sorte une étude préliminaire du futur château en ruines artificielles.

F. B.

i Burg und Fürstenbau
63454 Hanau-Wilhelmsbad
Tel./Fax 06181/83376
www.schloesser-hessen.de
info@schloesser.hessen.de

Château-fort
visites guidées:
d'avril à octobre,
le samedi de 14 h à 16 h,
le dimanche de 11 h à 16 h
dernière visite à 16 h
Sur demande préalable, visites guidées également en dehors des horaires d'ouverture :
Tél. 069/595818

Pavillon du Prince
Centre d'information
Tél./Fax 06181/9066295
Ouvert d'avril à octobre :
du mardi au jeudi
de 14 h à 18 h,
le samedi de 13 h à 18 h,
le dimanche de 10 h à 18 h,
en novembre, décembre et mars :
le samedi et le dimanche de 13 h à 17 h.
(seulement par beau temps)
Entrée libre

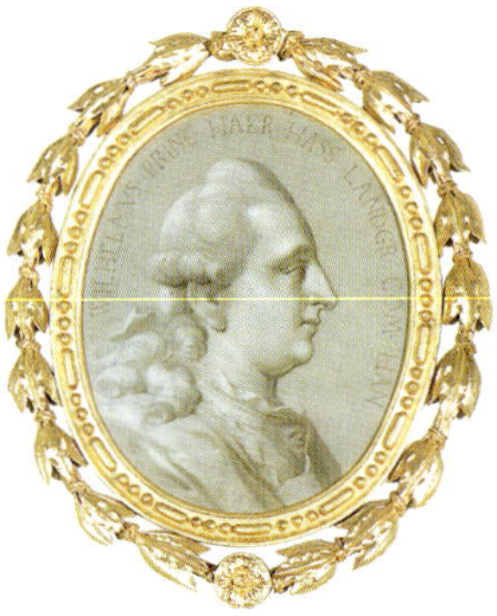

Wilhelmsbad, galerie des Ancêtres dans le château, Anton Wilhelm Tischbein (1730–1804), prince héritier Guillaume de Hesse-Cassel

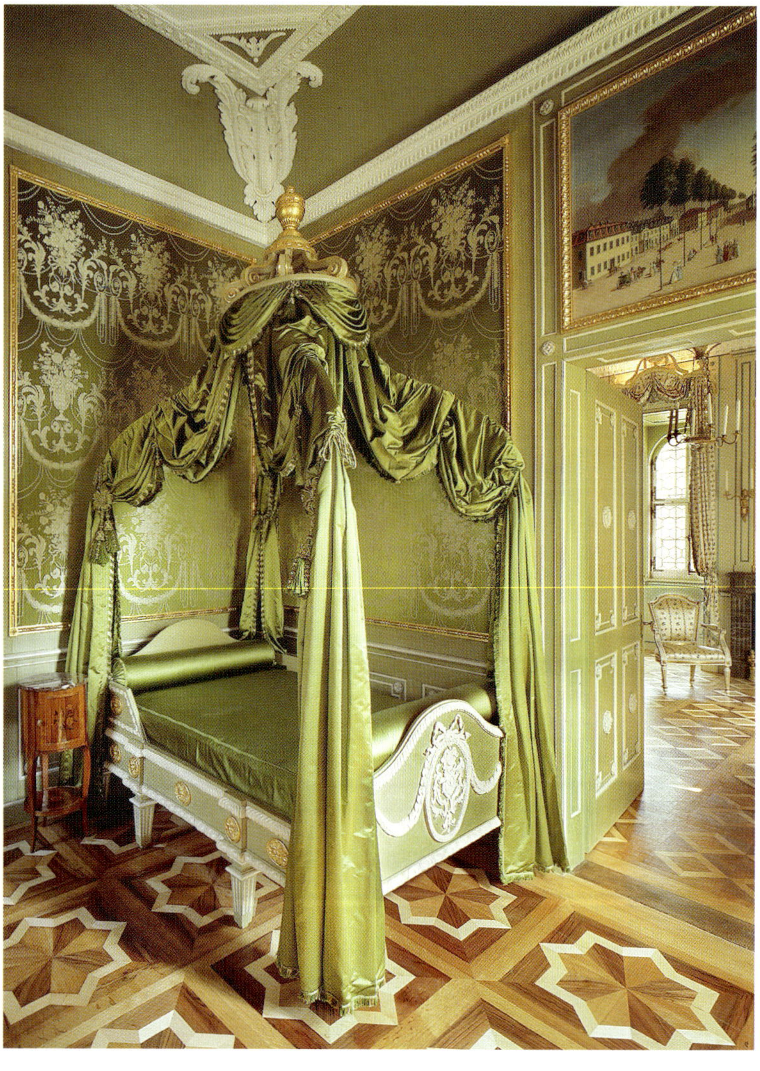

Wilhelmsbad, la chambre à coucher dans le château-fort

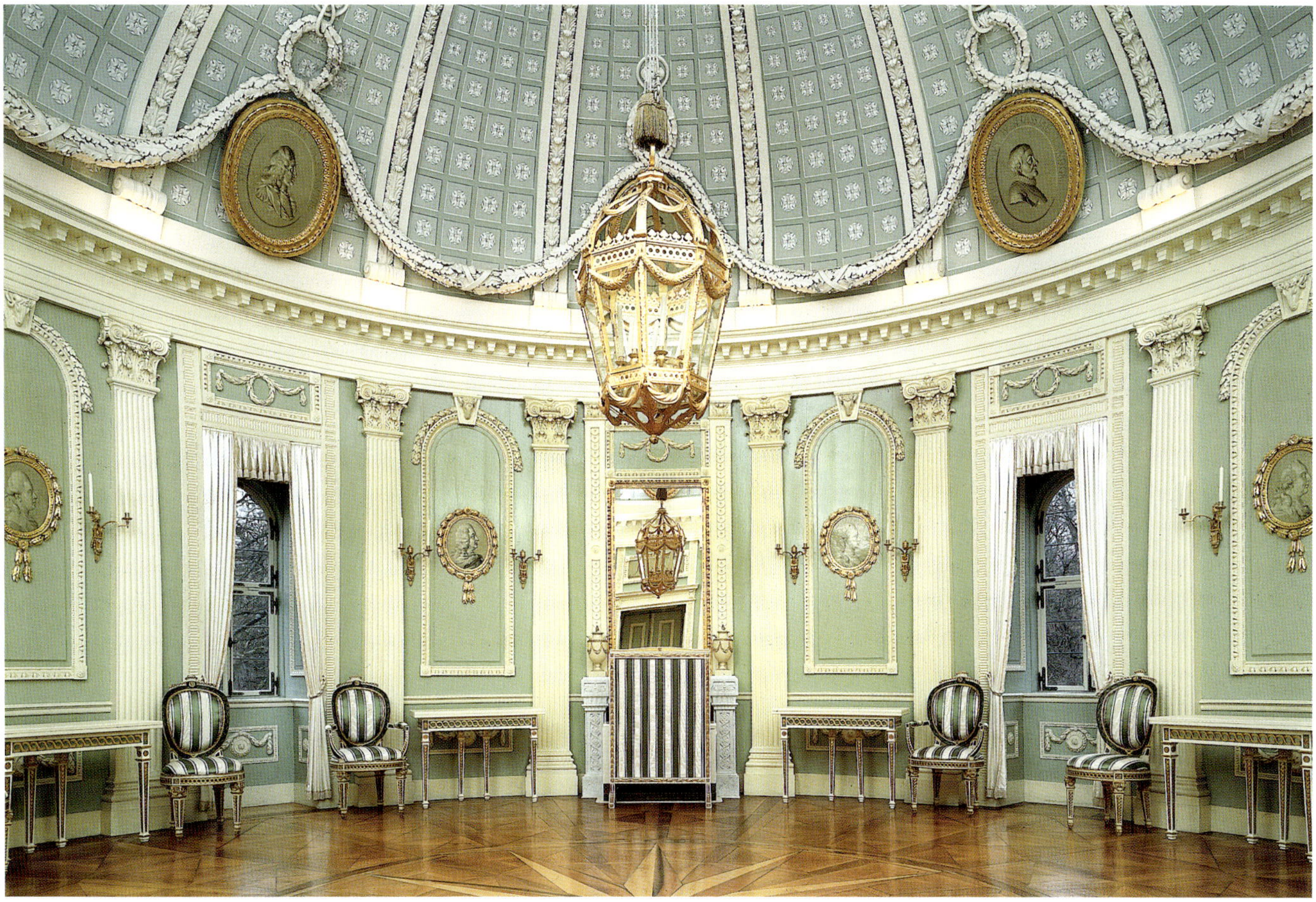

Wilhelmsbad, Salle des fêtes et galerie des Ancêtres dans le château-fort

Wilhelmsbad, salon dans le pavillon du Prince avec papier peint paysager, vers 1780

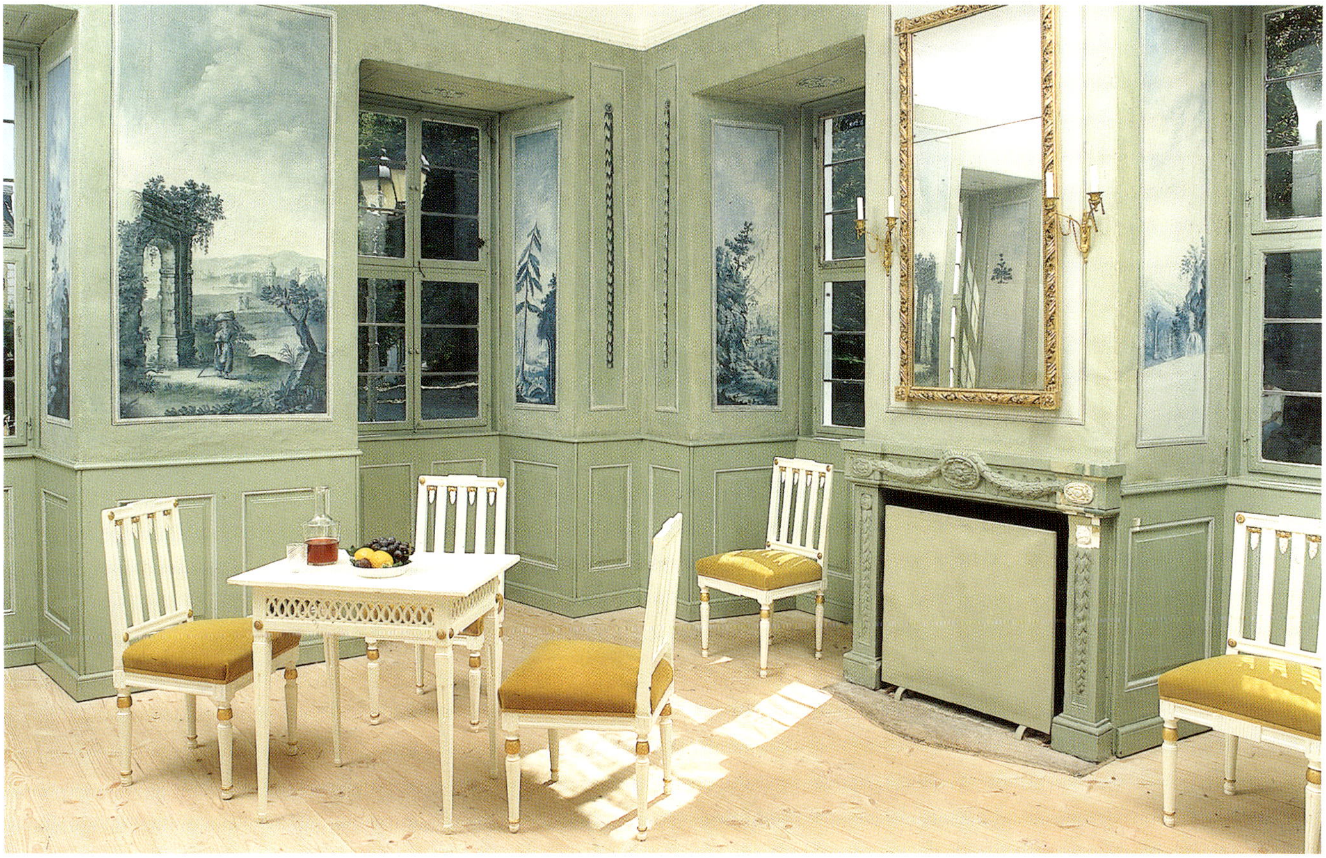

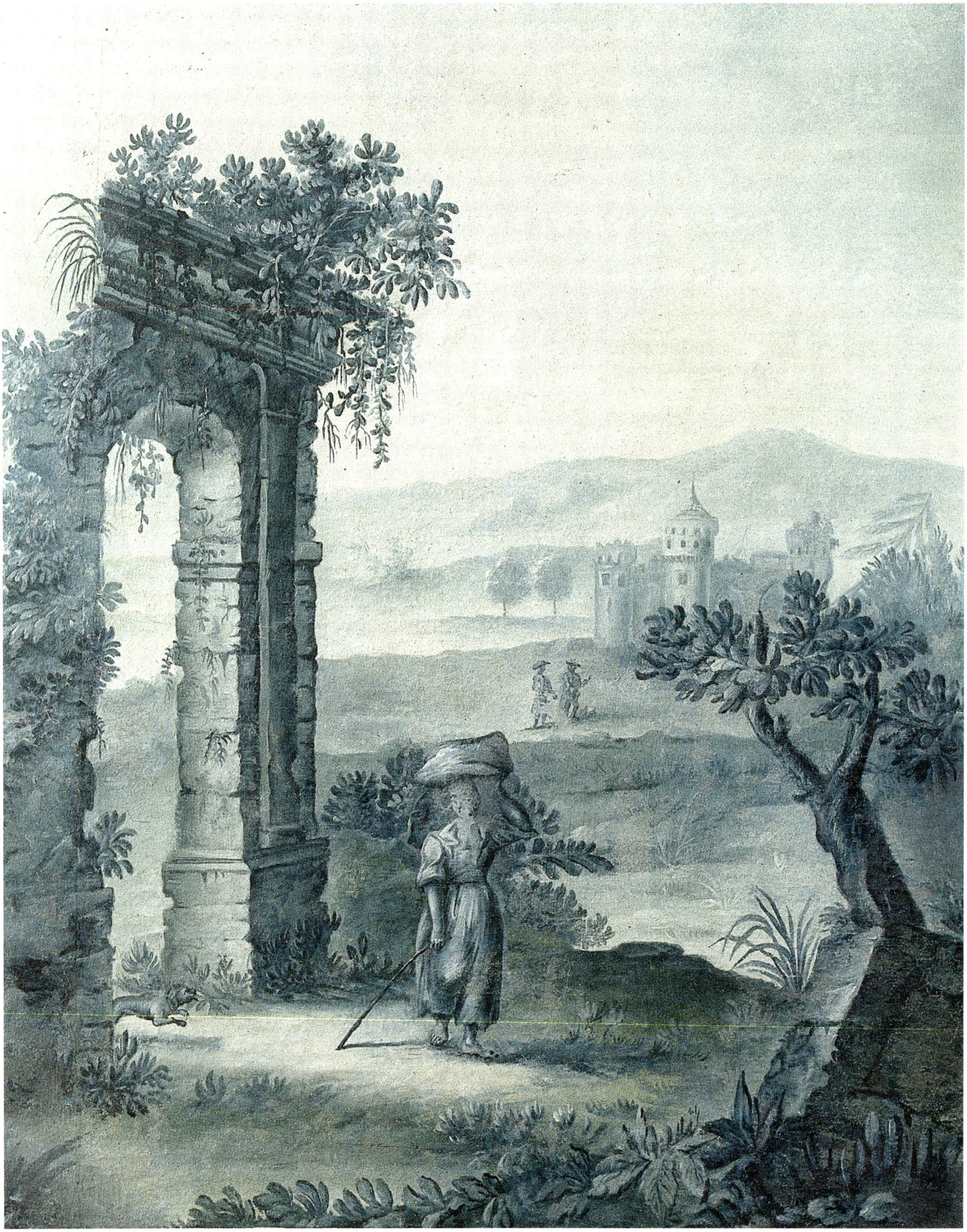

Wilhelmsbad, Papier peint paysager dans le pavillon du Prince, vers 1780

Crédits photographiques :
Toutes les photos : Administration des Châteaux et Jardins d'Etat de Hesse
Photographes : Roman von Götz, Gerd Kemmerling, Jörg Lantelmé, Frank Mihm, Christian Ottersbach, Uwe Rüdenburg

Mecklembourg-Poméranie-Antérieure

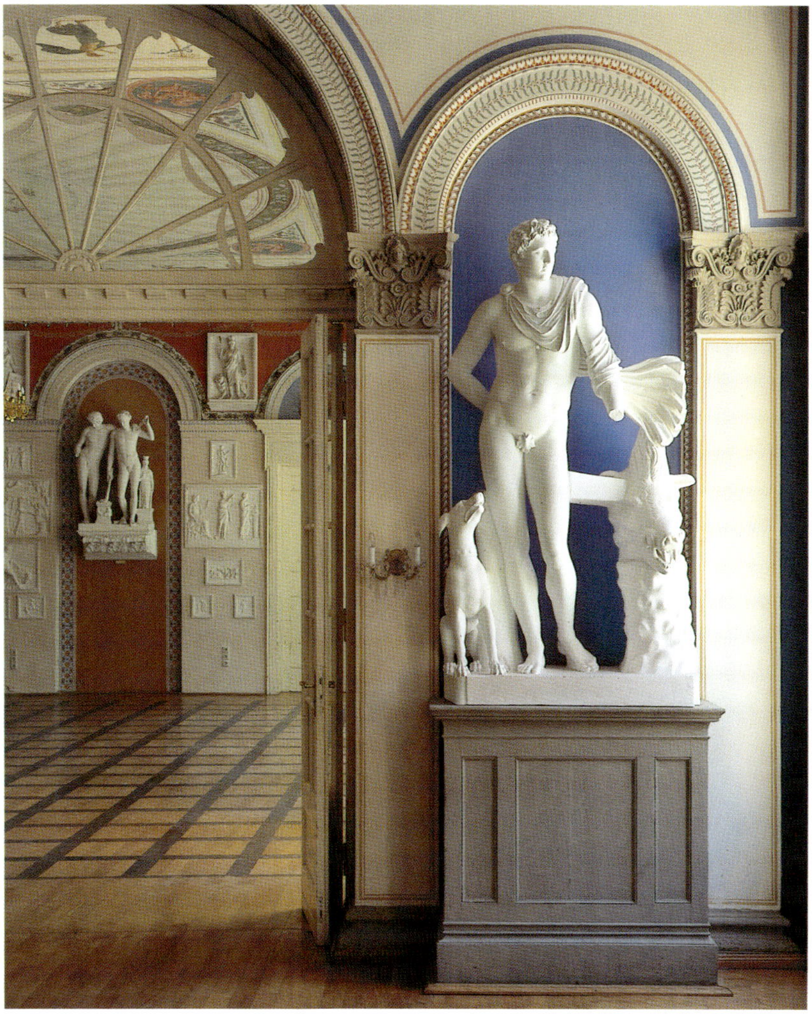

Staatliche Schlösser
und Gärten
Mecklenburg-Vorpommern

Administration des Châteaux
et jardins de Mecklembourg-
Poméranie-Antérieure

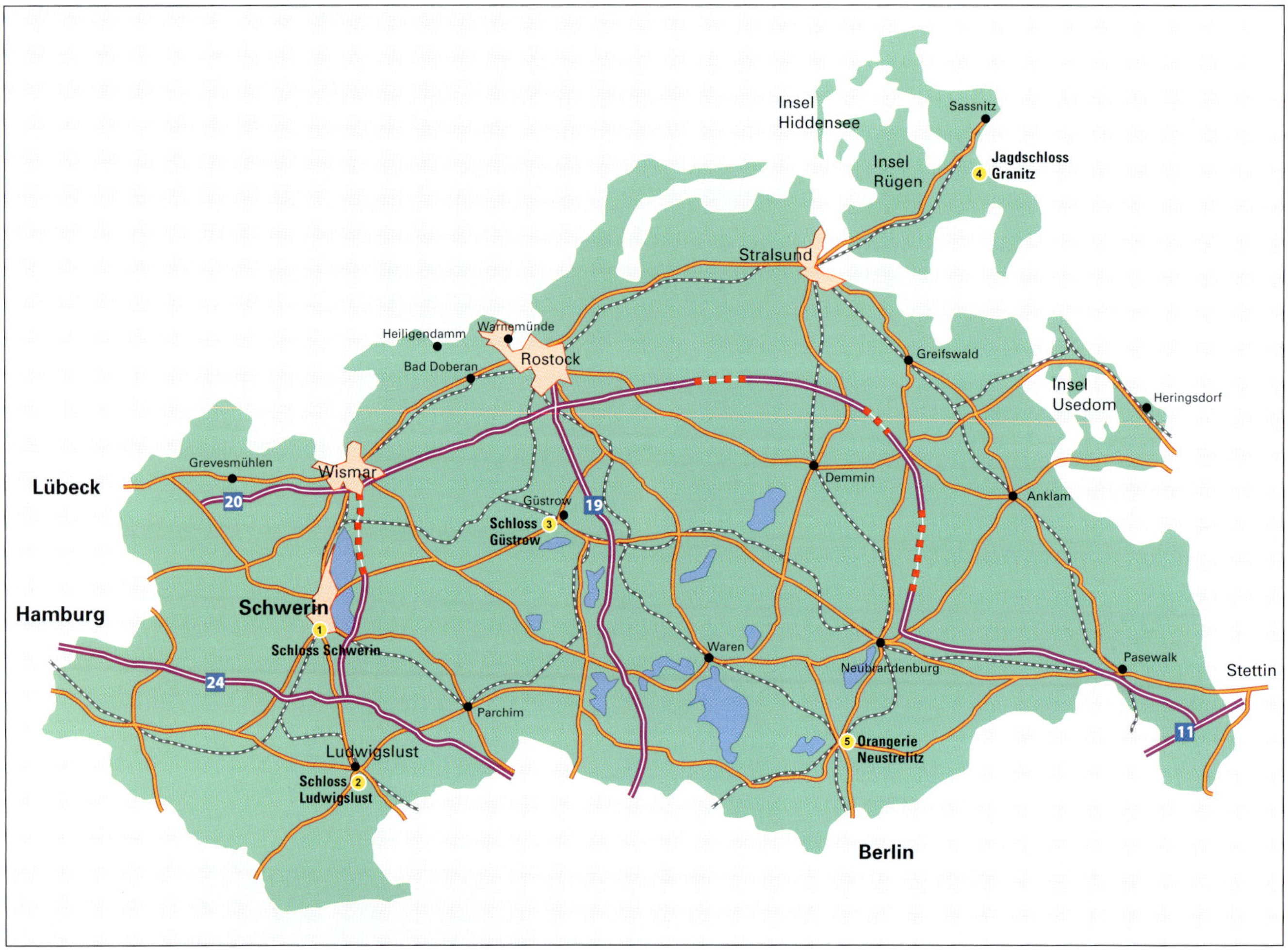

Schwerin
1 Château de Schwerin (p. 181)

Ludwigslust
2 Château de Ludwigslust (p. 182)

Güstrow
3 Château de Güstrow (p. 183)

Granitz
4 Château de chasse de Granitz (p. 184–185)

Neustrelitz
5 Orangerie (p. 186)

Pour toute information sur les autres sites gérés par Administration des Châteaux et Jardins de Mecklembourg-Poméranie-Antérieure: www.mv-schloesser.de

◁ *Orangerie de Neustrelitz, la salle Bleue*

Château de Schwerin

La salle du Trône

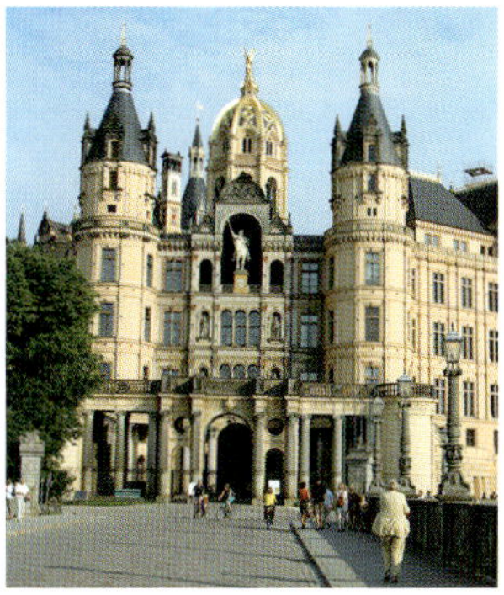

Le château de Schwerin, situé dans le paysage romantique d'une île, compte parmi les édifices majeurs du style de l'historicisme. Le château pris sa forme caractéristique actuelle lors des derniers remaniements qui durèrent de 1845 à 1857 sous la direction des architectes Georg Adolph Demmler, Friedrich August Stüler et Hermann Willebrand. Ces travaux permirent de regrouper en un édifice imposant plusieurs anciens bâtiments.

Les façades richement décorées et l'aménagement des salles de fête témoignent de la longue histoire de la maison princière. La salle du Trône (Thronsaal), à l'étage, est la salle de représentation la plus impressionnante du lieu. Le conseiller des archives, Friedrich Lisch, avait conseillé de parsemer la décoration de cette salle de nombreuses références à l'histoire de Mecklembourg et de ses souverains. En conséquence, l'architecte Stüler dota la salle avec force d'armoiries de villes, d'allégories de vertus chrétiennes et séculières, de statues symbolisant les activités professionnelles les plus importantes du Land ainsi que de médailles et d'insignes de souverains.

Les deux galeries, situées avant la salle du trône, préparent le visiteur à ce vaste ensemble iconographique. La galerie des Châteaux (Schlössergalerie) expose des vues des différentes résidences des souverains du Land. La galerie des Ancêtres (Ahnengalerie), elle, présente sans en omettre un seul tous les ducs de Mecklembourg ayant régné du XIVe au XVIIIe siècle.

Depuis 1990, le château de Schwerin est le siège du Landtag (parlement au niveau du Land, N.d.T.) de Meclembourg-Poméranie-Antérieure et abrite dans les pièces historiques de l'étage noble, le musée du château. H.K.

i Schlossmuseum
Lennéstr. 1, 19053 Schwerin
www.schloss-schwerin.de
www.landtag-mv.de
www.mv-schloesser.de
Tél. 03 85 / 52 52 920

Du 15 avril au 14 octobre
du mardi au dimanche de
10 h à 18 h
du 15 octobre au 14 avril
du mardi au dimanche de
10 h à 17 h

Schlosscafé, Orangeriecafé
Schlossgartenpavillon

P Parkings dans le centre-ville

DB

Château de Schwerin, salle du Trône

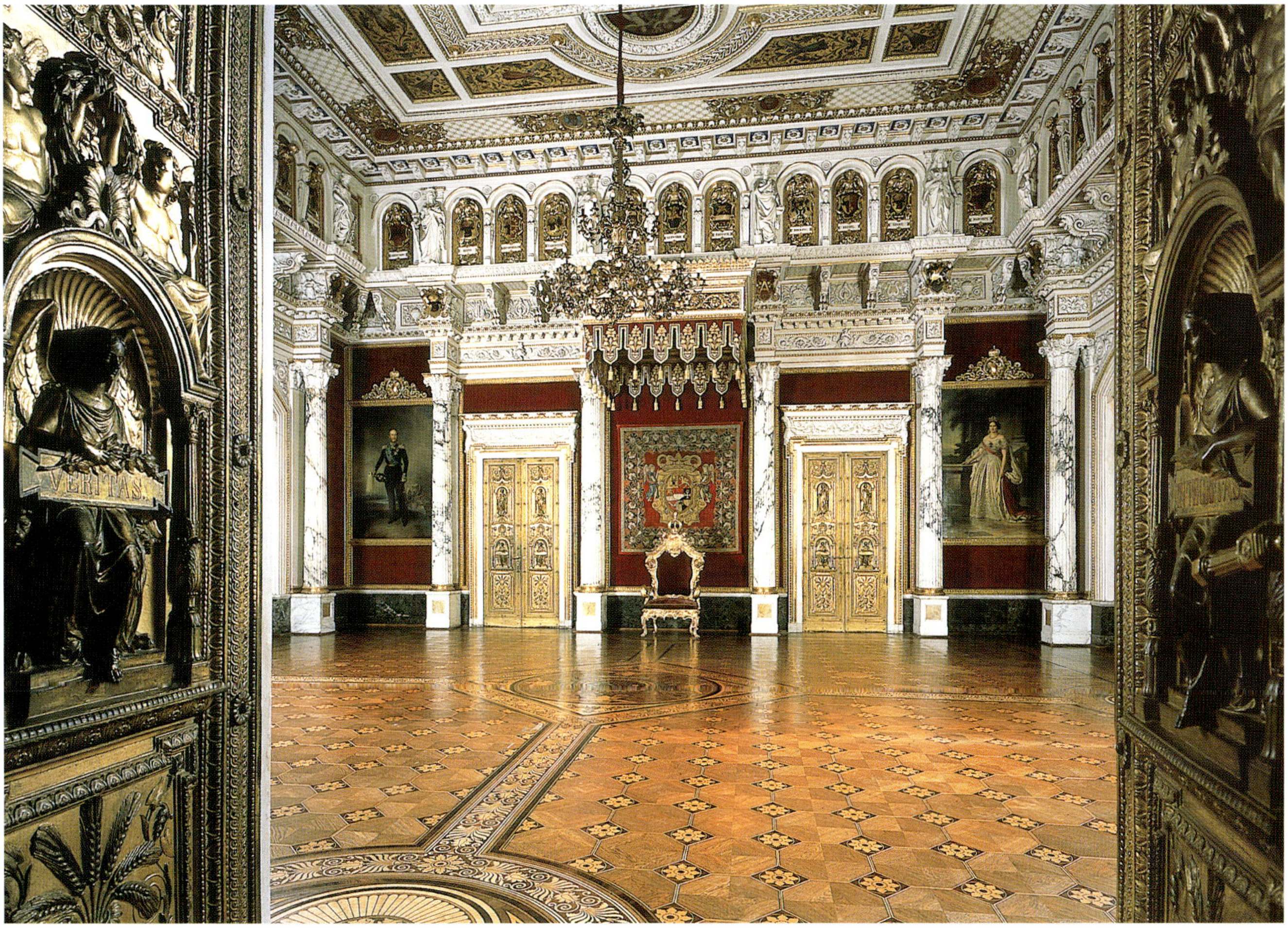

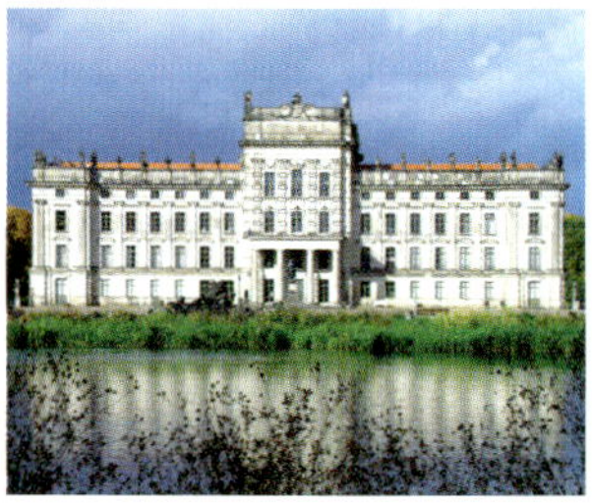

i Schloss Ludwigslust
Schlossfreiheit
19288 Ludwigslust
Tél. 03874/5719-0
Fax 03874/5719-19
www.schloss-ludwigslust.de
www.mv-schloesser.de

Du mardi au dimanche et les jours fériés
du 15 avril au 15 octobre
de 10 h à 18 h
du 16 octobre au 14 avril
de 10 h à 17 h

café Schlosscafé dans la salle de Chasse

P Friedrich-Naumann-Allee

DB

Le château de Ludwigslust

La salle Dorée – à mi-chemin entre le rococo et le classicisme

On dit du château de Ludwigslust qu'il est la dernière des résidences qui aient été érigées dans le nord de l'Allemagne. Le duc Frédéric de Mecklembourg-Schwerin fit construire la ville d'après un plan précis à partir de 1765. Au centre du site, qui s'étend pour l'essentiel le long d'un seul axe, l'architecte de cour, Johann Joachim Busch, édifia le château entre 1772 et 1776.

Le corps de logis abrite la salle des fêtes somptueusement décorée. La majesté de la salle qui s'élève sur deux étages est d'autant plus mise en valeur qu'elle est soulignée par des colonnes corinthiennes colossales. Pratiquement toutes les décorations dorées furent faites en papier-mâché, cette technique étant propre à la région. Au plafond de la salle Dorée (Goldener Saal), de nombreuses décorations représentant des fleurs, des vases et des masques furent conservées jusqu'à nos jours. Les cadres des fenêtres, des portes et des miroirs est, de même, en papier mâché. L'or des décorations, le grand nombre de miroirs et le scintillement des prismes des lustres font briller la salle de tous ses feux. De plus, la disposition des glaces renforce l'illusion d'une salle qui serait plus grande encore et dont les limites créées par les murs s'évanouiraient dans une architecture en apesanteur.

La salle Dorée fut utilisée comme salle de fête mais aussi de concert. En raison de l'excellente acoustique, elle reste très prisée pour les concerts de musique de chambre. Dans les pièces attenantes, le visiteur a loisir de découvrir les arts et le style de vie de la cour d'antan.

H.K.

Le château de Ludwigslust, la salle Dorée

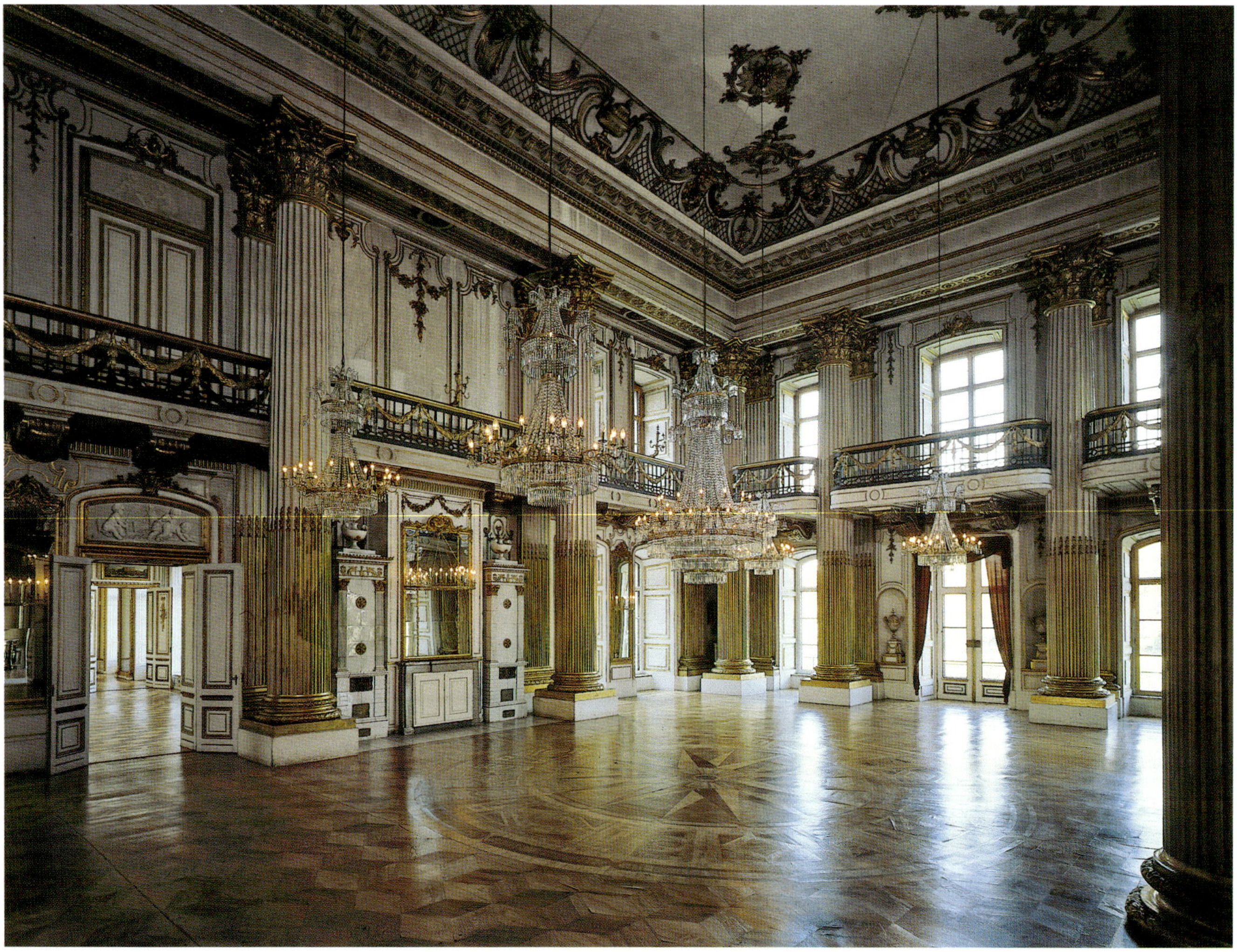

Château de Güstrow
La salle des fêtes

Le château de Güstrow est l'un des rares château Renaissance du nord de l'Allemagne qui ait été conservé. Le duc Ulrich zu Mecklenburg fit ériger ce château à partir de 1558. Les architectes Franz Parr et Philipp Brandin réussirent à réaliser en ces lieux une synthèse unique en son genre entre les architectures italienne, française, hollandaise et allemande.
La frise des cerfs (Rotwildfries) avec des éléments plastiques dans la salle de fête est un chef-d'œuvre artistique. Les animaux représentés en pleine course ou au repos sont dotés de véritables bois. Tout juste au dessus de cette frise se trouvent des armoiries et des cartouches où sont inscrits les noms des ancêtres du maître d'ouvrage. Cette mise en rapport directe entre le thème de la chasse et l'arbre généalogique de la dynastie souligne la légitimité des droits du duc en leur donnant une expression picturale. En effet, la chasse était réservée aux souverains et le droit de chasse hérité de génération en génération. Le plafond en stuc, qui remplace le plafond d'origine à poutre sans support de piliers, fut réalisé en 1620. Il comprend en tout 43 panneaux figurant différentes scènes de chasse et de combats d'animaux. Certains éléments de ces riches compositions sont très en relief et se détachent presque entièrement du plafond. L'excellente qualité de la facture de cette pièce est comparable à celle de la salle aux Chevaliers, également réalisée vers 1600, dans le château de Weikersheim.
Depuis la fin des grands travaux de restauration qui eurent lieu entre 1963 et 1978, des objets de collection issus du musée d'Etat de Schwerin sont exposés dans les salles historiques du château. H.K.

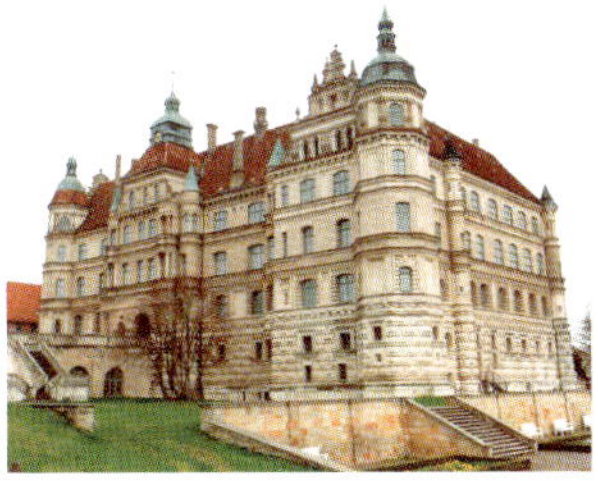

i Schloss Güstrow
Franz-Parr-Platz 1
18273 Güstrow
Tél. 03843/7520
Fax 03843/682251
www.schloss-guestrow.de
www.mv-schloesser.de

Du mardi au dimanche
de 9 h à 17 h
Visites guidées :
du mardi au dimanche
à 11 h et à 14 h
ainsi que sur rendez –vous

Schlosscafé

P Am Schlossberg

DB

Château de Güstrow, la salle des fêtes

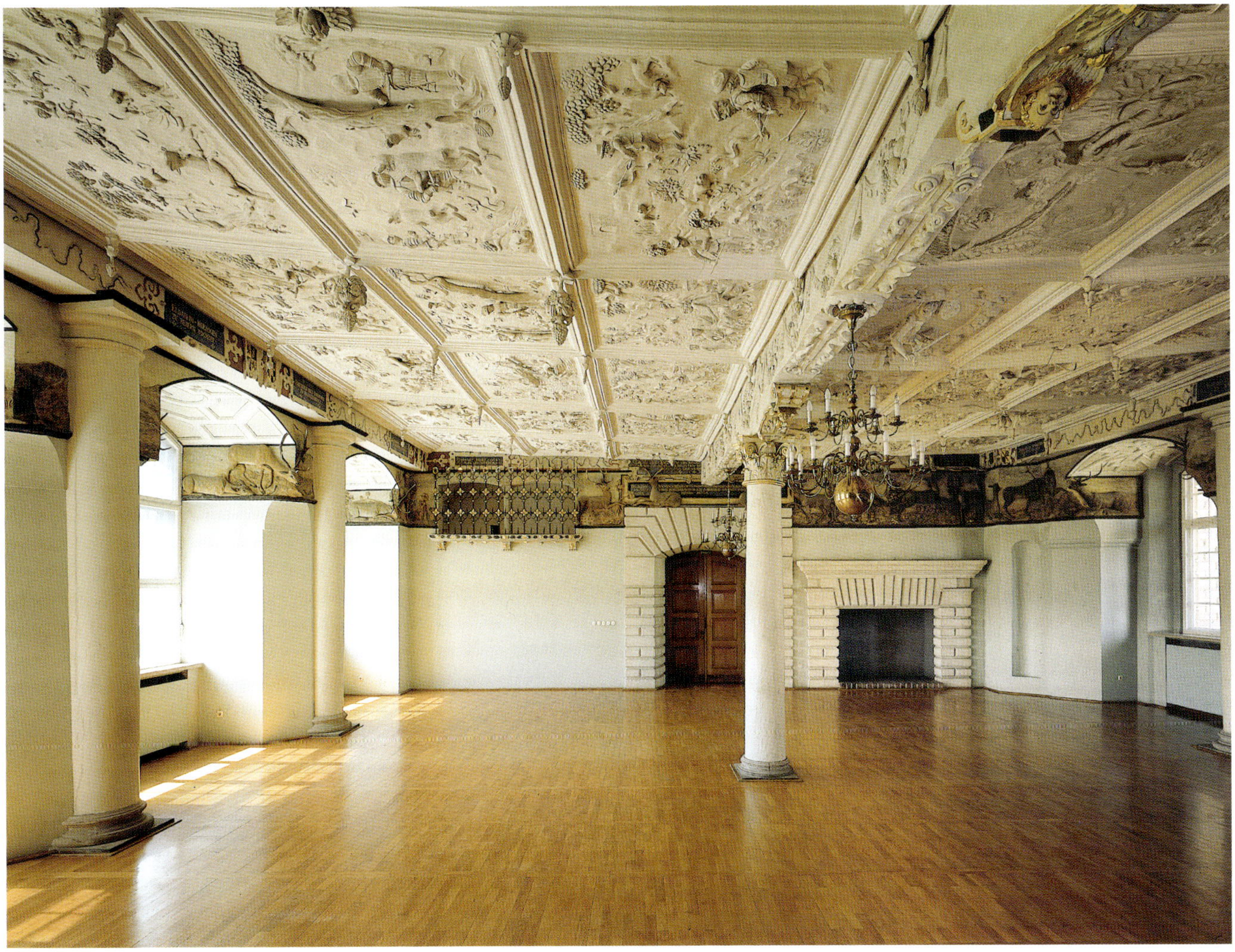

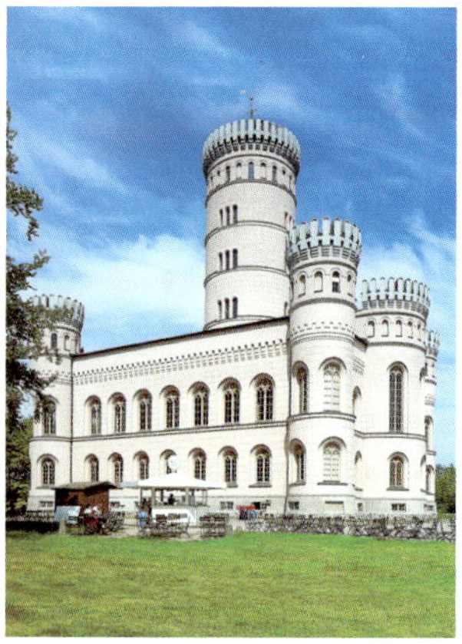

i Jagdschloss Granitz
PF 1101
18609 Binz
Tél. 03 83 93 / 22 63
Fax 03 83 93 / 2 12 83
www.mv-schloesser.de

De mai à septembre
tous les jours de 9 h à 18 h
d'octobre à avril :
du mardi au dimanche
de 10 h à 16h

Restaurant dans la cave voûtée du château : Gewölberestaurant im Schlosskeller
jardin de la bière : Waldbiergarten

P Süllitz, navette jusqu'au château (Zubringer Jagdschlossexpress)

Le château de chasse de Granitz

L'escalier en colimaçon – un chef d'œuvre prussien de construction en fer

Le château de chasse de Granitz sur l'île de Rügen est, avec ses 300 000 visiteurs par an, le château le plus visité de Mecklembourg-Poméranie-Antérieure. Sa construction, initiée par le prince Wilhelm Malte 1er zu Putbus, dura de 1837 à 1851. Le prince héritier de Prusse, le futur roi Frédéric Guillaume IV, avec lequel il entretenait des rapports amicaux l'aida dans cette entreprise. Le prince le mit en contact avec Karl Friedrich Schinkel, l'architecte fonctionnaire le plus haut placé de Prusse, afin que ce dernier conçoive les plans du belvédère. Johann Gottfried Steinmeyer, qui avait étudié avec Schinkel, fut chargé de sa construction. L'attraction principale de ce belvédère est l'escalier en colimaçon doté de marches finement ajourées. Cet escalier, qui n'est soutenu que par son axe central, fut monté selon le principe de construction modulaire et représente un chef d'œuvre esthétique de l'art de fonte moulée berlinois. Tandis que les escaliers était au XVIIIe siècle généralement des escaliers d'honneur, lieux protocolaires par excellence, l'escalier du château de chasse de Granitz témoigne à la fois, de façon fort impressionnante de l'essor de l'industrie de fonte moulée berlinoise et de l'esprit ouvert et moderne du maître d'ouvrage. L'ascension des 154 marches est largement récompensée à l'arrivée par un splendide panorama sur la plus grande île d'Allemagne. H.K.

Le château de chasse de Granitz, l'escalier en colimaçon ▷

Le château de chasse de Granitz, montée vers l'escalier en colimaçon

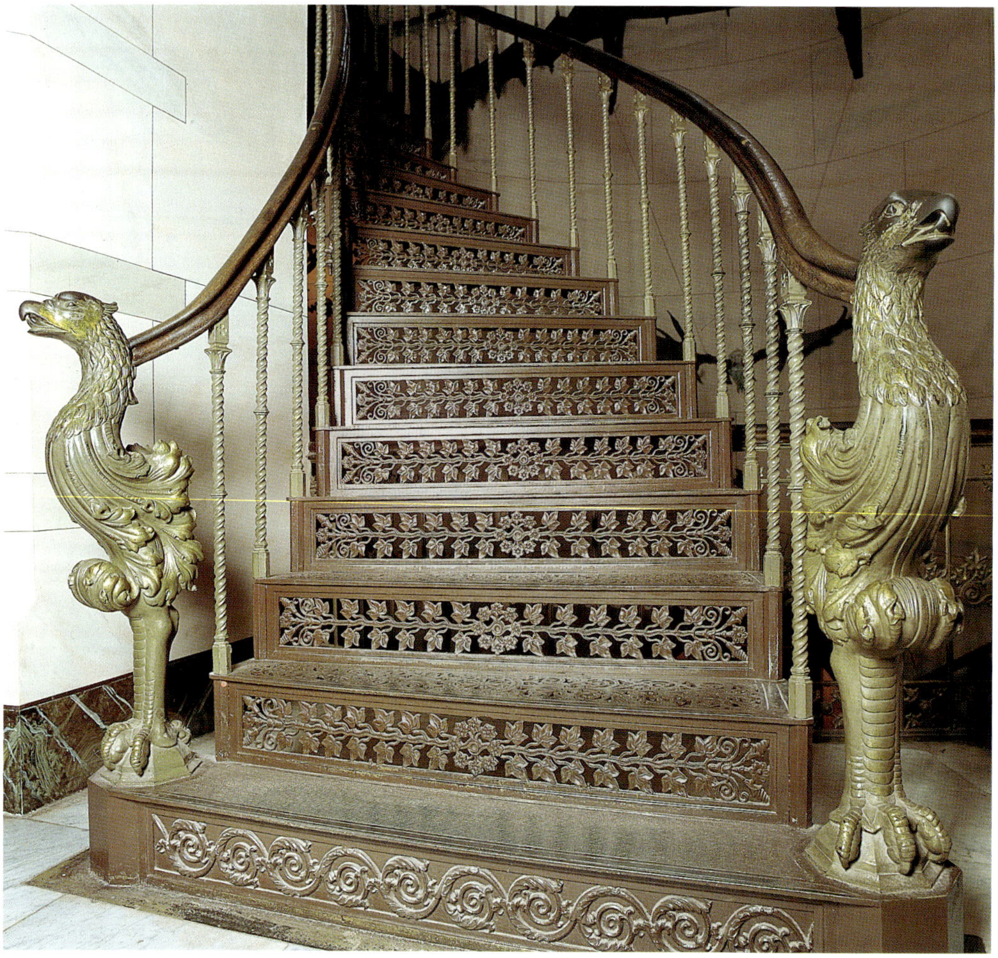

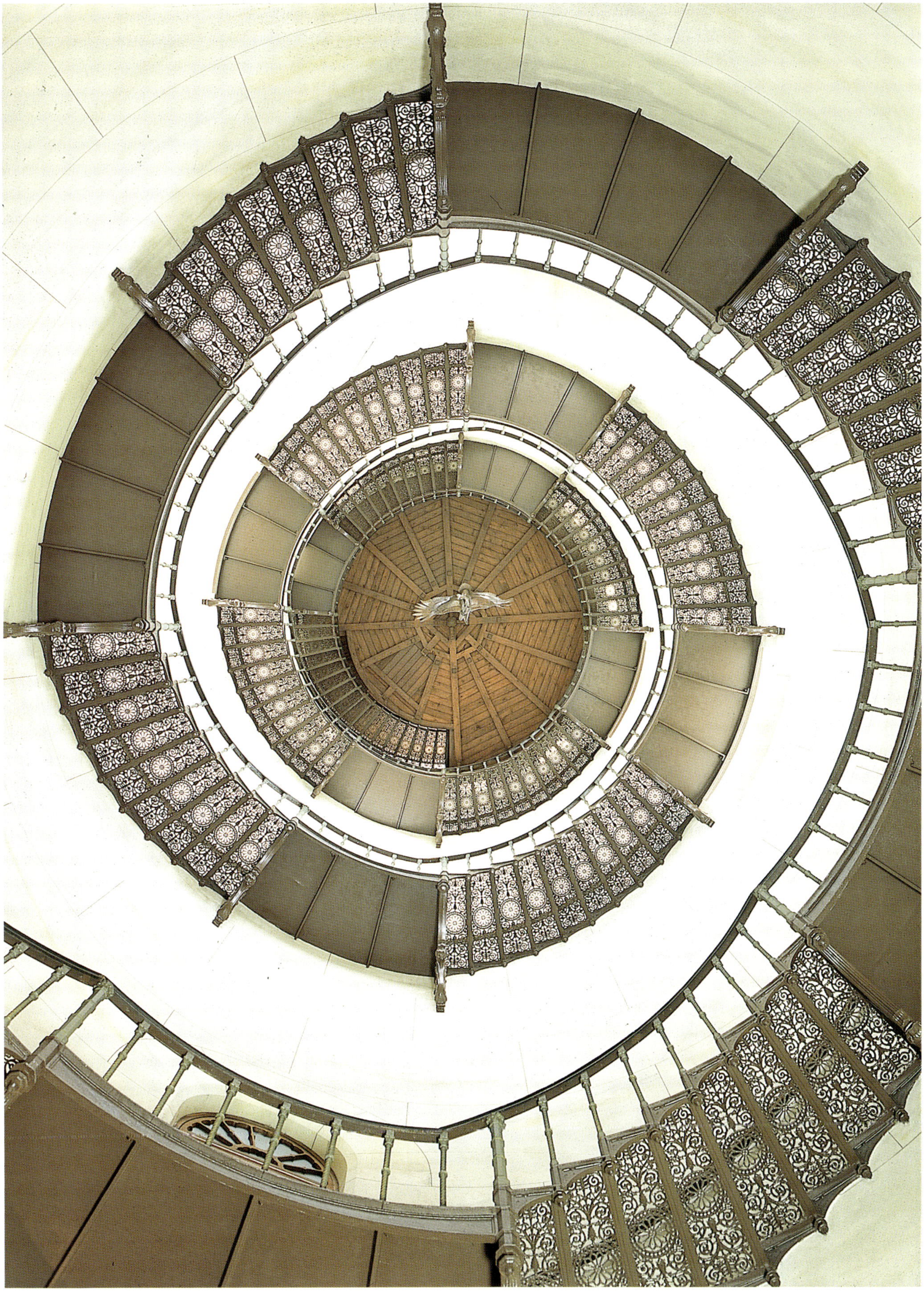

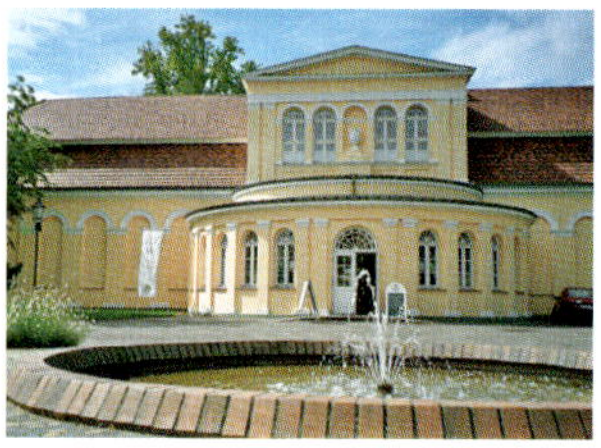

i Orangerie Neustrelitz
An der Promenade 22
17235 Neustrelitz
Tél. 0 39 81 / 23 74 87
www.mv-schloesser.de

Du 1er avril au 30 septembre tous les jours de 11 h à 21 h 30
du 1er octobre au 31 mars du mardi au dimanche de 11 h à 21 h 30

P

DB

L'Orangerie de Neustrelitz
Un joyau d'architecture d'intérieur classique

Le lieu de Neustrelitz fut choisi pour la construction, débutée en 1733, d'une ville du baroque finissant et fut la résidence principale des ducs et grands-ducs de Mecklembourg-Strelitz. Le château ayant été détruit en 1945 et ses ruines éliminées, l'Orangerie est de nos jours l'édifice majeur du domaine du château. Elle fut érigée en 1755 pour protéger les plantes exotiques du froid en hiver. Le grand-duc Georges, le frère préféré de la reine Louise de Prusse, chargea en 1842 Frédéric Guillaume Buttel d'aménager l'Orangerie afin que l'on puisse y exposer la collections d'objets antiques du souverain. En collaboration avec Karl Friedrich Schinkel, Buttel réussit à transformer l'édifice, assez modeste au départ, en un véritable joyau d'architecture classique. Au cœur de l'Orangerie se trouvent trois salles de fête qui arborent les couleurs du Land, soit bleu, jaune et rouge. La présence de motifs pompéiens domine les peintures réalisées par Bernhard Rosendahl. L'architecture des murs est rythmée par des arcs en plein-cintre aveugles devant lesquels sont disposées des statues elles-mêmes posées sur des consoles fixées au mur. Sur les murs latéraux étroits de forme sont encastrés de nombreux petits reliefs. Comme le voulait la mode de l'époque, des copies de statues antiques côtoient des œuvres classiques. Ainsi, dans la salle Jaune une scène d'offrande antique se trouve à côté d'un relief représentant Bacchus, réalisé par Christian Daniel Rauch en 1834. Dans la salle Rouge une Victoire du sculpteur Rauch domine du regard un ensemble de déesses antiques. La salle Rouge et la salle Bleue peuvent être à l'occasion utilisées pour des dîners ou déjeuners ; la salle Jaune, elle, est réservée aux évènements culturels.

H.K.

L'Orangerie de Neustrelitz, Salle Jaune

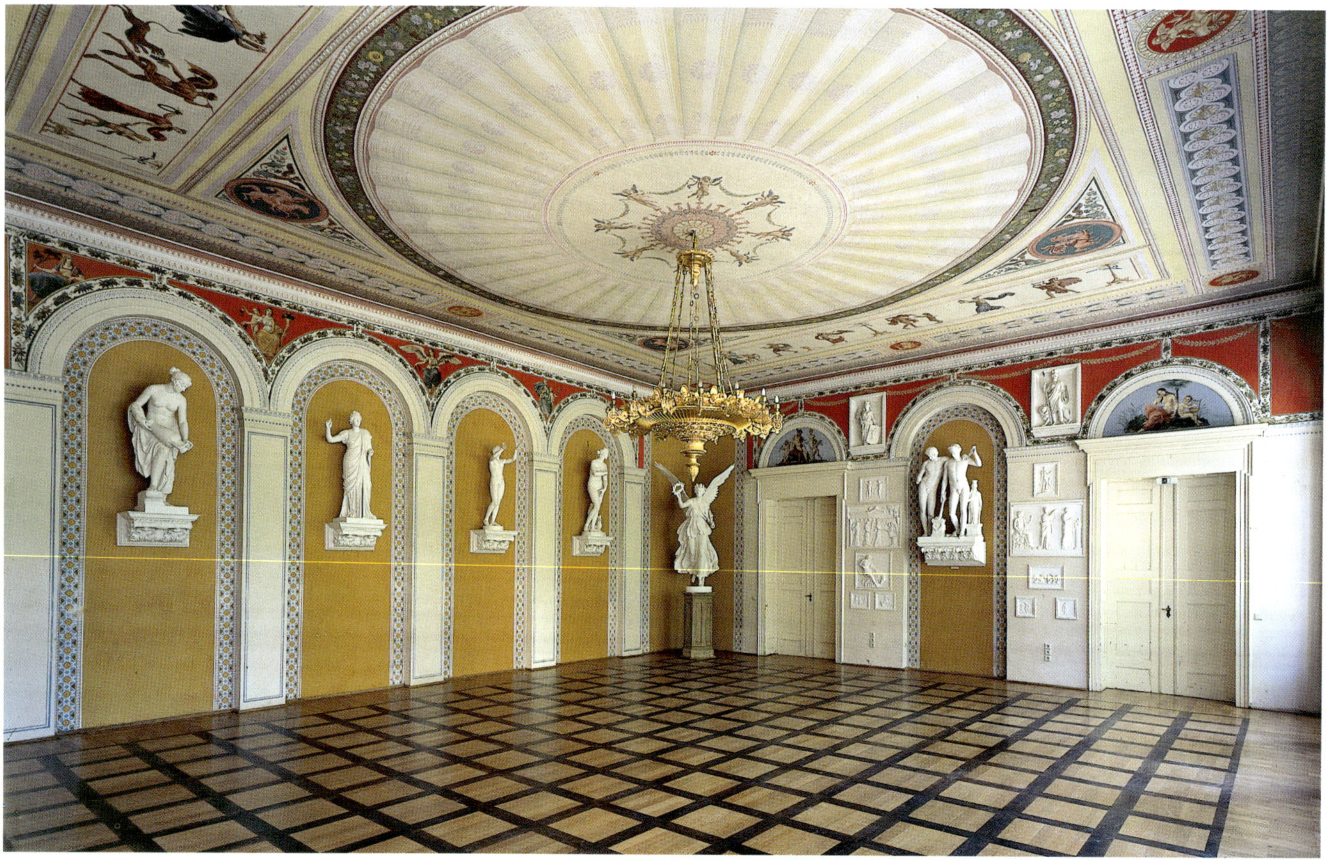

Crédits photographiques :
Achim Bötefür : p. 179, p. 184 en haut, p. 186 en bas, dos de couverture (Orangerie de Neustrelitz), Lothar Steiner : p. 181 ; Stefan Rudolph-Krammer : p. 181 en haut ; Heike Krammer : p. 182 en haut, Elke Walford p. 182 en bas, p. 183 en bas ; Wolfgang Gerstner : p. 183 en haut ; Thomas Grundner : p. 184 en bas, p. 185 ; Dorcen Hennig : p. 186 en haut.

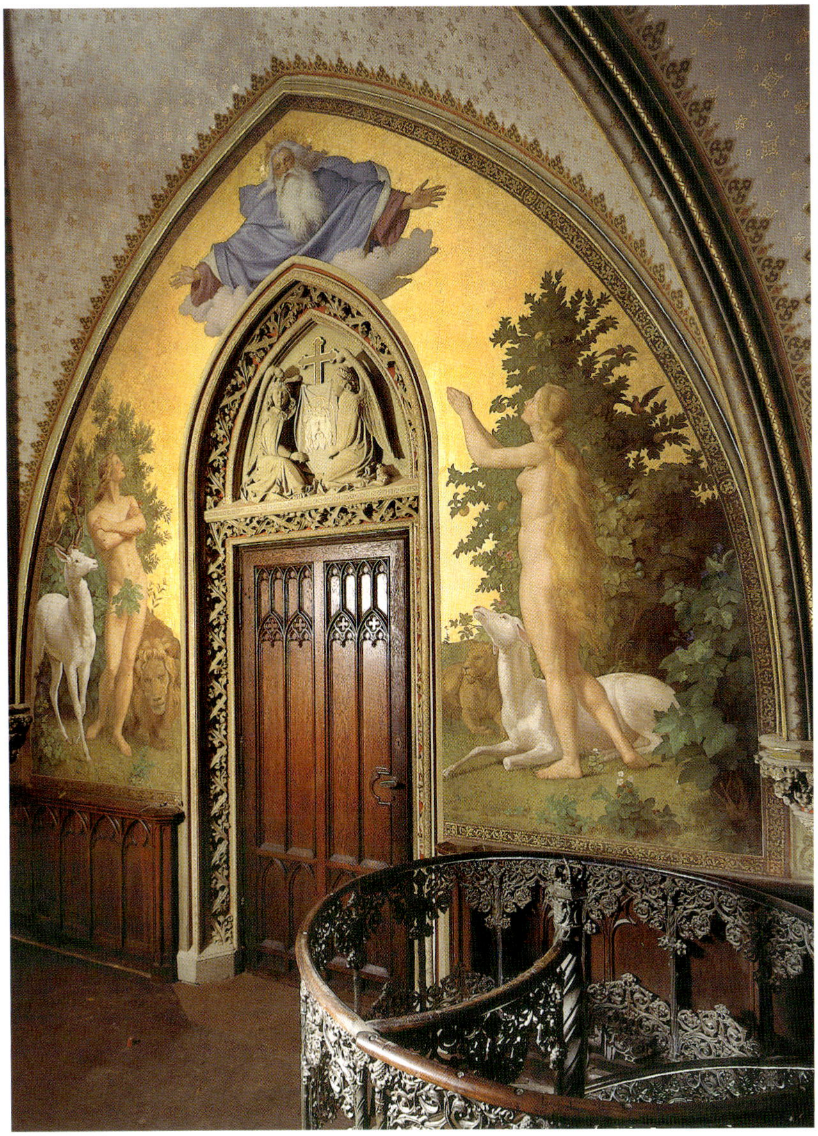

Rhénanie-Palatinat

BURGEN, SCHLÖSSER, ALTERTÜMER
RHEINLAND-PFALZ

CHÂTEAUX ET ANTIQUITÉS
DE RHÉNANIE-PALATINAT

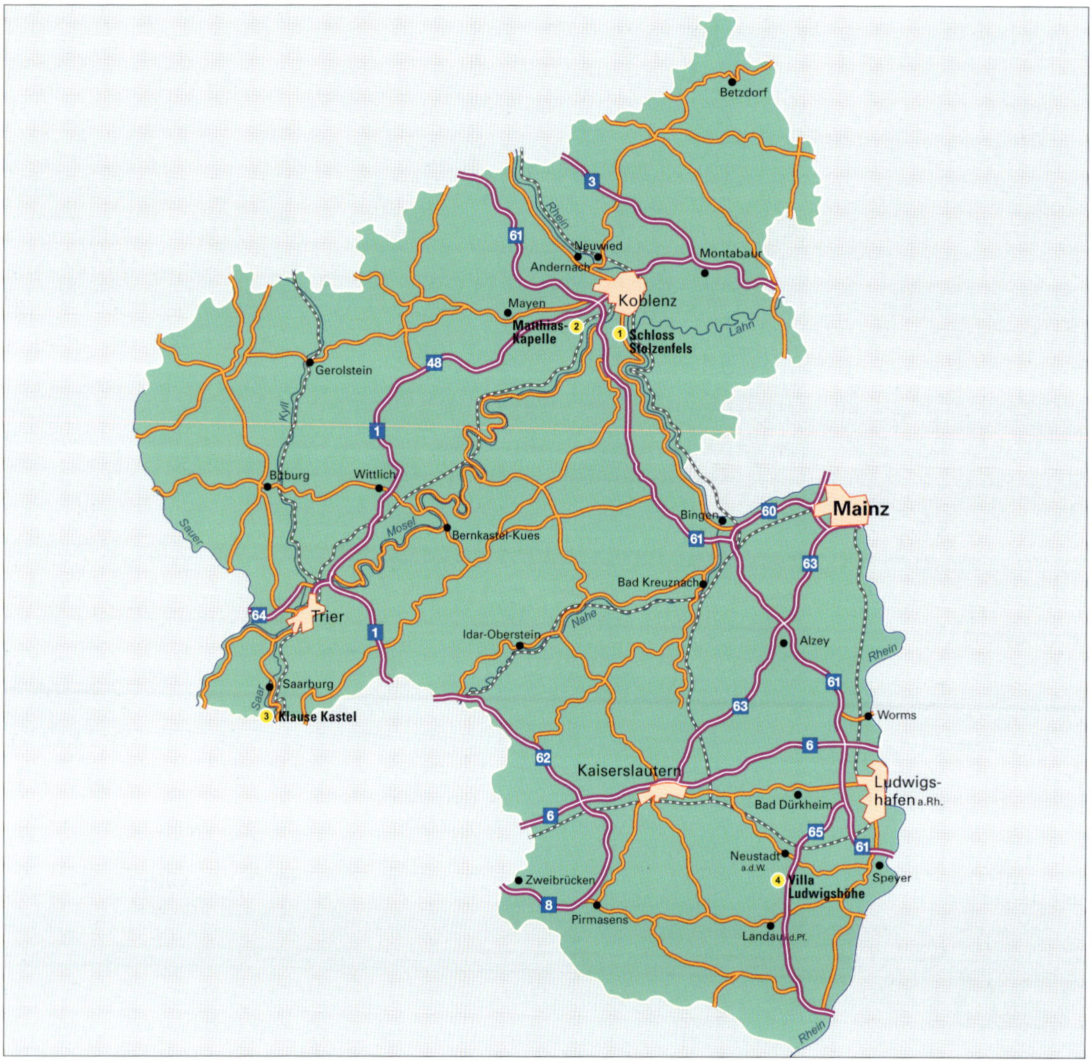

Stolzenfels
1 Château de Stolzenfels (p. 189–192)

Kobern
2 Chapelle de Matthias (p. 193)

Kastel-Staadt
3 Ermitage de Kastel (p. 194)

Ludwigshöhe
4 Villa de Ludwigshöhe (p. 195–196)

Pour toute information sur les sites Châteaux et Antiquités de Rhénanie-Palatinat: www.burgen-rlp.de

◁ *Château de Stolzenfels, tribune de la chapelle*

Le château de Stolzenfels

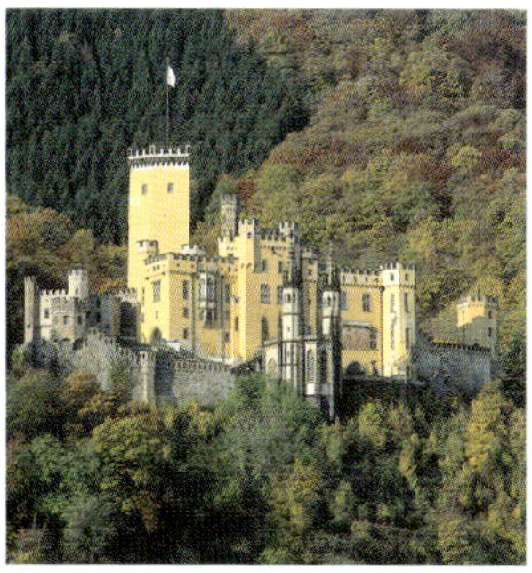

La grande salle des Chevaliers

Le prince héritier prussien Frédéric Guillaume, qui fut devint en 1840 Frédéric Guillaume IV, le roi romantique, fit rebâtir de 1836 jusqu'en 1847 les ruines du château médiéval pour en faire l'un des châteaux néogothiques les plus beaux de la deuxième période du romantisme. Le projet fut confié aux architectes berlinois Karl Friedrich Schinkel (jusqu'en 1841) et Ludwig Persius (jusqu'en 1845) ainsi qu'à Friedrich August Stüler (jusqu'en 1847) pour la chapelle et l'agencement des intérieurs. La grande salle des Chevaliers, réalisée d'après les études de Schinkel de 1836 est largement inspirée de la grande salle à manger d'été du château de Marienburg en Prusse occidentale. Deux colonnes de marbre noir poli soutiennent la somptueuse voûte nervée gothique composée de deux étoiles se pénétrant mutuellement. Les meubles de style néogothique en chêne clair furent réalisés dans l'atelier de Johann Wilhelm Vetter à Neuwied. La salle est très richement décorée d'éléments historiques dont l'origine s'étend du Moyen-âge au Baroque. Selon la volonté du maître d'ouvrage, la salle, « une nouvelle construction au sein de murs médiévaux », devait donner l'impression d'avoir été décorée au fil des siècles. Des armures se tiennent dans les angles de la pièce, des épées et des arbalètes ornent les murs. Sur les lambris muraux et sur la crédence sont exposés des verres précieux du XVIIe et XVIIIe ainsi que des chopes en grès peintes aux lignes expressives. La peinture de la fenêtre donnant sur la cour du château évoque ce qui motiva le roi à relever les ruines du château : le maître d'ouvrage du château médiéval d'origine, l'archevêque Arnold von Isenburg déjà vieillissant, y dessine avec son épée le plan du château sur une pierre plate. L'homme qui se tient en face de lui, un jeune chevalier avec l'étendard prussien tient, pour sa part, le modèle du château reconstruit. Ainsi, par ce château, le roi donna corps à sa conviction politique : selon lui, il ne faisait aucun doute que la Prusse était l'héritière légitime des princes électeurs du pays rhénan du Moyen-âge.

Le peintre Caspar Scheuren, originaire de Düsseldorf, réalisa entre 1840 et 1847 des aquarelles qui immortalisèrent la vie au château. Bien que son pinceau eut accentué le romantisme des scènes, les pièces y sont peintes avec force de précision. Elles sont d'autant plus intéressantes qu'elles trahissent

i Schloss Stolzenfels
56075 Koblenz
Tél. 0261/51656
Fax 0261/5791947

⏲ du 1er avril au 30 septembre :
de 10h à 18 h,
du 1er octobre au 30 novembre,
et du 1er janvier au 31 mars :
de 10 h à 17 h
Fermé en décembre et le premier jour ouvrable de la semaine
Dernière entrée : 60 min. avant la fermeture
Uniquement visites guidées

P Dans le village de Stolzenfels, à environ 15 min. à pied

Le château de Stolzenfels, la grande salle des Chevaliers

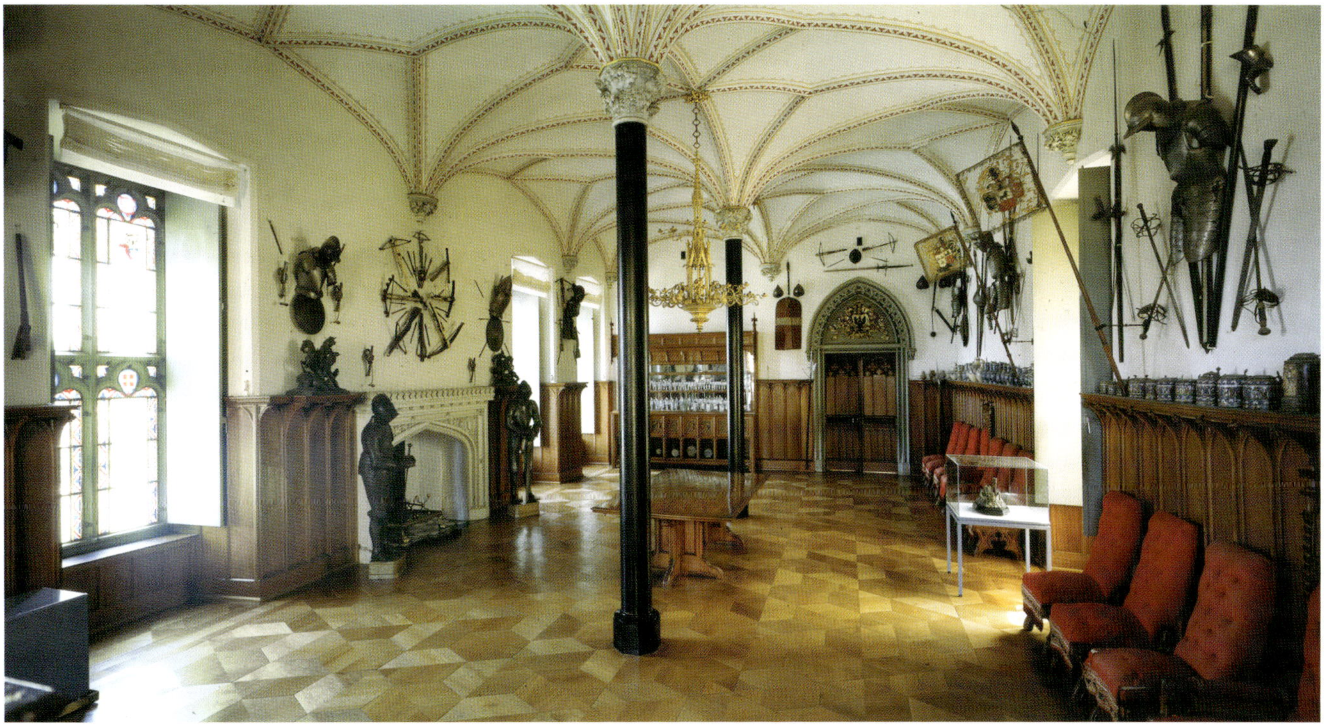

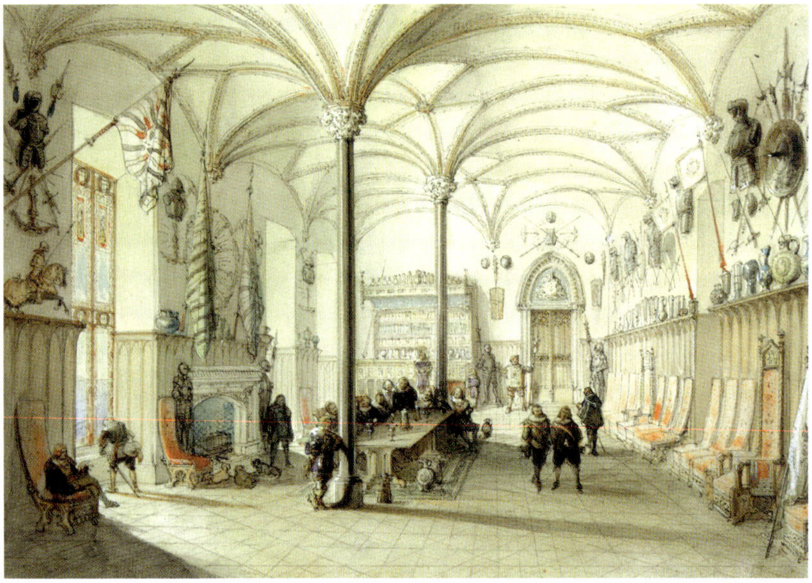

La grande salle des Chevaliers, aquarelle de Caspar Scheuren

de surcroît le regard que portait le maître d'ouvrage sur son château. Dans la grande salle des Chevaliers est rassemblée une cour de l'époque de la Renaissance. Sur le tableau, les armes, les récipients et les antiquités disposés sur les corniches et les étagères sont les mêmes que ceux que le visiteur peut encore voir de nos jours. On avait fait l'acquisition de collections entières d'objets anciens pour l'aménagement du château. Le 15 août 1845 représente une date majeure de l'histoire du château : un concert fut donné en l'honneur de la reine Victoria d'Angleterre sous la direction de Giacomo Meyerbeer avec Franz Liszt, soliste au piano et la grande soprano suédoise Jenny Lind. En ce jour, les plus grands musiciens de l'époque et une cour sans égale s'étaient réunis dans la grande salle des Chevaliers.

Le château de Stolzenfels, la petite salle des Chevaliers

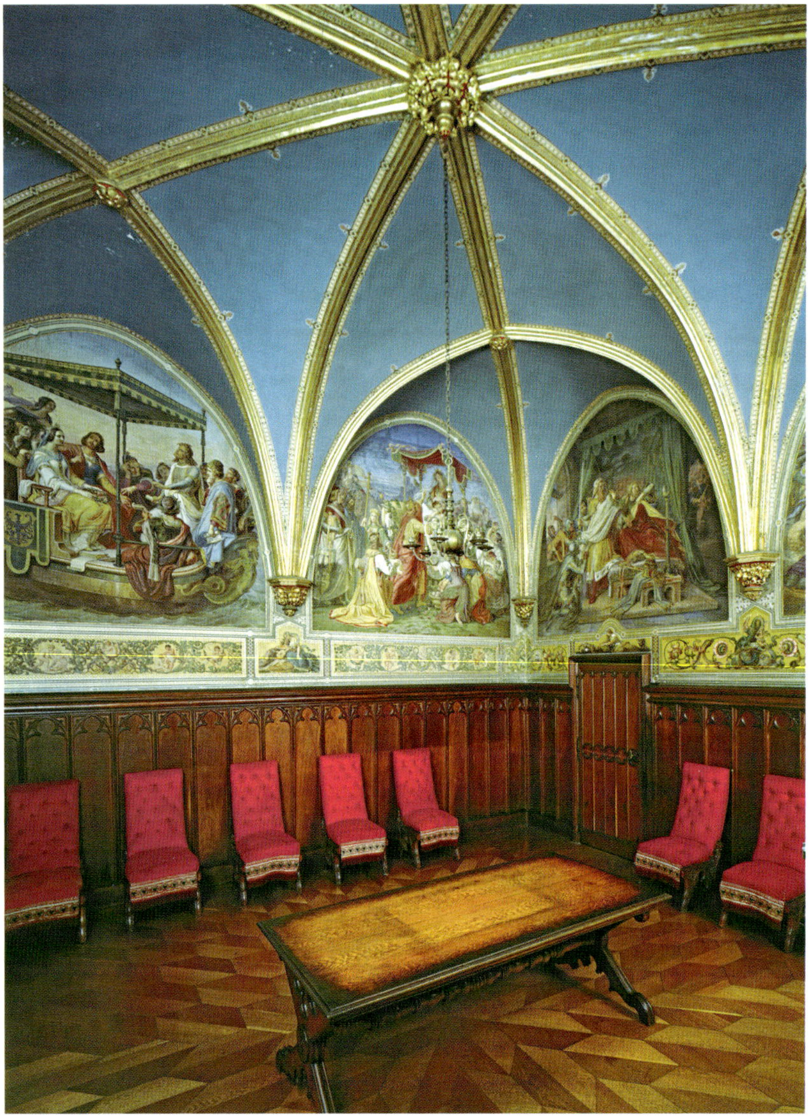

La petite salle des Chevaliers

La petite salle des Chevaliers est située dans le donjon médiéval qui fut intégré au château lors des travaux de transformation. Elle servait à l'époque de salon et s'ouvre par deux portes sur la terrasse du toit de la chapelle. Le peintre berlinois Hermann Anton Stielke, ancien élève de l'Académie de Düsseldorf, fut chargé en 1842 d'agrémenter les murs de pièce de fresques s'inspirant de scènes tirées de l'histoire médiévale de l'Empire allemand et qui sont l'un des cycles les plus achevés de peintures historiques de l'époque de l'apogée du romantisme. Cette série de peintures est un hommage au roi Frédéric Guillaume IV. Elles le représentent comme un souverain chevaleresque et généreux, qui plus est amateur d'art. Ces scènes historiques évoquent également les valeurs et choses de la vie qui lui tenaient très à cœur. Ainsi, la mort du roi aveugle Jean de Bohême à la bataille de Crécy (1346), dont le destin toucha profondément le roi, symbolise la bravoure. D'autres scènes symbolisent la ténacité, la justice, la poésie, l'amour courtois et la fidélité. La petite salle des Chevaliers est la seule pièce d'habitation qui soit décorée de fresques. Vers 1850, les touristes de la région du Rhin étaient menés de cette pièce dans la chapelle. Les salles du château sont de fait une véritable mise en scène du maître des lieux pour impressionner les visiteurs.

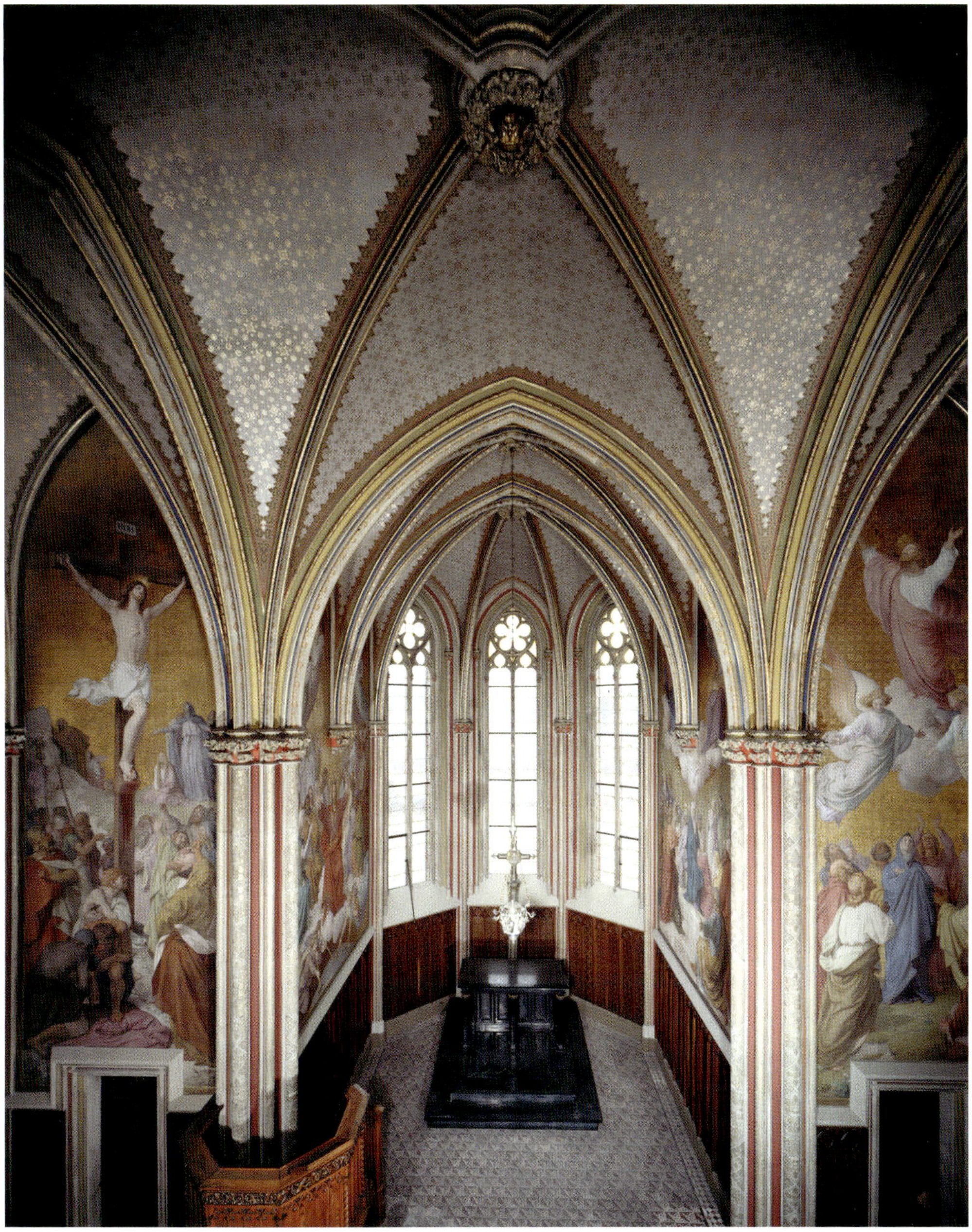

Le château de Stolzenfels, la chapelle

La chapelle

La chapelle (Kapelle), dominant la vallée rhénane, est un édifice marquant du paysage. Elle fut construite ultérieurement au château et réalisée d'après les études de Friedrich August Stüler. Elle fut consacrée le 3 août 1845, le jour de l'anniversaire du roi Frédéric Guillaume III, le père du maître d'ouvrage. Cet édifice dépasse de loin les exigences d'une chapelle. Ernst Deger, de l'école de peinture de Düsseldorf, décora l'intérieur, entre 1851 et 1860, d'un ensemble pictural choisi par le roi en personne : la Rédemption, opérée par la grâce de Dieu, du Paradis jusqu'au Jugement dernier. Cet intérieur d'église est un chef-d'œuvre de la fin du romantisme. Le peintre tira son inspiration de fresques du début de la Renaissance florentine, mais le roi lui imposa de peindre le fond des fresques en couleur d'or. L'ensemble constitué par ces fresques commence avec l'Ancien testament sur la tribune royale pour terminer avec le miracle de la Pentecôte et le Jugement dernier dans le chœur. Le sol de mosaïque de briques et les chaises avec leur revêtement sont encore d'origine. Le nec plus ultra du raffinement de cet agencement se révèle être le chauffage de sol à la romaine.

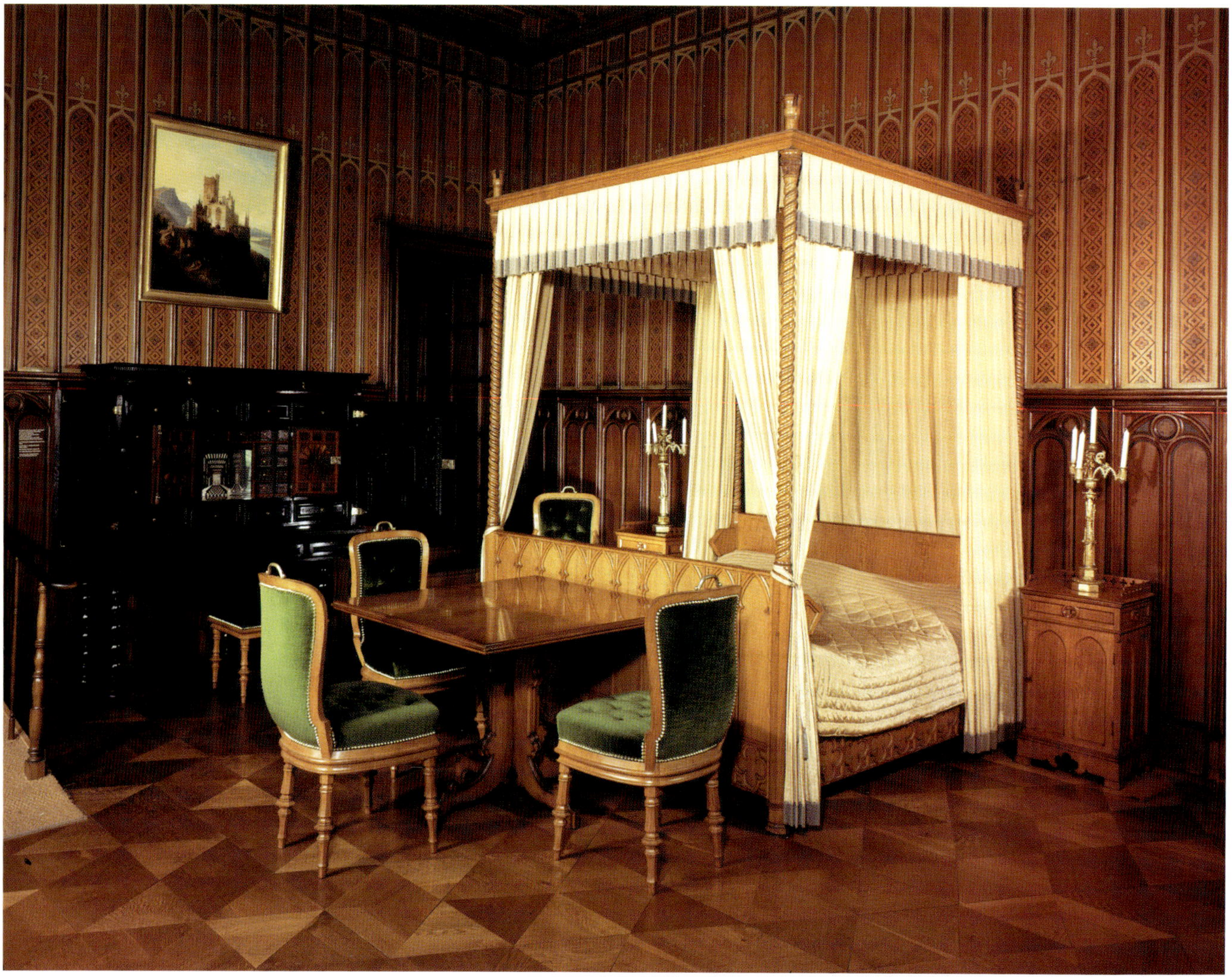

Château de Stolzenfels, la chambre à coucher du couple royal

La chambre à coucher commune du couple royal

La chambre à coucher (Schlafzimmer) est la pièce reliant les appartements du roi avec ceux de la reine qui se correspondent point par point. Conçue par Friedrich August Stüler, cette pièce fut décorée d'un revêtement de bois jusqu'au plafond et de lambris néogothiques en chêne jusqu'à mi hauteur. La vue de l'immense fenêtre sur le jardin avec sa pergola et sur la vallée du Rhin fait partie intégrante de la conception de la pièce. Cette pièce est restée en état depuis la fin de l'aménagement du château. Le mobilier élégant de style néogothique, en chêne clair, fut réalisé par Johann Wilhelm Vetter de Neuwied. Les meubles historiques avaient pour dessein de donner l'impression que l'aménagement de cette pièce avait peu à peu évoluée au cours des siècles. Le grand secrétaire en bois d'ébène fut le cadeau du roi des Pays-Bas à son neveu à l'occasion de l'achèvement de château. Les deux armoiries sont pour leur part le présent des deux invités les plus éminents que cette pièce reçut : la reine Victoria d'Angleterre et son époux le prince consort Albert y passèrent la nuit en août 1845. On peut présumer que le couple royal apprécia la présence de toilettes avec siége en cuir et chasse d'eau dans la pièce attenante : ce luxe était encore denrée rare dans les châteaux allemands en 1845. J. M.

Oberburg au-dessus de Kobern
La chapelle Saint Matthias

La chapelle Saint Matthias (Matthiaskapelle), chef-d'œuvre de la fin de l'art roman domine la vallée de la Moselle et est, en vérité, bien trop achevée pour une simple chapelle de château. En 1221, le comte Heinrich von Isenburg rapporta d'une croisade manquée la tête de Matthias, élu apôtre en remplacement de Judas. Il fit alors ériger une chapelle, terminée en 1240, pour la vénération de cette relique. Le bâtiment central hexagonal doté d'un pourtour et dont l'intérieur baigné dans la lumière est, de fait, le reliquaire en soi : la tête de l'apôtre se trouve à présent depuis plus de 600 ans à Trèves. L'architecture de l'intérieur de la chapelle est ordonnée de façon à la fois si complexe et si habile que les murs semblent se dissoudre. Les colonnes agencées en légers faisceaux et décorées de riches chapiteaux en feuillages portent les arcs en ogive de la lanterne centrale sous laquelle se trouvait autrefois le reliquaire. Cette salle inondée de lumière et comme libérée des contraintes de la pesanteur est un joyau de la dernière période de l'art roman rhénan. J. M.

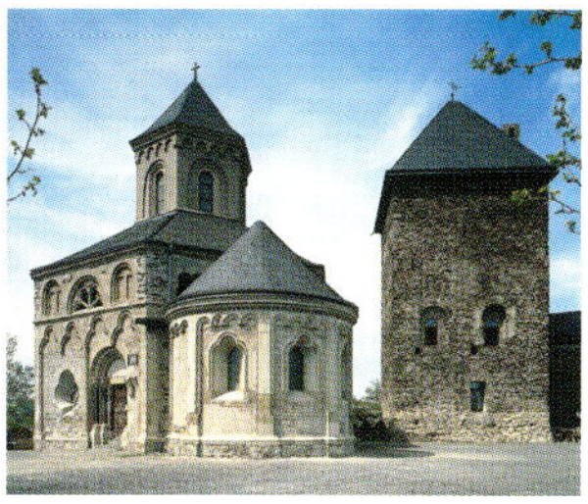

i Matthiaskapelle
auf der Oberburg
56330 Kobern

du dimanche avant Pâques jusqu'à la Toussaint :
le dimanche et les jours fériés de 11 h à 17 h
Visites guidées sur rendez-vous après appel préalable au Service des visiteurs
Tél. 02 61 / 66 75 40 00

Restaurant auf der Oberburg
Tél. 0 26 07 / 86 47
Fax 0 26 07 / 96 34 38

P Dans le village, à environ 15 min. de marche

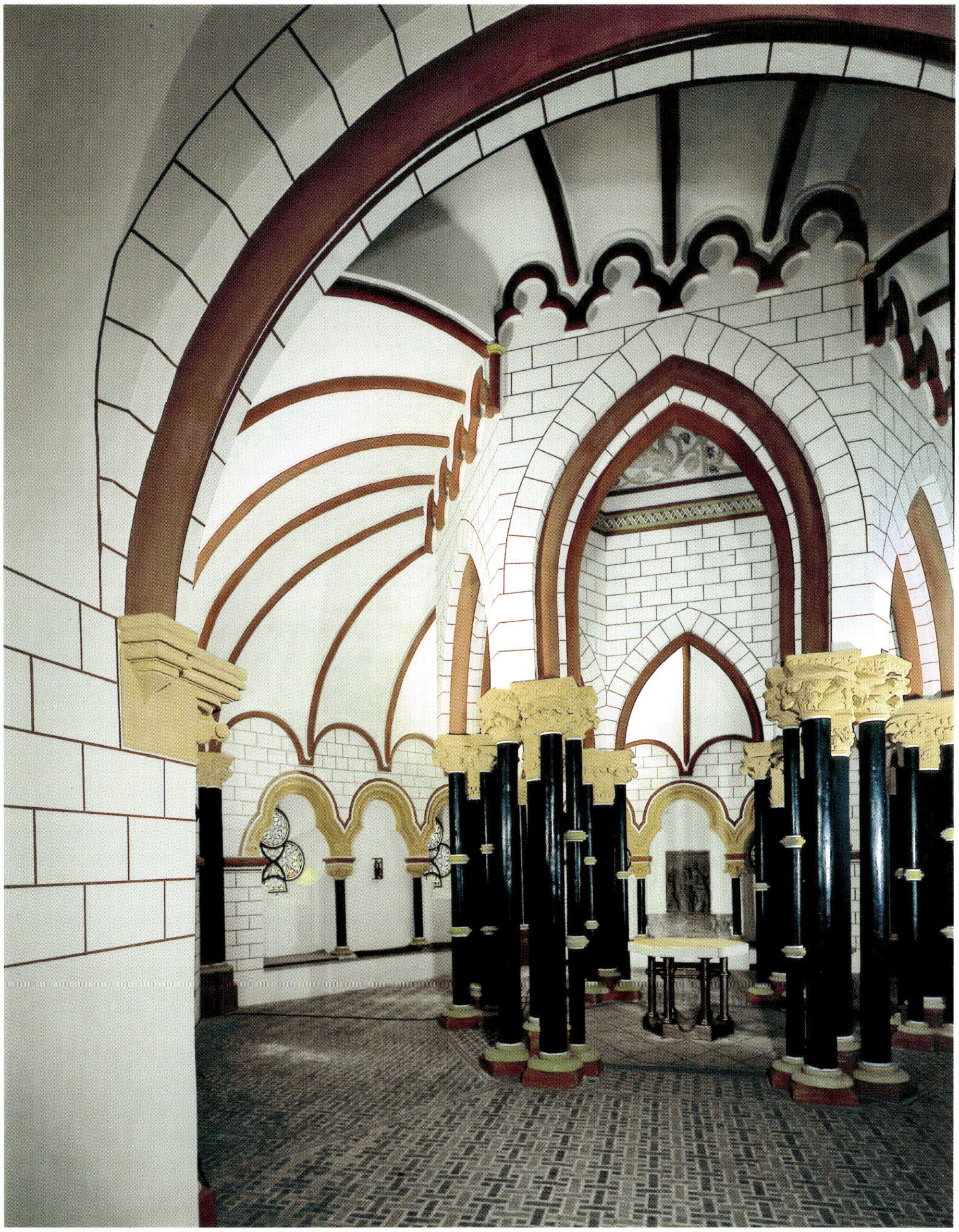

Chapelle Saint Matthias, intérieur

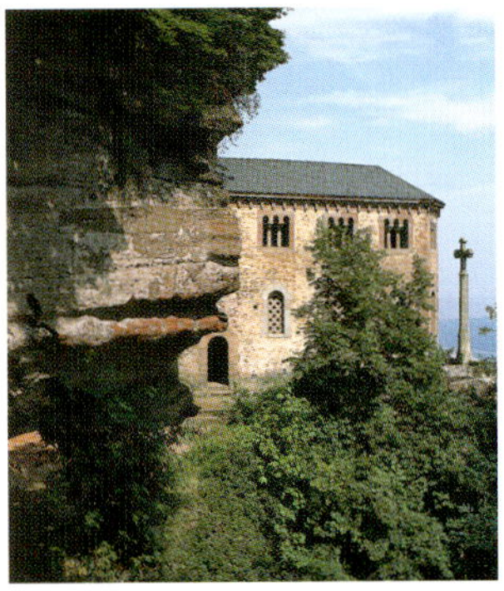

L'Ermitage de Kastel-Staadt

L'Ermitage (Klause) domine la vallée de la Sarre et est caractéristique de la personnalité du prince héritier Frédéric Guillaume de Prusse, devenu en 1840 le roi Frédéric Guillaume IV. Le « roi romantique » fit restaurer les ruines d'une chapelle bâtie par des ermites vers 1600 pour en faire une chapelle funéraire vouée à Jean l'Aveugle, roi de Bohême et comte de Luxembourg. Ce dernier était tombé le 26 août 1346 à la bataille de Crécy. Le prince héritier avait acquis d'un fabricant de la Sarre les ossements du roi, trouvés en 1833 dans un tombeau détruit lors de la Révolution française. C'est l'architecte Karl Friedrich Schinkel qui élabora les plans de la chapelle mais le prince participa très activement à l'élaboration de ce projet. Le sarcophage de marbre noir est situé au milieu de la chapelle voûtée et dotée de lourds arcs en ogive. Quatre fins lions de bronze tenant les armoiries de Luxembourg porte la dalle funéraire de marbre décorée de la couronne royale de Bohême. La salle de la chapelle miroite dans la lumière jaune bleutée en raison des étoiles sur les vitraux conçus par Schinkel. Une fresque de mur héraldique de style médiéval visualise les liaisons familiales du prince héritier et de sa femme Elisabeth avec le roi du Moyen-âge. J. M.

i Klause Kastel
Saarblickstr. 2
54441 Kastel-Staadt
Tél. 06582/535
Fax 06582/989275

du 1er avril au septembre : de 10 h à 13 h et de 14 h à 18 h
en octobre et en mars : de 10 h à 13 h et de 14 h à 17 h
en novembre et février : de 10 h à 16 h
Fermé en décembre, en janvier et le premier jour ouvrable de la semaine
Dernière entrée : 30 min. avant la fermeture

P Sur le chemin d'accès, environ 5 min. à pied

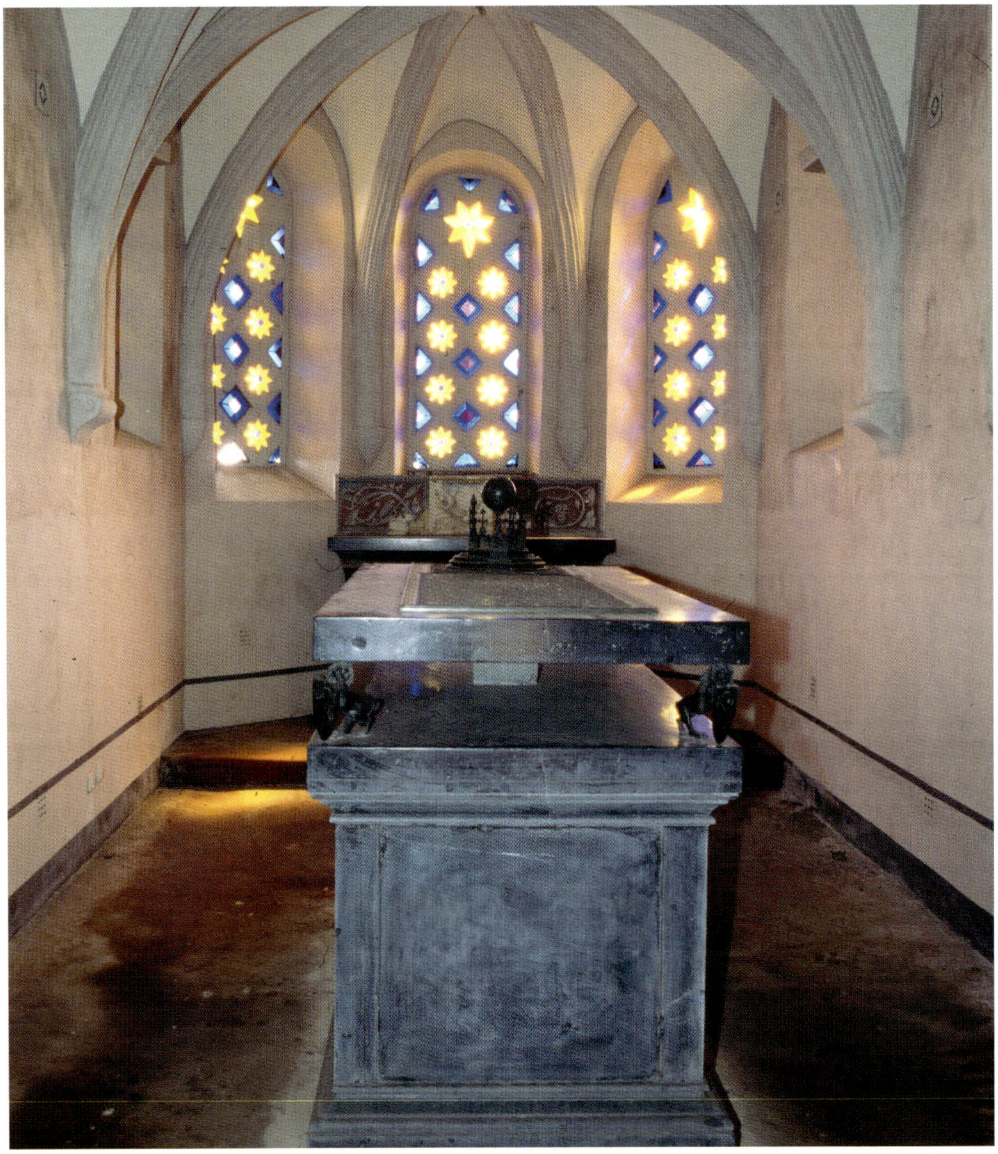

Ermitage de Kastel, la chapelle

Villa de Ludwigshöhe

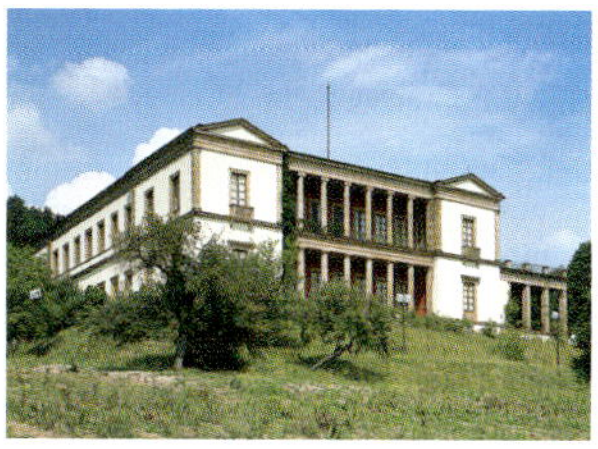

« Une villa de type italien, uniquement conçue pour la belle saison et dans la région la plus douce du royaume », tel fut le vœu formulé dès 1826 par le roi Louis Ier de Bavière qui se trouva exaucé par l'édification de la villa de Ludwigshöhe près de Edenkoben. Construite de 1846 jusqu'en 1852 d'après les études de l'architecte de la cour de Munich, Friedrich von Gärtner (1792–1847), cette villa située sur un flanc entre vignobles et montagnes de châtaigniers rappelle l'Italie tout autant par son architecture que par l'aménagement de ses intérieurs.

La salle à manger

Dans le bâtiment médian, du côté de la vallée, se situe au rez-de-chaussée la grande salle à manger de style pompéien. La facture du sol est magnifique : il est constitué de fines petites lattes de bois nobles teintées dans des tons différents qui furent agencés à l'instar des sols de mosaïque de l'Antiquité. Les fresques du plafond s'inspirent également de l'Antique et plus particulièrement d'œuvres de Pompéi.
Sur les panneaux des murs, colorés du rouge pompéien typique, on peut voir flotter des couples et des personnages isolés, dans la partie supérieure se trouvent des éléments d'architecture fantastiques sur fond blanc. L'ordonnance et les motifs de ces peintures correspondent à ce qu'il était coutume de peindre sur les fresques murales antiques, néanmoins les éléments de la décoration présente sont librement composés. Les traits des personnages peints sont classiques, ils ne furent de toute évidence pas réalisés d'après des modèles antiques mais sont des copies d'illustrations datant du début du XIXe. Les dernières recherches ont révélé que les fresques du plafond furent exécutées dès que la fin de la construction de la villa, les fresques murales, en revanche, ne furent réalisées qu'en 1899, probablement sur la base d'esquisses préalablement dessinées.

Le salon

Les deux peintures du milieu, figurant des scènes du dieu du vin Dionysos, sont des copies de fresques retrouvées à Herculanum en Italie. Sur les panneaux latéraux, des natures-

ℹ Villa Ludwigshöhe
Villastraße
67480 Edenkoben
Tél. 06323/93016
Fax 06323/93017

⏲ 1er avril au 30 septembre :
De 10 h à 18 h,
du 1er octobre au
30 novembre,
et du 1er janvier au
30 mars :
de 10 h à 17 h
Fermé en décembre et le premier jour ouvrable de la semaine
Dernière entrée : 30 min. avant la fermeture.

Les salles historiques ne peuvent être visitées qu'avec un guide.

✕ En été, café sur la terrasse devant la villa

A Musée
Max-Slevogt-Galerie/
Musée d'Etat de Mayence
Tél. 06131/28570

Villa de Ludwigshöhe, la salle Pompéienne

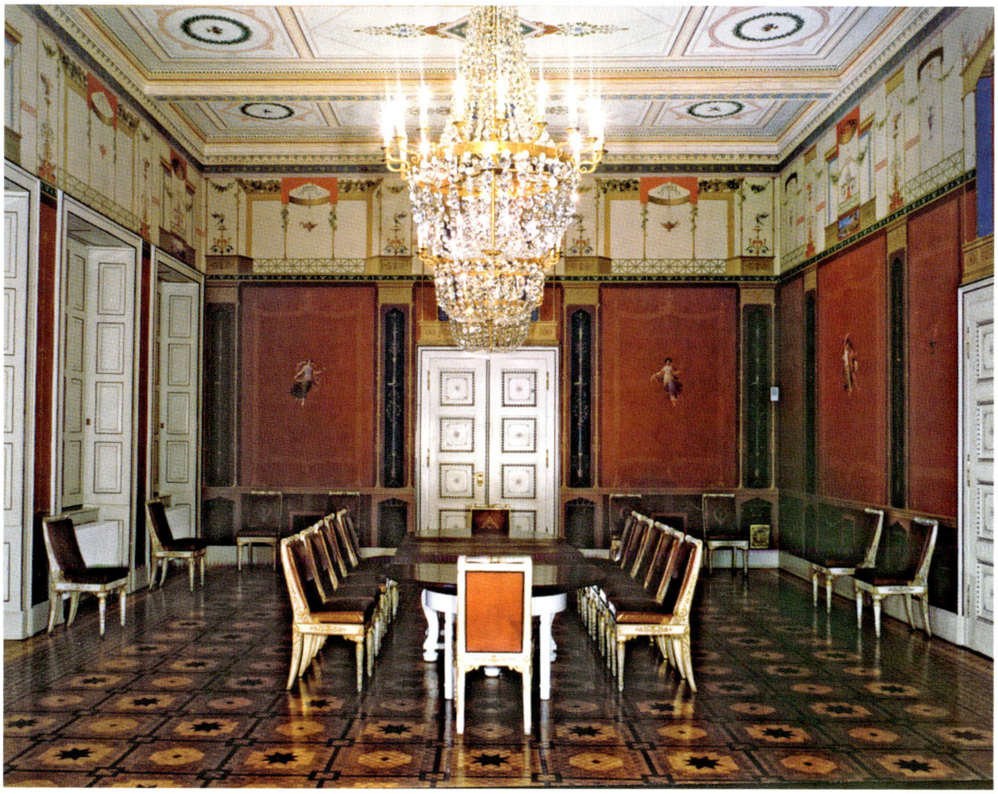

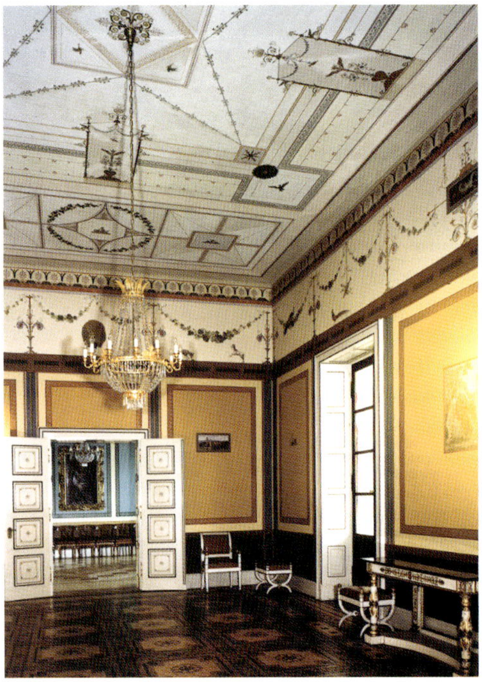

Villa de Ludwigshöhe, le salon

mortes de très petit format, représentant divers récipients, rappellent celles des fresques antiques et ce, d'ailleurs, tout comme les petites peintures de paysage oblongues, quoique que ces dernières, au contraire de leurs modèles, figurent des châteaux de la région. Les motifs des peintures dans la partie supérieure des murs : les pampres, les boucs qui sautent, les récipients et autres attributs font allusion au dieu Dionysos, donc au vin, mais aussi au Palatinat, région de vignobles.

Le sol est orné d'une « mosaïque » composée de fines lattes de bois. Le plafond fut réalisé à l'époque de l'édification de la villa, tandis que les peintures murales ne furent réalisées qu'en 1899, en même temps que celles de la salle à manger.

La cuisine

Dans cette cuisine, pourtant agencée de façon assez moderne pour son époque, se trouvent dans la décoration également des motifs antiques. En effet le grand gril, encastré entre des pilastres et couronné d'une frise de palmettes, rappelle un portail antique. De plus, une bande ornée de méandres entoure le récipient destiné à faire chauffer de l'eau.

Sur un carreau, le visiteur apprend grâce aux « conseils pour l'utilisation » de « Jos. Schmidsen. Maître potier à Munich en 1852 » comment faire chauffer la cuisinière. Ce détail n'est pas de moindre importance quand on pense que le roi ne séjournait dans la villa que tous les deux ans ! A. A.-B.

Villa de Ludwigshöhe, la cuisine

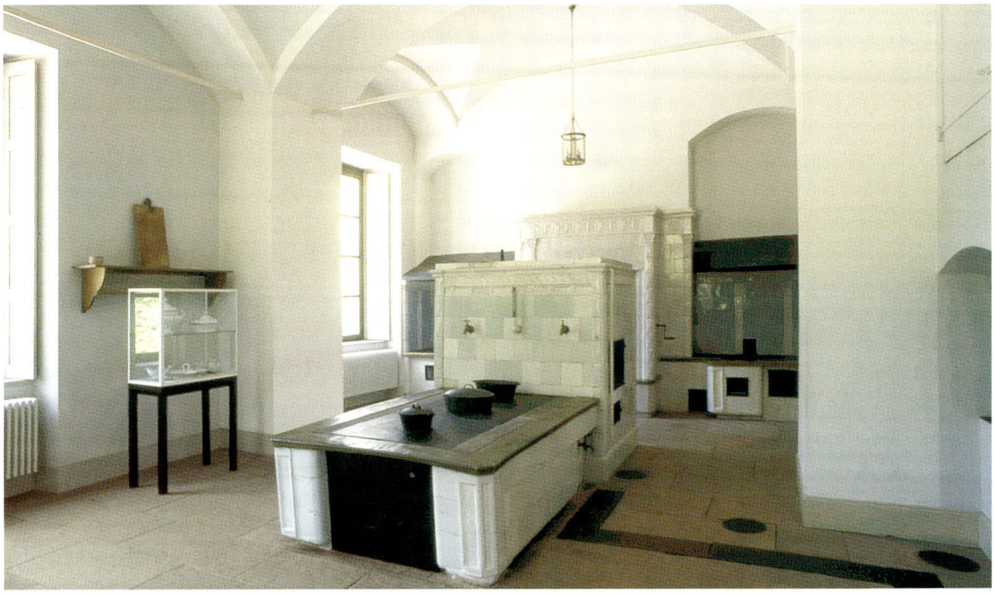

Crédits photographiques :
Gauls, Coblence : p. 187, p. 191
Landesamt für Denkmalpflege Rheinland-Pfalz, Heinz Straeter : p. 189 en haut, p. 194 en haut, p. 195 en haut et en bas, p. 197
Landesamt für Denkmalpflege Rheinland-Pfalz, Sigmar Fitting : p. 189 en bas, p. 190
Metz, Tübingen : p. 192
Michael Jeiter : p. 193 en haut
Landesmedienzentrum Koblenz (Coblence) : p. 193 en bas, p. 196 en haut
Axel Brachat : p. 194 en bas, p. 196 en bas

Saxe

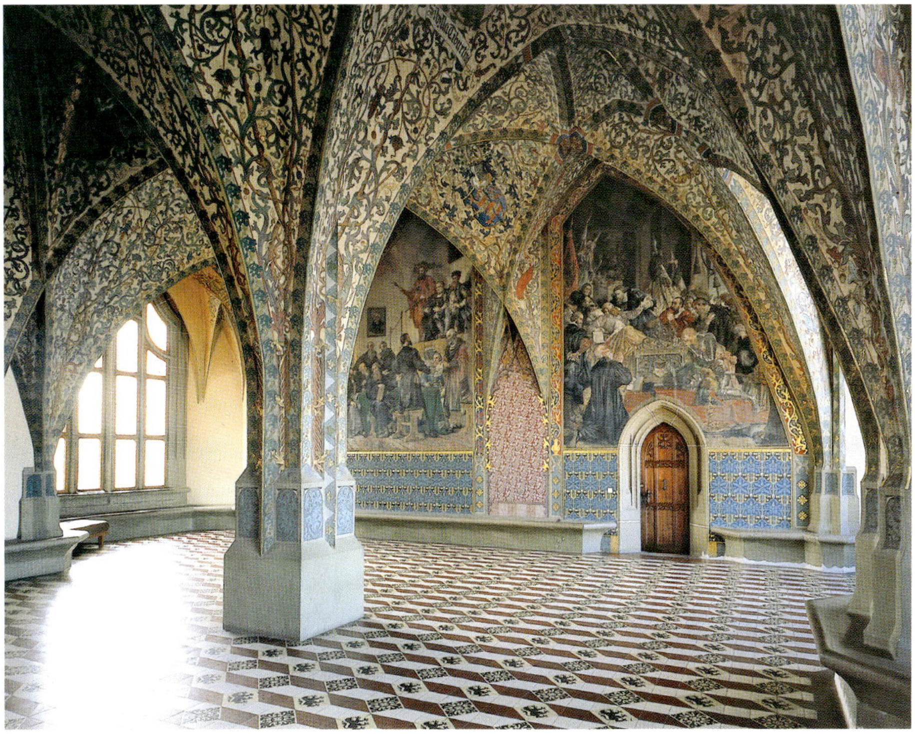

SCHLÖSSERLAND SACHSEN
STAATLICHE SCHLÖSSER, BURGEN UND GÄRTEN

CHÂTEAUX ET JARDINS D'ETAT DE SAXE

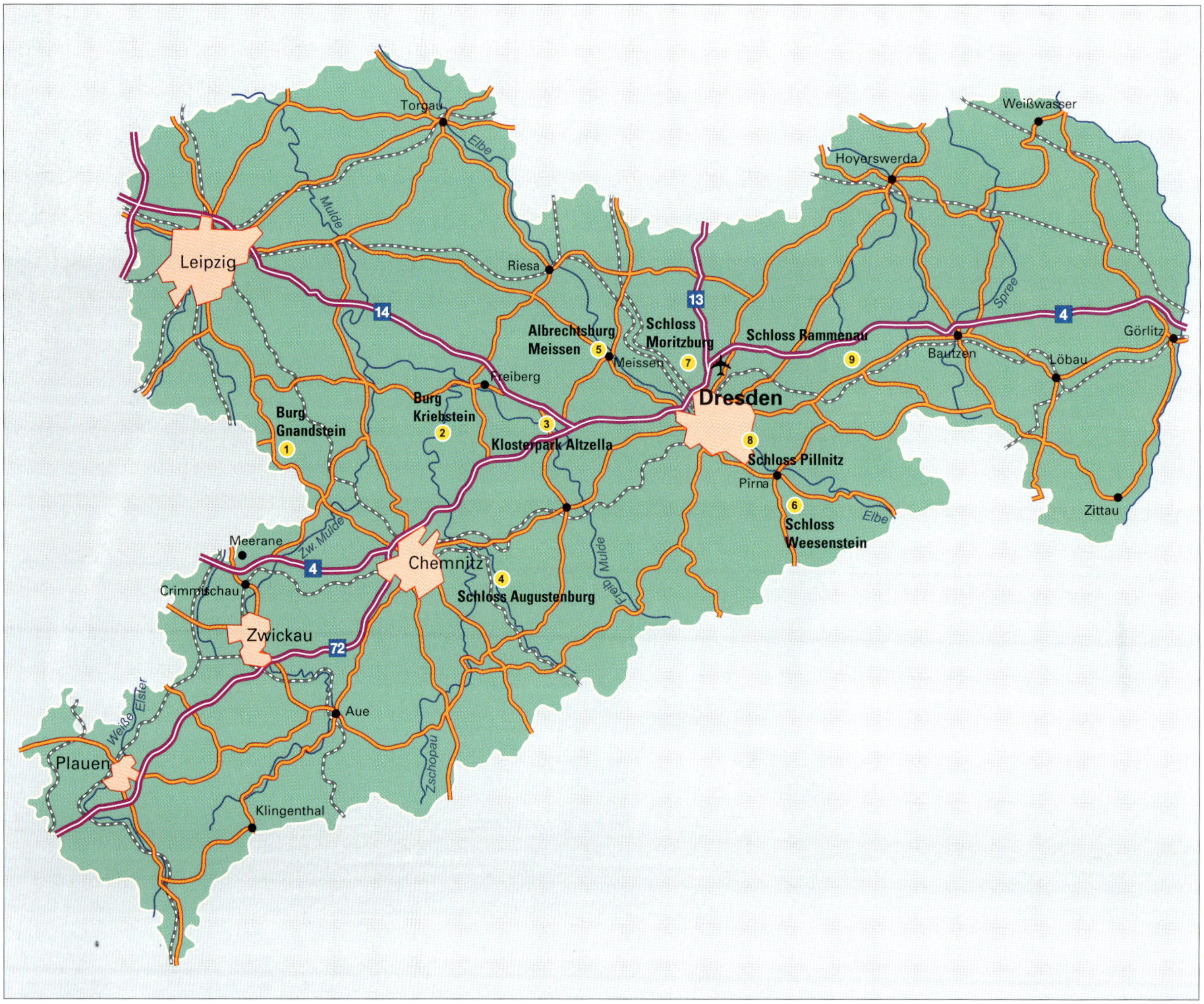

Gnandstein
1 Château-fort de Gnandstein (p. 199–200)

Kriebstein
2 Château-fort de Kriebstein (p. 201–202)

Altzella
3 Abbaye d'Altzella (p. 203)

Augustusburg
4 Château d'Augustusburg (p. 204)

Meissen
5 Château d'Albrechtsburg (p. 205–206)

Weesenstein
6 Château de Weesenstein (p. 207)

Moritzburg
7 Château de Moritzburg (p. 208–209)

Pillnitz
8 Château et parc de Pillnitz (p. 210–211)

Rammenau
9 Château baroque de Rammenau (p. 212)

Pour toute information sur les autres sites des Châteaux et Jardins d'Etat de Saxe: www.schloesser.sachsen.de

◁ *La «Grande salle de tribunal» dans le château d'Albrechtsburg à Meißen*

Château-fort de Gnandstein

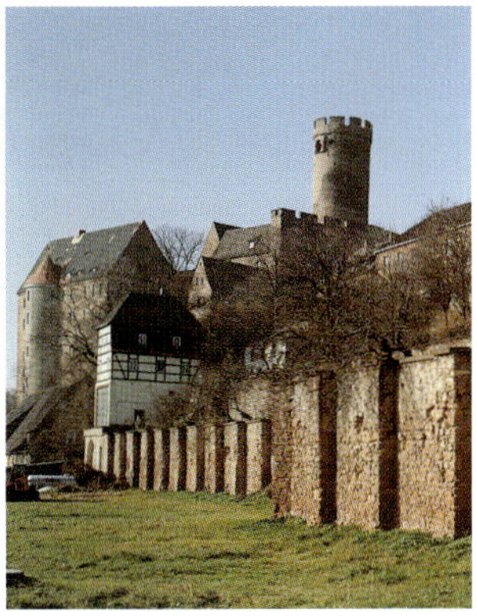

La salle du logis seigneurial

Le logis seigneurial, construit vers 1230, fait partie des bâtiments les plus anciens du château-fort. Son authenticité impressionnante permet au visiteur de se transposer dans la vie de l'époque au château. La salle du logis seigneurial de 15,6 x 5,6 mètres au troisième étage est la salle d'apparat majeure. Par rapport à d'autres salles de style roman en Allemagne, cette salle témoigne d'une taille assez modeste. Un fait est cependant assez remarquable : pratiquement toutes les ouvertures de fenêtres sont encore d'origine et ne subirent aucune transformation notable. Il faut encore souligner la présence de deux fenêtres à trois arcades sur le côté sud dont l'une est surmontée de deux chapiteaux aux profils dotés de motifs floraux. La salle était alors chauffée par deux cheminées. Le sol et le plafond actuels furent probablement réalisés dans la foulée des travaux de remaniements, opérés à la fin du XIVe siècle. L'aménagement de la salle, composé d'une table mobile et de coffres sur lesquels on pouvait s'asseoir, permet au visiteur de découvrir ce lieu tel qu'il fut conçu, c'est à dire dans un style médiéval déjà dépassé à l'époque.

Château-fort de Gnandstein, la salle du logis seigneurial

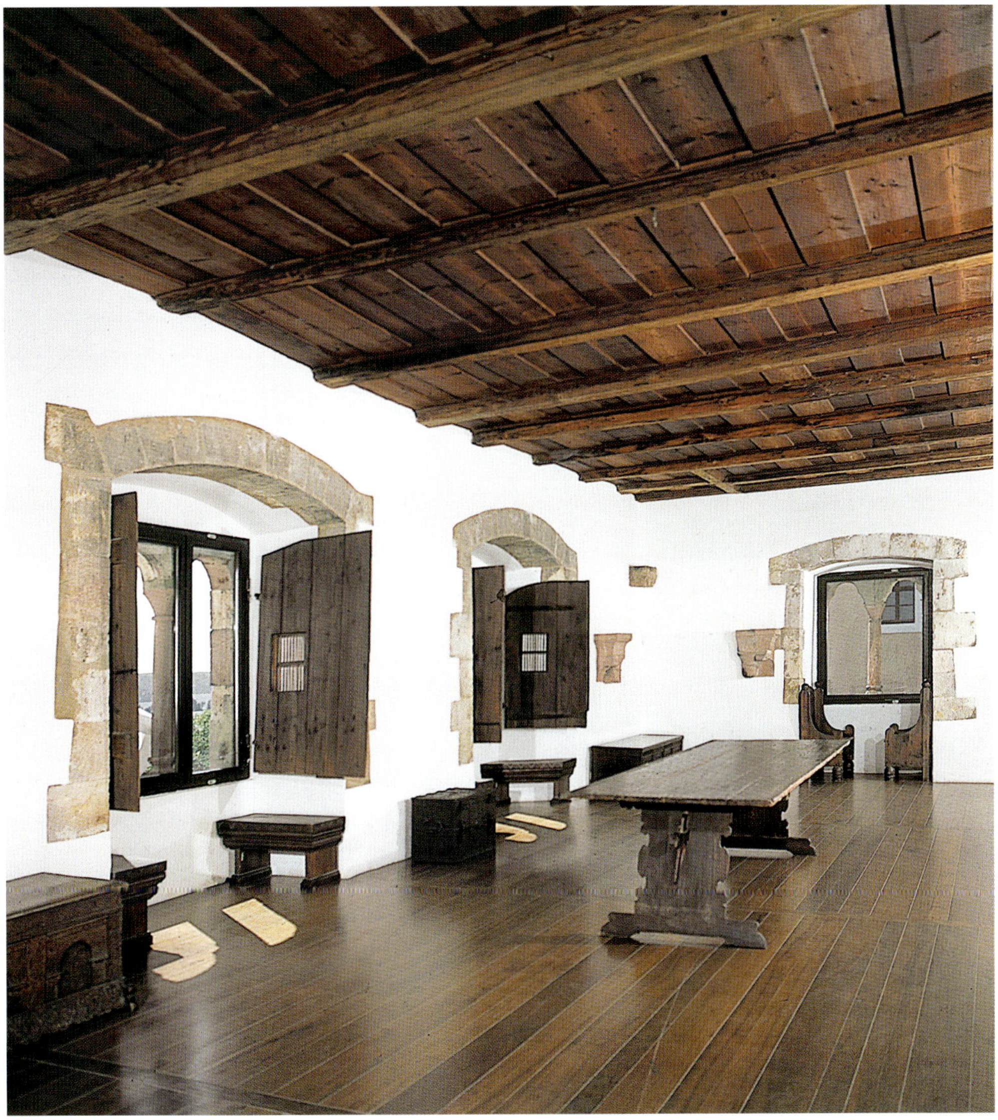

i Burg Gnandstein
04655 Gnandstein
Tél. 03 43 44 / 6 13 09
Fax 03 43 44 / 6 13 83
Burg.Gnandstein@
t-online.de

En janvier :
le samedi et le dimanche de 10 h à 16 h,
de février à avril et en novembre :
du mardi au dimanche de 10 h à 17 h
de mai à octobre :
du mardi au dimanche de 10 h à 18 h
en décembre :
du mardi au dimanche de 10 h à 16 h

Restaurant Burggaststätte

Autoroute : Autobahn A 4, Sortie Chemnitz-Nord, B 95 en direction de Leipzig, à Dolsenhain prendre la direction Gnandstein / Kohren-Sahlis

P en bas du château

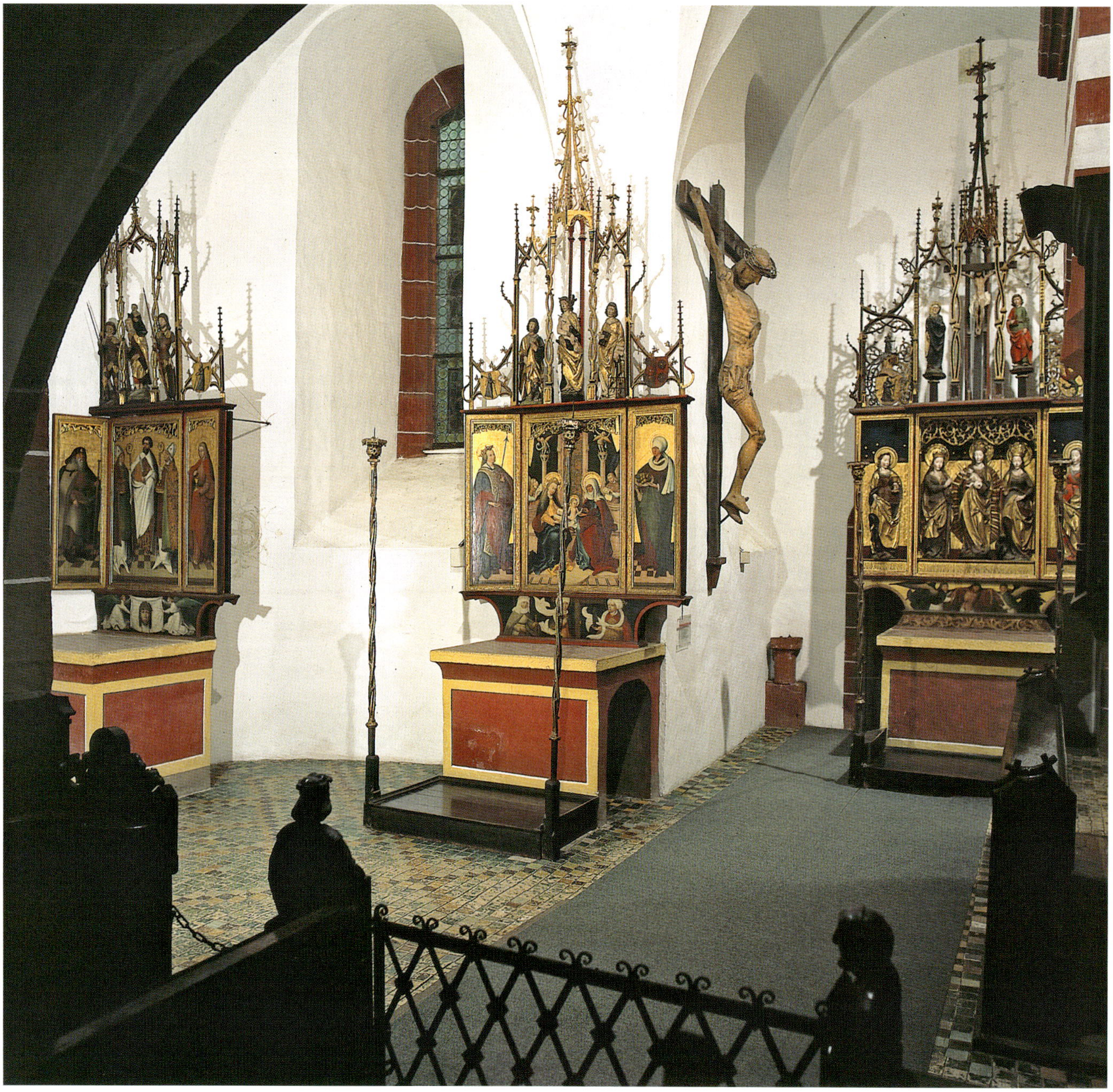

Château-fort de Gnandstein, la chapelle

La chapelle

La chapelle de style gothique tardif vit le jour à la fin du XVe lors de travaux de construction de grande envergure. C'est Heinrich von Einsiedel, nommé « le Pieux » (1435–1507) qui la fit ériger. Le plan de la chapelle s'adapte aux fortifications de l'avant-cour du nord. Les voûtes à cellules et les jambages des fenêtres s'inspirent pour beaucoup du modèle architectonique propagé par Arnold von Westfalen († 1482). Grâce à son aménagement gothique tardif, préservé dans son ensemble, la chapelle est un témoignage vivant de la piété de la noblesse saxonne à l'époque précédant la Reformation, mais aussi de l'art de donner une expression artistique à cette dévotion. Les trois retables de l'atelier de Peter Breuer (1472–1541) à Zwickau sont des éléments majeurs de cet intérieur de chapelle. De même, le sol en céramique constitué de carreaux émaillés jaunes, bruns et verts, une des premières œuvres d'art de poterie de la région de Kohren, ainsi que les stalles d'origine en chêne, richement décorées de sculptures sur bois figuratives ou représentant des branches, renforcent d'autant plus l'impression du visiteur de pouvoir, en visitant ces lieux, revivre une époque pourtant révolue.

I.G.

Château-fort de Kriebstein

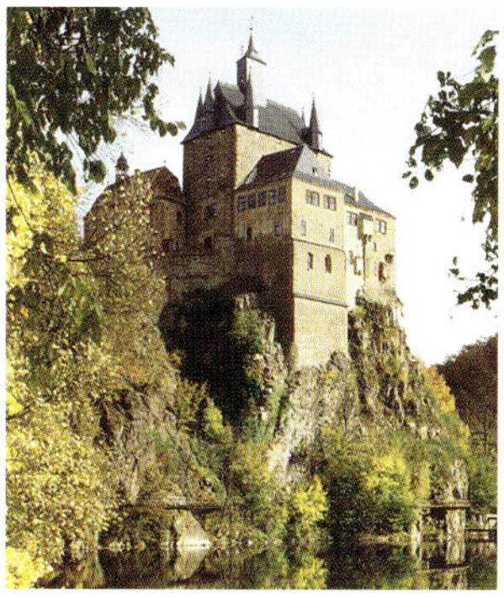

Le salon de Kriebstein

Le donjon du château de Kriebstein érigé à la fin du XIVe abrite au troisième étage un salon à madriers exceptionnellement bien conservé et vif en couleurs, de la première moitié du XVIe (les recherches en dendrochronologie aboutissent à la date de 1423). La salle, nommée le salon de Kriebstein, de 3,0 x 4,25 mètres d'envergure est richement décoré de ramages au niveau de son plafond à poutre. Sur les murs, y compris sur les murs massifs qui délimitent le donjon, ces ramages sont complétés d'ornements figuratifs. Le fleuron de cette décoration est sans aucun doute la scène de l'Annonciation selon l'évangile de Luc. La partie inférieure est peinte comme s'il s'agissait de rideaux. Bien que l'artiste soit inconnu, il est possible de dater cette peinture grâce aux caractéristiques de son style : elle fut probablement peinte dès la fin de la construction de la chapelle. Le salon servait vraisemblablement de pièce de recueillement à l'usage exclusif de la famille du seigneur. Du point de vue de l'histoire de l'architecture et de la décoration, ce salon est un exemple parfait de l'art d'user à la fois des murs d'un donjon et d'installations de bois, plus ou moins décorées avec faste, afin de délimiter l'espace de la pièce. Ultérieurement, dans les Temps modernes, cette salle fut utilisée comme remise d'armes et grenier. Afin d'assurer leur conservation, les trois murs de madriers peints furent transférés en 1902 au Musée des Arts décoratifs de Dresde où ils restèrent jusqu'en 1997. Le plafond à poutre et le sol, tous deux d'origine, furent laissés en place. C'est en 1999 que l'on dressa de nouveau les madriers à leur emplacement premier dans le château de Kriebstein.

Château-fort de Kriebstein,
le salon de Kriebstein, mur de bois figurant l'Annonciation

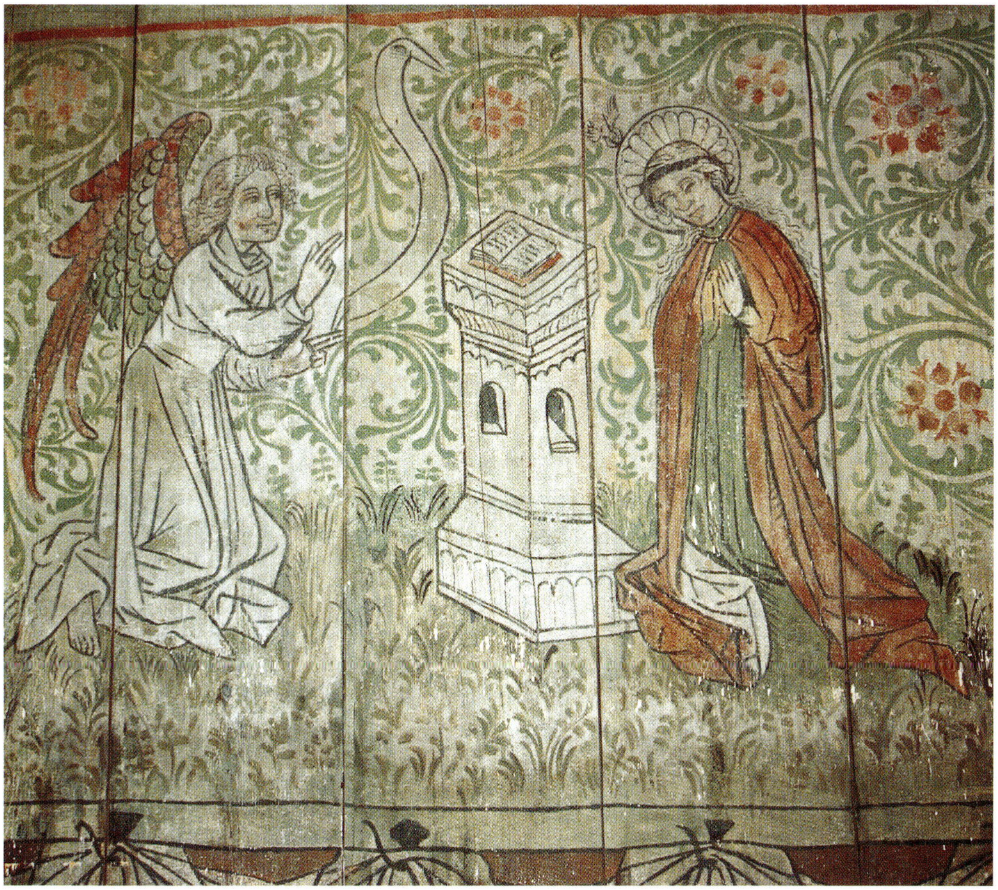

i Burg Kriebstein
09648 Kriebstein
Tél. 034327/9520
Fax 034327/95222
burg-kriebstein@t-online.de
www.burg-kriebstein.de

De mai à octobre :
du mardi au vendredi
de 9 h à 17 h,
le samedi, le dimanche et
les jours fériés
de 10 h à 17 h 30 ;
de février à avril, ainsi
qu'en novembre :
du mardi au dimanche et
les jours fériés
de 10 h à 16 h.

Restaurant Burggaststätte

Autoroute A 4,
Sortie Hainichen en direction de Mittweida, puis
direction de Talsperre
Kriebstein et Waldheim,
dans le village Kriebethal :
suivre les panneaux menant
au château

P en bas du château

La chapelle

Les peintures de la chapelle du château de Kriebstein font partie, au même titre que le salon de Kriebstein, des plus grands chefs-d'œuvre de l'art de la décoration picturale à même le mur, datant de la période du gothique tardif en Allemagne. C'est en particulier la profusion, l'extrême homogénéité de l'ensemble et le très bon état de conservation des fresques murales et du plafond qui impressionnent fortement. La salle, grande de presque 8 x 8 mètres, possède une voûte d'arête assez plate, à quatre travées, divisée par des arcs doubleaux, le tout étant soutenu par un pilier central carré dénué de toute décoration. Les peintures, qui évoquent l'Adoration de la Vierge Marie, ont probablement été réalisées entre 1400 et 1410. A la symbolique de Marie s'ajoutent des motifs tirés du cycle de la Passion, du Jugement dernier ainsi que nombre de représentations de saints. On présume que les 18 armoiries dans les encoignures de la voûte datent de la dernière décennie du XVe et qu'elles rez´tracent la généalogie de la famille du seigneur de l'époque, la famille von Schleinitz. Ainsi ces peintures allient en elles l'expression de la dévotion telle qu'elle était pratiquée à la fin du Moyen-âge et celle du désir des nobles de représenter vers l'extérieur. C'est grâce aux travaux de restauration des peintures exécutés à la Renaissance, où les fresques furent repeintes, ainsi qu'à ceux entrepris depuis environ 1930, et ce jusqu'à nos jours, que cette chapelle put être si bien conservée. I.G.

Château-fort de Kriebstein, la chapelle

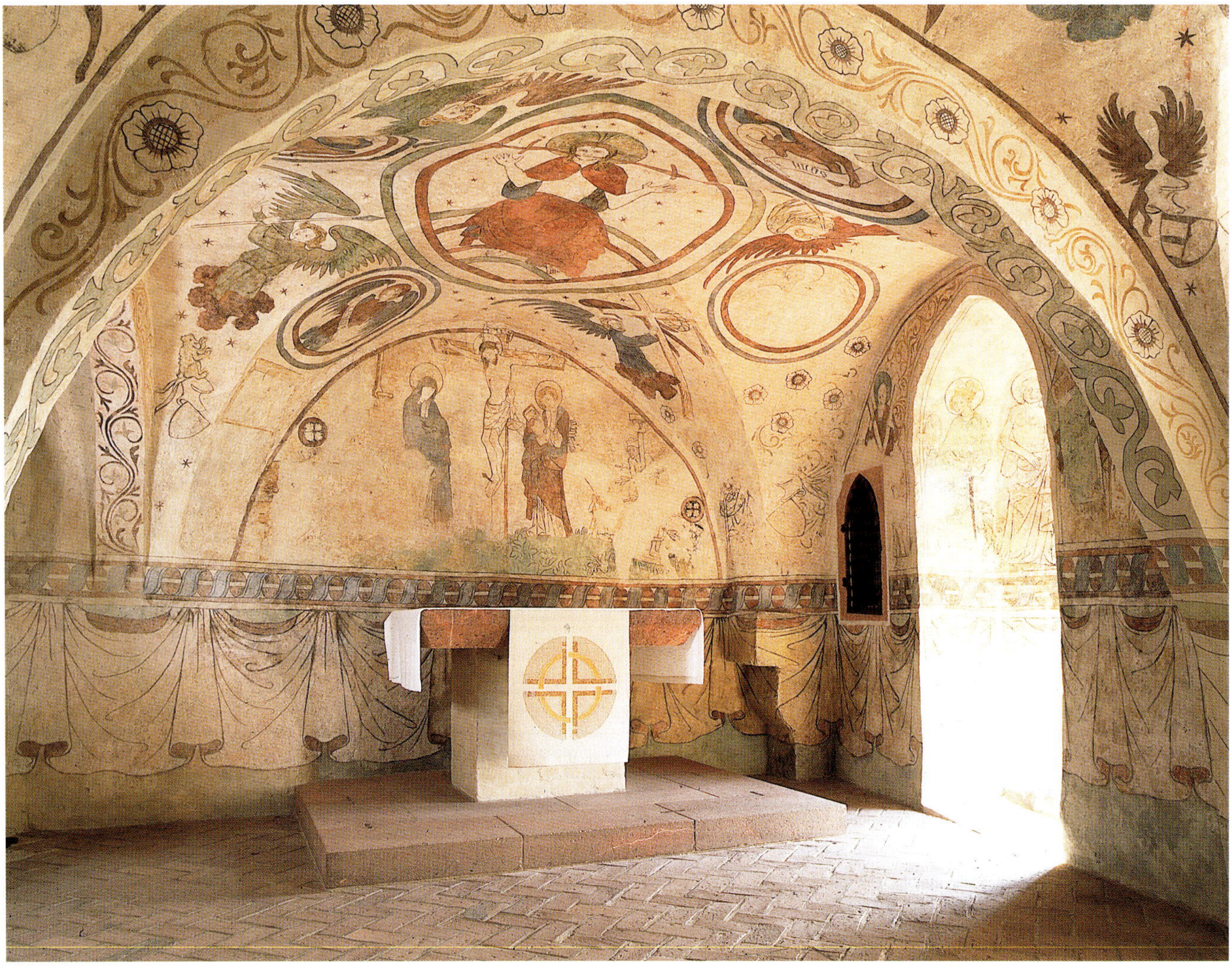

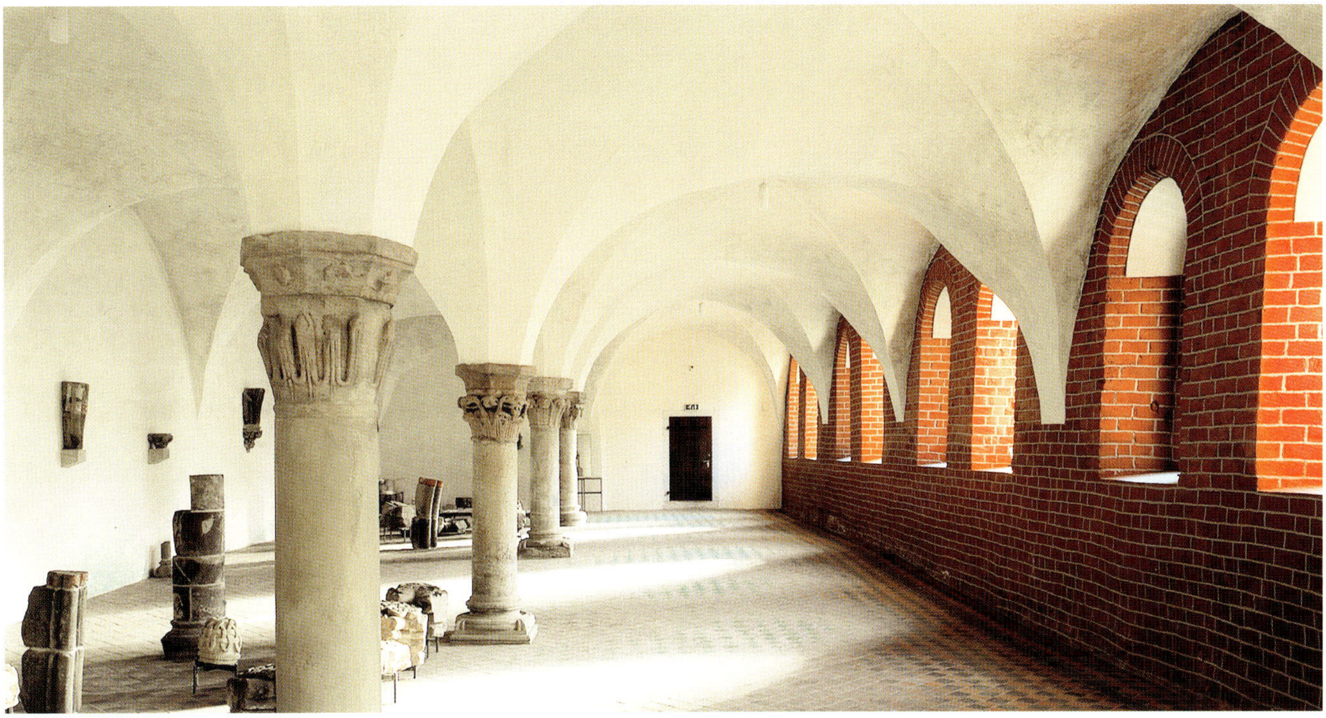

L'abbaye d'Altzella, le réfectoire dans la maison des Frères convers

L'abbaye d'Altzella

Le réfectoire dans la maison des Frères convers

La maison des Frères convers de l'ancienne abbaye cistercienne d'Altzella est le seul bâtiment de l'époque de l'abbaye qui soit encore presque entièrement conservé. Il fut probablement rajouté, dans le premier quart du XIIIe, à la façade occidentale de l'église de l'abbaye, consacrée en 1198. La majeure partie de la façade occidentale du réfectoire est réalisée en briques dont l'alternance des couleurs rouge et blanche correspondant aux couleurs des armoiries des Cisterciens ne manque pas d'impressionner tout nouveau venu.

C'est au rez-de-chaussée que se situe le réfectoire à deux vaisseaux, la salle à manger des frères convers, grande d'environ 28,5 x 10 mètres. Son architecture intérieure caractéristique de la fin de l'art roman est bien conservée bien que cette salle eut été utilisée comme étable après la sécularisation du couvent. L'ordonnance de la pièce est rythmée par cinq travées de voûte. Dans chacune d'entre elles s'ouvrent sur l'Ouest deux fenêtres arquées qui laissent entrer la lumière. Quatre colonnes dotées de socles de style attique et de chapiteaux en forme de calice supporte la voûte d'arrête. Le sol fut reconstitué avec une alternance de briques rouges et noires selon les vestiges du sol d'origine. L'aura de la salle rappelle celle d'un hall et prouve à quel point les Cisterciens maîtrisaient l'art de l'architecture. En effet, cet intérieur est superbe bien qu'il ne soit aménagé que très simplement. A partir de la moitié du XVIe siècle environ, le réfectoire des Frères convers servit de réfectoire d'hiver aux moines.

I.G.

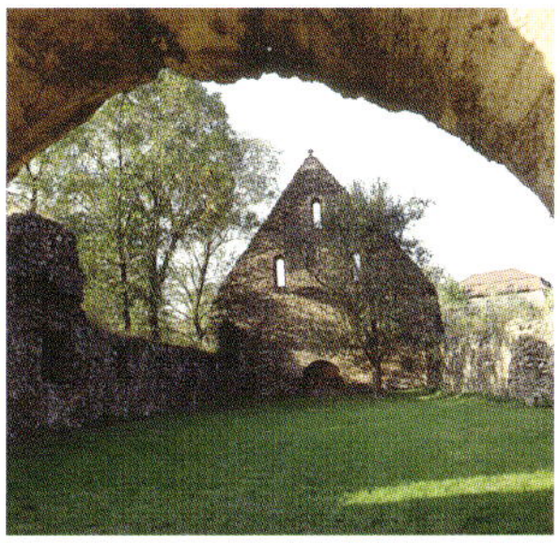

i Kloster Altzella
01683 Nossen
Tél. 035242/50430 oder 50450
Fax 035242/50433
info@schloss-nossen.de
www.kloster-altzella.de

De mars à septembre :
du lundi au vendredi
de 10 h à 17 h
le samedi, le dimanche et les jours fériés
de 10 h à 18 h ;
d'octobre à novembre :
du lundi au dimanche
de 10 h à 16 h
Fermé de décembre à février

Autoroute A 4,
Sortie Siebenlehn en direction de Nossen, puis suivre les panneaux d'indication « Kloster »

P sur le terrain de l'abbaye

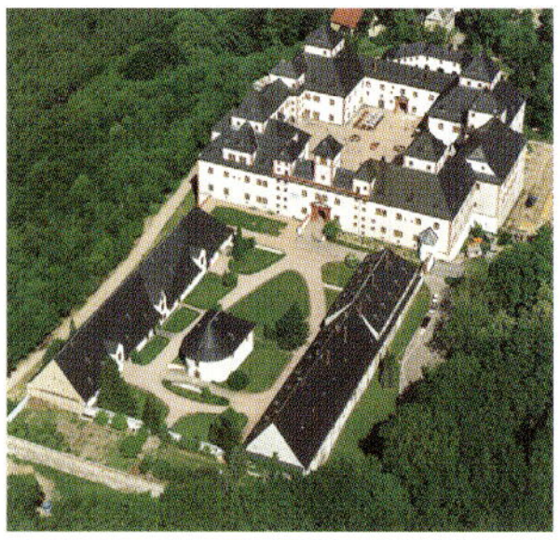

Schloss Augustusburg
09573 Augustusburg
Tél. 03 72 91 / 38 00
Fax 03 72 91 / 38 024
augustusburg-schloss@t-online.de
www.augustusburg-schloss.de

D'avril à octobre : de 9 h 30 à 18 h, de novembre à mars de 10 h à 17 h.

Places de parking en bas de la montagne du château ainsi qu'au Sud-Est devant l'exploitation agricole

Le château d'Augustusburg

La salle des Lièvres

Lors de la construction du château de chasse d'Augustusburg (1568–1572), un vaste et riche ensemble d'œuvres picturales fut exécuté sous la direction du peintre de la cour de l'électeur de Saxe, Heinrich Göding (1531–1606). Les cycles de peinture, avec force d'ornements figurant des enroulements et des imitation de ferrure typiques de la Renaissance classique, offrent un bon aperçu des pensées et des croyances de la fin du XVIe. Ceci vaut en particulier pour le bâtiment des Lièvres décoré de peintures en chaîne où sont représentés, par le biais d'allégories, des lièvres accomplissant des tâches humaines. Le prince électeur Auguste (1526–1586), maître d'ouvrage du château, est considéré être l'initiateur du théme de ces ornements.

Environ un tiers des peintures sont conservées dont la plupart se trouve dans la salle des lièvres. Selon le principe du « monde à l'envers », des lièvres exécutent sur fond de portes, d'encadrements de cheminée et de portes en trompe-l'œil, de nombreuses actions relevant de la vie sociale et spirituelle. Ils tiennent des audiences de justice, font la guerre aux chasseurs ou bien encore, à l'instar des sept hommes de Souabe du conte des Frères Grimm, dirigent une grande lance contre un « lièvre-monstre ». Il s'agit là d'ailleurs de la représentation la plus ancienne qui soit connue de ce conte. Finalement, ce cycle de peinture s'achève sur le retour à l'ordre ancien. Il faut probablement saisir cet aboutissement comme une allégorie transfigurée du rôle que joua le prince électeur Auguste lors de « l'accord de Grumbach » en 1566–1567.

I.G.

Château d'Augustusburg, la salle des Lièvres

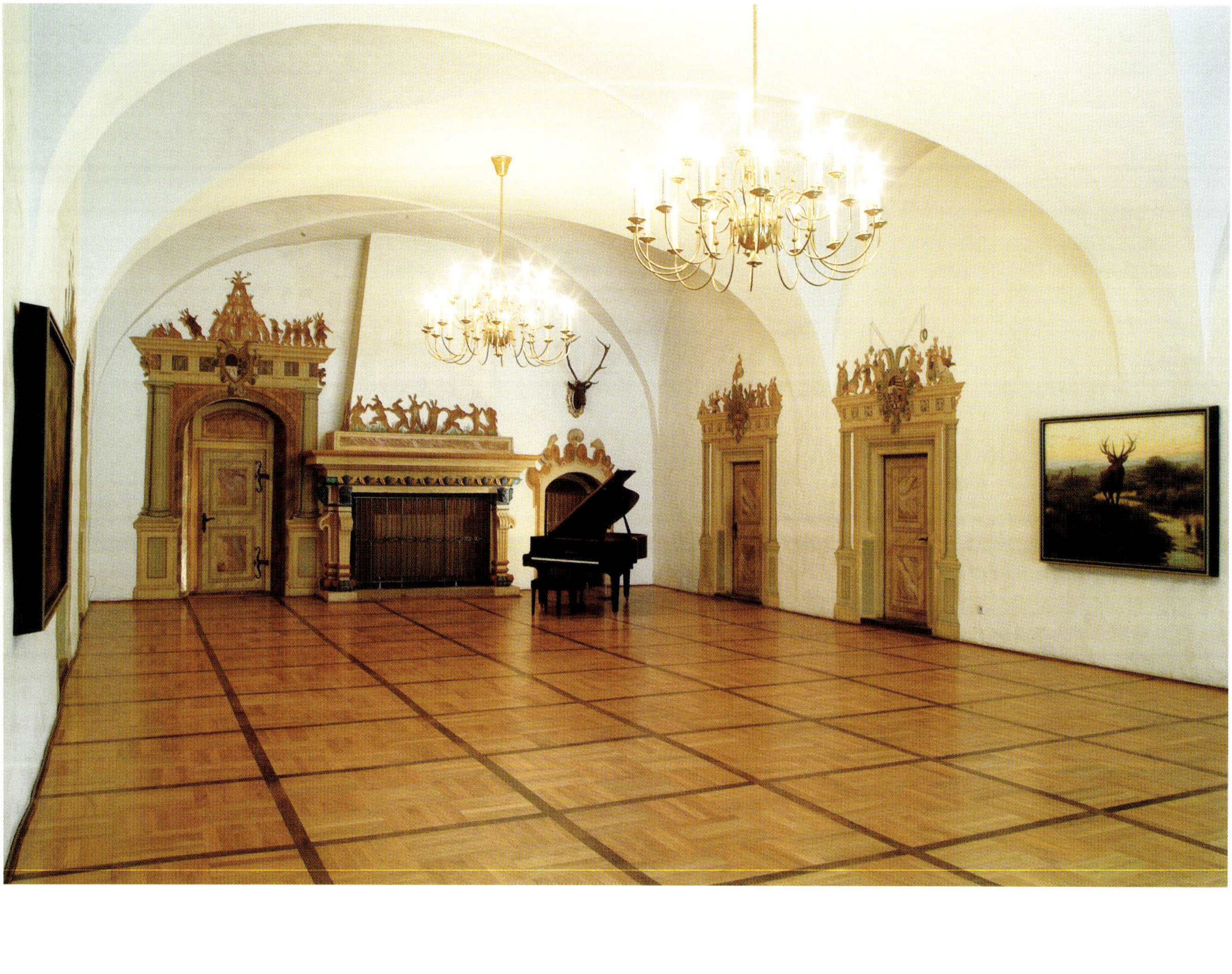

Château d'Albrechtsburg Meissen

Le Grand salon

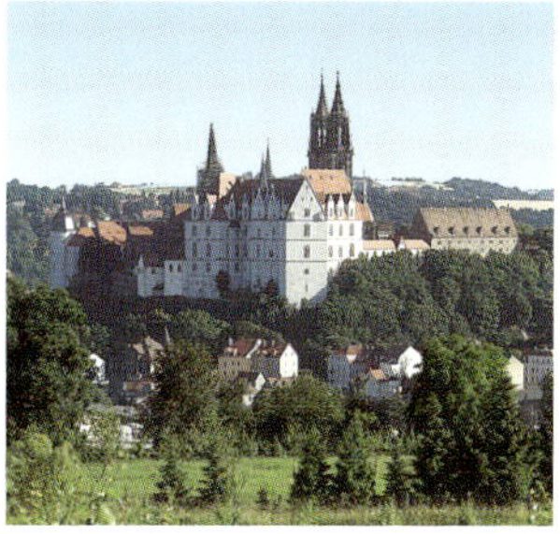

Le Grand salon, au premier étage de l'aile nord du château de l'Albrechtsburg est, avec la Grande salle, la salle d'apparat la plus importante de ce château dont la construction débuta en 1471. Dans la partie supérieure du passage qui relie ces deux pièces, se trouve une construction en forme de tribune nommé « la chaise du Trompettiste ». L'architecture de style gothique tardif et l'élégance sobre de ses lignes donnent à la salle une aura tout à fait particulière et l'élèvent au rang d'œuvre d'art. Les remaniements, opérés depuis le milieu du XIXe, en vue de conserver et d'entretenir les intérieurs ont mis l'accent sur certains éléments et ont ainsi un peu transformé les salles. La nouvelle décoration s'inspire du style gothique et met en scène, dans les niches des fenêtres, des espaces ornementés se rapportant à des chansons d'amour courtois. Dans le Grand salon, cinq grands tableaux, figurant des scènes d'enfance et de jeunesse des frères ducaux, Ernst (1441–1486) et Albrecht (1443–1500), maîtres d'ouvrage du château, s'imposent au regard du visiteur. Tout comme les statues polychromes des souverains qui se dressent devant les piliers insérés dans les murs, les tableaux de Ernst-Erwin Oehme (1831–1907) et d'Alfred Diethe (1836–1919) proviennent d'une décoration datant d'environ 1870. Le Grand salon permet donc au visiteur de vivre au plus près et de façon variée la prodigalité des formes de l'architecture gothique d'un château dont le concept se parachève dans l'apport de peintures et de sculptures qui entretiennent le souvenir de l'histoire de la Saxe, et plus particulièrement de la Maison des Wettin, tout en transfigurant les faits historiques.

S. Sch.

ℹ Albrechtsburg Meissen
Domplatz 1
01662 Meissen
Tél. 03521/47070
Fax 03521/470711
info@albrechtsburg-meissen.de
www.albrechtsburg-meissen.de

De mars à octobre :
de 10 h à 18 h
de novembre à février :
de 10 h à 17 h
Fermé les 24, 25 et 31 décembre et le 1er janvier ainsi que du 10 au 31 janvier

Café Schlosscafé
ouvert d'avril à octobre hormis le lundi et le mardi

Meißen Triebischtal

Château d'Albrechtsburg Meissen, vue dans le Grand salon

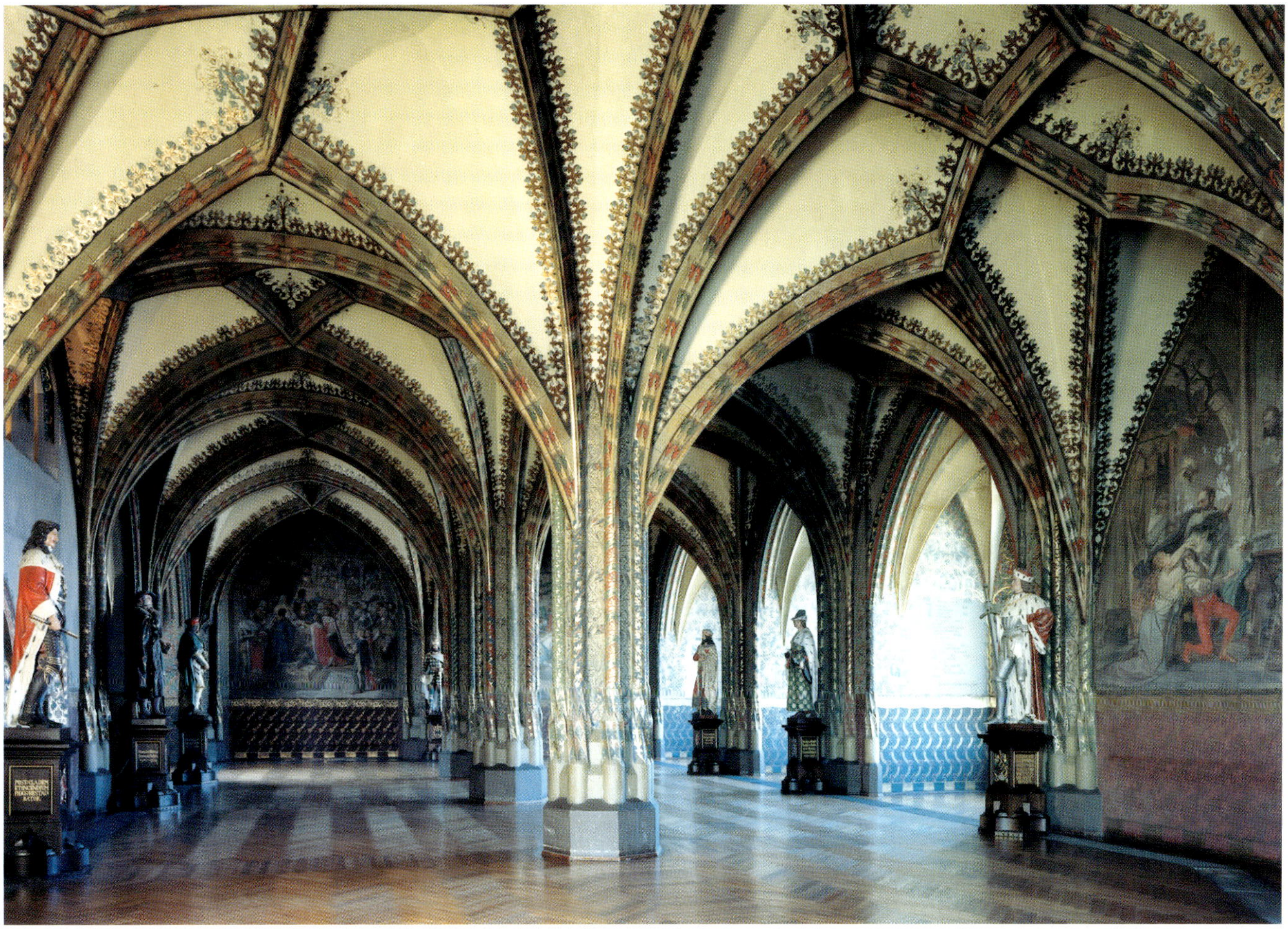

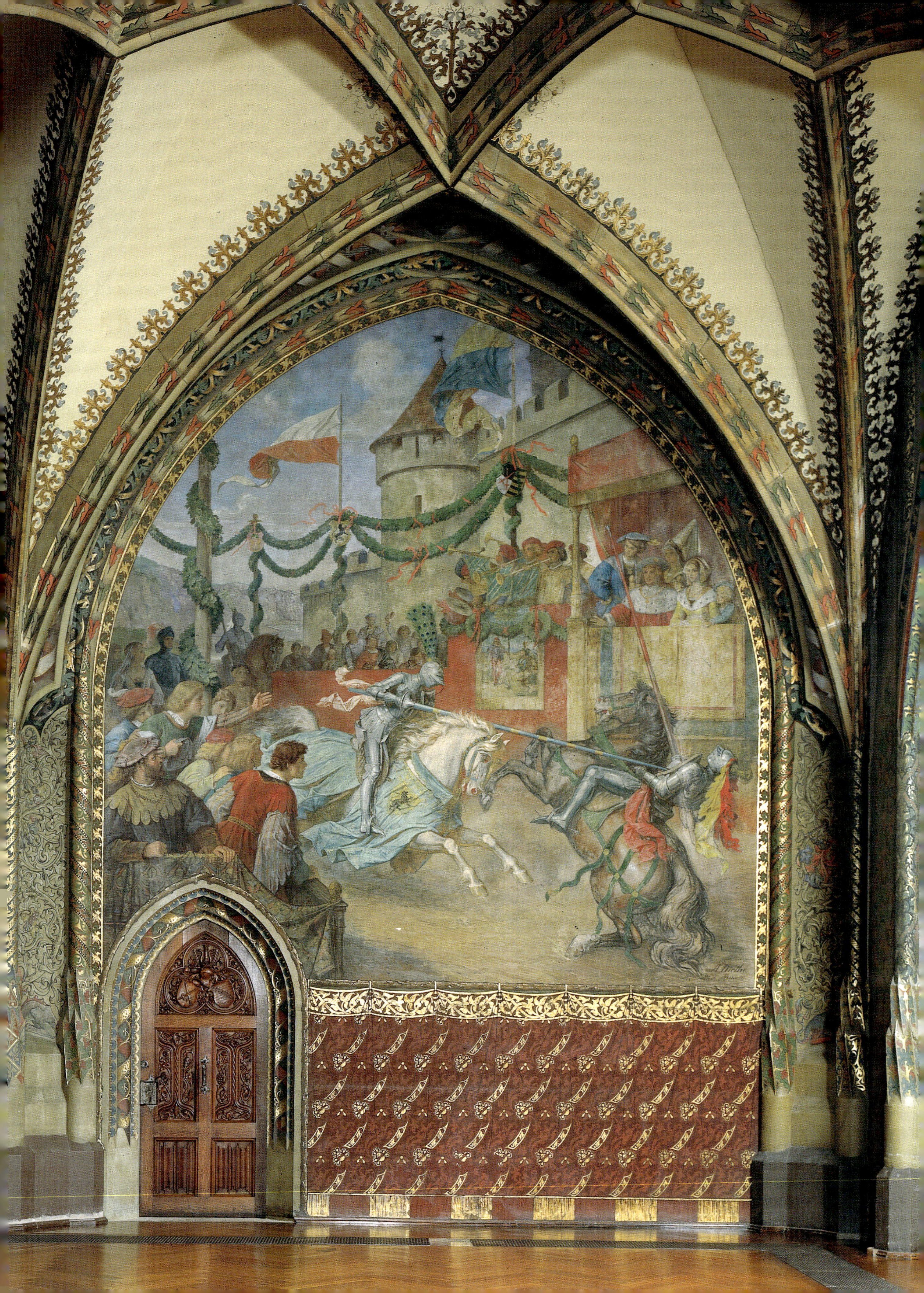

Château de Weesenstein

Le salon Chinois

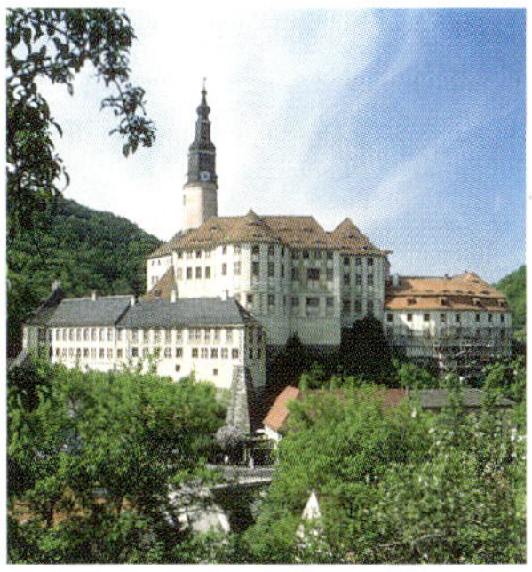

Le salon Chinois dont l'ensemble des murs est couvert d'un papier peint figurant un panorama, se trouve dans les appartements princiers, à l'étage supérieur de l'aile située du côté du village et joua un rôle central au château de Weesenstein. Le fait que l'on y accède par les appartements du prince (1801–1873), devenu en 1854 roi Jean de Saxe (1822-1877), et ceux de la reine Amélie (1822–1877) indique l'importance du rôle que jouait ce salon dans la vie de famille à laquelle se consacrait le couple royal lors de ses séjours au château. Lorsque le château fut repris par la maison des Wettin en 1830, le papier peint figurant « la procession Chinoise » décorait déjà le salon. C'était le propriétaire précédent, Johann Jacob von Uckermann le Jeune (1763–1836), qui en avait fait l'acquisition après que les guerres napoléoniennes avaient endommagé l'intérieur du château. Ce papier peint fut probablement manufacturé à Paris par la maison Dufour vers 1818. On l'imprima en 10 nuances de tons sépia. Les dessins de William Alexander (1767–1816) qui voyagea en Chine ont vraisemblablement servi de modèle à ce papier peint. Ce panorama s'ouvrant sur un paysage tout autant historique qu'exotique, fait de ce salon une pièce admirable en tout point.

S. Sch.

Château de Weesenstein, salon Chinois, la procession Chinoise, détail de la scène de marché

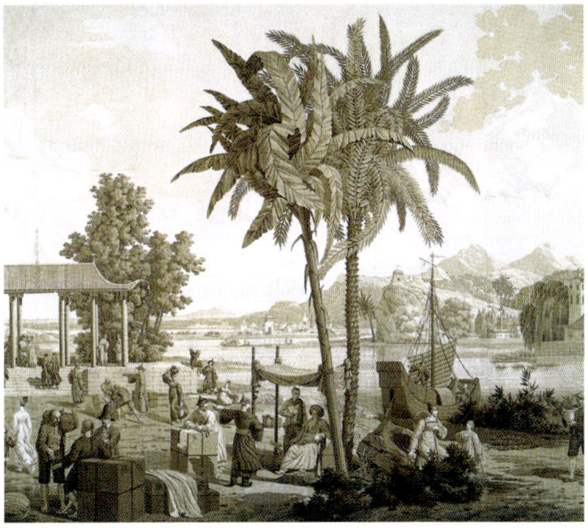

i Schloss Weesenstein
Am Schlossberg 1
01809 Müglitztal
Tél. 03 50 27 / 62 60
Fax 03 50 27 / 6 26 28
info@schloss-weesenstein.de
www.schloss-weesenstein.de

Ouvert tous les jours de novembre à mars : de 10 h à 17 h
d'avril à octobre de 9 h à 18 h

Restaurant de la cuisine du Roi (Königliche Schlossküche)
café Schlosscafé
Brasserie Weesensteiner Schlossbrauerei

PKW Autobahn A 17

DB Nahverkehr Müglitztalbahn, RB Heidenau-Altenberg (station Weesenstein)

VVS Ligne 201 Heidenau-Glashütte (arrêt Gemeindeamt Weesenstein)

P places de parking pour voitures et autocars Autoroute A 17

Château de Weesenstein, le salon Chinois

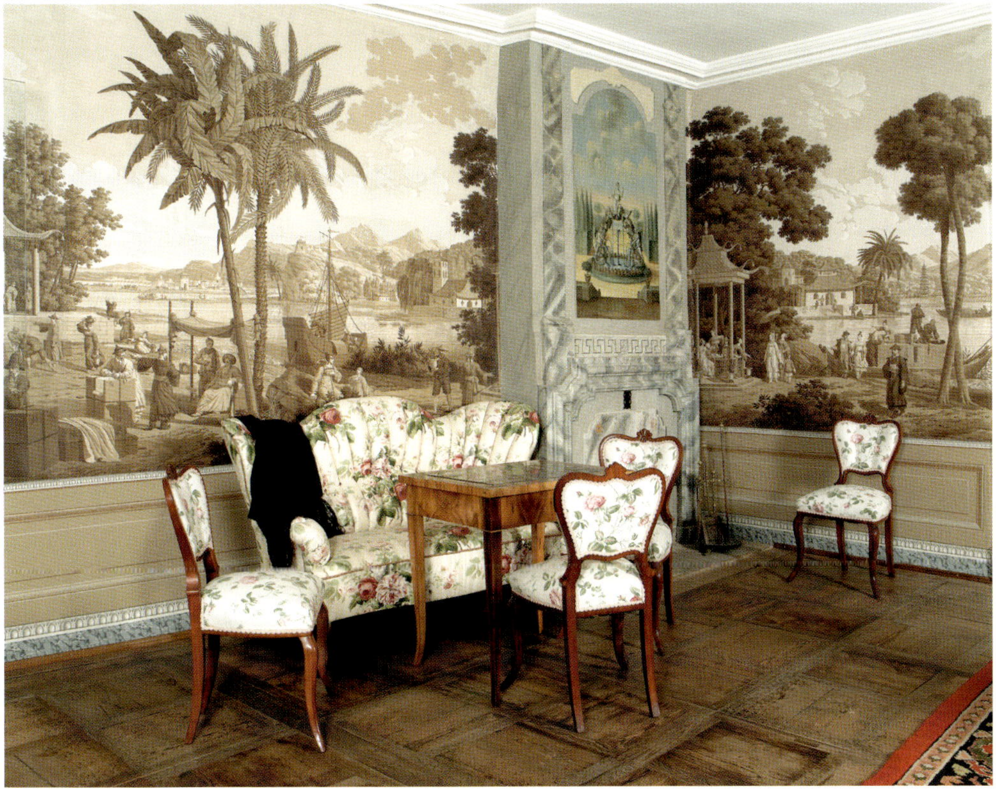

Page d'en face : Château d'Albrechtsburg Meissen, le premier tournoi d'Albrecht le courageux à Pirna, fresque d'Alfred Diethe

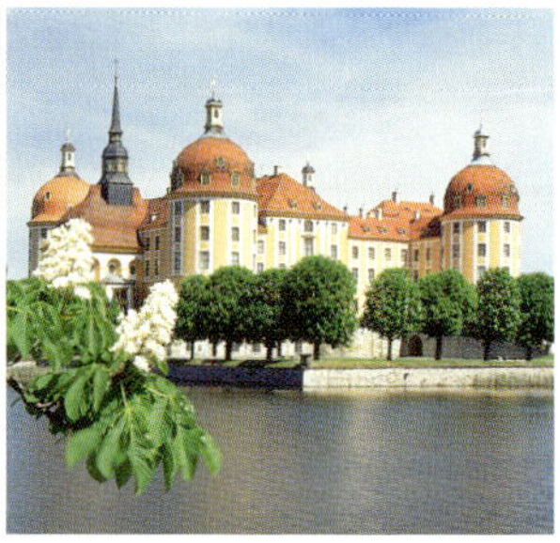

Schloss Moritzburg
01468 Moritzburg
Tél. 035207/873-10
Fax 035207/873-11
schloss.moritzburg@
lff.smf.sachsen.de
www.schloss-moritzburg.de

D'avril à octobre :
tous les jours
de 10 h à 17 h 30
en novembre, en décembre et en mars :
du mardi au dimanche
de 10 h à 16 h
en janvier et février :
horaires d'ouverture restreints

Château de Moritzburg

La salle Monstrueuse

La salle Monstrueuse fut aménagée vers 1730 lors des travaux de transformation du château de chasse style Renaissance en un château royal de chasse et de plaisance pour Auguste le Fort. Le nom quelque peu étrange de cette salle d'audience provient des formes anormales des bois de cerfs et autres cervidés qui y sont exposés. Le plus connus d'entre eux est sans aucun doute celui d'un cerf à 66 cors que le roi de Prusse Frédéric 1er rapporta en trophée de la chasse. Néanmoins, la salle est surtout remarquable en raison de ses tableaux à huile monumentaux, peints sur du cuir qui se dressent sur toute la hauteur de la pièce. En accord avec la vocation du château, ces peintures figurent des scènes s'inspirant de la vie de Diane, déesse de la chasse, telle qu'elle est décrite dans les Métamorphoses d'Ovide. Toutefois, Diane y est essentiellement représentée comme protectrice des animaux et gardienne de la chasteté. Une sorte de code du savoir-vivre est donc sous-jacent à l'iconographie des tableaux, réalisés par le peintre vénitien Lorenzo Rossi. La décoration de la partie supérieure des murs, au dessus des peintures, est constituée d'un bandeau orné de palmettes et de mascarons puis, au dessus encore, d'une corniche dorée avec force d'ornements en stuc. La scotie de la naissance du plafond est agrémentée de stuc doré dans le style Régence. L'alliance de la décoration des murs et de celle du plafond avec l'aménagement général de la salle font de cette dernière une œuvre d'art totale baroque de premier ordre.

Château de Moritzburg, la salle Monstrueuse

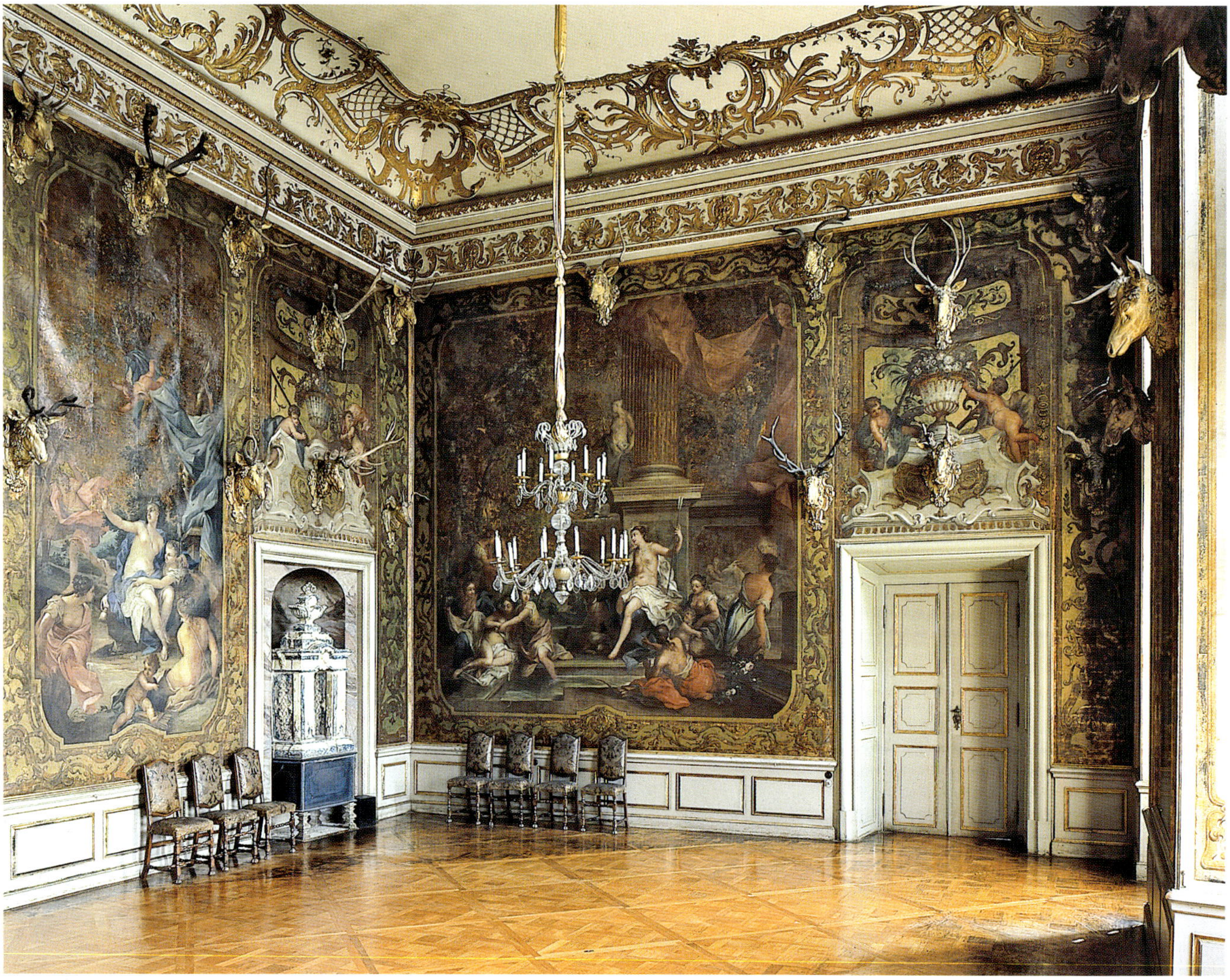

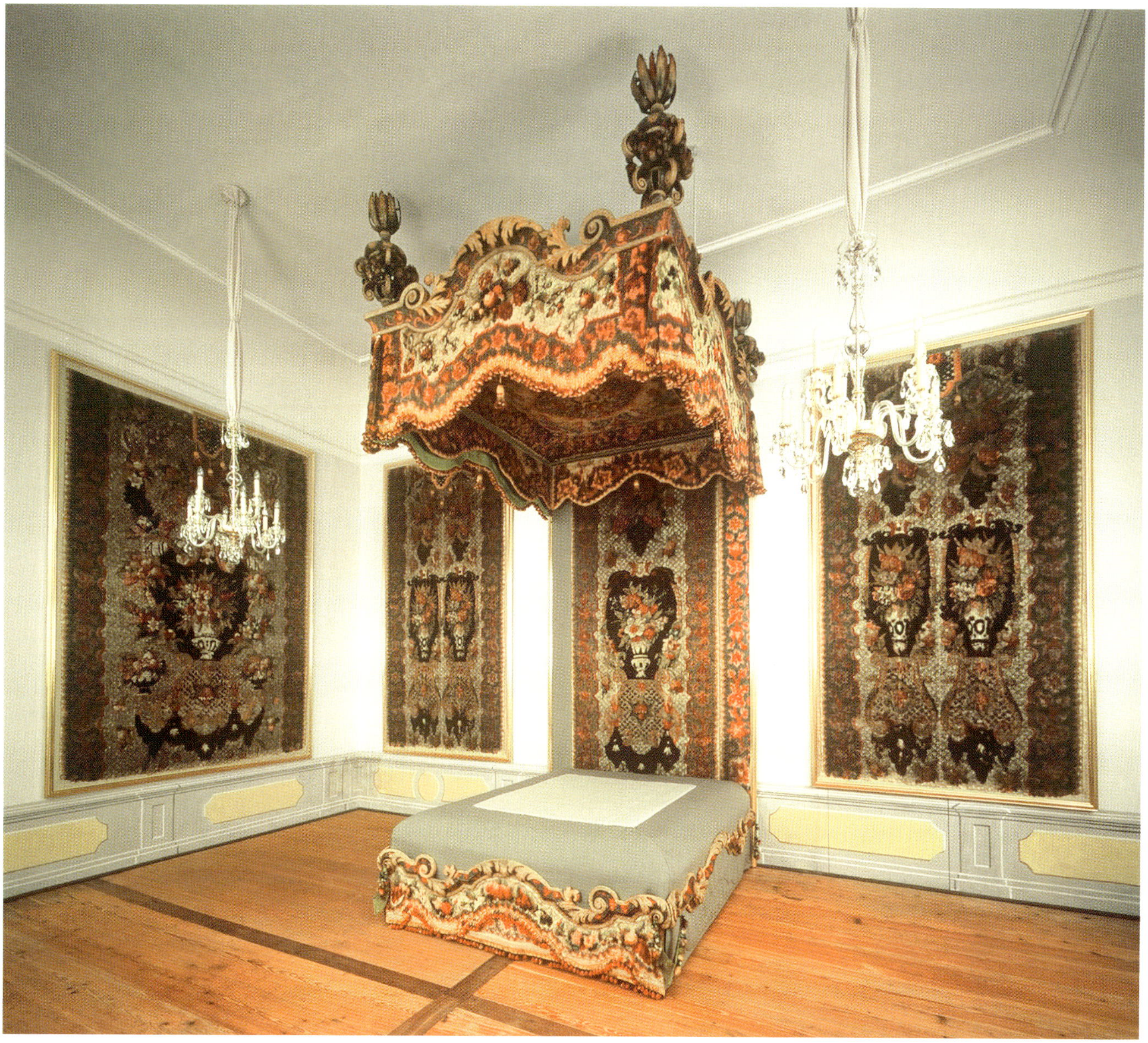

Château de Moritzburg, la chambre aux Plumes d'Auguste le Fort

La chambre aux Plumes

Le lit de parade, recouvert en 1720 à Londres d'un tissu fait de plume inventé par un certain Monsieur le Normand-Cany, constitue l'élément central de la chambre aux Plumes. On utilisa à cet effet plus d'un million de plumes pour obtenir ce doux tissu brillant, aux couleurs exotiques superbes. Le lit de type français fut décoré d'après des esquisses de Daniel Marot. En 1723, ce lit de parade du palais Japonais fut inventorié comme étant un ensemble de décoration d'intérieur. En effet, Auguste le Fort avait autorisé que l'on enlève les rideaux du lit pour les utiliser comme tentures et avait crée ainsi une chambre d'apparat pour son château de Porcelaine. La chambre aux Plumes se trouve depuis 1830 dans la château de Moritzburg où elle est exposée comme en « vitrine » après avoir été minutieusement restaurée. De ce fait, il est justifié de dire que cette œuvre d'art d'intérieurs fut transformée en un intérieur d'art. En raison des remaniements opérés par Auguste le Fort, ce lit de parade est devenu un lit de parade avec décor de chambre. D. W.

✕ Restaurant dans le château (Schlossrestaurant)

Autoroute A 13 (sortie Radeberg), A 4 (sortie Dresden/Wilder Mann)

DB Jusqu'à Dresden Neustadt puis prendre le bus jusqu'au château de Moritzburg

Petit train historique de Radebeul-Ost vers Moritzburg

P Directement en bas du château.

STAATLICHE SCHLÖSSER, BURGEN UND GÄRTEN SACHSEN

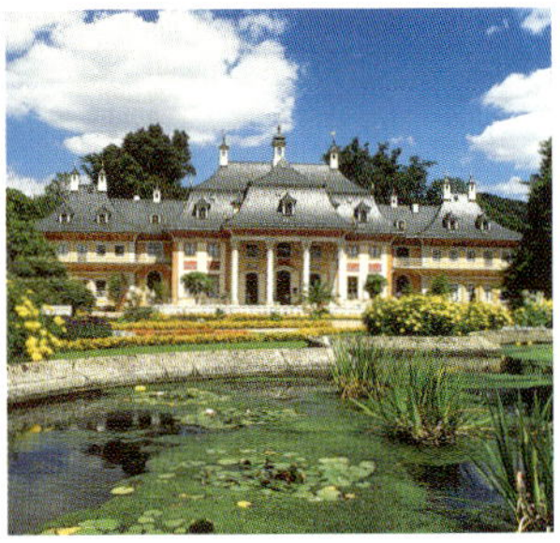

Schloss Pillnitz
01326 Dresden
Tél. 0351/2613260
Fax 0351/2613280
info-pillnitz@schloesser-dresden.de
www.schloesser-dresden.de

De novembre à décembre : de 10 h à 16 h, de février à mars de 9 h à 17 h, d'avril à octobre de 8 h à 20 h

Plusieurs restaurants se trouvent à proximité du château

Autoroute A 13 sur A 4 (sortie Dresden-Hellerau)

Bus ligne 83, bateau à vapeur

directement devant le château

Château et parc de Pillnitz

Le pavillon Chinois

Le pavillon Chinois, réalisé par Christian Friedrich Schuricht en 1804 est l'un des édifices qui restituent au mieux l'architecture chinoise classique. A cet effet, Schuricht s'inspira des esquisses de l'œuvre de William Chambers intitulée « Designs of Chinese Buildings » (1757). Néanmoins, Schuricht ne put vraiment donner corps au principe de construction chinoise, selon lequel les murs ne sont pas les éléments supportant le toit, que dans le contexte de la décoration intérieure et ce, grâce à des peintures en trompe-l'œil. De grandes fenêtres peintes ouvrent les murs sur huit paysages chinois réels. Ces peintures sont attribuées à Johann Ludwig Giesel qui se référa aux dessins de William Alexander, réalisés par ce dernier sur ordre du roi Georges III lors de la mission des envoyés anglais à la cour de l'Empereur de Chine (1792–1793). Ces sources d'inspiration mettent ne évidence combien Schuricht tenait à réaliser une oeuvre aussi authentique que possible. A partir de 1839 environ, le pavillon devint le siège des réunions du cercle d'érudits de l'« Academia Dantesca » ausquelles participait le prince Jean de Saxe et lors desquelles Ludwig Tieck lisait à haute voix des extraits de « La Divine Comédie » de Dante Alighieri que le prince Jean avait traduit en personne.

Le pavillon Anglais

S'inspirant du Tempietto de la cour du cloître de San Pietro in Montorio à Rome conçu par Bramante et d'autres études de temples de William Chamber, Johann Daniel Schade réalisa le pavillon Anglais à la gloire du prince électeur Frédéric Auguste III, en 1780. L'iconographie des peintures murales est un manifeste en l'honneur du maître d'ouvrage, fin connaisseur et mécène des arts antiques et contemporains ainsi que des sciences. Au rez-de-chaussée, la décoration a pour thème la vénération des arts. Sur les reliefs de Johann Gottlob Matthiä, des prêtres prient, au moyen d'offrandes, Apollon, dieu des arts et conducteur des muses, Diane et les muses Clio et Uranie de prendre l'édifice sous leur protection. Mais c'est à l'étage supérieur que le visiteur découvre la véritable nature de ce pavillon : il s'agit en fait d'un studiolo (approximativement : un cabinet d'objets d'art. N.d.T.). Sur des revêtements de bois, le peintre de cour,

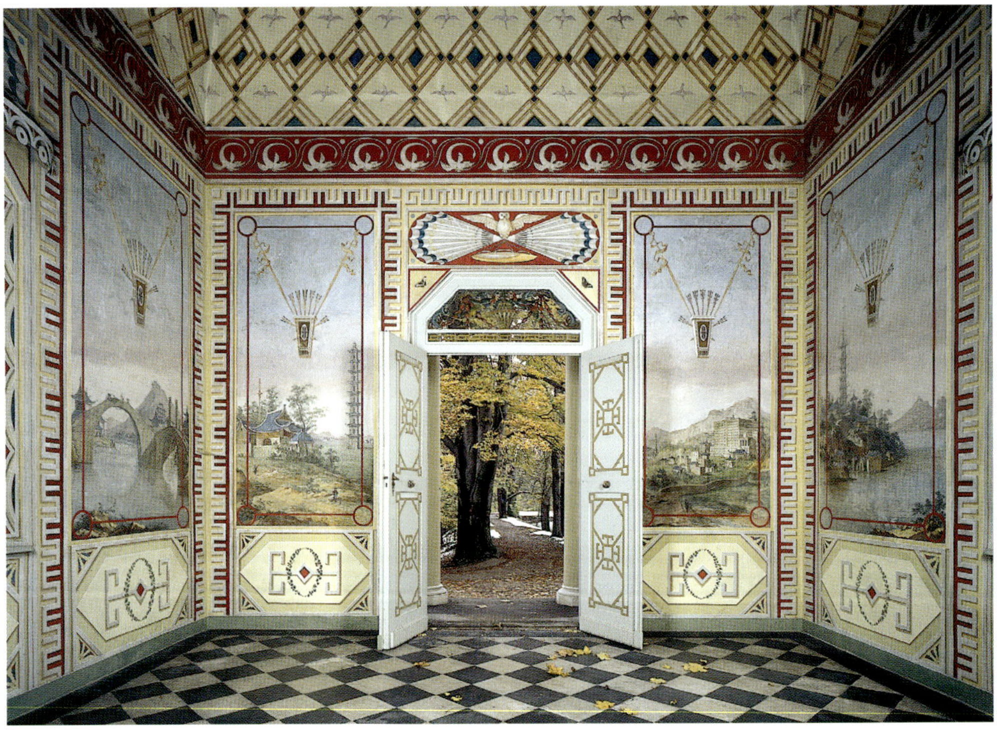

Château de Pillnitz, le pavillon Chinois

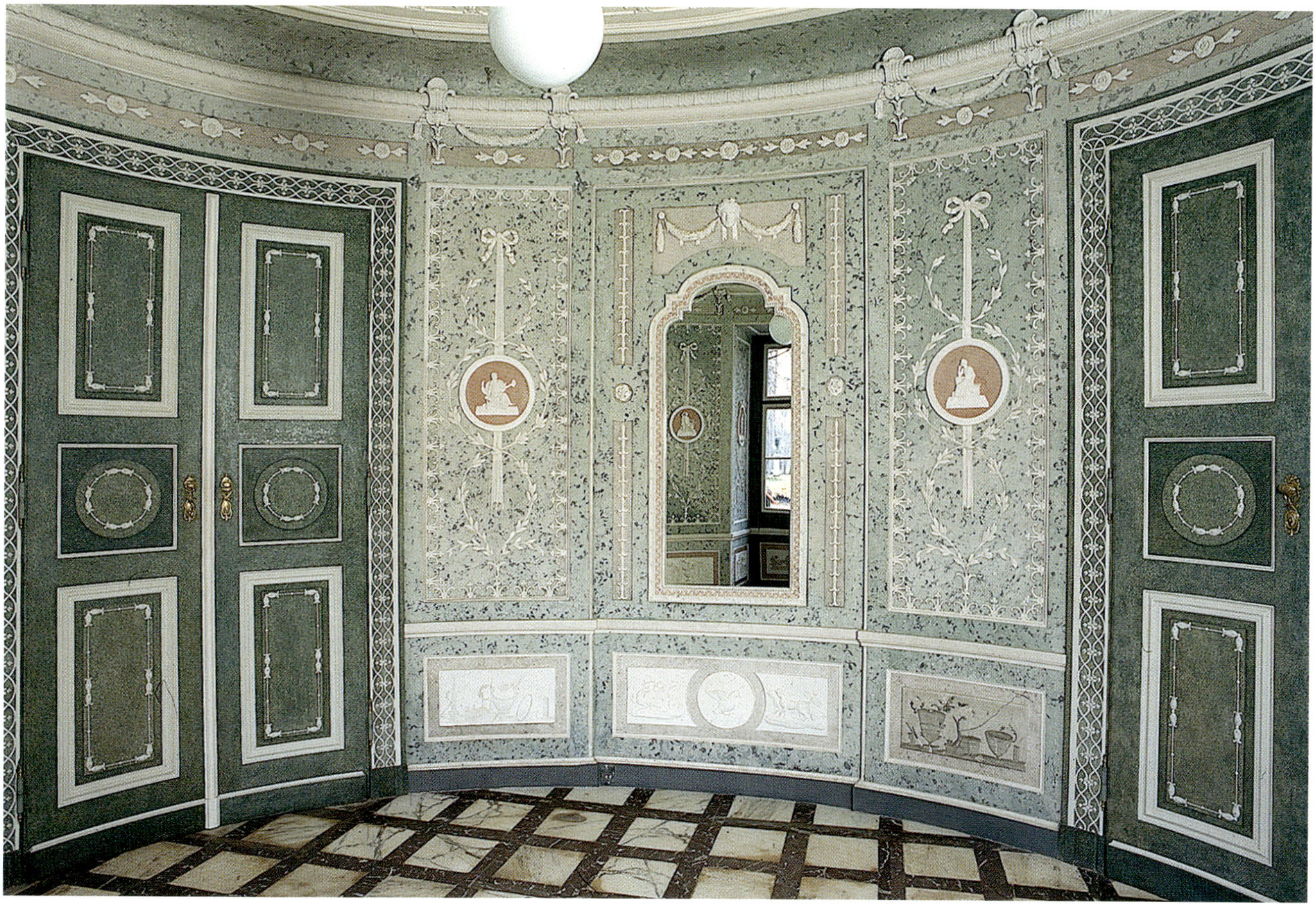

Château de Pillnitz, le pavillon Anglais

Jacob Friedrich, dessina avec minutie des chenilles, des chrysalides et des papillons inspirés du recueil d'illustrations de August Johann Roesel von Rosenhof.

La chapelle Catholique

A la suite d'un incendie qui avait détruit l'ancien édifice, Christian Friedrich Schuricht fut chargé de diriger la construction du Nouveau Palais à Pillnitz, de 1818 jusqu'en 1830. L'aile nord abrite la chapelle Catholique. L'élément de décoration majeur de cette salle aux lignes classiques et sans faste aucun est un cycle de peintures autour du thème de la Sainte vierge Marie que réalisa le peintre de cour Carl Christian Vogel von Vogelstein, de 1826 jusqu'en 1829. Au regard de ces œuvres, il est évident que Vogel eut pour dessein de soutenir au mieux le principe de religion grâce à son art. Vogel insuffla aux personnages de ses peintures foncièrement nazaréenne une aura de force et de confiance. Dans ses compositions, son trait de pinceau privilégie la pureté des lignes et souligne l'élément spirituel grâce à une palette de couleurs aux connotations symboliques et émotionnelles. Il s'inspira, de fait, d'œuvres du Moyen-âge et du début de la Renaissance, les transfigurant pour obtenir des peintures à l'expression vivante voire plébéienne. L'autel semblable à un sarcophage avec un tableau figurant la Vierge Marie miséricordieuse, la chaire en bois et l'orgue de Jehmlich sont des éléments de la décoration d'origine. D. W.

Château de Pillnitz, chapelle Catholique, le couronnement de Marie

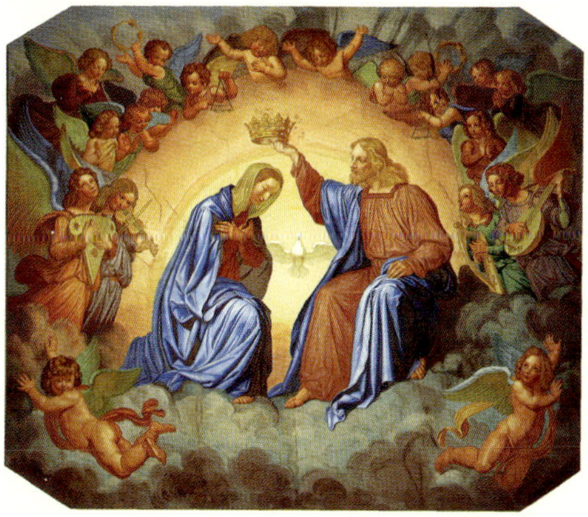

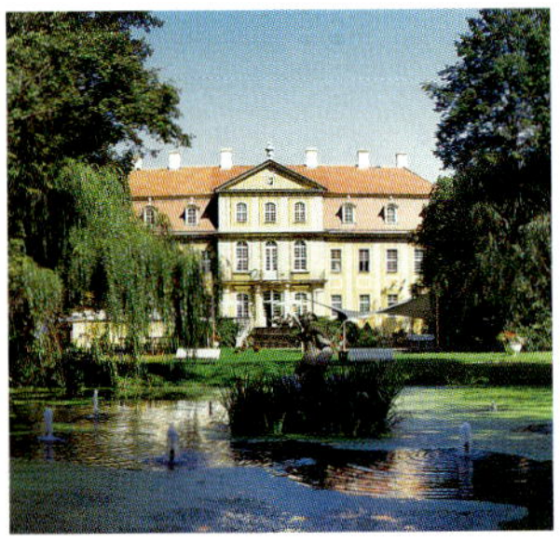

ℹ Barockschloss Rammenau
Am Schloss
01877 Rammenau
Tél. 0 35 94 / 70 35 59
Fax 0 35 94 / 70 59 83
info@barockschloss-rammenau.com
www.barockschloss-rammenau.com

A la belle saison :
tous les jours de 10 h à 18 h
le reste de l'année :
du dimanche au vendredi
de 10 h à 16 h ,
le samedi de 12 h à 16h

Plusieurs restaurants se trouvent à proximité du château.

Autoroute A 4 (sortie Burkau), B 6 (en passant par Bischofswerda)

P directement devant le château

Château de Ramenau
Le salon Bulgare

Le manoir baroque de Rammenau, édifié vers 1720, comprend une pièce dite « la chambre Bulgare » dont on ne sait exactement d'où vient la dénomination. Située à l'étage noble, ce salon faisait partie des pièces d'apparat du château. D'un point de vue esthétique, sa décoration est tout à fait particulière : les peintures murales, probablement réalisées vers 1830, sont fortement influencées par le style pompéien. Ces motifs iconographiques s'inspirent des peintures antiques de Pompéi que les artistes de la région connaissaient grâce à plusieurs gravures de cuivre les représentant.
Dans le château de Rammenau, l'ensemble de l'étage noble se plie à la mode antique quoique la décoration fasse également preuve d'une spécificité régionale. Les artistes ne prirent pas seulement des poncifs de gravures sur cuivre comme modèles mais ils profitèrent également des connaissances botaniques du maître des lieux et commanditaire pour réaliser leurs œuvres. Johann Centurius Comte de Hoffmannsegg, auteur de l'ouvrage de référence « Flora Portugaise », les incita certainement à intégrer à leurs peintures les dessins de plantes tout à fait identifiables et comme sorties d'un herbier que le visiteur peut voir sur les murs. D. W.

Château baroque de Rammenau, le salon Bulgare

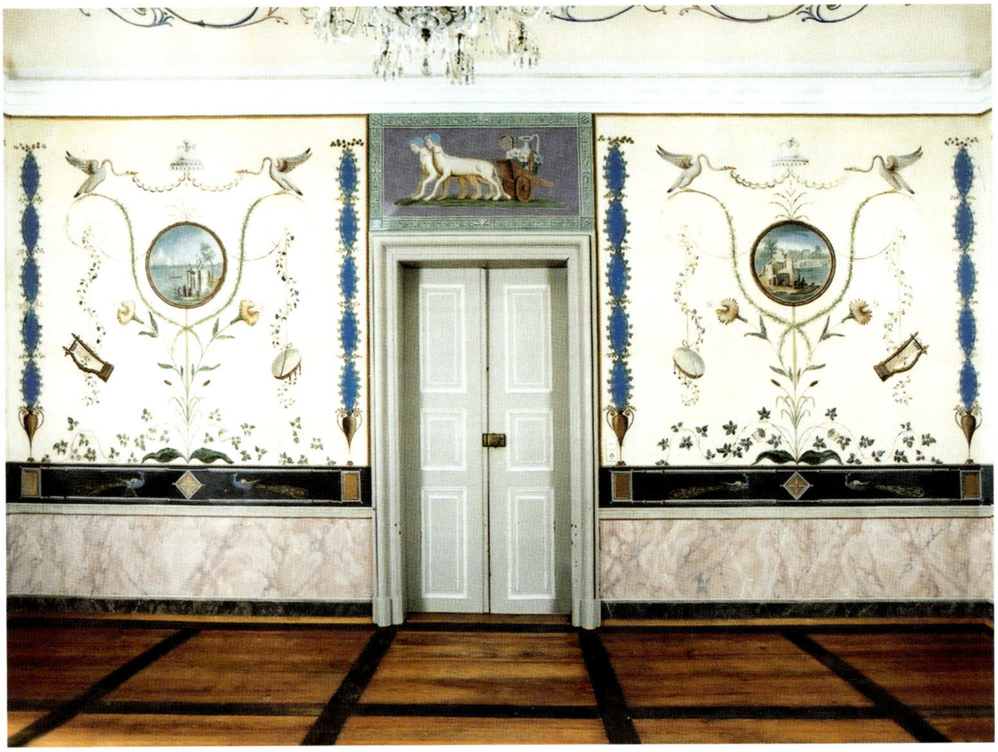

Crédits photographiques :
Staatliche Schlösser, Burgen und Gärten Sachsen (Archives photographiques)

Saxe-Anhalt

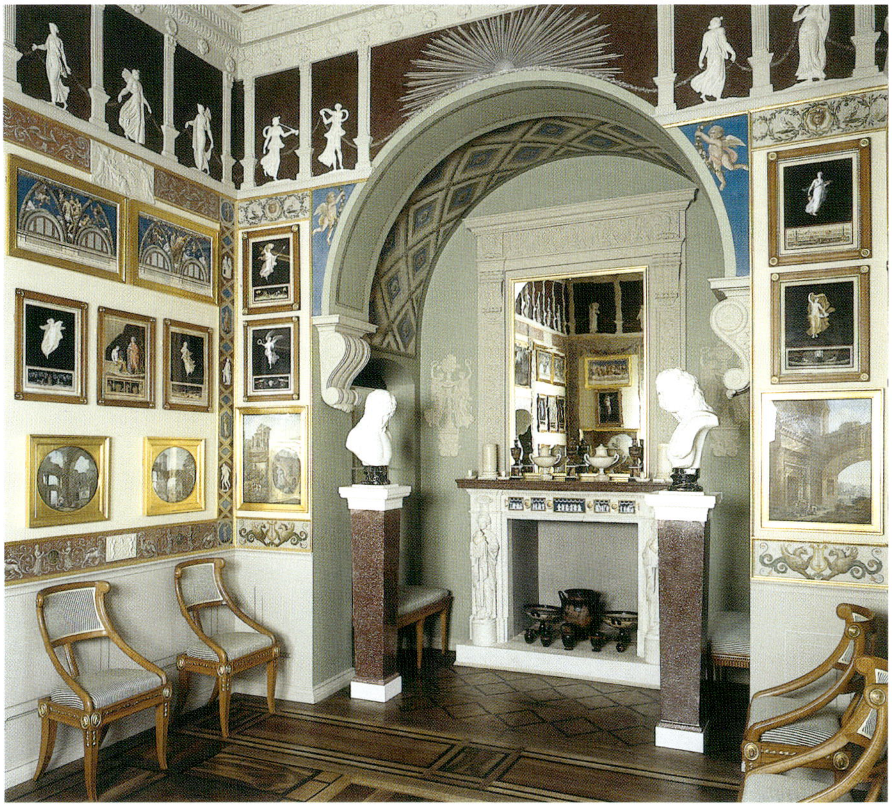

Stiftung Dome und Schlösser in Sachsen-Anhalt

Fondation des Cathédrales et Châteaux de Saxe-Anhalt

Kulturstiftung DessauWörlitz

Fondation culturelle de DessauWörlitz

Stiftung Dome und Schlösser in Sachsen-Anhalt

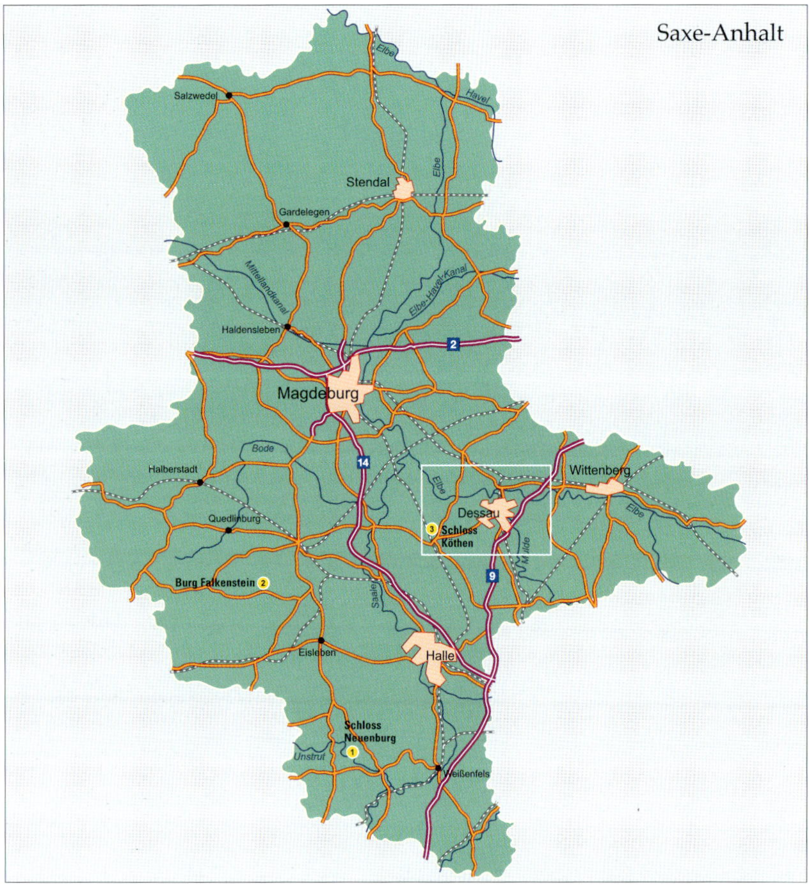

Sélection de sites de la Fondation des Cathédrales et Châteaux de Saxe-Anhalt

1 Château de Neuenburg (p. 215)

2 Château-fort de Falkenstein (p. 216)

3 Château de Köthen (p. 217)

Pour toute information sur les autres sites de la Fondation des Cathédrales et Châteaux de Saxe-Anhalt : www.dome-schloesser.de

Le royaume des Jardins de Dessau-Wörlitz

Dessau

4 Château d'Oranienbaum (p. 218–219)
5 Château de Mosigkau (p. 220–221)

Wörlitz

6 Château de Wörlitz (p. 222–223)
7 Maison Gothique (p. 224–225)
8 Villa Hamilton (p. 226)
9 Le Louisium (p. 227–228)

Pour toute information sur les autres sites de la Fondation culturelle de Dessau-Wörlitz : www.ksdw.de

Kulturstiftung DessauWörlitz

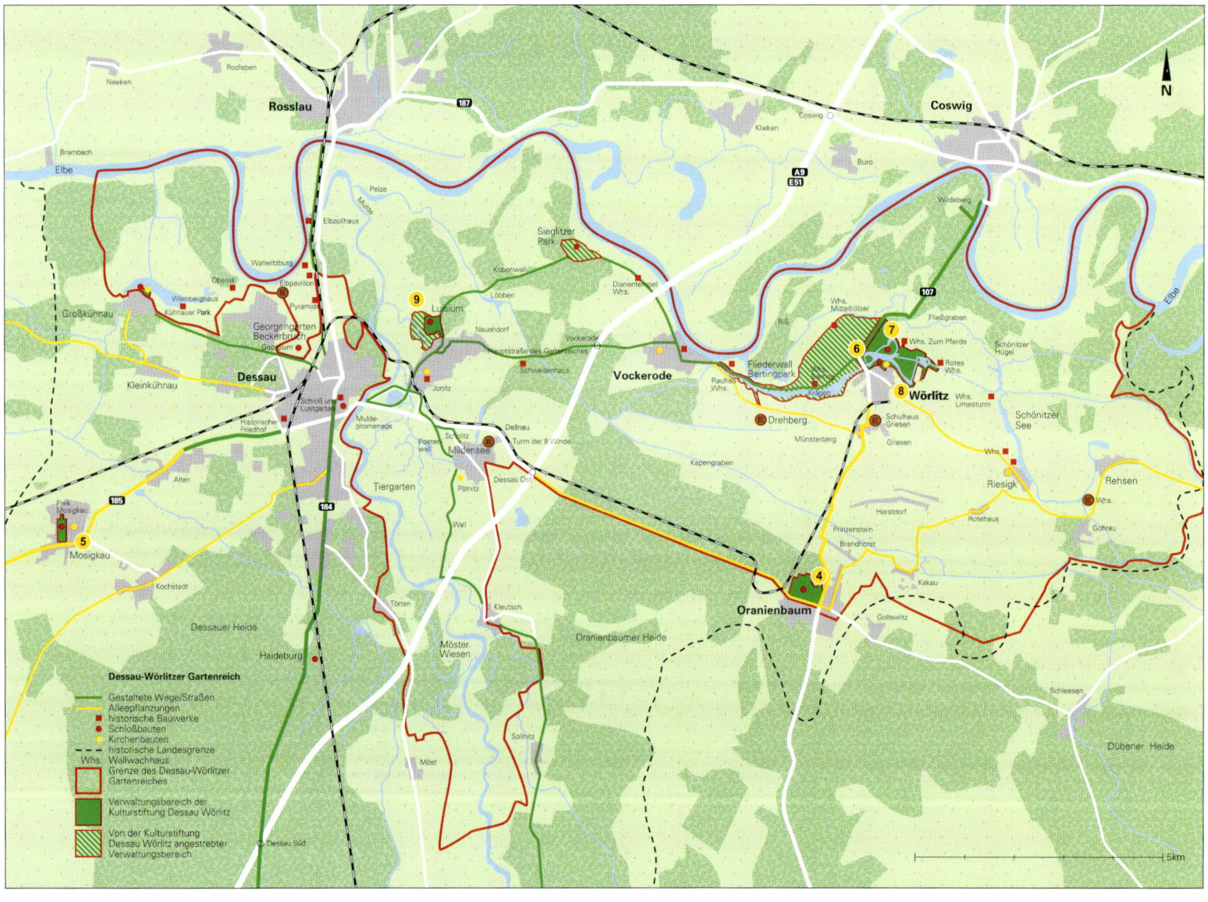

◁ *Villa Hamilton, le salon à la Cheminée*

Château de Neuenburg
La Double chapelle

« La Double chapelle du château [...] de Freiburg sur Unstrut se caractérise moins pas ses dimensions que par son achèvement artistique. Les chapiteaux des faisceaux de colonnes médians de la chapelle supérieure ainsi que les colonnes engagées et les supports de voûte correspondants sont, en ce qui concerne la facture tant sur le plan esthétique que technique, les œuvres les plus achevées de peut-être toute l'ornementation que nous a léguée le Moyen-âge. »

Ferdinand von Quast, 1852

Une chapelle à un étage vit le jour dès la première phase de construction du château fort (soit vers 1090–1150). A partir de 1170 environ, lors des travaux d'agrandissement du site qui allaient de pair avec l'affirmation de la puissance de la maison des landgraves de Thuringe, la chapelle fut exhaussée pour devenir la Double chapelle et intégrée au logis seigneurial construit au même moment. La décoration médiévale d'une grâce impressionnante ne fut réalisée définitivement qu'au premier quart de siècle du XIIIe. Sous le landgrave Louis IV et son épouse, Sainte Elisabeth, la voûte à trois vaisseaux et deux travées fut transformée. Depuis, l'apparence toute particulière de la chapelle supérieure est caractérisée par des supports centraux richement ornés ainsi que par des arcs-doubleaux crénelés.
Grâce aux travaux de restauration et de réfection entrepris au milieu du XIXe ainsi qu'entre 1990 et 1992, la chapelle, resplendissante de beauté, peut encore de nos jours prétendre au titre de salle du château la plus achevée artistiquement.

J. P.

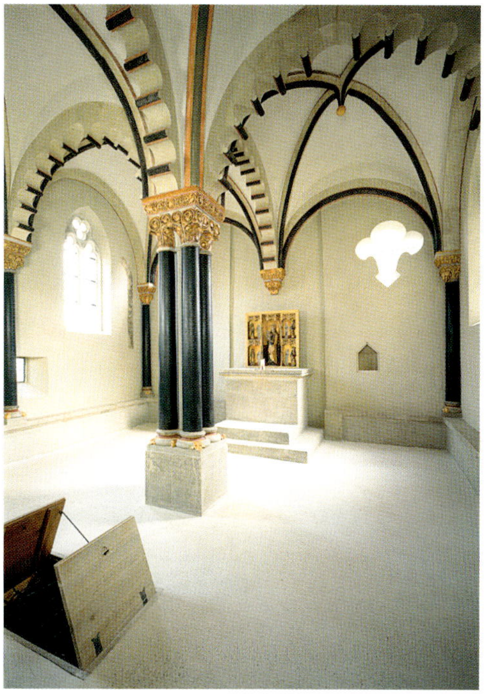

Neuenburg, l'étage supérieur de la Double chapelle

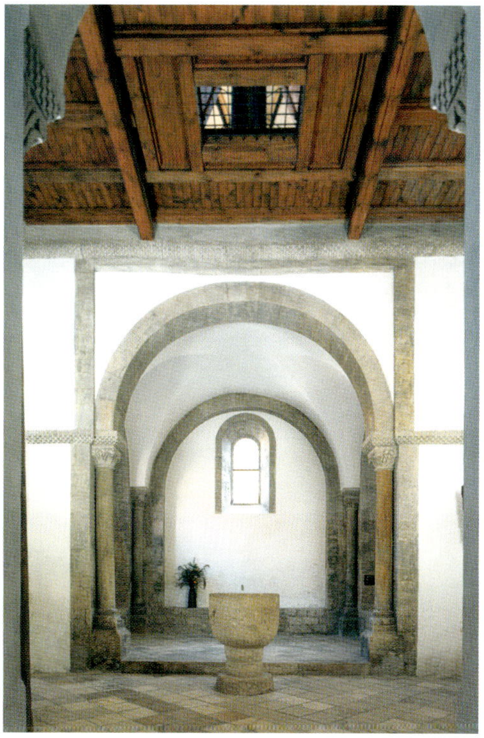

Neuenburg, l'étage inférieur de la Double chapelle

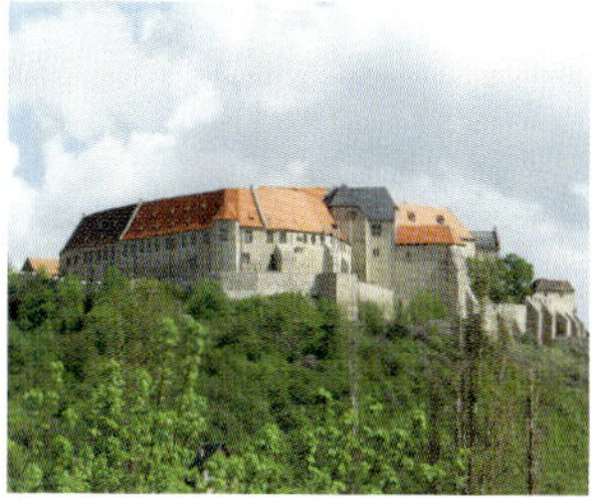

i Museum Schloss Neuenburg
Schloss 01
06632 Freyburg / Unstrut
Tél. 03 44 64 / 3 55 30
Fax 03 44 64 / 3 55 55
www.schloss-neuenburg.de
neuenburg@dome-schloesser.de

Du mardi au dimanche de 10 h à 18 h
(d'avril à octobre)
du mardi au dimanche de 10 h à 17 h
(de novembre à mars)
Dernière entrée 30 min. avant la fermeture
Fermé le lundi.
Le donjon « Dicker Wilhelm » est ouvert d'avril à octobre.

Café du musée Alte Remise
Restaurant Küchenmeisterey
Tel. 03 44 64 / 6 62 00 und 03 43 83 / 4 46 64
www.heureka-gastro.de

P Parking pour visiteurs à l'hôtel Edelacker
(à 5 min à pied du château)

DB Trains de la Deutsche Bahn: Descendre à Naumburg / Saale Hbf., puis continuer avec un train de la Burgenlandbahn jusqu'à Freyburg / U.

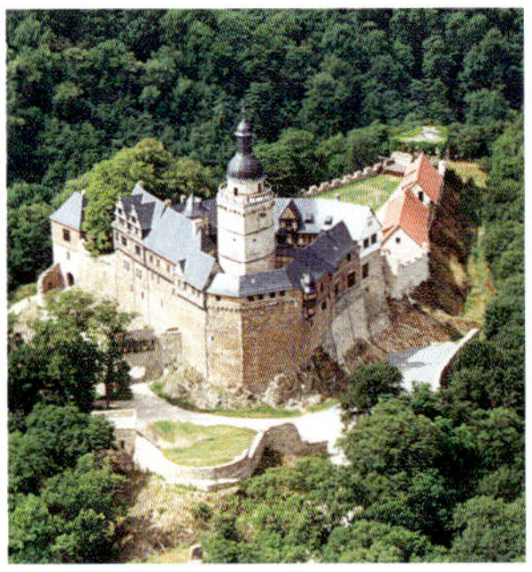

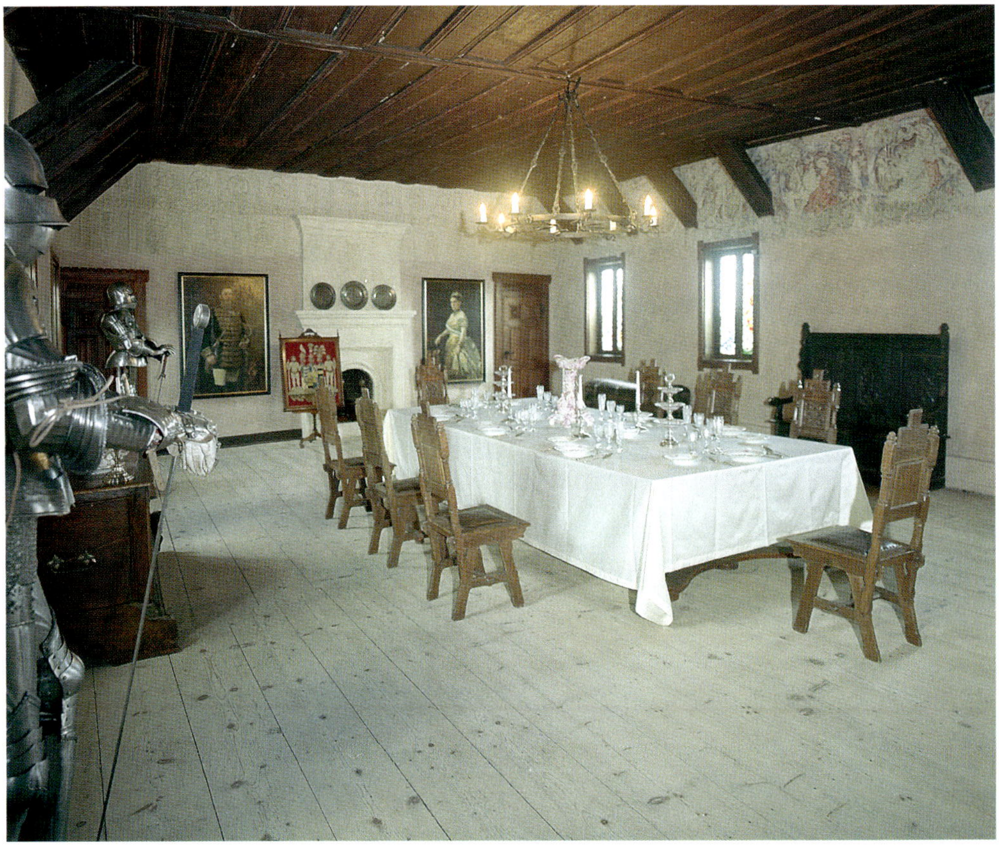

Château-fort de Falkenstein, la salle des Chevaliers après les travaux de restauration de 1999/2000

i Museum Burg Falkenstein
06543 Falkenstein / Harz
OT Pansfelde
Tél. 03 47 43 / 5 35 59-0
Fax 03 47 43 / 5 35 59-20
www.burg-falkenstein-harz.de
falkenstein@dome-schloesser.de

du mardi au dimanche de 10 h à 18 h
(d'avril à octobre)
du mardi au dimanche de 10 h à 16 h
(de novembre à mars)
Dernière entrée 30 min. avant fermeture
Fermé le lundi (hormis jour férié) et le 24 décembre

Restaurant du musée Krummes Tor
Horaires d'ouverture comme le musée

P « Gartenhaus »
(25 min. de marche à pied)

Calèche et petit chemin de fer

Particularité:
Pendant la saison, événements culturels dans le Falkenhof

Château-fort de Falkenstein
La salle des Chevaliers

La salle des Chevaliers occupe toute la superficie du deuxième étage de l'aile sud du château, construite aux environs de 1491. Elle n'est mentionnée pour la première fois qu'en 1586 sous la dénomination de « Nouvelle salle ». Effectivement, ses éléments architecturaux les plus anciens remontent à cette époque: les stucs se trouvant sur les deux murs en bout de pièce sont datés de 1575 et le plafond de madriers semble n'être qu'à peine plus ancien. Vers 1840, Le comte Louis Ier de la maison Asseburg-Falkenstein, maître de chasse à la cour de Prusse, fit richement aménager cette salle en vue de séjours de chasse et de réceptions. Le maître architecte F. A. Stüler qu'il avait engagé à cet effet, donna à la salle un cachet néogothique. Cependant, cette décoration, alors dépassée, fut enlevée en 1925. Le plafond de madriers fut en partie agrémenté d'ornements de couleur, tout du moins du côté sud, avec une frise figurant des motifs de chasse et d'amour courtois. Enfin, dans les années 50, la salle prit une apparence austère par le blanchissement de ses murs à la chaux et son plafond sur lequel on appliqua un glacis brun foncé. L'aménagement actuel de la salle de chasse et de banquet tente de rendre les différentes phases de remaniements des siècles passés et de les conserver au mieux. J. S.

Château-fort de Falkenstein, la salle des Chevaliers, carte postale d'époque, vers 1925

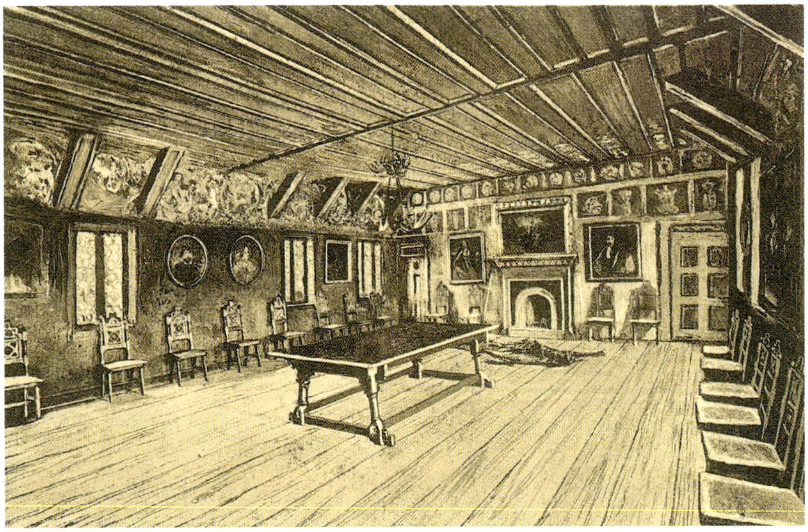

Château de Köthen
La salle des Glaces

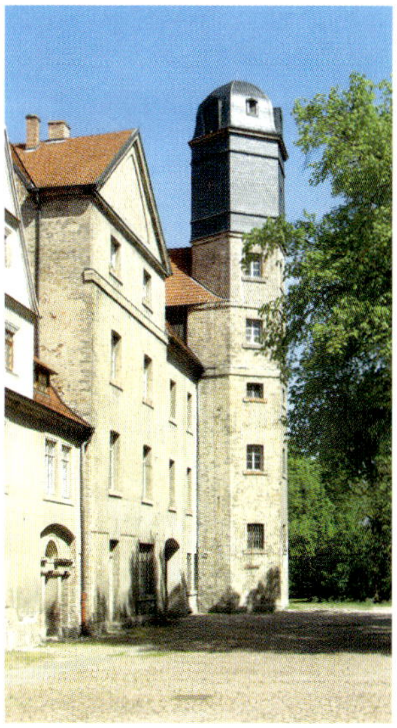

La salle des Glaces au deuxième étage de l'aile Louis, construit vers 1600 sous la direction des frères Niuron, est une réalisation de l'architecte Gottfried Bandhauer (1790–1837). Divers aménagements et remaniements lui ayant été confiés depuis 1820, il aménagea en style classique la salle du Trône, nommé initialement la « Grande salle ».

La structure de la pièce est ordonnée par des pilastres imposants qui supportent un entablement massif faisant le pourtour de la salle et qui encadrent par alternance des glaces, des fenêtres ou des portes. Le rythme de la voûte en berceau majestueuse, ornée de caissons en stuc somptueusement décorés, est interrompu au milieu de la pièce par une voûte en berceau transversal.

La salle des Glaces fut avant son remaniement le lieu de réunion de la « Société fructueuse » fondée en 1617 et Jean-Sébastien Bach y tint des concerts en sa qualité de chef d'orchestre de la cour entre 1717 et 1723. De nos jours, elle constitue, avec la chapelle, le noble cadre du Festival et Concours de Bach à Köthen, dont la renommée est internationale.

K. T.

i Historisches Museum für Mittelanhalt und Bach-Gedenkstätte
Schlossplatz 4
06366 Köthen
Tel. 0 34 96 / 21 25 46
Fax 0 34 96 / 21 40 68
www.dome-schloesser.de
leitzkau@dome-schloesser.de

A Naumann-Museum Köthen
adresse voir ci-dessus
Tél. 0 34 96 / 21 20 74
Fax 0 34 96 / 30 38 68

Heures d'ouverture de tous les musées:
du mardi au samedi de 13 h à 17 h,
le dimanche de 10 h à 13 h et de 14 h à 17 h
Fermé le lundi, les 24, 25 et 31 décembre, ainsi que le 1er janvier et à l'Ascension

Dans le centre ville de Köthen

P Dans le centre ville de Köthen

DB Trains de la Deutsche Bahn: Gare: Köthen

Château de Köthen, la salle des Glaces dans l'aile Louis

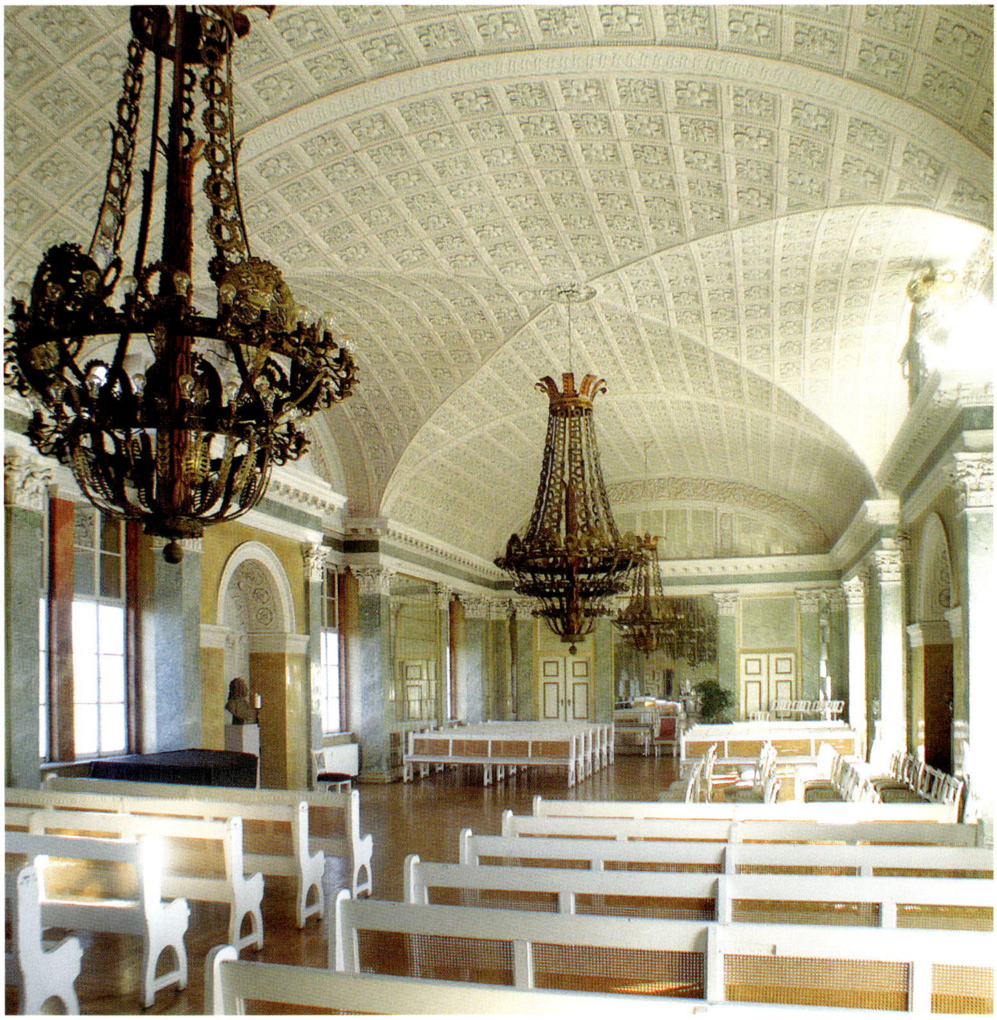

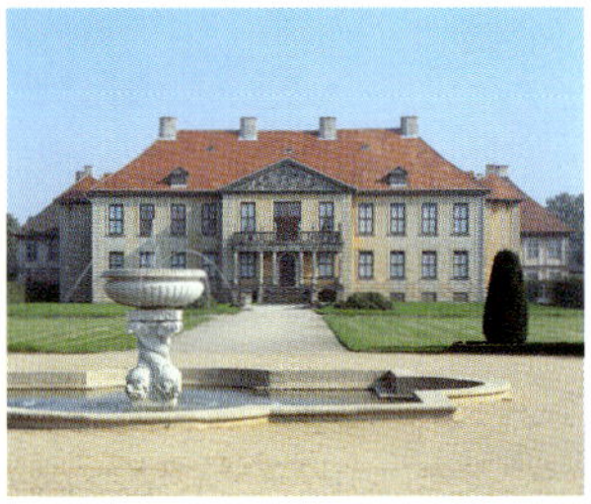

i Kulturstiftung
DessauWörlitz
Schloss Großkühnau
06846 Dessau
Tél. 0340/64615-0
Fax 0340/64615-10
www.gartenreich.com
ksdw@ksdw.de

Schloss Oranienbaum
06785 Oranienbaum
Tél./Fax 034904/20259

Le royaume des Jardins de Dessau-Wörlitz

Le royaume des Jardins de Dessau-Wörlitz (Gartenreich Dessau-Wörlitz) reçut ses lettres de noblesse en l'an 2000 lorsque l'UNESCO le répertoria sur la liste du patrimoine mondial. L'initiateur en fut le prince Léopold III. Frédéric François d'Anhalt-Dessau (1740–1817), un homme acquis à l'idéal des Lumières qui entreprit de larges réformes et fit aménager ces jardins. Son règne sur ce petit Etat modèle fut marqué par l'influence anglaise et de l'Antique ; son esprit humaniste, persuadé du principe d'universalité, transparaissait dans tous les domaines de gestion de l'Etat. Ainsi, il décida dans le cadre d'un programme visant à « l'embellissement du pays » de faire aménager un véritable royaume jardinier d'une envergure impressionnante dont 142 km² (soit environ un quart des jardins d'origine) se sont conservés jusqu'à nos jours. Plus de cent édifices décorent ce paysage qu'il s'agisse de châteaux, de gentilhommières, d'églises, de temples, de maisons de gardiennage sur remblais, de ruines artificielles etc. L'œuvre du prince fut unanimement admirée et respectée de tous, de quel bord qu'ils soient, et c'est pourquoi les bâtiments et leurs intérieurs furent précieusement conservés. Le visiteur peut donc aujourd'hui découvrir environ 70 pièces réparties dans les châteaux et les autres édifices du royaume des Jardins, dont les aménagements sont pour 90% préservés.

Le château d'Oranienbaum

La commanditaire de ce complexe, mais aussi de la ville au plan symétrique construite à la même époque, fut Henriette Catherine d'Oranien-Nassau (1637–1708), l'épouse du prince Jean Georges II. La princesse hérita d'une immense fortune se présentant sous la forme

Château d'Oranienbaum, la salle aux Tentures de cuir, photo d'époque de 1927

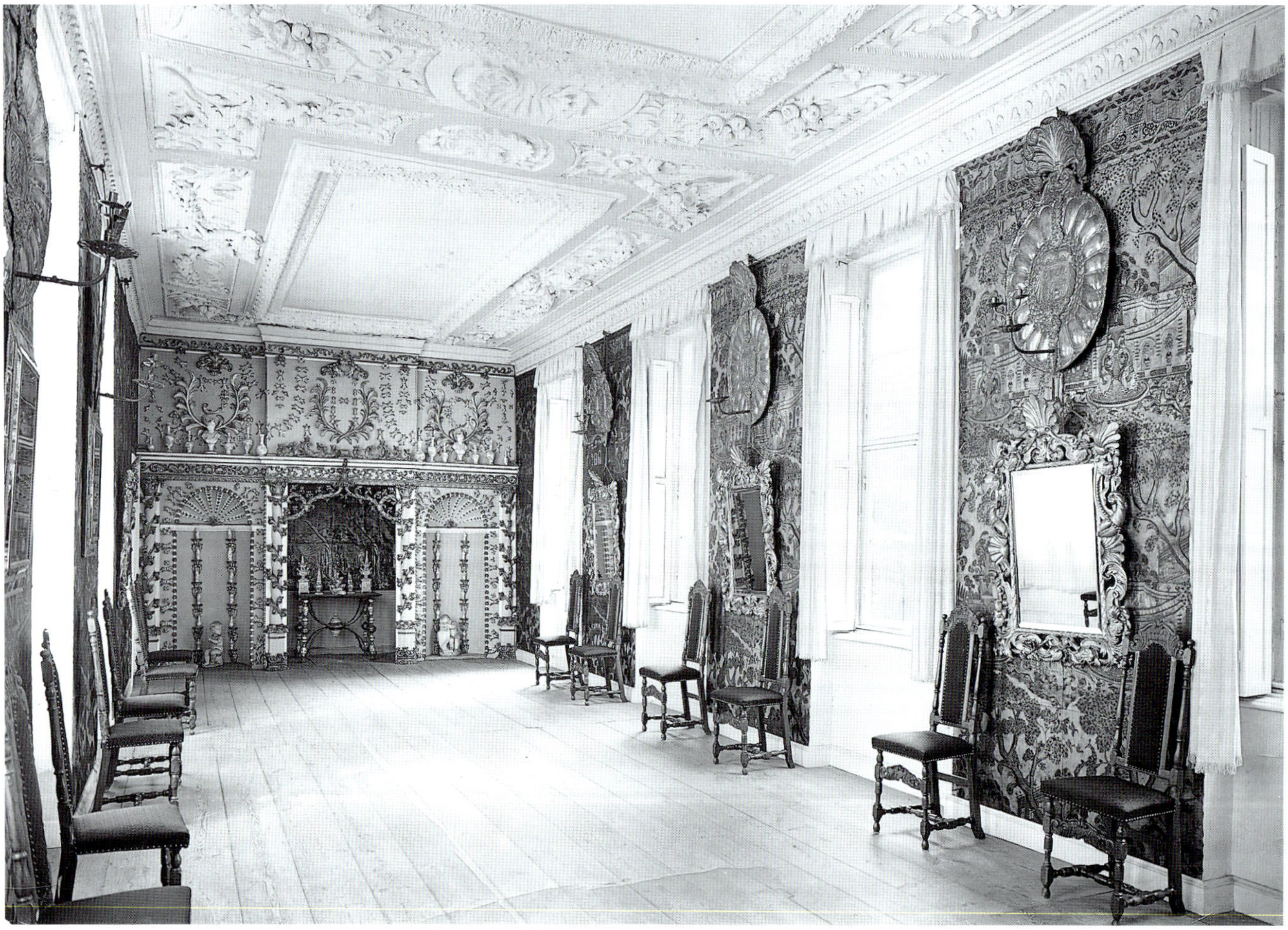

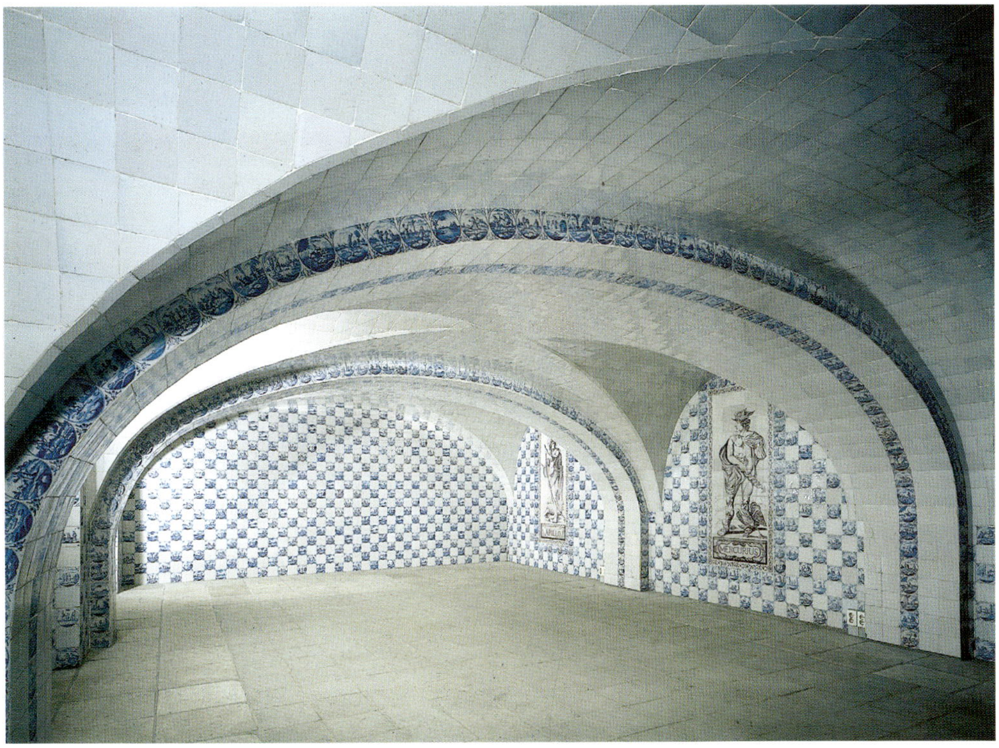

Château d'Oranienbaum, la salle à manger d'été

⊙ D'avril à octobre : le samedi, le dimanche et les jours fériés, de 10 h à 17 h, de mai à septembre : du mardi au dimanche, de 10 h à 18 h. Ouvert les lundis de Pâques et de Pentecôte. Sur demande préalable, visites guidées possibles également en dehors des horaires d'ouverture.

Sous réserve de modification

Pagode dans le jardin Anglo-chinois d'Oranienbaum

⊙ Ouverte de mai à septembre : le dimanche de 14 à 16 h

Sous réserve de modification

P Devant le château

de divers objets d'artisanat d'art et d'œuvres d'art, avec lesquels elle décora, à partir de 1683, somptueusement son manoir qu'elle avait chargé l'architecte hollandais Cornelis Ryckwaert de construire. De nos jours, deux pièces en particulier témoignent encore du faste de l'aménagement baroque des intérieurs.
Ultérieurement, le prince François intégra le complexe baroque du château d'Oranienbaum au royaume des Jardins. Le régent utilisa alors ce manoir essentiellement pour de courts séjours voués à la chasse et, environ 90 ans après la construction de la résidence, certaines pièces furent remaniées « à la chinoise » d'après les esquisses faites par Sir William Chamber qui avait parcouru la Chine.

La salle aux Tentures de cuir

La salle aux Tentures de cuir se situe dans l'aile nord qui fut ajoutée au corps de logis, elle est néanmoins momentanément l'objet de travaux de restauration. Il est prévu qu'en 2006 elle aura recouvré l'aspect qu'elle avait en 1927, date à laquelle fut prise la photo ci-jointe. Le plafond de stuc imposant réalisé par Giovanni Simonetti, la tenture de cuir hollandaise en grande partie conservée, les boiseries incrustées de faïence et encadrées de bleu clair avaient pour dessein de faire de cette salle une salle d'apparat. A l'instar de la pièce qui forme son pendant au Sud de l'édifice et qui comprenait, elle, essentiellement des objets précieux en cristal, la salle aux Tentures de cuir était vouée à être pareille à un cabinet d'art pour des objets de collection.

La salle à manger d'été

Cette salle à manger d'été est située en souterrain et s'étend sous une voûte d'arête délimitée par deux arcs doubleaux. A la saison chaude, on pouvait y manger au frais. Le cachet hollandais de cette salle provient de la décoration constituée de centaines de carreaux hollandais dont la moitié représente des scènes figuratives soit bibliques soit constituées d'enfants qui jouent. Sept tableaux en carrelage, dont deux figurent des vases remplis de fleurs et les cinq autres les divinités des planètes, sont la grande particularité de cette décoration.

W. S.

Château d'Oranienbaum, la salle aux Tentures de cuir, détail: répétition du motif

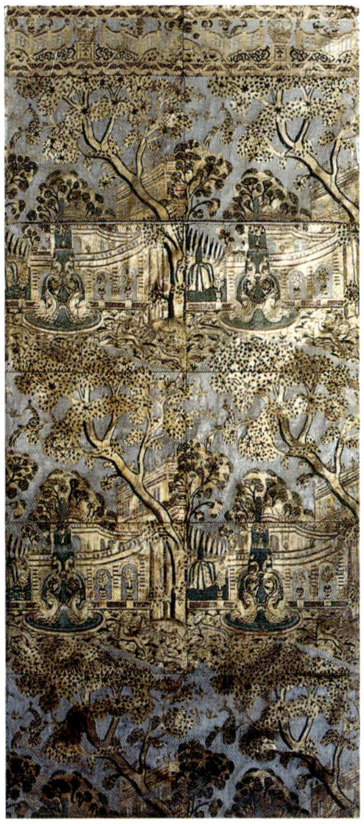

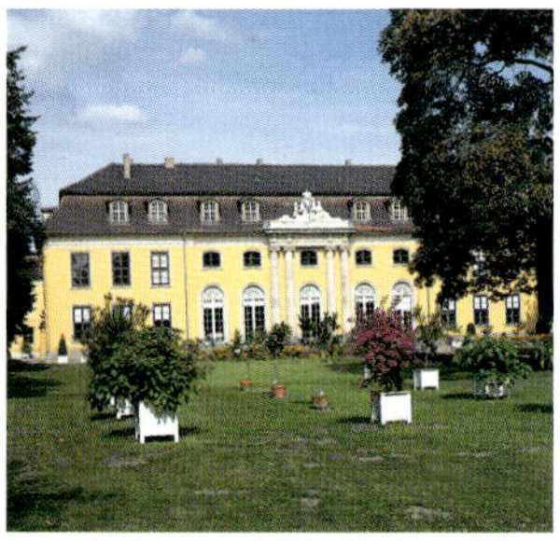

Le château de Mosigkau

Le château de Mosigkau se situe environ à huit kilomètres à l'Ouest du centre-ville de Dessau. La maîtresse des lieux, la princesse Anne Wilhelmine d'Anhalt-Dessau (1715–1780), qui ne se maria jamais, était la petite fille d'Henriette Catherine et la tante du prince François. Le surnom de « Petit Sans-souci » donné à ce château n'est pas un hasard. Cet édifice et ses jardins, aménagés à l'apogée du rococo allemand, n'a bien sûr pas le faste du palais de style Fédéricien qui fut construit environ à la même époque à Postdam, mais il est indéniable que son charme, la légèreté de ses lignes et la dignité de son apparence sont d'une beauté également incomparable.

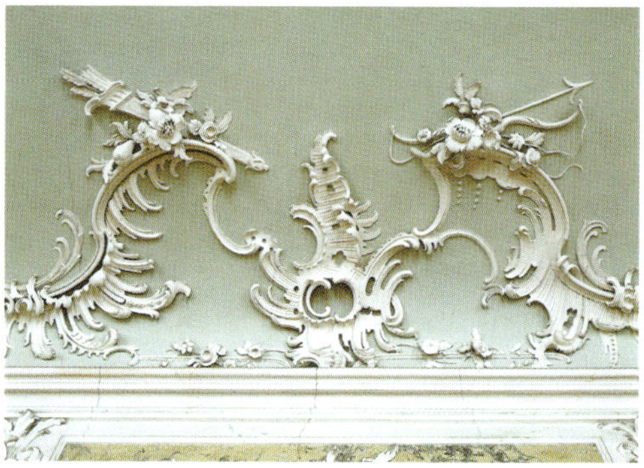

Château de Mosigkau, la salle du Jardin, détail : stuc du plafond

ℹ Kulturstiftung DessauWörlitz
Schloss Großkühnau
06846 Dessau
Tél. 03 40 / 6 46 15-0
Fax 03 40 / 6 46 15-10
www.gartenreich.com
ksdw@ksdw.de

ℹ Schloss Mosigkau
Knobelsdorffallee
06847 Dessau
Tél. / Fax 03 40 / 52 11 39

Uniquement visites guidées.
Dernière visite environ une heure avant la fermeture du musée.

D'avril à octobre :
du mardi au dimanche, de 10 h à 17 h,
de mai à septembre :
du mardi au dimanche, de 10 h à 18 h
Ouvert les lundis de Pâques et de la Pentecôte.
Sur demande préalable, visites guidées possibles également en dehors des horaires d'ouverture.

Sous réserve de modification

P A proximité

La salle du jardin

Le cœur du complexe est constitué de la galerie, richement décorée et très bien conservée, qui se trouve dans le corps de logis. La galerie des Tableaux est située au centre des salles d'apparat qui donnent sur les jardins. Elle est d'une importance primordiale en raison de sa collection de tableaux de maîtres, pour l'essentiel flamands et hollandais du XVIIe, héritage de la famille d'Orange conservé à Dessau-Wörlitz. On peut y voir par exemple le portrait de Guillaume II d'Orange-Nassau à l'âge de six ans peint par la main du maître Antoine Van Dyck ou bien l'allégorie avec Flore et Zéphir réalisée en commun par Jan Brueghel l'Ancien et Pierre Paul Rubens. L'agencement, pour l'essentiel d'origine, des tableaux placés dans des renfoncements de mur prévus à cet effet et alignés sans espace aucun entre eux est

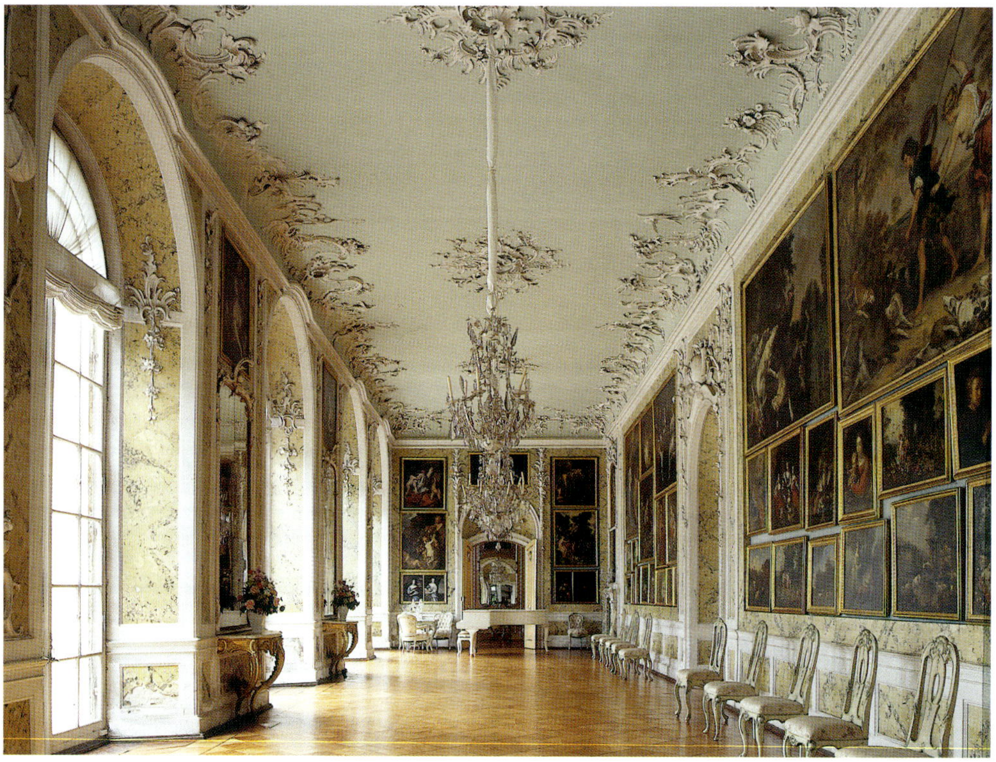

Château de Mosigkau, la salle du Jardin

exceptionnel et unique en Allemagne. Ce décor est complété avec art par le marbre stuqué des murs et le riche ornement, également en stuc, du plafond en style rococo.

Le cabinet Anglais des Dames

En passant par le cabinet Jaune-argent situé près de la Galerie, merveilleusement décoré dans le style rococo, le visiteur arrive dans le cabinet Anglais des Dames, une pièce en coin au Sud-Ouest de l'édifice. Ce cabinet baroque, essentiellement voué à l'usage privé, est doté de lambris de bois sans cadres, ni ornements, s'élevant sur toute la hauteur de la pièce. Une série de douze portraits représentant des dames de la cour anglaise est particulièrement bien mise en valeur grâce au contraste entre leurs cadres dorés et les murs aux teintes chaudes. Ce cycle de tableaux fut peint par un élève d'Antoine Van Dyck, d'après des modèles réalisés par le maître, et font partie de l'héritage de la famille d'Orange. W. S.

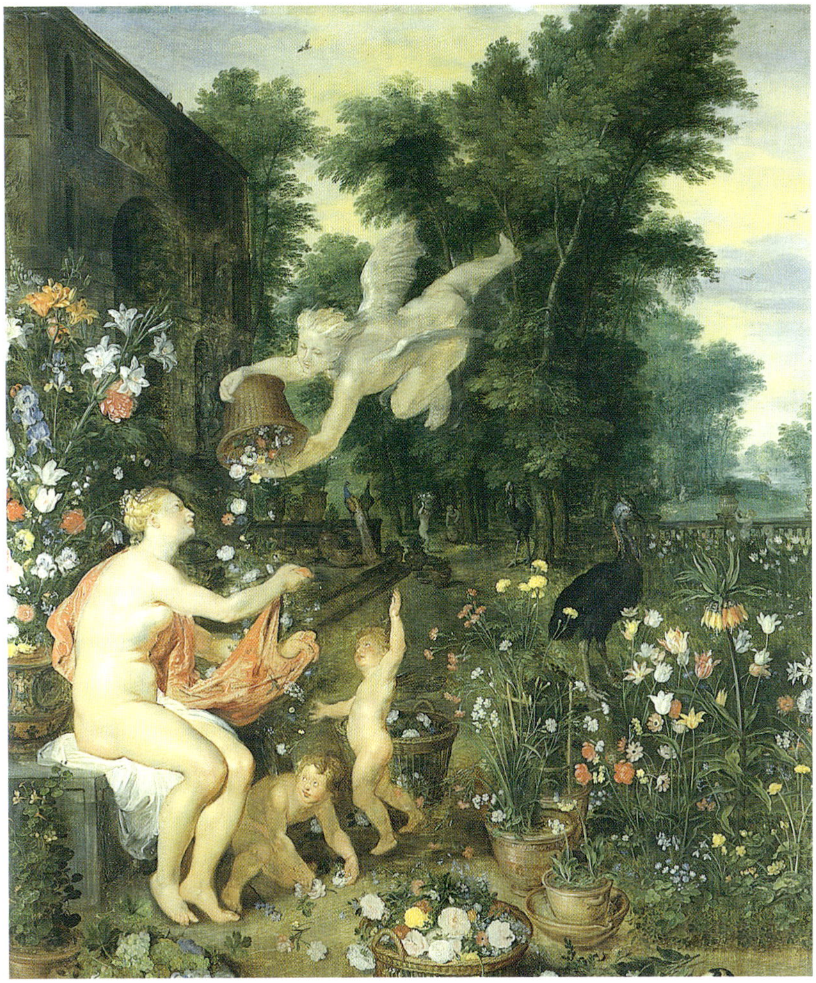

Château de Mosigkau, la salle du Jardin, Jan Brueghel l'Ancien et Pierre Paul Rubens, l'allégorie avec Flore et Zéphyr

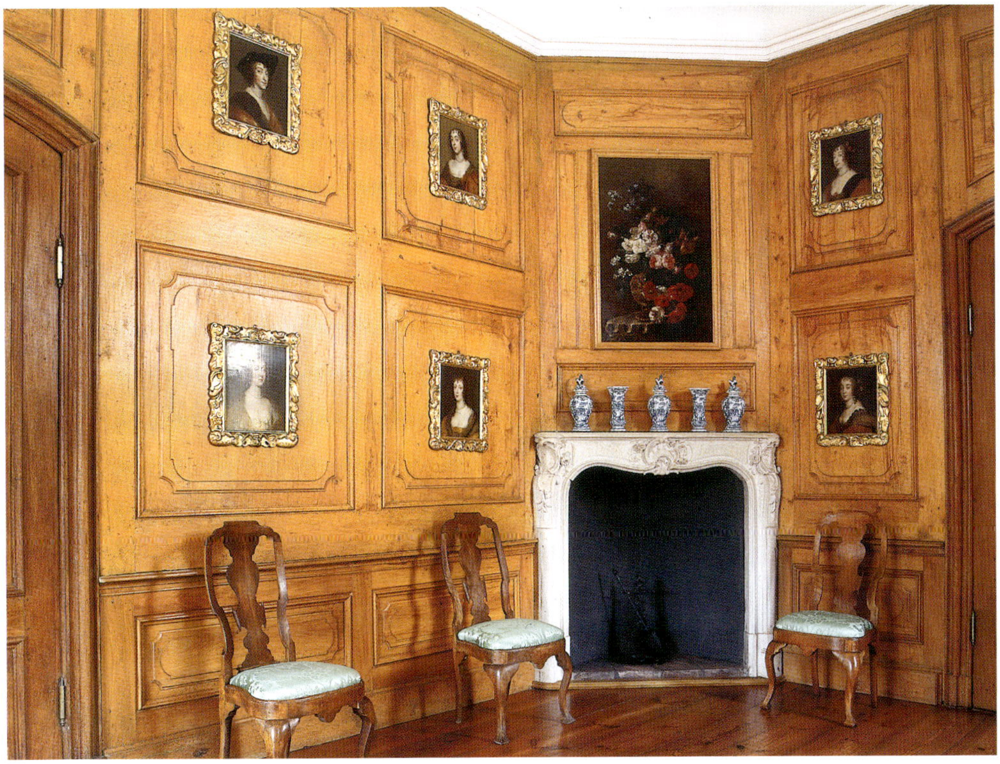

Château de Mosigkau, le cabinet Anglais des Dames

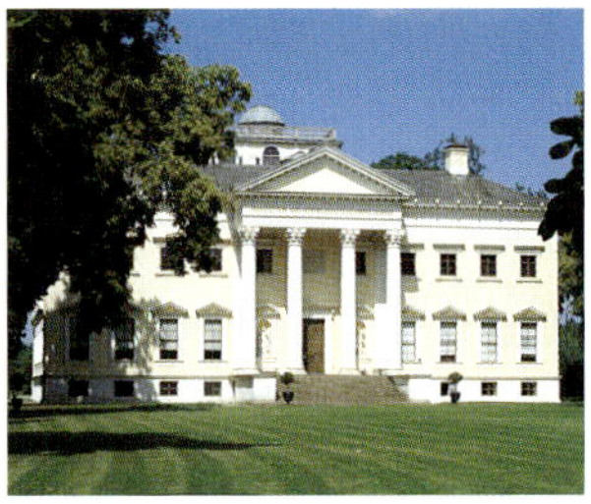

ℹ Kulturstiftung
DessauWörlitz
Schloss Großkühnau
06846 Dessau
Tél. 0340/6461541
Fax 0340/6461510
www.gartenreich.com
ksdw@ksdw.de

ℹ Schloss Wörlitz
06786 Wörlitz
Tél. 034905/409-0
Fax 034905/409-30

Uniquement visites guidées.
Dernière visite environ une heure avant la fermeture du musée.

Château de Wörlitz, la salle à manger

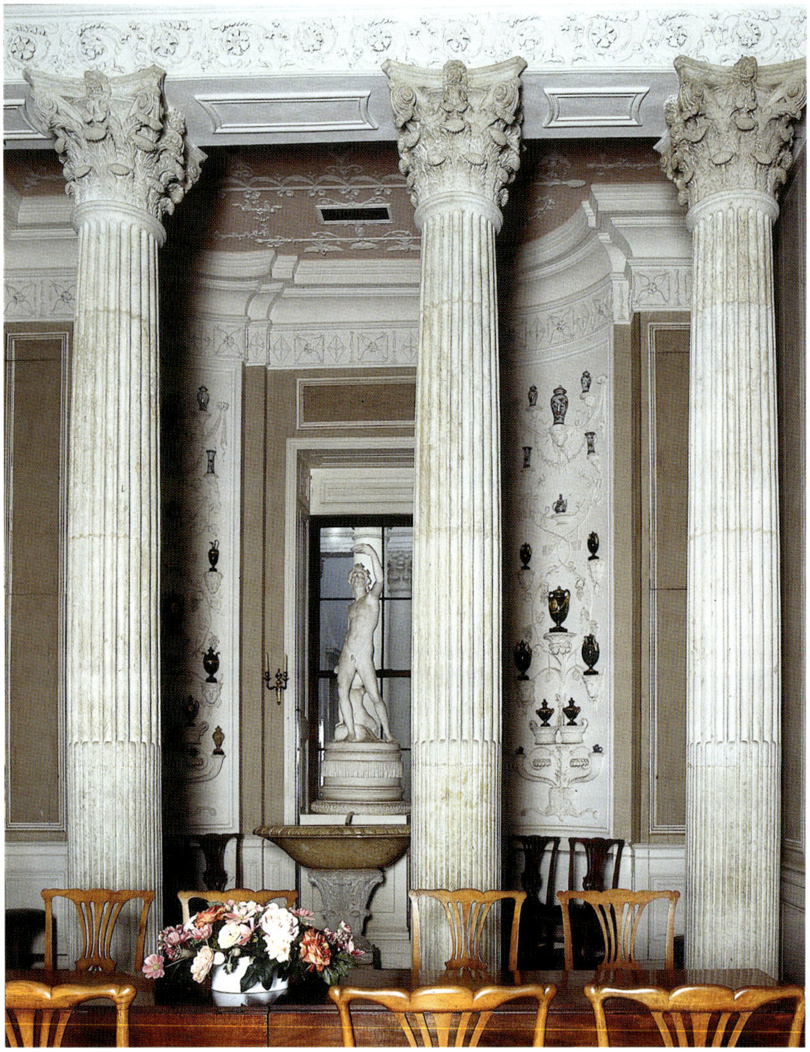

Le château de Wörlitz

L'œuvre maîtresse du royaume des Jardins de Dessau-Wörlitz est la « maison de campagne » que le prince François bâtit en collaboration avec son ami congénial, l'architecte Friedrich Wilhelm von Erdmannsdorff. Cet édifice inaugura le style classique en Allemagne et fut accueilli avec enthousiasme par les contemporains de l'époque. Son apparence extérieure suffit à le distinguer des autres oeuvres d'architecture du baroque finissant: ses formes s'inspirent tout autant de modèles antiques que de châteaux anglais dans le style du palladianisme. Particulièrement le portique corinthien en exergue à quatre colonnes et doté de l'escalier extérieur menant à l'entrée principale rappelle un temple antique. Enfin, le hall d'entrée, conservé pour l'essentiel dans son état d'origine et dont la forme ronde est inhabituelle, finit de transposer le visiteur dans l'Antiquité grâce à ses nombreuses reproductions de statues antiques.

La salle à manger

Après avoir traversé deux salles au cachet chinois, lors de la visite du château qui longe une cour intérieure également inspirée de l'architecture antique, on atteint la salle à manger (Speisesaal). Dans cette pièce où les invités séjournent d'habitude le plus longtemps, le prince n'hésita pas à exposer les portraits de sa famille, de son épouse et de lui même. A travers ces tableaux, il témoignait ainsi avec fierté de la tradition de sa famille ainsi que de la noblesse et la célébrité de ses ancêtres. Devant quatre colonnes corinthiennes à cannelures, qui séparent l'office de la salle à manger, sont alignées des tables escamotables de forme simple accompagnées des chaises, nommées « chaises-François » qu' Erdamnnsdorf conçut. D'une part, les colonnes répètent le motif du portique, symbole de souveraineté, mais elles sont également mises en rapport, sur le plan architectonique, avec les colonnes de l'atrium grâce à une fenêtre. Sur les deux cheminées et les nombreuses consoles contre les murs sont disposés des vases précieux au cachet antique de la célèbre manufacture anglaise de Wedgwood.

La Grande salle

Après une suite de deux cabinets ornés de nombreux tableaux, fresques de plafond, sculptures en marbre, vases et petits bronzes ayant pour dessein de rappeler les voyages en Italie du prince ou plutôt de transmettre aux invités les expériences que celui-ci y fit, le visiteur pénètre la Grande salle, la plus grande salle d'apparat, et la plus importante également, du château. Les tableaux réalisés d'après les fresques d'Annibal et Ludovic Carrache de la Galleria Farnese à Rome constituent l'apogée artistique de la faste décoration de cette salle qui s'élève sur deux étages. Elles figurent des scènes mythologiques évoquant pour la plupart les relations entre les dieux et les Hommes. Il est possible qu'elles soient à appréhender comme une allusion à la source

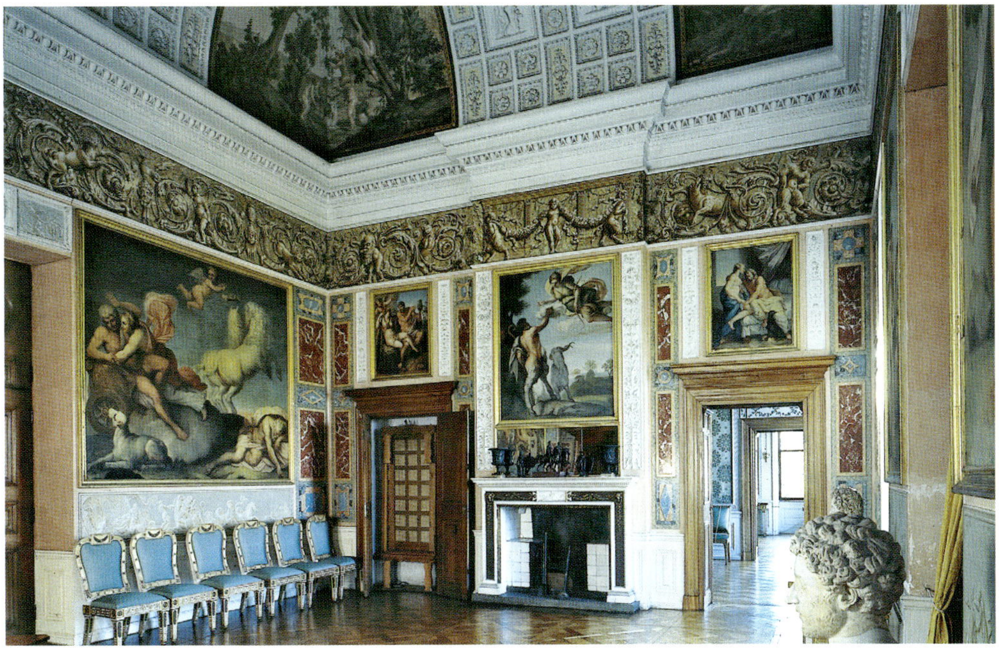

Ouvert d'avril à octobre :
du mardi au dimanche,
de 10 h à 17 h
de mai à septembre :
du mardi au dimanche
de 10 h à 18 h
Ouvert les lundis de Pâques
et de la Pentecôte.
Sur demande préalable,
visites guidées possibles
également en dehors des
horaires d'ouverture.

Sous réserve de
modification

Parking public à l'entrée
du parc

Château de Wörlitz, la Grande salle

de l'inspiration du prince et à la conception qu'avait ce dernier de son rôle de régent.

Le cabinet de la Princesse

Si le visiteur traverse encore deux pièces, il arrive au cabinet de la Princesse, une petite pièce précédant la chambre à coucher. Cette pièce est d'une telle magnificence qu'il s'avère difficile de croire qu'elle n'était qu'un simple vestiaire. Il est vraisemblable que les motifs pompéien, que l'on retrouve d'ailleurs un peu partout dans le château, aini que le magnifique pastel de Francesco Pavona figurant Vénus, les cinq paysages côtiers de P. J. Ch. Volaire et plus particulièrement encore l'ensemble de meubles manufacturés dans l'atelier de David et Abraham Roentgen avaient essentiellement pour objectif de démontrer le raffinement de la grande culture éclectique du prince et de son conseiller. W. S.

Château de Wörlitz, le cabinet de la Princesse

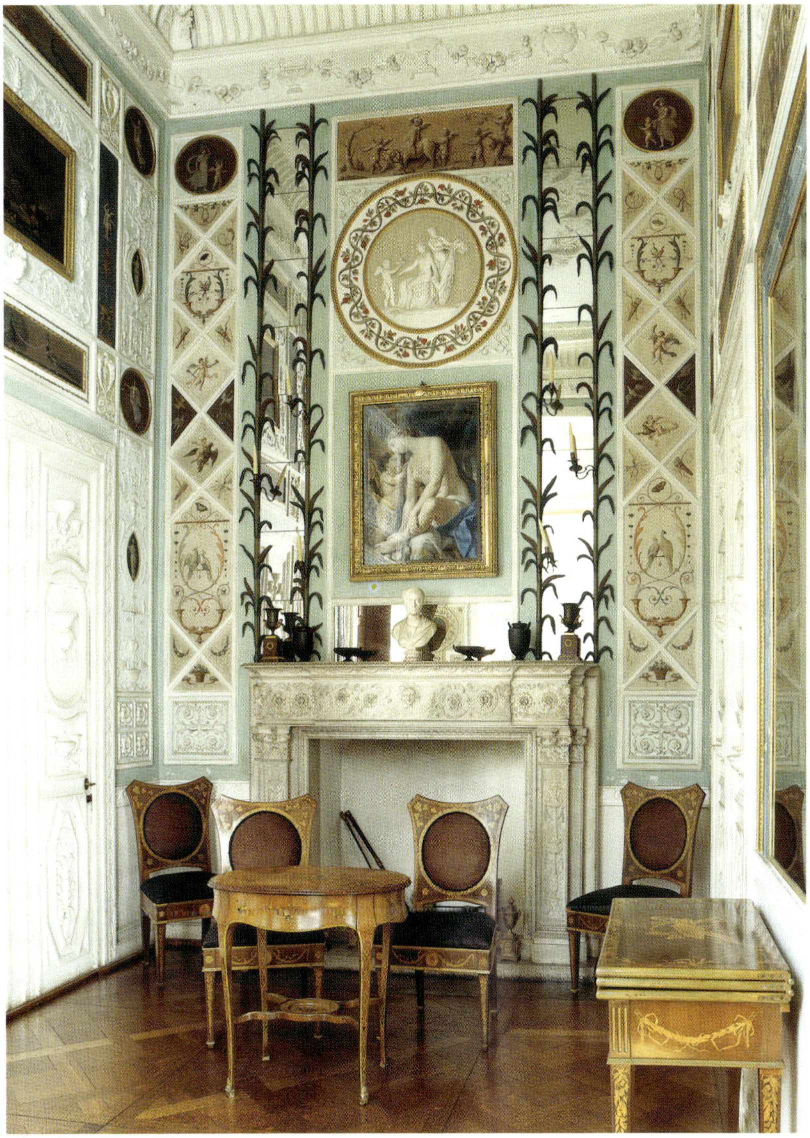

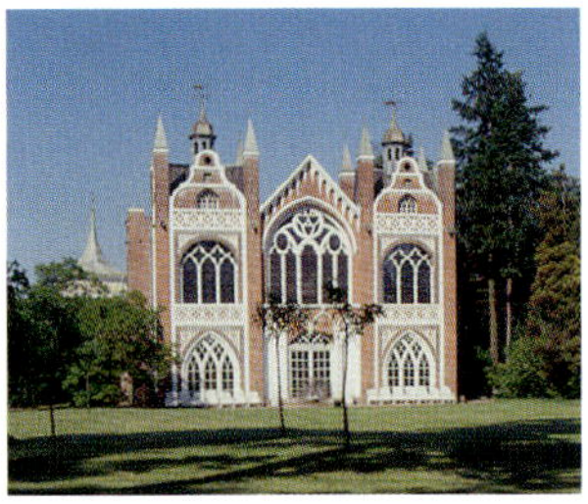

i Kulturstiftung
DessauWörlitz
Schloss Großkühnau
06846 Dessau
Tél. 0340/64615-0
Fax 0340/64615-10
www.gartenreich.com
ksdw@ksdw.de

Gotisches Haus
06786 Wörlitz
Tél. 034905/20302
Fax 034905/40930

Uniquement visites guidées.
Dernière visite environ une heure avant la fermeture de la maison

La maison Gothique

La construction de la maison Gothique (Gotisches Haus) fut débutée en 1773, à l'époque où le château de style classique de Wörlitz venait d'être achevé. Ce chantier fut réalisé en quatre étapes jusqu'en 1813. La maison, bâtie en divers styles gothiques, représentait pour le souverain la réincarnation d'une époque révolue, présumée meilleure. Elle fut tout d'abord destiné au jardinier de Wörlitz. Néanmoins, des travaux d'agrandissement permirent au prince d'y habiter également en compagnie de sa concubine, la fille de ce même jardinier, Luise Schoch, et de leurs trois enfants. A l'opposé de sa vie à Wörlitz, la maison Gothique était pareille à un refuge pour le prince, crée « pour pouvoir se laisser vivre dans un passé lointain, entouré de ses célèbres ancêtres » comme l'écrivit August Rode dans une description de la maison datant de 1818. Ce sont probablement les nombreux édifices de style néogothique que le prince avait eu loisir de découvrir lors de voyages culturels en Angleterre qui lui donnèrent l'idée d'ériger cette maison. Les pièces, au nombre de quatorze en tout, sont pour l'essentiel encore aménagées comme à l'origine et abritent entre autres une précieuse collection de plus de 200 peintures sur verre datant de 1500 jusqu'à la moitié du XVIIe.

La salle d'Eglise

La salle principale date de la première phase de construction de la maison. En raison de ses huit tableaux représentant de célèbres églises gothiques d'Italie, de France et d'Angleterre, cette salle est nommée la salle d'Eglise (Kirchensaal). La décoration constituée de remplages aveugles peints sur les murs marron clair et de peintures en camaïeu est d'importance dans la mesure où elle compte parmi les premiers intérieurs en style néogothique.

Maison Gothique de Wörlitz, la salle d'Eglise

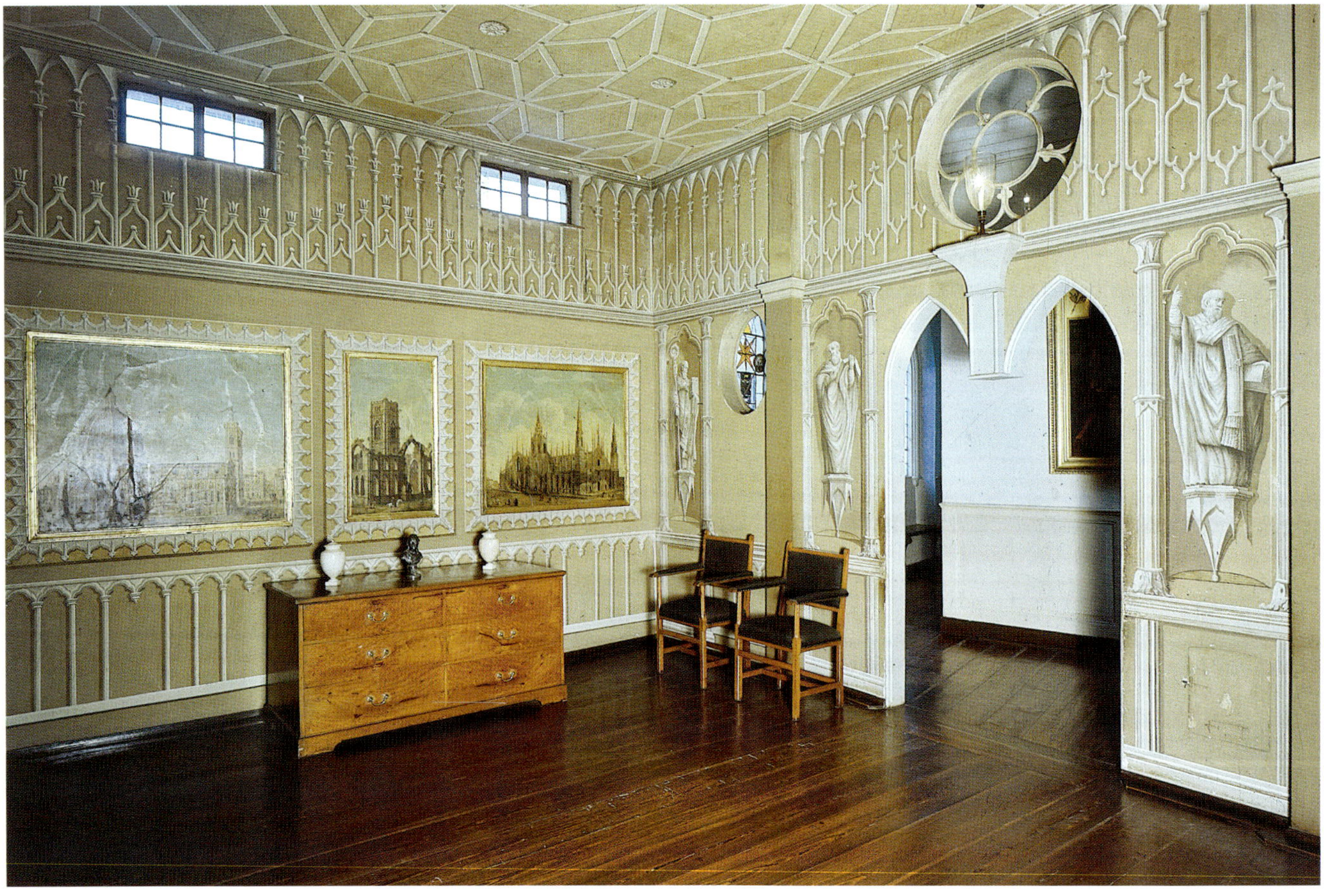

Le cabinet Guerrier

Non seulement la salle d'Eglise mais également le cabinet Guerrier (Kriegerisches Kabinett) nous est parvenu pratiquement inchangé jusqu'à nos jours. Il tient son nom des médaillons au plafond figurant des lansquenets. L'ensemble des tableaux est presque entièrement reconstitué, il ne manque qu'une oeuvre majeure de cette collection intitulée « L'autel du prince » de Lucas Cranach l'Ancien qui se trouve depuis 1928, comme quelques autres tableaux de la maison Gothique, dans le Musée de peinture de Dessau. Une des armoires à vitrine somptueuses a pu être conservée. On y voit à l'intérieur des fruits de cire du XVIIIe ainsi que des antiquités. Sur le dessus se dresse une reproduction miniature en marbre de la colonne d'Antoine, souvenir originel d'un séjour du prince à Rome.

W. S.

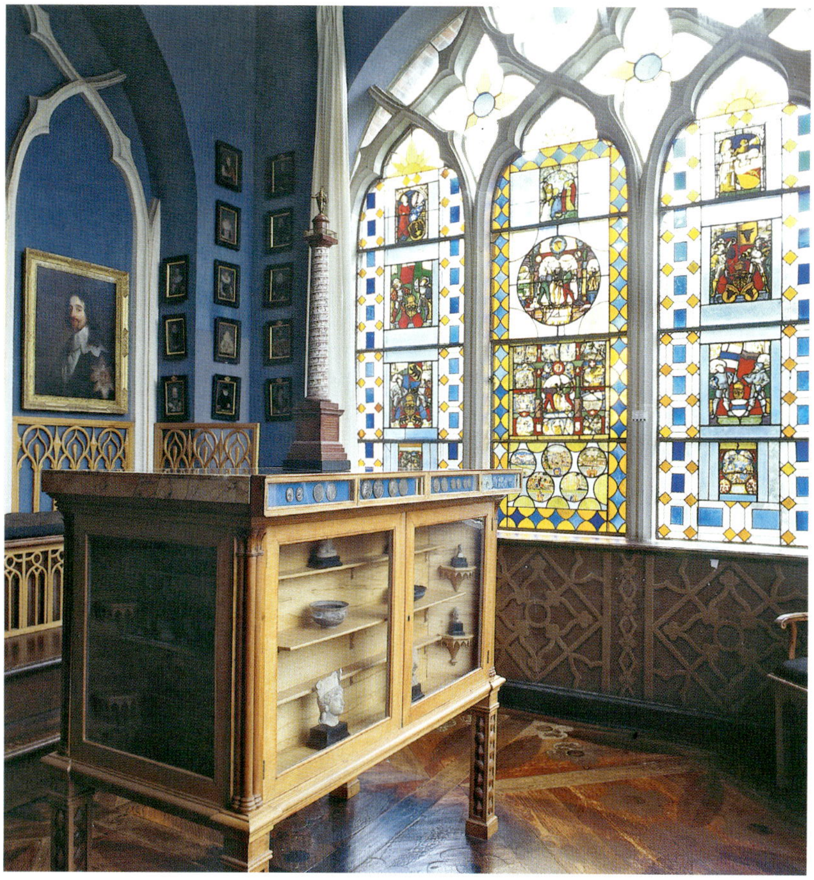

Maison Gothique de Wörlitz, le cabinet Guerrier, vue sur la fenêtre

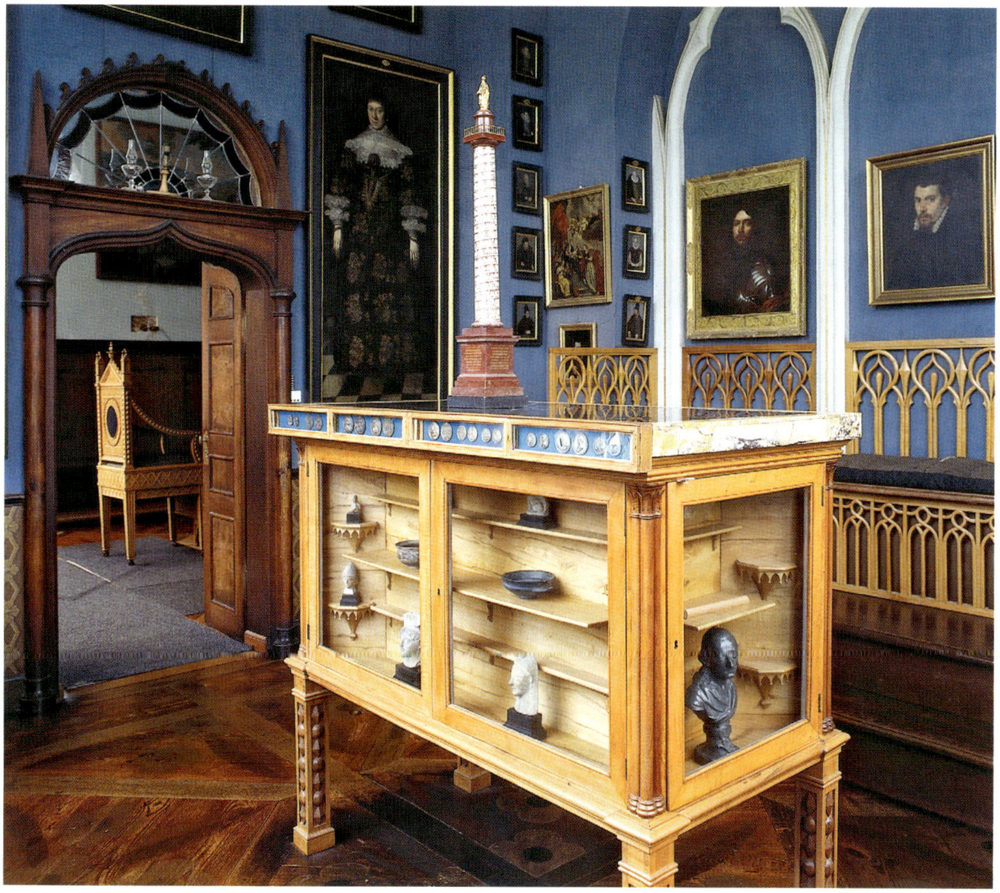

Maison Gothique de Wörlitz, vue sur la salle des Chevaliers

Ouvert d'avril à octobre :
Le samedi, le dimanche et les jours fériés de 10 h à 17 h,
de mai à septembre :
du mardi au dimanche de 10 h à 18 h
à Pâques de 10 h à 18 h.
Ouvert les lundis de Pâques et de Pentecôte.
Sur demande préalable, visites guidées possibles également en dehors des horaires d'ouverture

Sous réserve de modification

P Parking public à l'entrée du parc

i Kulturstiftung
DessauWörlitz
Schloss Großkühnau
06846 Dessau
Tél. 0340/646 15-0
Fax 0340/646 15-10
www.gartenreich.com
ksdw@ksdw.de
Villa Hamilton auf der Felseninsel Stein
06786 Wörlitz
Tél. 034905/409-0
(Schloss Wörlitz)
Fax 034905/409-30
(Schloss Wörlitz)

Uniquement visites guidées.
Dernière visite environ une heure avant la dernière traversée vers l'île.

Inauguration en septembre 2005
Ouvert d'avril à octobre : du mardi au dimanche de 10 h à 18 h
Ouvert les lundis de Pâques et de la Pentecôte.
Sur demande préalable, visites guidées possibles également en dehors des horaires d'ouverture
Sous réserve de modification

Villa Hamilton
Le salon à la Cheminée

Dans la villa Hamilton, construite entre 1791 et 1794, se trouve le salon à la Cheminée qui est la première de trois pièces somptueuses qui furent restaurées, il y a encore peu de temps, et ont ainsi recouvré leur état d'origine. La villa fait partie de l'œuvre architecturale la plus surprenante du site de Wörlitz: elle est située sur l'île aux rochers de Stein, monument de premier ordre qui imite tout à la fois un cône de volcan et un théâtre antique. La villa Hamilton est extérieurement la copie de la villa de l'envoyé extraordinaire anglais, Sir William Hamilton, expert en antiquité et vulcanologue, qui se dresse sur les rives du golfe de Naples. La décoration de la villa Hamilton, bien qu'elle reste jusqu'à présent en partie incomprise, semble illustrer la compréhension qu'avait le prince François des idéaux des Lumières et ce, au moyen des expériences et découvertes sur l'Antiquité faites en Italie. Ceci pourrait expliquerd'ailleurs les peintures du plafond dans le salon à la Cheminée.

W. S.

Villa Hamilton sur l'île aux rochers de Stein dans le site de Wörlitz, le salon à la Cheminée

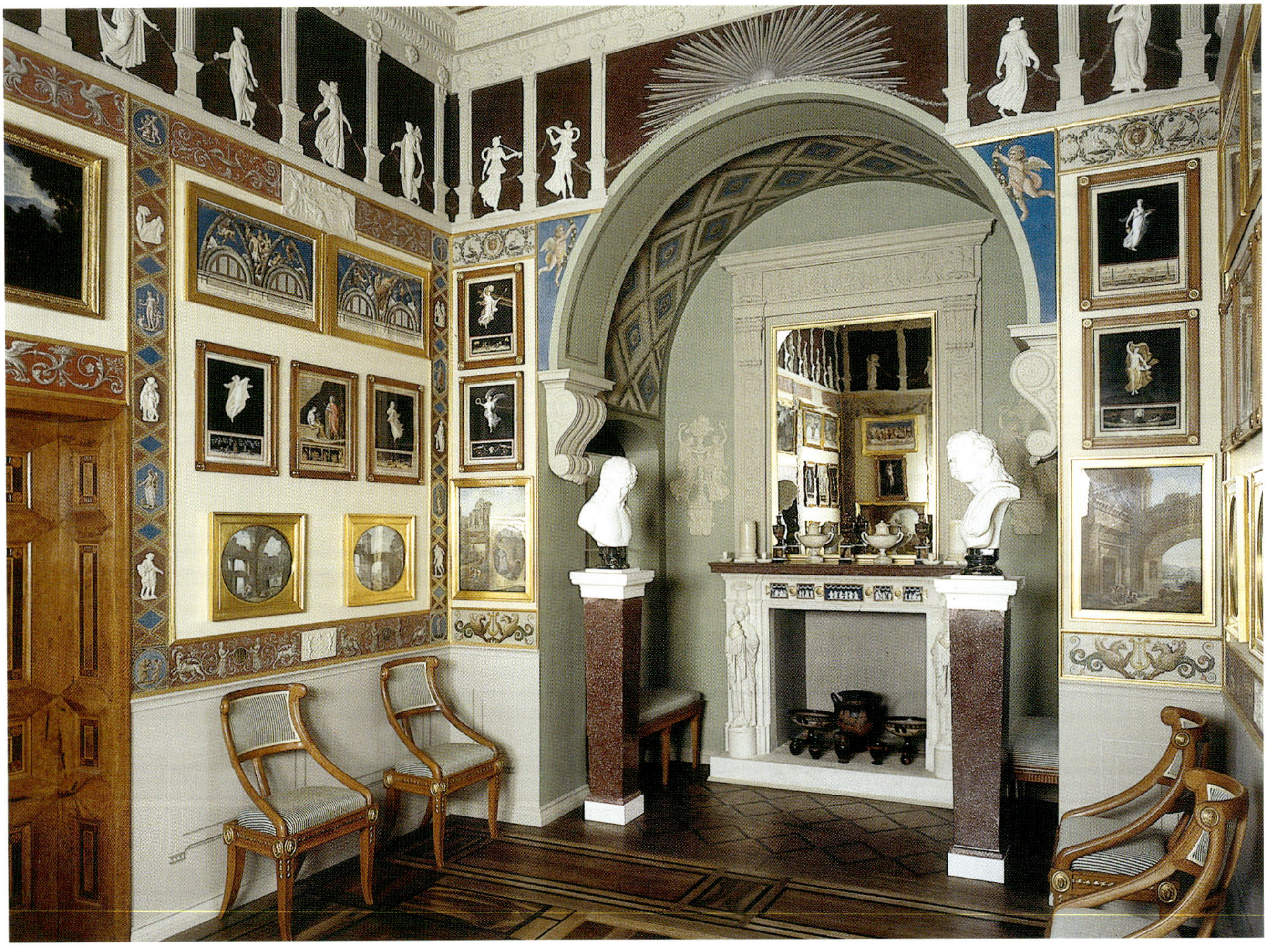

Le Louisium

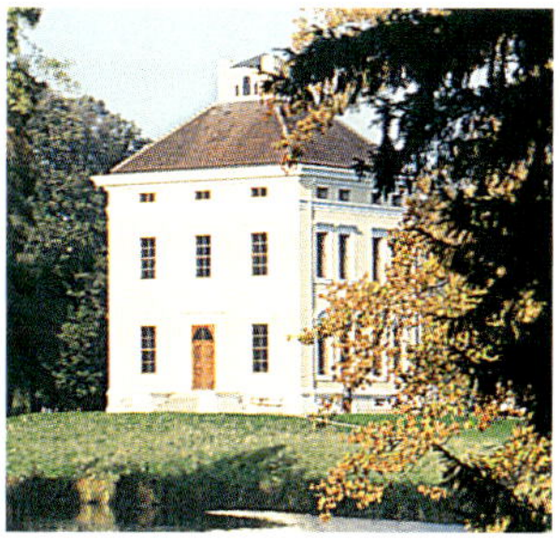

Le Louisium semble être de nos jours le jardin paysager le plus idyllique existant entre Dessau et Wörlitz. La petite « maison de campagne de style classique » carrée, bâtie entre 1774 et 1778 qui se trouve sur ce domaine est considérée être l'œuvre la plus réussie de Friedrich Wilhelm von Erdmannsdorff en raison de la pureté de ses proportions harmonieuses et de sa simplicité. Les contemporains qualifièrent le Louisium d'« aimable » et de « ravissant », ils saluèrent la « finesse féminine » et la « grâce » de son architecture. Il fut le présent du prince François à son épouse Louise Henriette Wilhelmine (1750–1811), princesse de Brandebourg-Schwedt.

Le visiteur peut de nos jours découvrir neuf pièces, resplendissantes comme au premier jour: quatre pièces au rez-de-chaussée, qui servaient de lieux de rencontre, l'entrée, la salle des fêtes, la salle de crédence (dont l'aménagement a malheureusement entièrement disparu) et une dernière salle qui fut à la fois utilisée comme salle à manger et salle de jeux.

La salle des fêtes

Selon Ermanndorff, le Louisium est « le temple des vertus féminines » en raison des fresques de la salle des fêtes représentant des allégories, conçues par Erdmannsdorff luimême d'ailleurs, telles que celles de la douceur, de la pureté de l'âme, de la retenue des désirs, de la modération etc.

Le premier étage comprend « six pièces, toutes à l'usage réservé de la princesse », de fait des appartements typiques d'une princesse, quoique la superficie ne soit pas très grande. En montant l'escalier étroit, le visiteur pénètre tout d'abord le cabinet de Gravures sur cuivre,

i Kulturstiftung
DessauWörlitz
Schloss Großkühnau
06846 Dessau
Tél. 0340/646 15-0
Fax 0340/646 15-10
www.gartenreich.com
ksdw@ksdw.de

i Schloss Luisium
06844 Dessau
Tél. 0340/218 37 11
Fax 0340/218 37 21
Uniquement
visites guidées.
Dernière visite environ
une heure avant
la fermeture du musée

Château de Louisium, la salle des fêtes

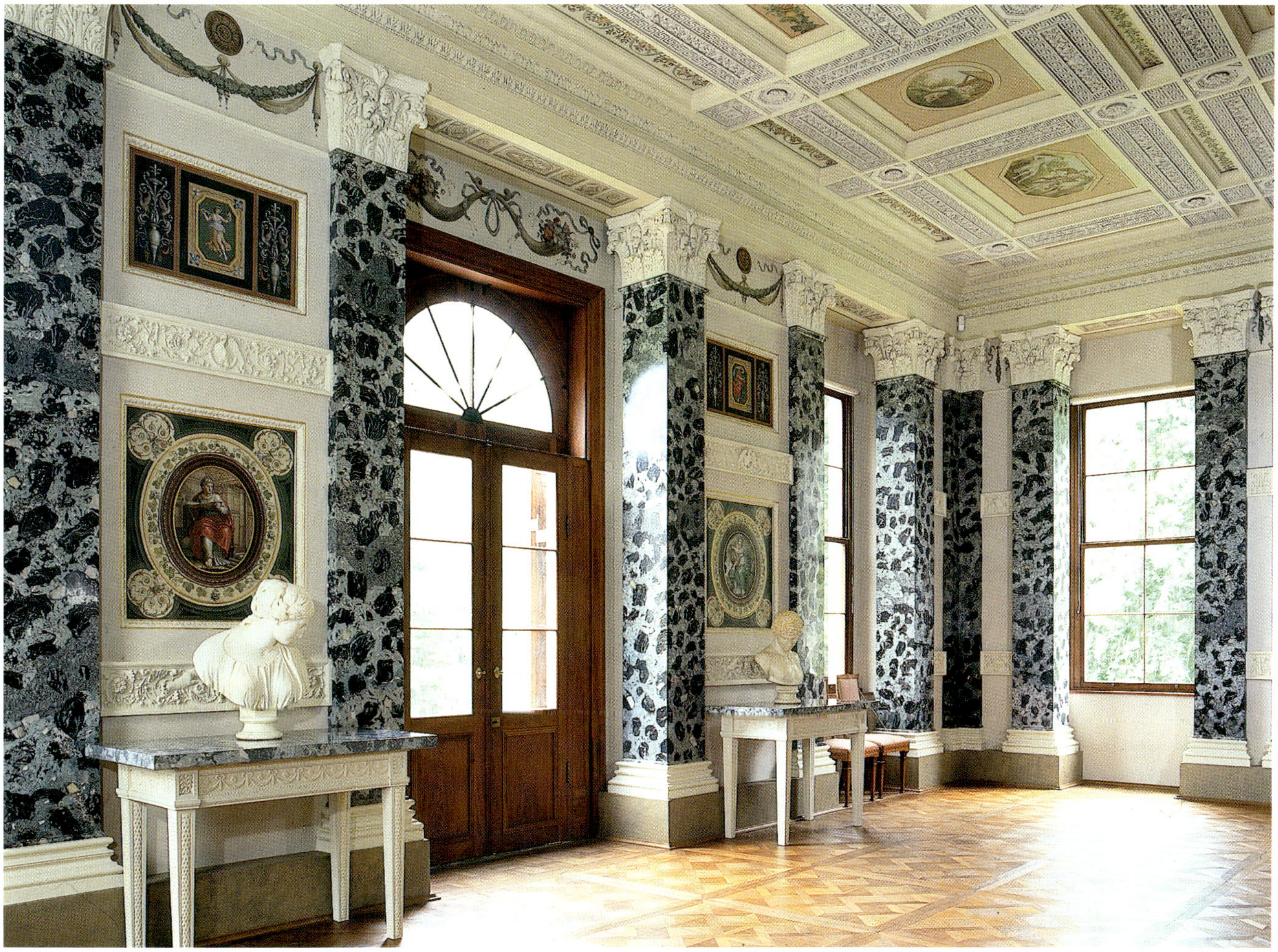

⊙ Ouvert d'avril à octobre :
le samedi, le dimanche et les jours fériés
de 10 h à 17 h,
de mai à septembre :
de 10 h à 18 h,
à Pâques de 10 h à 17 h,
à la Pentecôte de 10 h à 18 h
Ouvert les lundis de Pâques et de Pentecôte
Sur demande préalable, visites guidées possibles également en dehors des horaires d'ouverture

Sous réserve de modification

P A l'entrée du parc

utilisé comme antichambre, dans lequel « *même les portes et le plafond sont recouverts de gravures sur cuivre* ». Vient ensuite le cabinet de Tableaux qui servait de chambre aux dames de la cour, puis une autre pièce « *tendue de damas rouge* », la chambre officielle de la princesse à laquelle les visiteurs avaient également accès. Enfin, on atteint le « *cabinet Bleu, nommé encore la bibliothèque* » auquel un « *cabinet des Glaces, en réalité le vestiaire* » est attenant. Il existe encore une pièce somptueusement décorée que l'on ne peut pénétrer qu'en passant par l'antichambre, il s'agit probablement de la pièce où l'on prenait le café.

Le cabinet des Glaces

En raison de sa fonction en tant que salle de toilette, le cabinet des Glaces est la seule pièce à avoir une cheminée. Selon la tradition des cabinets de Glaces baroques, des vases antiques sont disposés sur les consoles des murs. Le jeu des reflets du paysage extérieur dans les grands miroirs, agencés comme les fenêtres, ainsi que les ramages aux murs et au plafond donnent l'impression d'être sous une tonnelle de jardin, symbole du calme de la campagne et d'une vie en communauté paisible.
W. S.

(cité d'après Ch.U D. Eggers, 1791
et K. Morgenstern, 1800)

Château de Louisium, le cabinet des Glaces

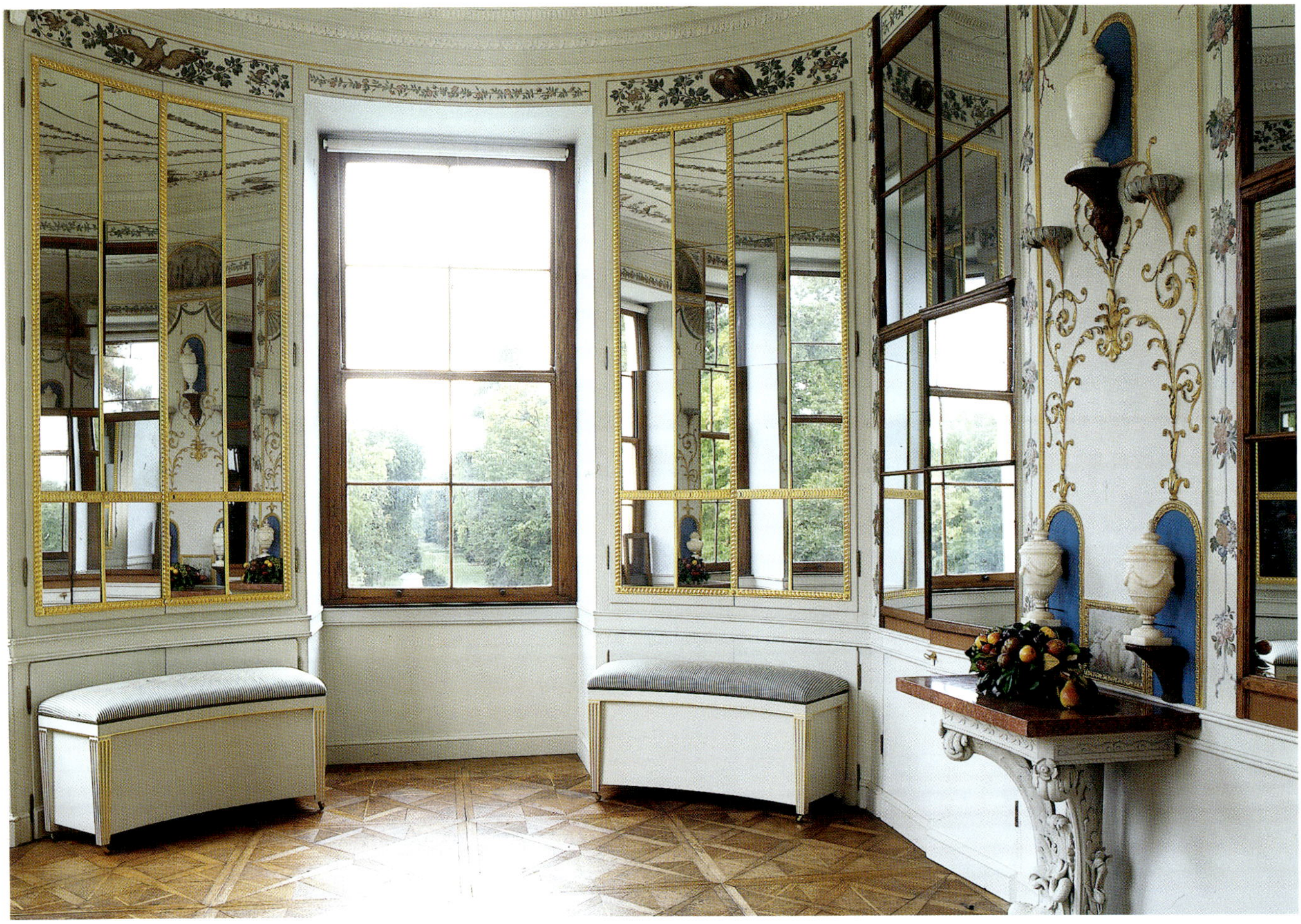

Crédits photographiques :
Kulturstiftung Dessau Wörlitz, Archives photographiques :
Heinz Fräßdorf : p. 213, p. 219-223, p. 225-227
Hans Dieter Kluge: p. 224
Brandenburgisches Landesamt für Denkmalpflege: p. 218

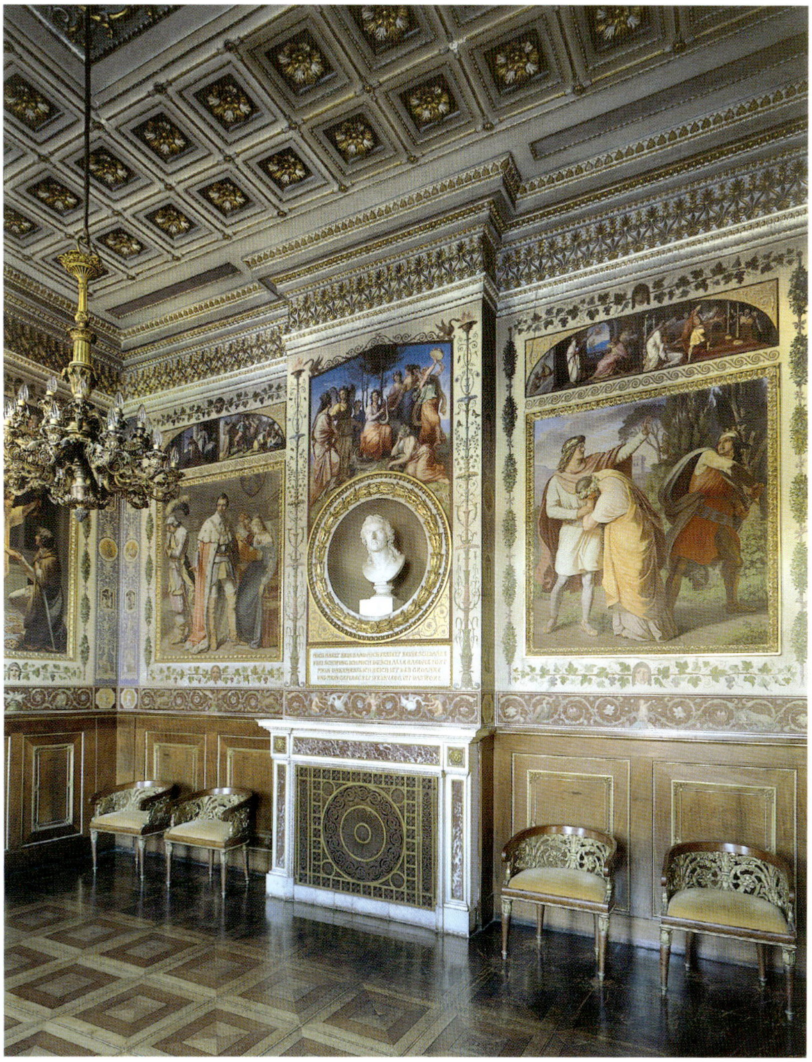

Thuringe

STIFTUNG
THÜRINGER SCHLÖSSER UND GÄRTEN

FONDATION DES CHÂTEAUX
ET JARDINS DE THURINGE

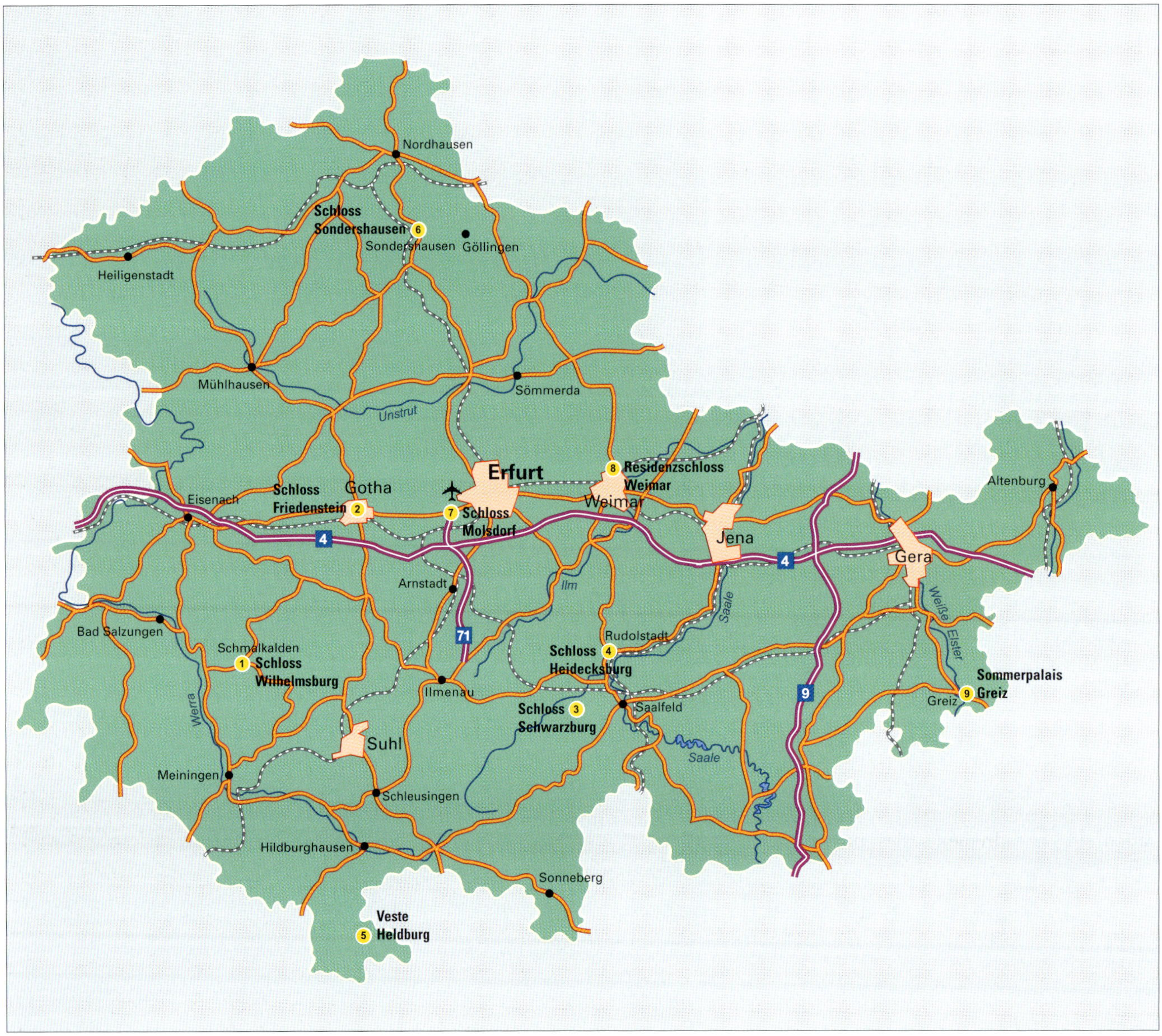

Schmalkalden
1 Château de Wilhelmsburg (p. 231–233)

Gotha
2 Château et parc de Friedenstein (p. 234–236)

Schwarzburg
3 Château de Schwarzburg (p. 237)

Rudolstadt
4 Château de Heidecksburg (p. 238–241)

Heldburg
5 Château-fort de Heldburg (p. 242)

Sondershausen
6 Château de Sondershausen et parc (p. 243–245)

Molsdorf
7 Château et parc de Molsdorf (p. 246–247)

Weimar
8 Palais de la Résidence (p. 248–251)

Greiz
9 Palais d'Eté et parc de Greiz (p. 252)

Pour toute information sur les autres sites de la Fondation des Châteaux et Jardins de Thuringe : www.thueringerschloesser.de

◁ Palais de la Résidence de Weimar, la salle de Schiller

Château de Wilhelmsburg

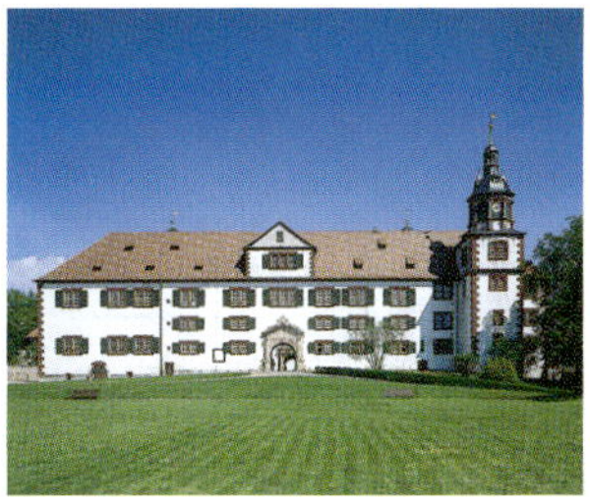

Le château de Wilhelmsburg, situé en bordure méridionale de la forêt de Thuringe, domine la ville de Schmalkalde. Il ne manque d'impressionner par la décoration de ses intérieurs Renaissance datant de l'époque de sa construction et dans le style du premier baroque. En 1585, lorsqu'il fut aménagé pour devenir une résidence des landgraves de Hesse destinée à Guillaume IV et son fils Maurice, ce château bâti selon un plan régulier à quatre ailes fut orné de magnifiques fresques et de stucs.

La salle des fêtes ou la salle des Géants

La salle des fêtes, également nommée la salle des Géants (Festsaal / Riesensaal), est très imposante en raison de son immense plafond à caissons et des 90 tableaux, attribués à Jost vom Hoff, qui y sont encastrés. Les peintures monochromes baroques aux fenêtres et les marbrures des murs complètent la riche décoration des encadrements des portes et des fenêtres, pour la plupart des peintures Renaissance datant de l'époque de la construction du château. Les représentations plus grandes que natures des « trabans », qui composaient la garde personnelle du maître de maison, à côté des portails d'entrée de la salle et de la somptueuse cheminée, également des débuts du château et conçue par Wilhelm Vernukken, n'en sont pas moins saisissantes.

La salle à manger

La salle à manger (Tafelzimmer ou Tafelgemach) est de même remarquable, bien qu'elle soit le produit de trois phases successives d'aménagement. Les motifs gastronomiques des peintures soulignent la vocation de cette salle, destinée aux repas en famille. Les décorations Renaissance des niches des fenêtres sont complétées par de volumineuses allégories des vertus de style déjà baroque sur le côté des fenêtres. Cette salle servit également un certain temps, vers 1821, de salle du Trône. Dans la deuxième moitié du XXe siècle, il fallut remplacer le plafond par une copie.

i Schlossverwaltung
Schloss Wilhelmsburg
Schlossberg 9
98574 Schmalkalden
Tél. 0 36 83 / 40 19 76
Fax 0 36 83 / 40 86 44

A Musée : Museum Schloss Wilhelmsburg
Exposition portant sur l'histoire de la Fédération de Schmalkade (Schmalkaldischer Bund) et de la Réformation, sur la culture et la vie à la cour, sur l'histoire de la ville et son évolution. De plus, expositions temporaires d'art contemporain et concerts
Tél. 0 36 83 / 40 31 86
Fax 0 36 83 / 60 16 82
museum.sm@gmx.de

D'avril à octobre :
tous les jours de 10 h à 18 h,
de novembre à mars :
du mardi au dimanche de 10 h à 16 h
ainsi que les jours fériés

P à 5 min.

DB Wernshausen-Zella-Mehlis

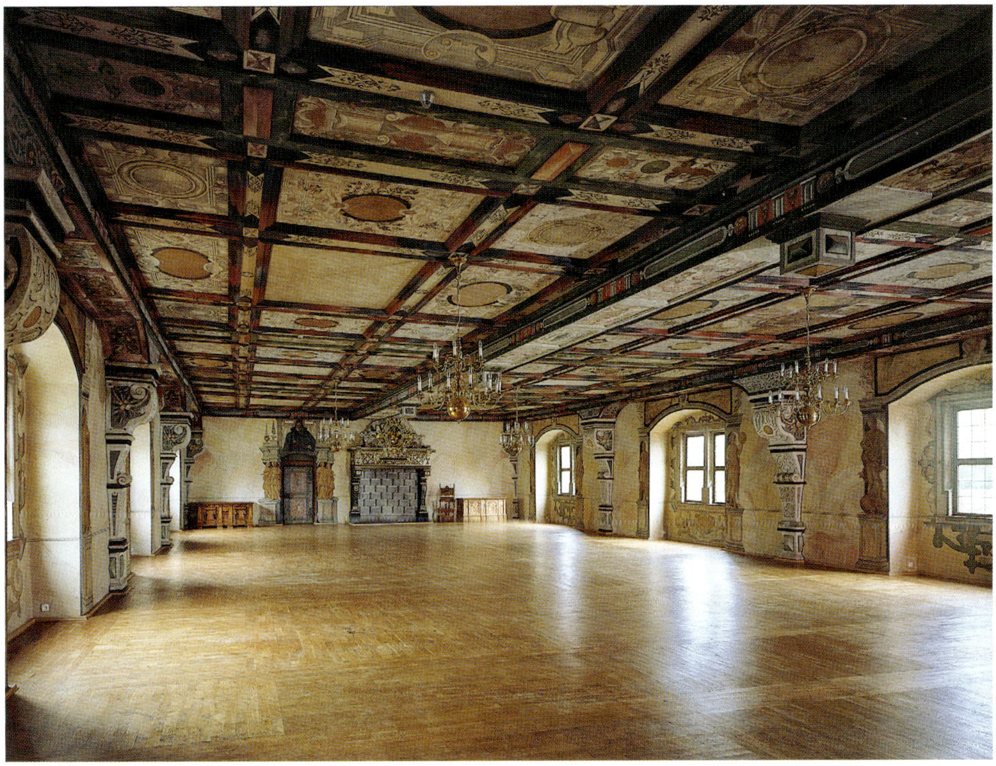

Château de Wilhelmsburg, la salle des Géants

Page d'en face :
Château de Wilhelmsburg,
la chapelle

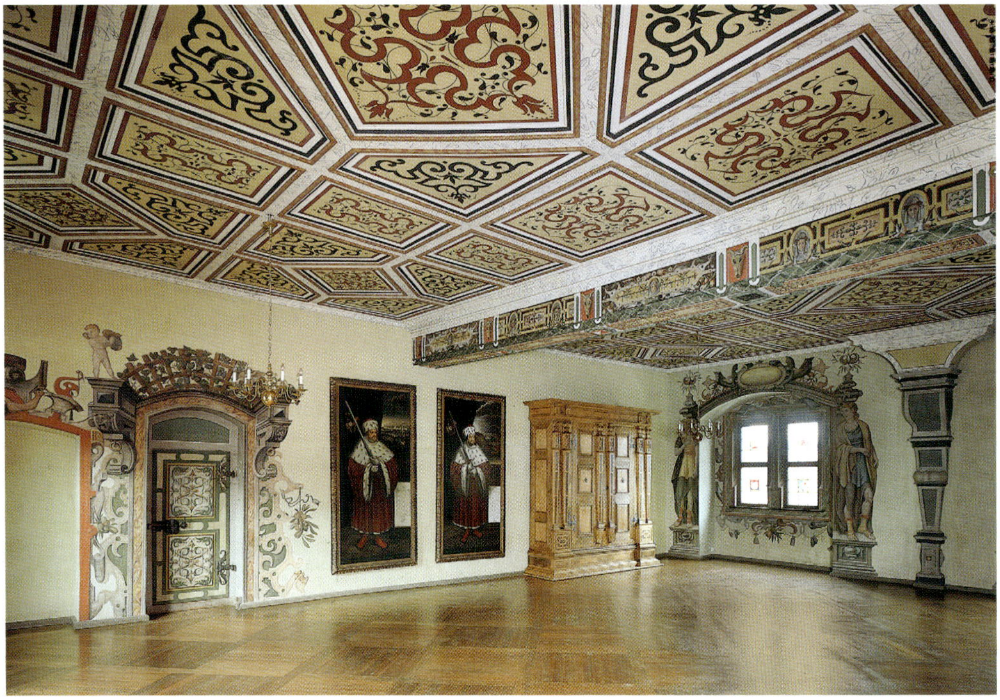

Château de Wilhelmsburg, la salle à manger

La chapelle

La chapelle du château est une oeuvre d'art d'intérieurs d'une valeur particulière: elle n'est pas seulement un joyau de l'art architectural de la Renaissance, mais également un exemple modèle des débuts de l'art architectural religieux protestant à la cour. Le visiteur reconnaîtra dans cette salle la structure sur plusieurs étages, typique d'une chapelle de cour, conjuguée à un agencement des tribunes pour sa part typique des temples protestants. Les éléments liturgiques tels que l'autel, la chaire et l'orgue sont disposés selon un axe vertical univoque. Même la tribune du souverain, qui occupe pourtant une place privilégiée, est sous-ordonnée à l'axe formé par la chaire et l'autel. Aux balustrades se trouvaient autrefois des tableaux de prêche, soit un cycle de peintures aux motifs bibliques, qui furent cependant ultérieurement ôtés par les calvinistes.

Château de Wilhelmsburg,
la cuisine du Souverain

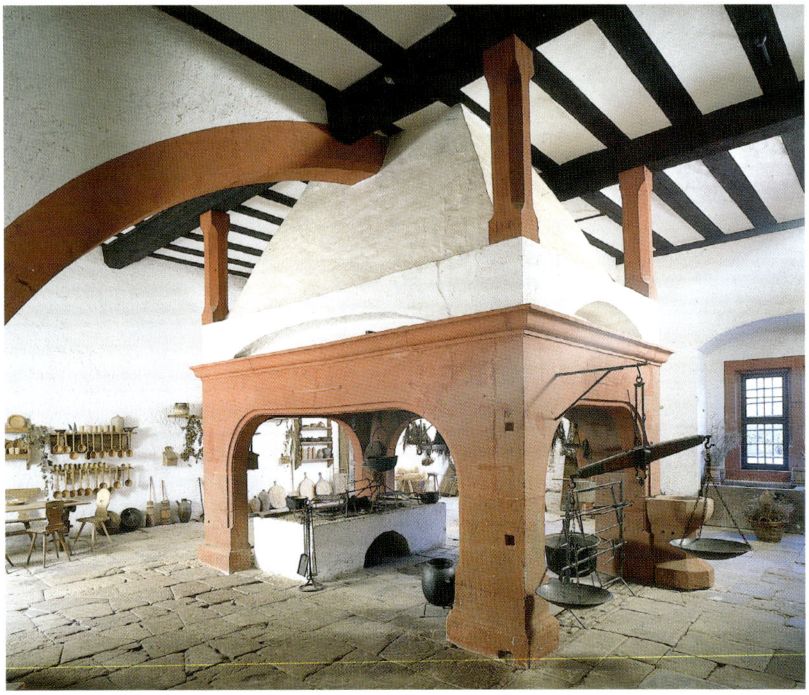

La cuisine du Souverain

Au rez-de-chaussée du château de Wilhelmsburg se situe la cuisine du Souverain (Herrenküche) où étaient préparés les mets destinés à la famille ducale et ses invités. Ouverte sur quatre côtés, la cheminée forme le cœur de l'agencement de la cuisine. Sa taille et ses proportions harmonieuses font de cette cheminée un élément de décor de prestige. Il semble évident que la cuisine n'était point une pièce purement fonctionnelle ou annexe mais bien plus un lieu de cérémonies culinaires dignes de Lucullus. Les éléments fonctionnels tels que le four ou encore la rôtissoire sont subordonnés à la cheminée dont l'allure rappele celle d'un baldaquin. H. E. P.

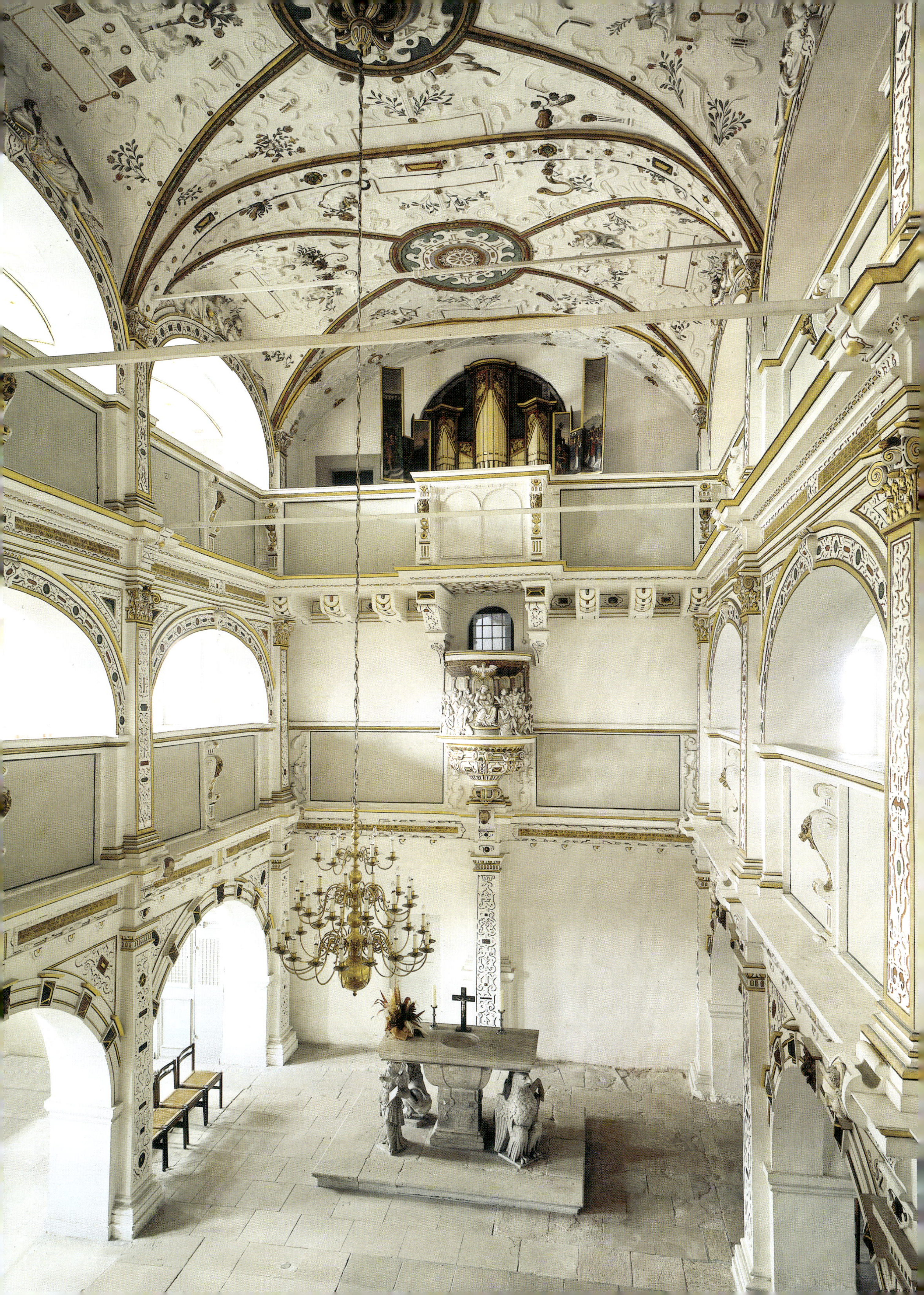

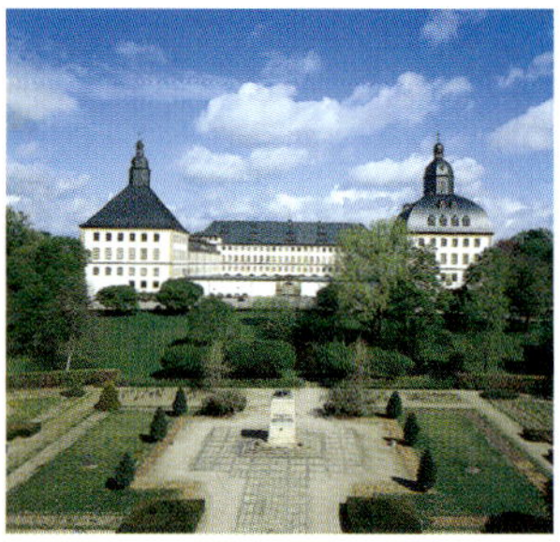

i Schlossverwaltung
Schloss Friedenstein
99853 Gotha
Tél. 0 36 21 / 82 34 64
Fax 0 36 21 / 82 34 65

A Musée du château
(Schlossmuseum)
Musée d'histoire régionale
et d'arts populaires
(Museum für Regionalgeschichte und Volkskunde
mit Ekhoftheater)
Tél. 0 36 21 / 82 34 51
Fax 0 36 21 / 82 34 57

Le château de Friedenstein

Construit à partir de 1643, soit peu de temps avant la fin de la guerre de Trente Ans, le château Friedenstein à Gotha est le premier château à relever du style de la première période du baroque en Allemagne. Le duc Ernest le Pieux fit construire ce château, étonnamment grand pour l'époque, afin de pouvoir y jouir d'un lieu d'habitation et de pièces d'apparat dignes de son rang, mais aussi pour que soient regroupés sur ce site une église et tous les bâtiments nécessaires à la cour et à la gestion de l'Etat. C'est de cette période que date l'agencement des pièces selon des axes symétriques, les deux escaliers d'honneur, les galeries longeant la cour, la galerie de l'église au premier étage de l'aile nord ainsi que la pièce nommée la salle Secrète du Conseil (Geheimes Ratsgemach). Quant aux appartements du duc, situés dans le coin nord-est de l'aile, le duc Frédéric Ier les fit moderniser quelques temps après sa mort du duc Ernest. Elles furent finalement entièrement remaniées à partir de 1683.

La salle des fêtes

La salle des fêtes (Festsaal) de l'aile nord, achevée en 1696, était destinée à remplacer la salle des fêtes bien plus grande que celle-ci et datant de la construction du château. L'espace gagné par ce remaniement servit à aménager de nouvelles salles d'apparat. La nouvelle salle fut utilisée à la fois comme salle du trône, salle des fêtes et salle à manger. Les nombreuses peintures qui la décorent représentent le territoire ducal et glorifient la maison du duc Ernest avec Gotha à son faîte. Des pilastres à hermès aux murs présentent les armoiries et les décorations des casques représentant les territoires placés sous la souveraineté de Frédéric Ier. Les portraits d'ancêtres dans les embrasures des fenêtres évoquent l'ascendance princière des grands maîtres d'ouvrage du château, dont les portraits pendent également aux murs de la salle. Samuel et Johann Peter Rust réalisèrent les stucs qui figurent entre autres les quatre allégories des

Château de Friedenstein,
la salle des fêtes

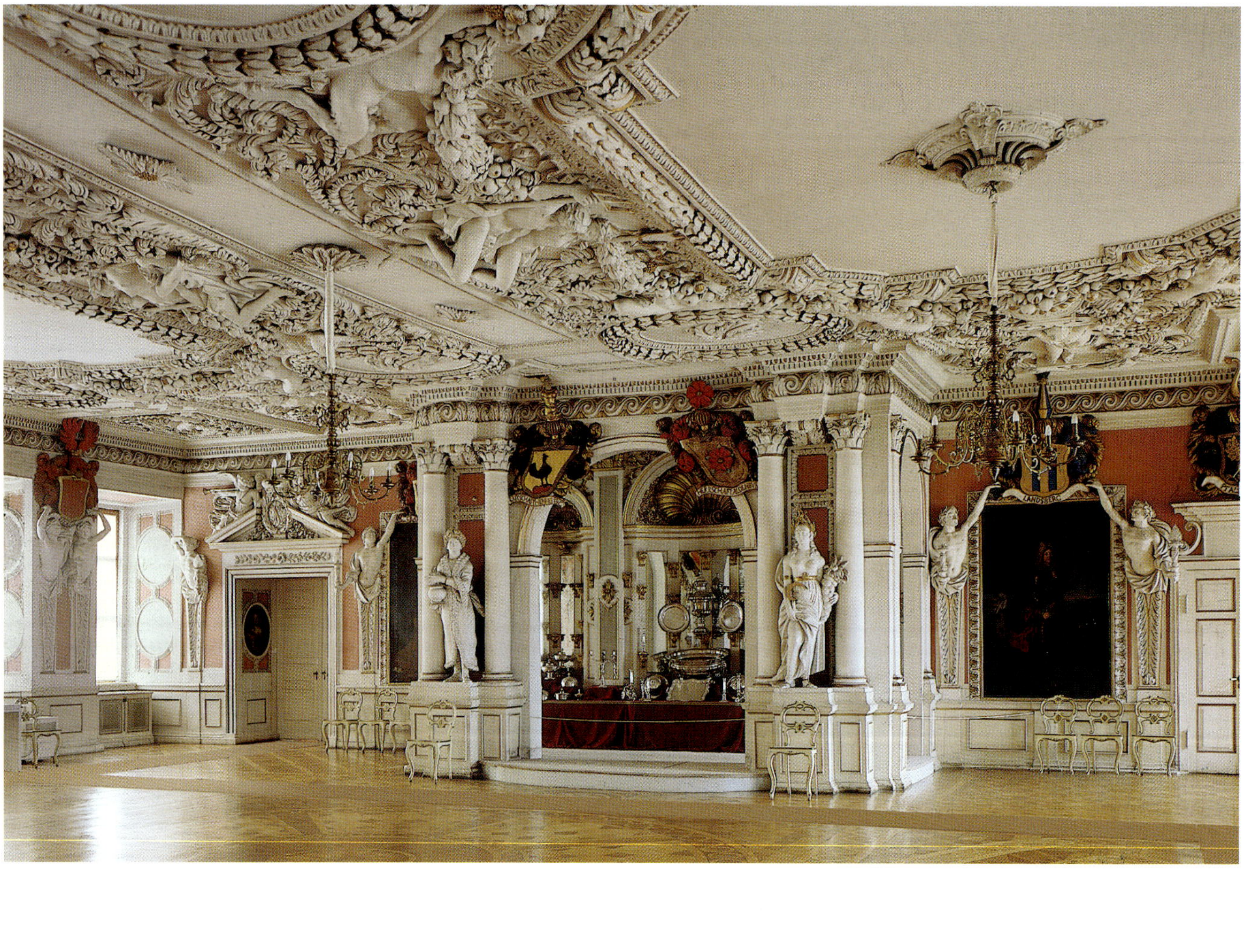

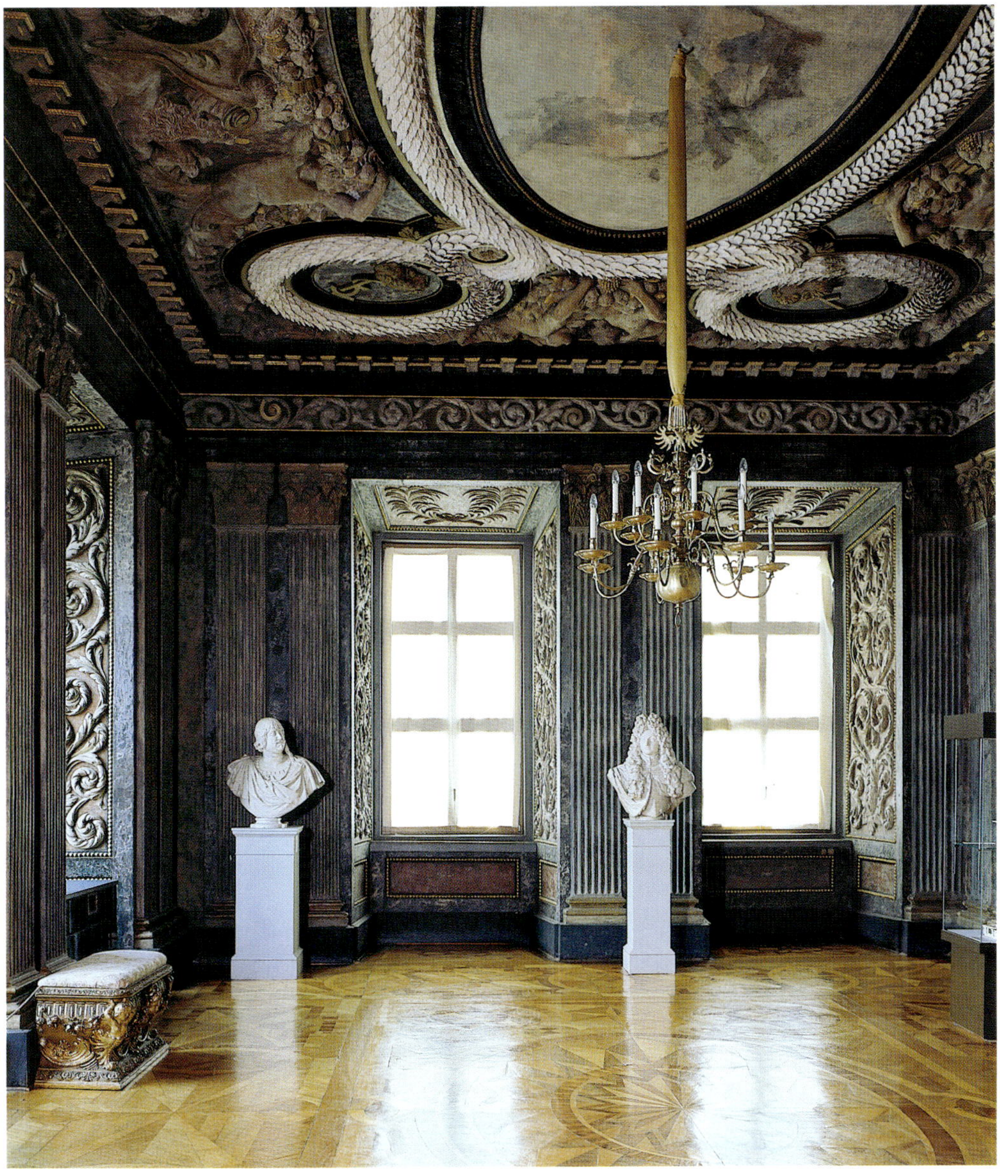

A Musée d'histoire naturelle
(Museum der Natur)
Tél. 0 36 21 / 82 30 17
Fax 0 36 21 / 82 30 20

⊙ De mai à octobre :
du mardi au dimanche
de 10 h à 17 h,
de novembre à avril :
du mardi au dimanche
de 10 h à 16 h.

✕ Gaststätte im Pagenhaus

P Dans les quartiers urbains avoisinants

DB Halle-Erfurt-Eisenach

Château de Friedenstein, la salle d'Audience du duc

saisons, plus grandes que nature. Dans les niches des passages latéraux, délimités par des colonnes, on exposait autrefois les couverts d'argent.

La salle d'Audience du duc

La salle d'Audience du duc (Audienzzimmer), aménagée en 1683 à l'extrémité nord-est de l'aile nord, était vouée à la réception de petites délégations d'envoyés extraordinaires. Sa décoration somptueuse comprenant une cheminée sur laquelle se dressent Nikè, déesse de la Victoire, et des trophées témoignent de la puissance politique de la maison ducale. Les éléments d'ornement principaux, soit les doubles pilastres corinthiens, les rameaux à feuilles d'acanthe, les guirlandes de fruits et les couronnes de laurier, répartis tout autant sur les murs que sur le plafond, sont l'œuvre du stucateur italien Giovanni Caroveri qui s'inspira à cet effet de l'Antique romaine. Ainsi fut-il réalisé dans cette pièce une décoration homogène innovatrice puisqu'il était alors encore tradition de tendre les murs de tapisseries des Gobelins ou de les couvrir de papiers peints en contraste avec les ornements en stuc des plafonds.

Le bureau de la duchesse

A la différence d'autres résidences de Thuringe, peu de pièces rococo du château de Friedenstein ont été conservées. La décoration du bureau de la duchesse (Arbeitszimmer der Herzogin) date de l'époque de l'architecte

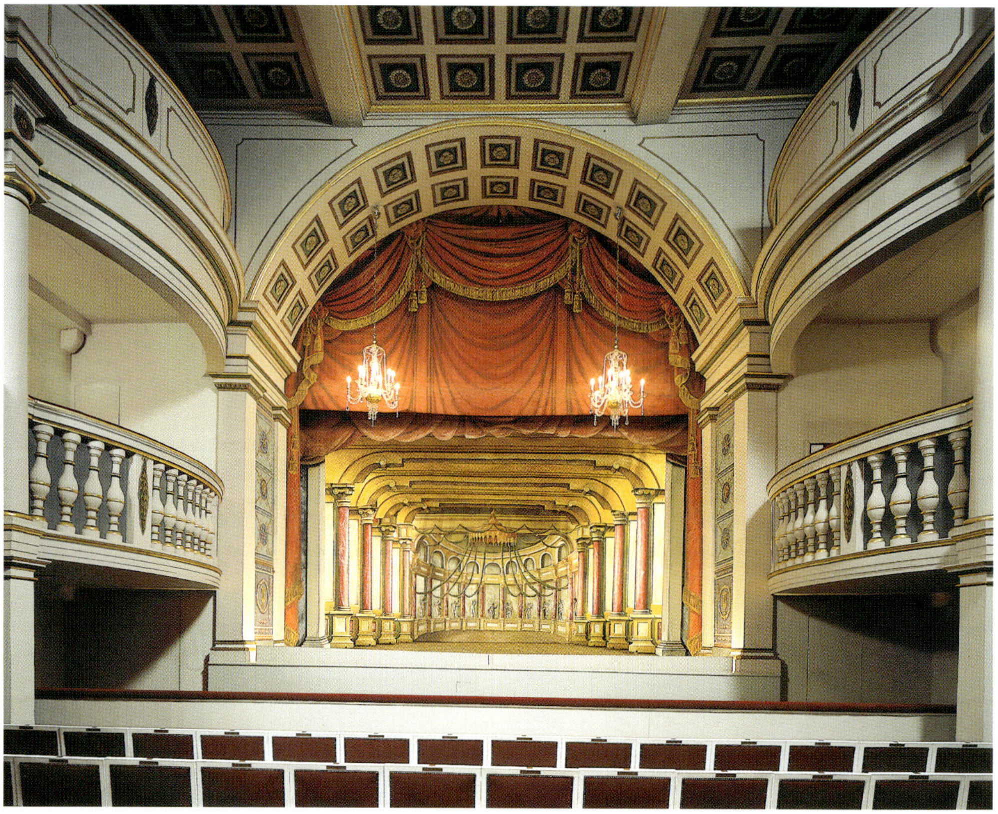

Château de Friedenstein, le théâtre d'Ekhof

Gottfried Heinrich Krohne, originaire de Gotha (1747–1751). Alors que le baroque est caractérisé par des ornements au profil accentué, les lignes de la décoration de cette pièce font preuve de plus de légèreté et de fantaisie. Le miroir du plafond est encadré par des volutes rappelant des coquillages, un type d'ornement nommé rocaille et typique du rococo. Le mobilier datant du premier aménagement de la pièce comprend des sièges et un sofa, un bureau, un secrétaire ainsi que des commodes et des armoires. Seule une partie du mobilier provient du château de Friedenstein. Les meubles situés du côté de la fenêtre comptent parmi les oeuvres les plus anciennes d'Abraham Roentgens qui fut un grand maître de l'artisanat de la marqueterie.

Château de Friedenstein, le bureau de la duchesse

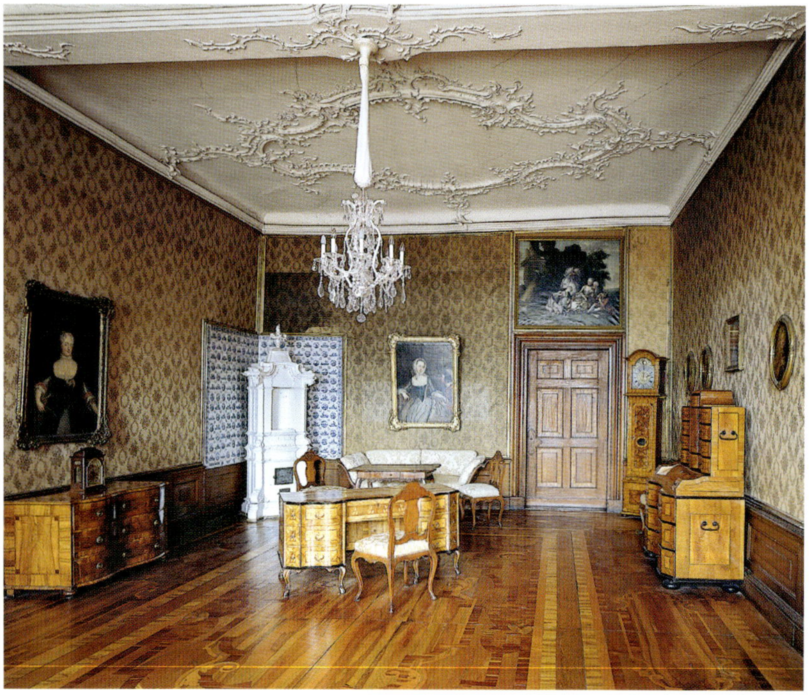

Le théâtre d'Ekhof

L'une des plus anciennes techniques du monde servant à changer les décors de théâtre se trouve dans le théâtre d'Ekhof (Ekhoftheater) dans la tour occidentale du château de Friedenstein. Caspar Lindemann et Hans Hoffmann inventèrent ici, en 1681, une scène de théâtre permettant de modifier mécaniquement les décors pendant la représentation. Le théâtre doit son nom à Conrad Ekhof, l'un des plus grands acteurs de théâtre du XVIIIe siècle. Ce dernier fut au service du duc Ernest II de Saxe-Gotha-Altenburg de 1774 jusqu'à sa mort en 1778 et initia en ces lieux le premier grand théâtre de cour d'Allemagne. I.P.

Le château de Schwarzburg

Vers 1700 fut érigé l'édifice de la salle des Empereurs, intégré au site de l'Orangerie du château de Schwarzburg, qui témoigne de l'ascension des comtes de Schwarzburg au rang de princes d'Empire.

La salle des Empereurs et Sala Terrena

Le concept de la décoration picturale à l'intérieur de la salle des Empereurs (Kaisersaal), une salle éclairée d'en haut selon la tradition du XVIIe siècle, évoque l'élévation au rang princier de la maison Schwarzburg-Rudolstadt en 1710. Au plafond, dans la lanterne qui domine la salle, figure la légende de la naissance de la famille des Schwarzburg selon laquelle un légionnaire romain aurait planté sa lance dans le sol de Schwarzburg, lance dont auraient alors poussé des feuilles, présageant par là un grand avenir à la dynastie. Pour compléter ce décor, une galerie de tableaux figurant les empereurs du Saint Empire, entre autres Günther de Schwarzburg, aïeul roi et empereur, s'étend sur les murs de la lanterne. Alors qu'ici, le décor met en scène la légitimation du rang princier par cet ancêtre empereur, les citrus de la Sala Terenna de l'étage en dessous sont, eux, l'incarnation florale du miracle présenté sur le plafond de la salle des Empereurs. On raconte que ces troncs, importés du Sud à l'état d'arbres desséchés, auraient été ressuscités par la grande habileté des jardiniers de l'Orangerie, à l'instar de la légende.

Les appartements du prince

De part et d'autres de la salle des Empereurs, le prince et son épouse vivaient dans leurs appartements et s'intégraient ainsi en personne à l'Histoire de la famille. Les appartements du prince, comprenant trois pièces, nous sont parvenus presque entièrement intacts jusqu'à nos jours. Les fresques du plafond en stuc du salon figurent des scènes tirées des Métamorphoses d'Ovide et constituent un sujet pictural parfaitement digne d'une résidence de plaisance princière et d'une Orangerie. H. E. P.

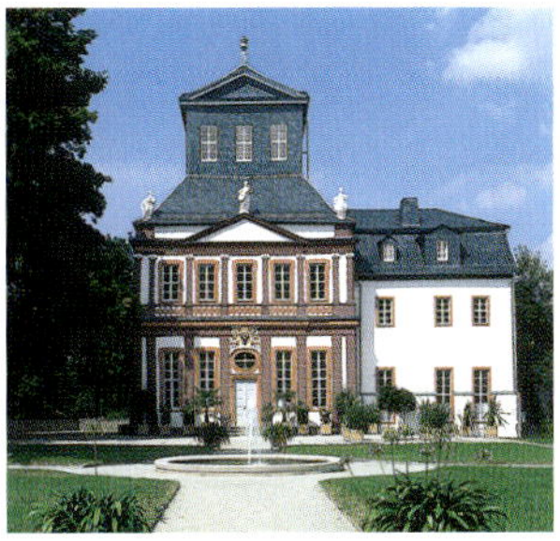

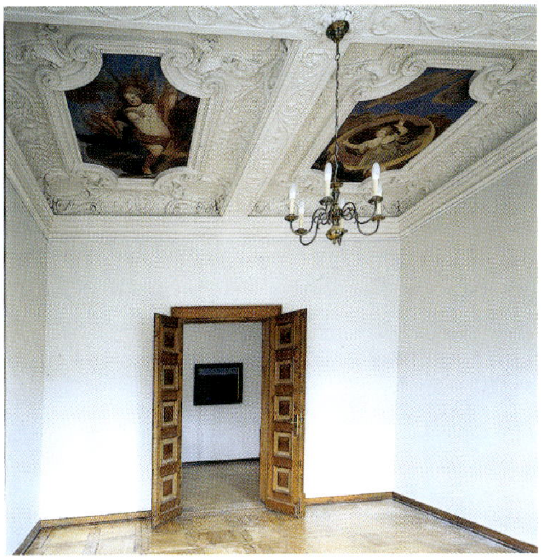

Château de Schwarzburg, une des pièces des appartements du prince

i Schlossverwaltung
Schloss Heidecksburg
07407 Rudolstadt
Tél., Fax 03672/447210

A La salle des Empereurs (Kaisersaal Schwarzburg mit Galerie römisch-deutscher Kaiser)
Tél. 036730/22263
info@schloss-schwarzburg.de
www.schloss-schwarzburg.de

D'avril à octobre : tous les jours de 10 h à 18 h, de novembre à mars : uniquement pendant les vacances scolaires et les jours fériés, de 10 h à 18 h.

P A 600 m

DB Saalfeld-Katzhütte

Château de Schwarzburg, la salle des Empereurs

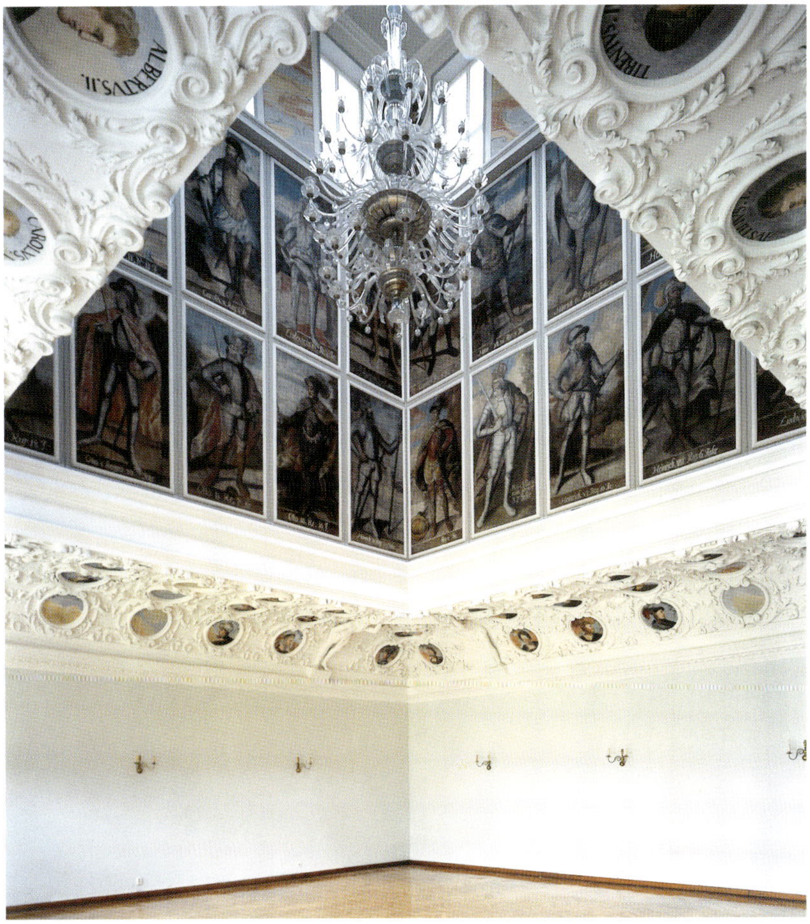

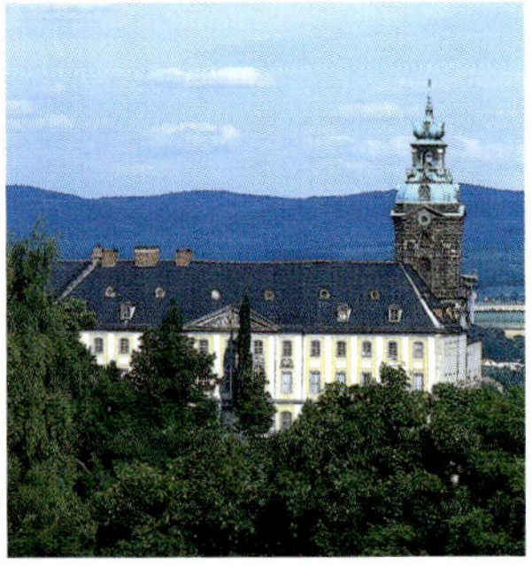

i Schlossverwaltung
Schloss Heidecksburg
07407 Rudolstadt
Tél., Fax 03672/447210

A Musée de Heidecksburg (Thüringer Landesmuseum Heidecksburg)
salle des fêtes et appartements des princes de Schwarzburg-Rudolstadt, galerie de tableaux, collection d'armes

Musée d'Histoire de la maison de Schwarzburg (Museum für schwarzburgische Geschichte), collection d'histoire naturelle, expositions temporaires, concerts, visites guidées sur demande préalable
Tél. 03672/429010
Fax 03672/429090
museum@heidecksburg.de
www.heidecksburg.de

D'avril à octobre : du mardi au dimanche de 10 h à 18 h, de novembre à mars : du mardi au dimanche de 10 h à 17 h

Café Schlosscafe

Parking à Schlossberg, quelques places de stationnement au château

Parking pour personnes handicapées à 50 m

DB Nürnberg-Leipzig

Le château de Heidecksburg

Le château de Heidecksburg, ancien lieu de résidence des comtes et princes de la maison de Schwarzburg-Rudolstadt, compte parmi les châteaux les plus importants de toute la Thuringe. Dans l'aile sud se trouve le cabinet des Glaces, plus ancien que les pièces de l'aile occidentale aménagées avec faste et datant de l'époque suivant le grand incendie de 1735. En effet, ce sinistre offrit l'occasion d'honorer enfin par un château digne de ce titre l'élévation au rang princier de la famille en 1710. En 1737, des travaux de reconstruction et de remaniement de l'aile occidentale furent entrepris. L'architecte Johann Christoph Knöffel de Dresde ayant été écarté de ce chantier en raison de malfaçon de l'édifice, l'architecte Gottfried Heinrich Krohne, habituellement au service de la cour de Weimar, fut chargé de terminer la construction.

Le cabinet des Glaces

Comme le voulait la mode à l'époque, le prince fit aménager vers 1720 le cabinet des Glaces dans l'aile sud à seule fin de représenter comme l'exigeait le protocole. Les miroirs des murs donnent plus d'espace à la pièce, créent l'illusion d'une multitude de porcelaines précieuses et, grâce à leur forme légèrement concave, déforment à souhait les perspectives. Des bandes de tapisserie vernie au cachet chinois alternent avec les pans de murs ornés de stuc et les niches à miroir. Les portraits encastrés dans les murs, ainsi que les armoiries de l'Etat de Schwarzburg, insérées dans le sol en marqueterie somptueux, font le lien avec la maison de Schwarzburg.

La salle des fêtes

Krohne réalisa la superbe salle des fêtes située au centre de l'aile occidentale, de 1743 jusqu'en 1750. Tout en étant une salle d'apparat noble, cette salle inspire la gaîté grâce à ses formes concaves et convexes enjouées. Les nombreux ornements en stuc de Giovanni Battista Pedrozzi encadrent la fresque de plafond de 1744, figurant le Conseil des Dieux sur l'Olympe. Les niches dans les coins et sur les murs des côtés abritent soit des buffets, soient des portes menant aux appartements attenants. C'est ici qu'avaient lieu les fêtes mais

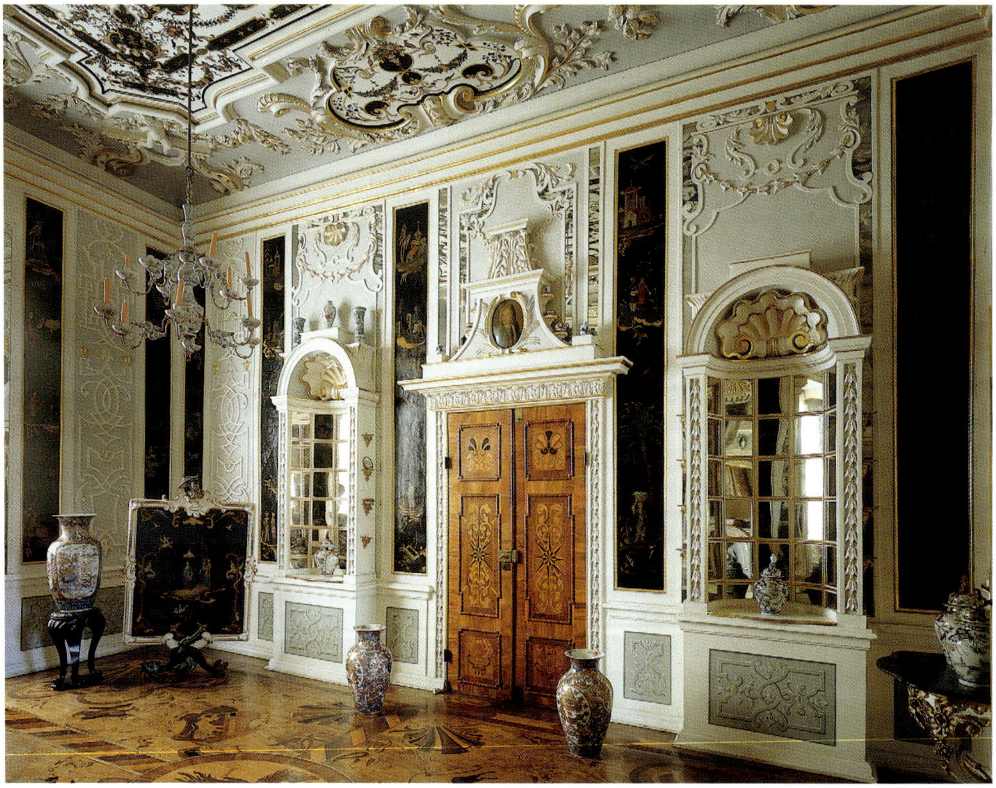

Château de Heidecksburg, le cabinet des Glaces

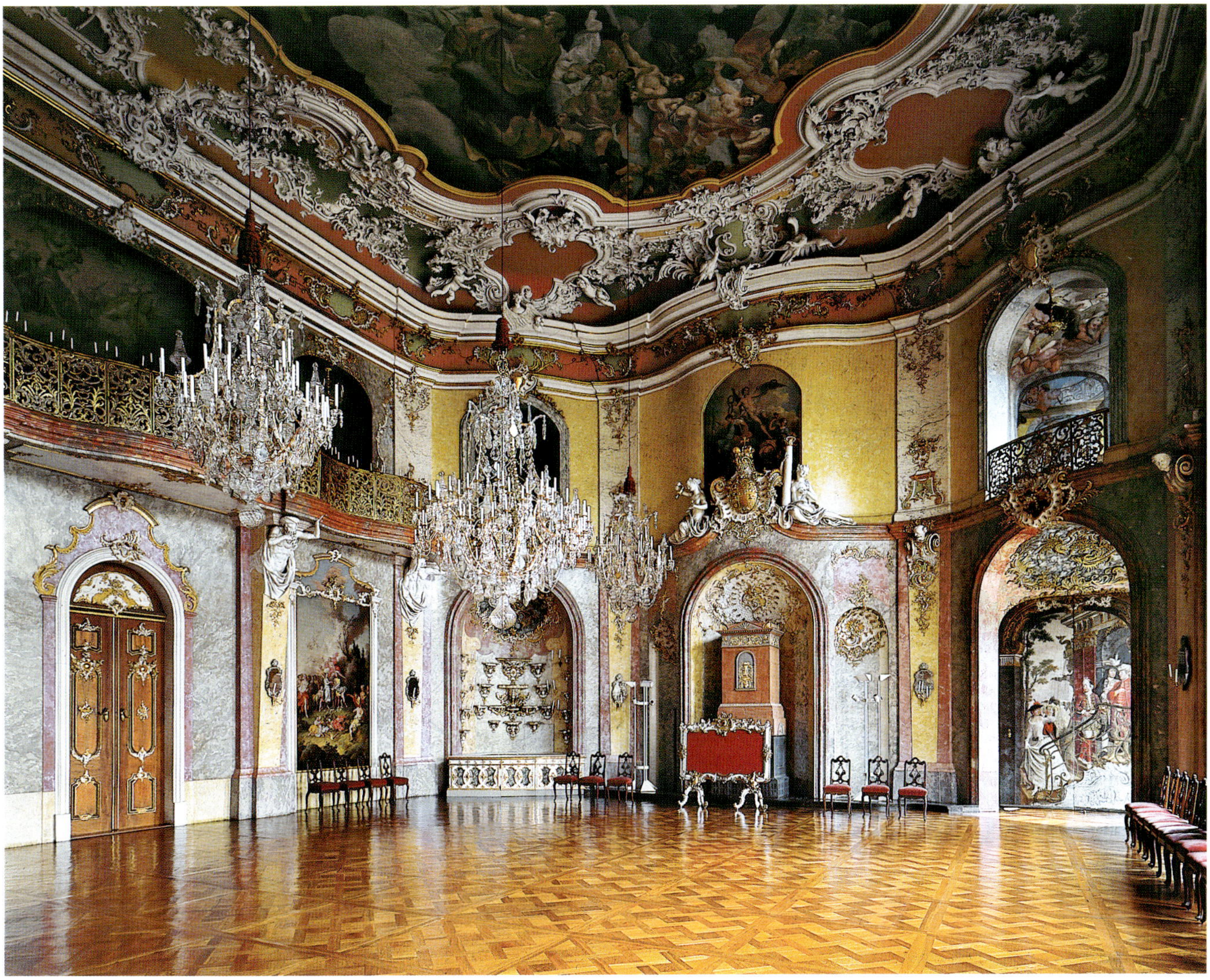

Le château de Heidecksburg, la salle des fêtes

aussi des concerts comme en témoigne encore la galerie pour les musiciens. Au dessus des niches, le visiteur peut voir les loges réservées aux gens de la cour. Les tableaux sur les murs de la largeur illustrent les grands moments de la vie des princes de Schwarzburg-Rudolstadt. Des représentations des vertus cardinales encadrent les armoiries du prince et de son épouse.

Les appartement Rouges

Les deux appartements attenant à la salle des fêtes au Sud et au Nord furent conçus à l'instar des « appartements doubles » français. Ceci signifie que ces appartements similaires sont plutôt à appréhender comme un ensemble fixe de pièces répondant aux règles du protocole qu'un regroupement de pièces à vocation privée. Les appartements Rouges au Sud, comprenant une antichambre, la salle Rouge, le cabinet d'angle Rouge doté d'une alcôve et un vestiaire, étaient destinés au prince Frédéric Anton de Schwarzburg-Rudolstadt. Ultérieurement ces pièces servirent de salles de représentation où l'on logeait les hôtes.

La salle Rouge

La salle Rouge, tendue de tapisseries de damas rouge, tenait lieu de salle d'audience. La niche où se trouve le poêle et la cheminée donnent une structure à l'agencement de la pièce. La fresque du plafond, « L'assemblée des Vertus », élégamment encadrée d'ornements de stuc, date de 1744. Les cartouches dans les coins figurent les quatre continents. La décoration comprend de plus des tableaux et des panneaux décoratifs aux dessus des

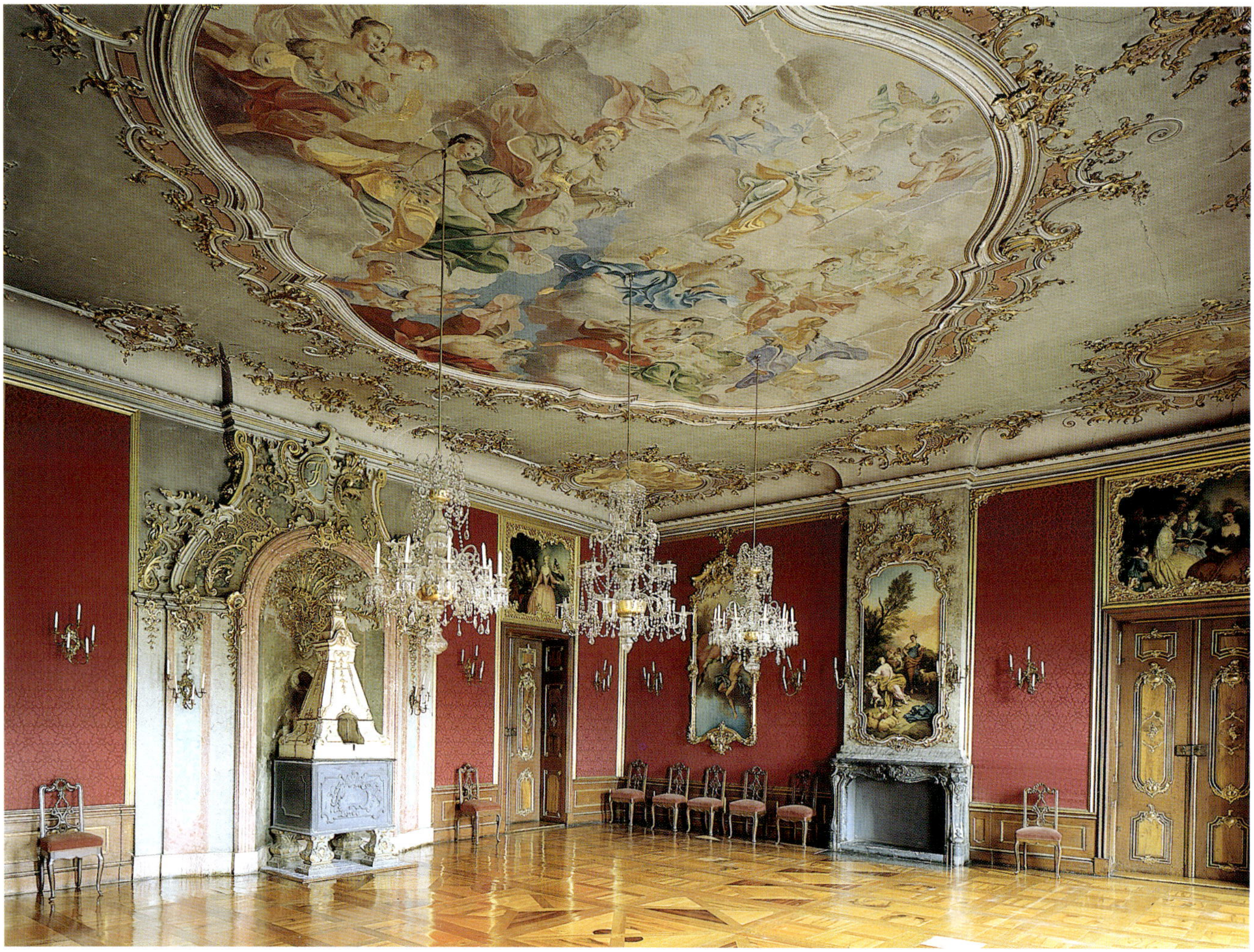

Le château de Heidecksburg, la salle Rouge

Le château de Heidecksburg, le cabinet d'angle Rouge

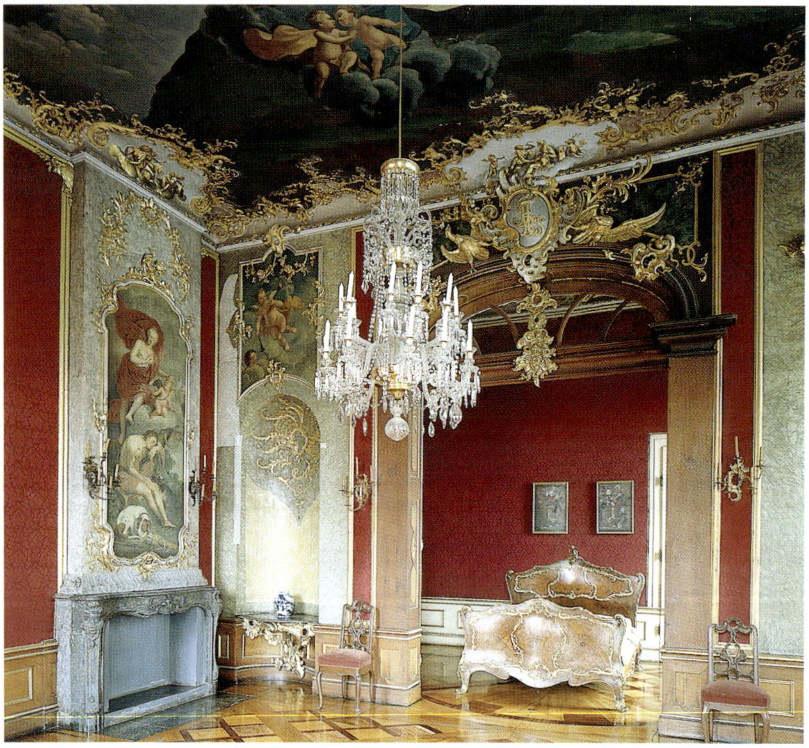

portes et de la cheminée ayant pour sujet la musique, la danse, la comédie et la conversation. Les deux représentations des saisons du printemps et de l'été se trouvaient à l'origine dans la salle des fêtes.

Le cabinet d'angle Rouge et l'alcôve

Knöffel avait conçu au départ une chambre de forme carrée. Mais Krohne y aménagea une cloison, dotée d'une ouverture en forme d'arc, et créa ainsi un cabinet à alcôve où fut logé le lit. Les fresques de plafond du cabinet et de l'alcôve, tout comme les tableaux aux murs, se réfèrent à la fonction de chacune de ces pièces. Le visiteur peut de même admirer dans le cabinet un bureau en contreplaqué, des consoles et une cheminée.

Les appartements Verts

Les appartements Verts comprennent une antichambre, la salle Verte, le cabinet d'angle Vert et un vestiaire. L'antichambre ne fut pas de suite comprise dans l'agencement. Ces pièces vertes, au Nord de la salle des fêtes, furent aménagées à partir de 1750 pour la princesse Bernardine Christine Sophie. Dès 1793, le cabinet d'angle et l'alcôve furent mis à la disposition des hôtes.

La salle Verte

La salle Verte fut tout à la fois utilisée comme salle d'audience, salle à manger et salle de jeux. Au lieu d'être décorée d'une fresque de plafond, elle est agrémentée avec parcimonie de stuc doré. L'ornementation comprend également des lambris en bois de couleur verte. Ces boiseries étaient une nouveauté à l'époque: on les jugeaient modernes et susceptibles de mieux résister à l'épreuve du temps. Deux tableaux sur les murs des côtés figurent le prince et son épouse en grandeur nature. Les panneaux décoratifs représentant la littérature, l'astronomie, l'architecture, la religion, la peinture et la musique symbolisent l'esprit éclairé du souverain. La pièce ne comprenait que peu de meubles. Les candélabres, dont on sait qu'ils existaient déjà en 1751, ne firent partie de la décoration qu'à partir du XIXe siècle.

S. R.

Le château de Heidecksburg, la salle Verte

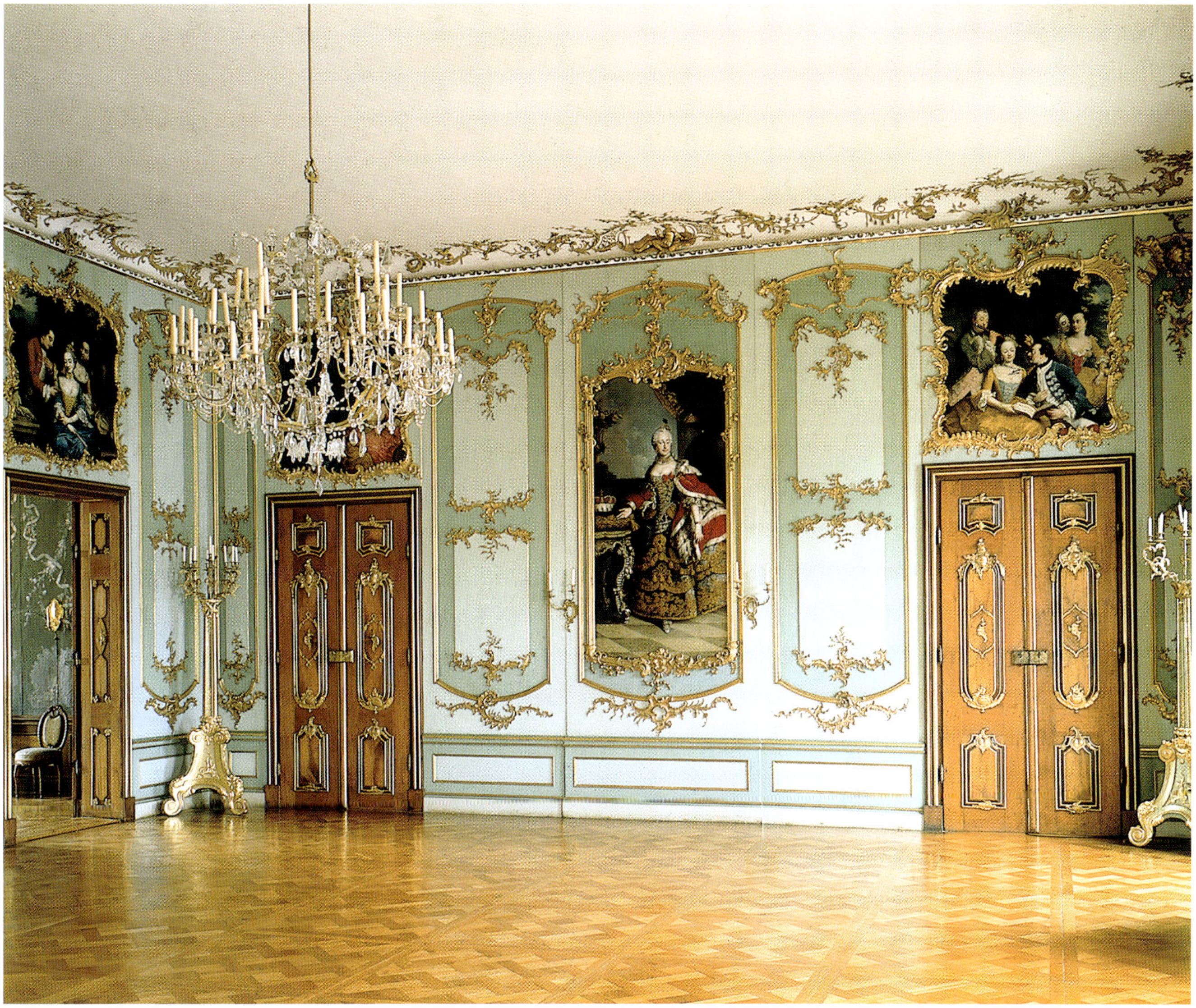

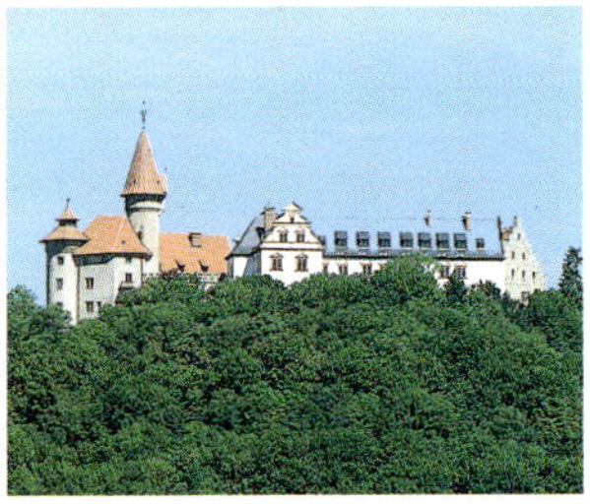

i Schlossverwaltung
Veste Heldburg
Burgstraße 215
98663 Heldburg
Tél. 03 68 71 / 3 03 30
Fax 03 68 71 / 3 04 87

A Exposition de l'association des amis du château-fort de Heldburg sur le château, l'historique de la construction, le belvédère, la salle chauffée. De plus, salle d'exposition avec décoration d'origine
Tél. 03 68 71 / 2 12 10
Fax 03 68 71 / 2 01 99
veste@bad-colberg-heldburg.de
www.bad-colberg-heldburg.de

D'avril à octobre :
du mardi au dimanche
de 10 h à 18 h,
de novembre à mars :
du mardi au dimanche
de 10 h à 17 h
Dernière entrée une demi-heure avant la fermeture
Visites guidées sur rendez-vous

P A 800 m

Parking pour personnes handicapées à 100 m

DB Hildburghausen-Heldburg

Le château-fort de Heldburg

Le château-fort de Heldburg, nommé également « le fanal franc » (Fränkische Leuchte), jouit d'un emplacement offrant une vue superbe sur les environs. Ce château-fort vécut son apogée au XVIe siècle, sous le règne du duc Jean Frédéric II qui chargea l'architecte de la cour Nikol Gromann, originaire de Saxe, de réaliser l'Edifice Français (Französischer Bau). Au XIXe siècle, en 1874, Georges II de Saxe-Meiningen, surnommé le « duc du théâtre », fit remanier le château fort en une résidence d'été et un palais pour lui-même et sa troisième épouse, l'actrice Ellen Franz, ultérieurement baronne de Heldburg. Avant d'être en partie détruit par un grave incendie en 1982, le château-fort était considéré comme « un modèle exemplaire des châteaux-forts romantiques de la fin du XIXe ».

La salle Chauffée de la baronne

Cette salle, nommée la salle Chauffée de la baronne (Freifraukemenate), dotée d'une pièce annexe au deuxième étage du bâtiment du commandant fut aménagée lors des remaniements dans le style de l'historicisme opérés de 1887 à 1900. Les études furent réalisées par l'architecte pour intérieurs Emmanuel La Roche de Bâle, mais le couple ducal influença largement la décoration. La salle aux formes néogothiques tenait lieu de salon à la baronne de Heldburg, où elle recevait nombre d'artistes et de musiciens de renom. On enleva la décoration d'origine en 1951 et en 1993, on réintégra à la salle des meubles semblables à ceux d'autrefois. Dans la salle annexe se trouve encore la vitrine d'origine encastrée dans le mur où sont disposés les présents offerts à l'occasion des noces d'argent du couple ducal en 1898. S. R.

Le château-fort de Heldburg, la salle Chauffée de la baronne

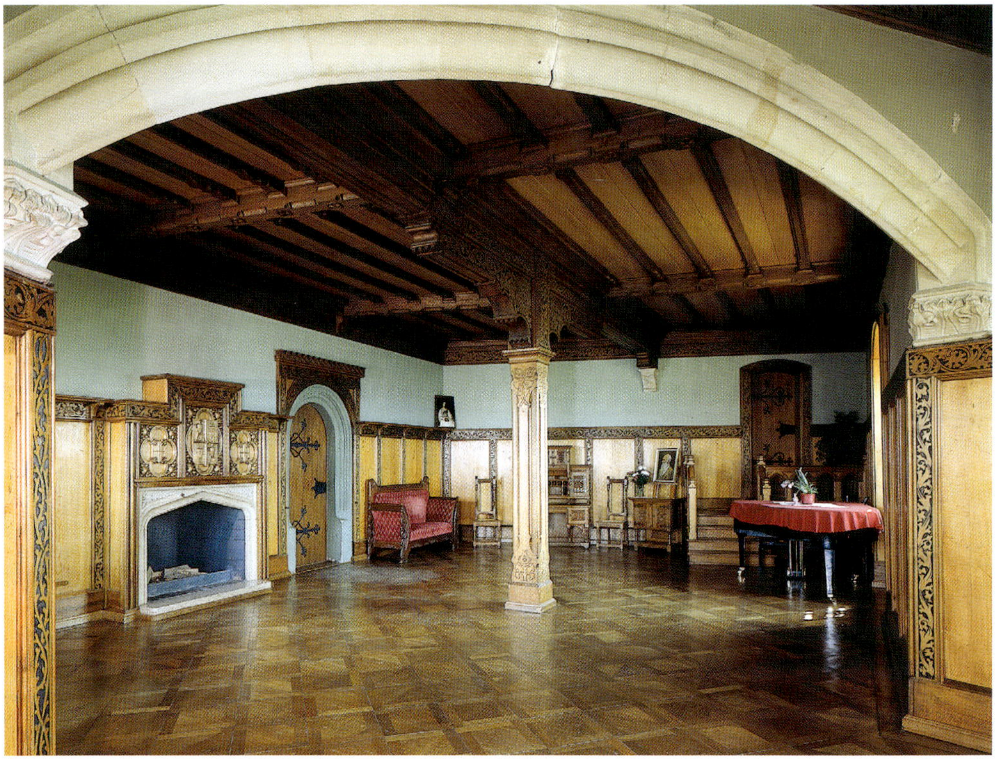

Le château de Sondershausen

Le château de Sondershausen, ancienne résidence des princes de Schwarzburg-Sondershausen, est l'édifice le plus important du Nord de la Thuringe tant sur le plan architectural que sur celui de l'art. Comme aucun autre château de Thuringe, l'architecture et les intérieurs de ce château illustrent une très large diversité de styles.

La salle voûtée près de l'escalier à vis

La salle voûtée près de l'escalier à vis (Gewölbe am Wendelstein) est une salle somptueuse dans le style du maniérisme du XVIe siècle, généreusement décorée de stuc en cartilage. Elle est située dans la partie la plus ancienne du château. Les fresques du plafond aux thèmes allégoriques et mythologiques, conjuguées avec le portrait d'homme au dessus de la cheminée, laissent supposer qu'il s'agissait là autrefois d'une salle d'étude. Cette salle n'était en tout cas pas une pharmacie, comme on le crut un certain temps probablement en raison des allusions à l'alchimie que l'on retrouve dans les stucs. Le chêne recouvrant les murs date du début du XXe siècle.

La salle des Géants

C'est en 1695, lors du remaniement baroque de l'aile sud du château datant de la Renaissance, que la salle des Géants vit le jour. Cette salle des fêtes, dont les ornements de stuc furent réalisés à l'atelier de Nicola Carcani, comprend seize statues plus grandes que nature de dieux antiques et plus de vingt peintures au plafond ayant pour thème la mythologie. Cette salle, qui s'étend sur toute la superficie de l'aile, fut aménagée dans une pièce existant déjà avant ce qui explique que le plafond soit si bas. Il en va de même pour la salle des fêtes du château de Friedenstein à Gotha, construite approximativement au même moment. L'aménagement de la salle témoigne de l'élévation au rang de prince du maître d'ouvrage, le comte Christian Guillaume de Schwarzburg-Sondershausen, en 1697.

La salle Bleue

La particularité du château de Sondershausen est de posséder en plus de la salle des Géants une deuxième salle des fêtes. Vers 1770, lors de l'agrandissement du vieux château en un château à quatre ailes au plan irrégulier, la salle

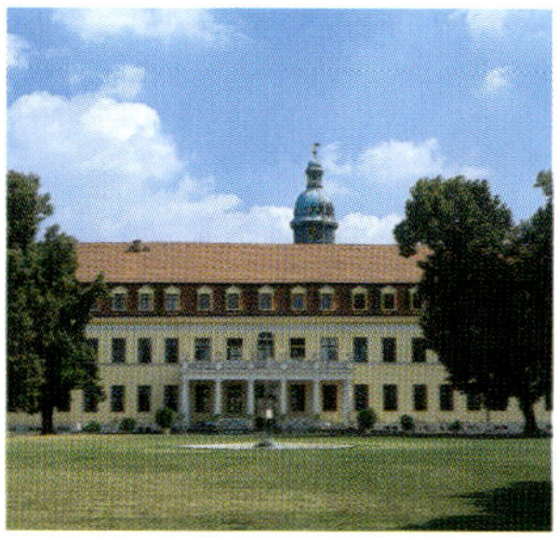

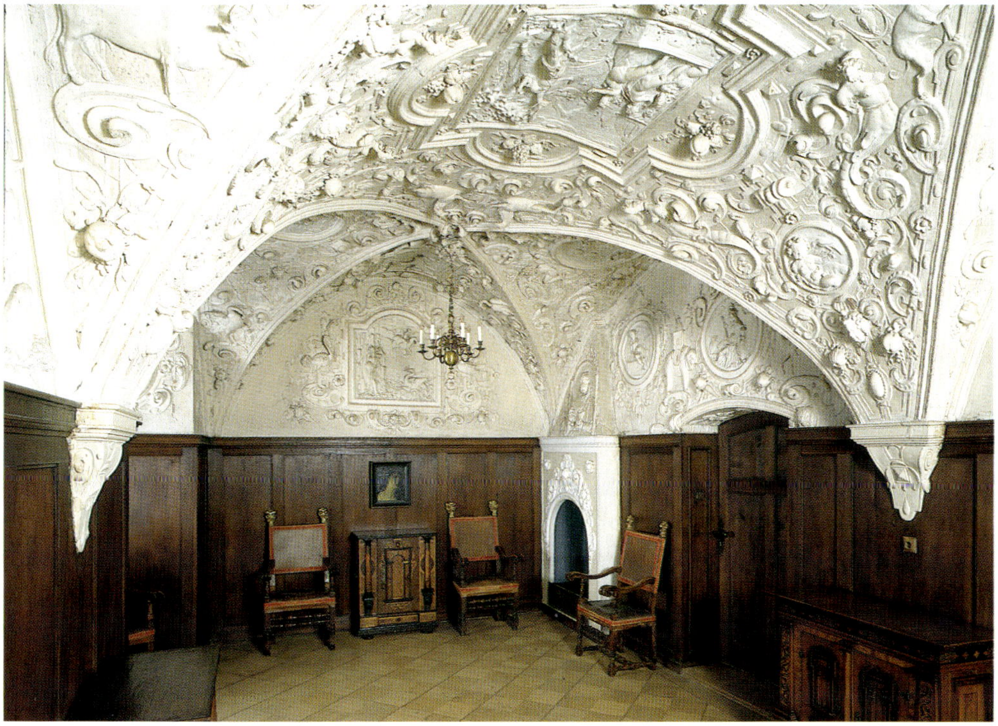

Château de Sondershausen, la salle voûtée près de l'escalier à vis

i Schlossverwaltung
Schloss Sondershausen
99706 Sondershausen
Tél. 0 36 32 / 66 30
Fax 0 36 32 / 66 31 04

A Musée du château (Schlossmuseum)
Exposition sur les décorations d'intérieurs allant de la Renaissance à l'historicisme, sur l'Histoire de la région et de la musique, galerie des Ancêtres de la famille de Schwarzburg, expositions temporaires
Tél. 0 36 32 / 66 31 20
Fax 0 36 32 / 66 31 10
schlossmuseum.sdh@t-online.de
www.schlossmuseum.sondershausen.de

D'avril à septembre :
de mardi à dimanche
de 10 h à 17 h,
d'octobre à mars :
du mardi au dimanche
de 10 h à 16 h
Visites guidées chaque jour à 10 h et 14 h
Autres horaires de visite possibles sur rendez-vous

Restaurant
Schlossrestaurant

P Deux parkings et parking Galerie à Schlossberg, à environ 50 et 300 m

DB Erfurt-Nordhausen

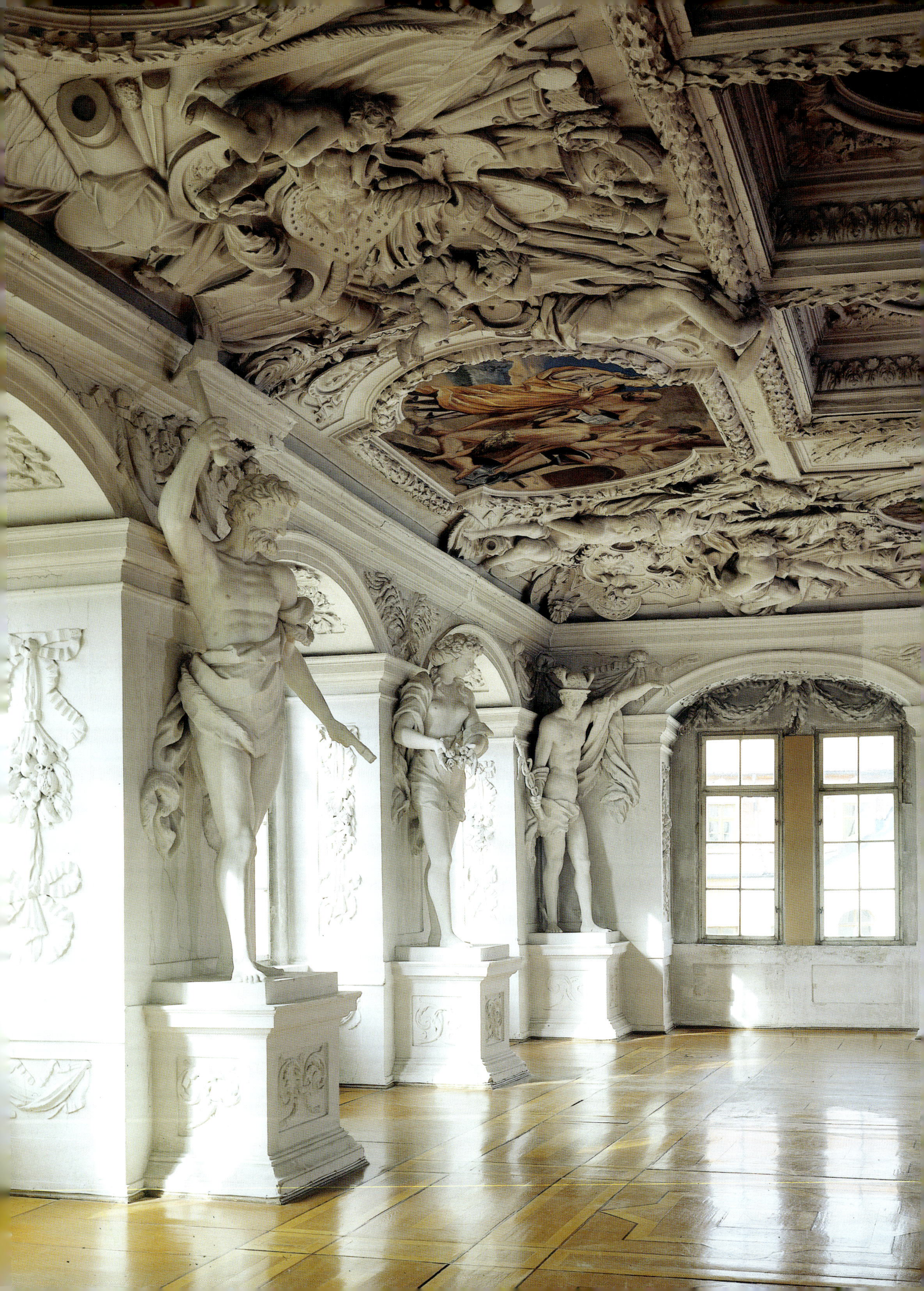

Bleue fut construite au premier étage de l'aile ouest. Conçue à l'origine pour être la salle du trône, située exactement entre les deux appartements du couple princier, cette salle est la seule à avoir préservé sa décoration malgré le remaniement de l'aile ouest dans le style du classicisme. La fresque de plafond figurant le mythe de Callisto se réfère à la relation du prince Christian Günther III avec Charlotte Wilhelmine von Anhalt-Bernburg. La couleur blanche et bleue de la salle correspond aux couleurs de l'Etat.

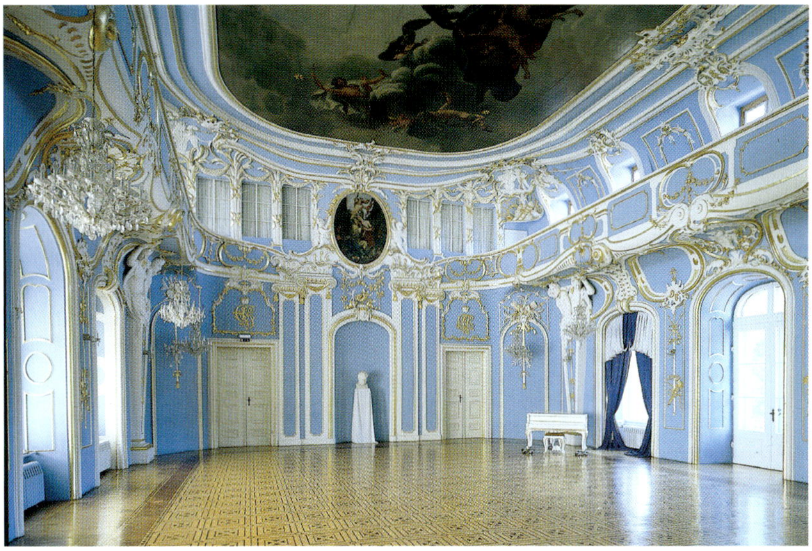

Château de Sondershausen, la salle Bleue

La maison Octogonale

La maison Octogonale, érigée vers 1709 au Sud-Ouest du château, située tout au bout du jardin de plaisance baroque, se veut d'être un temple voué aux muses. Elle était le temple de Vénus, déesse de l'amour et patronne des jardins, mais également un lieu où la cour avait loisir de s'adonner à la musique. C'est cette dernière fonction qui détermina pour l'essentiel l'apparence extérieure de l'édifice. Nombre de fenêtres, agencées selon une structure régulière, ouvrent la salle sur le jardin. La forme octogonale et les huit colonnes corinthiennes à l'intérieur donnent d'autant plus l'allure d'un temple à cet ensemble dont le plafond est décoré d'une immense fresque figurant les dieux. Autrefois, il était possible de faire tourner le sol. Les dames de la cour s'amusaient alors, montées sur des chevaux de bois, à tenter d'attraper d'un bâton des anneaux de bois. Cet édifice-manège n'était point le seul en son genre à l'époque baroque: il en existe de semblables dans le parc du château de Pillnitz, à Ludwigsburg ou bien encore à Hanau-Wilhelmsbad. La maison Octogonale, restaurée depuis peu, est de nos jours l'un des plus beaux éléments du château de Sondershausen.

I.P.

Page d'en face : Château de Sondershausen, la salle des Géants

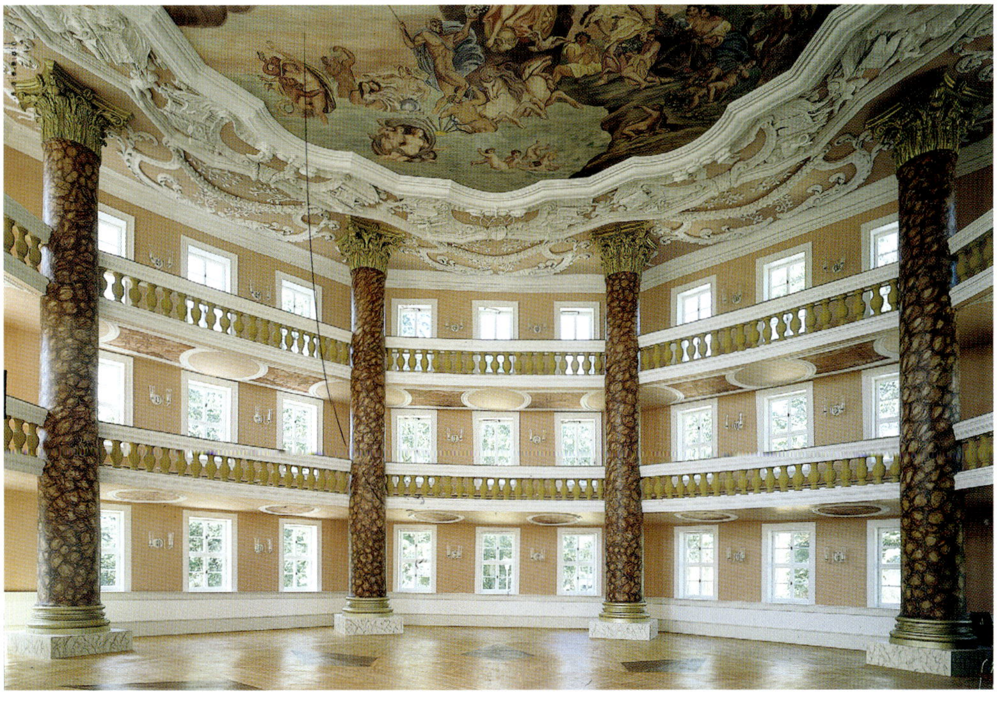

Château de Sondershausen, la maison Octogonale

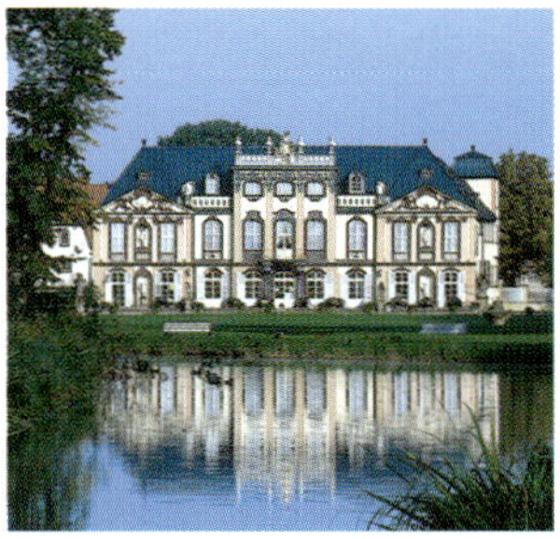

i Schlossverwaltung
Schloss Molsdorf
Schlossplatz 6
99192 Molsdorf
Tél. 03 62 02 / 2 20 85
Fax 03 62 02 / 2 20 84

A Musée du château (Schlosmuseum)
Exposition sur les agencements et décorations des intérieurs, expositions temporaires
Tél. 03 62 02 / 9 02 05
Fax 03 62 02 / 2 20 84

Du mardi au dimanche de 10 h à 18 h
Visites guidées à chaque heure sonnante et sur rendez-vous

P A 50 m.

Bus Erfurt-Molsdorf

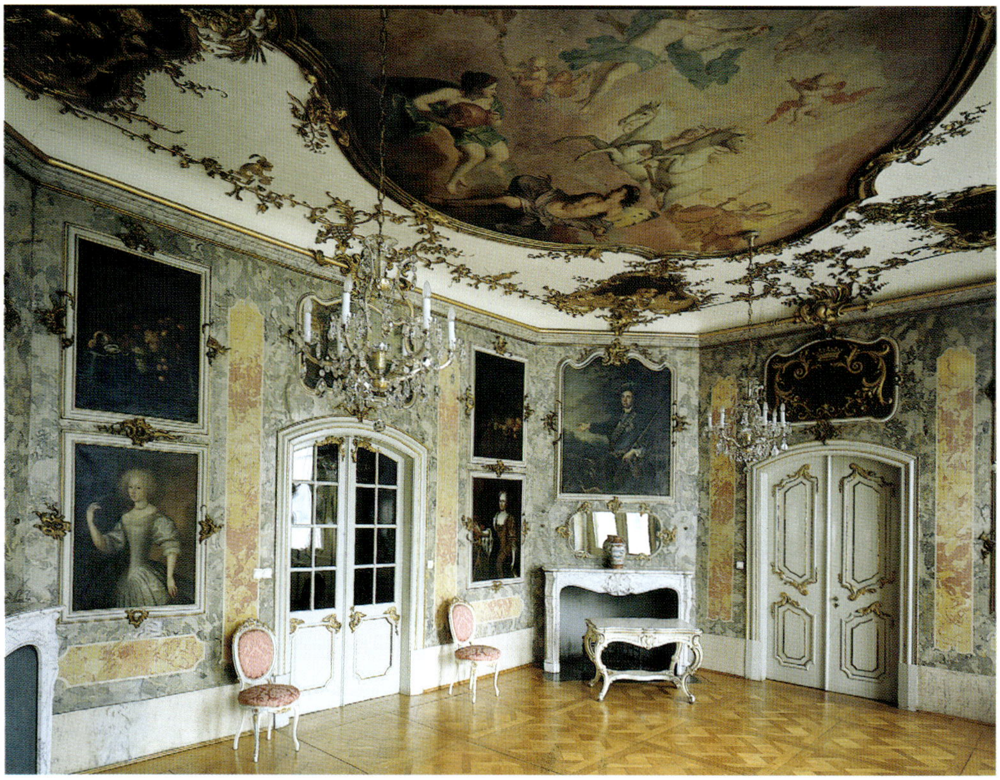

Le château de Molsdorf, la salle de Marbre

Le château de Molsdorf

Au sud d'Erfurt se dresse le château de Molsdorf qui était à l'origine un vieux château cerné d'eau, avant d'être transformé en une résidence de prestige en 1734 par Gustav Adolph von Gotter, bourgeois élevé au rang de comte d'Empire. Grâce à ses bonnes relations avec la cour, Gotter put faire appel pour ces travaux à l'architecte le plus prestigieux de l'époque de Thuringe, Gottfried Heinrich Krohne, au peintre de cour prussien Antoine Pesne, aux peintres Johann Kupetzky et Jacob Samuel Beck ainsi qu'au stucateur Johann Baptist Pedrozzi. Leur collaboration contribua à créer l'un des plus beaux châteaux baroques de Thuringe qui resta en état jusqu'au début du XXe, période à laquelle il fut en partie remanié.

La salle de Marbre

Au centre des salles de l'aile sud du château, plus agencées pour mener une vie privée que dans l'objectif d'être des salles d'apparat, la salle de Marbre (Marmorsaal) tenait lieu de salon de réception. C'est de cette salle, qui tient son nom de sa décoration faite de marbre stuqué gris clair à l'époque fort moderne, que l'on peut pénétrer les autres pièces. La fresque du plafond, attribuée à Antoine Pesne, figure la déesse de l'aube qui sonne le lever du soleil. Elle souhaite ainsi symboliquement au visiteur un bon séjour, ensoleillé et agréable au château de Molsdorf. Pesnea peignit le même thème vers 1740 pour Frédéric Le grand, alors encore prince héritier, au plafond de la salle des fêtes du château de Rheinsberg, là cependant comme symbole d'un règne rayonnant. Que Gotter, au départ simple bourgeois, décore son château avec un thème iconographique typique des grands souverains, prouve la haute opinion que ce dernier avait de lui-même.

La salle des fêtes

Selon la mode du début du XVIIIe siècle, Gotter fit orner la salle des fêtes de l'angle Sud-Ouest du château, de fait utilisée comme salle à manger, de boiseries afin d'obtenir une température ambiante plus agréable. Dans ces lambris sont encastrés 33 portraits d'amis et protecteurs de Gotter illustrant ainsi sa solide position politique au sein de la cour. Cette galerie de tableaux quelque peu inhabituelle est l'équivalent des galerie d'Ancêtres qu'exposaient les nobles afin d'affirmer leur rang et permit à Gotter de faire oublier ses propres origines.

Les bains de Marbre

La construction des bains de Marbre (Marmorbad) aux formes classiques parsemées d'éléments de style art nouveau fut initié par la comtesse de Gneisenau pour remplacer l'ancienne salle de bains bien plus modeste. Les bains de Marbre illustrent de façon exemplaire le mode de vie des nobles au début du XXe siècle, puisque les salles de bains de luxe privées, conservées jusqu'à nos jours sont très rares dans le centre de l'Allemagne. C'est la maison Saalecker Werkstätten fondée par l'architecte Paul Schultze-Naumburg qui fut chargée de réaliser cette pièce. Il est probable que ce dernier en ait également fait les plans.

I. P.

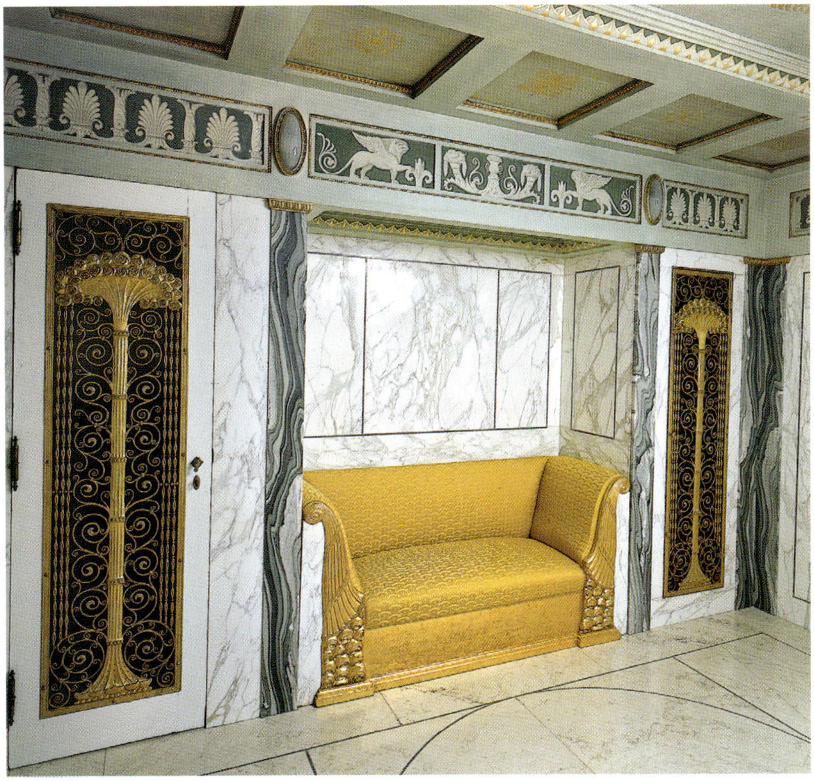

Le château de Molsdorf, les bains de Marbre

Le château de Molsdorf, la salle des fêtes

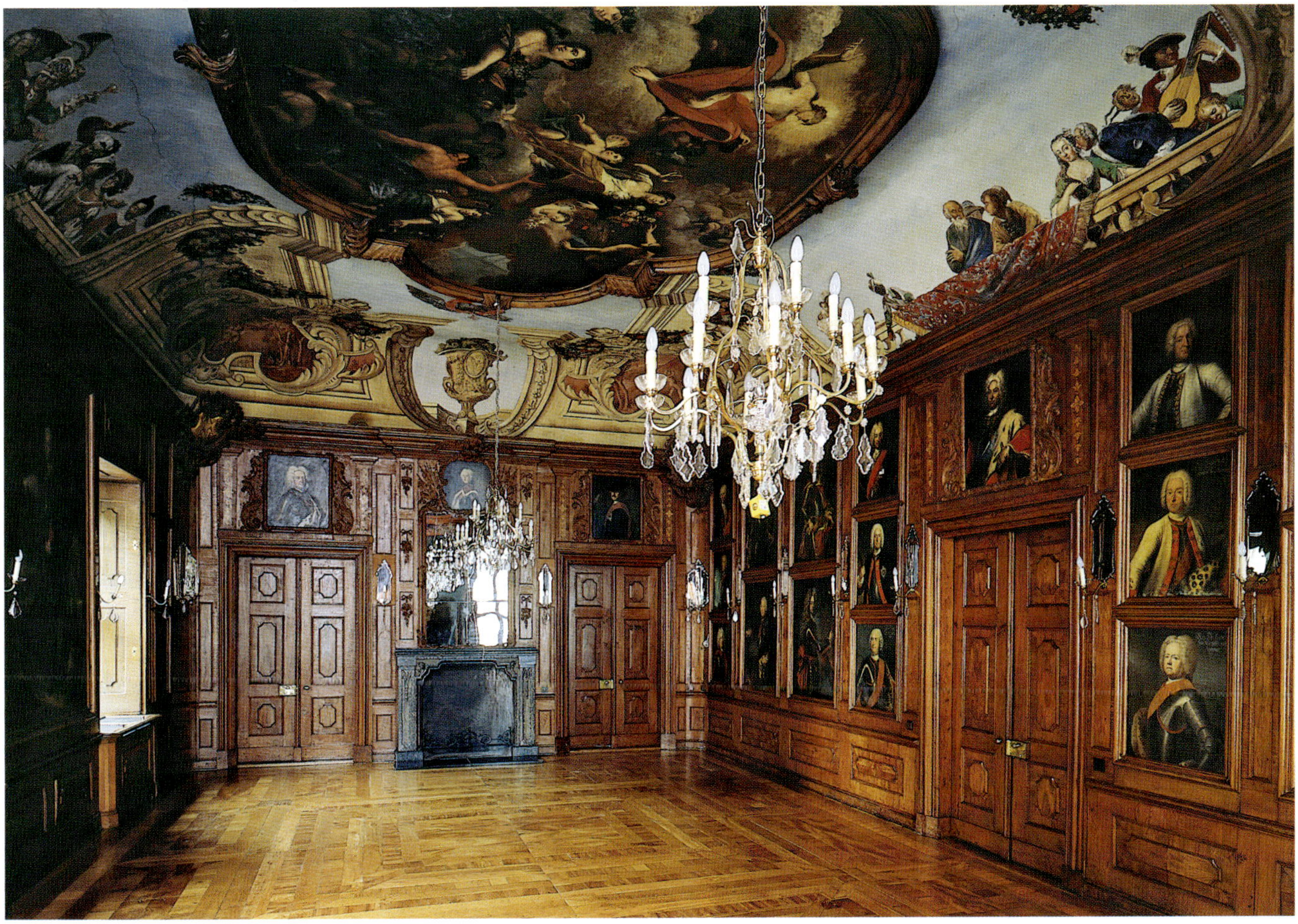

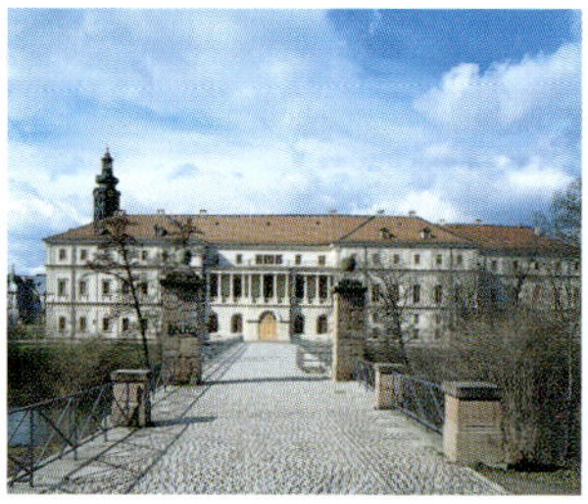

i Schlossverwaltung
Residenzschloss Weimar
Burgplatz 4
99423 Weimar
Tél. 036 43/54 59 81
Fax 036 43/54 59 02

A Musée du château
Exposition de tableaux
et salles d'exposition, expositions temporaires, visites guidées sur rendez-vous
Tél. 036 43/54 59 60
kommunikation@swkk.de
www.swkk.de

D'avril à octobre :
du mardi au dimanche
de 11 h à 18 h,
de novembre à mars :
du mardi au dimanche
de 11 h à 16 h

P Devant le château

DB Leipzig-Erfurt
Jena-Erfurt

Le palais de la Résidence de Weimar

Le château de Weimar fut à l'origine la résidence principale des territoires de Thuringe sous la souveraineté de la branche ernestine de la maison des Wettin. Le château actuel fut érigé, sous la direction de Johann Wolfgang von Goethe, par différents architectes à la suite d'un incendie en 1774. Friedrich Thouret (à partir de 1798) et plus particulièrement Heinrich Gentz (à partir de 1800) ont réalisé des décorations d'intérieurs de grande valeur artistique, joyaux de la période classique en Allemagne.

L'escalier de Gentz

Le visiteur pénètre le château par l'escalier d'honneur de l'aile est. De fait, Heinrich Gentz acheva le travail débuté par Johann August Arens en érigeant à l'avant de l'étage noble un hall blanc agrémenté de colonnes d'ordre dorique rappelant les Propylées de l'Acropole d'Athènes. Les thèmes iconographiques de Friedrich Tieck dans la cage de l'escalier d'honneur reflètent l'idée que se faisait Goethe d'un Etat éclairé, dans lequel se devaient de dominer selon lui la libre pratique des arts et des sciences, la protection du citoyen et un bien-être universel.

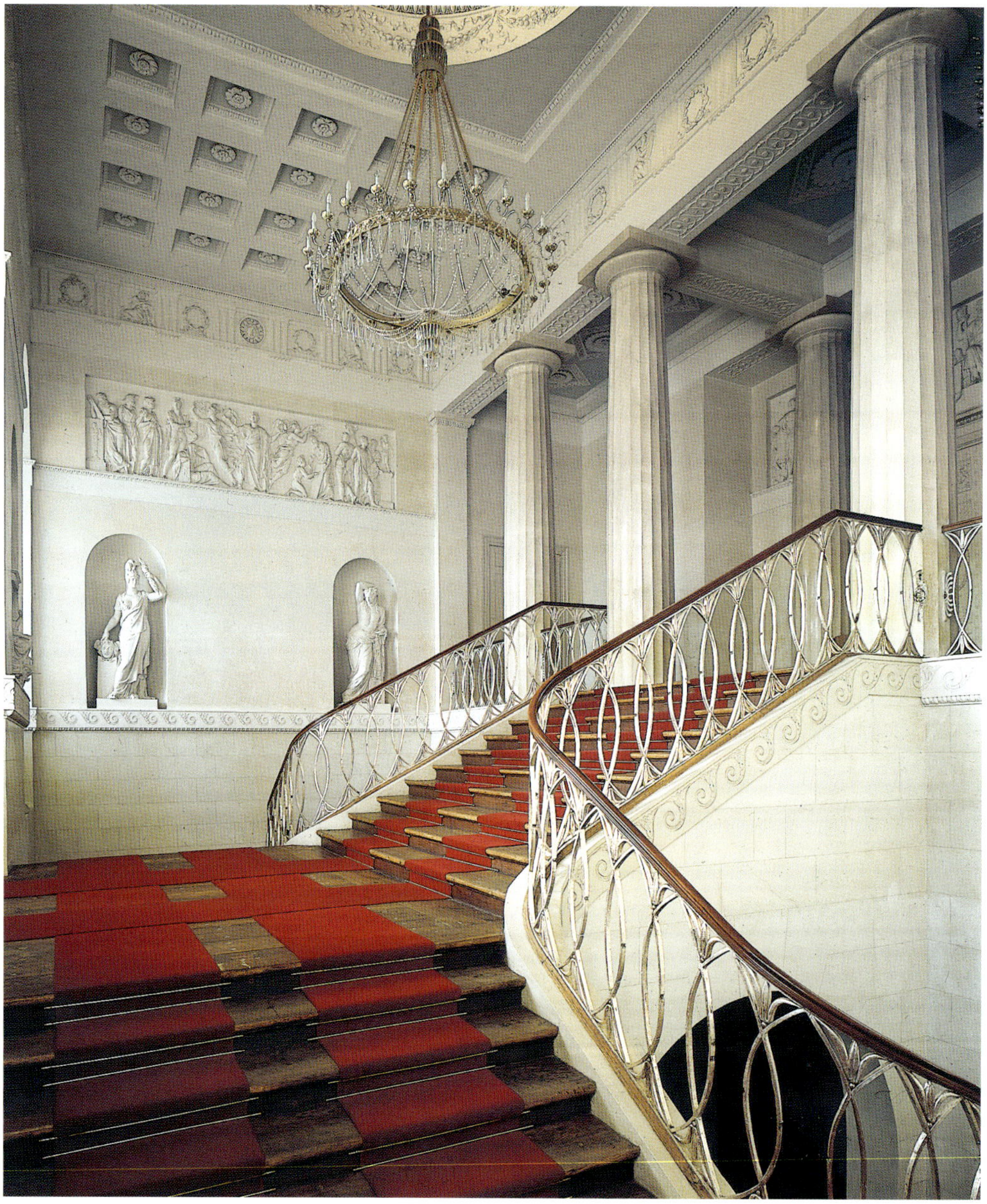

Le palais de la Résidence de Weimar, l'escalier d'honneur de Gentz

La salle des fêtes

C'est en passant par l'entrée et la salle à manger que les visiteurs pénétraient la salle des fêtes. Cette salle respecte par ses colonnes ioniques les règles d'architecture de l'époque puisque, en tant que salle à vocation d'apparat, elle est plus importante que la cage d'escalier dotée de colonnes doriques. La galerie sur le pourtour de la pièce reprend, à l'initiative de Goethe, un motif architectonique de la salle des fêtes détruite lors de l'incendie. Il est vraisemblable que l'orchestre s'y tenait lors des bals. La décoration statuaire de la salle se concentre sur quelques statues et une frise en relief qui s'inspirent de modèles égyptiens et romains. Elle comprend entre autres les copies de deux ensembles de statues antiques célèbres : les jumeaux Castor et Pollux ainsi que Caunus und Byblis. A côté se tiennent quatre statues réalisées par Friedrich Tieck. Thouret conçut la décoration du plafond qui fut réalisée par Gentz.

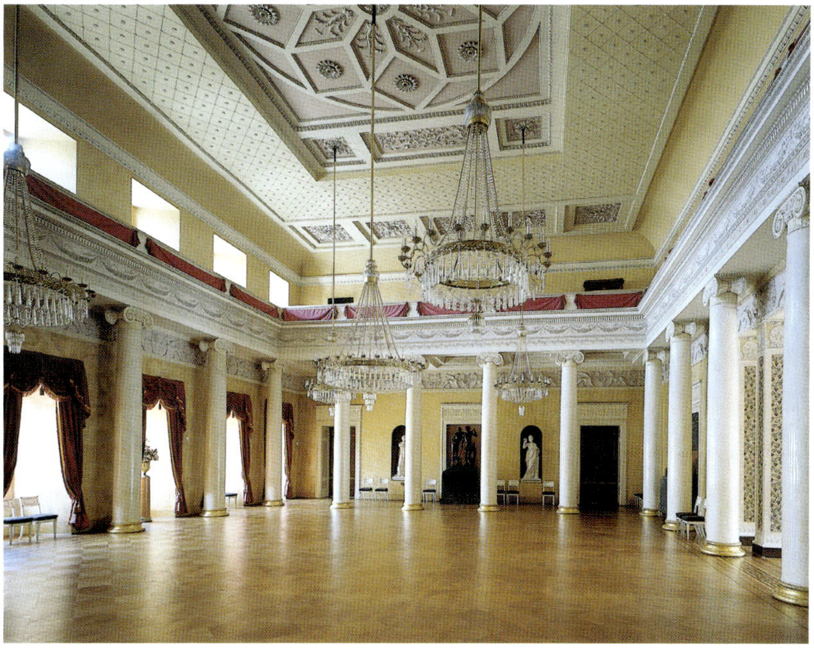

Le palais de la Résidence de Weimar, la salle des fêtes

La salle des Glaces

L'une des salles les plus importantes du château de Weimar est sans aucun doute la salle des Glaces (Spiegelsaal), inondée de lumière et dotée d'une riche décoration polychrome. On y accède par une ouverture dans le mur est de la salle des fêtes ; il était donc possible de s'y retirer lors des bals. Les murs sont rythmés par de fins pilastres décorés de feuilles de vignes et surmontés de chapiteaux ornés de papyrus. Une frise, au cachet romain et composée de guirlandes de fruits, de masques de satyres et de ménades s'étire entre les chapiteaux. L'ornement du plafond fait allusion à une décoration en stuc du IIe siecle après Jésus-Christ qui

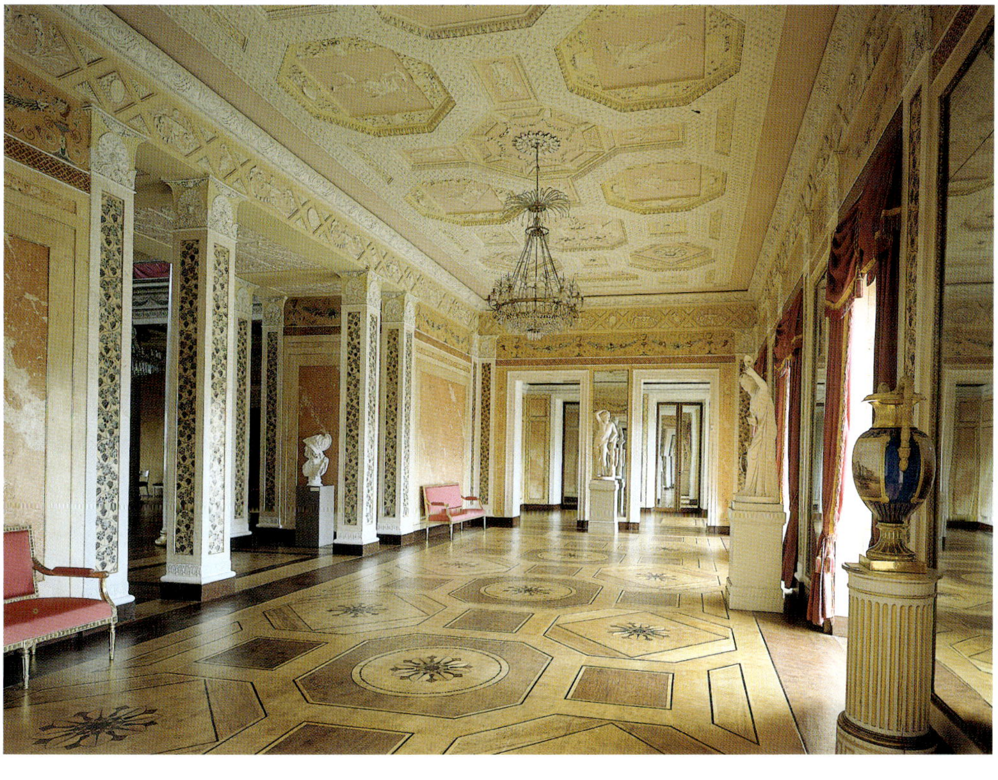

Le palais de la Résidence de Weimar, la salle des Glaces

avait été découverte en 1785. Le motif de base de celle-ci se retrouve dans le parquet.

Le salon de Cèdre

La seule pièce réalisée d'après les études de Heinrich Gentz qui ait été entièrement conservée est le salon de Maria Pawlowna, fille du tsar et épouse du prince héritier Carl Friedrich. La pièce tient son nom des boiseries en bois de cèdre (Zedernzimmer). La décoration déjà étonnamment riche et omniprésente pour une oeuvre de Gentz, est de plus complétée par du marbre stuqué, des miroirs, des reliefs et des tableaux. Les thèmes des peintures correspondent à la fonction de la pièce qui était vouée aux passe-temps de la princesse, soit l'art, la littérature et les petites réceptions qu'elle faisait. Des représentations de muses ornent le plafond. Huit reliefs en stuc évoquent des scènes mythologiques ayant pour sujet les vertus et le destin de la fille du star, vivant loin de son pays. Des gravures sur cuivre colorées sur fond noir ébène représentent des copies réduites d'anciennes fresques murales ainsi que douze incarnations des heures du jour et de la nuit, dont l'idée est attribuée à Raphaël.

Les salles des Poètes

Entre 1834 et 1848, Maria Pawlowna fit agencer dans la partie sud de l'aile ouest nouvellement aménagée, des salles en hommage aux poètes Goethe, Schiller, Wieland et Herder (Dichterzimmer). Ludwig Schorn fut chargé de mener à bien la réalisation de ces pièces. C'est Karl Friedrich Schinkel qui conçut la galerie de Goethe. A l'encontre des autres salles classiques plus anciennes, ce sont ici de grands tableaux historiques représentant l'œuvre complète des poètes qui décorent les murs. Les bustes de ces grands hommes sont à la fois une commémoration de leur oeuvre et de leur personne. Un tel projet au sein d'un château était alors, à l'époque de sa réalisation, unique en son genre. Ces salles étant vouées à être vues par un public, elles furent dès le départ ouvertes à tous.

I. P.

Page d'en face :
Le palais de la Résidence de Weimar, la salle de Wieland

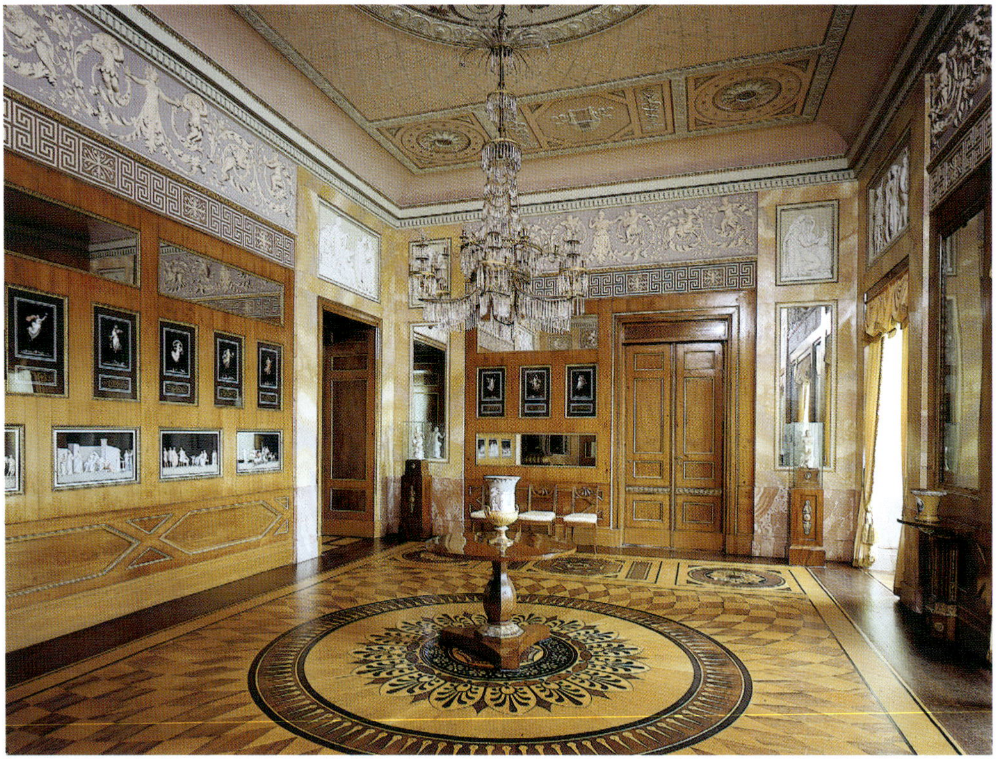

Le palais de la Résidence de Weimar, le salon de Cèdre

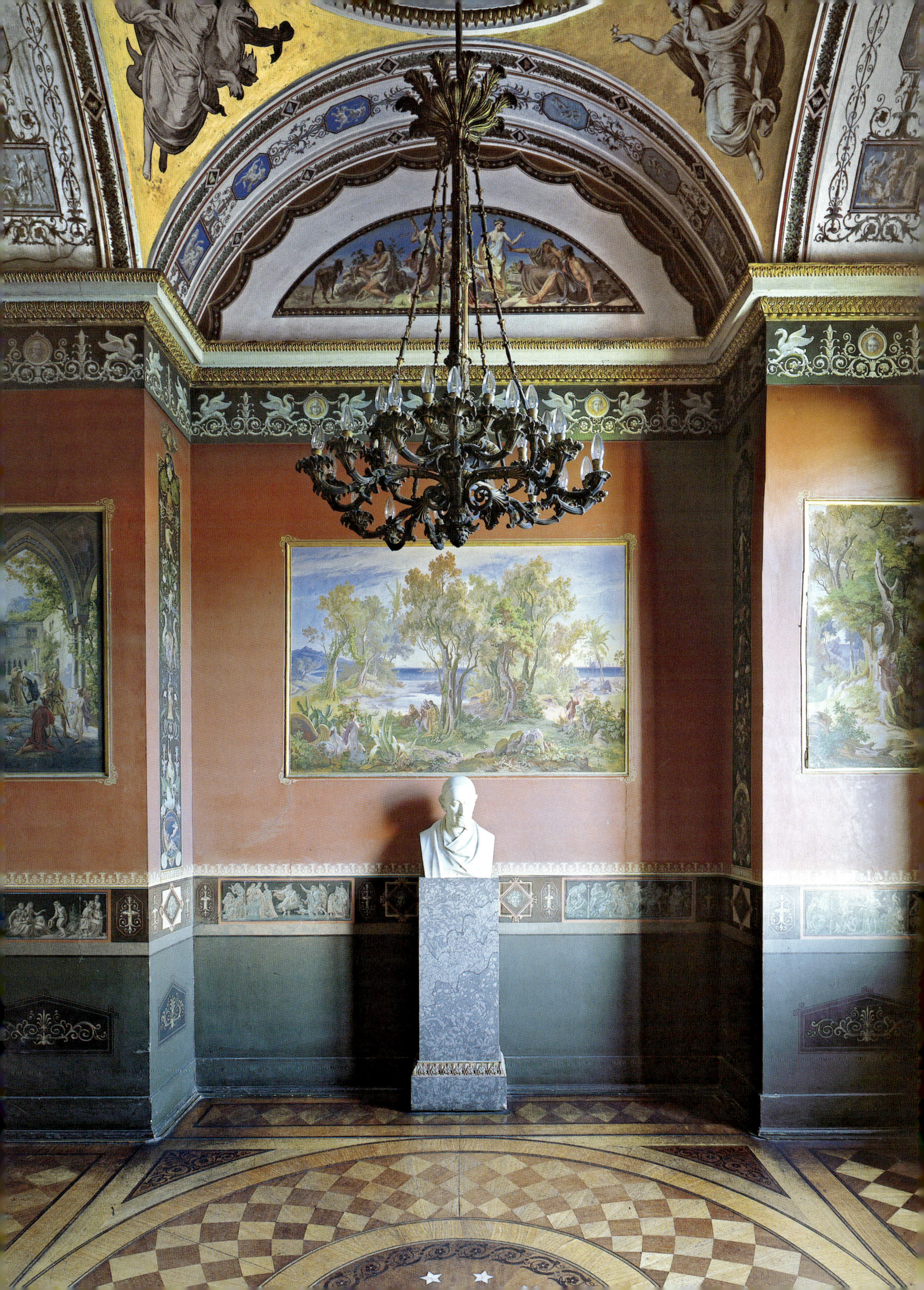

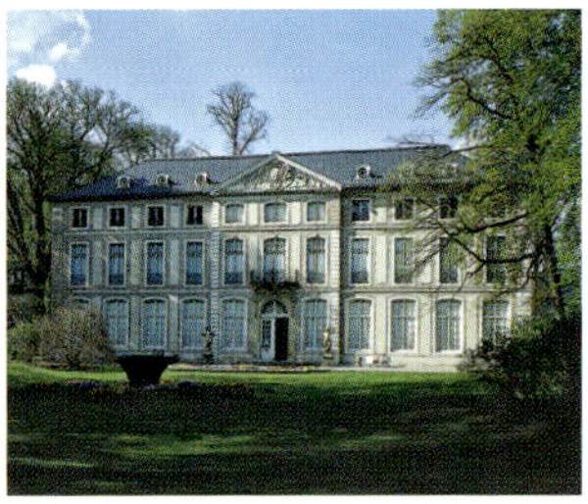

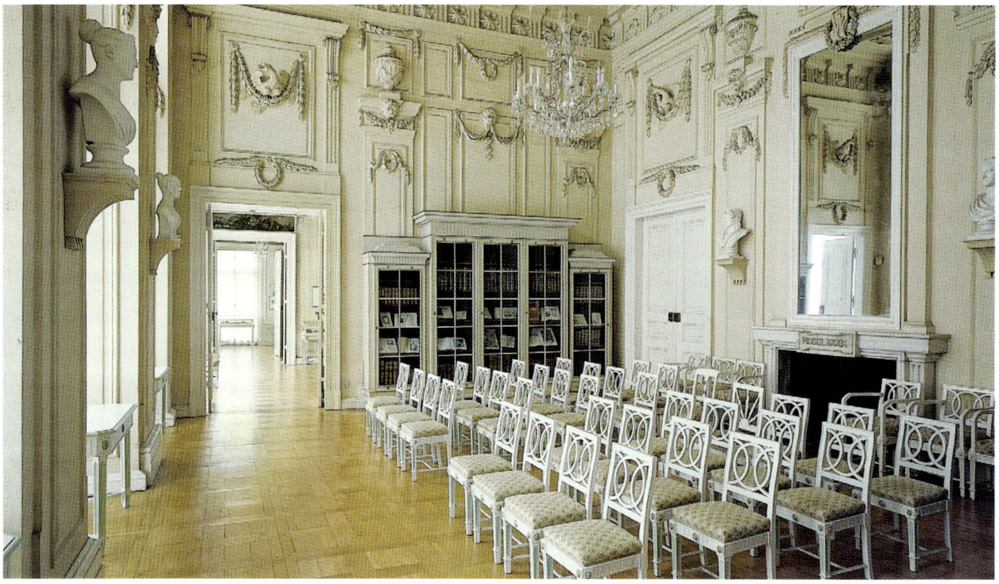

Palais d'Eté de Greiz, la salle des fêtes

i Schlossverwaltung
Sommerpalais Greiz
Postfach 1146
07961 Greiz
Tél. 0 36 61 / 70 58 19
Fax 0 36 61 / 70 58 25

A Collection d'Etat de livres et de gravures sur cuivre et Satiricum, recueil de caricatures et de feuilles satiriques de l'ex-RDA (Staatliche Bücher- und Kupferstichsammlung mit Satiricum)
Tel. 0 36 61 / 7 05 80
Fax 0 36 61 / 70 58 25
sommerpalais.info@greiz.encotel.de

D'avril à septembre:
du mardi au dimanche
de 10 h à 17 h,
d'octobre à mars:
du mardi au dimanche
de 10 h à 16 h
Ouvert les lundis de Pâques et de Pentecôte,
Fermé les 24, 25 décembre et le 1er janvier
Visites guidées sur rendez-vous

Le parc de Greiz
(Greizer Park)
Tél. 0 36 61 / 70 35 10
Fax 0 36 61 / 70 35 98

Visites guidées du parc sur rendez-vous, ouvert au public

Café im Küchenhaus

P A 300 m

DB Gera-Weischlitz

Palais d'Eté de Greiz

Henri XI fit ériger le palais d'Eté de Greiz (Sommerpalais Greiz) lorsqu'il reçut en héritage en 1768 la principauté de Greiz et que la vieille branche de la maison Greiz fut de nouveau unie. Ces événements ne furent pas sans conséquence puisque dix années après, la famille fut élevée au rang de famille princière d'Empire. Henri XI donna alors le nom de « maison de belle retraite » (sic) à son palais d'Eté qui comprenait le château de l'Orangerie et une villa située en dessous de la ville.

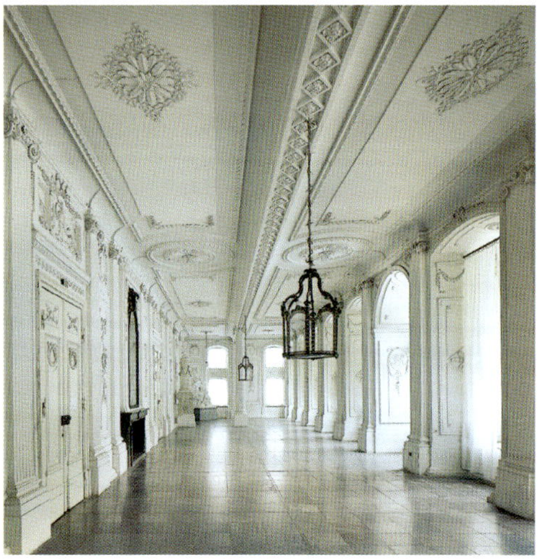

Palais d'Eté de Greiz, la salle du Jardin

La salle du Jardin

Afin de s'assurer un lieu de retraite à l'écart de l'effervescence de la vie de la cour, les appartements de Henri XI furent dissimulés dans l'édifice de l'Orangerie. L'entrée n'était point l'escalier d'honneur et le vestibule mais, de fait, la grande salle du Jardin (Gartensaal) destinée à protéger les plantes de l'Orangerie pendant la saison froide. L'élégante décoration actuelle de la salle en stuc blanc fut réalisée en 1779 par Adam Rudolph Albini et Anton Pach. C'est l'élévation au rang princier qui décida Henri XI à faire remanier cette salle dans le style de la première période du classicisme.

La salle des fêtes

Intégrée à la suite de pièces du premier étage, la salle des fêtes est le cœur architectural de cet étage ainsi que son joyau sur le plan de la décoration des appartements princiers. Une mezzanine donne une impression accrue de hauteur et la décoration de la salle est parachevée par des ornements de stuc fort élégant dans le style Louis XVI et datant de 1769.

H. E. P.

Crédits photographiques :
Stiftung Thüringer Schlösser und Gärten :
Constantin Beyer : p. 8, p. 229, p. 231-236, p. 237 au milieu, p. 238 en bas, p. 239-245, p. 246 à droite, p. 247-252
Roland Dressler : p. 237 en bas
Helmut Wiegel : p. 237 en haut, p. 238 en haut, p. 243 en haut, p. 246 à gauche

Bade-Wurtemberg
Betrieb Vermögen und Bau
Staatliche Schlösser und Gärten
Baden-Württemberg
Rote-Bühl-Platz 30
70178 Stuttgart
Tél. 07 11 / 66 73-0
Fax 07 11 / 66 73-35 34

Dienstsitz Bruchsal:
Schlossraum 22a
76646 Bruchsal
Tél. 0 72 51 / 74-0
Fax 0 72 51 / 74-27 40
www.schloesser-und-gaerten.de

Bavière
Bayerische Verwaltung der staatlichen
Schlösser, Gärten und Seen
Schloss Nymphenburg
80638 München
Tél. 0 89 / 1 79 08-0
Fax 0 89 / 1 79 08-154
www.schloesser.bayern.de
info@bsv.bayern.de

Berlin-Brandebourg
Stiftung Preußische Schlösser und
Gärten Berlin-Brandenburg
Allee nach Sanssouci 5
14471 Potsdam
Tél. 03 31 / 96 94-200 / -201
Fax 03 31 / 96 94-107
www.spsg.de
besucherzentrum@spsg.de

Hesse
Verwaltung der Staatlichen Schlösser
und Gärten Hessen
Schloss
61348 Bad Homburg v.d. Höhe
Tél. 0 61 72 / 92 62-0
Fax 0 61 72 / 92 62-190
www.schloesser-hessen.de
info@schloesser.hessen.de

Mecklembourg-Poméranie-Antérieure
Verwaltung der staatlichen Schlösser und
Gärten im Betrieb für Bau und Liegen-
schaften Mecklenburg-Vorpommern
Werderstr. 4
19055 Schwerin
Tél. 03 85 / 5 09-0
Fax 03 85 / 5 09-124
www.mv-schloesser.de
info@mv-schloesser.de

Rhénanie-Palatinat
Burgen, Schlösser, Altertümer
Rheinland-Pfalz
Festung Ehrenbreitstein
56077 Koblenz
Tél. 02 61 / 66 75-0
Fax 02 61 / 66 75-41 14
www.burgen-rlp.de

Saxe
Staatliche Schlösser, Burgen und Gärten
Sachsen
Stauffenbergallee 2
01099 Dresden
Tél. 03 51 / 8 27-0
Fax 03 51 / 8 27-46 02
www.schloesser.sachsen.de

Saxe-Anhalt
Kulturstiftung DessauWörlitz
Schloss Großkühnau
06846 Dessau
Tél. 03 40 / 6 46 15-0
Fax 03 40 / 6 46 15-10
ksdw@ksdw.de

Stiftung Dome und Schlösser in
Sachsen-Anhalt
Schloss Leitzkau
39279 Leitzkau
Tél. 03 92 41 / 9 34-30
Fax 03 92 41 / 9 34 -34
www.dome-schloesser.de
leitzkau@dome-schloesser.de

Thuringe
Stiftung Thüringer Schlösser und Gärten
Schloss Heidecksburg
07407 Rudolstadt
Tél. 0 36 72 / 4 47-0
Fax 0 36 72 / 4 47-119
www.thueringerschloesser.de

Registre des localités

Registre des sites et des intérieurs